Nos 52 villes coups de cœur

EUROPE

CITY-TRIPS

LE Routard

hachette

Nos 52 villes coups de cœur

EUROPE

CITY-TRIPS

LE Routard
hachette

SOMMAIRE

BERGEN P. 48
OSLO P. 304
HELSINKI P. 190
STOCKHOLM P. 378
SAINT-PÉTERSBOURG P. 358
ÉDIMBOURG P. 142
LASGOW P. 170
AMSTERDAM P. 6
COPENHAGUE P. 104
ELFAST P. 42
MOSCOU P. 282
LIVERPOOL P.230
HAMBOURG P. 184
OUBLIN P. 126
BERLIN P. 54
LONDRES P. 236
DRESDE P. 120
CRACOVIE P. 112
BRUGES P. 76
MUNICH P. 290
PRAGUE P. 330
ANVERS P. 16
BRUXELLES P. 84
VIENNE P. 408
BUDAPEST P. 94
GENÈVE P. 164
VENISE P. 398
MILAN P. 274
TURIN P. 386
BOLOGNE P. 70
BILBAO P. 64
DUBROVNIK P. 134
GÊNES P. 158
FLORENCE P. 148
PISE P. 318
TO P. 324
MADRID P. 248
BARCELONE P. 30
ROME P. 346
ISTANBUL P. 202
NAPLES P. 296
VALENCE P. 392
ONNE P. 220
IBIZA P. 196
PALERME P. 310
ATHÈNES P. 22
SÉVILLE P. 368
GRENADE P. 176
MÁLAGA P. 258
LA VALETTE P. 212
MARRAKECH P. 264

AMSTERDAM

1H15
AU DÉPART DE PARIS

3H20
AU DÉPART DE PARIS

Amsterdam... Une capitale cosmopolite, dont les paisibles canaux, bordés de vénérables demeures, n'ont pas changé depuis l'âge d'or hollandais. *Dans les vieux « cafés bruns » on cultive un art de vivre à l'ancienne. À la nuit tombée, les intérieurs cossus s'éclairent, donnant tout son sens à cette notion de « gezelligheid », concept intraduisible, entre convivialité, bien-être et respect. Mais Amsterdam, c'est aussi – et avant tout – un lieu débordant de vie, regorgeant de surprises et riche d'une vie culturelle enivrante.*

BUDGET	€€€
CULTURE	★★★★
CUISINE	★★
SHOPPING	★★
VIE NOCTURNE	★★★

SE REPÉRER

CRUISER
HOLLANDIA
PROUD TO BE MOVED

DÉCOUVRIR

LOGER À BORD D'UNE PÉNICHE
pour prendre le pouls de la ville et ses habitants, entre eaux tranquilles et terre ferme

1

Une formule originale, idéale en famille. Ces *houseboats* sont amarrés le long de canaux pittoresques, au cœur même de la ville. Leur cale a été reconvertie en habitation avec tout le confort moderne et leur pont aménagé en terrasse. Pour s'en faire une idée, visiter le Houseboat Museum, une péniche exposée en permanence qui permet de découvrir le cadre de vie des 30 000 personnes habitant les 2 500 bateaux-logements d'Amsterdam.

BON À SAVOIR : offres sur le site • houseboathotel.nl/fr • houseboatmuseum. nl •

DÉCOUVRIR UN INCROYABLE HAVRE DE PAIX
en visitant le Het Begijnhof, le plus ancien des béguinages d'Amsterdam

2

Une chapelle en brique au milieu d'une grande pelouse, entourée d'une quarantaine de maisons faisant écran à l'agitation du dehors… C'est la parenthèse enchantée que propose ce lieu tranquille. Fondé au XIVe s, cet îlot hébergea pendant des siècles une communauté de béguines. Ces dames, ferventes catholiques, célibataires ou veuves, vivaient dans la prière et prodiguaient leur aide aux déshérités et aux malades. Elles n'appartenaient à aucun ordre religieux et pouvaient rompre librement leurs vœux de chasteté et d'obéissance.

3

SILLONNER LES BORDS DES GRANDS CANAUX À VÉLO
et apprécier la prospérité des marchands du Siècle d'or

Ah, les canaux d'Amsterdam ! Classés au Patrimoine mondial de l'humanité par l'Unesco, ils font tout le charme de la ville. Les 3 plus beaux, Herengracht, Keizersgracht et Prinsengracht, ont été aménagés à partir de 1560 afin d'ajouter une ceinture résidentielle à la ville. Se déployant en demi-lune autour du centre-ville, ils sont encadrés de superbes demeures, édifiées aux XVIIe et XVIIIe s en styles baroque, Renaissance, néoclassique ou Art nouveau, pour le plus grand plaisir des yeux !

BON À SAVOIR : Frédéric Rent a Bike, la meilleure adresse pour louer un vélo • frederic.nl • Balade en bateau sur ces canaux. Pas moins d'une dizaine de compagnies proposent leurs services.

SE PAYER UNE TOILE AU TUSCHINSKI,
un des plus beaux cinémas d'Europe

4

Peu importe le film, l'étonnant cadre Art déco de 1921 vaut à lui seul le déplacement. Restauré, ce palais perpétue l'esprit des Roaring Twenties, l'âge d'or des stars du grand écran. C'est à Aram Tuschinski que l'on doit cet ancien théâtre, construit pour divertir les riches marchands de l'époque. La superbe coupole du lobby, les panneaux de bois en marqueterie, l'escalier, les éclairages subtils, les vitraux, les profonds fauteuils des salons… Tout est resté dans son jus. Le merveilleux tapis du hall, constellé par 70 ans de mégots écrasés par les visiteurs, a été entièrement retissé à la main. Le Tuschinski ? Une folie architecturale, à en perdre la tête.

TRESSAILLIR D'ÉMOTION EN VISITANT LA MAISON D'ANNE FRANK
où elle resta cachée avec sa famille, avant d'être déportée

5

À 13 ans, la petite Anne reçoit un cahier dont elle fera son *Journal*. Avec sa grande sensibilité, elle écrit, au jour le jour, les menus détails de sa vie cloîtrée avec sa famille. Le 4 août 1944, à la suite d'une dénonciation, les nazis font une descente, arrêtent la famille et la déportent à Auschwitz. Le journal d'Anne tombe par terre, abandonné. Anne et sa sœur Margot meurent du typhus en mars 1945. Otto, le père, seul survivant de cette tragédie, revient à Amsterdam et décide de publier le journal retrouvé. Traduit dans plus de 50 langues, ce récit est devenu, par sa simplicité et sa force évocatrice, le symbole de l'innocence sacrifiée.

BON À SAVOIR : les réservations (de préférence plusieurs mois à l'avance) se font exclusivement en ligne. • annefrank.org •

SE BALADER DANS LE JORDAAN,
un quartier à part dans le cœur des Amstellodamois

6

On adore son ambiance bohême avec ses petits cafés, ses ruelles, ses marchés, ses boutiques originales. Il accueillait autrefois les ouvriers et artisans dans de minuscules maisons. C'était un quartier populaire, en marge de la prospérité du reste d'Amsterdam. Le Jordaan, qui a continué à cultiver son identité « parallèle » avec le temps, a aujourd'hui conquis les bobos, les artistes et les étudiants. Jouxtant le nord des grands canaux, il respire le charme et la tranquilité

BON À SAVOIR : le quartier historique des 9 Straatjes (les 9 rues) comprises entre le Prinsengracht, le Herengracht, la Raadhuisstraat et Leidsegracht, devrait combler les chineurs et les amateurs de petites boutiques branchées.

AMSTERDAM GRATUIT

Oui, les musées sont très chers à Amsterdam. Heureusement, la découverte des canaux à pied ne vous coûtera rien (si ce n'est quelques courbatures). De même que les visites du Begijnhof (le Béguinage), des galeries des Gardes civiques et de l'Art contemporain, du Vondelpark, des jardins du Rijksmuseum, de la Zuiderkerk, des marchés, de la découverte des nouveaux quartiers de l'Oostelijk Havengebied et de leur architecture contemporaine, des docks du Nord (le ferry aussi est gratuit), de la Kultur Fabrick, une ancienne usine à gaz, et du quartier de Strandwest... Voilà déjà de quoi s'occuper un bon moment !

S'ÉBLOUIR DES COULEURS ET DES FORMES TORTURÉES DU FABULEUX VINCENT VAN GOGH
au musée qui lui est consacré

7

Construit en 1973 par Gerrit Rietveld afin d'accueillir les œuvres du maître, c'est un musée exceptionnel. Plus de 200 tableaux et 500 dessins sont rassemblés ici, soit près d'un quart de la production de l'artiste. Ajoutez à cela des œuvres de contemporains comme Gauguin, Toulouse-Lautrec, Monet, Rodin, Pissarro, Signac... Au fil de la déambulation dans l'univers intime comme public de l'artiste (lisez les lettres !), on s'imprègne de son œuvre, de ses thématiques et lieux de création privilégiés.

BON À SAVOIR : achat du billet d'entrée exclusivement sur Internet et, de préférence, plusieurs mois à l'avance. Concerts en nocturne certains vendredis soir, une manière insolite d'admirer les toiles du maître en musique. • vangoghmuseum.nl •

DÉCOUVRIR L'UNE DES PLUS IMPORTANTES COLLECTIONS D'ART MODERNE
et de design du monde au Stedelijk Museum

8

Ses collections exposent les œuvres des grands noms comme Matisse, Mondrian, Picasso, Malevitch, De Kooning, Warhol, Rietveld et Sottsass. Le bâtiment ne passe pas inaperçu. Avec son look de gigantesque « baignoire » en acrylique, l'extension à l'apparence futuriste domine le paysage du quartier des musées. L'agencement des constructions anciennes et nouvelles a été harmonieusement composé. D'entrée, c'est l'éblouissement : Cézanne, Monet, Ensor, Chagall, Braque... En plus de toutes ces œuvres magistrales, les produits issus du design industriel raviront les amateurs.

BON À SAVOIR : • stedelijk.nl •

ADMIRER LES MERVEILLES DU RIJKSMUSEUM,

le temple de la peinture hollandaise du Siècle d'or avec, en vedette, *La Ronde de nuit* de Rembrandt

9

C'est l'un des plus beaux musées d'Europe. Il doit sa renommée aux stars de la peinture hollandaise du Siècle d'or, dont Rembrandt, Vermeer, Frans Hals, les peintres de natures mortes et de marines. 8 000 œuvres dans 80 salles vous promènent sur 800 ans de l'histoire des Pays-Bas. Les 4 étages de l'édifice parcourent l'univers hollandais, mêlant tableaux, estampes, dessins, photos, et en replaçant dans leur contexte bijoux, costumes, faïences de Delft, argenterie, maisons de poupée et meubles d'époque

BON À SAVOIR : insolite, une piste cyclable traverse le musée de part en part. • rijksmuseum.nl •

LA RÉVOLUTION REMBRANDT

Ce peintre génial tient sa renommée de la technique audacieuse du « clair-obscur », dont il est l'inventeur. Avant Rembrandt, seul le Caravage avait eu l'idée de juxtaposer aussi violemment sur sa toile des couleurs sombres et des couleurs claires. Personnalité originale, chantre d'une vision du monde inédite, Rembrandt ne se contente pas de simplement représenter les choses. Son œuvre revêt un caractère interprétatif, distille un propos éclairant sur l'homme. On ne décore plus, mais on explore les profondeurs de l'âme humaine pour y chercher l'essence de la vie et, peut-être, approcher l'idée de Dieu.

10

SE METTRE AU VERT AU VONDELPARK

l'endroit rêvé pour une balade avant (ou après) la visite des grands musées

Un superbe parc de 48 ha, planté de belles futaies, semé de pelouses vert anglais, de lacs parsemés d'îlots et de petits endroits secrets bercés par le chant des oiseaux... Cigognes, piverts et perroquets vert anis... Une volière à ciel ouvert ! Le Vondelpark est un chouette lieu d'agrément, parfait pour le jogging, une promenade à rollers ou... une petite sieste. Et quand arrivent les gelées, place aux patineurs !

BON À SAVOIR : les soirs d'été, on peut assister à des concerts gratuits ou à des pièces de théâtre « expérimental ».

EXPLORER LES 5 CONTINENTS

en découvrant les remarquables collections du Tropenmuseum, le musée des Tropiques

11

Très bien conçu, c'est un de nos musées préférés à Amsterdam, d'autant qu'il est exempt de ce colonialisme nostalgique souvent latent dans les musées du genre... Outre ses superbes collections, il soulève des questions de recherche et d'ethnologie, de problèmes de développement, notamment dans les anciennes colonies des Pays-Bas. Dans le magnifique hall, les galeries sur plusieurs étages sont consacrées à l'Indonésie puis à l'Afrique et à l'Amérique latine. Présentation originale régulièrement révisée.

BON À SAVOIR : au rez-de-chaussée, après la visite, dégustation de délicieuses spécialités des quatre coins du monde sur la terrasse du restaurant. • tropenmuseum.nl •

SAVOURER

SE RÉGALER D'UN HARENG DOUX AU COMPTOIR D'UN KIOSQUE

en le tenant par la queue pour le faire glisser dans son gosier à la manière des Hollandais

12

Les kiosques à poissons, comme le *Stubbe Haring*, font partie de l'ADN de la ville. Ils débitent des sandwichs à l'anguille, aux crevettes, au saumon ou au hareng. Pour respecter la tradition, on pince la queue du bout des doigts, penche la tête en arrière et l'avale d'un trait ! Sans oublier le verre de genièvre glacé pour faire passer. C'est en été, quand le poisson est le plus gras, qu'il est le meilleur.

BON À SAVOIR : pendant une journée, fin mai ou début juin selon les années, la fête du Hareng nouveau *(Vlaggetjesdag)* marque le début de la saison. • vlaggetjesdag.com •

S'ATTABLER DEVANT UNE ABONDANTE *RIJSTTAFEL*

héritage culinaire de la présence néerlandaise en Indonésie

13

Un « art de la table » original. Littéralement, *rijsttafel* signifie « la table de riz ». Ce plat, originaire de l'île de Java, se compose donc de riz cuit sec et de petits plats secondaires, composés de viande, de légumes, de sauces inconnues et d'épices fortes. Le serveur dépose sur la table une quinzaine de plats, pas moins, dans lesquels chacun picore. La *rijsttafel* est si copieuse qu'il n'est pas évident d'en arriver au bout.

BON À SAVOIR : ne pas manger trop vite, car ce plat « religieux », naguère destiné à rendre la nature féconde, s'égrène tel un chapelet de grand-mère !

UNE GASTRONOMIE VENUE D'AILLEURS

On dénombre près de 180 nationalités à Amsterdam, et cela se ressent dans les assiettes ! C'est l'occasion d'un réjouissant voyage gustatif. Les Néerlandais se passionnent pour les « cuisines du monde », métissage des traditions des 5 continents. Gastronomies marocaine, afghane, sud-africaine s'invitent volontiers aux tables de la ville. Rien qu'à Amsterdam, on estime à pas moins de 700 le nombre de ces restos exotiques. Ici, « on peut manger dans toutes les langues ». On vous conseille d'ailleurs vivement de vous octroyer une soirée dans un resto indonésien pour goûter une *rijsttafel*.

PRENDRE LE FERRY (GRATUIT) POUR DÉJEUNER, DÎNER OU BOIRE UN VERRE

dans le quartier des anciens chantiers navals *(NDSM)*, là où se construit le nouvel Amsterdam

14

C'est au nord de la ville que se situent aujourd'hui les lieux tendance où l'on se retrouve, dès les premiers rayons du soleil, pour boire, manger et socialiser. Ne pas manquer l'ancienne cantine des ouvriers du chantier naval, l'*IJ Kantine*. Dans le genre étonnant : le *Pllek*, un restaurant aux fausses allures de squat logé dans d'anciens containers de paquebot, ou encore le *Noorderlicht Café*, installé dans un ancien hangar de stockage.

BON À SAVOIR : consultez les sites de ces véritables lieux de vie. • ijkantine.nl • pllek.nl • noorderlichtcafe.nl •

ENTRE DEUX MUSÉES, S'OFFRIR UNE PAUSE SUCRÉE À *LA POMPADOUR*

la pâtisserie la plus glamour de la ville

15

De notoriété publique, voici une des meilleures adresses de la ville. Florentins, financiers, biscuits secs, chocolat chaud (hmm, du Valrhona...) : le paradis des becs sucrés ! Malgré le cadre de riches boiseries et de lourdes tentures, l'atmosphère n'a rien de guindé. Levez les yeux, les lustres sont rigolos comme tout. Posez-vous (si vous trouvez de la place, mais ici ça vaut le coup de patienter dehors après avoir réservé), et régalez-vous, parce que c'est vraiment ce que vous aurez de plus raisonnable à faire. En période de Noël, vous y trouverez toutes sortes de biscuits, gâteaux et friandises propres aux fêtes : *kruidnoten, pepernoten* et autres spéculoos...

BON À SAVOIR : • pompadour.amsterdam •

À BICYCLETTE

À Amsterdam, près d'un déplacement sur deux se fait à vélo. Cela dit, la circulation est loin d'être idyllique : il y a souvent des embouteillages... de bicyclettes. Mais, en définitive, avec ses kilomètres de canaux enjambés par de petits ponts, sa configuration plate, ses pistes cyclables bien tracées et sa circulation automobile sévèrement réglementée, Amsterdam se prête admirablement à ce mode de déplacement écologique et rapide. Toute la ville semble ainsi vivre au rythme de la valse de ces élégants deux-roues, où l'on est haut et bien perché. Toutes les générations se croisent, avec chiens et enfants dans les paniers. On ne peut qu'admirer celles et ceux qui gardent l'équilibre, un sac à la main et le portable à l'oreille.

SORTIR

PRENDRE UN VERRE EN APESENTEUR DANS L'UN DES NOMBREUX CAFÉS-TERRASSES DES ANCIENS DOCKS DE L'EST

et se retrouver face au panorama d'une ville surprenante, toujours en mutation

16

Même à Amsterdam, il existe encore des quartiers où les touristes s'aventurent peu. Tout le long de la nouvelle promenade aménagée à l'est de la gare centrale, les terrasses de l'Entrepotdok sont le nouveau lieu de rendez-vous *hype* de la ville. Des artistes habitent dans les lofts que l'on vient admirer d'en haut, depuis les cafés-terrasses aménagés au dernier étage de la Bibliothèque centrale.

BON À SAVOIR : ne pas négligser non plus le quartier des anciens chantiers navals NDSM, (voir la rubrique « savourer »).

PASSER MAÎTRE DANS L'ART DE DÉGUSTER BIÈRES ET GENIÈVRE,

cette excellente eau-de-vie, un peu comparable au gin, qui a longtemps fait figure de boisson nationale

17

Il existe encore à Amsterdam des lieux spécialisés dans la dégustation du genièvre, apellés « *proeflokaalen* ». Le plus célèbre est le café *De Drie Fleschjes*, où rien n'a changé depuis 1650... Pour les amateurs de bières, rendez-vous au *Proefflokaal Arendsnest*. Ici, pas moins de 30 bières à la pression et 150 en bouteilles, exclusivement d'origine hollandaise. Un vrai conservatoire national ! À ce titre, le patron, ardent défenseur du patrimoine, mériterait une médaille. Il n'hésite pas à parcourir 15 000 km par an pour dénicher la perle rare parmi les micro-brasseries du pays. Si le sujet vous intéresse, une halte s'impose, mais vous n'aurez sans doute pas assez d'un week-end pour faire le tour de la question...

BON À SAVOIR : • dedriefleschjes.nl •

18

HUMER LE VENT DU LARGE SUR LES BORDS DE L'IJSSELMEER

et découvrir à vélo les villages du Waterland à quelques encablures de la capitale

Cette jolie campagne, où la vie s'écoule paisiblement entre coquets villages et champs de fleurs, est alanguie le long d'une mer intérieure dont les rives étaient autrefois le repaire des pêcheurs. Les habitants de Marken, fiers de leurs maisons de bois peintes en vert sombre, revêtent en été leurs costumes traditionnels. On y déguste l'anguille et le hareng fumé, tandis qu'au village d'Edam, on assiste au pittoresque marché aux fromages devant le poids public. Une excursion vraiment dépaysante !

BON À SAVOIR : marché aux fromages d'Edam, tous les mercredis en juillet-août 10h30-12h30. • vvvedamvolendam.nl •

ASSISTER À UN CONCERT DE MUSIQUE CLASSIQUE AU CONCERTGEBOUW,

une des plus belles salles de concert au monde, à moins de préférer un concert de jazz au Muziekgebouw aan't IJ

19

Le Concertgebouw reste évidemment l'attraction musicale n° 1 pour tous les amoureux de musique classique et ce, depuis 130 ans. Il est notamment réputé pour son acoustique parfaite. Mais il faut maintenant aussi compter avec le *Muziekgebouw aan't IJ*. Derrière la gare, au bord de l'eau, cette magnifique bâtisse en verre abrite plusieurs salles à l'excellente acoustique, dédiées à la musique classique contemporaine et au jazz. Leur structure permet d'accueillir de grands orchestres comme de petits ensembles. Concert-déjeuner une fois par mois. Les spectacles sont proposés à prix très convenable, de surcroît.

BON À SAVOIR : • concertgebouw.nl • muziekgebouw.nl •

20

FAIRE UNE PAUSE DANS UN « CAFÉ BRUN »

pour siroter une bière de saison

Les « cafés bruns », qui remontent au XVIIe s, semblent n'avoir guère changé depuis. Les murs et les plafonds sont recouverts d'une patine due à des siècles de tabagie. Dans ces institutions, aussi typiques que chaleureuses, on boit bière, genièvre, et on peut même y manger un bout. Sans eux, Amsterdam serait comme Rome sans ses églises ! Les Amstellodamois, toutes catégories sociales confondues, s'y retrouvent après leur journée de travail, dans le brouhaha des conversations animées et le tintement des verres.

BON À SAVOIR : le Jordaan en recèle plusieurs, comme le café *Chris* (datant de 1624 !) ou le *Papeneiland*, superbe avec ses carreaux de Delft, ses lampes de cuivre et sa célèbre tarte aux pommes *(appeltaart)*. • cafechris.nl • papeneiland.nl •

PRENDRE UN BAIN DE (CONTRE-) CULTURE AU MELKWEG

un lieu vraiment détonnant

21

Dans cette ancienne laiterie reconvertie, se trouvent 2 salles de concert, une magnifique salle de cinéma à la programmation pointue, un théâtre, un espace vidéo projetant des productions éclectiques, un salon de thé, une galerie d'art... Après le concert, les festivités se poursuivent jusqu'au petit matin, le lieu se muant en une piste de danse fiévreuse où les oiseaux de nuit viennent se défouler au rythme des sets house, techno, drum'n'bass et on en passe. Le samedi, c'est hip-hop et R'n'B. Cette « Voie lactée », puisque telle est la traduction de son nom est l'un des phares culturels les plus reconnus de la ville, et même des Pays-Bas.

BON À SAVOIR : • melkweg.nl •

SHOPPING

DÉCOUVRIR DES PRODUITS DE LA MODE ET DU DESIGN SOUVENT AVANT-GARDISTES
vêtements, accessoires, articles de déco...

22

Le design hollandais est partout. Il est même devenu accessible (c'était sa fonction première, en fait !) et reprend parfois des motifs vintage (couleurs bleues et blanches, tulipes, vaches...), ce qui permet d'allier le traditionnel à l'insolite ! Deux enseignes devenues mythiques : *Moooi* dans le quartier du Jordaan mais aussi *Droog* plus à l'est.

BON À SAVOIR : ne pas oublier toutes les trouvailles que vous pourrez faire dans les boutiques de broc en tous genres, et où vous pourrez parfois boire et grignoter sur le pouce... • moooi.com • droog.com •

23

SE LAISSER CONVAINCRE QUE LA HOLLANDE EST L'AUTRE PAYS DU FROMAGE
(si, si !)

Pour les amateurs de plaisirs lactés, arrêt obligatoire chez *De Kaaskamer van Amsterdam*. Un fromager adepte du *slow food*, qui va chercher ses produits (au lait cru) directement chez le producteur. Laissez-vous guider, goûtez et vous verrez que les fromages hollandais peuvent être bien plus savoureux et subtils que toutes ces pâtes fades qu'on nous vend au supermarché. Il propose également une belle sélection de produits italiens, français... ainsi que de la charcuterie et des olives.

BON À SAVOIR : • kaaskamer.nl •

CASSER SA TIRELIRE
à la Royal Delft Experience

24

Fondée en 1653, cette faïencerie est la seule à pouvoir revendiquer la qualité « Royal Delft ». Entendez qu'on y produit les pièces les plus prestigieuses. C'est donc la plus célèbre, et la plus grande aussi. On visite les ateliers où les formes sont façonnées, puis peintes et cuites. Un hall d'exposition exhibe les pièces les plus marquantes. Boutique pour s'offrir de belles pièces.

BON À SAVOIR : • royaldelft.com •

AGENDA DES FÊTES, FESTIVALS ET ÉVÉNEMENTS

FIN JANVIER : fête des Tulipes

Tout le monde peut cueillir les tulipes de la place Dam, c'est gratuit. Voir le calendrier de l'office de tourisme.

MARS : semaines artistiques d'Amsterdam

Théâtre, concerts, spectacles de danse.

AVRIL : anniversaire du roi

C'est la fête la plus joyeuse et la plus surprenante de l'année. Toute la Hollande descend dans la rue, arborant la couleur orange de circonstance. Artistes, chanteurs, musiciens ambulants débordent d'euphorie.

31 MAI : fête du Hareng

Le début de la saison de la pêche donne lieu à de grandes réjouissances.

JUIN-JUILLET : festivals de musique

Un peu partout, en fait. Et notamment côté NDSM, dans les docks. Consultez le calendrier de l'office de tourisme.

AOÛT : GayPride

Dure près d'une semaine. Un événement majeur : la « Canal Parade » sur les péniches, qui réunit artistes, sportifs et même la police et l'église protestante. Une fête populaire et grand public qui rassemble autant d'hétérosexuels que d'homosexuels (300 000 visiteurs en moyenne), depuis 1996 !
• amsterdamgaypride.nl •

AOÛT : Grachtenfestival (festival des canaux)

Des concerts gratuits dans de nombreux lieux simultanément. • grachtenfestival.nl •

DERNIER W-E D'AOÛT : Uitmarkt

C'est le coup d'envoi de la nouvelle saison culturelle. Opéras et ballets ont lieu sur d'immenses scènes installées sur l'eau.

MI-SEPTEMBRE : Festival du Jordaan

Durant 10 jours dans les rues de ce quartier. Comme toujours, les bars et les « cafés bruns » sont noirs de monde.

DÉCEMBRE-JANVIER : Amsterdam Light Festival

Lors des nuits les plus longues de l'année, le centre-ville brille de mille feux. Pour ce festival des Lumières, le long de la rivière Amstel et des canaux du centre, des artistes proposent des installations originales et des projections sur les façades. Et au cours de la parade de Noël, des dizaines de petits bateaux illuminés naviguent sur les canaux en parcourant des scènes enchanteresses.
• amsterdamlightfestival.com •

Amsterdam Light Festival

ANVERS

Jusque dans son nom, cette ville est un mythe. *Aux XVIe et XVIIe s, elle régnait sur le commerce de l'Europe du Nord avant de céder la place à Amsterdam. Cité cosmopolite qui parle toutes les langues du monde (178 nationalités contre 193 à New York !), Anvers est aujourd'hui le 2e port d'Europe après Rotterdam. Voici la corne d'abondance des grands armateurs, des capitaines d'industrie, des négociants cossus. Mais c'est aussi une des plus vieilles villes libres d'Europe, qui attire depuis toujours artistes et intellectuels. La ville de Rubens, des diamants et de la mode, en pleine mutation architecturale et sociale, ne peut que vous surprendre.*

4H AU DÉPART DE PARIS

2H02 AU DÉPART DE PARIS

BUDGET	€€
CULTURE	★★★☆
CUISINE	★★☆☆
SHOPPING	★★★☆
VIE NOCTURNE	★★★☆

SE REPÉRER

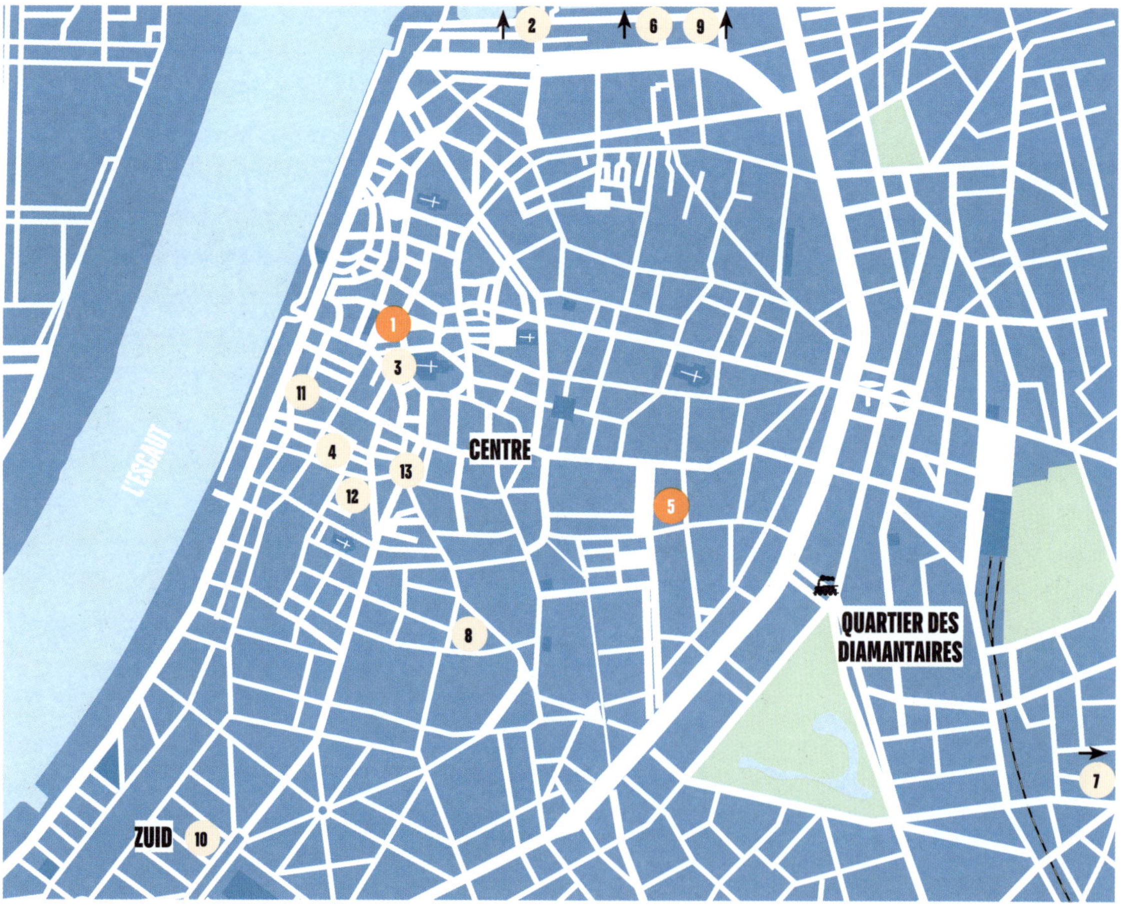

SE BALADER SUR LA GRAND-PLACE
et dans les ruelles voisines qui abritent des maisons de corporation

Le triangle de la Grand-Place est entouré par les maisons Renaissance des guildes. La maison Roodenborgh, au n° 40, passa des mains des tanneurs et des cordonniers à celles des charpentiers. On comprend leur convoitise : la façade baroque est la plus belle de la place. La Suikerrui (rue au Sucre), qui relie l'ancien hôtel de ville au Steen fut jadis un canal. On y apportait les cargaisons de mélasse de sucre venues des îles Canaries. Le n° 5 abrite la maison de la Hanse, qui fut l'un des premiers immeubles de bureaux. Sur sa façade, Jef Lambeaux a sculpté les figures allégoriques des grands fleuves d'Allemagne. Sur le côté, la belle dame reproduite dans le style opulent de Rubens n'est autre que la muse du sculpteur : comme son atelier se trouvait dans la rue voisine, il la voyait beaucoup.

DÉCOUVRIR L'IMPRESSIONNANTE ARCHITECTURE DU MUSEUM AAN DE STROOM (MAS)
le symbole du renouveau du quartier de l'Eilandje

2

Ce musée hors normes raconte, dans une muséologie résolument contemporaine, l'histoire de la cité, de son port et de l'Escaut, et de leur ouverture sur le monde. Il regroupe les collections disséminées autrefois dans les musées qui conservaient, chacun à leur façon, un peu de la mémoire des siècles : marine, folklore, ethnographie…

BON À SAVOIR : ouv tlj sauf lun 10h-17h. Accès gratuit de 17h à 21h30 (résa en ligne obligatoire) au 10e étage pour profiter de la vue panoramique depuis la terrasse. • mas.be •

ADMIRER LA CATHÉDRALE NOTRE-DAME (ONZE-LIEVE-VROUWEKATHEDRAAL)

la plus grande église gothique des anciens Pays-Bas

3

Sa construction prit quasiment deux siècles (1352-1521). Rien n'était trop beau pour afficher la prospérité de la cité. La cathédrale a connu le grand incendie de 1517, les raids iconoclastes des protestants (entre 1566 et 1581), et le pillage de l'occupant français révolutionnaire. Chaque destruction fut réparée par un embellissement inédit. Commencez par admirer la tour : 123 m de haut, avec un carillon de 47 cloches. À l'intérieur, difficile de manquer la splendide chaire de Vérité, véritable chef-d'œuvre de la sculpture flamande de style baroque à la limite du rococo. Parmi les innombrables statues et tableaux, *La Descente de croix* (1612) de Rubens, d'un baroque qui frôle le réalisme.

BON À SAVOIR : • dekathedraal.be • Site internet remarquable et en français.

REMONTER LE TEMPS DANS LA MAGNIFIQUE DEMEURE DE L'IMPRIMEUR CHRISTOPHE PLANTIN

transformée en superbe musée sur l'histoire du livre imprimé

4

Classée au Patrimoine mondial par l'Unesco, cette demeure patricienne du XVIe s est un lieu incontournable pour tous ceux qui s'intéressent à l'histoire du livre imprimé. Atmosphère un peu austère, comme il se doit dans un bel intérieur flamand : murs couverts de cuir de Malines, tapisseries d'Audenarde et de Bruxelles, tables laquées incrustées d'ivoire, parquets qui craquent, cheminées en carreaux de Delft, tintement du carillon dans le lointain... C'est ici que Christophe Plantin établit son imprimerie vers 1549. Moretus, son gendre, poursuivit son œuvre, imité en cela par ses descendants jusqu'en 1876, date à laquelle l'imprimerie fut vendue à l'État. Trois siècles durant, la même famille imprima et exporta à tour de bras atlas, bibles, bréviaires et missels. La maison ayant été transformée en musée, pas une salle qui n'apporte quelque élément essentiel à l'histoire de l'imprimerie.

BON À SAVOIR : • museumplantinmoretus.be •

5

DÉCOUVRIR LE CADRE DE VIE DE PIERRE PAUL RUBENS

au sein de sa somptueuse maison-atelier baroque du début du XVIIe s

Non loin de la cathédrale, ne pas manquer la visite de la maison de Rubens, où il a vécu et travaillé de son retour d'Italie jusqu'à sa mort, en 1640. Plus qu'une révélation esthétique, la maison de Rubens propose un voyage dans la vie d'un homme qui fut longtemps peintre officiel de la Cour et diplomate au service des archiducs Albert et Isabelle. Ce petit *palazzo* à l'italienne, à l'image de son génie, abrite aussi son musée personnel inspiré du Panthéon de Rome, où sont exposées quelques toiles du maître.

BON À SAVOIR : toutes les infos pratiques sur • rubenshuis.be •

FLÂNER AU SOLEIL COUCHANT SUR LES QUAIS DE LA PARTIE LA PLUS ANCIENNE DU PORT, HET EILANDJE

devenu le quartier le plus tendance d'Anvers

6

Ici s'amarraient jadis les paquebots transatlantiques de la célèbre Red Star Line pour embarquer les contingents d'émigrants à destination des Amériques... Aujourd'hui, il ne subsiste plus que de hautes grues désœuvrées, des entrepôts abandonnés et des quais déserts, propices à de nostalgiques promenades au soleil couchant... La balade permet de découvrir d'insolites architectures, de vénérables enseignes coloniales délavées, d'antiques écluses désormais classées... Quelques restos et cafés branchés n'ont pas attendu et animent Bordeauxstraat et Napoleonkaai.

BON À SAVOIR : se procurer l'excellente brochure *Het Eilandje* (éditée par l'office de tourisme) avec ses itinéraires détaillés, révélant toutes les richesses architecturales du port et son émouvante histoire.

ALLER VOIR LE QUARTIER DE ZURENBORG ET LA RUE COGELS OSYLEI

aux villas de style Jugendstil (Art nouveau)

7

À la fin du XIXe s, Édouard Osy et John Cogels décidèrent de bâtir une gare ferroviaire marchande afin de créer une zone industrielle dans ce quartier. Mais observant, vers 1880, l'accroissement de la population anversoise, ils construisirent finalement des habitations. L'opération immobilière se révéla aussitôt juteuse. Toute la bourgeoisie catholique aisée rêva d'une belle villa sur ces terres. Le style typique du Jugendstil (Art nouveau) voisine avec un éclectisme débridé. Chacune de ces villas, qu'elle soit néogrecque, néogothique, néo-Renaissance, néobaroque ou encore Arts & Crafts, est un modèle du genre, dans le pur esprit Belle Époque.

BON À SAVOIR : on peut s'y rendre en train depuis Antwerpen Centraal, arrêt à la gare de Berchem.

LES DIAMANTS

La Pelikaanstraat et les rues alentour sont bordées par des dizaines d'entreprises de bijouterie, qui ont souvent leur boutique sous les voies du chemin de fer. Jusqu'à présent, c'était des juifs hassidim (déjà actifs à Anvers au XIIe s) qui travaillaient dans l'industrie et le commerce du diamant. Clin d'œil linguistique : le mot anglais « *jew* » n'est-il pas contenu dans le mot « *jewel* » ? Le marché est de plus en plus entre les mains de négociants jaïns du Nord de l'Inde. Le quartier des diamantaires d'Anvers joue depuis le XVe s un rôle essentiel dans l'économie de la ville. C'est aujourd'hui le plus grand centre diamantaire au monde. Son activité assure en valeur 7 % des exportations annuelles de la Belgique.

SAVOURER

8

SIROTER UN DES TRÉSORS BRASSICOLES

dans l'un des bars classés parmi les meilleurs bars à bière du monde

Il y en a deux à Anvers : Le *Bierhuis Kulminator* et le *Waagstuk*. Le *Bierhuis* est un bar improbable, chez l'habitant ou presque, comme il en existe encore en Belgique ! Quelques grandes tables se partagent l'espace dans un bric-à-brac réjouissant, entre un vieux papier de paille aux murs, des jets de houblons suspendus et un vieux coucou qui égrène les heures... Kitchissime et pourtant si attachant.... La « carte des bières », c'est en fait un livre avec des bières rares, d'autres de microbrasseries inconnues produisant des merveilles. Quant au *'t Waagstuk*, c'est un vieil estaminet de caractère installé dans un ancien entrepôt du XVIe s, époque où les bateaux débarquaient leur chargement pour la pesée *(Waag)*. Parmi les 130 bières au choix, la Hop Ruiter, de la Schelde Brouwerij, est une totale exclusivité. Une triple à 8 % à siroter avec bonheur...

BON À SAVOIR : Bierhuis Kulminator, Vleminckveld, 32-34. • waagstuk.be •

DÎNER AU *HET POMPHUIS*, DANS LE QUARTIER DES DOCKS

restaurant au spectaculaire décor industriel Art nouveau qui sert une cuisine raffinée

9

Il s'agit d'un bâtiment abritant de gigantesques pompes qui servaient autrefois à vider l'eau du bassin n° 7 pour mettre les navires en cale sèche. Assez fascinant de s'installer dans ce décor industriel génial, d'autant plus que la cuisine est d'une qualité remarquable, et le service étonnamment rapide, compte tenu du monde qui s'y presse en soirée. On peut aussi se contenter d'y boire un verre en terrasse.

BON À SAVOIR : à 2 km du centre, dans les docks. • hetpomphuis.be •

REJOINDRE LE QUARTIER SUD (ZUID) POUR LA SOIRÉE

un des plus prisés par les amateurs de cuisine contemporaine, de bars branchés et de lieux pittoresques

10

Ici les terrasses envahissent les rues aux beaux jours (autour de Marnix Plaats, notamment) : vous aurez le choix. Pour les fauchés, plusieurs petits restos turcs autour de la Gillisplaats. Chez *Den Artist*, vous pourrez goûter à une bonne dizaine de spécialités belges (comme un délicieux *stoofpotje*) dans un joli cadre Art nouveau. *L'Entrepôt du Congo* évoque les cafés littéraires viennois avec ses colonnes et ses dessus de table en marbre... Pour des plats classiques de brasserie, optez pour *Chez Fred* ou *Walrus*, deux bistrots à l'atmosphère chaleureuse...

BON À SAVOIR : • brasseriedenartist.be • entrepotducongo.com • chezfred.be • restaurantwalrus.be •

SORTIR

PRENDRE LE POULS DE LA VILLE

dans les vieux cafés du centre historique ou du port, bondés en fin de semaine

11

Les fins de semaine sont chaudes à Anvers, surtout l'été. Les alentours de la cathédrale, de l'hôtel de ville, du Vlaamsekaai et du port ne forment plus qu'une seule et immense fête. Le triangle Vleminckveld-Gasthuisstraat concentre quelques sympathiques refuges pour oiseaux de nuit. Au *Cafe Beveren,* les Anversois ne rechignent pas à se mélanger aux touristes et aux marins. Il faut dire que certains soirs, en été, le bastringue fait des étincelles... Ça, c'est Anvers ! *Den Engel,* sur la Grand-Place, est aussi très bruyant ! On l'aime beaucoup pour son côté authentiquement populaire, ses dures banquettes en bois et ses tables de marbre, ses glaces craquelées, sa collection de casquettes au-dessus du bar et sa vieille pendule qui s'obstine à rester sur 11h55... Pourvu que ça dure !

BON À SAVOIR : Cafe Beveren, Vlasmarkt, 2 ; Den Engel, Grote Markt, 3. • cafedenengel.be •

SHOPPING

FAIRE EMPLETTE DES MEILLEURS CHOCOLATS, PRALINÉS OU GANACHES

au *Günther Watté* ou au *Chocolate Line*

12

Günther Watté est un « *Chocolade Café* » dans un cadre contemporain très chic et sophistiqué où déguster un succulent chocolat chaud ou faire provision de ganaches au thé, de pralinés amandes et miel, de fourrés de chocolat blanc aux fraises ou de pâtes de fruits de saison (ah, les citrons confits enrobés de chocolat noir !). Noyés dans de profonds fauteuils baroques, sous de beaux lustres, on atteint là une plénitude totale... *The Chocolate Line* offre lui aussi un cadre exceptionnel. Ce palais, sur le Meir, passa dans les mains de Napoléon, du roi Guillaume Ier des Pays-Bas et de la Maison royale belge avant d'abriter aujourd'hui le nouveau roi du chocolat, qui est aussi le plus fou des chocolatiers belges : Dominique Persoone, qui s'est fait un nom depuis Bruges. Boutique et café sur place.

BON À SAVOIR : • watte.be • thechocolateline.be •

Le MAS

SUIVRE LES PAS DES FASHIONISTAS pour découvrir les dernières tendances

13

Les créateurs flamands, stylistes déjantés qui ont imposé un regard nouveau en matière de mode, ont investi le quartier de la Nationalestraat, suivant l'exemple de la star incontestée de la mode anversoise, Dries Van Noten. Le chef de file des « Six d'Anvers » s'est installé au Het Mode Paleis (au Palais de la Mode, au n° 16), une jolie boutique Belle Époque au nom prédestiné et à deux pas du musée de la Mode. Toujours aussi incontournable, on ne le présente plus (mais on adore toujours !). La boutique d'Ann Demeulemeester se visite comme l'on visite une galerie d'art. Là encore, on frise la provocation, tant par les formes et les matières que par les prix... Les Japonais adorent ! L'espace est splendide en tout cas.

BON À SAVOIR : procurez-vous à l'office de tourisme le petit livre rouge *Fashion Walk*. Il recense l'ensemble des marques et des jeunes créateurs, ou rendez-vous sur • antwerp-fashion.be • momu.be •

LES « SIX D'ANVERS »

Depuis l'émergence de la fameuse bande des « Six d'Anvers » – constituée de Marina Yee, Ann Demeulemeester, Dries Van Noten, Martin Margiela, Walter Van Beirendonck et Dirk Bikkembergs – , Anvers s'est confectionné une réputation dans le domaine de la mode : style « minimaliste » très caractéristique, coupes déstructurées parfaites, finitions impeccables et détail loufoque qui compense le style parfois austère. Mais, attention, prix astronomiques ! Des Parisiennes branchées font le déplacement à Anvers lors des soldes ou pour découvrir les dernières créations des couturiers flamands. Dans le quartier du Vlaamsekkai, où se trouve le musée de la Mode (rénové en 2021), on peut visiter leurs showrooms, où se combinent, dans un mélange détonnant, mode décoiffante et art contemporain.

AGENDA DES FÊTES, FESTIVALS ET ÉVÉNEMENTS

TOUTE L'ANNÉE : concerts de carillon

À la cathédrale, tte l'année, lun, mer et ven 12h-13h ; 1er mai-30 sept, 15h-16h ; juin-sept, également lun soir 20h-21h.

MAI : The Taste of Antwerpen

Pendant 4 jours. Une grande fête vouée à la gastronomie, qui attire chaque année plus de 120 000 gourmands. • antwerpenproeft.com •

JUIN : Fashion Show

Défilés de mode permettant de voir les créations des étudiants de l'Académie de la mode d'Anvers. Très populaire. • ffi.be/ •

15 AOÛT : marché de Rubens

Sur la Grand-Place. Vendeurs en costume de l'époque de Rubens.

ATHÈNES

3H10
AU DÉPART
DE PARIS

Un climat méditerranéen, des musées à foison, des quartiers branchés… Malgré les vieilles pierres qui l'ont rendue célèbre, Athènes est tout sauf une ville morte. *C'est, bien au contraire, une capitale fort vivante. On flâne avec bonheur entre les sites archéologiques de la ville. Bien sûr, la crise a porté un coup dur à son développement, mais il faut découvrir Athènes, à la fois berceau de la civilisation occidentale et byzantine, aller à la rencontre de ses habitants, fréquenter ses cafés, ses restaurants, ses tavernes, ses marchés, là où l'âme grecque se révèle dans toute sa générosité.*

BUDGET	€€
CULTURE	★★★★
CUISINE	★★★☆
SHOPPING	★★☆☆
VIE NOCTURNE	★★★★

SE REPÉRER

DÉCOUVRIR

1

EXPLORER L'ACROPOLE SOUS TOUTES SES COUTURES
en couplant visite du site et du musée

Monumental Parthénon, gracieux temple d'Athéna Nikè, Érechthéion élégant et élancé… l'Acropole est un ensemble archéologique exceptionnel. Pourtant, de bombardements en pillages, l'Histoire s'est acharnée à la défigurer. Après la visite du site, celle du musée qui lui est consacré, alternant authentiques chefs-d'œuvre et fidèles reconstitutions, restitue avec brio la Colline sacrée dans toute sa splendeur antique (voir coup de cœur n° 5).

BON À SAVOIR : le site est évidemment très visité. Pour zapper la file d'attente à l'entrée principale, préférer celle côté théâtre de Dionysos.

DE RUINES EN MUSÉES,
poursuivre sa remontée dans le temps jusqu'à l'Antiquité

2

L'Athènes antique, ce n'était pas que l'Acropole. Au pied de celle-ci s'étend un autre site majeur, l'Agora, qui, si elle est moins spectaculaire, en dit beaucoup sur ce qu'était la démocratie athénienne. Puis viennent encore le cimetière du Céramique, l'Olympiéion, et on én passe, un vrai catalogue de ruines ! Pour couronner le tout, visite incontournable du Musée archéologique national. Avec près de 12 000 pièces exposées, c'est peu dire que ses collections sont exceptionnelles (voir coup de cœur n° 6)…

BON À SAVOIR : un billet groupé valable 5 jours couvre les principaux sites archéologiques (très cher, cela dit).

FLÂNER DANS LES RUES DU PITTORESQUE QUARTIER DE PLAKA
comme un village en pleine ville

3

Accroché à flanc de colline, enroulant ses ruelles au pied de l'Acropole, haché de volées d'escaliers accueillant parfois des terrasses de café, Plaka semble tiré d'une carte postale, tel un village des îles transplanté en pleine démesure urbaine. Bien sûr, le quartier est éminemment touristique, jusqu'à perdre par endroits tout son charme, quand badauds et boutiques de bibelots envahissent les rues. Mais, en grimpant au-dessus des derniers restos, il prend le soir des teintes extraordinaires, en particulier, « quartier dans le quartier », Anafiotika.

DU SOMMET D'UNE COLLINE À UNE AUTRE, PRENDRE ATHÈNES DE HAUT

pour admirer la ville embrasée par le coucher de soleil

4

Lovée dans une cuvette, Athènes est hérissée de collines offrant de superbes panoramas, sous un angle chaque fois différent. Il y a celle de l'Acropole, bien sûr, mais pour faire entrer le site antique dans son champ de vision, grimper sur le Lycabette. De là, un panorama merveilleux sur le Parthénon, laissant courir le regard jusqu'à la mer. Plus proche du rocher sacré, la colline du monument de Philoppapou regarde l'Acropole de haut.

BON À SAVOIR : si le Lycabette peut se gravir en téléphérique, à pied ça ne prend que 15 mn, et c'est bien moins cher...

VISITER LE MUSÉE DE L'ACROPOLE

moment fort d'un séjour à Athènes, et une visite indispensable pour comprendre le site

5

Dessiné par l'architecte franco-suisse Bernard Tschumi et son collègue grec Michel Photiadis, c'est un trapèze de verre de 25 000 m², dont une salle de 3 200 m² consacrée au seul Parthénon. Peut-être surdimensionné (en tout cas tant que les fameuses frises du Parthénon réclamées au *British Museum* ne quittent pas l'Angleterre pour rentrer au bercail), ce musée des superlatifs aura coûté 130 millions d'euros. Spacieux, moderne, il présente une concentration remarquable de chefs-d'œuvre.

BON À SAVOIR : • theacropolismuseum.gr •

6

SE REPRÉSENTER L'INCROYABLE RICHESSE ARTISTIQUE DE PLUS DE 2 000 ANNÉES D'HELLÉNISME

au Musée archéologique national d'Athènes

Impossible, évidemment, de donner une vision exhaustive des richesses de ce musée (près de 12 000 pièces exposées). Entre autres merveilles, les trésors mycéniens, dont le célèbre masque d'Agamemnon. Les salles sont consacrées aux périodes néolithiques (découvertes faites dans la région de Volos, notamment), et à la civilisation cycladique (notamment avec les découvertes faites à Phylakopi, sur l'île de Milos ou à Chalandriani sur l'île de Syros), ainsi qu'à la sculpture (monumentale) du VIIIᵉ au VIᵉ s av. J.C. Elles permettent de voir l'évolution de la représentation des jeunes hommes nus (*kouros*, *kouroi* au pluriel) et jeunes femmes habillées (*korê*, *korai* au pluriel), dont l'une (550 av. J.-C.) a été trouvée, imaginez sa tête (!), par un paysan dans son jardin, près de l'aéroport, en 1972.

BON À SAVOIR : • namuseum.gr •

APPROFONDIR SES CONNAISSANCES DU MONDE BYZANTIN
au Musée byzantin et chrétien

7

Le musée a été entièrement refait et a abandonné la villa réalisée dans les années 1840 pour Sophie de Marbois-Lebru (la duchesse de Plaisance) pour un bâtiment à la muséographie remarquable dans lequel on découvre le monde byzantin, de ses origines (il est issu de la culture gréco-romaine) à sa fin (chute de Constantinople en 1453), sans oublier ses marges (section sur les coptes d'Égypte). De magnifiques pièces comme ce chrysobulle (document garantissant des privilèges) de l'empereur Andronikos II, de nombreuses icônes anciennes (certaines doubles ou en relief), des bijoux. Superbes fresques murales (*Dormition de la Vierge*), bols en terre cuite vernissés, mosaïques, éléments architecturaux, petits bronzes, icônes en argent repoussé ou en vermeil. Même les mécréants seront sensibles à ces splendeurs...

BON À SAVOIR : ne pas manquer non plus le passionnant musée Benaki, ainsi que le musée des Cyclades et de l'Art grec ancien. • byzantinemuseum.gr • benaki.gr • cycladic.gr •

THÉÂTRE ANTIQUE

Si l'on a un peu trop tendance à dire qu'on n'a rien inventé depuis les Grecs, c'est en tout cas certainement vrai pour le théâtre. Les tragédies reprenaient les récits de la mythologie. On les jouait dans d'immenses théâtres en plein air, capables d'accueillir jusqu'à 14 000 spectateurs. Parmi les grands auteurs, le premier, fondateur de la tragédie, est Eschyle, dont il ne reste que sept pièces. Ses héros se débattent dans un monde violent, aux prises avec la justice divine, implacable. Sophocle, qui écrit quand Athènes est à son apogée, replace l'homme au centre et montre des personnages en lutte avec leur destin, ainsi que les conséquences de leurs choix. Ici, la grandeur tragique trouve toute son expression. Euripide, dont 18 tragédies sont conservées, renouvela le genre et s'attacha à l'analyse psychologique des personnages, au rajeunissement des mythes grecs et à la contestation de la tradition, allant même jusqu'à l'irrespect envers les dieux !

SAVOURER

AVALER SUR LE POUCE DE DÉLICIEUX *MEZZE*
dans le quartier de Psiri

8

Psiri, un ancien quartier d'artisans, est devenu en quelques années un des endroits les plus fréquentés d'Athènes pour ses restos, presque tous des *mézédopolia* et des *ouzéria*. On les compte par dizaines. Ces restos ne sont pas forcément plus chers que ceux de Plaka, et ils offrent souvent des plats plus originaux. Vous y dégusterez calamars grillés, purée de fèves, anchois, pommes de terre au yaourt, ou encore une *lebaneziki*, onctueuse salade de tomate et fromage mélangés, un petit délice !

BON À SAVOIR : brocanteurs et antiquaires se sont également installés à Psiri.

9

HUMER L'ATMOSPHÈRE POPULAIRE D'ATHÈNES
en parcourant le matin les travées des halles

Situées en plein cœur de la ville, les halles d'Athènes offrent un étalage fellinien très pittoresque. Profusion de poissons d'un côté, de viandes de l'autre, et des marchands, des clients qui se haranguent. Le quartier tout autour vibre au diapason, avec ses magasins en gros sur odos Sokratous, ses odeurs mélangées et ses échoppes aux enseignes en chinois le long d'odos Évripidou. Et, comme on pouvait s'y attendre, pour prolonger le plaisir, on trouvera dans le coin quelques-unes des meilleures tavernes de la ville.

FAIRE COMME LES ATHÉNIENS
et passer des heures à siroter un café frappé en terrasse

10

Il faut absolument goûter à ce café glacé, bien rafraîchissant, que l'on appelle « frappé ». C'est excellent. Comme le café grec, on le commande très sucré *(glyko)*, moyennement sucré *(métrio)*, sec *(skéto)* ou avec du lait *(mé gala)*. Le *freddoccino* ou le *frapuccino*, ces dernières années, concurrencent fortement le frappé.

DÉGUSTER UN OUZO
sans se soucier du temps qui passe

11

L'ouzo, sans lequel on n'imagine pas la Grèce, n'est pas une boisson bien ancienne, puisqu'on l'a « inventé » à la fin du XIXe s seulement. Le mot qui le désigne n'est pas d'origine grecque, mais italienne : à l'époque, sur les caisses de produits destinés à l'exportation, on écrivait « *Uso...* » (à l'usage de...) suivi du nom de la ville d'expédition. Le nouveau breuvage aurait été ainsi baptisé et écrit à la grecque. C'est le pastis local, pour aller vite. On l'obtient à partir de marc aromatisé à l'anis. On le sert au verre ou en petite bouteille (*karafaki*), accompagné de *mezze*. Ne pas confondre avec le *tsipouro*, qui s'apparente au *raki* crétois ou à la *grappa* italienne, c'est-à-dire une eau-de-vie de raisin non anisée.

BON À SAVOIR : à consommer avec modération, bien sûr.

STREET FOOD À LA GRECQUE

On trouve partout le (petit) *souvlaki* que l'on mange avec un morceau de pain, ou, plus nourrissant, le *yiros* (gyros) *me pita* (viande de porc, parfois de poulet, cuite à la broche et découpée, avec de l'oignon et d'autres choses, dans une sorte de galette). Le kebab se trouve également de plus en plus. Félicitations si vous réussissez à manger de la *patsas*, une sorte de ragoût de tripes, spécialité des gargotes du marché d'Athènes (où les restos sont ouverts 24h/24). N'oubliez pas non plus la *tiropita*, feuilleté au fromage, ou encore la *spanakopita*, où les épinards remplacent la feta. On les trouve dans les boulangeries et pâtisseries.

SORTIR

PASSER UNE NUIT BLANCHE À GAZI

le quartier de l'ancienne usine à gaz, haut lieu des nuits de la jeunesse branchée athénienne

12

Entre des murs couverts de graffitis et un faux air de friche industrielle, le quartier de l'ancienne usine à gaz s'est transformé en haut lieu de la branchitude athénienne, à l'occasion de la reconversion de l'usine en lieu culturel (rebaptisée Technopolis). Faut dire que le site a de l'allure. Hautes cheminées et hangars de brique accueillent des expos et la cour, des spectacles. Derrière, concentrés autour de la station de métro Kéramikos, restos et bars presque mimétiques se répartissent le terrain de façon exemplaire. Belle rangée de bars-clubs aux cheveux bien laqués, bercés d'électro-lounge-afro-beat-machin distillé par des DJs parfois juchés sur des toits-terrasses reconvertis en *dancefloors*, comme au *Tramp* ou au *Hive*. Bref, Gazi rythme les nuits de la jeunesse bien sapée. En journée, c'est mort.

REFAIRE LE MONDE SUR LA PLACE EXARCHIA

le quartier favori des étudiants et des marginaux de tout poil

13

Une place en triangle derrière l'École polytechnique. C'est le Quartier latin d'Athènes, dit-on. Toujours très animé, avec souvent des concerts dans les bars le week-end. Historiquement, il s'agit d'un bastion anar ; d'ailleurs, c'est d'ici que sont parties les émeutes de décembre 2008, suite au meurtre d'un jeune par un policier. Ça a pas mal chauffé, les jeunes prenant la rue d'assaut et les vieux… jetant des pots de fleurs sur la police depuis leur balcon ! L'ambiance peut donc être électrique à l'occasion, mais d'ordinaire elle est plutôt bon enfant.

BON À SAVOIR : ce quartier a toutefois tendance à s'embourgeoiser ; les bars *lounge* et bistrots *fashion* remplacent peu à peu les lieux interlopes.

14

ALLER ÉCOUTER DU RÉBÉTIKO, LE FAMEUX « BLUES GREC », DANS UNE TAVERNE

un passage obligé lorsqu'on est à Athènes

Né en Asie Mineure, le *rébétiko* est arrivé en Grèce avec les réfugiés de Smyrne, après 1922, même s'il existait déjà aussi au Pirée. Dans sa forme originelle, très populaire, c'est typiquement une musique pour raconter de courtes histoires et exprimer des sentiments. Les premières chansons étaient souvent une manière satirique de relater les histoires tristes tirées de la vie des chanteurs, d'où l'appellation de « blues grec ». De nombreuses chansons font référence à la drogue et à l'univers carcéral. Les années héroïques du *rébétiko* sont la période 1920-1940. En 1936, pendant la dictature de Métaxas, certains *rébétès* sont pourchassés, et leurs chansons, jugées décadentes, interdites. Ces chansons de mauvais garçons des faubourgs, à la voix rauque, deviendront à la mode dans les années 1950-1960.

BON À SAVOIR : les trois lieux où déguster du bon rébétiko sont *1002 Nyxtes* (• 1002nyxtes.gr •), *Steki Pinoklis* et *Kavouras* (pour la programmation, consulter leur page Facebook).

VOIR UN SPECTACLE DE DANSES TRADITIONNELLES

au théâtre Dora Stratou

15

C'est un spectacle de qualité, où les danses grecques sont fidèlement exécutées par une troupe de 75 danseurs et musiciens. Depuis 1953, l'association a pour but de préserver le patrimoine chorégraphique de la Grèce : elle a patiemment reconstitué les costumes que portaient il y a encore une cinquantaine d'années les insulaires, lors des cérémonies de mariage ou des fêtes. Les parures avaient alors une signification à la fois sociale et culturelle. Chaque détail d'une broderie ou d'un corsage pouvait indiquer le lieu d'origine de la jeune femme, si elle était mariée, quel était le métier du mari, si elle avait des enfants... La compagnie possède ainsi 2 000 costumes et parures (visite guidée et gratuite du vestiaire le matin). Une institution unique en Europe, qui propose également des cours et ateliers de danse.

BON À SAVOIR : • grdance.org •

SHOPPING

SE FAIRE CONFECTIONNER UNE PAIRE DE SANDALES

chez *Stavros Melissinos*

16

Stavros a confectionné des sandales pour la veuve d'Onassis, Georges Bush (père) et les Beatles ! Et, plus près de nous, pour les prêtresses d'Apollon pendant les J.O. de 2004, lors de la reconstitution des jeux antiques à Olympie. Aujourd'hui, Pandélis, le fils, a repris la tradition.

BON À SAVOIR : prévoir un peu de temps (on vous prend vos mesures). • melissinos-poet.com •

FAIRE UN TOUR AUX PUCES D'ATHÈNES
là même où se tenaient, dans l'Antiquité, les petits commerces

17

Ici, les Grecs s'activent et gèrent leurs affaires, comme au temps de l'Agora. Même si, depuis des lustres, les bidons d'huile d'olive ont remplacé les amphores, l'agitation collective, les odeurs, la langue de Socrate sont toujours aussi vivaces. À deux pas de Monastiraki, c'était le rendez-vous des revendeurs, des Tsiganes, colporteurs, brocanteurs, avec les « rabatteurs », ceux qui quadrillent chaque jour la ville, la banlieue et les provinces, dans leurs *métaforas* (triporteurs à moteur).

BON À SAVOIR : de l'aube jusqu'à midi (grosse activité le dim).

AGENDA DES FÊTES, FESTIVALS ET ÉVÉNEMENTS

AVRIL : la Pâque orthodoxe

Première au hit-parade en Grèce, la Semaine sainte est traditionnellement plus importante que Noël. Vérifier quand tombe la Pâque grecque *(to Paskha)* dans le calendrier orthodoxe. Se renseigner alors si l'on veut visiter des musées ou autres sites touristiques, car soit ils sont fermés, soit ils fonctionnent au ralenti du Jeudi saint au lundi de Pâques inclus. Les temps forts de cette semaine sont la procession de l'*épitafios* (symbolisant le linceul du Christ) le vendredi soir, la messe du samedi soir qui se termine aux cris de *« Christos anesti »* (« Christ est ressuscité »), et qui est suivie d'un repas commençant par la *mayiritsa*, une soupe d'abats d'agneau et d'œufs battus, et, enfin, le repas dominical (agneau à la broche pour tout le monde).

FIN MAI : Festival de jazz

Au Technopolis, quartier de Gazi. Ambassades européennes et instituts culturels s'associent à l'organisation. Concerts gratuits sur 5 jours.
• cityofathens.gr •

JUIN-AOÛT : Festival d'Athènes

À l'odéon d'Hérode Atticus, au pied de l'Acropole. Tragédies grecques, concerts classiques, jazz, ballets, opéras, avec des artistes internationaux. L'odéon n'accueille en fait qu'une partie des spectacles qui sont représentés en différents lieux à Athènes (et aussi à Épidaure).
• greekfestival.gr •

1re QUINZAINE DE JUILLET : Festival international de danse

Au Technopolis, quartier de Gazi.

BARCELONE

Barcelone, c'est le parfait compromis entre macadam et plage, farniente et culture. *Un bon mix de vie nocturne, de shopping et d'attractions culturelles. Au bord de la Méditerranée, la capitale catalane possède un patrimoine unique : les maisons espiègles de Gaudí, son époustouflante Sagrada Família, mais aussi l'architecture gothique de la vieille ville. C'est surtout une cité vibrante et séductrice, affichant haut et fort son ouverture d'esprit. Côté gastronomie, chefs et cuistots rivalisent d'inventivité. Cette ville se laisse goûter du bout des lèvres, de tapas en tapas, ou à pleines dents. Avant de partir à l'assaut de ses nuits de folie où se retrouve toute la jeunesse européenne...*

BUDGET	€€
CULTURE	★★★
CUISINE	★★★
SHOPPING	★★★
VIE NOCTURNE	★★★★

SE REPÉRER

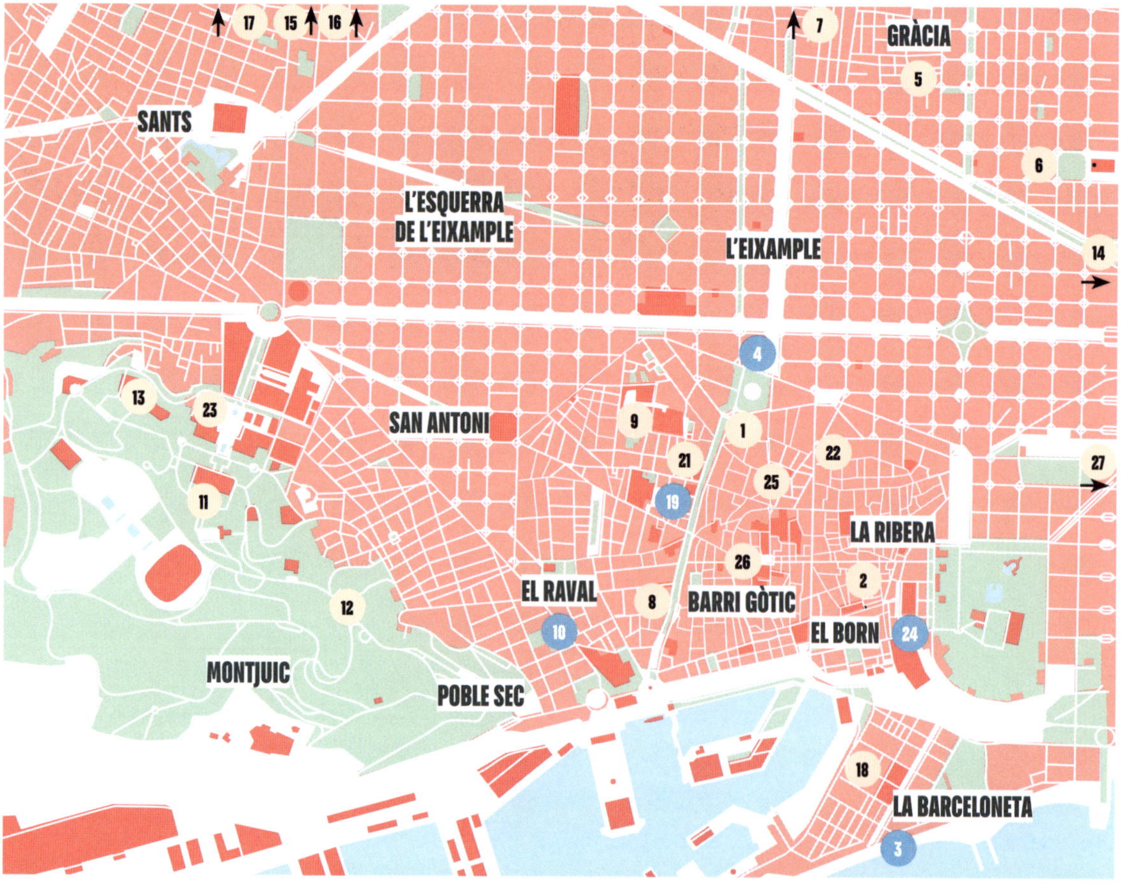

DÉCOUVRIR

DÉAMBULER TRANQUILLEMENT DANS LE BARRI GÒTIC

entre ruelles et placettes, pour profiter pleins feux de toutes les façades de ce quartier, au caractère médiéval encore marqué

1

C'est le cœur historique de Barcelone, en bordure de la mythique Rambla. Parce qu'avant d'être « gothique », ce quartier était déjà occupé par les Romains. Leurs solides murailles restent visibles ici ou là. Passage obligé par la cathédrale, un joyau gothique d'une remarquable homogénéité même si sa construction s'est échelonnée du XIIIe s au début du XXe s ! Profitez-en également pour vous balader sur l'avenue la plus connue de Barcelone : la Rambla, qui ne manque pas d'animation. C'est un passage obligé.

BON À SAVOIR : les visites payantes de la cathédrale donnent accès au chœur, au cloître, au trésor et aux toits. Et démonstrations de sardane, la célèbre danse catalane, sur le parvis de la cathédrale, tous les sam vers 18h de fév à juil, ou les dim vers 11h15 de sept à nov.

CONTEMPLER LA PLUS BELLE DONATION DE PICASSO EFFECTUÉE DE SON VIVANT

au musée... Picasso, tout simplement

2

Dans un superbe ensemble de 5 palais gothiques, parmi les plus beaux de la ville, ce musée offre un fabuleux voyage à travers des aspects parfois méconnus de la vie et de l'œuvre du peintre. De ses toiles de jeunesse jusqu'à l'impressionnante série de réinterprétations des *Ménines* de Velázquez, en passant par les périodes bleue ou rose. Belle collection de céramiques également.

BON À SAVOIR : il est indispensable de réserver sur le site internet • museupicasso.bcn.cat •

3

SE PAYER LE LUXE D'UNE PETITE BRASSE DANS LA MÉDITERRANÉE SUR LA PLAGE DE LA BARCELONETA

avant une balade dans cet ancien quartier de pêcheurs

Rues à angle droit et quadrillages d'immeubles presque tous identiques : la Barceloneta a été créée au XVIIIe s par le génie militaire, et ça se remarque ! Un ancien entrepôt portuaire en brique datant de 1901 accueille le très pédagogique et impressionnant musée d'Histoire de la Catalogne : de la préhistoire à l'après-Franco, le tout servi par une muséographie ludique et interactive remarquable. Mais le quartier conserve un aspect typiquement méditerranéen, et être bordé par la plage la plus fréquentée de la ville ne l'empêche pas d'entretenir une ambiance résolument populaire : moult adresses authentiques où se régaler de *bombas,* de poissons et autres fruits de mer.

BON À SAVOIR : profitez-en pour déjeuner au resto du musée ou y boire un verre au coucher du soleil ; installé sur le toit, il offre une large vue sur les bateaux ancrés dans le port. • mhcat.cat •

4

PARTIR SUR LES TRACES D'ARCHITECTES MAGNIFIQUEMENT ALLUMÉS DANS LE QUARTIER DE L'EIXAMPLE !

Gaudí, bien sûr, mais pas seulement

Un grand bain de couleurs, d'imagination et de liberté dans ce quartier aux rues parfaitement symétriques. Tout le quartier de l'Eixample, créé ex nihilo au milieu du XIXe s afin d'agrandir Barcelone, regorge d'édifices modernistes. Poussez seulement jusqu'au passeig de Gràcia et à ce pâté de maisons baptisé la Manzana de la Discordia (« pomme de discorde »), tant s'y expriment les différentes sensibilités du mouvement moderniste entre la casa Lleó i Morera, la casa Amatller et l'incontournable casa Batlló dessinée par Gaudí.

BON À SAVOIR : seules la casa Amattler (• amatller.org •) et la casa Batlló (• casabatllo.es/cat •) se visitent. Résa indispensable.

SUR LES TRACES DE GAUDÍ

Antoni Gaudí : le nom de cet architecte évoque à lui seul la figure de Barcelone. On perçoit son empreinte aux quatre coins de la ville. Chez lui plus que chez tout autre, les moindres détails ont leur importance, du mobilier à la poignée de porte en passant par les ferronneries. Avec leurs mosaïques colorées et leurs formes arrondies, ces constructions semblent sorties des contes de notre enfance, semées dans les rues de Barcelone par un Petit Poucet distrait et rêveur. La casa Milà (surnommée la Pedrera), le parc Güell, la Sagrada Família, font partie des incontournables. Mais Gaudí a ainsi imprimé sa marque sur les réverbères (plaça Reial), il a construit des maisons pour des particuliers comme la casa Vicens (rue des Carolines, depuis peu ouverte à la visite), le palais Güell (rue Nou de la Rambla), la casa Calvet (rue Casp)...

POUSSER LA BALADE URBAINE JUSQU'AU QUARTIER DE GRÀCIA

et profiter de son ambiance encore vraiment populaire

5

Ancien village, Gràcia a conservé un esprit de clocher qui n'est pas pour nous déplaire. C'est même un de nos quartiers fétiches à Barcelone. Oh, bien sûr, hormis la casa Vicens, on n'y trouve guère de monument d'envergure, mais une vraie ambiance de quartier justement qui, même si les boutiques branchées y fleurissent, ne sacrifie en rien à la mode. Baladez-vous au hasard des ruelles, vous tomberez toujours sur une placette où se retrouve, à tout moment de la journée, une population des plus mélangée.

BON À SAVOIR : si vous êtes là aux alentours du 15 août, ne ratez pas la fête du quartier ! Et pour réserver la visite de la casa Vicens, qui ravira les amoureux de Gaudí : • casavicens.org •

ADMIRER L'IMAGINATION FLAMBOYANTE DE GAUDÍ

qui explose littéralement dans la basilique de la Sagrada Família, l'œuvre de sa vie

6

Monument le plus visité d'Espagne après l'Alhambra de Grenade. Et ce n'est pas un hasard. Cet édifice désormais emblématique de Barcelone, inachevé après la mort accidentelle de Gaudí en 1926, en chantier permanent depuis (les plus optimistes prévoient une fin des travaux pour 2026), est définitivement une œuvre hors norme pour laquelle les qualificatifs viennent à manquer. Alors, à votre avis, la Sagrada Família : révolutionnaire ? extravagante ? présurréaliste ?...

BON À SAVOIR : résa obligatoire sur le site internet : • sagradafamilia.org •

PRENDRE UN GRAND BOL D'AIR DANS LE PARK GÜELL

au milieu des fantaisies architecturales de Gaudí

7

Le parc regroupe de vastes jardins méditerranéens que Gaudí a plantés de pavillons aux cheminées-champignons, d'une forêt de 86 colonnes doriques, d'un dragon couvert d'éclats de céramiques, tout comme la balustrade-banquette qui sinue follement avec la ville comme horizon. Initialement issu d'un projet de ville-jardin, il est converti finalement en parc municipal. Hors la zone monumentale (payante), le parc (gratuit) offre également quelques jolis points de vue sur la ville.

BON À SAVOIR : pour la visite de la zone monumentale, résa indispensable sur • parkguell.barcelona •

BABEL À BARCELONE

Il existe une tradition toute catalane : les *castellers* (châteaux humains), qui consiste à bâtir une pyramide humaine la plus haute possible. Les plus audacieuses parviennent à atteindre neuf étages ! Cela demande équilibre, sens de la solidarité et mollets d'acier. C'est finalement une construction sociale, où les plus forts garantissent une bonne stabilité de la base, pendant que la jeunesse, confiante dans la robustesse de ses aînés, part à l'assaut du sommet... Une Babel idéale et sans discorde. Renseignez-vous à l'office de tourisme : il y a parfois en juin des *castellers* à Barcelone, plaça de Catalunya ou dans les fêtes de quartier.

VISITER LE PALAIS GÜELL
pour découvrir la première grande réalisation du génial Gaudí

8

Un incontournable ! Gaudí n'avait que 34 ans lorsque le riche industriel Eusebi Güell lui confia la réalisation de cette demeure. Derrière sa façade austère, on retrouve tous les fastes hallucinés et l'inspiration gothique et musulmane de l'architecte. Dans la salle principale, colonnes de marbre, plafonds à caissons, orgue, église escamotable (!) et mobilier superbe. Clou du spectacle : le toit-terrasse ! Gaudí a laissé là libre cours à son inspiration. Chacune des 18 cheminées est un pied de nez à la rigueur du bâtiment, une euphorie de formes et de couleurs. Une visite à ne pas manquer : un magnifique spectacle architectural où s'exprime toute la force constructive de Gaudí.

BON À SAVOIR : • palauguell.cat •

POUR LES FÉRUS D'ART CONTEMPORAIN, VISITER LE MACBA
dans le sympathique quartier du Raval

9

L'édifice abritant le musée d'Art contemporain, que l'on doit à Richard Meier, est une œuvre architecturale en soi qui vaut le détour. D'avant-garde, l'ouvrage laisse entrer un maximum de lumière et permet au visiteur de circuler avec une grande commodité. Le contraste entre le bâtiment, d'une blancheur éclatante, et les ruelles qu'il faut emprunter pour y accéder fait l'objet de toutes les critiques comme de tous les éloges (dont les nôtres). Le fonds du musée contient une sélection de peintures, photos, sculptures et vidéos des 50 dernières années. Les œuvres étant visibles par roulement selon la thématique du moment, surveillez le programme. Dans tous les cas, le bâtiment mérite autant d'être vu que d'être visité pour ce qu'il abrite.

BON À SAVOIR : • macba.cat •

10

DÉCOUVRIR LES DEUX VISAGES D'EL RAVAL
quartier à la réputation autrefois sulfureuse qui, doucement, se transforme en un des secteurs branchés de la ville

On l'appelait autrefois le Barrio Chino, et Hemingway aimait à y traîner de bar en bar. Comme Jean Genet, qui a immortalisé dans son *Journal du voleur* ce quartier chaud dont quelques rues continuent à maintenir le souvenir. Mais le « nouveau Raval » affiche boutiques de fringues ou de vinyles vintage et skaters sur le parvis du surprenant MACBA (musée d'Art contemporain). À quelques pas, l'ancien hôpital de la Santa Creu, où fut transporté Gaudí au moment de son accident mortel, cache un joli café dans son jardin et la Bibliothèque nationale de Catalogne dans ses vénérables bâtiments.

BON À SAVOIR : si le nord du quartier a effectivement connu une complète transformation, le sud, côté mer, reste, ici ou là, un peu sensible dès la nuit tombée...

DÉCOUVRIR LE MUSÉE NATIONAL D'ART DE CATALOGNE
soit le plus beau musée d'art roman au monde

11

Explorer salle après salle les merveilles romanes, mais aussi gothiques, Renaissance, baroques ou modernistes. Installé dans l'imposant Palais national, sur la colline de Montjuïc, le MNAC couvre 1 000 ans d'art en Catalogne, du Xe au XXe s. Le clou du musée, c'est cet ensemble de fresques romanes prélevées sur des églises catalanes et remarquablement reconstituées. Également une extraordinaire collection de christ en majesté et de vierge à l'Enfant, ainsi que, Barcelone oblige, une section consacrée au modernisme.

BON À SAVOIR : • museunacional.cat • Fermé lun ; il faut bien min 5h pour découvrir ce musée mais, bonne nouvelle, le billet est valable 2 jours !

JOAN MIRÓ

Joan Miró (1893-1983) a passé son enfance carrer de Ferran, en plein centre de Barcelone. Très vite, il comprend que son goût pour les formes abstraites, les explosions de couleurs, dénote et détonne ! Il rencontre Gaudí au Cercle artístic de Sant Lluc, avant de partir pour Paris : c'est là qu'il rencontre Picasso, de 12 ans son aîné. Puis il revient à Barcelone au début de la Seconde Guerre mondiale. Durant la guerre civile, il se bat avec ses affiches pour seules armes, afin d'alerter l'opinion internationale, de même qu'il soutiendra la cause catalane lors de la période du franquisme. Sur le sol de la célèbre Rambla, au niveau de la station de métro Liceu, se cache une mosaïque originale de l'artiste, installée de son vivant, en 1976. Parfois, des fillettes la prennent pour terrain de jeux, le temps d'une marelle improvisée : cette vision enfantine n'aurait probablement pas déplu à Miró.

DÉCOUVRIR MIRÓ EN PROFONDEUR

en prenant son temps, dans la fondation qui porte son nom, sur la colline de Montjuïc

12

Joan Miró, le plus célèbre (avec Dalí) des artistes catalans, a créé cette fondation de son vivant. Superbe ensemble architectural pour découvrir, à travers la collection la plus complète au monde, une œuvre beaucoup plus vaste et complexe que ces toiles géométriques aux couleurs vives auxquelles on l'associe souvent : de l'impressionnisme au « dripping ». Régulières expos de jeunes artistes.

BON À SAVOIR : • fmirobcn.org • Fermé lun ; n'oubliez pas de grimper sur la terrasse, pour les sculptures de Miró et la vue sur la ville !

DÉCOUVRIR UN VÉRITABLE CONDENSÉ ARCHITECTURAL

du pays au Poble Espanyol

13

Héritage de l'Exposition universelle de 1929, le Poble Espanyol offre une réplique fidèle de différents monuments du pays, et un village idéal composé des diverses architectures populaires régionales. Le résultat ? Ce village fortifié de 49 000 m^2 qui compte une mairie, un monastère, 117 bâtiments, rues et places. Le visiteur musarde entre *plazas mayores* castillanes et ruelles de villages andalous, palais et églises... Le soir, lorsque la majorité des visiteurs a regagné le centre-ville, la balade est pleine de charme.

BON À SAVOIR : au cœur du Poble Espanyol se trouve l'une des boîtes les plus folles de Barcelone, ouv slt en été, la *Terrrazza*. • poble-espanyol.com •

ATTRAPER UN TORTICOLIS EN SE BALADANT ENTRE LES VERTIGINEUX BUILDINGS DU 22@

un quartier qui s'invente sur les friches industrielles du Poblenou

14

Autour de l'immanquable Torre Glòries, signée Jean Nouvel, poussent de tout aussi étonnants spécimens d'architecture contemporaine (dont le bâtiment qui abrite le passionnant musée du Design), tout un quartier dédié aux nouvelles technologies, symbole de la perpétuelle effervescence de la capitale catalane. À deux pas, balade conseillée dans le Poblenou, vieux quartier ouvrier, lui aussi en complète transformation (sociologique, dans son cas), qui descend jusqu'à la mer.

BON À SAVOIR : les grandes plages du Poblenou sont parmi les moins bondées de la ville.

PRENDRE DE LA HAUTEUR SUR LA COLLINE DU TIBIDABO

et s'offrir quelques sensations fortes sur les attractions d'un des plus vieux parcs du genre au monde

15

Point culminant (à plus de 500 m) de la serra de Colserolla, petit massif très verdoyant, et réserve d'oxygène de la ville, la colline du Tibidabo abrite un parc d'attractions ouvert depuis 1908. Vue sublime depuis la grande roue, construite, elle, en 1921 (mais rénovée depuis !). Pour ceux qui en voudraient encore, à côté, des ascenseurs grimpent en haut des clochers de l'église du Sacré-Cœur ou de la tour de communication signée Norman Foster.

BON À SAVOIR : • tibidabo.cat • Chaque attraction peut se payer à l'unité ; horaires réduits hors saison.

S'OFFRIR UNE PETITE BALADE DANS LE TEMPS ET L'ESPACE, À COSMO CAIXA

le musée de la Science de Barcelone

16

Ce musée de 50 000 m², dans lequel on plonge via une surprenante rampe hélicoïdale, est une vraie réussite. À l'entrée, une lunette géante remonte jusqu'au Big-Bang originel. Tout autour, de nombreuses expériences scientifiques permettent de régaler les yeux et le cerveau des petits comme des grands. Au fond, les arbres plongent leurs racines puissantes dans un bassin où nagent piranhas, caïmans et autres sympathiques bestioles. Sur le côté, un étonnant mur géologique constitué de 100 t de roches... Les enfants adorent !

BON À SAVOIR : réservation sur • cosmocaixa.es •

FAIRE UNE ESCAPADE AU VERT

à Montserrat

17

Le monastère de Montserrat, sorte de nid d'aigle à 700 m d'altitude, sur un site occupé depuis le VIIIe s, est un pèlerinage prisé des Catalans. L'endroit a toujours enflammé l'imagination des hommes : un rude massif aux longs monolithes verticaux (d'ailleurs très appréciés des grimpeurs). C'est aujourd'hui sa Vierge noire qui les aimante ! Plus que le monastère en lui-même, ce sont le magnifique point de vue et les belles balades (accessibles en funiculaire pour certaines) qui valent le déplacement.

BON À SAVOIR : facile d'accès en train + téléphérique (ou train à crémaillère) depuis Barcelone, via la ligne R5 ; et même des forfaits tout inclus.

SAVOURER

S'OFFRIR UNE SOIRÉE « POISSONS ET FRUITS DE MER »

dans la Barceloneta, ancien quartier de pêcheurs

18

Entre la ville et la plage, on aime bien ce quartier un peu à part pour son atmosphère encore populaire. Le quartier fut d'ailleurs longtemps habité exclusivement par les marins et les pêcheurs. On y trouve toujours de bons vieux petits bistrots, le long d'étroites ruelles très méditerranéennes. Pour manger, on conseille *La Cova Fumada* (c/ Baluard, 56). Passé les portes de ce bar sans enseigne, on distingue un comptoir sans âge, la cuisine où grillent sardines, calamars et autres poulpes ultra frais, et une poignée de tables bancales. L'atmosphère est aussi chaleureuse que bruyante, les serveurs écrivent l'addition directement sur le zinc, et les habitués se régalent, le verre à la main. Plus authentique, y'a pas !

TOURNER ET RETOURNER DANS LE MARCHÉ DE LA BOQUERÍA

saliver à chaque étal jusqu'à s'attabler devant de superbes tapas en éclusant un gorgeon !

Installé ici depuis 1914, le plus célèbre marché couvert de la ville est devenu une vraie attraction touristique. Normal ! Sa structure de fer et de verre très Art nouveau vaut déjà le coup d'œil. Et la Boquería, c'est, d'étal en étal, un véritable spectacle pour les yeux, les narines, voire les oreilles, avec la gouaille toute catalane des commerçants. Les Barcelonais en parlent souvent comme d'une « cathédrale des sens ». L'expression est bien choisie !

BON À SAVOIR : ouv lun-sam 8h-20h, fermé dim.

20

TAPEZ-VOUS DES TAPAS !

Tous les jours et à toutes les heures, du bout des lèvres et l'air de rien, à l'apéro ou en guise de dîner

L'un des grands moments d'un voyage à Barcelone consiste à aller de bar en bar pour déguster les fameuses tapas à l'heure de l'apéro : *pa amb tomàquet* (pain frotté d'ail et de tomate, arrosé d'huile d'olive) *aceitunas* (olives marinées), *pimientos* (petits poivrons sautés), *buñuelos* (beignets aux légumes, au fromage, à la saucisse...), *jamón serrano* (jambon cru de montagne), *queso manchego* (fromage de brebis) et autre *tortilla* (omelette de pommes de terre). Barcelone étant une ville maritime, on vous conseille les tapas aux poissons et fruits de mer : *calamares* (calamars frits ou marinés), portions de *bacallà* (morue), *pulpo* (poulpe)...

BON À SAVOIR : à côté des bars traditionnels avec comptoir en bois patiné à souhait, poutres et tonneaux, fleurissent de petits jeunots design, qui jouent la carte de la modernité. Côté assiette, la tendance, est aux tapas « créatives » ! Les bonnes adresses se comptent à foison, référez-vous à notre guide Barcelone.

SE FAIRE UN PETIT DÉJ OU UNE PAUSE SUCRÉE D'ANTHOLOGIE

dans l'une des *granjas catalanas* (crèmeries-salons de thé) de la ville

21

Parmi ces fameuses crèmeries plus que centenaires, citons la *Granja M. Viader.* Tout près de la Rambla, c'est la plus ancienne laiterie de Barcelone. Les murs sont tapissés de photos de famille et de vieilles affiches publicitaires commémorant le 125ᵉ anniversaire ! Vers 17h, étudiants gourmands, artistes, vieilles dames et vieux messieurs du quartier se retrouvent entre ses murs sans âge et pleins de cachet : chocolat crémeux, assiettes de fromage frais nappé de miel *(mel i mató),* madeleines, crèmes catalanes, mousses au chocolat... Tout est fait maison avec des produits de la ferme. Régalez-vous absolument de *leche mallorquina* (du lait de la ferme avec du citron et de la cannelle), excellent et très rafraîchissant. En partant, vous pouvez faire quelques emplettes : chantilly, yaourts, fromages, charcuterie de fabrication artisanale...

BON À SAVOIR : • granjaviader.cat •

SORTIR

ASSISTER À UN CONCERT AU PALAIS DE LA MUSIQUE CATALANE,
l'un des chefs-d'œuvre barcelonais de l'architecture moderniste

22

Dès le coin de la rue, ce bâtiment est un émerveillement architectural ! Classé au Patrimoine mondial de l'Unesco, ce chef-d'œuvre, construit entre 1905 et 1908 par Lluís Domènech i Montaner, est un résumé fou des délires architecturaux du début du XXᵉ s. Brique, céramiques polychromes, entrelacs de fer forgé et verres aux douces teintes... Absolument surréaliste. Cependant, si la composition architecturale correspondait bien aux goûts de l'époque, le malheureux architecte avait doté la salle de concerts d'une bien mauvaise acoustique. Aujourd'hui, après de nombreux aménagements discrets et efficaces, les mélomanes peuvent apprécier pleinement les prouesses musicales tout en profitant du décor.

BON À SAVOIR : se visite aussi • palaumusica.cat • Côté concerts, toutes les musiques sont représentées !

NE PAS MANQUER LE BEAU SPECTACLE DES FONTAINES MAGIQUES DE MONTJUÏC
dont les jets d'eau dansent en musique le week-end

23

Conçu pour l'Exposition universelle de 1929, *Las Fonts de Montjuïc* est un spectacle son et lumière très réussi. Le long de l'avenida de la Reina María Cristina et des escaliers qui montent jusqu'au musée national d'Art de Catalogne, les jets d'eau jaillissent d'une multitude de fontaines, petites ou très grandes, au rythme des symphonies classiques, morceaux de rock, valses... Le tout avec panorama sur Barcelone. Un spectacle féerique... et gratuit.

BON À SAVOIR : pour les horaires voir • bcn.cat/fontmagica •

24

S'OFFRIR UNE FOLLE NUIT DE FIESTA
dans les boîtes hyper branchées d'une ville qui ne dort jamais tout à fait !

Avec son insouciance légendaire et son atmosphère caliente, Barcelone est l'une des meilleures destinations festives d'Europe. Les Catalans dînent tard, boivent tard et sortent très tard. Le week-end, ne soyez pas surpris si les discothèques de Barcelone sont encore vides jusqu'à 1h ou 2h du mat', elles ouvrent souvent jusqu'à 6h. Au choix, un des bars branchés du passeig de Born, du quartier de Raval ou du Barri Gòtic. La nuit est à vous...

BON À SAVOIR : guettez les flyers des soirées ; sinon • barcelonaparties.com • afin de connaître les offres gratuites.

SHOPPING

FAIRE PROVISION D'UN ASSORTIMENT DE *TURRÓN* À LA *CASA COLOMINA*

le meilleur fabricant de la ville depuis 1908

25

Ce vieux pâtissier barcelonais, spécialisé dans la fabrication de *turrón*, probablement le meilleur de la ville depuis plus d'un siècle. En Espagne, cette douce sucrerie à base de blancs d'œuf, de fruits et d'amandes, de la famille du nougat, s'offre à Noël, comme les chocolats en France. Celui dit de Jijona *(Xixona)* a le grain fin ; celui d'Alicante contient de plus gros morceaux d'amandes. Goûtez aussi le *mazapán* (pâte d'amandes aux parfums divers). Meilleur choix en hiver, mais, en été, bonnes glaces au *turrón*.

BON À SAVOIR : possède 2 adresses en ville, c/ Cucurulla 2 et Gran de Gràcia 57 ; • casacolomina.es •

INVESTIR DANS UNE PAIRE D'ESPADRILLES ARTISANALES :

de toutes les couleurs, de toutes les formes, de toutes les tailles, faites votre choix !

26

La Manual Alpargatera est une boutique et fabrique artisanale d'espadrilles pour petits et grands. Les indémodables souliers en corde sont confectionnés sous les yeux des clients depuis plus de 80 ans, et rangés sur les étagères qui courent du sol au plafond. Vendeurs à l'ancienne, avec petits tabourets d'essayage. Qualité et solidité garanties. Si vous souhaitez investir dans une vraie paire d'espadrilles, c'est ici qu'il faut venir !

BON À SAVOIR : c/ Avinyó, 7 ; • lamanual.com •

CHINER AU MARCHÉ AUX PUCES *DELS ENCANTS*

le plus grand et le plus ancien de Barcelone

27

Installé sous une vaste et immense halle moderne, imaginée par l'architecte comme d'immenses voilures-miroirs, dans lesquelles se reflètent les couleurs du marché. Rien que pour l'architecture, ça vaut le coup d'œil. Sinon, quelques bonnes affaires à réaliser, au sous-sol. Au rez-de-chaussée, c'est sans grand intérêt. Cela dit, flânez, comparez et, parfois, sachez résister... ou pas. Sinon, dans le Barri Gòtic, une ribambelle de petites boutiques ou de vastes cavernes aux trésors se côtoient le long de la minuscule carrer de la Palla, qui donne sur la place de la Cathédrale. Bourrées d'antiquités pour les unes, plutôt version brocante pour les autres.

BON À SAVOIR : mercat dels Encants, pl. Glòries ; lun, mer, ven et sam 9h-20h ; • encantsbarcelona.com •

DESIGN

Branchée et inventive, Barcelone aime le design. Cette créativité a certainement une origine historique : longtemps interdits de commercer avec le Nouveau Monde, les Catalans durent produire leurs propres richesses. Dépourvue de matières premières, la région se spécialisa dans l'industrie de transformation : verre, textile, céramique, cuir, bois, métal, etc. Barcelone compte sept écoles de design ou organismes, dont la FAD (Foment de les Arts i del Disseny), née en 1903, la plus prestigieuse et la plus ancienne. Tous les 2 ans, au mois d'avril, a lieu dans la ville le Printemps du design, un circuit de galeries, boutiques et bars qui exposent les dernières inventions du cru. Comme autrefois à l'époque moderniste, les designers d'aujourd'hui travaillent le bois, la céramique et le verre, mais aussi le plastique et le carton. Leurs outils ? La poésie et l'humour !

AGENDA DES FÊTES, FESTIVALS ET ÉVÉNEMENTS

FÉVRIER : Carnaval du Mardi gras

À la fin du mois. On défile derrière Carnestoltes, le monsieur Carnaval en carton-pâte. C'est aussi la fête de santa Eulàlia, la copatronne de la ville. Le défilé en son honneur est devancé par d'énormes dragons crachant du feu.

23 AVRIL : fête de sant Jordi (saint patron de la Catalogne)

C'est l'équivalent de la Saint-Valentin : les garçons offrent une rose aux filles, qui leur répondent en leur offrant un livre, car, ce jour-là, on commémore aussi l'anniversaire de la mort de Cervantès. La Rambla est noire de monde, et l'on trouve des étalages de fleurs et de livres à tous les coins de rues.

MI-JUIN : Sónar

L'événement de l'année pour toute l'Espagne électronique. 3 jours de fièvre musicale avec les plus grands noms de la scène internationale. Cette grande fête techno rameute les meilleurs DJs et les raveurs du monde entier. Si vos congés ne tombent pas à cette période, vous pourrez suivre ce festival en France sur Radio Nova, qui se déplace souvent pour l'occasion. • sonar.es •

24 JUIN : fête de la Saint-Jean

Concerts, danses, feux d'artifice dans tous les quartiers, dans la nuit du 23 au 24 juin. Ce jour-là, on mange la coca de Sant Joan, une pâtisserie à vrai dire assez étouffe-chrétien.

JUILLET : GREC (Grand Festival d'été de Barcelone)

Nombreux spectacles (théâtre, musique, etc.) dans les salles, les rues et les jardins de la ville. • barcelona.cat/grec/ •

15 AOÛT : fête de l'Assomption

Surtout à Gràcia, ne pas la rater.

FIN DÉCEMBRE : kermesse de Santa Llùcia

La semaine précédant Noël. Tout autour de la cathédrale, on trouve des stands avec des figurines représentant des scènes de la Nativité. Des files d'attente hallucinantes pour admirer le Divin Enfant !

Sagrada Família

BELFAST

1H45
AU DÉPART
DE PARIS

BUDGET	€€
CULTURE	★★★
CUISINE	★★
SHOPPING	★★
VIE NOCTURNE	★★★

***Si la « capitale » de l'Irlande du Nord n'est pas une belle ville au sens propre du terme, il en émane toutefois une force de caractère fascinante.** Une atmosphère en grande partie due à son histoire et aux traces du conflit entre catholiques et protestants, dont témoignent les nombreuses fresques murales dans le quartier de West Belfast. Mais la ville ne saurait se résumer à cet héritage historique. Le centre présente tous les attraits des villes modernes, avec cette authenticité qui définit si bien l'Irlande. Ses beaux musées, sa vie universitaire, les murals, sa scène culturelle, son animation et ses pubs pittoresques sauront vous séduire. Sans oublier, pour ceux qui auront du temps, la chaussée des Géants, spectaculaire formation rocheuse classée à l'Unesco, à une centaine de kilomètres au nord de Belfast. Incontournable !*

SE REPÉRER

DÉCOUVRIR

VISITER L'IMPRESSIONNANT CITY HALL

l'hôtel de ville de Belfast, surnommé le « Titanic de pierre »

1

Achevé en 1906, ce bâtiment se dressant au centre de Donegall Square, fut le siège du premier Parlement d'Irlande du Nord en 1921. Considéré comme un chef-d'œuvre par les uns, il est vu comme le produit des amours crapuleuses du Vittoriano de Rome et du Capitole de Washington pour les autres. Des visites guidées permettent de découvrir l'intérieur du bâtiment. Vous y verrez le grand hall en marbre, sa coupole (haute de 53 m), le grand escalier d'honneur, la charte accordée par Jacques Ier à la Ville en 1613, ainsi qu'une remarquable fresque racontant l'histoire industrielle de Belfast.

BON À SAVOIR : Donegall Sq North.

SE FONDRE AU MILIEU DES ÉTUDIANTS DE LA QUEEN'S UNIVERSITY

la seconde plus ancienne université d'Irlande après le Trinity College de Dublin

2

Du centre, Great Victoria Street mène vers le sud au quartier mixte et agréable de Queen's University. Édifiée au milieu du XIXe s et inspirée par le Magdalen College d'Oxford, la Queen's présente une superbe et longue façade de style Tudor. Belle cour intérieure, partiellement entourée d'arcades. C'est ici qu'étudièrent, entre autres, Mary McAleese (ex-présidente de la république d'Irlande), David Trimble (ex-Premier ministre d'Irlande du Nord), Seamus Heaney (Prix Nobel de littérature) ou encore l'acteur Liam Neeson. Tout autour, grosse animation pendant l'année universitaire, bien entendu. Notamment dans les pubs...

S'ALLONGER SUR LES GÉNÉREUSES PELOUSES DU RAVISSANT JARDIN BOTANIQUE

poumon vert de Belfast qui invite à la détente

3

Ce vaste jardin est une véritable oasis de tranquillité au cœur du quartier de l'université. On y trouve deux serres tropicales, dont la magnifique Palm House victorienne, toute de verre et de fonte, qui fut construite en 1840, avant sa célèbre consœur des Kew Gardens de Londres.

BON À SAVOIR : jardin ouv tlj de 8h au coucher du soleil.

ADMIRER LES TRÉSORS RASSEMBLÉS AU PASSIONNANT ULSTER MUSEUM

le plus important musée d'Irlande du Nord

4

Bénéficiant d'une muséographie moderne, cet immense musée (8 000 m²) est organisé en départements couvrant des domaines si variés (histoire locale, beaux-arts, archéologie, histoire naturelle, arts appliqués...) que chacun devrait y trouver son bonheur. On y admirera notamment la momie de Takabuti, un squelette de dinosaure géant, les découvertes faites dans l'épave de la *Girona,* navire de la Grande Armada qui sombra au large de la chaussée des Géants, des peintures de Turner, Gainsborough, Matisse ou Bacon, et bien d'autres pièces étonnantes. L'Ulster Museum, dont l'entrée est gratuite, propose également des expositions temporaires de peinture, sculpture et artisanat.

BON À SAVOIR : • nmni.com/um •

Le *Big Fish,* de John Kindness

LE *TITANIC*, « MADE IN BELFAST »

Voici un sujet qui met d'accord catholiques et protestants d'Irlande du Nord : le *Titanic*. Et peu importe qu'il ait coulé dans la nuit du 14 au 15 avril 1912, lors de sa première traversée transatlantique ! Tout le monde se vante d'avoir eu un membre de sa famille impliqué dans la construction de ce paquebot *« made in Belfast »*, sorti des célèbres chantiers navals Harland & Wolff. La ville a profité du 100e anniversaire de son lancement pour entériner sa reconquête des anciennes rives industrielles de la Lagan, en inaugurant le Titanic Belfast. Souhaitons à cet espace consacré au paquebot mythique, scintillante icône high-tech plus que simple musée, une longue traversée sans naufrage !

BELFAST POSSÈDE UN TRÉSOR MODERNE
qui, à lui seul, mérite le déplacement : le Titanic Belfast

5

Habillée de 3 000 plaques d'aluminium étincelant jusqu'à l'aveuglement, la façade anguleuse du Titanic Belfast est censée évoquer à la fois la proue du légendaire paquebot, et les 5 étoiles de la compagnie White Star. Ce n'est pas un musée au sens classique, mais une expérience à vivre, riche en émotions : technologies dernier cri, visite virtuelle, reconstitution poignante, tout a été fait pour que les visiteurs y passent un moment d'exception. Le bâtiment en lui-même est appelé ironiquement l'Iceberg par les locaux, mais sa visite ne laisse personne de glace

BON À SAVOIR : le billet d'entrée n'est pas donné. Il faut impérativement réserver • titanicbelfast.com •

PARTIR À LA RECHERCHE DES *MURALS*
ces fresques politiques qui jalonnent les murs du quartier populaire de West Belfast, et tenter de comprendre la situation en Irlande du Nord

6

Ville aux multiples visages, Belfast a conservé dans sa chair la marque des hommes qui se sont battus pour elle : républicains catholiques et loyalistes protestants. Pour comprendre la situation en Irlande du Nord, rien ne remplace une visite dans les quartiers où vivent ces femmes et ces hommes qui se sont longtemps affrontés. C'est là que l'on peut sentir, de manière palpable, l'attachement obstiné des deux communautés à leurs valeurs fondatrices et à leurs territoires respectifs. Le quartier populaire de West Belfast offre l'exemple le plus éloquent de cette partition avec, d'un côté, la communauté protestante de Shankill et, de l'autre, les catholiques des Falls. Entre les deux, un mur bien visible, la Peace Line, comme dans le Berlin de la guerre froide ou à Gaza. Leur histoire s'inscrit notamment sur les saisissants *murals*, témoignages émouvants des antagonismes du passé : ceux des Falls rendent hommage à la résistance irlandaise, à l'IRA et à ses héros, comme Bobby Sands, alors qu'à Shankill dominent orangistes, silhouettes cagoulées et mitraillettes.

BON À SAVOIR : on peut visiter West Belfast à pied ou en empruntant les *black taxis* qui faisaient office de transport public dans les quartiers catholiques à l'époque des « troubles », comme disent pudiquement les autorités britanniques. Une carte-guide, intitulée *Shankill and West Belfast Arts and Heritage Trail*, a été éditée pour mieux repérer les principales curiosités. On consultera avec intérêt les sites • muralsirlandedunord.over-blog.com • ou • belfast-murals.co.uk • Des musées permettent également de compléter la visite du quartier.

LES *MURALS* (FRESQUES MURALES)

Le phénomène artistique et politique des *murals* éclata vraiment du côté républicain au moment des grèves de la faim de 1981. Peints sur les pignons des maisons les mieux placées, ils exprimaient la solidarité d'une rue, d'un quartier avec les grévistes de la faim luttant pour une reconnaissance politique. Puis les thèmes se sont diversifiés, puisant beaucoup aux sources de l'histoire et de la mythologie irlandaise et s'attachant aussi à défendre la cause d'autres peuples opprimés. Cela dit, les *murals* restent d'abord le témoignage d'un puissant sentiment identitaire. Il en va de même chez les loyalistes, même si les fresques sont relativement moins nombreuses à Shankill que dans les quartiers catholiques.

REMONTER LE TEMPS EN VISITANT L'ULSTER FOLK MUSEUM

un chouette écomusée établi dans un grand parc vallonné

7

Une trentaine d'édifices représentatifs de l'architecture et de la vie d'autrefois y sont regroupés par affinités : village reconstitué de Ballycultra d'un côté, avec sa vieille église, sa poste, son école, sa banque, etc. ; de l'autre, des fermes et moulins répartis dans la cambrousse. On se croirait vraiment au XIXe s grâce à l'évocation de nombreux petits métiers, artisanats et commerces d'époque, surtout lors des reconstitutions animées par des figurants vêtus en costumes d'époque. Chant d'oiseaux, tapis de fleurs et pique-nique bucolique envisageable, la visite équivaut à une véritable balade !

BON À SAVOIR : à Cultra, à une douzaine de km au nord-est de Belfast ; • nmni.com/uftm •

8

CONTRÉE DE LÉGENDES, LA MYTHIQUE CHAUSSÉE DES GÉANTS

en appelle au fantastique

Les formes uniques de ces rochers s'avançant dans la mer (pas moins de 40 000 colonnes de basalte gris, aux teintes tirant parfois sur le rouge, et évoquant de gigantesques orgues) font travailler l'imagination : harpe, botte, cheminées… chacun se fait son cinéma et se raconte sa propre histoire devant ce spectacle somptueux offert par la nature.

BON À SAVOIR : pour prolonger le plaisir, possibilité de belles randonnées sur le sentier côtier aménagé jusqu'au pont de corde de Carrick-a-Rede.

SAVOURER

DÉGUSTER UNE MOUSSE OU UN PLAT DANS LE SPLENDIDE DÉCOR DU *CROWN LIQUOR SALOON*

un pub typique qui s'est autoproclamé l'un des plus beaux bars au monde

9

Fondé en 1826, le *Crown* revêtit sa splendeur actuelle à la fin du XIXᵉ s, sous la houlette d'un architecte qui mêla style victorien et influences italiennes. Richement carrelée, la façade aux deux colonnes présage du voyage dans le temps qui vous attend à l'intérieur, où le comptoir est toujours éclairé par des lampes à gaz. Les *snugs*, ces compartiments qui permettaient à la haute de boire à l'abri des regards, sont ici au nombre de 9 et équipés de cloisons particulièrement ouvragées. À apprécier encore et toujours, en dégustant une mousse ou un plat : vitraux, mosaïques, plafonds aux riches moulures et débauche de cuivre.

BON À SAVOIR : le *Crown* servit de cadre à l'une des scènes clés de *Odd Man Out (Huit heures de sursis)*, le superbe film de Carol Reed. • nicholsonspubs.co.uk/thecrownliquorsaloonbelfast •

10

CONSTATER QUE LA VIE NOCTURNE À BELFAST EST DENSE (EUPHÉMISME !)

et… bien vivante

La vie nocturne témoigne du renouveau de Belfast. Fini le temps où protestants et catholiques restaient dans leurs quartiers respectifs ! Désormais, les Belfastois ont réinvesti leur centre-ville. Si les rues peuvent sembler désertes le soir, il ne faut pas hésiter à pousser la porte des pubs, des bars et des boîtes, car c'est à l'intérieur que ça se passe ! Pubs traditionnels (comme le *Kelly's Cellars*, le *Duke of York* ou le magnifique *Crown Liquor Saloon*), bars étudiants de Queen's *(Ye Olde Eglantine Inn…)*, *wine bars*, restos branchés : il y en a pour tous les goûts. Les nuits peuvent s'achever très tard en boîte *(Bistro Empire, Kremlin…)*, dans une ambiance assez électrique. Car, du Nord ou du Sud, les Irlandais ont cette qualité inestimable : ils ont le sens de la fête et de la convivialité.

BON À SAVOIR : nichés dans des blocs de maisons, certains pubs *(O'Neill, White's, The Morning Star)* ne sont accessibles que par d'étroites ruelles appelées « *entries* », vestiges de petits chemins qui traversaient autrefois des jardins. *L'Historical Pub Tour*, organisé par l'office de tourisme, vous fera découvrir cinq établissements qui fourmillent d'anecdotes, sont chargés d'atmosphère et sentent bon le houblon. • belfastpubtours.com •

SORTIR

ASSISTER À UN CONCERT DE MUSIQUE TRADITIONNELLE

au centre culturel gaélique de Belfast

11

Installé dans une ancienne église presbytérienne, le Cultúrlann McAdam-Ó'Fiaich foisonne d'activités ! Cours de musique et de langue gaélique, soirées culturelles et artistiques, dont des concerts de musique traditionnelle. Également un point d'information visiteurs, une librairie, ainsi que des espaces d'exposition, dont un dédié au gaélique, sans oublier le *coffee shop* pour une bonne nourriture traditionnelle.

BON À SAVOIR : 216, Falls Rd ; • culturlann.com •

SHOPPING

CHERCHER SON BONHEUR PARMI LES ÉTALS DU SAINT GEORGE MARKET en fin de semaine

12

Inauguré en 1896, le Saint George Market mérite le détour pour faire ses emplettes. Cette élégante halle de brique et de fonte accueille, les vendredi, samedi et dimanche, des stands d'artisanat et d'alimentation (intéressante section bio). Pas mal de traiteurs proposent des plats du monde entier. Idéal pour se constituer un pique-nique, prendre le petit déj, bruncher ou siroter un bon expresso dans une ambiance vraiment conviviale. Certains matins, il y a même des musiciens.

BON À SAVOIR : 12-20, East Bridge St ; ouv ven 6h-14h, sam 9h-15h et dim 10h-16h.

Le Titanic Belfast

AGENDA DES FÊTES, FESTIVALS ET ÉVÉNEMENTS

MARS OU AVRIL : Belfast Film Festival
• belfastfilmfestival.org •

AVRIL OU MAI : Belfast Titanic Maritime Festival
Animations variées au Titanic Quarter, avec ateliers d'art et d'artisanat, marché maritime et visites spéciales des principales attractions de la zone (Nomadic Belfast, Titanic's Dock, etc.).

1RE QUINZAINE D'AOÛT : West Belfast Festival (Féile an Phobail)
Ensemble de festivités et spectacles gratuits qui, au fil des années, en ont fait un des tout premiers festivals communautaires d'Europe. Carnaval avec 50 000 personnes costumées. • feilebelfast.com •

FIN OCTOBRE-DÉBUT NOVEMBRE : Festival culturel de Queen's University
Festival au renom international, fondé en 1962. Musique, théâtre, danse, opéra, cinéma, tous les genres, en fait ! Vous constaterez que la culture à Belfast possède une sacrée santé ! • belfastfestival.com •

BERGEN

2H10
AU DÉPART
DE PARIS

BUDGET	€€
CULTURE	★★
CUISINE	★★
SHOPPING	★★
VIE NOCTURNE	★★

Avec ses quais animés, ses fières maisons en bois, ses collines aux airs de Californie et son atmosphère cosmopolite, Bergen est sans aucun doute l'une des plus agréables villes de Norvège. *Enserrée par sept montagnes, elle se love autour d'un petit port bien protégé. Ravagée plusieurs fois par des incendies, elle n'en a pas moins conservé de vieux quartiers superbement restaurés, et notamment le plus ancien, celui de Bryggen, le quartier hanséatique qui figure d'ailleurs au Patrimoine mondial de l'Unesco. Ville jeune et décontractée, le charme de la cité tient aussi à son animation. Les étudiants l'habitent en nombre et les bars sont pleins jusque tard dans la nuit. Un dynamisme aussi culturel avec des musées passionnants. Dommage, Bergen est également l'une des villes les plus pluvieuses du pays.*

SE REPÉRER

DÉCOUVRIR

1

VISITER LES VIEUX ENTREPÔTS EN BOIS DE LA LIGUE HANSÉATIQUE

avec ses superbes bâtisses multicolores serrées les unes contre les autres

À Bergen, longer le quai de Bryggen, bordé de hautes maisons multicolores. Ces belles bâtisses servaient d'entrepôts et de logements aux célèbres marchands de la Hanse, cette association de ports qui régnait sur la vie économique de Bergen du XIVe au XVIIIe s. Le quartier a souffert de plusieurs incendies, mais une soixantaine de bâtiments ont été superbement reconstitués et offrent l'occasion d'un passionnant voyage dans le temps.

BON À SAVOIR : sur le quai, visite possible du Musée hanséatique, qui retrace l'histoire de la Hanse.• visitbergen.com •

REVIVRE LA RUDE EXISTENCE DES MARCHANDS DE LA LIGUE AU MUSÉE HANSÉATIQUE

logé dans l'un des vieux édifices en bois de Bryggen

2

Au XVIIes, un quart des habitants de Bergen était allemand. Ils avaient la mainmise sur tout le quartier de Bryggen. Une barrière séparait même les entrepôts du reste de la ville. Les maisons s'organisaient par groupes de six. Les marchands pouvaient accéder au quai depuis n'importe quelle demeure, par un couloir qui traversait les bâtisses. Dans cet ensemble transformé en musée, on découvre l'entrepôt, les séchoirs à morue, l'étage où logeait le marchand, le bureau où l'on tenait les comptes, le dortoir où dormaient les enfants envoyés d'Allemagne pour servir d'apprentis ou de commis... Une visite incontournable pour comprendre l'histoire de cette ville tournée vers le commerce maritime.

BON À SAVOIR : • museumvest.no •

SOUVENIRS DE LA HANSE

La ville fut créée au XIe s. Résidence élue des rois jusqu'au XIIIe s, Bergen, port de pêche, devait attirer la puissante Ligue hanséatique de Lübeck, qui possédait déjà plusieurs comptoirs, et étendait son hégémonie à toute la mer du Nord et la Baltique. C'est ainsi que le quartier de Bryggen fut transformé en « ghetto » germanique. On y installa des conserveries. Tout un secteur était réservé à ces curieux marchands ; leur pouvoir était tel que certaines lois locales ne pouvaient leur être imposées. Durant quatre siècles, l'hégémonie allemande fut sans partage. Puis les Danois prirent le dessus. Du prestige de la Ligue hanséatique, il ne reste que quelques maisons, pas d'époque, mais superbement reconstituées.

PRENDRE LE FUNICULAIRE POUR GRAVIR LE MONT FLØYEN
et profiter d'une vue imprenable sur Bergen et ses environs

3

La colline surplombe la ville à 320 m d'altitude. On l'atteint en 7 mn par un funiculaire moderne au départ d'un charmant quartier du centre-ville. Placez-vous à l'arrière de la cabine, vue optimale garantie. Du sommet, large panorama, entre deux nuages, tout dépend de la météo, évidemment... Mais foncez ! Là-haut, plusieurs sentiers de randonnée balisés dans la forêt. On peut facilement y passer la journée.

BON À SAVOIR : • floyen.no •

S'OFFRIR UN PANORAMA DE L'ART NORVÉGIEN
au Kode Bergen

4

Ce musée est réparti dans quatre bâtiments alignés le long d'un petit lac intérieur. Chacun des édifices a une architecture et une identité propres. Tous, en revanche, présentent un nombre d'œuvres restreint, mais de qualité, ce qui permet de les apprécier pleinement. On pourra se familiariser avec l'art pictural norvégien, mais aussi international. À noter que les toiles de Munch justifient à elles seules le détour, mais on soupçonne que, avant même d'arriver à celles-ci, vous trouverez votre bonheur parmi les très belles œuvres qui témoignent de l'évolution de la peinture nordique au tournant du XXe s.

BON À SAVOIR : • bergenartmuseum.no •

VISITER LE MUSÉE DE LA LÈPRE
un petit musée insolite et émouvant

5

Le musée consacré à cette redoutable maladie s'est tout naturellement installé dans une ancienne léproserie du XVIIIe s. La lèpre ravagea le pays entre 1820 et 1890, et toucha environ 8 000 personnes. Armauer Hansen, natif de Bergen, découvrit le bacille en 1873. Près de 180 pensionnaires occupaient le bâtiment en bois vert pâle, dont la galerie des malades, enfilade de cellules ; certaines sont reconstituées, d'autres exposent des documents, photos et gravures assez impressionnantes. Au fond à gauche, on accède, par le chevet, à l'adorable église avec ses bancs compartimentés. Un musée émouvant.

POLAR BERGENOIS

Parmi les auteurs norvégiens les plus connus, Gunnar Staalesen est en passe de devenir culte puisque ses romans sont même adaptés à la télé norvégienne. Varg Veum, détective privé qui carbure à l'aquavit, nous promène, avec humour et cynisme, dans Bergen au sein d'une société norvégienne finalement pas si saine. Dans sa très belle série *Le Roman de Bergen*, il dresse le portrait de sa ville au XXe s, et examine son évolution sur un siècle. L'histoire démarre par un meurtre commis en 1900, qui ne sera élucidé que 100 ans plus tard, dans le dernier tome.

BERGEN, LA PORTE DES FJORDS

Bergen est la porte d'entrée des fjords, côte déchiquetée entre montagnes et mer. Ils sont nés de la forte érosion exercée par d'énormes masses de glace sur les vallées que la mer vint remplir à la fin de la période glaciaire. Ils entaillent profondément les terres, certains les balafrant sur 200 km, et leur profondeur atteint parfois 1 350 m. Ce rabotage intensif a entraîné, la formation d'une escarcelle d'îles et d'îlots (plus de 200 000). Si l'on comptait le périmètre total des côtes, on atteindrait plus de 25 000 km ! Il n'est pas au monde de rivage plus accidenté. C'est bien ce qui fait son charme.

FAIRE UNE VIRÉE SUR L'ÎLE DE LYSØEN

pour visiter la maison d'Ole Bull, qui réjouit les mélomanes

6

Né à Bergen en 1810, le violoniste virtuose Ole Bull connut la célébrité outre-Atlantique en jouant des improvisations sur le fameux violon de Hardanger à neuf cordes. Véritable héros national, il symbolise l'attachement des Norvégiens à leur musique folklorique traditionnelle. Située dans un cadre idyllique, sa maison est une étonnante construction, mélange d'isba russe et de palais des *Mille et Une Nuits*, avec une salle de concerts d'inspiration mauresque, le tout imaginée par Ole Bull *himself*. Jardins aux sentiers et pièces d'eau romantiques avec vue sur les glaciers au loin.

BON À SAVOIR : • lysoen.no •

VISITER TROLDHAUGEN, LA DEMEURE D'EDVARD GRIEG

le plus grand compositeur norvégien

7

Le plus célèbre des musiciens norvégiens vit le jour à Bergen en 1843. Après 18 ans de vie commune et de voyages, Edvard et Nina Grieg s'installèrent, de 1885 à 1907 (date de la mort du compositeur) dans cette adorable retraite estivale sur le lac Nordås. La maison a été transformée en musée et l'intérieur est resté tel quel, rempli de nombreux souvenirs : tableaux, instruments, mobilier, partitions originales, objets de voyages, photos du musicien... En contrebas, Grieg s'était fait construire un joli chalet où il a composé une grande partie de ses œuvres. Ne pas manquer d'aller voir sa tombe, taillée dans la falaise, plutôt mégalomaniaque !

BON À SAVOIR : le musée s'est enrichi d'un bel auditorium qui propose régulièrement des concerts. • griegmuseum.no •

SAVOURER

8

SE RÉGALER DE LA PÊCHE DU JOUR

au marché aux poissons

Point névralgique de la ville, le marché voit débarquer le poisson depuis près de dix siècles. Outre la pêche du jour, on y trouve pas mal de poissons fumés. Craquez pour du saumon, quelques maquereaux du même tonneau, des crevettes, et garnissez des petits pains frais avec vos trouvailles. Le midi, voilà de quoi se faire un délicieux festin. Ne manquez pas de goûter également à la *Bergensk fiskesuppe*. Célèbre dans toute la Norvège, cette soupe de poissons n'a pas grand-chose à voir avec celle que l'on connaît chez nous. Déjà, elle est à base de crème. Les légumes et poissons y sont en morceaux et non moulinés. Le tout est accompagné de tartines beurrées : un vrai délice aussi savoureux que roboratif.

BON À SAVOIR : sur le port, tous les jours jusqu'à 21h ou 22h (en hiver horaire réduit).

SORTIR

FAIRE UN TOUR AU CENTRE CULTUREL USF
« l'hémisphère gauche de Bergen »

9

Bien que l'USF soit un peu difficile à trouver, ne quittez pas Bergen avant d'avoir découvert cette ancienne United Sardines Factory du XIXe s devenue aujourd'hui une *culture house* fascinante. Comme quoi, le poisson, ça rend intelligent ! Tout ce qui pense, réfléchit, crée, se retrouve ici. D'abord au *Kafé Kippers* où on peut admirer, si le temps le permet, de la terrasse, le soleil disparaître derrière le fjord, en buvant une bière et en mangeant un morceau. L'USF abrite également une salle de cinéma, trois salles de concerts (du rock à la musique contemporaine, via le jazz), des ateliers d'artistes, donc des expos, des, des, des... Bref, il s'y passe toujours quelque chose !

BON À SAVOIR : tlj 11h (12h w-e)-23h (minuit ven-sam). • usf.no •

SE MÊLER À LA LIESSE DE LA JEUNESSE ÉTUDIANTE
en fin de semaine

10

Ancien abri pendant la guerre, *Hulen* est une discothèque aménagée dans des grottes sous la colline de l'université. C'est le club de rock le plus ancien de Scandinavie, géré par les étudiants eux-mêmes. C'est aussi le meilleur endroit de la ville pour écouter un concert, boire de la bière et faire des rencontres.

BON À SAVOIR : slt jeu-sam 21h-2h30 ; attention, certaines années *Hulen* n'ouvre pas en été. • hulen.no •

AGENDA DES FÊTES, FESTIVALS ET ÉVÉNEMENTS

MAI : Natt Jazz
Env 10 j. fin mai. Festival de jazz.
• nattjazz.no •

FIN MAI-DÉBUT JUIN : Festspillene i Bergen
Ce n'est probablement pas un hasard si la ville natale du compositeur Edvard Grieg et du violoniste Ole Bull accueille ce festival très réputé dans toute la Scandinavie. Théâtre, concerts, opéra et expos en tout genre mettent Bergen en fête. • fib.no •

DÉBUT JUIN : Bjorgvin Marknad
Un w-e début juin. Les coutumes vikings revivent grâce aux reconstitutions de batailles navales et de scènes de l'Histoire, aux marchés médiévaux et à leurs étals. On s'y croirait ! • bjorgvinmarknad.no •

DÉBUT JUIN : Bergenfest
Ce festival de musique embrasse tous les styles : pop, rock, blues, world music, musique électronique, hip-hop, folk... Des concerts sont organisés en plein air, dans la forteresse médiévale et au château de Bergen. D'autres sont donnés dans les clubs et théâtres de la ville. • bergenfest.no •

BERLIN

« Berlin est pauvre mais sexy ! » affirmait son ancien maire Klaus Wowereit… et cette formule a fait depuis le tour du monde. *De quoi rendre la ville encore plus attractive aux yeux des millions de visiteurs annuels, qui ne viennent plus seulement en pèlerinage sur des lieux emblématiques de l'Histoire contemporaine, mais veulent aussi découvrir la ville la plus en vogue, la plus branchée du continent. Jeune capitale au riche passé, en mouvement de jour comme de nuit, Berlin offre toutes les tendances existantes, et a su, malgré ses métamorphoses, conserver son côté alternatif, sans trop s'assagir. Bref, c'est le lieu où un autre style de vie semble encore possible.*

1H30 AU DÉPART DE PARIS

TRAIN DE NUIT DIRECT DEPUIS PARIS EN 2023

BUDGET	€€
CULTURE	★★★★
CUISINE	★★☆☆
SHOPPING	★★☆☆
VIE NOCTURNE	★★★★

SE REPÉRER

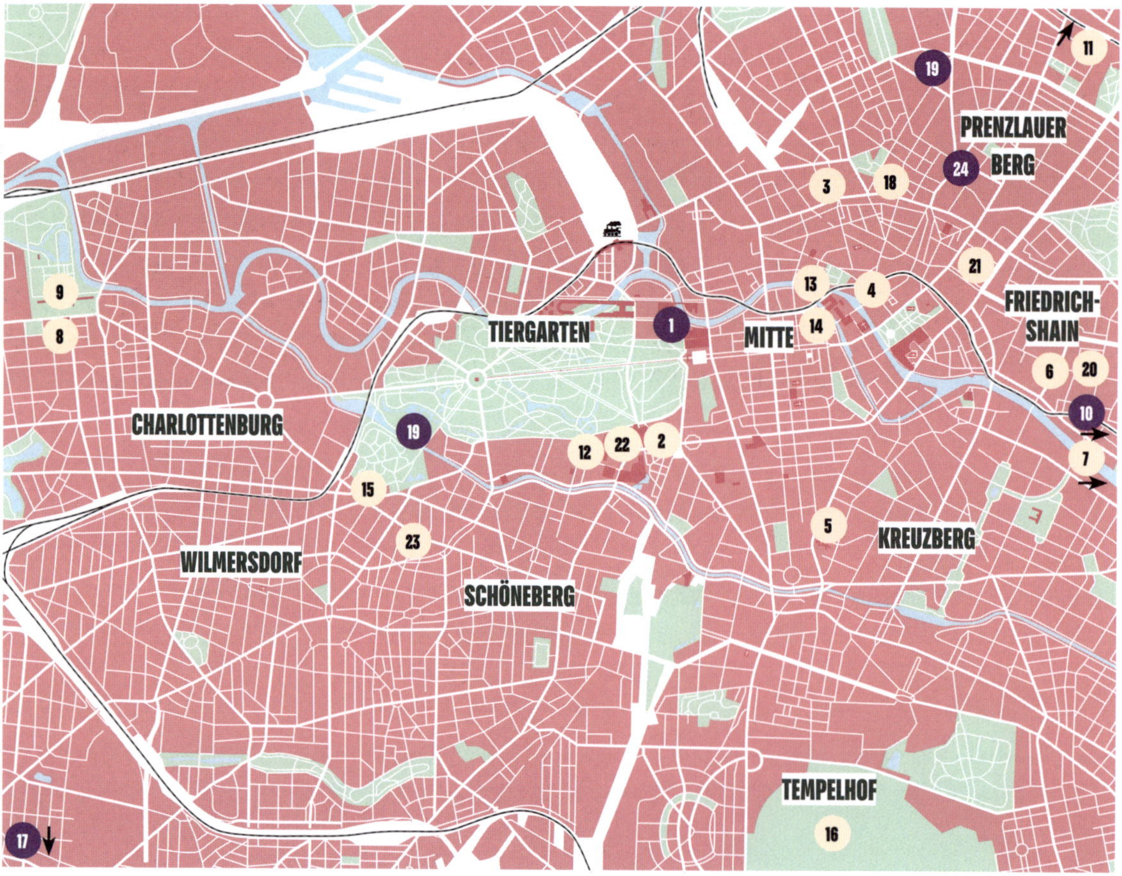

DÉCOUVRIR

1

MONTER SOUS LA COUPOLE DU REICHSTAG
et découvrir l'architecture futuriste du nouveau Berlin

L'immense vide situé entre les deux secteurs de la ville après la chute du Mur a fait le bonheur des architectes du monde entier. Ils ont pu se lancer dans les projets les plus fous pour aménager le nouveau quartier des institutions de l'Allemagne réunifiée. Le Reichstag a été coiffé d'une superbe coupole de verre conçue par Norman Foster. Une galerie hélicoïdale mène au sommet, ce qui permet une vue panoramique sur les architectures audacieuses de la chancellerie, de la Potsdamer Platz de la Hauptbahnhof et la majestueuse enfilade de l'avenue Unter den Linden au-delà de la porte de Brandebourg.

BON À SAVOIR : réserver obligatoirement en ligne. • bundestag.de •

SE PRENDRE UNE BOUFFÉE DE NOSTALGIE AU MUSÉE DU CINÉMA
devant les robes et les souvenirs évoquant la carrière de Marlène Dietrich

2

Installée dans le complexe du Sony Center, la Maison du Cinéma abrite un musée passionnant. Superbe réalisation multimédia : parcours lumineux au milieu des miroirs et des effets spéciaux inventés par les pionniers légendaires de l'expressionnisme allemand, projecteurs, affiches, etc. La genèse des grands classiques, notamment *L'Ange bleu,* avec la divine Marlene Dietrich. Une rotonde entière est consacrée à la grande dame, avec quelques-uns de ses costumes de tournage où elle incarne un érotisme éthéré et inaccessible. Quelques souvenirs particulièrement émouvants de son engagement contre les nazis... Un lieu magique rythmé par ses chansons.

BON À SAVOIR : la Berlinale, le festival du cinéma où sont attribués les Ours d'or, s'y déroule début février. • deutsche-kinemathek.de •

BERLIN À VÉLO

Moyen de locomotion économique et écologique, le vélo est particulièrement appréciée des Berlinois. Dans certains quartiers, on en voit partout ! Les pistes cyclables étant très bien aménagées à Berlin, surtout à l'ouest, il est intéressant de louer un vélo pour découvrir la ville, quartier par quartier, ainsi que la belle campagne environnante.

SE RENDRE AU MÉMORIAL DU MUR

un lieu incontournable pour comprendre le Berlin d'hier et d'aujourd'hui

3

Le site s'étend sur plus de 1 km. Une section du Mur, de 300 m de long, a été sauvée par le pasteur Fischer, qui s'est battu pour faire classer Monument historique le pan de Mur qui longeait son presbytère sur la Bernauer Strasse, et qui est enfermé entre 2 plaques d'acier perpendiculaires. Du sommet de la tour-observatoire, on se retrouve dans la position des Berlinois de l'Ouest, impuissants devant ce qui se passait sous leurs yeux.

BON À SAVOIR : un quart de siècle après sa chute, il ne reste pas grand-chose du « mur de la honte ». Les amateurs de poésie urbaine pourront suivre son tracé jusqu'au fameux Checkpoint Charlie, qui est matérialisé au sol par une double rangée de pavés et des plaques portant l'inscription « Berliner Mauer 1961-1989 ».
• berliner-mauer-gedenkstaette.de •

SE PLONGER DANS L'ATMOSPHÈRE DE LA VIE QUOTIDIENNE À L'EST

avant la chute du mur au musée de la DDR (ex-RDA)

4

Un musée privé consacré à la vie quotidienne en Allemagne de l'Est au temps du communisme. Tous les aspects de l'existence sont abordés : le travail, les loisirs, les médias, la politique, la sécurité… On a même reconstitué un appartement modèle avec son salon (on teste le moelleux des fauteuils), ses toilettes (qu'on peut également essayer…) et sa cuisine. Des uniformes des Jeunesses socialistes à la Trabant, du guide de voyage dans les « pays frères » aux boîtes de petits pois *Globus,* les films naturistes sur les plages de la Baltique, le cagibi-bureau d'écoute de la Stasi : rien ne manque pour faire revivre les délires de vie de la société socialiste disparue à la chute du Mur. Ensuite, à chacun d'interpréter ce qu'il a vu, entendu…

BON À SAVOIR : • ddr-museum.de •

DÉCOUVRIR L'ÉMOUVANT MUSÉE JUIF

qui éclaire le passé pour mieux comprendre le présent

5

Prouesse architecturale signée par l'Américain Daniel Libeskind, au cœur de Kreuzberg, le Jüdisches Museum suscite un sentiment d'oppression puissant, faisant affluer le souvenir de l'Holocauste. L'exposition permanente illustre la relation entre les communautés juive et allemande depuis 2000 ans, et retrace cette histoire depuis le Moyen Âge jusqu'à aujourd'hui, rythmée par les persécutions, l'exclusion et le déracinement. Ce monument constitue un moment important du voyage à Berlin, prévoir une large plage horaire pour la visite !

BON À SAVOIR : aller se reccueillir ensuite au milieu des stèles du mémorial de l'Holocauste, un des passages obligés de toute visite berlinoise.
• jmberlin.de • holocaust-mahnmal.de •

JOUER LES EXPLORATEURS URBAINS

en découvrant les friches industrielles du quartier de Friedrichshain investies par les performances d'artistes et les salles de concerts

6

À la chute du Mur, ce *no man's land* gris et sans âme, constitué de friches industrielles, est transformé en squats d'artistes et en clubs illégaux. Dorénavant au cœur de la *hype* berlinoise, Friedrichshain attire les artistes, intellos et plasticiens boboïsés dans une créativité inépuisable. Le quartier étant vaste, le mieux pour s'y balader est de louer un vélo pour une méga balade dans le monde du street art, ou un voyage au bout de la nuit berlinoise.

BON À SAVOIR : à l'intérieur de ces hangars désaffectés se trouvent de nombreux bars et clubs qui ne s'animent qu'à partir de 2h du matin.

EN ÉTÉ, PRENDRE LE SOLEIL ET BULLER SUR L'UNE DES *STRÄNDE* (PLAGES) QUI BORDENT LA SPREE

en regardant passer les bateaux-mouches

7

À Berlin, dès que le soleil commence à chauffer, on en profite pour se relaxer et bronzer sur le moindre carré de verdure, et notamment le long de la Spree, sur les nombreuses plages de sable artificielles près de l'Oberbaumbrücke, le plus photogénique pont de la ville, qui relie les quartiers de Kreuzberg et Friedrichshain. Quand le ciel est d'un bleu intense, que le soleil darde ses rayons et que l'on est sur le sable… se croirait-on vraiment à Berlin ?

REDÉCOUVRIR LES ŒUVRES DE LA GÉNÉRATION DES « ARTISTES DÉGÉNÉRÉS »

écartés par les nazis et remis à leur juste place au musée Berggruen

8

Situé face au château de Charlottenburg, ce musée abrite les tableaux de l'une des plus grandes collections d'art moderne du XXe s, rassemblée par Heinz Berggruen, un marchand d'art qui a fui l'Allemagne nazie en 1936. Après la guerre, il participe à la réalisation d'une revue destinée à réhabiliter l'« art dégénéré » auprès des Allemands. Dépêché à l'Unesco, à Paris, il ouvre une galerie place Dauphine et acquiert une renommée internationale. Le musée a rouvert en 2013, après rénovation et agrandissement, et on peut admirer de nouveau, dans une muséographie tout à la fois épurée et étudiée, Klee, Matisse, Van Gogh, Braque, et surtout quelque 110 œuvres de Picasso (natures mortes, portraits, gravures, sculptures et dessins). Le billet permet la visite d'un bâtiment, en face, exposant les Surreale Welten, une collection d'artistes surréalistes comme Dalí, Max Ernst ou Magritte.

BON À SAVOIR : • sbm.museum •

FLÂNER DANS LE PARC DU CHÂTEAU DE CHARLOTTENBURG

l'un des plus beaux exemples d'architecture baroque à Berlin

9

C'est à la fin du XVIIe s que Frédéric III fit construire Schloss Lietzenburg, un palais d'été pour Sophie-Charlotte de Hanovre. Devenu roi de Prusse sous le nom de Frédéric Ier, il rebaptise son palais en Charlottenburg à la mort de son épouse. Plusieurs fois agrandie au cours du XVIIIe s, et cernée d'un grand parc, la propriété s'enorgueillit d'une façade de plus de 500 m flanquée de 2 grandes ailes. Gravement bombardé, le palais est une reconstruction à l'identique réalisée après 1945. On peut y visiter l'Altes Schloss et son cabinet des Porcelaines ainsi que la nouvelle aile (Neuer Flügel) et les luxueux appartements des souverains prussiens.

BON À SAVOIR : belles balades dans le Schlossgarten avec son petit bijou de belvédère. • spsg.de •

Café au bord du Landwehrkanal

10

DÉCOUVRIR, SUR UNE SECTION DE 1,3 KM, LA JUXTAPOSITION HÉTÉROCLITE DES FRESQUES DE LA FAMEUSE EAST SIDE GALLERY

réalisée en 1990 par 118 artistes venant de 21 pays

En 2009, cette section de l'ancien Mur s'est offert un lifting complet pour commémorer les 20 ans de sa chute : les signatures datées témoignent du retour de certains artistes, 19 ans après. Parmi les plus célèbres, le baiser goulu de Honecker à Brejnev, la fameuse Trabant défonçant le Mur ou cet « autre côté », dépeint avec poulets rôtis et Mercedes à la parade. L'ensemble évoque, dans tous les styles possibles, l'aspiration à la liberté et l'amitié entre les peuples.

FRÉMIR SUR LE SORT DES PRISONNIERS POLITIQUES

incarcérés dans la prison de l'implacable Stasi à Hohenschönhausen

11

Parmi les plus effrayantes du régime, cette prison a fonctionné de 1945 à 1990. La Stasi y a interné les dissidents politiques et des dizaines de milliers d'hommes et de femmes qui tentèrent de fuir à l'Ouest. Les prisonniers y vivaient dans des conditions psychologiques insoutenables, soumis à d'incessantes séances d'interrogatoires. La détention « provisoire » pouvait durer 3 ans ! Après la chute du Mur, la prison a été transformée en mémorial. Les guides sont souvent d'anciens détenus, ils savent donc de quoi ils parlent !

BON À SAVOIR : • stiftung-hsh.de •

RESTER PANTOIS DEVANT L'ACCUMULATION DE CHEFS-D'ŒUVRE À LA GEMÄLDEGALERIE (PINACOTHÈQUE)

considérée comme l'une des plus importantes du monde en matière de peinture

12

Ce musée possède une collection de plus de 2 700 œuvres du XIIIe au XVIIIe s. Moins de la moitié sont présentées. Tous ces chefs-d'œuvre ont connu bien des aventures. Durant la guerre, ils ont été soit évacués, soit entreposés dans des caves. Avec l'arrivée des Russes et des Américains, certains ont été emportés et beaucoup ont disparu. Ils ont été restitués plus tard et, après la chute du Mur, regroupés en 1996 dans une nouvelle structure mettant en valeur tous les grands classiques de la peinture européenne : Van Eyck, Bosch, Botticelli, Raphaël, La Tour, Poussin, Watteau, Velázquez…

BON À SAVOIR : • smb.museum •

TOMBER EN ADMIRATION DEVANT LE BUSTE DE NÉFERTITI AU NEUES MUSEUM
sur l'Île aux Musées (Museumsinsel)

13

Parmi un ensemble de 5 musées renouant avec la prestigieuse tradition culturelle de la capitale allemande, le Neues Museum abrite les collections égyptiennes de Berlin, mais aussi le musée de Préhistoire et Protohistoire ainsi qu'une collection d'antiquités, offrant aux visiteurs un regard croisé sur ces œuvres venues de différents horizons. En vedette, le célèbre et sublime buste en plâtre de la reine Nefertiti, épouse du pharaon Akhénaton ; un incroyable modèle de travail en plâtre, retrouvé en 1912 dans les fouilles de l'atelier de Thoutmosis, le sculpteur de la cour.

BON À SAVOIR : pour 18 €, un *pass* offre la possibilité de visiter tous les musées de l'Île en 1 jour.
• smb.museum •

COMPRENDRE UN PEU MIEUX L'HISTOIRE DE L'ALLEMAGNE
en parcourant les salles du Deutsches Historisches Museum

14

Abrité dans le plus ancien bâtiment d'Unter den Linden, la superbe Zeughaus, de style baroque, édifiée sous Frédéric Ier, ce remarquable musée est consacré à l'histoire allemande, du haut Moyen Âge à nos jours. Un parcours passionnant, avec une riche muséographie qui fait le pari d'illustrer, sur plus de 10000 m², le destin agité de ce Deutsche Volk, dont la présence géographique au centre du continent l'a conduit à jouer les 1ers rôles dans l'histoire troublée de la vieille Europe. Rien n'est passé sous silence, tout est clairement abordé, surtout pour la période contemporaine, avec un degré d'objectivité réellement digne d'éloges.

PIQUE-NIQUER À TEMPELHOF, DANS LE PLUS IMPROBABLE DES PARCS
au bord des pistes de l'ancien aéroport

16

Un nom mythique qui ne cesse de se réinventer, puisque cet aéroport de légende fut surtout célèbre à l'occasion du blocus soviétique de la ville en 1948-1949 ! En 2008, après la fermeture définitive du site, la Ville fit un choix inattendu, à l'heure des grands investissements immobiliers : celui d'offrir cet espace gigantesque aux Berlinois. Résultat : plus de 380 ha de gazon, sillonné de 6 km de tarmac, parcouru désormais par les vélos et les rollers. On y pique-nique, on y lâche des cerfs-volants, le tout face aux anciennes infrastructures, intactes, de la tour de contrôle et les quelques vieux coucous sur le tarmac. Vraiment insolite.

DÉAMBULER SUR LA LONGUE AVENUE DU KURFÜRSTENDAMM,
les « Champs-Élysées » berlinois

15

L'avenue la plus fréquentée de Berlin, ancienne vitrine commerciale de Berlin-Ouest, s'étire sur 3,5 km. C'est de nos jours une artère agréablement arborée où s'alignent magasins chics, cafés, restaurants, théâtres, cinémas, galeries d'art et boutiques de mode. La nuit, le clocher moderne de l'église du Souvenir, entourée d'un décor monumental d'immeubles modernes se pare de la sublime lumière bleutée de ses 20 000 blocs de verre fabriqués à Chartres.

17

PRENDRE LE TRAIN JUSQU'À POTSDAM
et plonger dans l'univers rococo du château de Sanssouci

Classé au Patrimoine mondial de l'Unesco, le château de Sanssouci était le lieu de villégiature de Frédéric II, roi de Prusse, qui y collectionnait les tableaux et y recevait ses amis philosophes. Voltaire y séjourna 3 ans. Petit par sa taille et ne comprenant qu'un seul étage, le château est néanmoins représentatif de l'art de cour dans l'Europe du XVIIIe s. Son merveilleux parc lui sert d'écrin idéal : jardins en terrasses, fontaines, pavillon chinois, cours d'eau, statues, arbres fruitiers exotiques...

BON À SAVOIR : visite guidée en groupe.
• potsdam-park-sanssouci.de •

SAVOURER

S'OFFRIR UNE VRAIE *CURRYWURST* BERLINOISE
avec une bière locale

18

La *Currywurst*, en fait, c'est une banale saucisse coupée en petits morceaux. Son originalité, c'est sa sauce : un savant mélange de concentré de tomate, sauce Worcester, curry, poivre de Cayenne, piment, huile d'olive, moutarde, oignons finement hachés, poivre et sel ! Chaque quartier, chaque maison s'enorgueillit de proposer la meilleure. On en trouve partout, dans les *Imbiss*, ces comptoirs de rue à des prix dérisoires. À arroser, idéalement, d'une bière blanche.

BON À SAVOIR : *Konnopke's Imbiss* est sans doute le plus culte des snacks de rue de Berlin, là ouvriers, étudiants et employés font la queue pour se faire servir leur petite saucisse. • konnopke-imbiss.de •

SORTIR

19

ENTAMER LA SOIRÉE LA SOIRÉE DANS UN *BIERGARTEN*
une bonne entrée en matière pour s'imprégner du mode de vie berlinois

Biergarten a pour traduction littérale « jardin de la bière », le lieu où la mousse coule à flots ! Au moindre rayon de soleil, les Berlinois y affluent en masse. On vous recommande le *Prater Garten*, le plus ancien (1837), ou encore le *Café am Neuen See*, immense et populaire : transats au bord de l'eau, aire de jeux pour les enfants, et des barques à louer l'été. Et rien ne vous empêche de prendre seulement une bière avec une tranche de *Leberkäse* (fromage de foie) sur un bout de pain.

BON À SAVOIR : • pratergarten.de • cafeamneuensee.de •

BRAVER LA LONGUE FILE D'ATTENTE POUR ACCÉDER AU *BERGHAIN*
l'un des clubs mythiques de la scène techno, installé dans une ancienne centrale électrique

20

Un temple de la musique électro et techno minimale, à l'esthétique un peu froide, très apprécié de la communauté gay. Les queues interminables et la sélection sévère à l'entrée sont légendaires. Dans une cathédrale de béton et d'acier, il comporte 2 étages et plusieurs bars. Accueillant les meilleurs DJ, le *Berghain* draine jusqu'à 2 400 fêtards par soirée. Ambiance électrique... mais aussi très décadente avec ses recoins intimes !

BON À SAVOIR : attention, objectif de téléphone portable masqué à l'entrée. • berghain. de •

LA NUIT BERLINOISE

Profitez, tant qu'il est encore temps, de ce qui fait la saveur de la nuit à Berlin : son côté alternatif. Si l'Ouest est plutôt « classique », l'ex-quartier Est semble plus branché : synthèse d'ex-communisme, d'alternatif et de modernisme ouest-allemand, il bouillonne en permanence et brille par son originalité, son foisonnement d'idées nouvelles et délirantes. On y trouve encore quelques squats géants, véritables labyrinthes artistiques où s'entremêlent *street art* et soirées électro, des clubs à la mode programmant des concerts chaque semaine, et de grosses stars en tournée chaque mois. Puis la nuit berlinoise ne se limite pas à la techno. Il y a toutes sortes de lieux pour faire la fête. Parmi les plus insolites, les rives de la Spree en été. Pour être au courant des soirées, consultez le magazine *Tip*.

PROFITER D'UNE VUE PANORAMIQUE SANS ÉGAL
en vous rendant au *Week-End Club*

21

De l'électro au 12e étage d'un immeuble, vous y croyez, vous ? Les discothèques avec vue sont devenues un must à Berlin. Et le *Week-End Club* en est un pour l'électro à l'instar du *Berghain*. Ici, on surplombe la mythique Alexanderplatz. Après avoir franchi la sélection de l'entrée, vous grimpez par l'ascenseur dans ce HLM-club. Des baies vitrées ou de la terrasse, vue panoramique sans égal : 3 angles, dont un sur la Karl-Marx Allee. Le Berliner Dom est presque à vos pieds !

BON À SAVOIR : • houseofweek-end.berlin •

POUR LES MÉLOMANES, CONCERT OBLIGATOIRE
au Berliner Philharmoniker

22

Berlin est aussi un lieu privilégié pour écouter de la musique classique ou aller à l'opéra. Les représentations y sont très nombreuses, les prix très abordables et à la portée d'un public le plus large possible. Toujours dirigé par des chefs prestigieux, l'orchestre propose des représentations d'une qualité exceptionnelle. Éclectique répertoire d'œuvres classiques, romantiques, modernes et contemporaines. La salle a la particularité d'être circulaire, le public entourant l'orchestre.

BON À SAVOIR : lunch. Concerts gratuits le mar. • berliner-philharmoniker.de • Ne pas oublier non plus le Konzerthaus ou l'Opéra.

SHOPPING

VISITER LES RAYONS DU LÉGENDAIRE *KADEWE*
véritable temple de la consommation

23

Situé près du Ku'damm, le *Kaufhaus des Westens* (littéralement « Grand magasin de l'Ouest ») est une vitrine du mode de vie à l'allemande : des rayons parfumerie du rez-de-chaussée jusqu'au légendaire 6ᵉ étage, royaume de la gastronomie et de l'épicerie fine, sans oublier le 7ᵉ et dernier étage qui accueille un traiteur haut de gamme, organisé en self-service. Magasin labyrinthique sur plus de 60 000 m^2, on y trouve tout ce qui est introuvable ailleurs, disait-on autrefois.

BON À SAVOIR : • kadewe.de •

24

FAIRE UNE HALTE SHOPPING BRANCHÉ
dans l'un des quartiers les plus emblématiques de l'Est : Prenzlauer Berg

Ancien quartier délabré de Berlin-Est, Prenzlauer Berg est désormais le fief des *wessis* (= de la zone Ouest) trentenaires devenus jeunes parents soucieux de bien-être et adeptes de consommation tendance. On y trouve de nombreux bars et restos alternatifs, ainsi que des marchés et boutiques originales. Question shopping, parcourez les rues autour de la Kastanienallee, où créateurs et boutiques vintage proposent une sélection pour se peaufiner l'allure. Pour les aficionados du design des années 1950 et 1970, on conseille particulièrement le marché aux puces Am Arkonaplatz. Le jeudi, on se bouscule également au marché de Kollwitz Platz, réputé pour ses produits bio.

Karaoké, un dimanche au Mauerpark

AGENDA DES FÊTES, FESTIVALS ET ÉVÉNEMENTS

FIN-FÉVRIER : Festival international du cinéma

C'est là qu'on décerne le fameux Ours d'or. Un festival entièrement ouvert au public. • berlinale.de •

FIN MAI : Carnaval des cultures

Le week-end de la Pentecôte, à Kreuzberg. Un mini-Rio à Berlin. • karneval-berlin.de •

JUIN : Gay Pride

Pour le Christopher Street Day. Le trajet s'effectue dans une ambiance de fête à Schöneberg, entre le zoo et la porte de Brandebourg.

FIN AOÛT : Longue Nuit des musées

Le dernier week-end du mois (jusqu'à minuit et au-delà). • lange-nacht-der-museen.de •

FIN SEPTEMBRE : Berlin Art Week

Cette foire internationale d'art contemporain a lieu chaque année.

OCTOBRE : Festival of Lights

Plus de 50 sites et espaces sont éclairés pendant une dizaine de nuits. Magique !

NOVEMBRE : Jazz Fest et Journées de la culture juive

DÉCEMBRE : Weihnachtsmärkte (marchés de Noël)

Durant tout le mois : artisanat, vin chaud, saucisses à profusion, pains d'épice… sur la Breitscheidplatz, l'Alexanderplatz, à Gendarmenmarkt, mais celui de Spandau est le plus grand.

BILBAO

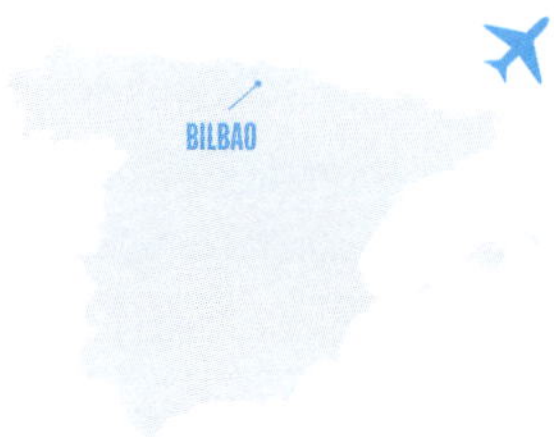

1H30
AU DÉPART
DE PARIS

Campée à l'embouchure du Nervión, Bilbao compte parmi les plus grands ports d'Europe. *Ville qui bouge, qui a su s'investir dans un vaste plan de réhabilitation, muant ses friches industrielles en centres culturels à l'architecture d'avant-garde, comme le célébrissime Guggenheim local, joyau de titane, qui a donné à la ville un nouveau souffle, pour ne pas dire un autre destin. Bilbao fait appel à tout ce que l'architecture contemporaine compte de grands noms pour édifier nouveaux ponts et nouveaux quartiers. Le vieux centre, lui, constitue un contrepoint historique à cette modernité, avec ses échoppes, ses étroites ruelles, son marché couvert… Ses maisons anciennes dégagent un vrai charme, et ses bars branchés se serrent les coudes, côtoyant nombres d'ateliers d'artistes. Enfin, les gastronomes seront également bien servis car, comme dans toute la région, la créativité culinaire se manifeste dans les nombreux bars à pintxos.*

BUDGET	€€
CULTURE	★★★★
CUISINE	★★★
SHOPPING	★★
VIE NOCTURNE	★★★

SE REPÉRER

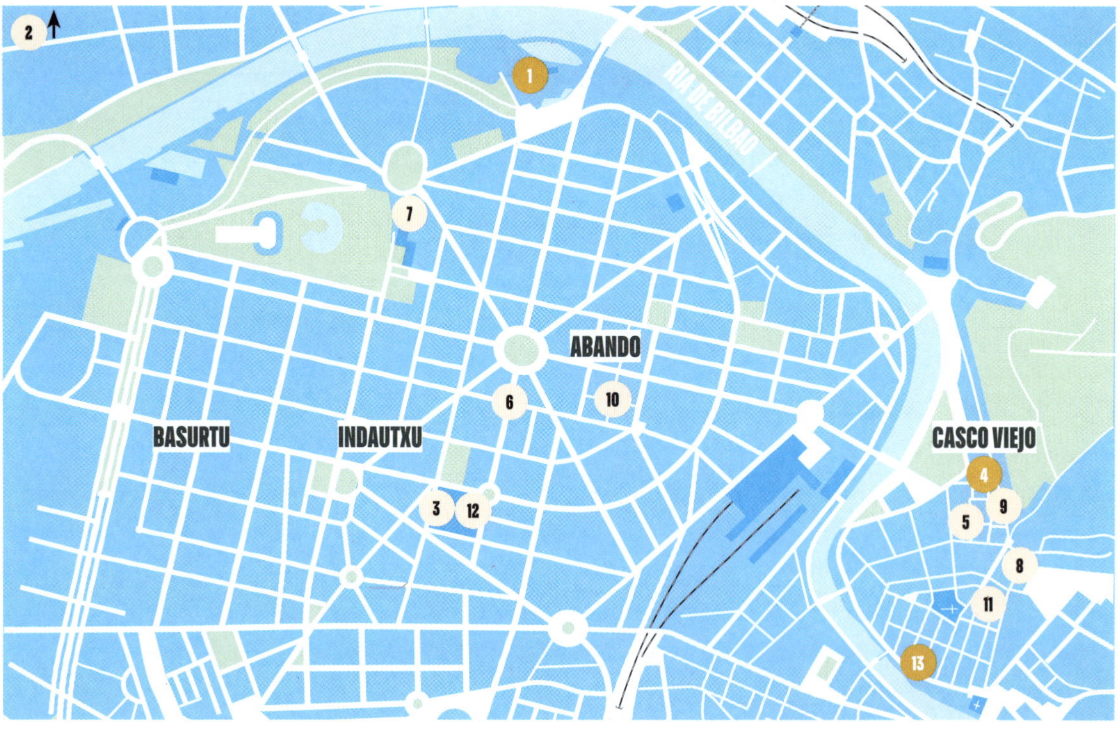

DÉCOUVRIR

1

VISITER LE MUSÉE GUGGENHEIM BILBAO, chef-d'œuvre incontournable d'architecture contemporaine

Il faut bien le reconnaître : ce bâtiment, figure de proue du nouveau visage de la ville, construit par l'équipe de l'architecte californien Frank O. Gehry et inauguré en 1997, est une merveille. Cet artichaut de titane a bénéficié, lors de sa conception, des derniers progrès en matière d'imagerie aéronautique. La pièce maîtresse est sans aucun doute la longue salle qui s'étend sous le pont Príncipes de España : 130 m de long et pas un seul pilier ! Le Guggenheim présente essentiellement de grandes expos temporaires d'artistes internationaux du XXᵉ s. Ici, une expo chasse l'autre, c'est le principe de la « rotation dynamique ». La philosophie du musée est que personne ne puisse dire « J'ai vu le Guggenheim. » Tout de même quelques installations permanentes. Parmi les immanquables : l'incroyable *puppy* (chiot) géant tout fleuri de Jeff Koons, les boules d'Anish Kapoor, *Maman*, la grosse araignée de Louise Bourgeois ou les huit gigantesques « sculptures » en acier de Richard Serra.

BON À SAVOIR : bien renseigner sur les expos en cours pour éviter de tomber entre 2 expos. Réserver son entrée sur Internet pour ne pas faire la queue. • guggenheim-bilbao.eus •

FRANCHIR LE NERVION PAR L'UN DES PLUS ANCIENS PONT TRANSBORDEUR D'EUROPE : le pont Vizcaya

2

L'ingénieur espagnol Palacio déposa le brevet du pont transbordeur le 5 novembre 1887, en collaboration avec Ferdinand Arnodin (qui construisit celui de Rochefort), pour une inauguration en 1893. Ce pont, situé dans la banlieue balnéaire chic de Bilbao, près de Getxo, est inscrit au Patrimoine mondial de l'Unesco. Vous pouvez traverser à pied par la passerelle tout en haut (beau point de vue sur le port et l'embouchure du fleuve), ou en voiture par la curieuse nacelle suspendue sous le pont.

BON À SAVOIR : • puente-colgante.com •

ADMIRER LE TRAVAIL ET LE GÉNIE DU DESIGNER PHILIPPE STARCK en se baladant à l'Alhóndiga (Azkuna Zentroa)

3

Drôle de rencontre ! Celle d'un entrepôt à vin du début du XXᵉ s, où brique et béton sculpté prennent toute la place, et du designer Philippe Starck. Le résultat ? Une sorte de vaste place publique intérieure qui évoque le forum romain… à peine troublée par d'épaisses colonnes fantaisie inspirées des différentes cultures du monde à diverses époques ! Quelques bancs permettent de s'installer et, à l'extérieur, de drôles de chaises et des tables d'échecs invitent à s'arrêter.

BON À SAVOIR : le complexe abrite divers lieux culturels et sportifs : salle de spectacle et d'expos, auditorium, piscine suspendue (impressionnant de voir les nageurs d'en dessous !), salle de sport, boutiques, 3 restos et un bar en terrasse. • azkunazentroa.eus •

4

ARPENTER LES RUES DU CASCO VIEJO, LE QUARTIER HISTORIQUE DE BILBAO

le plus traditionnel, le plus typique et le plus animé de la ville

Le Casco viejo se singularise par ses *Siete Calles* (les « sept rues »), parallèles les unes aux autres et qui débouchent toutes sur le marché couvert de la Ribera. Très animé en journée, et le week-end en soirée. Plus tranquille le dimanche dans la journée, car beaucoup de commerces sont alors fermés.

BON À SAVOIR : • bilbaoturismo.net •

SE PLONGER DANS LE 7^{E} ART ESPAGNOL

en séjournant à l'originale *Pensión Caravan Cinema*

5

Entièrement dédiée au culte du 7e art, cette pension soignée et confortable propose 5 chambres au cœur du Casco viejo, chacune rendant hommage à un grand réalisateur espagnol. Dans les tons blancs, or et pierres apparentes, malgré leur petite taille, elles dégagent un vrai cachet, avec une touche vintage ici et là. On y retrouve les incontournables Pedro Almodóvar, Julio Medem, Fernando Trueba, Álex de la Iglesia (le régional de l'étape)... Et la télé de chaque chambre permet de voir ou revoir les films de chaque réalisateur.

BON À SAVOIR : • caravan-cinema.com •

DÉAMBULER DANS LES RUES DU QUARTIER « NOUVEAU » DE L'ENSANCHE

et apprécier, entre autres, l'architecture avant-gardiste du Bilbao d'aujourd'hui

6

Cette excroissance de la vieille ville naît au début du XVIe s et se développe réellement au XIXe s. Pléthore de beaux immeubles bourgeois datent de cette époque, en particulier sur Gran Vía et l'Alameda de Recalde. On y retrouve aussi bien du néogothique, du néo-Renaissance, mais aussi de l'Art nouveau, des accents Art déco ou modernistes, comme la Estación de La Concordia ou le Teatro Campos Elíseos. Parallèlement, quelques édifices récents offrent une touche moderne et audacieuse à ce quartier, qui résume bien la tendance architecturale avant-gardiste caractérisant aujourd'hui la ville. Il suffit souvent de lever les yeux !

BON À SAVOIR : • bilbaoturismo.net •

DÉCOUVRIR LA RICHE COLLECTION DU MUSEO DE BELLAS ARTES
le musée des Beaux-Arts

7

Un musée méconnu, souvent injustement délaissé par les touristes qui n'ont d'yeux que pour le Guggenheim, alors qu'il en est le superbe complément artistique. Construit en 1945 et augmenté d'une aile moderne bien conçue (une seconde est en projet), il abrite une remarquable collection intelligemment organisée de peintures du XIIIe au XIXe s, aussi bien espagnoles (une dominante) qu'internationales : du roman au romantisme en passant par la Renaissance, le baroque, le néo-classicisme, l'impressionnisme et l'art moderne.

BON À SAVOIR : • museobilbao.com •

PARTIR SUR LES TRACES DU PEUPLE BASQUE
à travers les salles du Museo Vasco

8

En 1921, on créa cet intéressant musée, qui a pour mission de retracer le parcours ethnographique du peuple basque. Vous y découvrez d'intéressantes vitrines sur la culture pastorale, l'habitat, les coutumes et croyances, le tissage, les industries textiles, et, bien sûr, la navigation, la vie quotidienne des pêcheurs et la chasse à la baleine. Dioramas sur les différents types de pêche, photos et documents. Quelques pièces sympas comme ce pêcheur de morue du XVIIIe s, habillé comme un Esquimau et installé dans un tonneau pour ne pas tomber à la mer.

BON À SAVOIR : • euskalmuseoa.eus/es • Les amoureux de la mer feront aussi un tour au musée spécialisé, Itsasmuseum – Ría de Bilbao • itsasmuseum.eus •

SAVOURER

RÉVEILLEZ VOS PAPILLES !
Quand le *pintxo* rencontre la créativité gastronomique !

9

Les ingrédients qui composent les *pintxos* sont très variés, et certains bars se font une fierté de leur créativité. *Guretoki*, dans le Casco viejo, est l'un d'eux. Un comptoir, une petite poignée de tables modernes et surtout, sur le comptoir, de petites merveilles, aussi raffinées pour les papilles que pour les yeux. Essayez la *sopa de queso idiazabal* (soupe au fromage avec un œuf de caille), le *pulpo a la plancha*, le crabe en tempura ! Citons aussi *Xukela*, tout proche du précédent, qui propose des *pintxos* créatifs et amusants (genre crêtes de coq sur lit de cèpes, fèves au jambon, champignons-foie gras...). Un vrai régal !

BON À SAVOIR : • guretoki.com •

DÉGUSTER DU *TXANGURRO*, ARAIGNÉE DE MER,
une délicieuse spécialité locale

10

Vous ne trouverez cette spécialité que dans les vrais restos de poisson, car sa préparation est longue et coûteuse. On vous conseille de vous rendre au restaurant *El Globo,* dans l'Ensanche. Alignées sur le comptoir, les meilleures créations du quartier sont à prix sages et flanquées d'une étiquette explicative. Parmi les spécialités, le fameux *txangurro,* mais aussi calamars sur lit d'oignons et autres *karraspio* (des algues !)... Tables en terrasse.

BON À SAVOIR : • barelglobo.com •

LES TAPAS OU *PINTXOS*

Les bars à tapas sont une institution en Espagne. On y trouve évidemment de quoi boire et fréquemment aussi de quoi manger, mais sièges et tables sont comptés. Au Pays basque, les tapas s'appellent *« pintxos »* (prononcer « pintchos »), du nom de la petite pique qui les traverse. Leur variété est confondante : croquettes de morue, de crevettes, omelettes, cassolettes de champignons ou d'escargots, seiches grillées, moules à l'escabèche, etc. Pour l'anecdote, le mot *« tapa »* signifie « couvercle » et viendrait de l'ancienne habitude des patrons de bars espagnols de mettre une tranche de pain sur le verre de vin de Jerez pour obliger le client à manger en buvant, lutte contre l'alcoolisme oblige...

TXAKOLI

Ce vin blanc très sec n'est produit que dans un tout petit cercle autour de Getaria (en Gipuzkoa) et de Bakio (en Biscaye). En fait, il est issu, comme l'irouléguy, du cépage curixketu sous ses deux formes, belza (noir) et zuria (blanc, cette dernière variété étant aussi le cépage originel du jurançon), mais en Euskadi, on ne le mélange pas à d'autres cépages. Sous le climat du Gipuzkoa, ce raisin mûrit imparfaitement et donne son acidité au vin. Le curixketu n'est conservé, sous sa forme ancienne, qu'à Getaria-Zarautz et dans la région de Bakio en Biscaye, ce qui fait du txakoli une relique précieuse. Comme le cidre basque, on le sert d'un grand geste, sec et précis, en mettant une distance maximale entre le verre et la bouteille.

SORTIR

PASSER UNE SOIRÉE AU CŒUR DU CASCO VIEJO (QUARTIER ANCIEN), DANS LA CALLE SOMERA

une rue qui se transforme le week-end en vaste bar à ciel ouvert

11

Indéniablement, la calle Somera rassemble la jeunesse gentiment turbulente de Bilbao et les bars un peu destroy qui vont avec. L'un des rendez-vous de cette rue hyper animée le week-end, c'est le *Bar Jaunak*. Une adresse fréquentée par les jeunes de la ville. Juste à côté, le *K2*, où l'on se donne rencart pour un début (ou une fin) de soirée. Au n° 40, *Adaxka* et son voisin, l'*Urkia*, sont perfusés aux mêmes effluves. Vous n'aurez que l'embarras du choix.

PRENDRE UN COCKTAIL ET DE LA HAUTEUR SUR LA TERRASSE DU *YANDIOLA*

dans l'Alhóndiga

12

Le toit-terrasse de cet incroyable édifice classico-moderne, mélangeant allègrement les styles (on est au niveau d'un beau clocheton classique couvert d'écailles de zinc), se révèle fort agréable. On y prépare d'excellents cocktails. Atmosphère musicale de qualité.

BON À SAVOIR : • yandiola.com •

SHOPPING

13

PROLONGER LE VOYAGE

en s'approvisionnant de produits régionaux au marché de la Ribera

Construit en 1930, cet ancien marché des abats ressemble à un bateau amarré à quai. Référence commerciale incontestable pour toute la Biscaye, avec ses nombreux comptoirs d'alimentation sur deux étages, il paraît que c'est le plus grand marché couvert d'Europe. Entièrement rénové, il propose une large sélection de produits régionaux : charcuterie, poissons, fruits de mer, fromage, vin... Un régal pour les yeux comme pour les papilles !

AGENDA DES FÊTES, FESTIVALS ET ÉVÉNEMENTS

FÉVRIER : pèlerinage de San Blas

Le 3 février. À l'église San Nicolás. On achète des caramels traditionnels.

MARS OU AVRIL : Semaine sainte

Une superbe procession de confréries religieuses se déroule dans la ville le lundi de la Passion (le lundi précédant Pâques). Ce jour-là, la procession fait le tour de la vieille ville en allant de paroisse en paroisse. C'est le seul jour où la Quinta Parroquia (la cinquième paroisse, San Francisco) se vide de tout ce qui pourrait offenser le Seigneur : plus un voyou, plus une prostituée ; sex-shops et bars louches baissent le rideau de fer. Miracle ! Durant la semaine, se déroule aussi le Basque Fest dans toute la ville : musique, démonstration de sports ruraux, danses, concours culinaires...

JUILLET : Bilbao BBK Live

3 j. mi-juil. L'un des plus gros festivals de rock et d'électro d'Espagne. Programmation sur • bilbaobbklive.com •

JUILLET : procession maritime

Le 16 juillet. Procession sur le Nervión, en l'honneur de la Vierge. Le départ a lieu au petit port de Santurtzi.

AOÛT : Semana Grande

Le samedi suivant le 15 août. L'occasion de multiples réjouissances : bals, processions, promenades de géants, etc.

DÉCEMBRE : marché de Santo Tomás

Vers le 20 décembre. Dans le Casco viejo. Tous les producteurs de la région viennent s'installer plaza Nueva (Berria), avec les produits nécessaires à la confection d'un succulent réveillon de Noël.

Marché de la Ribera

BOLOGNE

1H35
AU DÉPART
DE PARIS

BUDGET	€€
CULTURE	★★★☆
CUISINE	★★★★
SHOPPING	★★☆☆
VIE NOCTURNE	★★☆☆

Bologne, pétillante capitale et poumon économique de l'Émilie-Romagne, affiche un centre-ville médiéval remarquable, offrant de nombreux monuments Renaissance, palais, églises, musées... *Le tout préservé dans un esprit de qualité de vie. La municipalité a été en effet l'une des premières en Europe à imposer aux automobilistes de lourdes restrictions dans son centre historique. Bologne, c'est* « la Rossa » *(la Rouge), en référence aux toits de ses édifices et à sa couleur politique, elle est aussi* « la Dotta » *(la Savante), car elle renferme la plus ancienne université d'Europe, et puis enfin* « la Grassa » *(la Grasse) pour l'excellence de sa gastronomie. Car on y mange divinement bien, et les vitrines des commerçants du centre-ville débordent de victuailles invitant à des repas gargantuesques !*

SE REPÉRER

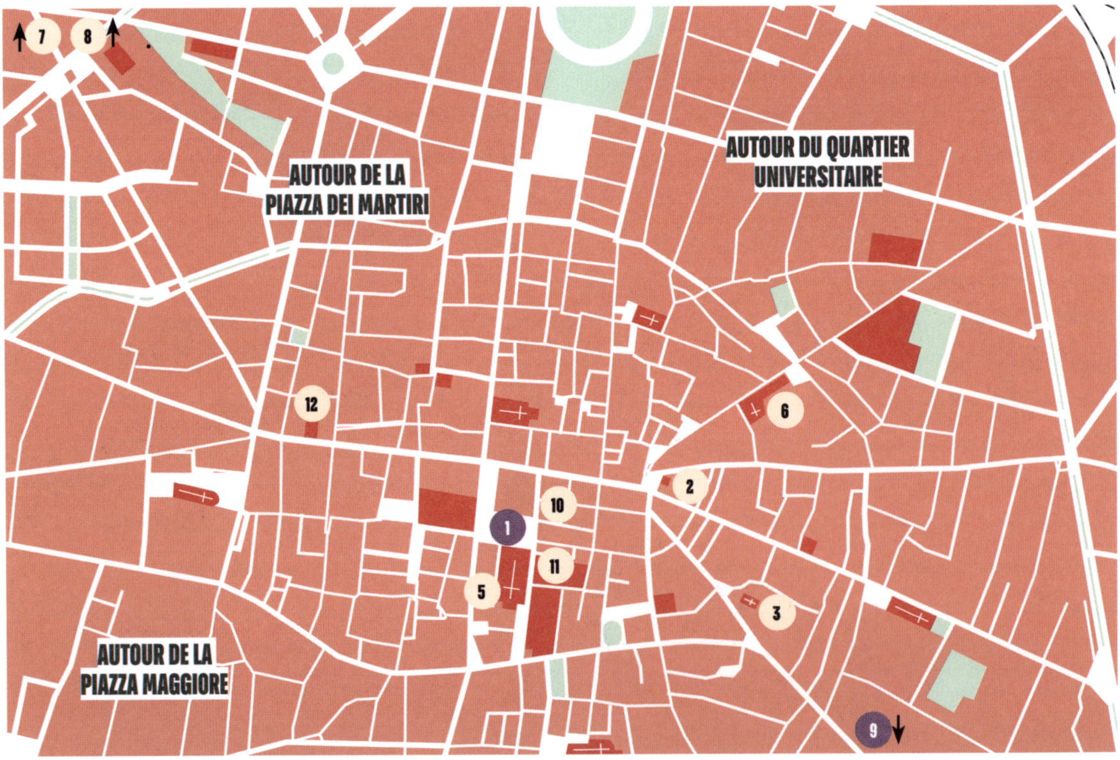

SE LAISSER EMPORTER PAR LA MAGIE DE LA PIAZZA MAGGIORE

l'une des plus belles places d'Italie

C'est ici que bat le cœur de la cité depuis le XIIIe s. Appréciée par les Bolonais qui aiment s'y promener à n'importe quelle heure de la journée, elle s'entoure de quelques-uns des principaux monuments de Bologne. On y trouve, au nord, le palais du Podestà, dont la tour fut construite au XIIIe s et le corps principal, à la Renaissance. Sur son flanc ouest, devant le palais du roi Enzo, ne ratez pas la piazza del Nettuno avec sa célèbre fontaine représentant Neptune, le dieu romain de la Mer. Symbole du pouvoir papal, ce chef-d'œuvre de Jean de Bologne, à forte charge érotique, fut l'objet de nombreux scandales ; notamment à cause des quatre sirènes (symbolisant les quatre grands fleuves des continents alors connus) qui, agenouillées dans une pause lascive, se pressent les seins d'où jaillissent des jets d'eau ! Au sud de la piazza Maggiore, le palazzo dei Notai (des Notaires) présente une façade crénelée et de belles fenêtres...

BON À SAVOIR : tous les soirs d'été après 22h, projection gratuite de vieux films en v.o. sur la piazza Maggiore.

GRIMPER AU SOMMET DE LA TORRE ASINELLI, LA PLUS HAUTE DES *DUE TORRI* (LES DEUX TOURS)

et profiter du superbe panorama à 360° sur les toits rouges de la ville

2

La torre Asinelli et la torre Garisenda sont l'emblème de Bologne ! S'il n'en reste plus qu'une vingtaine aujourd'hui, au Moyen Âge, près de 100 tours se dressaient dans le ciel de la ville. Elles servaient de bastion aux familles nobles à l'époque où Bologne était l'objet de luttes sanglantes entre guelfes et gibelins. Plus la famille était puissante, plus sa tour était élevée. Certaines tours ont perdu la moitié de leur hauteur ou furent simplement démolies par décision de justice, car à l'époque on infligeait le châtiment directement à la tour quand une famille se rendait coupable de méfaits. Une véritable humiliation !... Les Due Torri furent construites aux XIe et XIIe s. L'architecte dut se faire sacrément houspiller, car elles penchent spectaculairement. La plus petite, la torre Garisenda (48 m de haut), présente une inclinaison de 3,8° ! Sa partie supérieure fut détruite au XVe s car jugée trop dangereuse.

BON À SAVOIR : ne pas manquer l'ascension des quelque 500 marches de la torre Asinelli, la plus grande de toutes (97 m), même si la montée est éprouvante et à déconseiller aux claustrophobes. Vertige et émotions assurés !

PASSER D'UNE ÉGLISE À L'AUTRE

dans l'étonnant et remarquable ensemble que forme la basilica Santo Stefano

3

Voici un ensemble remarquable de quatre églises de style roman édifiées par les Lombards sur la piazza Santo Stefano. Elles communiquent entre elles et dégagent, grâce à leur pénombre dorée, une atmosphère très douce. L'église du Saint-Sépulcre, datant du XIe s et de forme polygonale, renferme le tombeau vide de San Petronio, le saint patron de Bologne ; l'église du Crucifix a un chœur surélevé sur une crypte ; la mystérieuses église San Vitale e Agricola, à l'architecture austère et dépouillée, fut la première cathédrale de la ville, et enfin l'église du Martyr (ou de la Trinité) renferme une superbe *Adoration des Mages*, réalisée vers 1370 par Simone dei Crocifissi ainsi qu'un ravissant cloître.

BON À SAVOIR : petit musée gratuit au fond du cloître, regroupant les œuvres trouvées dans les diverses églises et chapelles.

FAIRE UNE ORGIE DE MUSÉES

la plus vieille ville universitaire d'Europe (1088) en compte à foison

4

Bologne est surnommée « la Dotta » (la Savante). C'est une ville de culture, où les amateurs de musées seront à la fête. Il y en a pour tous les goûts : objets d'art médiévaux au Museo civico medievale, archéologie au Museo archeologico, beaux-arts à la Pinacoteca nazionale, histoire au Museo della Storia di Bologna (installé dans un pittoresque palais médiéval), peinture « métaphysique » au Museo Giorgio Morandi (extra !), mais aussi musique, patrimoine industriel, tapisserie, art moderne... La plupart de ces musées sont abrités dans de somptueux palais.

BON À SAVOIR : • museibologna.it • bolognawelcome.com •

ASSISTER À L'ÉTRANGE PHÉNOMÈNE QUI SE PASSE TOUS LES JOURS À MIDI, HEURE SOLAIRE,

dans la basilica San Pietronio

5

En deux siècles de chantier, la façade de ce temple civique n'a jamais été terminée. À l'intérieur, les proportions et volumes demeurent parmi les plus impressionnants du monde ! Orgie de voûtes en ogive dans les tons rouge et rose. On ne compte plus les chapelles richement ornées : celle des Bolognini (la 4e à gauche), avec sa balustrade en marbre et sa déco d'origine, est l'un des joyaux de la basilique. Mais le plus incroyable demeure le phénomène lumineux qui se produit en milieu de journée : un faisceau lumineux jaillissant de la voûte se promène sur le sol. Au moment où il croise le méridien matérialisé par une barre de cuivre au sol, il est 12h solaire (variable selon les saisons). Le rai lumineux, après son passage sur la méridienne, se pose sur les colonnes et prend l'aspect d'un cœur.

BON À SAVOIR : selon la légende, toutes les femmes célibataires qui assistent à cet événement se marieront dans l'année.

NE PAS MANQUER D'ALLER JETER UN ŒIL À L'ORATORIO DI SANTA CECILIA

considéré comme la « chapelle Sixtine » de Bologne

6

Contigu à la sacristie de San Giacomo Maggiore, l'oratoire est décoré de fresques admirables signées des plus grands artistes de la Renaissance bolonaise. Ainsi, Francesco Francia, Lorenzo Costa et Amico Aspertini y illustrèrent en 10 tableaux la vie de sainte Cécile et de saint Valérien. Petit cloître juste derrière.

ADMIRER LA SPLENDIDE COLLECTION D'INSTRUMENTS DE MUSIQUE

conservés à l'oratorio di San Colombano

7

Deux raisons de venir ici : le lieu, petit mais superbe, et la collection, tout aussi superbe. C'est celle de Luigi Ferdinando Tagliavini, musicien originaire de Bologne et grand spécialiste de la Renaissance, qui a parcouru l'Europe pendant plus de 50 ans pour trouver les instruments à la sonorité parfaite. Les clavecins, clavicordes, orgues et pianos *forte*, fabriqués du XVIe au XXe s et qui sont présentés ici, fonctionnent encore : une des conditions de Tagliavini pour ce musée était d'ailleurs que l'on continue à jouer dessus pour les entretenir. Nombre d'entre eux, très décorés, sont déjà magnifiques à regarder ! Tout comme le lieu dans lequel ils se trouvent.

BON À SAVOIR : concerts fréquents, et souvent gratuits, sur place. • genusbononiae.it •

PROFITEZ DE VOTRE PASSAGE À BOLOGNE POUR SILLONNER LA RÉGION

et découvrir les splendeurs de l'Émilie-Romagne, comme Ravenne et Ferrare

8

Bologne est, par sa position centrale, le point de chute idéal pour découvrir cette région prospère, située entre la Toscane, la Vénétie et la Lombardie. On peut facilement rayonner en train dans les environs et découvrir de superbes villes d'art, accessibles en moins d'une heure, comme Ferrare qui mérite amplement la visite. Magnifique petite ville médiévale et Renaissance (classée à l'Unesco), c'est un petit bijou à l'abri de ses remparts, On y trouve de superbes édifices, comme le castello d'Este, l'un des plus beaux châteaux italiens, et l'inégalable palazzo dei Diamanti avec sa façade de 8 500 blocs de pierre taillés comme des diamants. Autre excursion chaudement recommandée : Ravenne (1h20 de train), dont le centre-ville est également classé à l'Unesco, pour son inestimable trésor : de somptueuses mosaïques aux influences antiques et orientales. Elles décorent bon nombre d'églises et de monuments de la ville, dont la basilica San Vitale, un sommet de l'art byzantin (VIe s.).

BON À SAVOIR : nombreux trains tous les jours au départ de Bologne. • trenitalia.com •

SAVOURER

9

SAVOURER LES NOMBREUSES SPÉCIALITÉS

dont regorgent Bologne et sa région

Autre surnom de Bologne : la « *Grassa* » (la grasse). L'Émilie-Romagne est l'une des régions où l'on mange le mieux en Italie. Ne cherchez toutefois pas les « spaghetti à la bolognaise » ! Ici, la préparation à base de sauce tomate et de viande se dit *« al ragù »*... et on mange les pâtes régionales comme les *tagliatelle*, ces longues pâtes en forme de ruban ou les *tortellini*, de petits raviolis ronds. Autre spécialité locale, la *mortadella* qui se déguste en cubes ou en fines tranches. Enfin, que dire de Bologne et sa région si on ne parle pas du parmesan, du *prosciutto di Parma* (jambon de Parme) et du vinaigre balsamique de Modène ? Vos papilles sont émoustillées ? Bologne recèle d'excellentes *osterie* (établissements entre le bar à vins et la table d'hôtes), où l'on se régale à prix raisonnables. Également une belle concentration de glaciers et d'épiceries fines.

BON À SAVOIR : pour assouvir tous vos désirs de mortadelle allez à la *Macelleria-Rosticceria*. Elle ne paie vraiment pas de mine et n'affiche même pas de nom, pourtant, c'est la seule boucherie du centre-ville (via Santo Stefano) où le patron fait encore lui-même, sur place, sa délicieuse mortadella. Sinon la Salumeria *Simoni*, à l'angle de la via *Pescherie Vecchie*, vend une mortadella artisanale à se damner ! Également du *salame rosa* – typiquement bolonais – tout aussi succulent, et autres saucissons et jambons...

LES TAGLIATELLES DE BOLOGNE

Très différentes des spaghetti par leur composition même (œufs, farine de blé tendre), ces pâtes ruban sont des pâtes de riches... que l'on fabrique artisanalement à Bologne, leur ville d'origine (ainsi que des tortellini). Selon la légende, en 1487, la belle Lucrèce d'Este débarque de Ferrare pour épouser le rustre Anibale Benti Voglio. Immédiatement, sa blondeur vénitienne ébahit les habitants de Bologne. En hommage, un cuisinier de génie invente la tagliatelle inspirée par ses cheveux blonds et ondulants. C'est une appellation contrôlée et aucune contrefaçon n'est possible. À déguster de préférence avec des sauces au beurre, à la crème, des coulis de légumes...

S'ASSEOIR OBLIGATOIREMENT À LA TABLE DE LA FAMEUSE *OSTERIA DEL SOLE*

Quel que soit le moment de la journée

10

Une institution ! Ce bistrot populaire, jouxtant la piazza Maggiore, est le plus ancien de la ville. Pas d'enseigne sur rue, une déco d'origine largement patinée, et une ambiance assez folklo qui change selon l'heure de la journée : les papis le matin, les familles dans l'après-midi et les jeunes le soir. On ne vous servira rien à manger, mais vous avez le droit d'apporter votre casse-croûte et de le consommer sur place, accompagné d'un verre de vin (payant). L'idéal étant de s'acheter de divines provisons au marché juste à côté et de venir les consommer sur place.

BON À SAVOIR : les chiens restent dehors, à moins qu'ils ne boivent vin ou bière (dixit l'affichette) !

SORTIR

VIBRER AU RYTHME DE LA VILLE

et de ses quelque 80 000 étudiants (soit un habitant sur cinq) !

11

Bologne, c'est aussi toute une atmosphère. La ville abrite la plus vieille université d'Europe (XIe s.), où Dante, Pétrarque, Pasolini et Marconi ont traîné leurs guêtres. Umberto Eco et Romano Prodi y ont enseigné. Bologne ne s'endort pas à la nuit tombée. Bien au contraire ! Fief de la contestation étudiante dans les années 1970, elle a gardé son dynamisme et son caractère alternatif. *« Bologna la Rossa »,* dit-on en Italie, et pas seulement pour la couleur de ses tuiles. Du coup, le centre de Bologne abonde en petits bars sympas, branchés ou underground, où l'on peut prendre l'*aperitivo* (buffet à volonté pour accompagner la boisson) ou sortir en soirée. C'est là qu'il faut aller pour mieux saisir le cœur battant de la cité. Si vous aimez les ambiances grandioses, filez au *Stanze*, un endroit étonnant et inattendu, installé dans une ancienne chapelle du XVIe s. Les plus *hype* iront au *Nu Lounge Bar,* 3 bars réunis mélangeant gaiement leur terrasse sous les arcades (car c'est là que ça se passe, même en hiver). Avis aux amateurs : le patron est le meilleur cocktailiste d'Italie.

BON À SAVOIR : • nuloungebar.com • Et qui dit ville étudiante, dit vie culturelle intense et festivals. Infos sur • bolognafestival.it • Éviter le mois d'août, tout est fermé.

SHOPPING

AU PETIT MATIN, FLÂNER SUR LES MARCHÉS DE LA VILLE

et faire provision des bons produits de la région

12

L'Émilie-Romagne est remarquable pour sa gastronomie locale (voir la rubrique « Savourer »). Pour avoir un aperçu de tout ce que vous offre cette région en matière de pépites gustatives, arpentez le mercato delle Erbe, le grand marché couvert où les Bolonais s'approvisionnent ; ou le mercato della Terra, piazzetta Pasolini, celui des producteurs locaux sous l'égide du *slow food.* Sans oublier de faire un tour au mercato Pescherie Vecchie, qui s'installe le long de la pittoresque via Pescherie Vecchie, ancienne ruelle du marché médiéval avec ses échoppes ; aujourd'hui, ce n'est plus un marché à proprement parler, mais un alignement de boutiques regorgeant de victuailles ; les prix en revanche sont élevés.

AGENDA DES FÊTES, FESTIVALS ET ÉVÉNEMENTS

MARS : la Fiera del Libro per ragazzi (Foire du livre de jeunesse)

Une semaine. Depuis 1963, c'est LA référence internationale en matière de littérature de jeunesse, celle où se négocie la vente entre éditeurs des livres qui seront plus tard traduits.

FIN JUIN-FIN JUILLET : Festival del Cinema Ritrovato

C'est tous les soirs sur la piazza Maggiore après 22h. On diffuse de vieux films en v.o. (découverts dans les archives à travers le monde) sur écran géant. La manifestation est promue par la cinémathèque de Bologne. • bolognawelcome.it •

BRUGES

2H30
AU DÉPART DE PARIS VIA BRUXELLES

3H
AU DÉPART DE PARIS VIA LILLE

BUDGET	€€
CULTURE	★★★★
CUISINE	★★
SHOPPING	★★
VIE NOCTURNE	★

Bruges est un miracle de l'Histoire. Tombée en léthargie pendant quatre siècles, elle n'a pas connu l'industrialisation. *Cela lui vaut, pour son centre historique, un classement au Patrimoine mondial de l'humanité par l'Unesco. En la visitant, même si tout n'est pas vraiment d'origine, vous aurez d'abord l'impression de faire un voyage dans le temps, à l'époque de la splendeur des ducs de Bourgogne. Et puis, en flânant le nez au vent, vous découvrirez aussi, un peu plus secrètes, les facettes mystiques de l'âme flamande. Bruges est une ville éminemment romantique, qui a su garder ses secrets, en dépit de l'affluence touristique.*

SE REPÉRER

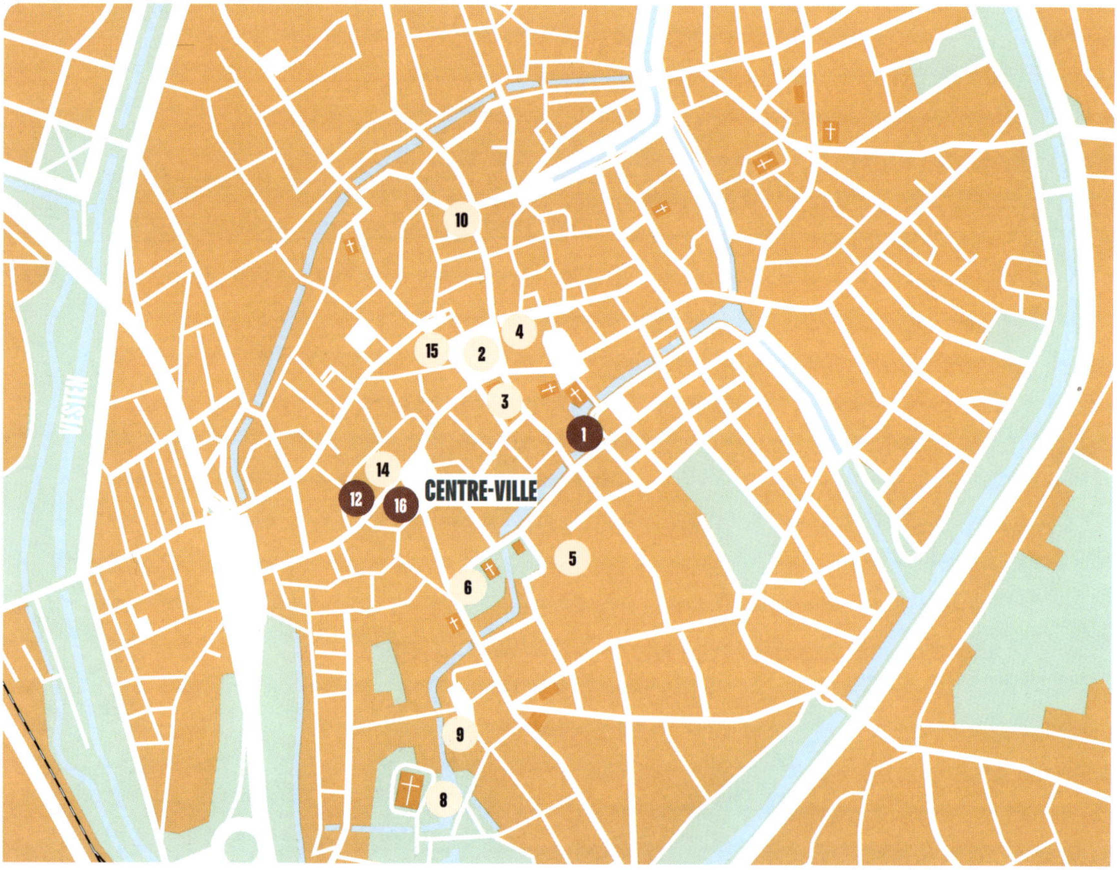

DÉCOUVRIR

1

SE LAISSER PORTER À BORD D'UNE BARQUE AU FIL DES CANAUX
et s'imprégner de toute la magie délicate d'une ville au passé médiéval prestigieux

Classée au Patrimoine mondial de l'Unesco, la « Venise du Nord » plonge le visiteur dans un voyage à l'époque des splendeurs des ducs de Bourgogne. C'est une ville où il faut prendre le temps de flâner, en amoureux ou à vélo. Son cadre poétique fera fondre les plus endurcis ! Parcourant la ville sur des dizaines de kilomètres, les canaux sont l'une des attractions touristiques les plus courues de Bruges. Il faut dire qu'ils ont beaucoup de charme. La promenade en bateau dure 30 mn et offre un autre regard sur la belle Flamande. Vous apercevrez de vieilles demeures en pierre, de vénérables ponts, de petites places secrètes. Un complément idéal à votre promenade pédestre.

BON À SAVOIR : la foule dénature un peu ses charmes aux beaux jours ; venir plutôt au début du printemps, lorsque les narcisses tapissent les pelouses du béguinage ou lorsque l'automne pare la ville de brumes mélancoliques. • brugge.be •

ADMIRER LA DIVERSITÉ ARCHITECTURALE DU MARKT (LA GRAND-PLACE)
qui couvre six siècles d'histoire

2

Le marché s'y tenait depuis l'an 958. C'est dire le nombre de choses que ces pierres auraient à raconter si elles le pouvaient : fêtes somptueuses, foires, tournois, exécutions capitales, mariages, bûchers, défilés de troupes. Jolies façades gothiques avec ces façades en escalier ! Deux maisons se distinguent de part et d'autre de l'entrée de la Sint Amandstraat : à gauche, celle à la haute façade gothique avec la girouette et l'anémoscope (du XXe s), alors que celle du *café Craenenburg* (du XIVe) a une façade reconstituée. Sans oublier le fier beffroi…

ESCAPADE ROMANTIQUE

Bruges est une ville propice à la rêverie sentimentale, alors allez-y, si possible, en couple. Vous vous forgerez des souvenirs pour la vie en vous baladant enlacés, le long des canaux, même sous la pluie. Les petits restos intimes et les cafés chaleureux, perdus dans la nuit, abriteront vos roucoulades. Vous y reviendrez ensuite avec les enfants… Pour profiter au mieux de la ville, essayez plutôt de venir au début du printemps, lorsque les narcisses tapissent les pelouses du béguinage, ou quand vient l'automne et que l'on peut flâner à l'aise sur les quais des brocanteurs et se repaître à satiété des trésors de la peinture flamande.

SE LANCER À L'ASSAUT DES 366 MARCHES DU BEFFROI

pour admirer la belle vue sur la ville

3

Le monument le plus étonnant du Markt est, bien sûr, le fier beffroi qui, de sa hauteur démesurée, écrase véritablement la halle située à ses pieds. Amis sportifs, empressez-vous de grimper les 366 marches qui mènent à sa terrasse supérieure. Pour vous permettre de souffler, des étapes sont prévues : l'une à la chambre du trésor, où étaient conservées les précieuses chartes, une autre à l'étage de l'impressionnant mécanisme qui actionne le carillon de 47 cloches, ainsi que chez le carillonneur. Une fois en haut, vous recueillerez le fruit de vos efforts en profitant de la vue époustouflante sur les toits de la ville et la proche campagne.

FAIRE UNE PLONGÉE DANS LA BRUGES MÉDIÉVALE À L'HISTORIUM

une expérience interactive à ne pas manquer

4

La Flandre cultive sa mémoire, mais elle se met aussi à l'heure de la modernité. Pour preuve, ce musée interactif proposant une immersion complète dans la Bruges médiévale : le film, les décors, la musique et les effets spéciaux plongent le visiteur en 1435. Avec pour fil rouge, une histoire d'amour. La visite sollicite les 5 sens dans 7 salles thématiques. On y revit l'animation du port au Moyen Âge, l'atmosphère unique de l'atelier du peintre Van Eyck… Très documentée, incroyablement réaliste, cette plongée dans le passé est épatante !

BON À SAVOIR : bien situé sur le Markt, dans l'ancienne halle aux draps • historium.be •

DÉCOUVRIR LES TRÉSORS INCOMPARABLES DE LA PEINTURE FLAMANDE

au musée Groeninge

5

Au XVe s, Bruges était, avec Florence, une capitale de l'art européen. De nombreux chefs-d'œuvre de l'école flamande y furent réalisés. Le musée Groeninge en propose un concentré exceptionnel. Admirez la beauté figée et la psychologie des figures religieuses d'un Van Eyck, d'un Gérard David, ou le splendide triptyque attribué à Jérôme Bosch, le *Jugement dernier*. Pour ceux qui auraient peur d'être un peu largués dans leurs connaissances artistiques de cette époque, un audioguide est compris dans le prix du billet. Un musée incontournable.

BON À SAVOIR : ne pas manquer non plus le *musée Memling de* l'hôpital Saint-Jean. Installé dans un ancien hôpital, datant du XIIe s, il expose notamment la célèbre *Châsse de sainte Ursule* et le magnifique *Triptyque de saint Jean-Baptiste et saint Jean l'Évangéliste*. • visitbruges.be • Réservations en ligne.

JAN VAN EYCK ET LA PEINTURE À L'HUILE

Le climat humide empêchant la peinture *a fresco* sur les murs, comme en Italie, les peintres du Nord utilisèrent des supports de bois sur lesquels les pigments en poudre étaient ajoutés à un mélange de colle de peau de poisson et d'huile de lin. Au XVe s, Jan Van Eyck perfectionne la méthode en ajoutant l'essence de térébenthine. Pourtant, il ne fut pas le premier : en 2008, on a découvert dans les grottes de Bamiyan, en Afghanistan, des peintures bouddhiques remontant au VIIIe s et réalisées à la peinture à l'huile.

ADMIRER LA DÉLICATE *VIERGE À L'ENFANT* SIGNÉE MICHEL-ANGE
au sein de l'église Notre-Dame

6

Construction gothique du XIIIe s, l'église Notre-Dame est impossible à rater avec sa vertigineuse tour de 122 m, ce qui en fait la plus haute construction de brique au monde. L'intérieur recèle bien des trésors : un *Christ en croix* de Van Dyck, des tableaux de Pourbus et de Gérard David, les superbes mausolées funéraires de Marie de Bourgogne et de Charles le Téméraire... Mais la pièce maîtresse, mondialement célèbre, est la *Vierge à l'Enfant* de Michel-Ange, œuvre de jeunesse en marbre blanc du sculpteur italien. Réalisée en 1504, elle était destinée à la famille des Piccolomini de Sienne mais ne put être payée. Michel-Ange fut tout heureux de la vendre à un marchand brugeois, qui la légua à l'église. C'est l'une des rares pièces à avoir quitté l'Italie du vivant de l'artiste.

7

PRENDRE LE TEMPS DE FLÂNER AU HASARD DES RUELLES ET LE LONG DES CANAUX
Bruges est une ville secrète qui se découvre lentement

La ville n'est pas faite pour la voiture, et les meilleures surprises, vous les aurez en la parcourant à pied ou à vélo. Se perdre dans le dédale des ruelles est la meilleure chose à faire pour la découvrir. Au détour d'un pont ou d'un canal, vous tomberez sur une église ignorée des foules, sur un vieil estaminet où le temps s'est arrêté, sur un petit parc déserté par les touristes pressés, ou sur la très digne confrérie des Arbalétriers en train de s'exercer au tir. De même, pédaler dans la ville endormie, au hasard des pavés, s'avère une véritable plongée dans un univers médiéval.

BON À SAVOIR : pour qui voudrait découvrir la ville à vélo, on peut en louer à la gare. Plusieurs loueurs dans le centre.

LES MAISONS-DIEU *(GODSHUIZEN)*

La maison-Dieu est une particularité sociale et urbaine typiquement brugeoise. Dès le XIIIe s, les riches citoyens et les guildes financèrent la construction de ces logements sociaux avant la lettre. Regroupées pour la plupart autour d'un jardin clos, ces petites maisons basses, faites d'une seule pièce, une seule fenêtre et une lucarne, offraient un toit aux vieillards ou aux indigents. Actuellement, ces maisons sont restaurées et gérées par la commission d'assistance publique. Il s'en dégage un charme de maison de poupée tout à fait désuet et une grande quiétude. Godhuis De Pelikaan (Groene Rei), Zorghe et Schippers (Stijn Streuvelsstraat), De Vos (Noordstraat), Meulenaere et Saint Joseph (Nieuwe Gentweg), etc., on compte en tout à Bruges près de 40 maisons-Dieu. On peut pénétrer dans les enclos, en respectant bien sûr l'intimité des habitants.

PÉNÉTRER DANS LE PARC DU BÉGUINAGE
un véritable havre de paix et un lieu emblématique de Bruges !

8

Le charme opère à n'importe quelle époque de l'année : il suffit de passer la poterne donnant sur le Minnewater et le temps semble suspendre son vol. Fondé en 1245, le béguinage, aujourd'hui classé à l'Unesco, hébergeait des femmes qui, tout en vivant en communauté – mais sans prononcer de vœux – menaient une vie à la fois pieuse et active. La dernière béguine s'est éteinte en 1928. Organisé autour d'un vaste espace planté d'arbres, le lieu est actuellement occupé par une congrégation de bénédictines. L'éclat impressionniste des pelouses piquetées de jonquilles, le trottinement d'une religieuse se pressant vers la chapelle, le bandeau rouge et blanc des maisonnettes cachées derrière le muret de leur jardin donne à cet endroit une indicible poésie. Comme si une grâce divine se manifestait en permanence dans le bruissement du feuillage de ses hauts peupliers.

DÉCOUVRIR LES SECRETS DE LA FAMEUSE BIÈRE BELGE
en suivant la visite guidée de la brasserie De Halve Maan

9

Datant de 1546, c'est la dernière brasserie qui subsiste en centre-ville. Tout le processus de fabrication est expliqué lors de la visite. En parcourant les installations, restées dans leurs jus, on découvre nombre de détails concernant aussi bien les plantes servant au moût que les techniques de brassage de la bière. Les amateurs apprécieront les collections de verres, de canettes, de cartons à bière, etc. L'atelier du tonnelier et l'estaminet 1900 achèvent la visite : ça tombe bien, vous allez pouvoir passer aux travaux pratiques ! À noter : la vue depuis les toits est mémorable et la bière, la *Brugse Zot* – offerte avec le billet –, une blonde bien rafraîchissante.

BON À SAVOIR : • halvemaan.be •

VISITER L'ÉTONNANT FRIETMUSEUM
le premier musée au monde consacré… à la frite !

10

Installé derrière une façade magnifique des XIVe-XVe s, ce musée de la Frite aurait dû se compléter d'ailleurs d'un « et de la Pomme de terre » ! Toute la partie concernant la patate est très intéressante ; une riche histoire, qui commence d'ailleurs au Pérou, et qui livre son pesant d'anecdotes et d'infos insolites… Puis on apprend comment la Belgique devint la terre d'élection de la frite. Explications sur sa naissance dans la vallée de la Meuse, ses premiers bains à 170 °C dans la graisse de bœuf. Présentation des premières friteuses, pittoresques vieux modèles, photos de baraques à frites, affiches, documents divers… Pour conclure, c'est dans la cave voûtée médiévale qu'on dégustera de délicieuses frites, fondantes et cependant bien craquantes à l'extérieur !

BON À SAVOIR : • frietmuseum.be •

LOGER DANS UNE ROMANTIQUE CHAMBRE D'HÔTES EN PLEIN CŒUR DE LA VILLE

Bruges regorge de petits trésors de convivialité et de charme

11

On vous recommande chaudement les agréables et douillettes chambres d'hôtes à Bruges pour dormir. Certaines adresses sont de véritables petits trésors, qui offrent les meilleurs souvenirs et, qui sait, créeront peut-être des amitiés durables. On aime beaucoup le *Baert B & B Art Gallery,* maison toute cosy dans un quartier qui garde une atmosphère de village, la *Maison Amodio* ou la *Huis Koning,* récemment classées parmi les meilleures chambres d'hôtes de Belgique, c'est dire. Mais il y a de très nombreuses possibilités, à consulter dans la *Logiesbrochure* disponible à l'office de tourisme.

BON À SAVOIR : pour les adresses citées, voir • bedandbreakfastbrugge.be • maisonamodio.eu • et • huiskoning.be •

SAVOURER

12

S'OFFRIR UNE ESCALE GOURMANDE CHEZ PATRICK DEVOS

l'un des chefs les plus cotés de Belgique, et pas si cher le midi

Le *Restaurant Patrick Devos* est installé dans une magnifique demeure qui figurait déjà sur le plan de ville en 1261. En 1880, elle hérita d'une nouvelle façade et, en 1900, d'un superbe décor intérieur Art nouveau. Salle aux boiseries néogothiques, jardin intérieur semi-sauvage. Ici officie l'un des chefs les plus cotés du royaume, perpétuellement en quête des harmonies les plus subtiles, malgré quelques audaces a priori acrobatiques, qui en surprendront plus d'un.

BON À SAVOIR : • patrickdevos.be •

FAIRE UNE ORGIE DE GAUFRES, CHOCOLATS

et autres gourmandises

13

La Belgique est connue non seulement pour ses moules-frites, bien évidemment, mais aussi pour ses centaines de bières toutes différentes, ou encore pour son chocolat. La ville de Bruges honore les promesses de son pays : comptant une cinquantaine de chocolatiers, elle vous offrira des chocolats de toutes les formes (parfois les plus osées), à tous les goûts. Enfin, les gaufres, ou *wafels,* s'achètent à chaque coin de rue. Vous pourrez les tartiner à votre goût : chantilly, banane, pâte à tartiner... Et si vous vous sentez alourdi par tous ces régals, pourquoi ne pas louer un vélo pour continuer votre visite de la ville à moins de vous attaquer aux marches du beffroi ?

SORTIR

DESCENDRE UNE OU DEUX MOUSSES AU *'T BRUGS BEERTJE*

véritable musée de la bière avec une généreuse sélection

14

Bouteilles rares, sous-bocks de toutes les provenances, verres de collection, plaques publicitaires et, en dégustation, plus de 300 variétés de bières aux arômes vraiment variés (dont cinq à la pression qui changent régulièrement). Deux raretés : *'t Smisje Honingbier,* bière artisanale au miel, et la Rolls des cervoises, la *Sint-Bernardus* – si rares qu'elles ne sont pas toujours en stock. Possibilité de grignoter assiette de fromages, pâtés, spaghettis, toasts divers...

BON À SAVOIR : Kemelstraat, 5 ; • brugsbeertje.be • Faire également escale dans l'un des cafés historiques de la ville.

PRENDRE UN VERRE À LA TERRASSE DU *CRAENENBURG*

endroit stratégique pour admirer les jolies façades du Markt

15

Belle demeure datant de 1305, relookée avec habileté en 1956 comme ses voisines, le *Craenenburg* est toujours, sur le Markt, le lieu de rendez-vous des Brugeois. De l'étage, Marguerite d'York suivit les tournois de chevaliers sur la place à l'occasion de son mariage avec Charles le Téméraire. Maximilien d'Autriche y fut enfermé par les Brugeois en 1488. Intérieur chaleureux, banquettes de moleskine et vitraux... Et, bien sûr, terrasse fort bien placée.

SHOPPING

16

SUCCOMBER AUX CRÉATIONS ORIGINALES DE DOMINIQUE PERSOONE

le virtuose belge du chocolat

The Chocolate Line est l'une des chocolateries les plus cotées de Bruges. C'est l'antre de Dominique Persoone, qui s'est fait un nom ici avant de partir à la conquête de l'Europe, et d'inventer, pour les Rolling Stones, du chocolat à... sniffer. On s'y presse pour ses associations originales (voire audacieuses), comme les chocolats à l'huile d'olive, au bacon et quinoa, au safran et au curry, ou encore au cola ou à la tequila... Bien sûr, cela a son prix, mais qualité garantie (tout y est fait à base de produits naturels et même bio). Difficile, vraiment, de résister à l'envie de s'offrir un ballotin !

BON À SAVOIR : • thechocolateline.be •

AGENDA DES FÊTES, FESTIVALS ET ÉVÉNEMENTS

MAI : procession du Saint-Sang

Cette fastueuse procession se déroule le jeudi de l'Ascension. Elle commémore le retour du comte de Flandre, Thierry d'Alsace, de la deuxième croisade en 1150. On en trouve la trace depuis 1291. Le défilé présente des tableaux vivants de l'Ancien et du Nouveau Testament. Cette fête à caractère essentiellement religieux draine des dizaines de milliers de spectateurs, qui s'installent des heures à l'avance pour se trouver aux lieux de passage stratégiques du cortège. Suit alors un défilé de marchands et de métiers du Moyen Âge, qui précèdent Thierry d'Alsace et sa suite rapportant la précieuse fiole du saint sang de Jérusalem. La mise en scène n'a rien d'un carnaval. D'ailleurs une certaine dramaturgie naïve rappelle les « mystères » médiévaux. Et lorsque la véritable relique arrive, portée par l'évêque et les prélats, l'assistance se lève et se signe dans un recueillement impressionnant. On entend voler les mouches.

JUILLET-SEPTEMBRE : Zandfeesten

Puces de luxe sur le Zand.

JUILLET : Cactus Festival

Le 2e w-e de juillet. Festival de musique en plein air (rock, reggae...).
• cactusmusic.be •

AOÛT : Fastes de l'Arbre d'or

Tous les 5 ans fin août, 2 dimanches consécutifs. Les festivités reproduisent le mariage de Charles le Téméraire et de Marguerite d'York. Quelque 90 groupes participent au spectacle qui est, par son ampleur, la reconstitution la plus brillante du calendrier brugeois.

Canal et église Notre-Dame

BRUXELLES

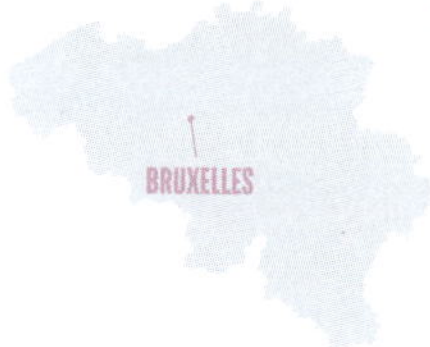

1H22
EN THALYS
DEPUIS PARIS
GARE DU NORD

Ville déroutante, mais ô combien attachante, Bruxelles n'est jamais présente là où on l'attend. *On croit visiter une grande capitale, on découvre une cité à taille humaine. On pense découvrir une ville au riche passé médiéval, on reçoit l'impact d'une ville moderne. On emprunte une rue tortueuse, on bute sur une voie rapide, on cherche des remparts, on tombe sur des tunnels. On imagine Bruxelles cohérente, telle que l'avait rêvée Léopold II, le roi-bâtisseur, et on la trouve brouillonne, voire insaisissable. Bruxelles, qui est un étonnant kaléidoscope humain et architectural, se révèle l'une des villes les plus agréables du continent. Car cette métropole à taille humaine a une qualité rare : on y cultive un art de vivre. Truculente et gouailleuse, surréaliste et décontractée, Bruxelles ne se révèle qu'à qui sait la regarder.*

BUDGET	€€
CULTURE	★★★★
CUISINE	★★★☆
SHOPPING	★★★☆
VIE NOCTURNE	★★★☆

SE REPÉRER

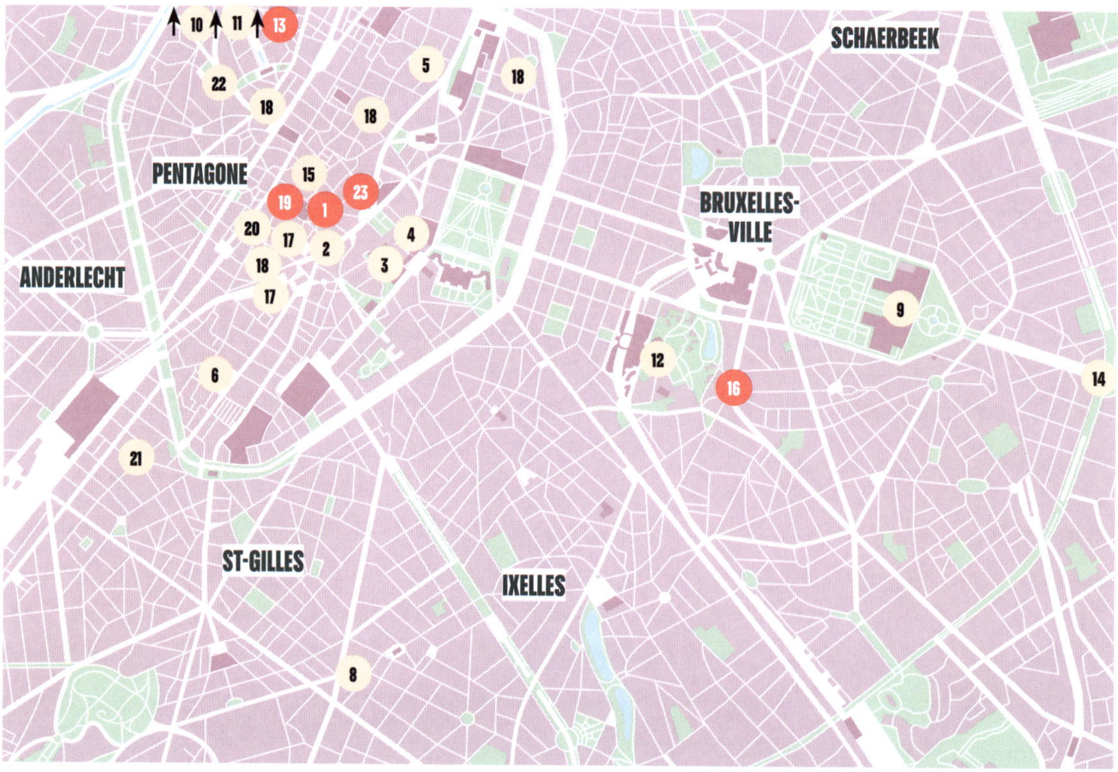

1

S'ÉMERVEILLER DU FABULEUX DÉCOR ILLUMINÉ DE LA CÉLÈBRE GRAND-PLACE

sans doute l'une des plus belles au monde

Au cœur de la ville, un petit bijou classé par l'Unesco au Patrimoine mondial de l'humanité. Piétonne, elle est bordée par les maisons traditionnelles des corporations, dont les façades baroques rivalisent d'exubérance. L'hôtel de ville gothique, à la façade asymétrique, et la maison du Roi, de style néogothique, se font face. Le meilleur moment pour l'aborder est à la tombée du jour, lorsque les dorures des pignons tarabiscotés et l'élan puissant de la flèche de l'hôtel de ville, magnifiés par les éclairages, se profilent sur le bleu intense du crépuscule bruxellois.

BON À SAVOIR : un tapis de bégonias en recouvre le sol au mois d'août toutes les années paires.

DÉCOUVRIR

SALUER LE CÉLÉBRISSIME MANNEKEN-PIS

situé à un jet de pipi de la Grand-Place

2

Un attroupement devrait vous guider facilement vers le gamin le plus célèbre du monde ! Le populaire Manneken-Pis, grand par sa renommée, mesure seulement 55,5 cm, pas un de plus. Si la petite statue de bronze, fondue par Jérôme Duquesnoy, date du XVIIe s, il existait là, depuis le XIVe s, une fontaine de pierre. Le Manneken-Pis symbolise l'irrévérence et une certaine indépendance d'esprit en faisant devant tout le monde et dos au mur, ce que l'on fait d'habitude en cachette.

BON À SAVOIR : la tradition veut que les hôtes de la ville lui offrent un costume. *Le Routard* n'a pas dérogé à la règle. Sa garde-robe est visible dans un petit musée, qui lui est dédié, à deux pas de là, rue du Chêne. • mannekenpis.brussels •

ARPENTER LES SALLES DES MUSÉES DES BEAUX-ARTS
à la recherche des chefs-d'œuvre de Brueghel ou des plus beaux Rubens

3

Les musées royaux des Beaux-Arts forment le plus grand centre muséal de Belgique et l'un des plus importants d'Europe. L'endroit est remarquable pour la section *« Old Masters »* avec ses collections de primitifs flamands, de peintures du XVIIe s (Rubens en particulier), mais aussi des XIXe et XXe s rassemblées sous l'appellation « musée Fin de Siècle ». Ce labyrinthe de salles sur plusieurs niveaux exigerait presque une boussole pour s'y retrouver !

BON À SAVOIR : pensez à demander le plan à l'entrée, on y voit à peu près clairement où trouver chaque section. • fine-arts-museum.be/fr • fin-de-siecle-museum.be •

S'ENIVRER DE BULLES AU CENTRE BELGE DE LA BANDE DESSINÉE
à consommer ici sans aucune modération !

5

Installé depuis plus de 30 ans dans un magnifique bâtiment Art nouveau dessiné par Victor Horta en 1905, le Centre belge de la bande dessinée rend un superbe hommage à ce 9e art dont la Belgique a été un des principaux berceaux, au travers d'expositions permanentes et temporaires sur la B.D. dans toutes ses expressions. Un lieu incontournable pour les bédéphiles, qui pourront également faire le plein à la librairie.

BON À SAVOIR : si vous disposez d'un peu de temps, la bédéthèque doit, avec ses 70 000 titres, être une des (sinon LA) plus fournies du monde. • cbbd.be •

RENÉ MAGRITTE, UN POÈTE DE GÉNIE

« Ceci n'est pas une pipe », écrivait le pape du surréalisme belge en 1929 sous la reproduction réaliste d'une pipe qui aurait pu appartenir à Maigret. Tout l'humour provocateur du peintre transparaît dans ses juxtapositions inattendues dérangeantes, d'objets d'usage familier plantés dans un décor insolite et ponctuées de titres absurdes… Publicitaire lui-même par nécessité alimentaire, ce dynamiteur du mental est le peintre qui a le plus influencé la pub, récupératrice d'un grand nombre de ses idées-forces. Un superbe musée lui est désormais exclusivement consacré à Bruxelles.

EXPLORER L'UNIVERS POÉTIQUE ET PICTURAL DE RENÉ MAGRITTE
fer de lance du mouvement surréaliste en Belgique

4

Dans un musée qui lui est entièrement dédié, avec quelque 200 œuvres exposées sur 3 niveaux, c'est la plus grande collection consacrée à l'artiste belge contemporain le plus célèbre au monde. Outre les tableaux et dessins, on peut découvrir des aspects moins connus de son travail : photographies, tracts, affiches, bouteilles peintes ou films à la fois poétiques et hilarants

BON À SAVOIR : il est conseillé, pour éviter les files d'attente du week-end, de réserver sa visite à l'avance, par téléphone ou sur le site : • musee-magritte-museum.be •

ENTAMER UN TREK URBAIN AU CŒUR DU QUARTIER DES MAROLLES

où l'on retrouve l'esprit populaire de Bruxelles, une certaine gouaille, un zeste de fronde

6

Pas de « grands monuments » au fil de la balade mais de ces « petits pas grand-chose » qui font aimer ce quartier et découvrir son âme. Rue Haute ou rue Blaes, les Marolles possèdent désormais également un petit côté branché avec quelques boutiques plutôt mode entre 2 cavernes à la brocante représentatives du coin. Se rendre place du Jeu-de-Balle et arpenter le pavé du célèbre marché aux puces.

BON À SAVOIR : c'est un quartier qui vibre surtout le dimanche matin, au rythme, non pas de la messe, mais de son fameux marché aux puces, celui où Tintin dénicha la maquette du *Secret de la Licorne*.

7

PARTIR SUR LES TRACES DES HÉROS DE BANDE DESSINÉE

qui ornent les murs de la ville

La B.D. est omniprésente à Bruxelles, rendant hommage au 9e art de différentes façons, notamment avec cette grosse cinquantaine de fresques peintes sur les murs de la ville. Depuis le retour triomphal de Tintin du pays des Soviets, à la vieille gare du Nord, en 1929, la B.D. belge s'est nourrie des paysages urbains bruxellois. Ce n'est qu'un juste retour des choses que celle-ci égaie à présent les rues, pour le plus grand plaisir des visiteurs.

BON À SAVOIR : chaque année, d'autres façades de Bruxelles-Capitale accueillent de nouvelles fresques. Infos sur • brusselsbdtour.com •

PARCOURIR LES COMMUNES AU SUD DE BRUXELLES
pour dénicher les dernières maisons Art nouveau et s'émerveiller de leurs détails raffinés

8

Bruxelles est l'une des villes d'Europe ayant conservé le plus grand nombre d'édifices Art nouveau, concentrés essentiellement dans les quartiers de Saint-Gilles et d'Ixelles, de part et d'autre de l'avenue Louise. Avec Victor Horta pour chef de file (la résidence-atelier du plus célèbre des architectes belges est incontournable !), les architectes ont ici fait preuve d'une audace et d'une créativité qui émerveillent encore. Ne pas manquer la visite du musée Horta installé dans la maison que le maître se fit construire.

BON À SAVOIR : • hortamuseum.be •

ADMIRER LA MAGNIFIQUE COLLECTION DE VOITURES ANCIENNES DE GHISLAIN MAHY
au musée Autoworld, au parc du Cinquantenaire, une des plus riches du monde

9

Ce vaste espace présente, dans un état remarquable, des véhicules rares, depuis les débuts de l'automobile jusqu'aux années 2000. Une collection d'une grande diversité, absolument magistrale, qui permet de suivre les grandes évolutions techniques et esthétiques du « bonheur à quatre roues ». Les voitures belges méritent l'attention... car il y en eut ! Et pas qu'une maigre poignée : ce fut même, avant la Seconde Guerre mondiale, un des fleurons de l'industrie du royaume, avec des marques comme Minerva, Nagant, Imperia, ou Belga Rise, jadis considérée comme la Rolls du plat pays. Un musée privé exceptionnel, qu'aucun amateur de voitures ne peut décemment manquer !

BON À SAVOIR : • autoworld.be •

RISQUER UN TORTICOLIS AU PIED DE L'ATOMIUM
cette incroyable construction faite d'un assemblage de 9 sphères métalliques

10

Ce symbole de Bruxelles, créé pour l'Exposition universelle de 1958, devait être détruit, comme c'est la règle pour les ouvrages du genre. Plus de 60 ans après, on découvre aujourd'hui, les yeux ébahis, cette étonnante structure qui représente la maille élémentaire du fer grossie 165 milliards de fois. La plus haute des 9 boules culmine à 102 m, et la vue de là-haut est... panoramique, c'est le moins qu'on puisse dire ! La nuit, l'Atomium prend des allures de vaisseau spatial clignotant, style *Rencontres du troisième type*.

BON À SAVOIR : billet combiné avec l'Adam Brussels Design Museum tout proche • atomium.be • adamuseum.be •

À SCHAERBEEK, VOYAGER DANS LE TEMPS EN GRIMPANT À BORD D'UNE ANCIENNE LOCO À VAPEUR
au formidable musée Train World

11

Cette ancienne gare abrite aujourd'hui un extraordinaire musée du Train, où petits et grands découvrent avec fascination l'univers ferroviaire belge mis en scène par le dessinateur François Schuiten. L'histoire du train est ici contée de façon ludique : maquettes des plus belles gares, uniformes, cartes interactives, sons et jeux de lumière nous plongent dans un univers unique et assez magique. La maison du garde-barrière a été intégrée avec son décor des sixties. Mais les stars ici sont, bien sûr, ces impressionnantes locomotives et voitures anciennes dans lesquelles, pour certaines, on peut grimper, le temps d'un voyage imaginaire.

BON À SAVOIR : • trainworld.be • Tlj sauf lun 10h-17h.

FAIRE DÉCOUVRIR AUX ENFANTS LA PLUS GRANDE GALERIE DE DINOSAURES D'EUROPE
au Muséum des sciences naturelles

12

Quatrième musée d'Histoire naturelle au monde (avec 37 millions de spécimens). Malgré sa scénographie contemporaine et interactive, la galerie des iguanodons a gardé son charme rétro avec ses galeries suspendues et ses escaliers en fer forgé. Les innombrables fossiles et squelettes (authentiques pour la plupart) sont remarquablement mis en valeur : ils semblent encore plus impressionnants !

BON À SAVOIR : le musée a beaucoup misé sur l'aspect ludique et pédagogique. • sciencesnaturelles.be •

13

PROFITER DE LA FLORAISON DES ORCHIDÉES AU PRINTEMPS POUR SE RENDRE AU CHÂTEAU ROYAL DE LAEKEN

et admirer la magnifique architecture de fonte et de verre des serres royales, cet autre caprice du roi Léopold II

Une occasion pour se délecter du spectacle des cerisiers du Japon en fleur et se promener dans les serres Art nouveau d'Alphonse Balat (le maître de Victor Horta), remplies des senteurs de la flore tropicale rapportée d'expéditions au Congo. En vedette, la grande rotonde aux gigantesques palmiers.

BON À SAVOIR : ouv seulement de mi-avr à mi-mai, tlj sauf lun : 9h30-16h et nocturne ven et sam. • monarchie.be •

PRENDRE LE TRAM Nº 44

une occasion de découvrir les plus belles banlieues résidentielles de Bruxelles

14

Depuis la station de métro Montgomery, ce tram parcourt la très longue avenue de Tervueren, bordée de bâtiments remarquables comme le palais Stoclet (classé au Patrimoine de l'Unesco – ne se visite pas), longe les étangs Mellaerts, puis pénètre dans la forêt de Soignes. Il franchit ensuite le Ring est, qui ceinture l'agglomération et rejoint le parc de Tervueren par une allée bordée de massifs de rhododendrons. Au terminus se trouve l'Africa Museum (ex-musée royal de l'Afrique centrale), enfin rouvert. On peut aussi se promener dans le magnifique arboretum du bois des Capucins, planté de séquoias et de pins de Douglas.

BON À SAVOIR : à mi-chemin se situe le musée du Transport urbain bruxellois et sa collection de tramways anciens. • trammuseumbrussels.be •

SAVOURER

SUCCOMBER AUX DOUCEURS BRUXELLOISES

qui se déclinent à l'infini : gaufres, chocolats, spéculoos

15

Côté sucré, la capitale de l'Europe n'est pas en reste. À la vue des fontaines de chocolat des boutiques, l'expression « faire du lèche-vitrines » prend tout son sens ! Il y a aussi les gaufres bruxelloises qui font saliver, comme la classique, servie chaude avec du sucre glace ou de la chantilly. Autres spécialités pour les becs sucrés : les croustillons et beignets qui chatouillent les papilles après un tour de fête foraine. Sans oublier les fameux spéculoos de chez Dandoy, la maison où Baudelaire venait acheter son pain d'épice, célèbre aussi pour ses cramiques aux raisins ou son pain « à la grecque »...

UNE PRALINE PEUT EN CACHER UNE AUTRE

C'est en 1857 que le chocolatier Jean Neuhaus décide d'enrober les médicaments de son beau-frère pharmacien de cacao, pour en masquer le goût. En 1912, son petit-fils remplace le médicament par de la crème et baptise cette première bouchée « praline », du verbe « praliner » (enrober une racine de plante). Son épouse crée le « ballotin », emballage de forme carrée, qui évite l'écrasement des chocolats. Rien à voir donc avec le maréchal de Plessis-Praslin, dont le cuisinier inventa le bonbon praslin ou praline, une amande enrobée de sucre cuit, au XVIIe s.

16

IMPENSABLE DE QUITTER BRUXELLES SANS S'ÊTRE RÉGALÉ D'UN CORNET DE FRITES
véritable emblème national

Ah... les frites belges ! Pour beaucoup, les meilleures du monde. Leur spécificité est de croquer sous la dent et de fondre dans la bouche parce qu'elles sont cuites... deux fois ! Qu'elles soient servies dans un cornet de papier, ou dans une barquette, il n'est de bonnes frites belges que passées dans une friture à la graisse de bœuf. Fondée en 1948, *La Maison Antoine*, non loin du Parlement européen, place Jourdan, fait partie des incontournables de Bruxelles, tout comme la friterie de la place Flagey.

BON À SAVOIR : en Belgique, la baraque à frites *(frikot)*, c'est un peu le fast-food des USA ou le bar à tapas en Espagne.

POUSSER LA PORTE D'UNE AUTHENTIQUE TAVERNE
et découvrir une cuisine savoureuse

17

Anguilles au vert, carbonade au lambic, waterzooi de poisson, et même... glaces à la bière. C'est en poussant la porte d'un bistrot traditionnel que vous pourrez découvrir ces saveurs incomparables (et sans vous ruiner). Car limiter les plaisirs de la table, en Belgique, aux seules moules-frites reviendrait à réduire la cuisine française au museau-vinaigrette, et l'italienne aux spaghettis bolognaise ! Parmi les incontournables tavernes, *In 't Spinnekopke*, une « Petite Tête d'Araignée » qui tisse sa toile depuis le XVIIIe s. Ici c'est le royaume du parler *brusseleir*. Ou encore le resto *Les Brigittines* pour ses savoureux classiques et ses spécialités plus créatives... mais toujours ancrées dans la tradition : croquettes de crevettes cuisinées à la gueuze, vol-au-vent de poularde ou*zenne pot*, le plat signature..

BON À SAVOIR : • spinnekopke.be • lesbrigittines.com •

SORTIR

POURSUIVRE LA SOIRÉE EN POUSSANT LA PORTE D'UN ESTAMINET
café populaire typiquement belge

18

Les plus anciens, du côté de l'Îlot sacré, où le temps semble s'être arrêté, regorgent de charme. Parmi nos coups de cœur : *À la Mort Subite*, le *Caberdouche* (vieux café) dans toute sa splendeur ! Un pilier du temple de l'identité bruxelloise fréquenté, en leur temps, par Brel et Béjart, le *Greenwich*, où Magritte jouait aux échecs.. Citons enfin *La Fleur en Papier Doré*, une vénérable institution, ouverte depuis 1846... où les surréalistes belges, dont Magritte, se donnaient rendez-vous. Sur les murs, une maxime que l'on aime bien : « Tout homme a droit à 24h de liberté par jour. »

BON À SAVOIR : • alamortsubite.com • greenwich-cafe.be • lafleurenpapierdore.be •

19

ENTAMER LA SOIRÉE BRUXELLOISE DANS LE QUARTIER BOURSE-DANSAERT
en sirotant une bière sur une des innombrables terrasses

Un de nos spots préférés pour un apéro : la place Saint-Géry. Bordée de nombreux cafés qui ne désemplissent pas jusque tard dans la nuit. On aime aussi les quais des anciens bassins, du côté de la place Sainte-Catherine, pour être un peu plus au calme.

EMBARQUER LA NUIT VENUE SUR *L'ARCHIDUC*, UN NAVIRE ART DÉCO
qui laisse voguer son âme le long de la rue Dansaert depuis 1937

20

Miles Davis et Django Reinhardt se sont produits sur la miniscène. Un p'tit coup d'blues, une soirée pour conclure ? Sur le pont supérieur (la mezzanine) ou au ras des flots, on se laisse bercer par le jazz tranquille, un verre de genièvre ou de Fernet Branca à la main. Là encore, une véritable institution dans la nuit bruxelloise.

BON À SAVOIR : les amateurs de jazz se rendront également au *Sounds Jazz Club*.
• soundsjazzclub.be • archiduc.net •

SHOPPING

SE CONFECTIONNER UN PETIT CASIER AVEC QUELQUES-UNES DES INNOMBRABLES BIÈRES « SPÉCIALES » ET D'ABBAYE
sans oublier les verres qui vont avec

21

La Belgique compte des centaines de types de bière. On consomme ce breuvage partout et à tout moment : à l'apéro, sur une terrasse, en famille, après le sport, devant la télé, avant, pendant et après les repas. Visitez, à Anderlecht, la dernière brasserie familiale à fabriquer le lambic, une bière typiquement bruxelloise presque oubliée. Depuis plus de 100 ans, cette brasserie a résisté aux effets de mode et a préservé tout son savoir-faire. À partir du lambic, on fait d'autres bières : la gueuze, la kriek aux griottes, la framboise et le faro.

BON À SAVOIR : la visite est libre, et un document vous permettra de comprendre les différentes phases de l'élaboration du breuvage.
• cantillon.be •

HUMOUR BELGE

Un bel antidote à l'arrogance condescendante attribuée aux Français. En fait, les Belges n'ont jamais vraiment apprécié que l'on se moque d'eux, une fois..., puisqu'ils s'en chargent très bien eux-mêmes ! Champions du monde de l'autodérision, ce sont les Belges qui font rire la France avec leurs films et leurs acteurs débarqués du plat pays. Benoît Poelvoorde, Bouli Lanners, François Damiens, Virginie Efira ou Stéphane De Groodt. Les chroniques vachardes de Charline Vanhoenacker et Alex Vizorek défraient les ondes sur France Inter. Philippe Geluck a même imposé l'humour de son *Chat* à la devanture d'une grande banque française. S'il n'est pas loin de l'humour anglais et de son *understatement* ou de l'absurde de l'humour juif, l'humour belge affectionne en plus le burlesque et même le « trash ». Témoin du genre, les émissions diffusées sur la très officielle RTBF comme « Strip-tease » ou les films déjantés comme *Dikkenek.*

DÉCOUVRIR QUE BRUXELLES EST AUSSI UNE DESTINATION FASHION

22

Ça bouge à Bruxelles, même si cela ne paraît pas aussi évident qu'à Anvers. L'office de tourisme édite un dépliant qui recense toutes les boutiques. À vous de faire votre circuit en fonction de votre temps, de vos goûts et... de votre budget ! Parmi les incontournables, la boutique *Mais il est où le Soleil ?* qui se cache sur la place du Chatelain, à Ixelles. Pour le reste, petits et grands créateurs se concentrent tout autour de la rue Antoine Dansaert : *Stijl* (seule boutique à Bruxelles où l'on retrouvera les créateurs anversois), *Christophe Coppens, Sandrine Fasoli, Aznif Afsar, Y-Dress...* Les *fashionistas* ne manqueront pas ces adresses pour découvrir les créations déjantées de la mode belge.

BON À SAVOIR : pour en savoir plus • madbrussels.be •

23

FLÂNER DANS LES ÉLÉGANTES GALERIES SAINT-HUBERT

la plus ancienne galerie commerçante d'Europe

Cet ensemble néoclassique pré-haussmannien, dessiné par l'architecte Cluysenaar, date de 1840. Considérées, à l'époque, comme particulièrement audacieuses, par l'usage du fer et du verre, elles furent les premières galeries couvertes d'Europe. Pilastres de marbre, fenêtres en hémicycle, série de bustes perchés sur des corniches, elles abritent salons de thé, brasseries, librairies, boutiques chics, cinéma et théâtre. C'est le lieu idéal pour faire provision de pralines et de spéculoos, ces délicieux petits biscuits à la cannelle qui accompagnent idéalement une tasse de café.

BON À SAVOIR : si vous ne devez rapporter qu'une seule chose de Bruxelles, ce sera un ballotin de pralines (petite boîte conçue par madame Neuhaus) des galeries Saint-Hubert.

AGENDA DES FÊTES, FESTIVALS ET ÉVÉNEMENTS

FÉVRIER : Museum Night Fever

La date varie entre fin février et début mars. • museumnightfever.be •

MAI : Jazz-Marathon

Le dernier week-end de mai. 3 jours et 2 nuits de folie où Bruxelles swingue autour des nombreux podiums installés dans la ville.

JUIN : Festival Couleur-Café

Fin juin. Tous les sons de la world music sur le site de Tour et Taxis.

JUILLET : Ommegang

Le 1er mardi de juillet et le jeudi qui suit. Cortège historique, le clou de l'été ; il commémore, avec faste, le défilé processionnel donné en 1549 à l'occasion de la présentation par l'empereur Charles Quint de son fils (le futur Philippe II) ; les riches costumes Renaissance dans le cadre majestueux de la Grand-Place attirent des bataillons de Japonais.

AOÛT : Plantation du Meyboom

Fête folklorique commémorant, selon la légende, la victoire des Bruxellois sur les Louvanistes en 1311. La cérémonie du Meyboom a été reconnue au patrimoine oral et immatériel de l'Unesco.

AOÛT : tapis de fleurs sur la Grand-Place

Uniquement les années paires.

SEPTEMBRE : week-end de la bière

Le 1er du mois. Sur la Grand-Place.

OCTOBRE : Brussels Accessible Art Fair

La biennale d'Art nouveau. Tous les 2 ans, les week-ends d'octobre. Brocantes, salons d'antiquités, visites guidées, conférences, etc. Surtout, des sites habituellement fermés sont ouverts à la visite. • voiretdirebruxelles.be •

DÉCEMBRE : Plaisirs d'hiver

Marché de Noël et patinoire du côté de la place Sainte-Catherine.

Marché aux puces de la place du Jeu de Balle

BUDAPEST

2H10
AU DÉPART
DE PARIS

Budapest ? Une grande dame européenne, nourrie de plus de 1 000 ans d'une histoire à la fois splendide et douloureuse. *Blessée par les guerres, meurtrie par le nazisme, appauvrie par le communisme, elle a retrouvé son lustre à la faveur de son entrée dans l'Union européenne. Aujourd'hui, la « perle du Danube » est une capitale bouillonnante, jeune et pleine de vie, en passe de prendre de relais de Prague ou de Berlin en ce qui concerne les « lieux où il faut être » en ce début de XXIe s. Avec ses bains, ses petits restos, ses musées d'art et ses ruins pubs où l'on écluser des bières jusqu'au bout de la nuit, Budapest est bien, désormais, sur l'orbite des capitales « tendance » !*

BUDGET	€€
CULTURE	★★★☆
CUISINE	★★☆☆
SHOPPING	★☆☆☆
VIE NOCTURNE	★★★☆

SE REPÉRER

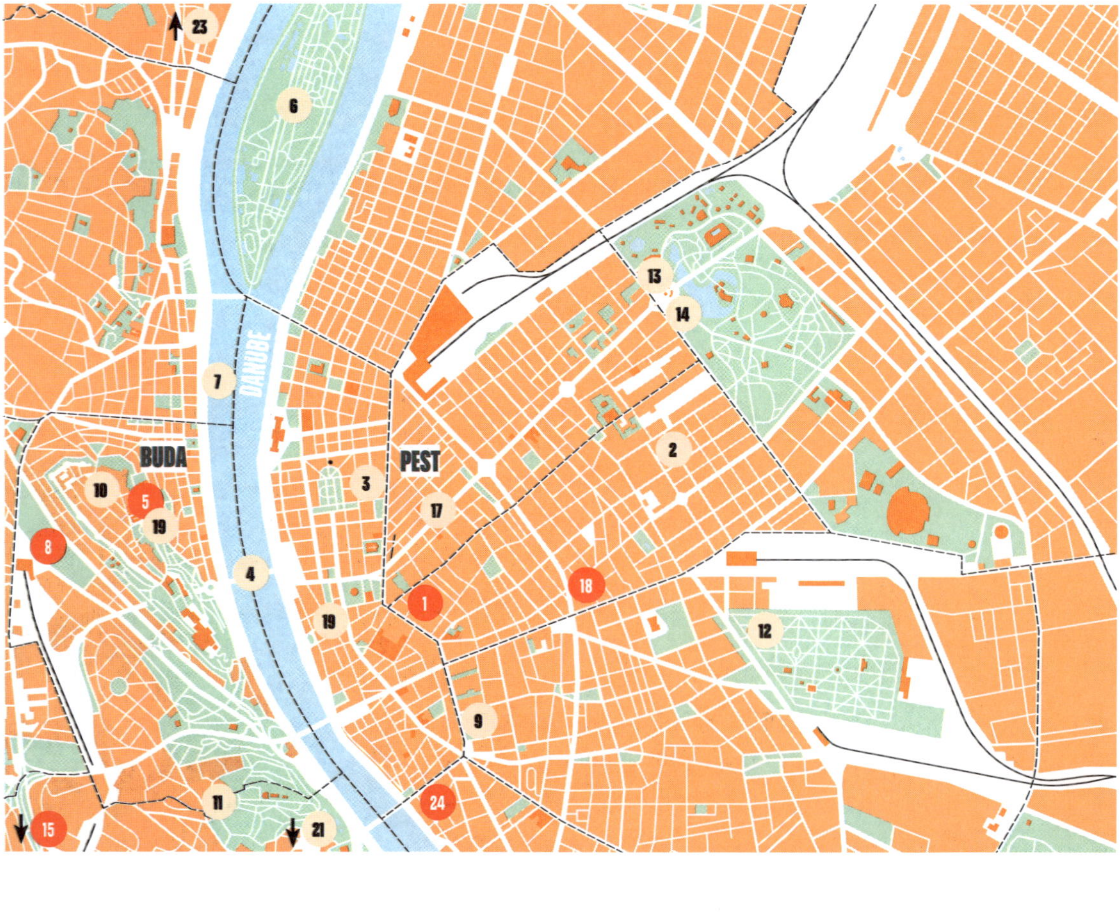

DÉCOUVRIR

1

SE BAIGNER, EN HIVER, DANS LA PISCINE EXTÉRIEURE DES BAINS SZÉCHENYI

quand il neige au-dessus de sa tête. Divin !

Un endroit étonnant, puisqu'il s'agit du plus grand complexe thermal d'Europe, dans un magnifique palais construit entre 1909 et 1913 dans un style néo-Renaissance. Sous le dôme, côté thermes, une fantastique mosaïque Art nouveau joue avec la lumière. Dans une immense piscine de plein air, les habitués s'adonnent à la passion des échecs. On fait trempette dans une eau vaporeuse à 38 °C, et on va mariner ensuite dans l'un des bassins et saunas intérieurs. Magique !

BON À SAVOIR : certains soirs d'été, les bains se transforment en grande soirée techno, et on danse en maillot… • szechenyifurdo.hu •

SE BALADER DANS LE QUARTIER JUIF AUTOUR DE LA GRANDE SYNAGOGUE

et découvrir derrière les portes cochères de magnifiques cours, ceintes de coursives…

2

C'est dans le lacis de ruelles que résidait l'essentiel de la communauté juive avant 1940. Il faut arpenter les rues au hasard, le nez en l'air, pour admirer les façades, melting-pot de styles allant du néoclassique à l'Art nouveau, en passant par l'Art déco et l'éclectisme le plus débridé. La Király utca est l'une des rues proposant le plus de cours et façades pittoresques. On aime aussi beaucoup Dohány utca.

BON À SAVOIR : pour les visites guidées du quartier, voir les détails sur • budapestxplore.com • budapestbylocals.com •

S'ÉMERVEILLER DES 1 001 DÉTAILS DE STYLE ART NOUVEAU ORNANT LES BÂTIMENTS DE LA VILLE
une architecture dénommée Sécession, comme à Vienne

3

L'ancienne Caisse d'épargne de la poste, au toit de tuiles multicolores avec un splendide travail floral, porte la signature d'Ödön Lechner, le « Gaudí hongrois », qui a habillé l'édifice de céramiques vernissées conférant à l'ensemble un petit air de *Mille et Une Nuits*.

BON À SAVOIR : à proximité la maison Bedö, aménagée en musée de l'Art nouveau, constitue une belle introduction à la découverte de ce style en vogue à Budapest au début du XXe s. • magyarszecessziohaza.hu •

EMPRUNTER LE PONT DES CHAÎNES
qui relie Buda la Romaine et Pest la Barbare

4

Construit entre 1839 et 1849, suspendu entre les arcs de triomphe de ses 2 piles gardées par 2 lions de pierre, il est le 1er à avoir franchi le Danube. Au cours de la Seconde Guerre mondiale, il fut détruit par les bombes, puis reconstruit à l'identique en 1949 pour son centenaire. C'est l'un des monuments représentatifs de Budapest, telle une agrafe historique reliant les rives longtemps rivales, mais aujourd'hui réunies.

5

À LA NUIT TOMBÉE, CONTEMPLER LA SILHOUETTE ILLUMINÉE DU PARLEMENT
depuis le bastion des Pêcheurs sur la colline de Buda

Achevé en 1904 et bordant le fleuve sur 270 m, avec son allure de palais vénitien, il est l'un des emblèmes de Budapest. Inspiré du Parlement de Londres, il mêle les styles byzantin et néogothique. Plus grand parlement du monde au début du XXe s, il ne compte pas moins de 691 salles. Qui dit mieux ?

BON À SAVOIR : hors sessions parlementaires, visites pour y admirer les joyaux de la Couronne ; infos sur • parlament.hu/web/visitors •

ET AU MILIEU COULE LE DANUBE

Duna (en hongrois) est, avec ses 2 850 km, le plus long fleuve d'Europe après la Volga. Comme la Seine à Paris ou la Tamise à Londres, le grand fleuve impose sa marque en plein cœur de la ville, qu'il traverse noble et majestueux, séparant la colline de Buda (rive droite) de Pest, étalée sur la rive gauche. Venu d'Allemagne, d'Autriche et de Slovaquie, le Danube passe d'abord à Vienne (où il coule loin du centre-ville), puis à Bratislava, avant de paresser dans la plaine hongroise. C'est à Budapest qu'il est le plus présent et « c'est dans les plaines hongroises que le Danube devient un grand fleuve », souligne l'écrivain István Bart. Sa température, supérieure à celle de l'air, ne l'empêche pas de geler lors des hivers très rudes.

SE PROMENER SUR L'ÎLE MARGUERITE
et profiter des pelouses et des piscines pour une bronzette ou un plongeon

6

Longue de 2,5 km et large au maximum de 500 m, cette île est l'un des meilleurs sites pour embrasser d'un seul coup d'œil les 2 rives du Danube. Baptisée « île aux lapins » au Moyen Âge, elle prit ensuite le nom de la fille du roi Béla IV, qui s'Y retira dans un monastère. Au programme : footing, petit train touristique, balade à vélo, ou en voiturette à pédales (ou électrique), promenade dans la roseraie ou détente.

BON À SAVOIR : l'été, le parc s'anime de concerts de rock et théâtre en plein air (• szabadter.hu/en •). Et une fontaine musicale qui joue, chaque heure tapante, de petits concerts mis en lumière. Grand *show* gratuit en soirée (21h-22h).

REMONTER LA BOUCLE DU DANUBE
en bateau

7

Découvrir les petites églises baroques, les maisons colorées et ateliers d'artistes du village serbe de Szentendre, continuer jusqu'à Visegrád avec les ruines du château fort du roi Mathias Ier, une citadelle perchée comme un nid d'aigle dans les nuages, et terminer par Esztergom, la ville natale de saint Étienne, qualifiée de « Rome hongroise », et dominée par l'imposante basilique baroque Saint-Adalbert.

BON À SAVOIR : • mahartpassnave.hu/en •

8

SE PROMENER SUR LA COLLINE DU CHÂTEAU
ce belvédère rocheux qui constitue le cœur historique de Buda

Au temps où Buda était séparée de Pest par le grand Danube indompté, le quartier historique du Château occupait une crête boisée dominant le fleuve et la ville. C'était autrefois le cœur politique de la Hongrie, tandis que Pest, ville commerçante et industrieuse, en constituait le centre économique. Tout le quartier du Château est classé au Patrimoine de l'Unesco et se distingue, autour de l'église Saint-Mathias, par de délicieuses maisons baroques peintes de couleurs vives, le long desquelles il fait bon flâner.

BON À SAVOIR : on accède à la colline à pied, en funiculaire, ou même en bus ; prévoir une bonne journée pour visiter les musées du château et explorer en détail ce quartier.

ARPENTER LES SALLES DE L'EXTRAORDINAIRE MUSÉE NATIONAL HONGROIS
et remonter le cours de l'histoire

9

Une visite in-dis-pen-sa-ble pour appréhender un tant soit peu le passé mouvementé du pays. C'est le plus important musée de Hongrie. Fondé en 1802 grâce au comte Ferenc Széchenyi, un aristocrate hongrois très fortuné, l'élégant et imposant bâtiment néoclassique fut aussi l'un des premiers musées au monde. On apprécie aujourd'hui sa muséographie moderne qui déroulera devant vos yeux toute l'histoire du pays : du Paléolithique à nos jours en passant par la période romaine, l'invasion des Huns, des Germains et des Avars, la dynastie Arpád, les rois d'Anjou, la guerre d'indépendance contre les Turcs et les Habsbourg, la révolution de 1848, le traité de Trianon, la Seconde Guerre mondiale et, enfin, la période communiste.

BON À SAVOIR : • hnm.hu •

THERMALISME À BUDAPEST

Il fait froid ? Prenez un bain chaud. Budapest compte pas moins de 123 sources thermales surgissant à des températures comprises entre 21 et 76 °C, aux eaux riches en calcium, magnésium, soufre et autres minéraux... Certaines sources ont été aménagées par les Romains, d'autres ont été découvertes et utilisées par les Turcs. Un bon remède naturel pour rhumatisants, cardiaques et autres anxieux, dans des décors orientaux ou Art déco. Les Hongrois ne s'en privent pas et y vont souvent le matin. Variez les plaisirs curatifs : piscine froide, puis bain chaud suivi de quelques allers-retours au hammam avant de céder à un massage ou à des soins esthétiques. Vous en sortirez sur les genoux mais rajeuni(e) de 10 ans !

POUSSER LA PORTE DE L'ÉGLISE SAINT-MATHIAS

la plus belle et la plus célèbre de Budapest

10

Dominant la ville avec son haut clocher ajouré et son toit couvert de magnifiques tuiles vernissées, l'église doit son nom au roi Mathias Corvin, qui s'y maria deux fois ! Par la suite, plusieurs souverains hongrois et empereurs d'Autriche-Hongrie y reçurent la couronne de saint Étienne, symbole de légitimité hongroise. Datant en grande partie du XIIIe s, l'église fut transformée en mosquée durant l'occupation ottomane. Elle prit sa forme actuelle lors de la grande campagne de restauration qui eut lieu entre 1879 et 1893, au cours de laquelle ses murs intérieurs furent entièrement peints. Le décor est chargé, les couleurs chatoyantes, mais c'est magnifique !

BON À SAVOIR : on y donne parfois des concerts d'orgue ; acoustique formidable et grand moment d'émotion. • matyas-templom.hu •

GRIMPER, À LA TOMBÉE DU JOUR, AU MONT GELLÉRT

et profiter, de l'une des plus belles vues de Budapest

11

Du haut de ses 235 m, le mont Gellért n'est pas le point culminant de la ville (c'est le mont János, à 526 m), mais il n'en revêt pas moins une importance stratégique : accidenté, boisé et coiffé par les vestiges de la citadelle bâtie au XIXe s par les Autrichiens, il domine de sa masse le cours du Danube. De là-haut, la vue sur la colline du Château, Pest et le Danube est imprenable ! C'est au pied du mont que jaillissent d'une faille géologique les fameuses eaux thermales. Depuis 1947 s'y dresse une l'impressionnante statue de la Liberté, devenue un des symboles de la ville, et d'où sentiers et escaliers permettent de redescendre vers les renommés bains Gellért. Idéal pour une balade au clair de lune.

DÉAMBULER DANS LE GRAND CIMETIÈRE KEREPESI

avec ses recoins secrets et ses mausolées à l'architecture grandiloquente

12

Le Père-Lachaise de Budapest... dernière demeure des Hongrois célèbres. Ouvert en 1847, c'est le plus ancien cimetière encore en activité. En plus des héros nationaux, Lajos Kossuth, Ferenc Deák et le poète József Attila, on y trouve les sépultures monumentales de nombreuses familles opulentes de la ville. Tombeaux et mausolées sont disséminés dans de vastes espaces arborés, ce qui fait aussi de cette plongée dans l'art funéraire une véritable balade à la campagne.

ADMIRER LA PLACE DES HÉROS

majestueuse esplanade semi-circulaire, illuminée le soir

13

Grand monument érigé pour célébrer le 1000e anniversaire de la conquête du pays par les Magyars (1896). Sur la colonne, haute de 36 m, une statue de l'archange Gabriel aux ailes déployées, couronne de la Hongrie en main (prix d'or à l'Exposition universelle de Paris en 1900). À ses pieds, le prince Árpád et lesdits conquérants, chefs des 7 tribus, impressionnants avec leurs têtes de Vikings.

SE PLONGER DANS LA PÉRIODE COMMUNISTE AU MEMENTO PARK

où sont rassemblées les statues qui occupaient autrefois les places de Budapest

On y voit bien sûr les camarades Marx, Engels et Lénine figés dans l'austérité de la pierre massive. Prolétaires triomphants, énergiques soldats de l'Armée rouge, bureaucrates au visage terne… Petites ou énormes, en pierre, en bronze ou en métal, les statues et les sculptures se détachent nettement sur le ciel, silhouettes fantomatiques d'une époque révolue. Surréaliste !

BON À SAVOIR : prendre le Memento Park Busz, qui s'y rend directement • mementopark.hu •

EN HIVER, GLISSER DE BONHEUR SUR LA PATINOIRE VÁROSLIGETI MŰJÉGPÁLYA

du parc du Bois-de-la-Ville

14

Cette immense patinoire en plein air fut la 1re d'Europe (elle date de 1926 ; avant, les Budapestois patinaient sur un lac gelé). On vient y jouer au hockey, patiner ou danser en musique le soir. Restauration sur place.

BON À SAVOIR : • mujegpalya.hu •

SAVOURER

SE RÉGALER D'UN GOULASCH

la plus connue des soupes hongroises

16

Il ne faut jamais oublier que le goulasch, à l'origine, est un potage. Il contient de la viande, des poivrons, des haricots, des oignons, des pommes de terre et du paprika. Quand il est bien fait, c'est un incontournable de la gastronomie hongroise !

DÉCOUVRIR UNE CUISINE HONGROISE MODERNE CHEZ *KÉT SZERECSEN*

célèbre café de Budapest

17

Les Deux Sarrasins doit son nom à 2 patrons qui ouvrirent en face l'un des tout premiers cafés de Budapest, vers 1860. Cette adresse décontractée propose une bonne cuisine hongroise moderne et légère, avec également des plats végan et sans gluten, plus quelques touches asiatiques. On peut aussi opter pour des tapas, ou encore y venir pour le petit déj (à la française), avec jus « d'o » pressé et croissants bien croustillants.

BON À SAVOIR : • ketszerecsen.hu •

18

À PEST, PRENDRE UN CAFÉ SOUS UN LUSTRE DE CRISTAL

dans l'un des cafés où flotte encore un parfum Belle Époque, comme le *New York Café*

Inauguré en 1894 par une compagnie d'assurances américaine, c'était, disait-on, le plus beau café du monde ! Touches Renaissance, baroques et éclectiques se mêlent dans une profusion de moulures, de lustres vénitiens en cristal, de marbres et d'incroyables colonnes torsadées. Autrefois, poètes et écrivains s'y retrouvaient. Converti en entrepôt dans les années 1930, il a retrouvé de nos jours toute sa splendeur.

BON À SAVOIR : • newyorkcafebudapest.com •

DÉGUSTER DE SUCCULENTES PÂTISSERIES

dans l'un des fameux salons de thé de la ville

19

On mange de délicieux gâteaux à Budapest, et les pauses dans les salons de thé de la ville sont toujours de grands moments, empreints d'une nostalgie très Mitteleuropa. Beaucoup de ces décors rappellent Vienne et la Belle Époque. Héritage de l'occupation autrichienne, les pâtisseries sont abondamment garnies de crème. Certaines sont succulentes, d'autres plus surprenantes au palais... Citons Gerbeaud, sur la place Vörösmarty, l'institution de la ville fondée en 1858. Ou *Ruszwurm,* sur la colline du Château, une autre maison fameuse datant de 1827.

BON À SAVOIR : • gerbeaud.hu • ruszwurm.hu •

SORTIR

ERRER DE *RUIN PUB* EN *RUIN PUB*

ces cafés alternatifs qui éclosent dans des immeubles ou des cours abandonnés *(kerts)*

20

Durant l'hiver, on se serre sous terre devant un verre, dans les anciennes caves reconverties. L'été, c'est tout le contraire : les taupes sortent, s'ébattent dans les cours *(kerts)* ou investissent les étages ouverts à tous vents, d'anciens entrepôts ou bâtiments désaffectés transformés en bars. Ce sont ces fameux *ruin pubs* qui font aujourd'hui la réputation de la Budapest jeune et branchée. Ces endroits remarquables et peu chers se prêtent aux rencontres. L'usage consiste à butiner dans plusieurs au fil de vos papillonnages nocturnes : suivez les habitués, la jeunesse alternative invente sans cesse de nouveaux lieux !

BON À SAVOIR : pour dénicher les bons plans du moment, ne manquez pas de jeter un œil au site • ruinpubs.com •

FAIRE LA FÊTE DANS UN BATEAU SUR LE DANUBE

par exemple à l'A38 *Hajó*, une ancienne barge ukrainienne

21

Jadis affectée au transport de pierres, l'A38 *Hajó* est devenue *the place to be* de la Budapest branchée. Côté musique, un éventail large de tempos et de DJs : rythmes rock, groovy, jazzy, électro, il y en a pour tous les goûts.

BON À SAVOIR : pour y aller, il faut traverser le pont Petőfi (côté Buda).

22

SE RENDRE DANS UN VIEUX *BOROZÓ*

ces bars à vins traditionnels et populaires

Budapest compte d'innombrables *söröző* (bars à bières) et *borozó* (bars à vins). Ces établissements, en général situés en sous-sol, sont des bistrots populaires par excellence – même si les bars à vins prennent des allures de plus en plus branchées. Dans les *borozó*, le garçon puise à l'aide d'une louche (tailles différentes) dans des cuves à vin en aluminium – une pour le blanc, une pour le rouge, etc. Pour boire plus et plus longtemps, beaucoup de consommateurs coupent leur vin avec de la limonade (c'est le « blanc limé » tombé en désuétude chez nous). C'est dans ces bistrots que les employés viennent boire un coup avant ou après le travail. Durant l'époque communiste, les *söröző* et les *borozó* constituaient des espaces de liberté à l'abri des regards indiscrets, et l'on pouvait y refaire le monde autour d'un verre.

FRANZ LISZT

La Hongrie a vu naître nombre de grands artistes de musique classique, mais il en est un qui sort incontestablement du lot : Franz Liszt (1811-1886). Ses fameuses *Rhapsodies hongroises* (morceaux pour piano) sont un hymne magnifique à son pays natal. Il débute à 12 ans par un concert à l'hôtel des Sept Princes Électeurs, qui suscite l'admiration des Pestois. Il fait ensuite carrière à Vienne et voyage en Europe. À chacun de ses retours au pays, les foules l'acclament. On peut visiter son appartement-musée à Budapest, dans l'Académie de musique qu'il a dirigée pendant quelques années (• lisztmuseum.hu •).

PARTICIPER, FIN AOÛT, AU FESTIVAL DE SZIGET
sorte d'Eurowoodstock version Est

23

C'est le plus grand festival de musique *outdoor* d'Europe : 7 jours, 18 scènes, du metal au jazz en passant par le rock avec une scène tzigane très appréciée. Pour l'occasion, l'île d'Óbuda, ancien terrain militaire dans le nord de l'île Marguerite, dans un cadre verdoyant, se transforme en camping géant. Le son y est tellement amplifié que le maire du 4e arrondissement de Pest prétend que ses administrés ne peuvent pas dormir !

BON À SAVOIR : • szigetfestival.com •

SHOPPING

24

DÉCOUVRIR LA RICHESSE DES PRODUITS HONGROIS AU VÁSÁRCSARNOK
le grand marché couvert

Cette grande halle de 1896, tout en métal, brique et toit de tuiles vernissées, a été inspirée par les réalisations de Gustave Eiffel. Le rez-de-chaussée est réservé aux produits de bouche. Grand choix de saucissons, de fromages, de fruits et légumes, dont des chapelets de poivrons séchés qui courent d'étal en étal. Au sous-sol, une grande surface, de petites échoppes et des étals de poissons et légumes marinés (oh ! tous ces beaux bocaux !).

BON À SAVOIR : on peut aussi y manger au niveau supérieur. Ouv tlj sf dim 6h-18h (17h lun, 15h sam).

AGENDA DES FÊTES, FESTIVALS ET ÉVÉNEMENTS

AVRIL : Budapesti Tavaszi Fesztivál (Festival de printemps)

Programme éblouissant de concerts (symphoniques, folkloriques, musique de chambre ou sacrée...), de ballets, de danse, d'opéras et opérettes, d'expos, de théâtre, de films : une cinquantaine de spectacles dans un grand nombre de lieux ! • btf.hu •

JUIN-AOÛT : Festival d'été en plein air

Sur l'île Marguerite. Au programme : théâtre, mais aussi ballets, opéra, comédies musicales et concerts (certains grands noms internationaux). • szabadter.hu/en •

AOÛT : Sziget Fesztivál

Une sorte de Woodstock version Europe de l'Est. Le plus grand festival de musique outdoor d'Europe centrale : 7 jours, 18 scènes, du métal au jazz en passant par la musqiue tzigane. Pour l'occasion, l'île d'Óbuda, ancien terrain militaire, se transforme en camping géant. • szigetfestival.com •

20 AOÛT : fête de la Ville

En l'honneur de saint Étienne (István), et prétexte à un feu d'artifice gigantesque et magnifique, tiré de la colline de Gellért. Plusieurs milliers de personnes sont alors au coude à coude sur les berges du Danube et les ponts Szabadság et Erzsébet.

FIN AOÛT-DÉBUT SEPT : Festival d'été juif. Autour de la synagogue de la rue Dohány

Musique traditionnelle, classique et moderne, expos, théâtre. • zsidokulturalisfesztival.hu •

NOV-NOËL : marché de Noël

Sur la place Vörösmarty. Environ 150 spectacles, assurés par des marionnettistes, des musiciens et des danseurs folkloriques, animent cette jolie place.

COPENHAGUE

À la pointe du design et de l'architecture contemporaine, des nouvelles technologies et de l'écologie, Copenhague réconcilie tradition et modernité, originalité et simplicité. *Bâtie sur deux îles, la cité est sillonnée de charmants canaux, de coquettes ruelles vêtues de roses trémières... Et c'est à pied qu'on la visite, en flânant dans Strøget, la colonne vertébrale piétonne du centre, bordée de magasins, puis jusqu'aux rivages où s'alanguit la fameuse Petite Sirène. Un véritable repos pour les sens donc, une ville qui n'en a que le nom, décontractée et tendance.*

BUDGET	€€
CULTURE	★★
CUISINE	★★
SHOPPING	★★
VIE NOCTURNE	★★

SE REPÉRER

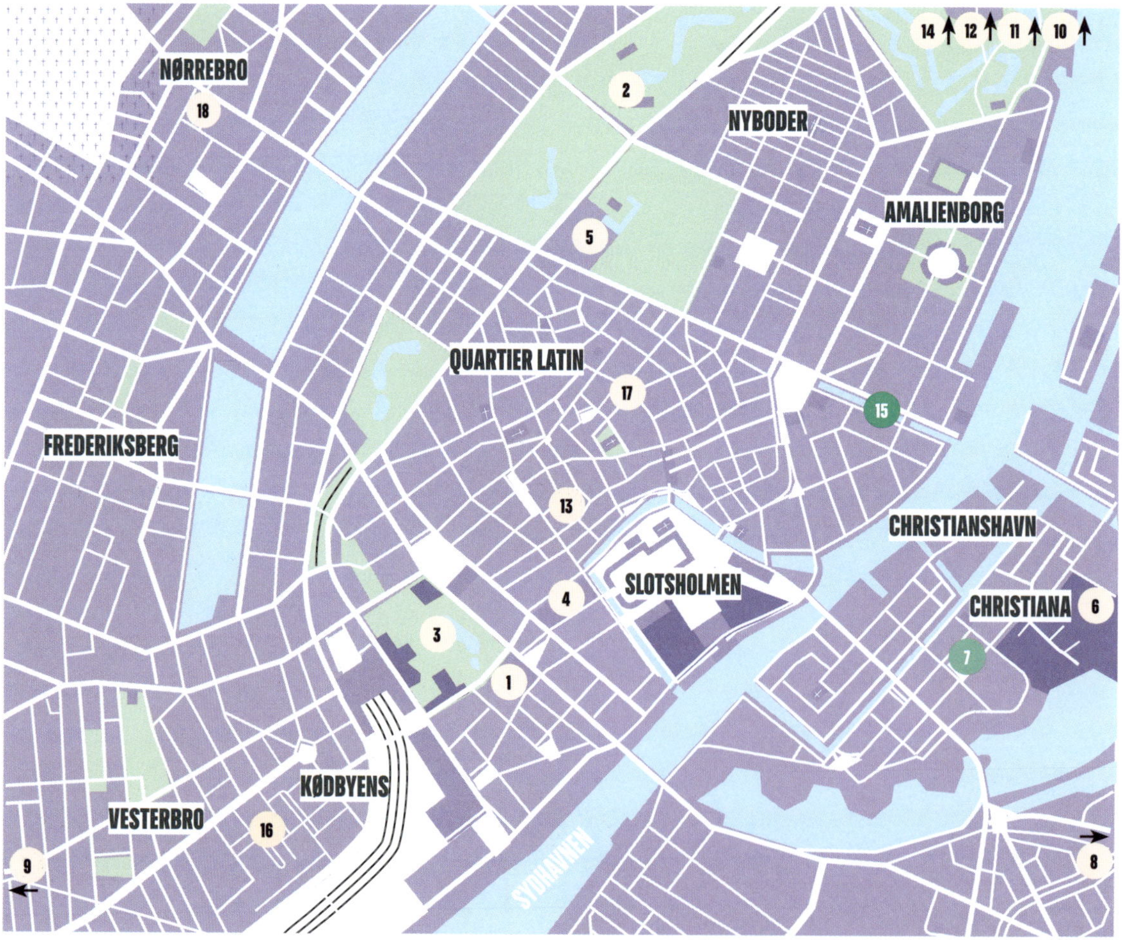

Château de Frederiksborg

DÉCOUVRIR

ADMIRER L'UNE DES PLUS BELLES COLLECTIONS AU MONDE DES ŒUVRES DE GAUGUIN
à la Ny Carlsberg Glyptotek

1

Une concentration unique d'œuvres du maître. Le peintre épousa en effet une Danoise, Mette-Sophie Gad, et après leur rupture, il l'indemnisa en toiles, sans grande valeur à l'époque. Résultat : une salle entière qui permet de passer des paysages de Pont-Aven aux chaudes couleurs tahitiennes. Gauguin, grand voyageur mais mauvais mari !

BON À SAVOIR : ne pas manquer de faire une pause au café *Picnic* dans l'oasis du jardin d'hiver entouré de colonnes à l'antique.
• glyptoteket.dk •

POURSUIVRE PAR L'EXCEPTIONNELLE COLLECTION D'ART MODERNE ET CONTEMPORAIN DU SMK,
le Statens Museum for Kunst

2

C'est à notre avis le plus beau musée d'art de Copenhague. Un vaste espace blanc et lumineux, avec de larges baies vitrées donnant sur une étendue de verdure, est venu compléter l'édifice originel. En tout, une soixantaine de salles sur 2 étages, présentant une brillante sélection de peintures et sculptures danoises, scandinaves et européennes (Max Ernst, Vasarely, Braque, Picasso, Juan Gris, Modigliani, Derain, Matisse...).

BON À SAVOIR : • smk.dk •

RETOMBER EN ENFANCE SUR LES MANÈGES CENTENAIRES DU PARC DE TIVOLI
et parmi les nombreux stands du marché de Noël

3

On adore ce parc d'attractions vieux de plus de 150 ans. À Copenhague, l'ouverture du Tivoli marque tous les ans le début du printemps. Il y a les grandes roues, les tirs à la carabine, les montagnes russes, les parades, les marionnettes... On passe du palais moghol au pavillon chinois, aux étangs japonais, bordés d'attractions foraines qui donnent le frisson aux amateurs de sensations fortes.

BON À SAVOIR : autant y aller le soir pour les illuminations, lors d'un concert ou d'un feu d'artifice, ça rentabilise le prix !
• tivoligardens.com •

LE PARADIS DES CYCLISTES

Certaines adresses sont un peu excentrées ? Qu'à cela ne tienne ! Enfourchez un vélo, et partez à l'assaut des kilomètres de pistes cyclables qui irriguent la ville comme autant de vaisseaux sanguins salutaires. Plus de la moitié des habitants ne se déplace que comme ça. La première autoroute cyclable a même été inaugurée ici en octobre 2012, permettant aux habitants d'Albertslund de rejoindre le centre-ville en toute sécurité sans mettre pied à terre, sur près de 18 km.

RÉVEILLER LE VIKING QUI SOMMEILLE EN VOUS
au Nationalmuseet

4

La façade austère de ce musée cache des trésors étonnants. Il est intelligemment agencé pour bien mettre en valeur toute la richesse de ses collections. Il retrace, sous de multiples formes, l'histoire du Danemark, du fond des âges (10 000 ans !) jusqu'à nos jours. Le musée abrite en plus d'importantes pièces ethnographiques et des antiquités proche-orientales, égyptiennes, grecques et romaines.

BON À SAVOIR : à l'intérieur, le *Children's Museum* est un vrai paradis pour enfants, où pédagogie et amusement vont de pair. • natmus.dk •

S'ÉTONNER, AU CHÂTEAU DE ROSENBORG, DEVANT L'EXTRAVAGANT TRÔNE EN DENTS DE NARVAL DES ROIS DANOIS
gardé par des lions d'argent

5

Ce château Renaissance du XVIIe s, entouré de douves et d'un grand parc, était le château préféré de Christian IV, sa résidence d'été et de campagne à seulement deux pas du château de Christianborg. La visite révèle des salles d'apparat d'une richesse incroyable, déclinant tous les styles ornementaux du XVIIe au XIXe s. Ne pas manquer, derrière les lourdes portes blindées du sous-sol, les salles du trésor, gardées par un soldat en armes.

BON À SAVOIR : • kongernessamling.dk •

EXPLORER LE MONDE ALTERNATIF DE LA « VILLE LIBRE » DE CHRISTIANIA
et pousser vers ses faubourgs pour découvrir les maisons au bord du lac

6

Expérience innovante de nouvelles formes de vie sociale née en 1971, Christiania occupe 22 ha d'un ancien terrain militaire désaffecté, des rues, des bâtiments en dur, des hangars, le tout à deux pas du centre. Depuis 2012, la municipalité a repris le contrôle de la communauté et du commerce des drogues. Visite guidée ou non, venir à Copenhague sans explorer ce quartier, c'est passer à côté d'un aspect original de la société danoise.

La Petite Sirène

7

FLÂNER LE LONG DES CANAUX DE CHRISTIANSHAVN

avant de grimper, par un escalier en colimaçon, au sommet de l'étonnant clocher torsadé de la Vor Frelsers Kirke

Particularité de ce quartier pittoresque : les paisibles canaux, sur lesquels se balancent doucement les bateaux. Bordés de petites maisons basses et d'entrepôts, ils renvoient au surnom du quartier : la Petite Amsterdam... Sur les pavés du quai, de fiers hôtels particuliers et d'anciennes demeures d'armateurs offrent un contraste saisissant avec l'architecture avant-gardiste de la Bibliothèque royale de l'autre côté du grand canal.

LE *DANISH WAY OF LIFE*

Le *Danish way of life*, c'est entre autres un système social exemplaire (même si les Danois s'en plaignent parfois) qui place l'individu au centre de la société en dispensant ses bienfaits à toutes les couches de la population : transports agréables et accessibles aux handicapés, musées pensés pour les enfants, bâtiments publics aux normes écologiques rigoureuses... Et par-dessus tout, esprit de tolérance.

EMMENER SES ENFANTS À LA DÉCOUVERTE DE LA FAUNE MARINE ET DES LACS TROPICAUX

à l'aquarium Den Blå Planet

8

Il se présente comme une construction futuriste en spirale, où architecture et collections se fondent dans un grand tourbillon destiné à aspirer les visiteurs. Sur une superficie de 15 000 m², il contient 70 réservoirs recréant l'environnement de 500 espèces aquatiques différentes allant des requins-marteaux et raies mantas jusqu'aux loutres de mer, aux macareux et aux otaries.

BON À SAVOIR : • denblaaplanet.dk •

FEMBARQUER À BORD D'UN DRAKKAR
à Roskilde

9

Roskilde fut la capitale du royaume du Xe au XVe s, époque célébrée aujourd'hui au musée des Bateaux vikings. La position de la cité, au fond d'un fjord protégé, en fit aussi un centre commercial d'importance. Les monarques étaient couronnés et inhumés dans la cathédrale, classée à l'Unesco. Le musée s'ouvre sur le fjord par d'immenses baies vitrées. On y admire les carcasses de 5 bateaux vikings repêchés en 1962. Possibilité de sortie en mer.

BON À SAVOIR : • vikingeskibsmuseet.dk • roskildedomkirke.dk •

ADMIRER LES ŒUVRES DU MUSÉE D'ART MODERNE DE LOUISIANA,
superbement situé face au grand bleu de l'Øresund

10

Un des plus beaux musées du pays. On ne peut rester insensible à son cadre exceptionnel : une série de longues galeries de verre s'étalant sur de grandes pelouses face à la mer et où se dressent, épars, la chouette de Joan Miró, des mobiles de Calder en pagaille, des sculptures de Max Ernst... À tout moment, on peut se relaxer sur le gazon, profiter des chaises longues et de la cafétéria aux baies vitrées.

BON À SAVOIR : également une salle de concerts. D'excellentes formations s'y produisent. • louisiana.dk •

SE PLONGER DANS L'HISTOIRE DE LA MARINE DANOISE
en visitant le Musée maritime de Helsingør

11

Véritable prouesse architecturale, ce musée maritime s'est installé entre terre et mer, sur le site d'une ancienne cale sèche. Le long d'un parcours un peu fou, il explore l'histoire de la marine danoise depuis le XVIIIe s sous l'angle de l'anecdote, louvoyant de la vie des matelots aux instruments de navigation, en passant par le commerce triangulaire, les 2 guerres mondiales, les routes maritimes et les porte-conteneurs géants d'aujourd'hui.

BON À SAVOIR : • mfs.dk •

Cathédrale de Roskilde

GRIMPER DANS LA TOUR DU CHÂTEAU DE KRONBORG
à Helsingør, l'Elseneur du *Hamlet* de Shakespeare

12

À la fois imposante forteresse militaire et très élégant château Renaissance, bâti de 1574 à 1585 par Frederik II, il garde l'entrée du détroit d'Øresund. Classé au Patrimoine mondial de l'Unesco, Kronborg fut le symbole de la puissance maritime danoise. C'est là que Shakespeare situe l'action de *Hamlet*... Preuve, s'il en faut, de la renommée du château au-delà des mers à l'époque.

BON À SAVOIR : chaque année, en août, le Festival de théâtre shakespearien s'installe au château. • kongeligeslotte.dk •

SAVOURER

AVALER UN BON *SMØRREBRØD*,
histoire de reprendre des forces entre deux visites

13

Le plat national, très prisé au déjeuner, se présente sous la forme de canapés de pain de seigle beurré *(rugbrød)*, recouverts de hareng, de crevettes, de viande fumée, d'anguille, d'œufs de poisson, d'œufs durs, de betterave, d'oignons... Cela peut aller du *smørrebrød* très sophistiqué des grands restaurants au plat sans prétention du café du coin, se composant de 3 petits « canapés ». On l'accompagne de bière ou d'aquavit glacé. Un des meilleurs rapports qualité-prix le midi.

BON À SAVOIR : à tester au *Kronborg*, un authentique resto de *smørrebrød* maison.

FAIRE UNE FOLIE ET S'OFFRIR UN SURPRENANT VOYAGE CULINAIRE AU *NOMA*,
plusieurs fois classé « meilleur restaurant du monde »

14

Non, le meilleur restaurant du monde n'est pas français... mais danois. Le Noma a été désigné « meilleure table de la planète » à 4 reprises ! Niché dans un entrepôt rénové du port, il combine produits de la mer du Nord, préparations végétariennes du potager et hommage aux animaux et végétaux de la forêt. Derrière ce succès, le chef René Redzepi, véritable ambassadeur de la « cuisine nordique ». Maître dans l'art d'accommoder des produits sains et simples, chantre de la saisonnalité, il organise son calendrier autour de 3 temps forts afin de respecter le rythme de la nature. D'ici à ce que vous veniez, tout aura changé, et changera encore. Une expérience à tenter au moins une fois dans sa vie, à moins d'être un gagnant du loto récidiviste.

BON À SAVOIR : Attention, ce sont des prix de grand chef... Résas 3 à 6 mois à l'avance, oui vous avez bien lu ! • noma.dk •

15

VIVRE LA CHAUDE AMBIANCE DES BARS ET RESTOS DE NYHAVN
au cœur de la plus méditerranéenne des villes nordiques

Jouxtant les haubans des fiers voiliers, un quai piétonnier borde le plus beau canal de la ville, comme un long bar à ciel ouvert. Un vaste débit de boissons en continu où s'alignent au coude à coude une trentaine de troquets et restos, noirs de monde les soirs de week-end. Assis au bord de l'eau en rang d'oignons, garçons et filles picolent, chantent, braillent et font la fête. Ambiance assurée ! Et à minuit, tout le monde se retrouve à l'intérieur. La loi danoise l'impose.

SORTIR

PASSER UNE SOIRÉE DANS LE QUARTIER DE VESTERBRO,
devenu un incontournable pour les noctambules

16

Situé derrière la gare, ce quartier, autrefois repaire des marginaux, poursuit une vaste réhabilitation. Avec ses *sex-shops*, il a un côté Pigalle, en moins touristique. En pleine mutation, il accueille aujourd'hui de nombreuses adresses *trendy*, et sa population change elle aussi. Le soir, rendez-vous du côté de Kødbyen, le quartier des anciens abattoirs. Choisir, par exemple, le *Kødbyens Fiskebar*, un immense lieu branché, pour déguster les produits de la mer.

BON À SAVOIR : • fiskebaren.dk •

LE DESIGN

Impossible de comprendre Copenhague sans parler design. Réputé dans le monde entier, il allie simplicité, tradition et qualité. Vous le retrouverez partout : dans les restos, les hôtels, les bâtiments administratifs... Il fait partie du quotidien des Danois, toutes catégories sociales confondues. Aujourd'hui, l'école de design de Copenhague est l'une des plus réputées au monde. Les jeunes designers danois reprennent les codes de leurs aînés – fonctionnalité et minimalisme – et les adaptent aux pratiques actuelles, faisant même sortir le design des intérieurs pour l'intégrer à l'espace public, en collaborant, par exemple, avec la municipalité de Copenhague sur des projets de mobilier urbain.

SHOPPING

RÊVER DEVANT LES BOUTIQUES DE DESIGN
en imaginant comment décorer son intérieur

17

Même si les prix du design et de la porcelaine danois feraient exploser un budget d'un routard moyen, et que ce n'est pas toujours pratique d'emporter une chaise ou un service 12 tasses dans son sac à dos, ces magasins valent le coup d'œil !

BON À SAVOIR : parmi les incontournables, *Illums Bolighus,* une vraie Samaritaine du design ; également *Hay,* un grand magasin de design à tous les prix avec rééditions du mobilier des grands designers des années 1950-1960 et de jeunes créateurs danois. • illumsbolighus.com • hay.dk •

CHINER DANS LES NOMBREUSES FRIPERIES ET BOUTIQUES VINTAGE DU QUARTIER LATIN ET DE NØRREBRO

18

À Nørrebro, Elmegade et les rues adjacentes concentrent nombre d'antiquaires, de magasins d'occasion, de disquaires et d'échoppes plus sympathiques les uns que les autres. Pour des fringues pas trop chères et des objets d'occasion, se balader dans les boutiques de Ravnsborggade, toujours à Nørrebro ou bien dans le Quartier latin, aux alentours de Larsbjørnsstræde

BON À SAVOIR : également de nombreux marchés aux puces à Copenhague au printemps et en été.

AGENDA DES FÊTES, FESTIVALS ET ÉVÉNEMENTS

FÉVRIER : Vinterjazz Festival

1re quinzaine de fév. La version hivernale mais tout aussi bouillonnante du Copenhagen Jazz Festival. • jazz.dk •

JUIN : carnaval de la Pentecôte

3 jours. Le plus important de Scandinavie.

FIN MAI-DÉBUT JUIN : Copenhagen Distortion

Les clubbeurs ne manqueront pas cette fête géante, étalée sur 5 jours. • cphdistortion.dk •

23 JUIN : fêtez l'été qui arrive et le jour le plus long (le 24) !

La fameuse fête de la Saint-Jean se célèbre comme il se doit, avec grand feu de joie dans le parc de Frederiksberg (le 24), chants, hot-dogs, Carlsberg et vin à volonté... sans pour autant être un jour férié. • visitcopenhagen.com •

JUILLET : Copenhagen Jazz Festival

10 jours. Il s'empare de la ville et ne la lâche plus ! Un peu plus de 1 000 concerts programmés dans une centaine de lieux ! Certains sont payants (dans les salles et les églises), d'autres gratuits (sur les places, dans la rue et le long des canaux). Un vrai bonheur que d'être à Copenhague à cette période. • jazz.dk •

FIN JUILLET-DÉBUT AOÛT : Copenhagen Summer Festival

À Charlottenborg. Une belle sélection de grands interprètes classiques. • copenhagensummerfestival.dk •

AOÛT : STRØM : festival de musique électronique

Quelque 80 concerts dans les endroits les plus divers, des boîtes aux églises en passant par le métro et les cinémas. Beaucoup de DJs en vue. • strm.dk •

SEPTEMBRE : Golden Days

Ce festival culturel et historique met chaque année en lumière un pan de l'histoire ou un thème spécifique. • goldendays.dk •

SEPTEMBRE : Kopenhagen Contemporary

2de quinzaine de septembre. Galeries, salles d'exposition et musées se liguent pour présenter le meilleur de l'art contemporain danois sous toutes ses formes. • copenhagencontemporary.org/en •

FIN OCTOBRE : Halloween

Célébré en grande pompe (ou plutôt en grandes frayeurs) au parc de Tivoli. • tivoligardens.com •

DÉCEMBRE : marché de Noël

Également dans le parc de Tivoli.

Nyhavn et ses façades colorées

CRACOVIE

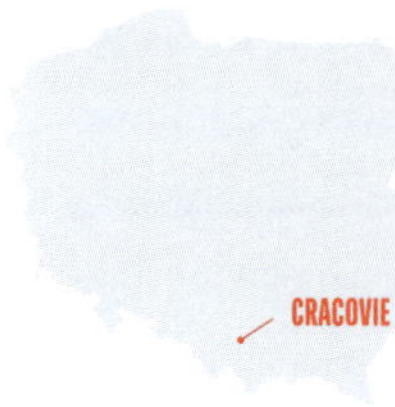

2H15
AU DÉPART DE PARIS

Romantique jusqu'à la dernière pierre, fière, nostalgique et généreuse à la fois, Cracovie est une des plus belles villes d'Europe centrale avec Prague et Budapest. *Fait rare en Pologne, elle est une véritable vieille ville et non une reconstruction suite à un passé marqué par la guerre. Si la cité a ainsi survécu aux vicissitudes et aux affres de l'Histoire, c'est sans doute grâce à sa beauté : ses nombreux envahisseurs ont toujours préféré l'habiter plutôt que la détruire. Cracovie est à la fois un haut lieu culturel et un rendez-vous festif, où les bâtiments historiques, festivals et opéras sont aussi nombreux que les bars... Les amoureux de culture comme les fêtards y passeraient des semaines sans se lasser. Bref, à deux heures de Paris, c'est aussi une destination idéale pour une escapade de fin de semaine.*

BUDGET	€€
CULTURE	★★★
CUISINE	★★
SHOPPING	★★
VIE NOCTURNE	★★

SE REPÉRER

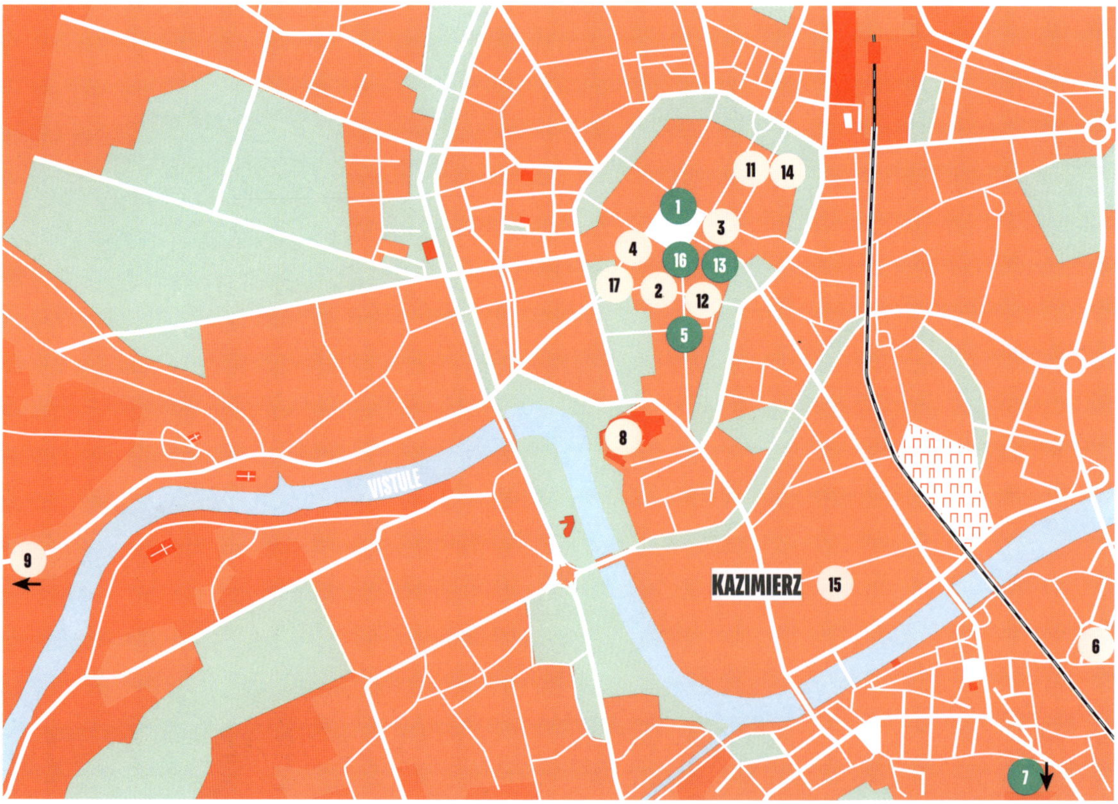

DÉCOUVRIR

1

ARPENTER LE SPLENDIDE RYNEK GŁÓWNY

l'une des plus grandes places de marché de l'Europe médiévale, caractéristique de l'âge d'or

Toute balade dans le vieux Cracovie se doit de commencer par là. Avec ses 200 m de côté, cette place carrée est l'une des plus grandes que le Moyen Âge ait léguées à l'Europe. Les marchands de fleurs et les vendeurs de souvenirs poursuivent aujourd'hui cette tradition marchande, dont le dernier vestige est l'immense et magnifique halle aux draps de style Renaissance (1559), au centre de la place, la plus grande subsistant en Europe. Ceinturée aujourd'hui de façades néoclassiques, elle s'enorgueillit d'une unité qui lui donne un incomparable air fin de siècle triomphant, renforcé par la présence d'élégantes calèches qui vous promènent à la recherche d'une grandeur disparue.

FLÂNER DANS LES RUES DE LA VIEILLE VILLE

véritable festival de beautés architecturales gothique, Renaissance et baroque

2

Pour découvrir Cracovie, en mesurer la densité artistique et historique, s'imprégner de son atmosphère, il faut musarder dans son cœur historique et arpenter ses places, jardins, rues et venelles. Construite autour du rynek Główny, la vieille ville épouse le tracé médiéval des premières rues. Après des siècles d'histoire, elle présente une variété typique de styles de l'Europe centrale, où le gothique se mélange aux styles Renaissance et baroque. Ne pas manquer les Planty, agréables jardins qui entourent la vieille ville, et la porte Florianska, vestige des anciens remparts de Cracovie. En parcourant l'ancienne voie royale, le long des rues Florianska et Grodzka, vous passerez devant de belles demeures, des églises, des palais...

CRACOVIE, VILLE DE CŒUR DES POLONAIS

Cracovie occupe une place à part dans le cœur des Polonais. C'est ici que fut couronné le premier roi de Pologne, Boleslas le Vaillant, en 1025. Capitale du pays jusqu'au XVIe s, Cracovie n'a jamais vraiment accepté qu'on lui enlève le rôle de première ville de Pologne, et pour nombre de ses habitants, elle reste toujours LA capitale. Malgré les années de régime « égalitaire », la ville garde toujours son élite intellectuelle, ses nobles et sa bourgeoisie. Son université, la plus ancienne de Pologne, a une renommée internationale, ses théâtres sont les plus brillants, ses caves artistiques, les plus folles. Et, comble de tout, comme pour la remercier de tant d'efforts et de tant de dignité, Cracovie a eu SON pape (Jean-Paul II), qui y fut successivement élève, étudiant, comédien-séminariste sous occupation nazie, puis prêtre, évêque et archevêque.

RESTER BÉAT DEVANT LE RETABLE MONUMENTAL DE LA BASILIQUE NOTRE-DAME-SAINTE-MARIE
chef-d'œuvre gothique du XVe s

3

Édifiée une première fois au XIIe s, détruite par les Tatars, l'église paroissiale de Cracovie eut à subir trois reconstructions, avant de renaître en 1355 comme l'une des plus belles églises gothiques du pays. Son chœur est dominé par un splendide retable exécuté par le grand sculpteur allemand Veit Stoss à la fin du XVe s. Haut de presque 16 m, large de 11 m les volets ouverts, ce triptyque forme le plus grand autel sculpté de la fin du gothique. Grâce à ses couleurs vives, le retable émerge du fond sombre du chœur, un effet renforcé par la lumière dorée des admirables vitraux du XIVe s.

BON À SAVOIR : cérémonie d'ouverture du retable à 11h50 ; autant venir dès 11h30 pour faire d'une pierre deux coups en admirant ses deux faces.

PARCOURIR LES COULOIRS DE LA CONNAISSANCE À L'UNIVERSITÉ JAGELLON
la plus ancienne de Pologne

4

Le Collegium Maius est le cœur historique de l'université implantée à Cracovie par Casimir le Grand en 1364. Centre intellectuel de l'Europe à la fin du Moyen Âge, il n'a cessé de collectionner les élèves célèbres comme Nicolas Copernic, Johann Georg Faust (oui, celui-là même qui a inspiré Goethe et Gounod !), Karol Wojtyła (plus connu sous le nom de Jean-Paul II), ou, plus récemment, l'écrivain Czesław Miłosz. De style gothique, le vaste bâtiment s'ouvre sur une élégante et paisible cour à arcades, qui conduit au musée de l'université. La visite guidée permet de découvrir quelques-uns de ses trésors, comme l'ancienne bibliothèque, l'Aula magna (la salle d'honneur au plafond Renaissance) ou le plus vieux globe du monde (1510).

BON À SAVOIR : ul. Jagiellońska 15.
• maius.uj.edu.pl •

5

ADMIRER LA FÉERIE DE COULEURS DES VITRAUX DE STANISLAW WYSPIAŃSKI
dans l'église des Franciscains

Bâtie au XIIIe s, l'église des Franciscains fut affectée par l'incendie de 1850, qui détruisit la majorité de sa décoration intérieure en même temps qu'une bonne partie du quartier environnant. Elle en tira néanmoins profit en faisant appel, en 1897, à l'artiste sécessionniste Stanislas Wyspiański. Celui-ci la dota de fresques et de vitraux Art nouveau qui font aujourd'hui sa renommée. Le plus célèbre étant, dans le vitrail ouest, le portrait de Dieu Créateur du monde surgissant dans une apothéose de couleurs, inspiré de la chapelle Sixtine du Vatican.

BON À SAVOIR : pl. Wszystkich Świętich.

EFFECTUER UN VOYAGE DANS LE PASSÉ MEURTRI DES JUIFS DE POLOGNE

en visitant l'ancienne usine de céramique d'Oskar Schindler

6

L'usine ne fonctionne plus depuis longtemps, mais son bâtiment administratif abrite un musée exceptionnel consacré au Cracovie sous l'occupation nazie. Au fil d'un parcours chronologique, tous les moyens sont mis en œuvre pour littéralement nous immerger dans cette époque : reconstitutions d'échoppes, logements, geôles, cachettes d'une grande puissance évocatrice, abondance de documents, photos, témoignages filmés et bandes-son ranimant voix et musiques d'autrefois. Au bout de ce parcours éprouvant et passionnant, on ne peut que se questionner : au milieu d'une telle tragédie, aurions-nous eu le courage de Schindler ? Une visite indispensable, riche en émotions.

BON À SAVOIR : résa très conseillée sur le site internet car le nombre de visiteurs quotidiens est restreint. • mhk.pl • On pourra également participer au Festival de la culture juive à Kazimierz (voir l'« Agenda »). • jewishfestival.pl •

7

S'ÉMERVEILLER SOUS TERRE EN SE PLONGEANT DANS LES MINES SOUTERRAINES DE SEL DE WIELICZKA

à 10 km au sud-est de Cracovie

Incroyable, mais la région était recouverte il y a 14 millions d'années par la mer. En se retirant, elle a déposé du sel, qui, pendant des siècles, fit la richesse du pays. Exploitées dès le XIIIe s, les mines de Wieliczka sont classées à l'Unesco depuis 1978. Ses galeries de 30 km sur 9 niveaux atteignent une profondeur de 327 m. Les trois premiers niveaux, ouverts à la visite, permettent d'apprécier les dures conditions de travail des ouvriers du sel. Avec, au cours de la visite, quelques divines surprises, dont une statue de Copernic et une incroyable et gigantesque cathédrale de sel souterraine. Impressionnant !

BON À SAVOIR : attention, il y a foule le w-e et pdt les vacances scolaires ! • kopalnia.pl •

ÉCOUTER BATTRE LE CŒUR HISTORIQUE DU PAYS ENTRE LES MURS DU WAWEL

ancienne résidence et lieu de sépulture des rois de Pologne

8

Pendant plus de cinq siècles, la colline du château Wawel fut le centre politique et administratif du pays. Même après la décision du roi Sigismond III Vasa de transférer en 1596 la capitale à Varsovie, rois et princes continuèrent de se faire enterrer dans la cathédrale du château, de même que les plus grands poètes et héros de la nation. Pour tous les Polonais, la colline du château est, plus qu'un monument, un véritable livre d'histoire et un symbole de la fierté et de l'unité nationale. Certains, presque aussi nombreux que les touristes étrangers, effectuent ici un véritable pèlerinage aux sources de la Pologne.

BON À SAVOIR : le Wawel rassemblant plusieurs sites, pour une visite approfondie, compter une grosse demi-journée. • wawel.krakow.pl •

LE HEJNAT ET SON COUAC FINAL

Si les deux tours de la basilique Notre-Dame-Sainte-Marie sont de taille inégale, c'est que la plus haute servait jadis de tour de guet, une tradition entretenue encore aujourd'hui, à chaque heure, lorsque s'élèvent les notes du Hejnał. Cette sonnerie de trompette retentit de la tour de l'église aux quatre points cardinaux et, après quelques notes, s'interrompt brusquement. La légende raconte que lorsque Cracovie fut assiégée par les Tatars, en 1241, le guetteur de la tour aperçut l'armée ennemie. Il commença alors à sonner l'alarme, jusqu'à ce qu'une flèche ennemie vienne lui transpercer la gorge. Les Cracoviens revivent cette lointaine tragédie toutes les heures, de jour comme de nuit, été comme hiver. Symbole de Cracovie, le Hejnał est devenu aussi le symbole de la Pologne : il est retransmis chaque jour, à 12h, à la radio nationale.

SAVOURER

DÉROULER L'HISTOIRE TRAGIQUE DES JUIFS POLONAIS À AUSCHWITZ

9

Pour être complet, un séjour à Cracovie ne saurait s'envisager sans une visite des camps d'Auschwitz, à 70 km à l'ouest de la ville. une découverte indispensable pour comprendre la folie qui embrasa le monde il y a quelques décennies. Les enceintes, les barbelés, les miradors, les baraquements, les potences, les chambres à gaz et les fours crématoires de l'ancien camp – le plus vaste du IIIe Reich – attestent des conditions dans lesquelles fonctionnait le génocide organisé. Selon les historiens, 1,1 à 1,5 million de personnes (en grande majorité juives) ont été systématiquement affamées, torturées et assassinées dans ce lieu, devenu le symbole de la cruauté de l'homme pour l'homme. Une découverte éprouvante mais indispensable pour remplir un devoir de mémoire envers ceux qui y ont péri dans cette « usine de la mort ».

BON À SAVOIR : • auschwitz.org •

SE RÉGALER D'UNE SOUPE ET DE PIEROGIS
sans bourse délier ou presque, dans un bar *mleczny*

10

Les bars *mlecznys* (« bars à lait ») sont de petites cantines populaires, datant de l'ère communiste, qui servent une cuisine simple et subventionnée pour les bourses modestes. Enfin un héritage positif. On en trouve encore quantité à Cracovie, les plus anciens ayant une amusante ambiance cantinière, mais des adresses très modernes, bien décorées et accueillantes se créent régulièrement. L'endroit parfait pour avaler soupes diverses, *bigos,* la choucroute polonaise, *pierogi,* gros raviolis fourrés aux pommes de terre et fromage blanc *(pierogi ruskie)* ou au chou *(pierogi z kapustą), surówka,* chou rouge, chou blanc et carottes râpés... Rapport qualité-prix imbattable !

BON À SAVOIR : attention, ils ferment souvent tôt, vers 17-18h...

FAIRE UNE PAUSE SUCRÉE
au célèbre café-salon de thé Jama Michalika

11

Créé en 1895, ce café a accueilli l'élite artistique du début du XXe s. Au fil des ans, celle-ci y a fondé le cabaret du *Petit Ballon Vert.* Autrefois célèbre, il a laissé en souvenir une décoration qui lui donne rang de musée vivant. Sous des verrières et des vitraux Art déco, les murs sont tapissés de caricatures et de peintures, les marionnettes du guignol de l'époque et le décor original de la scène sont restés intacts. À ne pas rater pour son décor, en savourant une pâtisserie polonaise ou une glace artisanale.

BON À SAVOIR : ul. Floriańska, 45 ; tlj 10h-23h. • jamamichalika.pl •

SORTIR

S'OFFRIR UN DÎNER AU *WIERZYNEK*

resto historique de Cracovie par excellence

12

Le premier repas y fut servi en 1364, à l'occasion d'une conférence au sommet des monarques invités par Casimir le Grand. Pour l'occasion, le bourgeois Wierzynek offrit à chacun des convives un couvert en argent. Depuis, chefs d'État et têtes couronnées ont largement fait la réputation des lieux. L'intérieur est à la hauteur du cadre historique : 13 salles en tout, un peu pompeuses, les plus belles en style Renaissance, sauf celle du gril, tout en bois. Goûteuse cuisine polonaise traditionnelle à des prix plutôt élevés pour ce type d'adresse, serveuses en costume d'époque, dégustation de tokay et de miel. Musique classique à 19h en saison.

BON À SAVOIR : rynek Główny, 15 ; • wierzynek.pl •

13

AVALER DES HARENGS TOUTE LA NUIT À L'*AMBASADA ŚLEDZIA*

accompagnés d'un petit verre de vodka bien glacée

Située face aux consulats des USA et d'Allemagne, non loin de leur équivalent français, cette « ambassade du hareng » joue la carte de l'humour et de la bonne humeur. Terrasse animée où la jeunesse cracovienne vient, dès l'apéro et jusque fort tard dans la nuit, mélanger la bière et la vodka (ouille, le mal de tête !), comme dans un rituel. Il faut dire que ce n'est pas cher... On vous conseille d'accompagner l'apéro d'un p'tit *śledź*, ces harengs marinés servis au choix avec de la crème fraîche, des oignons ou des tomates, si vous ne voulez pas franchir sans passeport la frontière du raisonnable !

BON À SAVOIR : ul. Stolarska, 8 ; ouv tlj de 9h à... 6h du mat' (7h sam !).

ALLIER LA DÉCOUVERTE D'UNE SALLE SOMPTUEUSE

au plaisir d'assister à un ballet, un concert ou un opéra au théâtre Słowacki

14

Portant le nom du poète romantique Juliusz Słowacki, ce théâtre fut construit à l'emplacement d'un couvent du Moyen Âge, dont la démolition souleva les protestations de l'élite artistique du moment, et en particulier du peintre Jan Matejko. Salle somptueuse, construite en 1893, et inspirée de l'opéra Garnier. L'intérieur croule sous les dorures, et la diversité du public résume bien l'appétit de culture des Polonais.

BON À SAVOIR : pl. Św. Ducha, 1 ; • slowacki.krakow.pl •

ASSISTER À UN CONCERT DE JAZZ OU DE MUSIQUE KLEZMER À KAZIMIERZ

15

Kazimierz est devenu le quartier le plus vivant de Cracovie, à la fois bohème et branché, avec rassemblement de noctambules, surtout du côté de la place Nowy, où se tient un petit marché dans la journée. On ne compte plus les bars, cafés, restos et établissements de nuit pour les fêtards. Institution de la vie nocturne cracovienne, *Alchemia* se distingue par la qualité et l'éclectisme de sa programmation musicale, n'hésitant pas à passer des concerts de jazz et de musique klezmer aux soirées électro. Le bar accueille également des expos de peinture et de photos. Dans une belle alchimie d'espaces aux ambiances variées, éclairés à la bougie, le brassage des âges et des styles garantit une atmosphère sans chichis, qui tranche avec les bars bobos du quartier. Une excellente adresse.

BON À SAVOIR : ul. Estery, 5 ; • alchemia.com.pl • Le dimanche, la place Nowy, haut lieu de la vie nocturne, accueille une sympathique brocante. Au centre, des stands de cuisine servent des snacks à déguster à la polonaise, sur le pouce. Voir également le Festival de la culture juive dans l'« Agenda ».

16

EXPLORER LE CRACOVIE UNDERGROUND ET FESTIF
dans les nombreux bars et les caves de la ville

Vivante, jeune, branchée, ce n'est pas à Cracovie qu'on mourra de soif ! Une cave, une terrasse, un bar : telle est la trilogie qui gouverne la vie nocturne cracovienne. Et vu le nombre infini de caves gothiques, vous pouvez y passer votre jeunesse. Même les sages terrasses de la Rynek abritent un centre bien plus nerveux à l'arrière, dans les cours et les caves. Les lieux rivalisant de goût pour la mise en valeur des vieux murs, on se rince l'œil autant que la glotte !

BON À SAVOIR : pour meubler les faims de soirées, direction les *zakąski przekąski* qui proposent snacks et vodka ou bière à prix modiques. Ouv 24h/24.

SHOPPING

RAPPORTER UNE BONNE BOUTEILLE DE VODKA,
la boisson nationale polonaise

17

En Pologne, on dénombre pas moins de 80 types de vodka différents ! Dans la multitude de marques, l'une des plus fameuses est la Żubrowka, vodka à l'herbe de bison produite dans la forêt de Białowieża. Son léger goût de cannelle permet de comprendre pourquoi elle se marie si bien au jus de pomme. Citons aussi la Wisent, produite à Łańcut, ou encore la Siwucha, délicieuse avec son léger parfum abricoté. Et si ce choix ne vous rassasie pas, des eaux-de-vie encore plus originales, à dénicher chez *Szambelan* (ulica Gołębia 2), tirée directement de grandes bonbonnes en verre remplies de diverses vodkas « sèches », parfumées ou arrangées. Jolies bouteilles en vente pour rapporter un souvenir typique, à consommer cul-sec mais... avec modération.

BON À SAVOIR : la Pologne faisant partie de l'UE, chaque ressortissant européen peut rapporter jusqu'à 10 l de spiritueux (qu'on n'est pas obligé de boire en un soir !).

AGENDA DES FÊTES, FESTIVALS ET ÉVÉNEMENTS

FIN FÉVRIER : Festival international des chansons de marins

Un des meilleurs du genre. • shanties.pl •

JUIN : procession Lajkonik

Le 1er jeudi qui suit la Fête-Dieu (fête du Saint-Sacrement). Ne manquez pas cette célébrissime procession qui nous renvoie sept siècles en arrière, lorsque, au XIIIe s, les hordes tatares déferlaient sur la ville.

JUIN-JUILLET : Festival de la culture juive

Dans le quartier de Kazimierz (l'ancien quartier juif qui servit de décor au film *La Liste de Schindler*). Ce festival, né en 1988, est décliné en mille et un événements montrant une culture plurielle et bien vivante : concerts, expositions, théâtre, projections de films, ateliers (de yiddish, de danse hassidique de cuisine...). L'un des grands événements de l'année à Cracovie. • jewishfestival.pl •

JUILLET : Festival de musique traditionnelle

• rozstaje.pl •

JUILLET-AOÛT : Wawel au crépuscule

Chaque semaine, un concert classique au château.

15 AOÛT : Cracovia Sacra

Une nuit sacrée... et une sacrée nuit, à ne pas manquer, avec visites de monastères et de cloîtres habituellement fermés, plus des concerts dans les églises.

MI-AOÛT : Festival du pierogi

Stands de dégustation sur la place Szczepanski, concerts de musique folklorique, ambiance bon enfant et chaleureuse.

SEPTEMBRE : Festival Sacrum Profanum

Un festival de musique classique consacré, chaque année, à un pays différent. Le concert final se tient dans la fonderie de Nowa Huta, à l'excellente acoustique.

DÉCEMBRE-JANVIER : crèches de Noël

Tradition locale pour laquelle toute la ville fouille dans ses poubelles à la recherche de matériaux pour « bricoler », avec un goût infini du détail, des scènes de la Nativité et des maquettes d'églises. Les lauréats du concours de la plus belle crèche ont l'honneur de voir leur œuvre exposée pendant tout le mois de janvier au musée d'Histoire de la ville.

Sukkiennice (Halle aux Draps)

DRESDE

3H25
AU DÉPART DE PARIS
(1H15 DE VOL JUSQU'À BERLIN PUIS 2H10 DE TRAIN)

BUDGET	€€
CULTURE	★★★★
CUISINE	★★
SHOPPING	★★
VIE NOCTURNE	★★★

« Joyau de la culture européenne », Dresde a longtemps été surnommée « la Florence sur l'Elbe ». *Lovée dans les méandres du fleuve et bordée par les collines de la « Suisse saxonne », elle fut, grâce à sa situation privilégiée, la résidence des ducs et des rois de Saxe pendant 700 ans. Rasée à 90 % en 1945, du moins dans sa partie baroque (l'Altstadt), la capitale du länder n'en reste pas moins la ville de l'Est la plus visitée grâce à un centre historique reconstruit « pierre par pierre » depuis la guerre (classé au Patrimoine mondial de l'Unesco), un célébrissime opéra et des musées parmi les plus riches d'Europe. Dresde peut, sans complexe à présent, figurer dans le Top 5 des villes incontournables d'Allemagne.*

SE REPÉRER

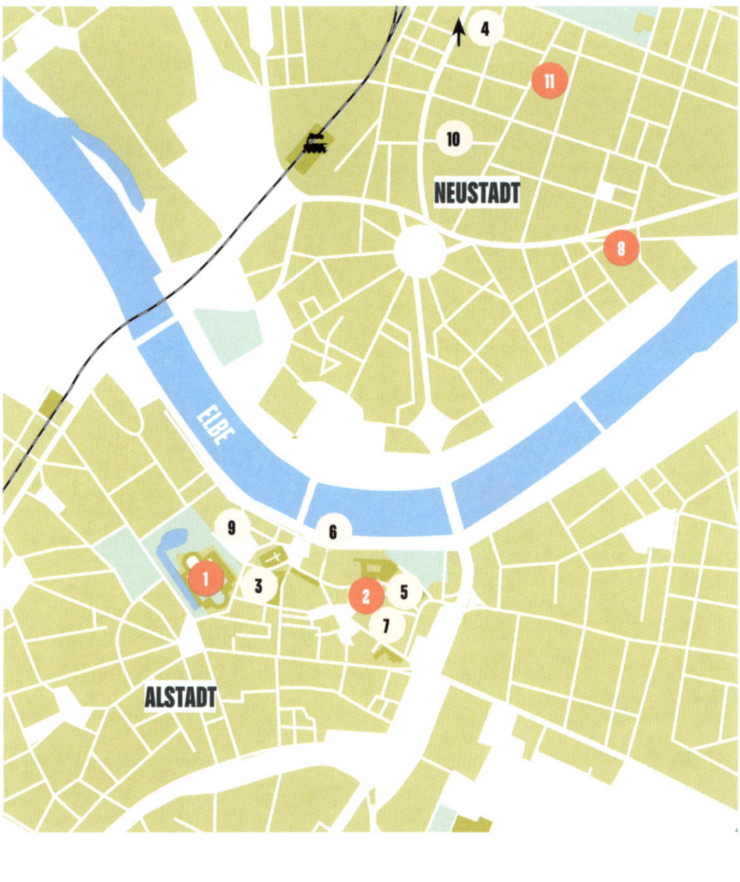

DÉCOUVRIR

1

EXPLORER LE ZWINGER, CHEF-D'ŒUVRE DU BAROQUE ALLEMAND

qui abrite plusieurs musées dont la fameuse galerie Semper (Semperbau)

L'ensemble du Zwinger, appelé aussi palais d'Auguste II, a été construit sur les ruines d'une forteresse au XVIIIe s. Ce qui ne devait être au départ qu'une orangerie devint une vaste construction – étrangement dénommée Zwinger, en français « donjon défensif » – flanquée de pavillons reliés entre eux par une longue galerie (Bodengalerie). La visite peut commencer par l'extérieur (façade du palais, étang et jardins du Roi), et se poursuivre par la somptueuse esplanade intérieure, avec bassins, statues et jardinet. Montez ensuite sur la Bodengalerie et admirez la symétrie parfaite des fontaines et carrés de pelouse dans la cour. Puis descendez l'escalier monumental jusqu'au majestueux Bain des Nymphes, ensemble de fontaines croisées, de pavillons et de statues, parmi lesquelles même les anges s'embrassent ! Le Zwinger abrite aussi aujourd'hui plusieurs musées dont la fameuse galerie Semper où vous passerez des heures devant les tableaux de Rembrandt, Rubens, Titien, Vermeer...

BON À SAVOIR : le Zwinger est vraiment l'attraction principale de Dresde, il faut donc prévoir d'y passer une bonne demi-journée, voire une journée entière.

2

ADMIRER LE TRAVAIL DE RECONSTRUCTION DE LA VILLE AU BORD DE L'ELBE

anéantie par les bombardements de 1945

Le plus bel exemple reste la Frauenkirche, église luthérienne de style baroque, reconstruite à l'identique, avec sa superbe coupole. Les incroyables collections des princes de Saxe (XVIIIe s) sont conservées dans la Voûte verte historique et dans la Nouvelle Voûte verte (Neues Grüne Gewölbe), qui forment le cœur de ce trésor unique en Europe. Dans le palais du Zwinger, les collections de porcelaines de Saxe sont parmi les plus belles du monde.

RESTER ÉBLOUI À LA CONTEMPLATION DES JOYAUX LES PLUS PRÉCIEUX D'ALLEMAGNE

jalousement conservés dans le Residenzschloss

3

Le château fut à la fois résidence et symbole du pouvoir des princes-électeurs et des rois de Saxe, et un centre artistique de grande renommée. Depuis sa réouverture en 2004, c'est à nouveau un haut lieu des arts à Dresde : les trésors de la cour de Saxe sont présentés de manière spectaculaire dans leur emplacement historique. Au rez-de-chaussée du château, dans l'Historisches Grüne Gewölbe (Voûte verte historique), la fabuleuse collection de pièces de joaillerie et d'orfèvrerie doit son nom surprenant à son lieu d'exposition originel : une pièce du château caractérisée par sa couleur verte. L'art le plus fin avec les matériaux les plus nobles : nacre, corail, cristal, ivoire et même des noyaux de cerise (!) sont sculptés, ciselés, polis, assemblés. De fines peintures à l'émail, tableaux de marqueterie en bois ou marbre et d'innombrables verres gravés… Les princes-électeurs se devaient d'avoir les meilleurs artisans. Cette collection est considérée comme l'une des plus belles du genre en Europe. Et on est complètement ébloui par tant de lumière et de raffinement.

BON À SAVOIR : en complément, ne manquez surtout pas la Chambre turque, une exceptionnelle collection d'armes et d'équipements (dont une magnifique tente d'apparat) pris aux Turcs sur les champs de bataille. Les princes de Saxe avaient rassemblé depuis la Renaissance l'une des plus grandes collections d'art ottoman d'Europe. • skd.museum.de •

VISITER LE SURPRENANT MILITÄRHISTORISCHE MUSEUM DER BUNDESWEHR

le musée d'Histoire militaire

4

Un dilemme bien allemand : comment évoquer 800 ans d'histoire militaire dans un pays au lourd passé guerrier, mais qui se veut à présent pacifiste ? Un architecte de renom et une équipe de jeunes historiens ont relevé le défi. Daniel Libeskind a pris le pari de briser les codes en plantant un gigantesque coin d'aluminium de 30 m de haut, dans le toit d'un ancien arsenal. Ce *Schrapnel* géant qui transperce le bâtiment de part en part préfigure symboliquement la thématique de l'intérieur : la guerre est une rupture de l'harmonie qui génère la violence. Si certains parlent de premier musée pacifiste consacré au phénomène, ses concepteurs évoquent une approche anthropologique doublée d'une histoire culturelle de la violence. Même si on pourrait polémiquer sur le peu de place accordé à la Shoah, le musée remplit parfaitement la mission qu'il s'est assignée : « Stop à la guerre ! » En fait, il nous rappelle avec bonheur le mémorial de la Paix à Caen.

BON À SAVOIR : • mhmbw.de •

DÉCOUVRIR LES SPLENDIDES COLLECTIONS DE L'ALBERTINUM

5

L'Albertinum a retrouvé les collections des XIXe s et XXe s depuis sa réouverture en 2010. La leçon des inondations de 2002 a bien été comprise par la direction des musées d'État de Dresde : la cour intérieure a été réaménagée afin de placer les réserves et les ateliers de restauration hors de portée des eaux en crue. On peut y voir à présent une magnifique mise en scène de sculptures, dont des plâtres de Rodin, Constantin Meunier, Maillol et Henry Moore. Aux étages, la galerie des Nouveaux Maîtres propose un large éventail d'œuvres s'étendant de la période romantique jusqu'à nos jours, et promène le visiteur depuis Caspar David Friedrich jusqu'à Gerhard Richter. L'exceptionnelle qualité des peintures de la collection en font l'un des musées les plus importants du genre en Allemagne. Cette nouvelle exposition dans l'Albertinum se démarque en confrontant les différentes périodes dans une proximité inhabituelle.

BON À SAVOIR : • skd.museum •

PARTIR À LA DÉCOUVERTE DE LA VALLÉE DE L'ELBE
à vélo ou en bateau

6

Fortement marqué par les XVIIIe et XIXe s, le paysage culturel de la vallée de l'Elbe s'étend sur près de 20 km, du château d'Übigau, au nord-ouest, au château de Pillnitz et à l'île sur l'Elbe, au sud-est. La vieille ville historique de Dresde en constitue le point central. La vallée de l'Elbe allie nature et architecture, ville et paysage. Ses rives sont bordées d'une alternance de forteresses de la Renaissance et de villas et jardins de l'époque Gründerzeit (fin du XIXe s), se fondant harmonieusement dans le paysage des vignobles. L'idéal est de la découvrir à vélo. Pour ceux qui préfèrent le bateau, appareillages tous les jours de mai à septembre à destination de Meissen, Pirna, Königstein, le Bastei et la frontière tchèque, sur d'anciens et pittoresques navires à vapeur avec roues à aubes. Rendez-vous à l'embarcadère de la Sächsische Dampfschiffahrt sur les quais de la vieille ville

BON À SAVOIR : on peut désormais longer le fleuve à vélo, de Hambourg à la frontière tchèque, en ne mettant pied à terre que le temps d'une visite culturelle ou d'un arrêt buffet dans une auberge à l'atmosphère familiale. • elberadweg.de • saechsische-dampfschiffahrt.de •

SAVOURER

SE RÉGALER D'UN BON PLAT TRADITIONNEL
au cœur de la ville

7

Assurément ce sera dans une brasserie, souvent bien typée et très fréquentée, ou dans un *Biergarten,* « jardin à bière », où l'on peut généralement aussi manger. Les plats sont simples mais plutôt bien réalisés et quasi toujours copieux. Si c'est votre première découverte de l'Allemagne, ne manquez pas non plus les *Ratskeller* qui se situent en centre-ville, en dessous de tous les *Rathaus* (les mairies). Caractéristiques usuelles : lieu historique, grandes salles où tout le monde se mélange, profitant d'une nourriture roborative, et prix raisonnables.

BON À SAVOIR : *Augustiner an der Frauenkirche* est l'un des meilleurs choix pour dîner au pied de la cathédrale, avec sa grande terrasse aux beaux jours, ses *Schnitzel* et son gargantuesque genou de porc *(Knusprige Schweinshaxe)* avec *Knödel.* • augustiner-dresden.com •

PÉNÉTRER DANS L'UNE DES « PLUS BELLES CRÉMERIES DU MONDE »,
le *Pfunds Molkerei*

Une des curiosités de la ville. Ouvert en 1882, ce magnifique magasin décoré de faïence ancienne aux ornements colorés est autant un lieu de vente et de dégustation qu'un but de visite pour les touristes. Au 1er étage, possibilité de déguster des sélections de fromages (plus de 120 sortes : français, italiens ou allemands, en direct du magasin) sous d'étonnantes peintures murales... et rurales. Également des plats plus traditionnels autour de 10 €.

BON À SAVOIR : • pfunds.de •

SORTIR

S'OFFRIR UNE SOIRÉE MÉMORABLE AU SEMPEROPER
le célébrissime opéra de la ville

9

Construit de 1871 à 1878 dans le style Renaissance italienne, cet opéra est le seul en Allemagne à porter le nom de son illustre architecte : Gottfried Semper. L'édifice fut entièrement détruit par les bombardements de 1945, puis reconstruit à l'identique, et inauguré, pour la seconde fois, en 1985. C'est ici qu'eurent lieu les premières représentations du *Vaisseau fantôme* de Wagner et du *Chevalier à la rose* de Richard Strauss. Les mélomanes feront l'impossible pour assister à une représentation. Le bel édifice peut également s'apprécier de l'intérieur au cours d'une visite guidée.

BON À SAVOIR : places très bon marché. Un des moments forts de la saison musicale est le Dresdner Musikfestspiele, fin mai-début juin. Programme complet et vente des billets en face, dans la Schinkelwache, le bâtiment aux colonnes ioniennes. • semperoper.de •

PLONGER AU CŒUR DE LA NUIT DRESDOISE
dans le vibrant quartier de Neustadt

10

La plupart des lieux nocturnes sont situés dans la Neustadt, quartier peu touristique mais vers lequel converge la jeunesse de Dresde. Ambiances variées : alternative-destroy au coin de Rothenburgerstrasse et de Louisenstrasse, plus bobo dans la Görlitzerstrasse et un rien branchée dans Alaunstrasse. On a même vu des punks en émoi devant un vieux violoniste ! En été, tout le monde squatte dans la cour du *Downtown* et du *Groove Station*. Camions déjantés, murs colorés et cette tour à la fenêtre factice qui s'éclaire ! Concerts au bar du *Groove* et, à l'arrière, billard et baby-foot. Dans la fureur de ses watts, le *Downtown* vous emportera toute la nuit.

BON À SAVOIR : et après une sortie de boîte, n'hésitez pas à traverser le pont Carola ; les monuments éclairés sur l'Elbe sont alors un régal pour les prunelles... • downtown-dresden.de • groovestation.de •

SHOPPING

11

FLÂNER DANS LE KUNSTHOF-PASSAGE
et tomber sur quelques jolies boutiques

Plusieurs arrière-cours sont à dénicher dans le passage entre la Görlitzer (n° 23) et l'Alaunstrasse (n° 70), avec plein de petits magasins de livres ou de déco, de boutiques de fleurs ou de fringues, de bars conviviaux et de maisons d'habitation décorées de façon plus qu'originale. Voici une enfilade de cours, sur plusieurs thèmes (eau, terre, soleil, air), qu'il faut prendre le temps de parcourir si l'on veut un peu mieux comprendre la vie de ce quartier attachant. Ne pas rater la « vianesque » cour des éléments et sa façade bleue, décorée d'un ingénieux système de gouttières en trompettes. À vous faire aimer la pluie ! Des animaux en carrelage décomposé hantent la façade d'une autre cour...

AGENDA DES FÊTES, FESTIVALS ET ÉVÉNEMENTS

DÉBUT MAI : Flottenparade der Sächsischen Dampfschiffahrt

Les antiques bateaux à vapeur de la célèbre compagnie de navigation se livrent à une jolie petite revue navale, « au large » de la terrasse de Brühl. Embarquez donc au son des cornes de brume !
• saechsische-dampfschiffahrt.de •

MAI : Dixielandfestival Dresden

Véritable institution à Dresde, le fameux festival de jazz, compte plus de 30 ans d'existence. Nombreux concerts d'artistes renommés et de jeunes premiers, défilés à travers la ville et promenade en bateau lui donnent un petit côté « Nouvelle-Orléans ».

JUILLET-AOÛT : Filmnächte am Elbeufer

Tout Dresde se rencontre sur l'herbe (si le temps et le niveau d'eau le permettent), juste en face de la terrasse de Brühl, pour siroter une bière en regardant un film sur écran géant. Concert en fin de semaine, suivi d'une *party*. Voir le programme dans *Sax* ou dans *Plusz*.

AOÛT : Dresdner Stadtfest

C'est la très populaire fête de la ville. Grande bouffe, grande foule. Nombreuses manifestations (arts, musique, parade de navires...) à suivre des deux côtés de l'Elbe.

SEPTEMBRE : Dresdner Herbstmarkt

Sur Altmarkt, le marché de l'automne propose artisanat traditionnel et spécialités gastronomiques de Saxe.

DÉCEMBRE : Dresdner Striezelmarkt

Sur l'Altmarkt. C'est le plus ancien marché de Noël d'Allemagne, inauguré en 1434. On y trouve bien sûr les fameux Christstollen, spécialité pâtissière du temps de l'Avent, les jouets typiques de l'Erzgebirge voisine (les monts dits « Métallifères »), la céramique de Lusace et les célèbres pains d'épice de Pulsnitz. Ne manquez pas de goûter au *Schmandfleck*, pain chaud servi avec du fromage ou du jambon et de la crème fraîche, et bien sûr au *Glühwein*, l'incontournable vin chaud aux épices.

Château de Moritzburg, près de Dresde

DUBLIN

1H35
AU DÉPART
DE PARIS

Enfin une capitale à taille humaine ! Rien n'est jamais très loin dans ce centre historique où se côtoient quartiers flambant neufs, entrepôts des bords de la Liffey, ou ruelles qui paraissent jaillir du XIXe s. *Dublin n'a pas perdu son charme, et encore moins la mémoire. Partout, de musée en pub, au détour d'un square ou d'une ruelle, subsistent les traces d'une longue histoire et d'une culture bien vivante. Musique, théâtre, musées, peinture, littérature, architecture... Cette ville fait preuve d'une offre culturelle d'une étonnante vitalité et d'une grande richesse. Un peu à l'image de l'Irlande, finalement, une île petite par sa taille, mais immense par sa culture.*

BUDGET	€€
CULTURE	★★★☆
CUISINE	★★☆☆
SHOPPING	★★☆☆
VIE NOCTURNE	★★★★

SE REPÉRER

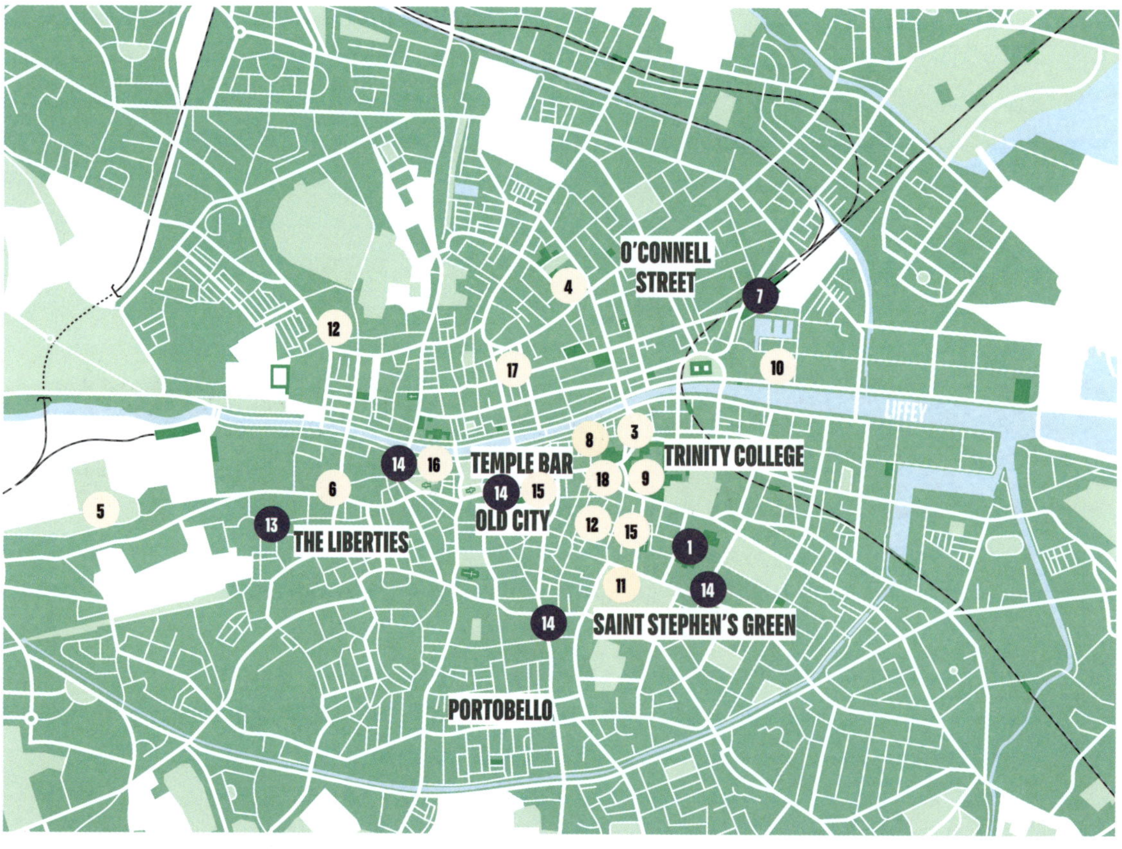

DÉCOUVRIR

1

PLONGER DANS L'HISTOIRE MÉDIÉVALE DE LA VILLE

Visiter la National Museum of Archaeology (fabuleux bijoux du VIIe au IXe s, – Âge d'or de l'Irlande –, dont la célèbre broche de Tara), l'intéressante exposition « Dublinia » ou la cathédrale Christ Church, juste à côté, fondée par les Normands. Le passé viking de la ville est souvent méconnu et pourtant les origines de la capitale remontent à un fort édifié par les Vikings. Certes, ces derniers ont été vaincus et se sont assimilés aux Celtes, avant que les Normands (eux aussi des descendants des Vikings !) n'arrivent sur l'île.

DÉAMBULER DANS LA VILLE

à la découverte des trésors de l'architecture classique dite « georgienne »

2

En général de grands monuments publics ou privés comme la Bank of Ireland, anciennement le Parlement irlandais, la Custom House, ou de belles places, comme Saint Stephen's Green ou Merrion Square. Tous sont magnifiquement conservés. Pourquoi « georgien » d'ailleurs ? Simplement parce que les 4 rois qui se succédèrent de 1714 à 1830 s'appelaient George... Quant à l'architecture des immeubles, elle témoigne bien de la philosophie protestante : pas d'ostentation dans l'opulence, façade austère. Seule l'élégante porte d'entrée révélait le standing du lieu !

JAMES JOYCE, *ULYSSE* ET DUBLIN

L'*Ulysse* de James Joyce est intimement lié à Dublin, même si l'écrivain a définitivement quitté l'Irlande à l'âge de 20 ans. Ce roman, un monument de la littérature mondiale, se déroule sur une journée, le 16 juin 1904, au cours de laquelle deux Irlandais, Leopold Bloom et Stephen Dedalus, déambulent dans Dublin. Les descriptions de Joyce sont si précises qu'il est possible, aujourd'hui encore, de retracer le parcours des héros. Des plaques de bronze signalent d'ailleurs leurs haltes dans la ville. Certains lieux, comme la pharmacie Sweeney's, sont devenus des endroits cultes. Chaque année, Dublin organise un festival qui culmine le 16 juin : le Bloom's Day. Une semaine de manifestations littéraires, de spectacles et de lectures autour de l'œuvre de Joyce. Et c'est un vrai rendez-vous populaire, qui fait salle comble ! Les Dublinois communient autour d'*Ulysse*. Ce roman censuré à sa sortie, qui n'est pas à proprement parler une « œuvre facile », est devenu une sorte de trésor national.

PARTIR À LA RECHERCHE DES FRESQUES MURALES DE TEMPLE BAR

le quartier de Dublin qui bouge le plus

3

Dans ce très vieux quartier se concentrent aujourd'hui un nombre impressionnant de pubs à la mode, de restaurants branchés, de galeries d'art avant-gardistes, de centres d'exposition, de lieux culturels animés, le tout quadrillé par un réseau de rues étroites. La rénovation est une réussite architecturale, sociale et culturelle indéniable : priorité totale aux piétons, rénovation systématique des immeubles et des entrepôts abandonnés... Une intéressante balade consiste à passer sur Adair Lane, Price's Lane et Bedford Lane. Ces ruelles ont été livrées à des artistes et autres graffeurs pour mettre en images, avec souvent de beaux textes, toute la richesse de la culture irlandaise : de la littérature à la musique rock, l'histoire, le cinéma, le sport et on en oublie... Prendre son temps pour savourer la qualité de certaines représentations, les aphorismes, les poèmes, l'humour (parfois critique) irriguant nombre de textes et situations...

BON À SAVOIR : un passage obligé également le soir, même si la scène nocturne s'est déplacée ces dernières années de Temple Bar (quand même sacrément touristisé) vers Wexford St et Camden St.

VISITER L'ATELIER DU PEINTRE FRANCIS BACON,

à la Dublin City Gallery

4

Ce lieu vous fera connaître l'expérience unique de côtoyer la folle énergie créatrice de ce peintre de génie. Le désordre innommable de l'atelier londonien de l'artiste (né à Dublin) a été reconstitué avec minutie, dans ses moindres détails, par des spécialistes reconnus de son œuvre et des archéologues chevronnés. Il constitue un témoignage unique de l'univers torturé d'un créateur hors norme.

BON À SAVOIR : l'entrée est gratuite, comme dans tous les musées nationaux de la ville.

DÉCOUVRIR, À KILMAINHAM JAIL, LE DESTIN POIGNANT DES PRISONNIERS RÉPUBLICAINS

ces personnages historiques, qui ont lutté pour libérer leur pays

5

Pendant près de 150 ans, cette prison symbolisa la répression qui s'abattit sur les combattants de la Liberté. Elle ne ferma que lorsque la République d'Irlande fut créée. Une visite émouvante, qui rend compte de la cruauté des conditions de détention au XIXe s. On n'y internait pas que des prisonniers politiques : les couloirs humides résonnent encore des pleurs d'enfants accusés d'avoir volé un quignon de pain ! On accède à différentes cellules de détenus, comme celle de Robert Emmet ou celle de Parnell avant de marquer une pause dans la chapelle. La visite s'achève dans la sinistre cour intérieure, qui porte encore les traces de l'exécution des insurgés de 1916.

BON À SAVOIR : il est nécessaire de réserver en ligne pour visiter Kilmainham ; la visite est guidée et il est préférable de bien se débrouiller en anglais.
• kilmainhamgaolmuseum.ie •

ARPENTER LE QUARTIER DES LIBERTIES

bien différent des sages (et distingués) quartiers georgiens, où vivait *l'establishment* anglais

6

Partez à la rencontre d'un Dublin populaire, à la découverte de bâtiments qui n'ont pas le même prestige mais qui rappellent le passé ouvrier du quartier (en particulier les fameux Iveagh Buildings, HLM à la remarquable et élégante architecture), en passant par un marché aux puces *(flea market)*, de vénérables boutiques hors du temps ou un pub non touristique qui a échappé à la gentryfication galopante de la ville. À l'origine, c'était le quartier compris entre les cathédrales Christ Church et Saint-Patrick. Situé « hors les murs » de la ville et donc de sa juridiction, il y gagna le nom de Liberties. Une population catholique très pauvre s'y entassa. Aujourd'hui, c'est toujours un quartier populaire, intégrant celui de Saint-James autour de la brasserie Guinness. Ce secteur de Christ Church et de Saint-Patrick s'appelait autrefois « *The Four Corners of Hell* », car il y avait un pub à chaque angle de rue. C'est ici que vous rencontrerez ces gens extraordinaires qui répondaient autrefois aux noms de Jembo no Toes, Johnny Forty Coats, Damn the Weather ou Jack the Tumbler, et qui ont toujours des héritiers…

7

PRENDRE LE DART, LE TRAIN DE BANLIEUE DES DUBLINOIS,

et s'en aller à Malahide découvrir le Malahide Castle

À une douzaine de kilomètres du centre, voici un des plus vieux châteaux d'Irlande, entouré de magnifiques jardins botaniques. Fondé par la famille Talbot au XIIe s, il fut habité jusqu'en 1973, lorsque le dernier descendant de l'honorable famille s'est éteint. Collections de beaux meubles et portraits historiques. La salle des banquets est particulièrement impressionnante, mais ce sont ses jardins que l'on vient surtout voir, pour la diversité de leurs plantes et de leurs serres.

BON À SAVOIR : jardins botaniques (Talbot Botanic Gardens) ouverts au public et plage de sable fin près du port.
• malahidecastle.com •

RESSENTIR LES BONNES VIBRATIONS DE L'IRISH ROCK'N ROLL MUSEUM !

8

L'occasion de se rendre compte de l'immense contribution de l'Irlande aux musiques du monde (par exemple, la musique country américaine et le bluegrass). De plus, sa musique traditionnelle est connue du monde entier. Tout comme le rock irlandais d'un dynamisme époustouflant ! U2, Rory Gallagher, les Pogues, Thin Lizzy, Van Morrison, Sinéad O'Connor, les Corrs, les Cranberries… Musée riche en témoignages, anecdotes insolites, disques d'or et guitares mythiques…

BON À SAVOIR : même si le musée s'avère très visuel, posséder un bon anglais permet de saisir tout l'humour des guides.

DANS TRINITY COLLEGE, ADMIRER LE FAMEUX *BOOK OF KELLS*

un superbe manuscrit enluminé du IXe s

9

C'est le livre le plus précieux conservé en Irlande (un Nouveau Testament en latin). Pour le contempler, il suffit d'entrer dans ce haut lieu de la culture irlandaise, une des universités européennes les plus réputées. C'est aussi un îlot de verdure en centre-ville.

BON À SAVOIR : le prix de la visite de la vieille bibliothèque, où est conservé le manuscrit, est assez cher, et il est conseillé de réserver en ligne.

DÉCOUVRIR L'IRISH EMIGRATION MUSEUM (EPIC),

pour saisir la fantastique saga du peuple d'Erin

10

Destin incroyable de ces émigrés contraints au long des siècles de fuir la misère et l'oppression d'une terrible situation coloniale. La plupart ont marqué de façon profonde la culture et la politique des pays qui les ont accueillis... Dans ce musée, techniques audiovisuelles des plus vivantes et sophistiquées. On vous remet même un passeport à pointer et au bout du voyage, nul doute, vous commencerez à vous identifier aux émigrants...

BON À SAVOIR : audioguides en français et jeux interactifs pour les enfants.

FLÂNER DANS LES NOMBREUX PARCS ET JARDINS DUBLINOIS

11

Les amoureux de la chlorophylle, les dingues d'espaces verts, les trekkeurs urbains adoreront ces agréables oasis, pleines de sentiers, de bouts de forêts, de lacs et petits ponts romantiques. En particulier Saint Stephen's Green, lieu de détente des étudiants fébriles ou stressés, les Iveagh Gardens, bien plus intimes, Merrion Square pour d'aristocratiques rêveries et, surtout, Phoenix Park, le plus grand parc urbain d'Europe (deux fois plus grand que Central Park à New York)... Vous y rencontrerez des daims peu farouches.

SAVOURER

PRENDRE LE TEMPS DE DÉGUSTER LA CUISINE IRLANDAISE

dans l'un des nombreux restaurants tendance qui se sont ouverts ces dernières années

12

Longtemps ignorée, voire méprisée, elle vit aujourd'hui une véritable renaissance, notamment au rythme du *slow food*. Dublin est devenue une véritable capitale gastronomique, et l'offre se révèle d'une très grande richesse. Auparavant, la gastronomie irlandaise se cantonnait aux « fondamentaux », comme l'*Irish stew* (ragoût de mouton), aux plats simples offerts dans les pubs, et aux traditionnels *fish & chips*. Puis, quelques chefs, qui avaient fait leurs classes dans les meilleures cuisines européennes (notamment françaises), ont peu à peu réinventé la cuisine irlandaise en fusionnant tradition et créativité. Saumon sauvage, agneau du Connemara, huîtres de la baie de Galway, anguilles du lough Neagh. Certains chefs adorent décliner à leur manière toutes ces bonnes choses et élaborer des plats personnels et goûteux, suivant saison et marché.

BON À SAVOIR : parmi les bonnes adresses, tenter le *Coppinger Row* ou le *L. Mulligan Grocer*. • coppingerrow.com • lmulligangrocer.com •

13

VISITER LE GUINNESS STOREHOUSE®

pour découvrir les secrets de fabrication (enfin, pas tous !) de ce breuvage

Il faut goûter évidemment à ce « monument national ». Cette soupe d'orge fermentée, extrêmement nourrissante, apparaît à certains comme une sorte de boisson divine qui tient lieu de nourriture. C'est même une véritable religion. Au pub, elle est tirée en deux fois, afin que la mousse, dense et crémeuse, puisse redescendre. Elle doit être servie à 6°. Les amateurs se rendront au Guinness Storehouse qui lui est dédié, aménagé dans une partie de la brasserie gigantesque construite en 1904. Il se visite en suivant un itinéraire fléché intelligent et une scénographie très bien ficelée. On déambule dans un univers à la *Brazil*, sur sept étages, parmi les cuves géantes, pour découvrir les secrets de fabrication d'une des fiertés de l'Irlande. Tout en haut, le *Gravity Bar* offre la plus belle vue qui soit de Dublin, sur 360°.

BON À SAVOIR : • guinness-storehouse.com •

VIBRER AU SON DE TOUTES LES MUSIQUES

et s'imprégner de l'étonnante énergie dégagée par cette ville

La musique. On ne viendrait ici que pour elle. Traditionnelle ou moderne, rock ou mélancolique, engagée ou légère, elle joue un rôle majeur dans la vie quotidienne. Dans les rues de Temple Bar, au cœur de l'animation enjouée des pubs, dans les salles de concert alternatives, elle est omniprésente. C'est à se demander s'il n'y a pas un musicien qui sommeille en chaque Irlandais ! Pour goûter à la musique traditionnelle, rien ne vaut une virée dans les pubs de Temple Bar ou dans les pubs historiques (*Donoghue's* ou *Brazen Head*). La scène rock et alternative dublinoise est aussi particulièrement active. De nombreux concerts sont programmés chaque jour : la meilleure salle de la ville *(Whelan's)*, se trouve sur Wexford Street, où les concerts se déroulent dans une chaude ambiance. Les vrais fans de rock suivront le Rock n'Stroll Visitor Trail, un parcours concocté par l'office de tourisme de Dublin, qui conduit dans les endroits ayant marqué la carrière de grands artistes qui ont vécu (ou vivent encore) dans la capitale irlandaise : U2, the Corrs, Westlife, SinÉad O'Connor, Bob Geldof, Chris de Burgh, The Chieftains ou The Dubliners.

BON À SAVOIR : • whelanslive.com • brazenhead.com • odonoghues.ie •

LE PUB

En Irlande, le pub fait partie des institutions. Il évoque irrésistiblement des images colorées, animées, pleines de chaleureuses discussions, d'odeurs fortes de moquettes imprégnées de bière... Entrons dans ce bain de vapeur surpeuplé. Songez qu'à Dublin on en répertorie officiellement au moins 60 présentant un intérêt (pour une visite virtuelle, consulter • dublinpubscene.com •). Sans compter tous ceux qui, sans proposer une atmosphère, une tradition ou un décor particuliers, savent souvent réserver des surprises, leurs moments magiques et privilégiés survenant toujours sans prévenir, dépendant de l'instant, de la clientèle, etc. D'ailleurs, la réflexion de Leopold Bloom, héros du roman *Ulysse* de Joyce, résume parfaitement la situation : « Un bon casse-tête : traverser Dublin sans passer devant un zinc. »

DANS TEMPLE BAR, S'ENTRAÎNER, RAISONNABLEMENT, AU *PUB CRAWL*

(littéralement « ramper de bar en bar »)

15

Ce quartier, où quelques ruelles sont décorées de fresques murales, a une étonnante vitalité de jour comme de nuit. Tous les pubs ne se valent pas ; une bonne quinzaine, patinés par le temps, méritent même l'appellation d'« historiques ».

BON À SAVOIR : bien sûr, on peut se fier à son instinct (ou à son guide préféré) pour sélectionner ses pubs, mais il existe aussi des tours organisés et même un Literary Pub Crawl, qui donne l'occasion de passer par les pubs fréquentés autrefois par de grands écrivains.

SE RENDRE DANS LE PLUS VIEUX PUB DE LA VILLE

le *Brazen Head,* classé Monument historique

16

Nous aurions pu le mettre dans notre rubrique « Découvrir ». Il a fêté ses 800 ans en 1998 ! Robert Emmett, leader de la rébellion de 1803, n'aurait aucune difficulté à reconnaître cet ancien *coach inn* (relais de poste) bas de plafond, aux murs et planchers de guingois. D'ailleurs, son bureau est toujours là ! Il y eut de tout temps, ici, un incroyable mélange de genres : politiciens, espions, chanteurs et poètes. Le plus célèbre bourreau de la ville y avait ses habitudes.

BON À SAVOIR : dans la catégorie « pubs traditionnels », ne surtout pas manquer non plus le *O'Donoghue's*. Tout simplement le pub le plus célèbre de Dublin. C'est là que les Dubliners se sont rencontrés. Musique traditionnelle presque tous les soirs à partir de 21h30. • brazenhead.com • odonoghues.ie •

QUITTER LES AMBIANCES TRADITIONNELLES DES PUBS POUR REJOINDRE DES LIEUX PLUS *ARTY*

comme *The Church,* une ancienne église transformée en bar

17

Alléluia ! Enfin une église où le breuvage qui jaillit des bénitiers contient du houblon, où les enfants de chœur vous toisent d'une tête. Mais c'est surtout une reconversion étonnante, où la nef centrale a été transformée en immense bar, les galeries supérieures, en restaurant, le chœur, en scène de concert et la crypte, en night-club. Mais rien de très étonnant lorsque l'on sait qu'Arthur Guinness célébra son mariage ici même en 1761.

BON À SAVOIR : • thechurch.ie •

SHOPPING

S'OFFRIR UN TWEED

dans la plus pure tradition irlandaise

18

Les plus beaux tweeds viennent du Donegal. Mais vous pourrez en trouver chez *Kevin and Howlin,* la meilleure boutique de Dublin, depuis 1936, pour les costumes, vestes et casquettes de tweed. Un choix et une qualité inégalés. Belles écharpes à prix doux.

BON À SAVOIR : • kevinandhowlin.com • Et sinon, ne manquez pas d'aller flâner sur Grafton Street, la rue piétonne la plus commerçante de la ville. C'est là que les ados traînent le samedi après-midi pour acheter des fringues à faire hurler leurs parents.

AGENDA DES FÊTES, FESTIVALS ET ÉVÉNEMENTS

JANVIER : Temple Bar Trad Festival

Dans Temple Bar. Consacré à la musique et à la culture irlandaises. • templebartrad.com •

MARS : Jameson Dublin International Film Festival

• jdiff.com •

MARS : l'immanquable Saint-Patrick

Le 17 mars. Fête nationale irlandaise.

JUIN : Bloom Festival

Phoenix Park. Bloomsday (célébration de l'*Ulysse* de Joyce) à Dublin, le 16 (et quelques jours auparavant). Tous les ans depuis 1954, à la même date, Dublin organise cette grande fête destinée à rendre hommage à ce personnage hors du commun et, à travers lui, à Joyce. Le principe de cette fête haute en couleur consiste à entraîner le grand public (les initiés autant que les néophytes) sur les traces de Bloom, ce héros peu banal. • bloominthepark.com •

AOÛT : Failte Ireland Dublin Horse Show

Compétition internationale d'équitation à Ballsbridge. • dublinhorseshow.com •

SEPTEMBRE : finales du championnat de hurling (1er dimanche) et de foot gaélique (3e dimanche)

SEPTEMBRE : Dublin Fringe Festival

Consacré aux approches artistiques innovantes. • fringefest.com •

FIN SEPTEMBRE-DÉBUT OCTOBRE : Ulster Bank Dublin Theatre

• dublintheatrefestival.com •

DUBROVNIK

2H15
AU DÉPART DE PARIS

Dubrovnik, la « perle de l'Adriatique », est une ville-musée, mais bien vivante, close au bord de l'Adriatique, au pied d'une montagne qui tombe brutalement dans des eaux d'un bleu méditerranéen limpide. *Des maisons couvertes de tuiles, des palais, des églises, des couvents, un dédale de ruelles dallées de pierres blanches, des places comme des théâtres de chambre de la Renaissance, une avenue dont les pierres brillent comme un décor de cinéma, Dubrovnik est un subtil mélange de raffinement vénitien et d'esprit slave. Les pieds dans l'eau, la tête au soleil.*

BUDGET	€€
CULTURE	★★★☆
CUISINE	★★☆
SHOPPING	★☆☆☆
VIE NOCTURNE	★★★☆

SE REPÉRER

DÉCOUVRIR

1

COMMENCER PAR FAIRE UNE PROMENADE LE LONG DES REMPARTS

et s'offrir de superbes perspectives sur les toits rouges se détachant sur le bleu de la mer

Avant de se lancer dans les rues de la cité, il faut absolument se promener sur les remparts qui l'enserrent. Commencés au VIIe s, ceux-ci furent plusieurs fois réaménagés, entretenus, consolidés jusqu'au XVIe s. Au fil de la balade, on découvre des successions harmonieuses de toits de tuiles rouges, deux forts, de discrètes petites cours intérieures, des jardins, de grosses tours de garde, d'insoupçonnables ruelles, de belles demeures ornées de riches blasons, et même deux secteurs restés ruinés car jamais reconstruits après le tremblement de terre de 1667. L'entrée est plutôt chère, mais la promenade vaut le coup !

FRANCHIR UNE DES PORTES DE LA VILLE CLOSE ET REMONTER LA PLACA, L'ARTÈRE PRINCIPALE

on croirait marcher dans un décor de cinéma !

2

La petite Raguse était autrefois une île, et Placa était en fait le canal qui délimitait sa frontière nord. Puis la ville s'étendit et on y rattacha la ville slave de Dubrovnik. Plus tard, le canal fut comblé. Aujourd'hui, les maisons anciennes de cette longue rue piétonne ont des magasins au rez-de-chaussée, qui se caractérisent par leurs « portes à genoux », sorte de portes-fenêtres. Ce qui retient d'abord l'attention, c'est la couleur claire des maisons et le dallage en pierre calcaire de Brač, à la surface lisse, polie, lustrée par les siècles. Une merveille ! Impression de marcher dans un décor de cinéma, mais non, aucun effet spécial en vue...

3

ARPENTER LES RUES PATINÉES PAR LES SIÈCLES DE LA VIEILLE VILLE

superbement restaurée

La ville mérite bien son surnom : églises, monastères, places, tout y est impeccablement à sa place, dans une belle harmonie et une unité architecturale remarquable. Une fois l'une des portes de la ville franchie, la machine à remonter le temps se met en marche. C'est un régal ! Pour fuir la foule du tourisme estival de la Placa, l'avenue principale, laissez-vous aller au hasard des ruelles très étroites et des innombrables escaliers escarpés du nord de la ville, où les chats se prélassent et le linge pend aux fenêtres. On découvre de petits jardins, des portiques gothiques, Renaissance ou plus classiques, enfouis sous les orangers. Sur les façades, ressortent de nombreuses pierres trouées pour mettre un bâton portant des rideaux ou en forme de bec pour soutenir une planche, élargissant ainsi l'espace étroit des maisons.

BON À SAVOIR : Dubrovnik est une ville assez chère ; si vous souhaitez faire des visites, n'hésitez pas à investir à votre arrivée dans la Dubrovnik Card – elle coûte à peine plus cher que la seule visite des remparts en été.

ADMIRER LA SUPERBE ARCHITECTURE DU PALAIS DU RECTEUR

4

Observez la richesse de la façade extérieure, l'entourage sculpté des fenêtres, des portes et de la cour. Palais du XIIIe s, il a été plusieurs fois restauré au cours des siècles suivants, son apparence actuelle portant la marque du XVe s. Jusqu'en 1808, le palais servit de résidence au recteur qui gouvernait Dubrovnik. Son mandat, renouvelable, durait un mois. Pendant cette période, il vivait là, seul et il lui était interdit de sortir de ses appartements, sauf pour des affaires officielles ! Aujourd'hui, le palais a été transformé en musée. Admirer la belle cour entourée d'arcades : il s'agit de l'atrium. Ici se déroulent des concerts de musique classique l'été. L'intimité et l'acoustique y sont parfaites.

BON À SAVOIR : Pred Dvorom 3.

VISITER L'IMPOSANT MONASTÈRE DES DOMINICAINS

l'un des plus beaux monuments religieux de Dubrovnik

5

Construit entre le XIVe et le XVIe s (à partir de 1301) pour accueillir des moines de l'ordre des Dominicains venus d'Italie, ce couvent mêle plusieurs styles : roman, gothique fleuri, Renaissance et baroque. Le cloître (XVe s), exemple achevé du style « gothique fleuri dalmate » est un havre de paix. Formé d'une cour intérieure plantée d'orangers et de citronniers, il est entouré d'une galerie reposant sur d'élégantes colonnes. Ne pas manquer enfin l'intéressant petit musée, qui abrite une collection de peintures de l'école de Dubrovnik, avec des œuvres de Dobričević, Hamzić, Vlaho Bukovac, ainsi que des manuscrits du XIe au XVe s et de nombreux reliquaires.

BON À SAVOIR : rue Sv. Dominika, dans le nord-est de la vieille ville, près de la porte de Ploče.

QUELLES TUILES !

Dubrovnik a pansé ses blessures. Autrefois incendiée, détruite par un tremblement de terre, puis bombardée en 1991-1992, la vieille ville de Dubrovnik s'est à nouveau reconstruite... avec presque les mêmes dalles de calcaire polies par les ans, les mêmes redents de soutènement dans les façades et les mêmes remparts. Après les bombardements de la guerre civile (1991-1992), on dénombra alors 500 000 tuiles cassées ou endommagées, donc à remplacer. Petit problème : l'usine de tuiles de Kupari, à côté de Dubrovnik, était fermée depuis belle lurette ! On en commanda donc à Toulouse, qui en fournit la moitié. Mais, pas de chance, on s'aperçut alors que la couleur miel des tuiles croates et celle, rose, des tuiles toulousaines n'allaient pas tout à fait ensemble...

Placa Stradum, centre historique

DÉCOUVRIR LE TRÉSOR DE LA CATHÉDRALE
qui conserve, entre autres, les précieuses reliques du saint patron de la ville

6

L'actuelle cathédrale a été édifiée dans le style baroque à la place de celle du XIIe s qui fut détruite par le tremblement de terre de 1667 et qui aurait été bâtie grâce à un don de Richard Cœur de Lion pour remercier Dieu de l'avoir sauvé d'un naufrage sur l'île voisine de Lokrum. Si l'intérieur, tout blanc et rénové dans un style moderne et hétéroclite, dégage peu d'émotions esthétiques, ne pas manquer d'admirer le trésor de la cathédrale. Il abrite notamment une *Madone* de l'école de Raphaël, et surtout les fameux reliquaires, étincelant d'or et d'argent, de saint Blaise, qui conservent le crâne (le « chef reliquaire » en forme de couronne byzantine), une demi-jambe et un bras du saint.

REJOINDRE LE SOMMET DU MONT SRĐ
et profiter d'une vue inégalée sur la cité croate

7

Dominant la ville du haut de ses 408 m, le mont Srđ offre un point de vue exceptionnel sur toute la riviera et ses îles environnantes. En octobre 1991, de nombreux habitants trouvèrent refuge dans son fort lors de l'attaque de la ville par les soldats des armées serbe et monténégrine, avant qu'il ne soit pris par l'ennemi et serve de base à ses tireurs postés. L'accès se fait par une route de montagne abrupte, appelée à juste titre « la serpentine », ou par le téléphérique qui permet de rejoindre la colline en moins de 4 mn et sans secousse. À l'arrivée, vous découvrirez une vue grandiose sur la cité, l'île de Lokrum, et les Elaphites au loin.

BON À SAVOIR : départ du téléphérique de la rue Petra Krešimira, au-dessus de la porte Ploče.

FUIR LA CHALEUR ESTIVALE EN METTANT LE CAP SUR LES ÎLES QUI FONT FACE À LA VILLE

8

À 15 mn de bateau, Lokrum (2 km²) est un paradis dans la baie de Dubrovnik, idéal par temps chaud. Ici pas d'habitation, pas d'hôtel ni de camping. Aucun village en tant que tel, mais subsistent les traces d'un passé pas si vieux que ça. Le fort Royal est un souvenir de l'occupation française par l'armée napoléonienne. C'est aujourd'hui un beau belvédère d'où la vue sur Dubrovnik est de toute beauté. Plus éloignées, les îles Elaphites sont moins fréquentées. En été, ce sont de petits paradis pour se baigner dans l'eau translucide.

BON À SAVOIR : ceux qui ont plus de temps pourront partir en excursion dans les splendides îles de Mljet ou Korčula.

PARTIR EN BALADE JUSQU'AU VILLAGE BALNÉAIRE DE CAVTAT
l'un de nos ports préférés du sud de la côte dalmate

9

Si l'on oublie les habituelles horreurs hôtelières de l'époque Tito, aux abords du vieux village, tout y est resté intact, à dimension humaine, d'une grande douceur. Les quais, les ruelles, les vieilles maisons Renaissance forment un ensemble harmonieux encore préservé et charmant. Après une balade dans les ruelles du vieux Cavtat, on peut faire le tour à pied de la presqu'île de Rat qui s'avance dans le bleu de l'Adriatique. Splendide point de vue sur la côte et les montagnes dominant la mer avec, au loin, Dubrovnik. De retour sur le port, les terrasses des quais sont tout indiquées pour boire un verre en contemplant la mer et les luxueux voiliers.

BON À SAVOIR : accès en bus, en voiture, ou, en saison, en navette maritime, solution de loin la plus agréable. • visit.cavtat-konavle.com/fr •

SPÉCIAL *GAME OF THRONES* ADDICTS

Les fans de *Game of Thrones*® ne l'ignorent pas : Dubrovnik est un haut lieu de tournage de la série puisque, à partir de la saison 2, on l'a choisie pour représenter King's Landing, la capitale de Westeros (Port Real en version française). Très logiquement, il existe plusieurs *Game of Thrones Walking Tours*. Pour être justes, signalons que d'autres villes ou monuments historiques croates ont également servi de lieux de tournage (Split, Klis, Baška Voda), sans parler des proches environs de Dubrovnik (parc de Trsteno, Lokrum).

FAIRE UNE INFIDÉLITÉ À LA CROATIE EN FILANT SUR KOTOR, AU MONTÉNÉGRO

ancienne cité entourée d'une impressionnante muraille longue de 4,5 km, dans un site exceptionnel

Kotor, situé à 85 km de Dubrovnik, peut faire l'objet d'une belle excursion d'une journée. On peut y aller soit par ses propres moyens, soit en passant par une agence. Les bouches de Kotor *(Boka Kotorska)* sont d'abord un site naturel exceptionnel, une immense et profonde baie fermée. C'est un lieu commun que de le décrire comme un fjord « norvégien », à ceci près… qu'il n'est pas en Norvège ! Au fond du décor, pour ajouter au grandiose, de hautes montagnes et le mont Orjen culminant à 1 895 m, alors qu'il n'est qu'à une dizaine de kilomètres de la mer à vol d'oiseau. Quand on arrive de Dubrovnik, la route longe la rive gauche de la baie pour rejoindre Kotor située à l'est, de l'autre côté des bouches. Il faut en faire tout le tour, soit une petite trentaine de kilomètres. Les plus pressés pourront toujours prendre un bac pour passer plus rapidement sur la rive est, mais ils rateront le village de Perast dont les traces d'un riche passé historique au bord de l'eau ne manquent pas de charme.

BON À SAVOIR : il est possible, au départ de Dubrovnik, de visiter Kotor dans la journée et de rentrer le soir. La carte d'identité suffit.

SAVOURER

FAIRE LE PLEIN D'IODE en se régalant de poisson et de fruits de mer

11

Les eaux de l'Adriatique sont un vivier inépuisable. Il n'y a qu'à faire une visite au marché au poisson de Dubrovnik pour s'en rendre compte. Les étals débordent de lottes grimaçantes, de calamars noirs d'encre, de poulpes orangés, de daurades royales, de sardines éclatantes, de langoustines roses, d'anguilles, voire de petits requins et autres merveilles sous-marines, sans compter les coquillages, dont les fameuses huîtres de Ston. Quand il n'est pas tout simplement grillé, le poisson peut être cuisiné en *brodet* (un ragoût), ou en *gregada,* sorte de bouillabaisse locale. Les calamars, grillés, frits ou farcis, peuvent également entrer dans la composition du risotto. Et si vous aimez les plats en sauce, essayez-les à la *buzzara,* une préparation à base de vin blanc et d'huile d'olive.

SORTIR

SIROTER UN VERRE DEPUIS LA TERRASSE DE L'INSOLITE *CAFÉ BUŽA* caché derrière les remparts, l'endroit rêvé pour profiter d'un beau coucher de soleil

12

Près du bastion Sainte-Marguerite, on aperçoit un passage percé dans les pierres de la muraille, et la mer en arrière-plan. En descendant quelques marches taillées à même les rochers abrupts, on arrive dans le plus incroyable des bars en plein air, sur 3 niveaux de terrasses en surplomb de l'Adriatique. Le grand truc est de regarder les jeunes Croates sauter dans la mer du haut du rocher. Fort du succès de son *Café Buža I,* le patron en a ouvert un second situé peu après le bastion Sainte-Marguerite. Là encore, une poterne discrète dans le rempart conduit à une série de terrasses dans le même esprit, aménagées dans les rochers fouettés par les vagues.

SHOPPING

ACHETER QUELQUES ONGUENTS AUX RECETTES SECRÈTES dans la vieille pharmacie du couvent des Franciscains

13

Depuis sa création en 1317, elle n'a jamais cessé de fonctionner ni fermé ses portes. Longtemps tenue par les moines, la vieille pharmacie est aujourd'hui gérée comme un magasin d'État avec des vendeuses en blouse derrière le comptoir ancien. On peut y acheter des produits classiques, mais aussi quelques curiosités élaborées sur place selon des recettes (gardées secrètes) qui remontent au Moyen Âge : cire d'abeille (pour les peaux sèches), essence de rose (pour nettoyer le visage), lait à l'huile d'amande et au cacao (un antirides), essence de lavande de Hvar...

AGENDA DES FÊTES, FESTIVALS ET ÉVÉNEMENTS

FÉVRIER : fête de la Saint-Blaise (Sveti Vlaha)

Chaque année, le 3 février, la fête du saint patron de Dubrovnik rassemble la plupart des habitants de la ville. Le jour dit, vêtus de leurs plus beaux costumes traditionnels, ceux-ci forment des cortèges pour rejoindre l'église Saint-Blaise. Après la messe solennelle, une procession religieuse part à travers les rues de la vieille cité en compagnie des reliques du saint. Puis la fête se poursuit avec des concerts, des représentations théâtrales, des expositions, avant que le Stradun (Placa), la rue principale, et les ruelles alentour éclatent de mille feux, un peu à la manière de la *passeggiata* italienne. La fête de la Saint-Blaise a été inscrite en 2009 sur la liste représentative du Patrimoine immatériel de l'humanité de l'Unesco.

FIN JUIN : Le Petit Festival du théâtre

Depuis 2005, il réunit metteurs en scène, danseurs, acteurs, chanteurs, designers, plasticiens et vidéastes dans l'une des anciennes bâtisses en pierre du front de mer, juste à l'extérieur des remparts. Le festival prend également d'assaut les rues de Dubrovnik et défile à sa guise dans la ville. • lepetitfestival.com •

DÉBUT JUILLET : Festival international d'opéra

Ce festival est organisé en hommage au ténor Tino Pattiera (1890-1966), grand chanteur d'opéra du début du XXe siècle. Les représentations ont lieu dans le magnifique palais du Recteur. Au programme, Strauss, Lehar, Mozart, Gershwin, Bizet… Avis aux mélomanes ! • dubrovnik-opera-festival.com •

10 JUILLET-25 AOÛT : Festival Jeux d'été de Dubrovnik (Dubrovačke Igre « Libertas »

Chaque année depuis plus de 60 ans, du 10 juillet au 25 août, se déroule le Festival d'été, la plus ancienne et la plus célèbre des manifestations croates. Il accueille de nombreux acteurs, danseurs et musiciens, mais aussi la fine fleur des compositeurs, des solistes et des orchestres qui se produisent au cœur des bâtiments historiques de la ville, dans les églises ou en plein air. Ce festival est le moment fort de l'animation estivale. • dubrovnik-festival.hr •

La vieille ville

ÉDIMBOURG

Grâce à son histoire, qu'elle valorise avec passion, la capitale écossaise peut se targuer d'être une destination culturelle de premier ordre, et l'une des villes les plus séduisantes d'Europe : *nombreux monuments d'envergure, musées aux riches collections, festivals qui enfièvrent la ville aux beaux jours, sans oublier ses pubs qui vous permettront de goûter à la convivialité écossaise. Nous, Édimbourg, on adore ! C'est une ville qui ne laisse personne insensible, une destination idéale pour un week-end prolongé. D'ailleurs, comme Sir Walter Scott* himself, *le grand écrivain natif de la ville, on lui attribuerait bien aussi le titre d'« Impératrice du Nord ». Tant qu'à faire !*

BUDGET	€€
CULTURE	★★★☆
CUISINE	★★☆☆
SHOPPING	★★☆☆
VIE NOCTURNE	★★★☆

SE REPÉRER

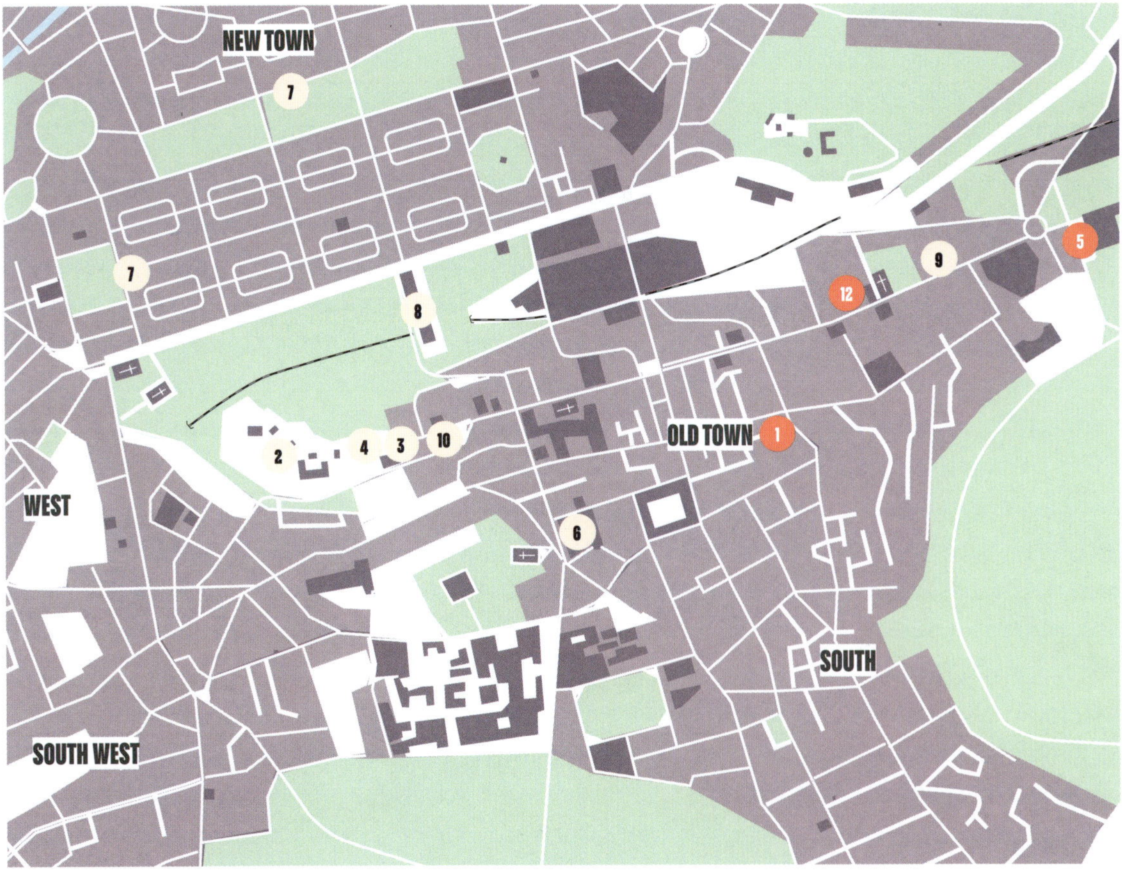

DÉCOUVRIR

1

SENTIR BATTRE LE CŒUR MÉDIÉVAL D'ÉDIMBOURG
en partant à la découverte de ses passages, venelles et ruelles pittoresques

Capitale de l'Écosse depuis le XVe s, Édimbourg est une ville imprégnée d'histoire, au patrimoine architectural exceptionnel, d'ailleurs classé à l'Unesco. Le long du Royal Mile, où se trouvent les plus anciennes demeures, ne manquez pas de fureter dans les *closes* et les *courts* nichés derrière les bâtisses ; on y découvre souvent des détails architecturaux insolites. Enfin, après l'avoir arpentée au milieu des vieilles pierres, contempler la ville d'en haut, depuis Calton Hill. Un panorama exceptionnel au crépuscule.

BON À SAVOIR : des agences proposent des visites guidées à pied et en anglais, de jour comme de nuit, sur les traces des écrivains, à la recherche des fantômes, etc. Certaines sont gratuites (pourboire attendu à la fin).

GRIMPER JUSQU'AU CASTLE, LE CHÂTEAU D'ÉDIMBOURG
un vrai livre d'histoire

2

Voici une citadelle de carte postale posée sur un volcan éteint, telle une couronne sur une tête royale. Sa silhouette altière s'impose à tous aux quatre points cardinaux de la ville. Plus qu'un symbole, cette ancienne résidence royale, tour à tour bastion, caserne ou prison, a donné son nom à la cité, *Din Eidyn*, signifiant « forteresse d'Edwin » en gaélique. Véritable baromètre historique, le château est l'héritier d'une chronologie mouvementée qui se confond avec celle de l'Écosse. Il a connu des hôtes aussi illustres que Marie Stuart ou Cromwell. La succession de conflits n'ayant guère laissé d'espoir aux premières fortifications ; la plupart des ouvrages visibles datent du XVIe s, maintes fois remaniés par la suite.

BON À SAVOIR : • edinburghcastle.scot •

LORGNER LA VILLE AU TRAVERS DU PÉRISCOPE DE LA *CAMERA OBSCURA*
une attraction historique qui fera le bonheur des amateurs d'illusion d'optique et des enfants

3

Attention les yeux ! En 1853, Maria Theresa Short eut la géniale idée de concevoir et d'installer cette *camera obscura* au procédé fort simple : il s'agit d'un trou au travers duquel la lumière passe et vient former par réflexion une image sur une surface blanche à l'intérieur de la chambre noire. Celle d'Édimbourg est montée sur une sorte de périscope mobile qui observe la ville : on est, comme des gamins, fascinés par cette image qui bouge sous nos yeux. Cet insolite musée de l'illusion d'optique regroupe d'autres attractions et un tas d'expériences optiques des plus folles.

BON À SAVOIR : à visiter de préférence les jours de beau temps, car plus la météo est bonne, plus l'effet sera remarquable. • camera-obscura.co.uk •

REMONTER 300 ANS D'HISTOIRE DE FABRICATION DU WHISKY ÉCOSSAIS
au Scotch Whisky Experience

4

Bien sûr, ce musée ne prétend pas rivaliser avec le charme d'une balade dans une distillerie, mais sa présentation est audacieuse et ludique. On embarque dans des tonneaux à la manière d'un train fantôme (claustrophobes, s'abstenir), pour suivre de façon interactive (et olfactive !) la fabrication du whisky au cours d'un voyage au cœur de la fermentation. De retour sur la terre ferme, on passe aux aspects techniques, avant de rejoindre une salle de tests, où un expert distille son savoir. On y apprend (en anglais, ou grâce à l'audioguide) à décrypter les odeurs et saveurs du breuvage et à lire les couleurs de sa robe. Un verre à la main, bien sûr, puisque chacun déguste le nectar le plus approprié à son goût ! Pour finir, visite d'une rare et prestigieuse collection de bouteilles anciennes magnifiquement éclairées.

BON À SAVOIR : également une visite, en anglais, tlj à 18h15 incluant le dîner et une dégustation, accord mets et whiskies, au resto *Amber* (résa indispensable). • scotchwhiskyexperience.co.uk •

5

VISITER LE PALACE OF HOLYROODHOUSE
la résidence officielle de la reine lorsqu'elle séjourne à Édimbourg, généralement début juillet (le palais est alors fermé au public)

Holyroodhouse n'a rien d'un austère musée et continue d'accueillir toutes sortes de cérémonies (de l'entrevue avec Benoît XVI au mariage de la petite-fille de la reine). La construction du palais s'est effectuée en plusieurs étapes, à partir de la fin du XVe s. Visite rapide et vivante. Parmi les salons, pièces d'apparat et autres appartements d'État décorés d'une profusion de tapisseries et de boiseries. Vue sur le cloître et les splendides jardins. Dans la grande galerie, on passe au milieu des 110 portraits assez sombres des rois d'Écosse. Puis, à l'étage, visite de l'appartement tragique où Rizzio, le beau secrétaire et amant supposé de Marie Stuart, fut assassiné, probablement sur l'instigation de Darnley, le jaloux de mari. La visite se termine par les ruines majestueuses de l'abbaye, romantiques à souhait, et des jardins avec les belles collines escarpées en toile de fond.

BON À SAVOIR : sur place, agréable et lumineuse cafétéria, dans la cour qui jouxte l'entrée. Bonnes pâtisseries à déguster en extérieur ou dans une véranda. Accessible sans payer l'entrée au palais. • rct.uk •

DÉCOUVRIR LE FASCINANT NATIONAL MUSEUM OF SCOTLAND

qui conserve toute la mémoire de l'Écosse depuis la préhistoire

6

Les collections de ce superbe musée se sont considérablement enrichies pour acquérir une stature internationale. Depuis la grande galerie aux allures de cabinet de curiosités, on se balade en fonction de ses goûts et de son humeur dans les sections d'histoire naturelle ou dans les salles consacrées aux grandes découvertes et aux sciences. Mais la star du musée, c'est l'aile entière dédiée à l'Écosse, de sa formation géologique et de l'apparition des premiers hommes à l'évocation de la société contemporaine. Ses collections remarquables s'intéressent à tous les peuples ayant habité la région, détaillant leur art, leur mode de vie et leurs croyances. On verra notamment les troublantes pièces d'échiquier du XIIe s de l'île de Lewis, la copie du gisant de Marie Stuart, ou encore les étonnantes machines à vapeur remontées intégralement pour évoquer la modernisation et l'industrialisation du pays. Incontournable !

BON À SAVOIR : le musée est gratuit. Au sommet de l'édifice, grande terrasse paysagée qui offre un panorama imprenable sur la ville. • nms.ac.uk •

CHANGER D'AMBIANCE ET ALLER FLÂNER DANS LE QUARTIER DE NEW TOWN

symbole de l'architecture georgienne et chef-d'œuvre d'urbanisme

7

Le quartier, érigé au XVIIIe siècle, surprend par son classicisme. Harmonie exceptionnelle, équilibre, bon goût, perfection... On craque pour Charlotte Square et les rues aux alentours. Flânez, perdez-vous, émerveillez-vous ! Comme pour la ville de Richelieu en France et celle de Noto en Sicile, on confia au même architecte la réalisation d'un ample programme de construction visant à désengorger la vieille ville. En 1767, un jeune inconnu de 23 ans, James Craig, remporta, à la surprise générale le concours pour édifier New Town. Il assuma la première tranche correspondant au quadrilatère formé par Princes St et Queen St, avec, sur l'arête de la colline, George St. Charlotte Square et Saint Andrew Square furent l'œuvre d'autres architectes, mais tous respectèrent les plans et l'esprit de James Craig, à savoir unité architecturale et volonté de géométrie. Résultat : un ensemble original harmonieux avec de grandes places élégantes auxquelles succèdent des rues en demi-lune, joliment proportionnées et agrémentées de belles ferronneries et autres enluminures.

NE PAS MANQUER LA SCOTTISH NATIONAL GALLERY

l'un des grands musées européens de peinture

8

Ses nombreux chefs-d'œuvre sont présentés géographiquement et chronologiquement à la faveur d'une belle muséographie. On attaque la visite avec la peinture européenne du XVIe au XIXe s, regroupant au fil des salles les compositions de maîtres italiens (Lotto, Bassano, Véronèse, Titien), flamands et hollandais (Steen, Van Ruysdael, Van Dyck, Hals), ou espagnols (Velásquez, Zurbarán). On découvre aussi un *Autoportrait* de Rembrandt, où se devine la maîtrise de la technique du clair-obscur. Ne pas manquer la section consacrée aux peintres écossais. *Le Patineur* de Henry Raeburn constitue la pièce maîtresse, presque un symbole de l'art écossais... Enfin, à l'étage, la section nord réunit des peintures formidables des XIVe et XVe s (dont les chefs-d'œuvre de Raphaël et Botticelli), tandis que la section sud permet de finir en apothéose : Greuze, Delacroix, Van Gogh et tous les impressionnistes. En vrac, Gauguin *(Trois Tahitiens)*, Monet, Seurat, Pissarro, Sisley, Cézanne, Renoir, Degas... Que du beau linge !

BON À SAVOIR : visiter aussi absolument la Scottish National Gallery of Modern Art One, dont les collections raviront les amateurs d'art moderne et contemporain. • nationalgalleries.org • Tous ces musées sont gratuits.

SAVOURER

DÉGUSTER DES *SCONES* DANS UN SALON DE THÉ

et prolonger la gourmandise en rapportant des *shortbreads*, divins sablés 100 % pur beurre

9

Le salon de thé britannique est une institution ! En fonction de votre humeur, vous opterez pour les indémodables comme le *Clarinda's Tearoom*, avec dentelles, faïences et petites fleurs de rigueur, tenu par des dames au savoir-vivre héréditaire, ou pour des adresses plus modernes, plantées dans un joli décor contemporain, comme au *Larder*. Ce sont des lieux idéals pour un *full breakfast*, un authentique *cream tea* ou de bons gâteaux. Il serait dommage de repartir sans avoir goûté aux *scones*, servis avec *marmelade* et *clotted cream*, et autres *carrot cake, lemon cake, cookies, brownies*, etc.

BON À SAVOIR : les occasions de boire et de reboire du thé ne manqueront pas. Outre celui du matin et l'*afternoon tea*, certains salons de thé proposent le *high tea*, c'est-à-dire le thé qui remplace le dîner. Il s'accompagne de sandwichs, *crumpets, pancakes, buns*, puis de gâteaux crémeux. • edinburghlarder.co.uk •

S'OFFRIR UN DÎNER À L'ATMOSPHÈRE TOUTE ÉCOSSAISE

10

The Witchery by the Castle est un lieu couru par les célébrités et réputé pour la magie de son cadre, où l'on trouve même un donjon dans un coin de salle. Atmosphère gothique pour la salle aux boiseries éclairées à la bougie, romantique pour le « Secret Garden », un adorable jardin d'hiver aéré et verdoyant. Service impeccable et raffiné, pour une bonne cuisine écossaise de tradition. Carte des vins du monde entier (au verre ou en demi-bouteille), qui doit bien faire l'épaisseur d'une thèse.

BON À SAVOIR : • thewitchery.com •

SORTIR

SOCIALISER DANS UN PUB

un des sports favoris des Écossais avec le rugby

11

En Écosse, on est inévitablement séduit par la convivialité et la chaleur humaine qui règnent dans les pubs. Pour rencontrer du monde et prendre le pouls de la société, rien ne vaut une immersion dans ce fantastique melting-pot social, que l'on fréquente même en famille pendant la journée. Le soir, de nombreux pubs programment des concerts et diverses animations (soirées à thème, quiz, etc.) ; bref, on ne s'y ennuie jamais ! D'autant qu'au fil des bières et des whiskies les langues se délient facilement...

SHOPPING

12

FAIRE LE PLEIN DE PRODUITS ÉCOSSAIS

pour prolonger le voyage

Parmi les plaisirs à rapporter dans votre valise, citons les *fudges*, ces caramels mous qui restent si agréablement coincés dans le dentier ! Incontournable ! Vous trouverez les meilleurs à *The Fudge House*, plus d'un demi-siècle que la même famille garde la main. Quant au whisky, certes, il est cher en Écosse, mais certaines marques rares s'avèrent pratiquement introuvables sur le continent. D'où l'intérêt de la célèbre boutique, *Royal Mile Whiskies*, qui aligne plusieurs centaines de références ! Sinon, ne pas manquer le Stockbridge Market. Sans doute le marché le plus populaire d'Édimbourg : nourriture mais aussi artisanat (souvent original !), et toujours une merveilleuse animation. Enfin, les gourmets s'arrêteront au Farmers' Market. Un concentré de ce que l'Écosse produit de meilleur : charcuterie, fromage, pâtisseries, confitures de baies, miel de bruyère...

BON À SAVOIR : • fudgehouse.co.uk • royalmilewhiskies.com • stockbridgemarket.com • edinburghfarmersmarket.co.uk •

AGENDA DES FÊTES, FESTIVALS ET ÉVÉNEMENTS

DE FIN AVRIL À MI-MAI : Edinburgh Tradfest

Festival de culture écossaise. Au programme des réjouissances, danse au son des cornemuses, de la harpe et du violon, mais aussi du *storytelling*. • edinburghtradfest.com •

LA NUIT DU 30 AVRIL AU 1er MAI : Beltane Fire Festival

Calton Hill. Fête celtique « monstrueuse » (déguisements, feu et musique) pour célébrer l'arrivée de l'été. Au petit matin, la foule se retrouve au sommet de Holyrood pour se laver le visage dans la rosée. • beltane.org •

AOÛT : Festival international d'Édimbourg (Edinburgh International Festival)

Les 3 dernières sem d'août. C'est l'un des événements culturels les plus importants du monde, et il a lieu chaque année depuis 1947 ! Créé pour fêter la fin de la guerre, le festival rassemble chaque été toutes sortes de manifestations musicales, théâtrales, chorégraphiques ou lyriques. Des spectacles de qualité et une folle animation pendant 3 semaines (d'ailleurs, pubs et magasins ferment bien plus tard pour l'occasion)... Résa conseillée à l'avance (à partir de fin mars). • eif.co.uk •

AOÛT : Edinburgh Festival Fringe

Parallèlement au Festival international d'Édimbourg et tout aussi important. Troupes de théâtre d'avant-garde ou amateurs, arts de la rue... Voir le programme de ce festival off est indispensable pour s'y retrouver. • edfringe.com •

AOÛT : Edinburgh Military Tattoo

3 semaines en août. Grande parade militaire sur l'esplanade du château. Kilts, cornemuses et tambours celtes des quatre coins du globe, jusqu'à 1 000 figurants devant 9 000 spectateurs ! Le show s'achève par le chant plaintif d'un cornemuseur illuminé, debout sur le donjon, alors que les projecteurs plongent lentement la forteresse dans la pénombre. Pour la petite histoire, le terme « *tattoo* » signifie « fermer les robinets »... des tonneaux. Incontournable mais à réserver très longtemps à l'avance (à partir de début janvier !). • edintattoo.co.uk •

DÉCEMBRE : Hogmanay

Autour du Jour de l'an. Festival de fin d'année, dont l'apogée est bien sûr la Saint-Sylvestre, la nuit du 31 décembre au 1er janvier. Celui d'Édimbourg est considéré comme le plus grand Hogmanay Festival du monde. Plusieurs centaines de milliers de personnes participent aux concerts de rue et festivités en tout genre. Ambiance indescriptible, toute la ville est cernée ! Attention, résa à l'avance fortement conseillée. • edinburghshogmanay.com •

Princes Street Garden

FLORENCE

1H30
AU DÉPART DE PARIS

BUDGET	€€
CULTURE	★★★★
CUISINE	★★★
SHOPPING	★★★
VIE NOCTURNE	★★

Florence est incontestablement l'une des plus belles villes d'Italie. *La capitale toscane recèle à elle seule 25 % des œuvres du patrimoine artistique italien. De quoi donner le tournis… Elle est aussi le symbole de l'influente famille Médicis, qui a régné en maîtresse absolue durant la Renaissance. Tout a été conservé (ou presque) en l'état, et le visiteur aura la chance de se promener dans des rues et des places façonnées depuis des siècles et bordées par des palais Renaissance de toute beauté. Mais la ville ne se résume pas seulement à un musée à ciel ouvert. La magie, c'est aussi de prendre le chemin des écoliers au gré des venelles… C'est la meilleure façon d'appréhender la ville !*

SE REPÉRER

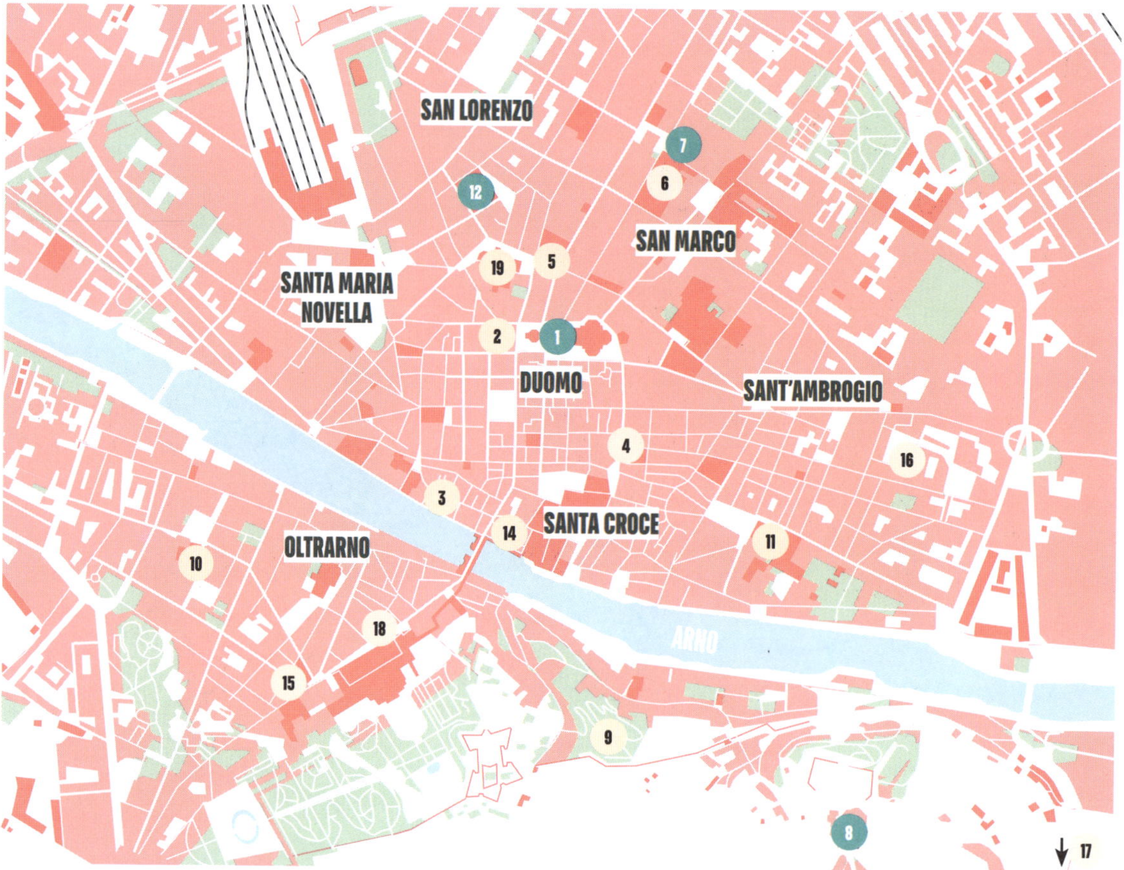

DÉCOUVRIR

1

GRIMPER EN HAUT DE LA COUPOLE DU DUOMO
réalisée par Brunelleschi, et admirer la gigantesque fresque du *Jugement dernier*

La coupole est l'œuvre de Filippo Brunelleschi, qui a eu l'ingénieuse idée de construire un dôme de forme ovoïde de 45 m de diamètre, sans armature en créant une double voûte séparée de 2 m dans laquelle des chaînages intérieurs assurent la stabilité de l'édifice. À l'intérieur, admirez la fresque de 3 600 m² du *Jugement dernier* pensée par Vasari, mais réalisée sous le contrôle de Federico Zuccari et Bandinelli. L'iconographie est disposée en huit rangées concentriques qui se rejoignent autour du Christ en majesté.

BON À SAVOIR : pour y accéder, il vous faudra monter 463 marches et ...ne pas être claustrophobe. Réservation obligatoire sur Internet plusieurs semaines avant votre séjour. • duomo.firenze.it •

ADMIRER LES PORTES DU PARADIS DU BAPTISTÈRE
de Lorenzo Ghiberti

2

La fameuse porte principale décorée de scènes de la Bible est le travail du sculpteur Ghiberti. Le travail est d'une précision et d'un réalisme extraordinaires. L'art de la perspective et du trompe-l'œil acquiert ici ses lettres de noblesse. Pas étonnant que Ghiberti ait mis 27 ans pour réaliser ces portes ! Pour la petite histoire, les non-baptisés au XVe s n'avaient pas le droit d'entrée dans les églises, les baptistères étaient alors construits à l'extérieur.

BON À SAVOIR : un concours fut organisé en 1401 pour la réalisation de la nouvelle porte. Ghiberti l'emporta sur Brunelleschi. Puis il réalisa également la porte principale. Fier de son œuvre, il se représenta sur l'un des médaillons qui la décorent.

LE SYNDROME DE STENDHAL

Le 22 janvier 1817, Stendhal visite Florence « dans une sorte d'extase ». Dans l'église de Santa Croce, « absorbé dans la contemplation de la beauté sublime », il atteint un degré extrême d'émotion « où se rencontrent les sensations célestes données par les beaux-arts et les sentiments passionnés ». En sortant de l'église, son cœur bat fort et il se sent épuisé. Cet épisode, relaté dans *Rome, Naples et Florence,* a donné naissance à un phénomène portant le nom de « syndrome de Stendhal ». L'expression a été inventée par la psychiatre florentine Graziella Magherini. Il s'agit d'une crise psychique violente constatée auprès d'un certain nombre de touristes à Florence : la crise touche des êtres très sensibles ; elle ne peut se produire que dans des villes d'art, face à une œuvre d'art, celle-ci ayant un tel pouvoir qu'elle peut atteindre l'inconscient de la personne.

PARCOURIR LA GALERIE DES OFFICES À LA DÉCOUVERTE DE GRANDS PEINTRES ITALIENS

tels Giotto, Léonard de Vinci, Botticelli, le Titien, Piero della Francesca et tant d'autres...

3

La galerie des Offices est bien évidemment le fleuron des musées florentins, mais surtout c'est l'un des plus anciens et des plus beaux musées du monde. « Incontournable » est un faible mot... L'histoire de cet incroyable musée est fortement liée à Cosme Ier de Médicis, qui confia à Vasari la construction du palais des Offices, et à François Ier de Médicis, qui le transforma en musée. Des primitifs toscans au Caravage *(Tête de Méduse),* en passant par Botticelli (*Naissance de Vénus* et *Le Printemps*), Léonard de Vinci, le Pérugin, Michel-Ange, Chardin, Goya, Vélasquez, Raphaël, le Titien..., vous allez en prendre plein les yeux (et les jambes), à travers une petite centaine de salles.

BON À SAVOIR : penser absolument à réserver afin d'éviter une longue attente. • firenzemusei.it •

PROFITER D'UNE BALADE DANS LE QUARTIER SANTA CROCE

pour visiter le musée du Bargello

4

Un de nos musées de sculptures préférés, installé dans l'austère palazzo del Podestà. Visites agréables avec de nombreux chefs-d'œuvre : ceux de Donatello, dont son *David* en bronze, *Le Petit Pêcheur* de Vincenzo Gemito ou le *Marzocco* (l'original de la statue du lion, emblème de Florence), dont la copie est sur la piazza della Signora, au pied du palazzo Vecchio. N'oubliez pas la salle du Cinquecento, avec les œuvres de jeunesse de Michel-Ange.

S'ÉMERVEILLER DANS LA CHAPELLE DES MAGES DEVANT LA FRESQUE DU *CORTÈGE DES ROIS MAGES*

jalousement cachée dans le palazzo Medici Riccardi

5

Construit pour les Médicis au XVe s, le palais abrite la splendide fresque du Cortège des Rois mages par Benozzo Gozzoli, cachée à l'étage dans la chapelle. Joyau de la peinture italienne, elle illustre le cheminement des Rois mages vers Bethléem. L'une des curiosités de la fresque, outre sa beauté, est de reprendre la symbolique des trois âges des rois : Gaspard, le mage enfant, Balthazar, le mage adulte, et Melchior, le vieux mage.

BON À SAVOIR : au 1er étage du palais, ne ratez pas la *Vierge à l'Enfant* de Filippo Lippi, un tableau d'une grande délicatesse, ainsi que la galerie baroque décorée par Luca Giordano, avec son incroyable fresque en l'honneur des Médicis.

ADMIRER LES FESSES MUSCLÉES DE *DAVID* À L'ACCADEMIA
un chef-d'œuvre de Michel-Ange

6

Ce formidable athlète de 5,5 t et de 5,17 m de haut subjugue le visiteur par l'intensité de son regard et ses proportions apparemment parfaites. En réalité, Michel-Ange s'est permis des libertés avec l'anatomie réelle afin, et c'est là tout le paradoxe, de mieux rendre compte de la réalité : regarder les mains, énormes mais pourtant parfaites... Sans oublier le réalisme des dessins de la peau : on distingue même les veines sur les pieds. On ne peut résister à vous encourager à tourner autour de ce *David* pour reluquer ses fesses ! On ne saurait trop vous conseiller la visite de ce musée, un des fleurons du circuit artistique florentin : primitifs italiens, tableaux du Pérugin, de Lippi, œuvres majeures de Michel-Ange...

BON À SAVOIR : une reproduction du *David* se trouve sur la piazza della Signoria, devant le palazzo Vecchio.

7

VISITER LES CELLULES DES MOINES PEINTES PAR FRA ANGELICO
au musée de San Marco

On admire, dans cet ancien couvent dominicain du XIIe s, la majeure partie des œuvres de Fra Angelico, qui exécuta des fresques pour exprimer son amour de Dieu. Le religieux commença à peindre au couvent de San Marco vers 1440, sur la demande de Cosme de Médicis. Il en résulte une œuvre plutôt sobre mais pleine de lumière et de béatitude, dont il retirera d'ailleurs le surnom de Beato Angelico ; ses anges en particulier sont remarquables par leur légèreté. On accède d'abord au cloître, décoré de fresques des XVIe et XVIIe s. De là, on visite les réfectoires et salle du chapitre puis, au premier étage, les cellules des moines. Toutes les cellules ont été décorées de scènes des Évangiles par Fra Angelico (ou par ses élèves sur un dessin du maître) comme si le moine y avait représenté aussi son âme.

8

CONTEMPLER LE COUCHER DU SOLEIL DEPUIS L'ÉGLISE SAN MINIATO AL MONTE

avec une vue panoramique extraordinaire sur la ville. Inoubliable !

Il vous faudra d'abord traverser l'Arno depuis le ponte alle Grazie pour rejoindre le quartier tranquille de San Niccolò. Puis grimper les marches jusqu'à la chiesa San Miniato al Monte, qui surplombe la ville. Un panorama à couper le souffle vous y attend. Allez-y en fin d'après-midi et admirez le coucher de soleil qui embrasse la ville.

BON À SAVOIR : l'église San Miniato al Monte est de plus l'une des plus belles réussites du roman florentin avec sa façade incrustée de marbre de Carrare.

SE PROMENER DANS LES MAGNIFIQUES JARDIN BARDINI

et jardin des Roses, dans l'Oltrarno

9

On emprunte le superbe escalier baroque pour rejoindre le belvédère du giardino Bardini. De là, vue spectaculaire sur la ville. Des fontaines glougloutantes, des variétés de fleurs par centaines (roses, iris, hortensias) et de plantes font de ce jardin l'un des plus beaux de Florence, sans compter la magnifique pergola de glycines, les bosquets à l'anglaise, l'allée d'hortensias, les plantations de menthe, de lavande, de romarin...

BON À SAVOIR : si vous aimez les jardins, ne manquez pas non plus le giardino delle Rose avec des sculptures du belge Jean-Michel Folon, disséminées dans le parc depuis 2011. Inauguré en 1865, il était célèbre pour sa magnifique roseraie. La cerise sur le gâteau c'est la vue magnifique sur Florence...

LES MÉDICIS

On ne peut pas parler de Florence sans évoquer la famille Médicis. De leur dynastie, elle conserve jalousement tous les attraits de son riche passé. En effet, cette célèbre famille a permis une nette évolution de la ville, en multipliant les interventions dans le domaine culturel, économique et politique. Parmi les Médicis, Cosme l'Ancien (1389-1469) fut le personnage politique le plus important de Florence. Homme d'État d'une grande habileté, il fut également un mécène remarquable (Brunelleschi, Lippi, Donatello...) et surtout un excellent homme d'affaires. Des alliances consolidèrent le pouvoir de la famille, les épouses étant choisies parmi les plus grandes familles européennes. Et n'oublions pas les reines de France, Catherine et Marie de Médicis, respectivement femmes d'Henri II et d'Henri IV.

ADMIRER LA FABULEUSE CHAPELLE BRANCACCI
entièrement décorée de fresques de Masaccio, Masalino et Lippi (XVe s)

10

Située dans le quartier San Frediano, la chapelle Brancacci est demeurée miraculeusement intacte après l'incendie de 1771. Depuis la restauration des somptueuses fresques de Masaccio, Masalino et Lippi, la nudité d'Adam et Ève est à nouveau dévoilée, débarrassée du feuillage ajouté pudiquement au XVIIe s. Masolino s'était probablement fait seconder par son jeune élève Masaccio. On mesure d'ailleurs toute la modernité de la peinture. L'homme devient le sujet central, grande nouveauté pour l'époque.

PASSAGE OBLIGÉ : LA BASILIQUE DE SANTA CROCE, CONSTRUITE AU XIIIE S
véritable panthéon toscan

11

Santa Croce doit son rayonnement aux nombreux personnages illustres qui y sont enterrés : Michel-Ange, Machiavel, Ghiberti, Rossini, Galilée... que du beau monde ! Sans oublier les magnifiques fresques de Giotto et de Bondone dans les chapelles Bardi et Peruzzi, la *Crucifixion* de Cimabue. Sa façade en marbre blanc de style néogothique est récente puisqu'elle date (seulement !) du XIXe s.

BON À SAVOIR : on peut encore visiter l'École du cuir, adjacente à la basilique, et acheter toutes sortes d'accessoires, d'excellente qualité.

SAVOURER

12

DÉAMBULER DANS LES HALLES DU MARCHÉ CENTRAL DE SAN LORENZO
un marché idéal comme introduction à la gastronomie locale

Sous des halles du XIXe s abritées par une charpente métallique, voici un concentré de la gastronomie toscane. Nombreux stands de charcuteries, viandes, fruits et légumes d'excellente qualité dans une atmosphère survoltée. Mais surtout, grimper au 1er étage, où se tiennent de nombreux comptoirs de dégustations de pizzas, *friti misti, gelati, foccace,* tous joliment présentés sous l'immense verrière.

BON À SAVOIR : • mercatocentrale.it •

LA CUISINE FLORENTINE

Sobre et rigoureuse, la cuisine de Florence n'est pas sans faire penser aux Florentins eux-mêmes. Elle est, en fait, le pur produit de leur caractère. Les recettes florentines se retrouvent dans la *ribollita,* la *pappa al pomodoro,* la *panzanella,* la *bistecca* ou encore les fameuses trippes... À la Renaissance, la cuisine s'est enrichie de produits étrangers, à commencer par la tomate, provenant d'Amérique et... qui est devenue incontournable. Des mouvements italiens poussent cependant à redécouvrir la gastronomie régionale, avec une floraison de gargotes traditionnelles (les fameuses *osterie*) et le mouvement *slow food.* Le *« locavore »,* consistant à faire travailler les petits producteurs locaux de la région, envahie les menus (de la viande aux fruits, en passant par les légumes mais aussi par les vins), pour le plus grand bonheur des amateurs gourmands.

DÉCOUVRIR L'ART DE LA SOUPE TOSCANE

une solide cuisine du terroir

13

La variété et le charme de la cuisine toscane passent par de nombreux et délicieux potages et autres soupes préparés avec des légumes de la région. La *ribollita* est avant tout une soupe épaisse faite à base de légumes dont le *cavolo nero* (chou noir). On y trouve aussi du pain, qui est le seul ingrédient nutritif et tenant un peu au corps ; on choisira du pain toscan rassis et sans sel pour ne pas dénaturer le goût. Son nom originel est *minestra di pane.* Le nouveau nom, *ribollita,* tient au fait que la soupe est cuisinée pour quelques jours et qu'à partir du deuxième elle est réchauffée et rebouillie.

BON À SAVOIR : *l'acquacotta* (bouillon agrémenté de coulis de tomates, de cèpes, ail, persil, servi avec des tranches de pain huilé), les *minestre di farro* (épeautre), *di ceci* (pois chiches), *di fagioli* (haricots) sont, elles aussi, délicieuses.

SE RÉGALER D'UNE GOÛTEUSE *BISTECCA*

dans une trattoria de quartier

14

Viande de grande qualité provenant d'un élevage bovin du val di Chiana (région de l'est de la Toscane), la *bistecca* est une tranche de bœuf épaisse, comprenant l'aloyau et le filet. Elle se cuisine à la braise et se consomme saignante voire bleue. Un excellent endroit pour déguster une *bistecca alla fiorentina,* c'est la *buca dell'Orafo,* une institution florentine bien dans son jus avec son carrelage d'époque et ses belles boiseries. On s'y presse aussi pour d'autres solides plats traditionnels typiquement toscans comme la salade de tripes, la *pappa alla pomodoro,* les *fagioli bianchi.*

BON À SAVOIR : cette viande est une merveille mais elle est un peu ruineuse. Attention aux prix qui sont souvent mentionnés *per un'etto* (pour 100 g), à moins qu'il ne soit précisé que c'est au kilo. Compter de 300 à 500 g par personne.
• buccadellorafo.com •

SORTIR

SE RENDRE DANS L'OLTRANO DU CÔTÉ DE LA PIAZZA SANTO SPIRITO OU SAN FREDIANO À LA TOMBÉE DE LA NUIT

lorsque les jeunes se retrouvent dans les adresses branchées du quartier

15

Situé dans l'Oltrarno, Santo Spirito est un quartier plus populaire, avec son réseau sombre de rues étroites débouchant sur des places et des églises pittoresques. Les fêtards se rejoindront sur la piazza Santo Spirito qui s'anime le soir. Nul doute que vous trouverez un café pour boire un verre dans une ambiance festive et conviviale.

SHOPPING

MUSARDER SUR LE MARCHÉ DE SANT'AMBROGIO
qui regorge de produits régionaux

16

Dans un quartier animé et plein de charme, le mercato Sant'Ambrogio en fait saliver plus d'un avec ses étals débordant largement la petite halle du XIXᵉ s : saucissons, fromages, fruits, viandes, bocaux de légumes séchés et fleurs. C'est LE rendez-vous des Florentins et des visiteurs gourmands. Plus intime et nettement plus florentin que son grand rival de San Lorenzo.

BON À SAVOIR : si vous y êtes le midi, arrêtez-vous chez *Da Rocco*, un petit traiteur installé au cœur du marché. Une tranche de vie pour le prix d'un plat de pâtes ! Les habitués viennent ici autant pour le spectacle du marché que pour les assiettes bien pleines. Parfait pour tâter l'atmosphère florentine à moindres frais.

FAIRE UNE VIRÉE SHOPPING DANS LES NOMBREUX *OUTLETS* DES ENVIRONS DE FLORENCE
et profiter de larges remises sur de grandes marques

17

Les grandes marques ont implanté leurs magasins d'usine au sud-est de Florence. Judicieusement situés près d'une sortie d'autoroute, ces magasins démarquent leurs stocks et collections des années précédentes à 50 %. Évidemment, ces marques prestigieuses sont excessivement chères à l'origine, mais en fouillant bien, on peut vraiment faire de bonnes affaires. Les accros du shopping ayant une furieuse envie d'alléger leur compte en banque seront servis ! Le plus intéressant, c'est de s'y rendre au moment des soldes (en janvier et en juillet) ; là on peut vraiment faire de bonnes affaires. *The Mall* regroupe toutes les marques prestigieuses, sinon *outlets* Dolce & Gabbana, Prada et Roberto Cavalli à quelques kilomètres...

BON À SAVOIR : • outlet-village.it • firenze-themall.it •

Musée du Bargello

SOUTENIR LES ARTISANS QUI TENTENT DE FAIRE (SUR)VIVRE LE PAPIER MARBRÉ
un must à Florence

18

Originaire d'Orient, la technique du papier marbré a rapidement fait des émules pour la grande liberté qu'elle offrait aux artisans. Lorsqu'ils disposent les gouttelettes d'encre sur un bain gélatineux, puis les mêlent à l'aide de peignes et de stylets, ils peuvent laisser courir leur imagination et donner aux motifs toutes les formes possibles. Mais ils n'ont pas le droit à l'erreur : une seule feuille de papier absorbe le dessin définitif. En réalisant des paysages et des scènes animalières grâce à cette technique, Giulio Giannini fut distingué en tant qu'artiste. De grands couturiers viennent même s'inspirer de ses motifs pour leurs collections ! La famille continue toutefois à confectionner carnets, albums photos et jolies boîtes, à des prix encore raisonnables.

BON À SAVOIR : • giuliogiannini.com •

FAIRE LE PLEIN D'HUILE, DE CHARCUTERIES, DE VINS
et autres spécialités florentines

19

Il demeure encore, en centre-ville, quelques belles boutiques gastronomiques traditionnelles (et récentes) qui vendent un petit vin bio, une bonne huile d'olive, ou encore d'excellentes salaisons comme le *salame con cinghiale,* provenant des sangliers en liberté des collines du Chianti, à quelques kilomètres de Florence. Parmi les incontournables : *Eataly,* installée à deux pas du Duomo et réputée pour ses bons produits, un festival de couleurs et d'odeurs. Écartez-vous et vous découvrirez, au hasard de vos balades, un bon caviste *(enoteca),* une boutique de fruits et légumes, un producteur d'huile d'olive... Eh oui ! la qualité existe toujours ! Les amateurs de vin trouveront les *enotecche* éparpillées dans les différents quartiers... Capitale du chianti, Florence regorge en effet de caves où l'amateur trouvera une sélection de rêve de flacons précieux ! Parmi les adresses les plus sympas et les plus sérieuses : *Casa del Vino, Le Volpi e l'Uva, Enoteca-bar Fuori Porta...*

BON À SAVOIR : • eataly.com • labottegadelchianti.it • casadelvino.it • levolpieluva.com • fuoriporta.it •

Ponte Vecchio

AGENDA DES FÊTES, FESTIVALS ET ÉVÉNEMENTS

AVRIL : Scoppio del Carro (Explosion du Char)

Le matin du dimanche de Pâques, piazza del Duomo. Cortège en costumes Renaissance. Mais la pièce maîtresse du défilé consiste en un char haut de plusieurs mètres qui, au terme du défilé, sera mis à feu... par une colombe pyromane.

MAI ET JUIN : Maggio musicale fiorentino (Mai musical florentin)

Concerts, opéras et ballets non-stop pendant 2 mois. Les manifestations ont lieu principalement au Teatro Comunale, au Teatro della Pergola, et au Teatro Verdi. • maggiofiorentino.com •

JUIN : Calcio Storico

À partir du 7 juin (finale le 24 juin) : sur la piazza di Santa Croce, on peut voir s'affronter les adeptes du Calcio Storico, l'ancêtre du football, qui est un curieux mélange de trois sports (football, rugby, lutte). Deux parties, avant la finale, opposent les quatre quartiers de la ville, San Giovanni, Santa Maria Novella, Santa Croce et Santo Spirito. Cette manifestation est précédée d'un grand défilé, en costumes Renaissance, réunissant 500 participants. Un banquet clôt les festivités. Le 24 juin (jour de la Saint-Jean, patron de Florence), c'est le bouquet final avec le feu d'artifice tiré du Belvédère.

AOÛT : San Lorenzo (Saint-Laurent)

Le 10 août : dans le quartier de San Lorenzo. Diverses festivités accompagnent la fête du saint patron.

SEPTEMBRE : la Rificolona (« lampion »)

Le 7 septembre. Dans les rues de Florence, et plus précisément autour des fenêtres des maisons de la piazza Santissima Annunziata. Florence et ses nombreuses maisons resplendissent de mille lumières de toutes les couleurs. Le 7 septembre c'est le jour de la veille de la naissance de la Vierge, en souvenir des lanternes utilisées à l'époque médiévale ; les paysans marchant jour et nuit pour écouler leurs marchandises lors de la Foire des festivités mariales,

DÉCEMBRE : Festival dei Popoli (Festival du cinéma)

Une semaine début décembre. Au palais des Congrès, nombreux films en V.O. • festivaldeipopoli.org •

Jardin de Boboli

GÊNES

1H30
AU DÉPART
DE PARIS

Gênes, dont le centre historique est classé au Patrimoine mondial de l'Humanité par l'Unesco, regorge de palais somptueux, de musées passionnants, de ruelles et de placettes charmantes qui sont autant de témoins de la grandeur passée de cette puissante république indépendante. *La ville épouse les reliefs à la perfection, formant un amphithéâtre grandiose depuis les crêtes jusqu'au port. Les docks, comme d'autres quartiers, ont fait l'objet d'un sérieux « lifting ». Entièrement repensés par l'architecte génois Renzo Piano, ils offrent aux promeneurs un fantastique lieu de déambulation jalonné de musées, d'un aquarium (le plus grand d'Europe !), de restos... Gênes constitue depuis toujours une mosaïque humaine riche de diversité qui, de l'architecture à la cuisine en passant par les arts décoratifs et la peinture, en fait une destination unique.*

BUDGET	€€
CULTURE	★★★☆
CUISINE	★★★★
SHOPPING	★★☆☆
VIE NOCTURNE	★★☆☆

SE REPÉRER

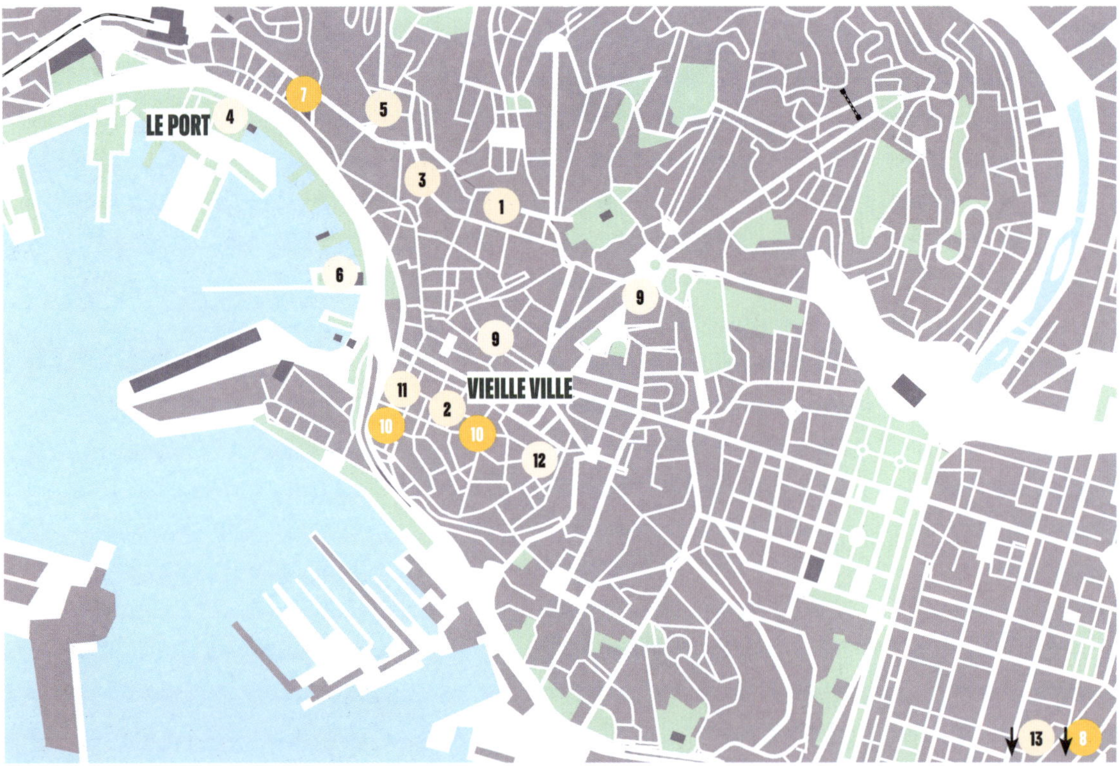

DÉCOUVRIR

PRENDRE UN PEU DE HAUTEUR GRÂCE AU BIGO
un étonnant ascenseur panoramique à cabine rotative, situé sur le port

1

Avant de plonger dans les entrailles de la vieille ville, emprunter cet ascenseur moderne réalisé par Renzo Piano et inspiré des mâts de charge des cargos. Suspendu dans les airs, vous profiterez d'une vue spectaculaire, à 360° ! Un autre ascenseur, le Castelletto Levante, relie la piazza del Portello à Castelletto, quartier chic et sympa. Vous pourrez grimper encore plus haut avec le funiculaire Zecca-Righi (départ du largo Zecca, à l'extrémité de la via Cairoli) : d'une longueur de 1 500 m, il vous dépose 280 m plus haut. De là, plusieurs sentiers balisés, au milieu d'une végétation dense, conduisent vers les systèmes de défense : fort Begato (1h30), fort Diamante (4h)… Par temps clair, on aperçoit la Corse.

TOMBER SOUS LE CHARME DE LA VIEILLE VILLE

2

C'est un labyrinthe gigantesque et inextricable de ruelles étroites et sombres (les *carruggi*) qui montre bien l'importance de la ville au Moyen Âge. Au sud de la cathédrale San Lorenzo, on remarque d'innombrables édicules votifs, ces statues de la Vierge, de saint Jean-Baptiste ou de saint Antoine de Padoue chargées de protéger les lieux. Il n'existe pas vraiment de parcours pour explorer le centre historique ; il faut savoir se perdre dans ses ruelles, au gré de son inspiration…

BON À SAVOIR : visitez la vieille ville aux heures d'ouverture des boutiques pour profiter de toutes les ambiances olfactives et sonores qui font le charme de l'Italie !

ADMIRER LES MAGNIFIQUES PALAIS ÉDIFIÉS PAR L'ARISTOCRATIE GÉNOISE AUX XVIE ET XVIIE S
le long des Strade Nuove

3

Les Strade Nuove, classées par l'Unesco en 2006, regroupent les rues Garibaldi, Cairoli et Balbi, 3 artères parmi les plus vénérables d'Europe, bordées de nombreux palais Renaissance et baroques. Concentrées dans cet espace urbain très restreint, ces magnifiques résidences privées appartenaient au système dit des *palazzi dei Rolli*, obligeant leurs propriétaires à accueillir chez eux les visiteurs d'État en voyage à Gênes. C'est ainsi que le modèle architectural particulier des Strade Nuove fut diffusé à travers le monde, attirant artistes et voyageurs célèbres. Rubens et Van Dyck portraiturèrent plusieurs propriétaires de ces nobles demeures. Visitez les trois plus spectaculaires : le palazzo Rosso et son riche intérieur, le palazzo Bianco et sa belle collection de primitifs flamands et hollandais, et le palazzo Tursi, le plus beau.

BON À SAVOIR : 2 week-ends par an (mai et oct) ont lieu des Rolli Days, ouvrant gratuitement une vingtaine de *palazzi dei Rolli* au public, dont une bonne part n'est pas accessible en temps normal.

LA RÉPUBLIQUE MARITIME DE GÊNES

Gênes fait partie des quatre cités (avec Pise, Venise et Amalfi) qui s'affrontèrent pour acquérir la suprématie du commerce maritime en Méditerranée. Vers le Xe s, elle obtient une autonomie politique, et entreprend, avec Pise, de bouter les Sarrasins hors de Corse et de Sardaigne, pour asseoir sa domination sur la mer Tyrrhénienne. La république de Gênes connaîtra son premier apogée durant les XIIe et XIIIe s, au cours desquels la cité s'impose en Méditerranée. La ville s'enrichit du commerce des épices, et bénéficie de l'afflux des pèlerins en partance pour les croisades, auxquels elle assure « le transport » grâce à une marine particulièrement au point. Les deux siècles qui suivront verront Gênes affronter sur les mers sa terrible et puissante rivale, Venise, laquelle finira par s'imposer. Gênes se tournera alors vers les puissances étrangères, et notamment vers l'Espagne.

Boccadasse

MARCHER SUR LES PAS DE CHRISTOPHE COLOMB ET DES ÉMIGRANTS DE LA FIN DU XXE S
en vous rendant au Galata, le musée de l'Histoire maritime

4

Ce grand et beau musée, construit en 2004 sur l'ancien arsenal, compte plus de 10 000 m² d'exposition, répartis sur 5 niveaux et conçus comme un voyage à travers le temps, qui commence par la navigation à rame (avec une reproduction grandeur nature d'une galère du XVIIe s de 40 m de long), pour s'achever aux transatlantiques, en passant par les bateaux à voiles. Salle dédiée à Christophe Colomb, exposition de cartes maritimes, reproduction d'un chantier naval avec de vraies machines et une riche collection d'anciens instruments de navigation. Mais le clou de la visite demeure la section sur l'immigration, très immersive. On se retrouve dans la peau d'un émigré en partance pour les Amériques, avec simulation du voyage en paquebot et passages devant plusieurs douaniers pour l'obtention (ou non) du précieux visa d'entrée. La visite se termine par un topo sur la situation actuelle des émigrés. C'est intelligemment conçu et passionnant.

BON À SAVOIR : ceux qui ne sont pas claustrophobes entreront dans les entrailles du sous-marin *Nazario Sauro* qui flotte aujourd'hui face au musée (visite très instructive sur les conditions de vis des sous-mariniers).

ENTRER DANS LA BASILICA SANTISSIMA ANNUNZIATA DEL VASTATO
l'une des plus belles églises de Ligurie

5

Cette église se caractérise notamment par ses plafonds recouverts de fresques et de dorures, ainsi que ses colonnes en bichromie de marbre de Carrare et de France. La chapelle dédiée à saint Pascal (dans le transept de gauche), avec ses imposantes colonnes salomoniques en albâtre, accueille un remarquable ensemble sculptural en bois polychrome représentant le saint en adoration devant l'Eucharistie ; on croirait voir un tableau ! D'autres églises dignes d'intérêt : la chiesa del Gesù et ses deux chefs-d'œuvre de Rubens *(La Circoncision du Christ* et *Le Miracle de saint Ignace guérissant une possédée)*, la superbe basilica di San Siro qui fut la première cathédrale de Gênes, et encore la chiesa Santa Maria di Castello bâtie en 1120, qui abrite une superbe fresque de l'*Annonciation* de Juste de Ravensburg.

ALLER SALUER LES ANIMAUX MARINS DE L'AQUARIUM DE GÊNES
une visite à ne manquer sous aucun prétexte

6

Quelques chiffres : 10 000 m² de surface d'exposition, 70 bassins, 6 millions de litres d'eau, près de 15 000 hôtes représentant 400 espèces animales, près de 1,5 million de visiteurs par an… ce qui en fait l'un des sites les plus visités d'Italie. Sur plusieurs niveaux, le parcours de découverte est exceptionnel : les animaux marins évoluent dans des bassins géants et dans des décors bien reconstitués, sans être serrés comme des sardines. Petits et grands seront fascinés d'observer de si près les phoques, pingouins, requins, raies, poissons-scies, dauphins… et même les si rares lamantins. Quant aux mangroves, aux bassins tropicaux avec leurs anémones et coraux multicolores, aux ballets de méduses éclairés par le fond, on plonge en pleine poésie et émerveillement !

BON À SAVOIR : la *biosfera*, juste à côté de l'aquarium, abrite un charmant jardin tropical parsemé d'oiseaux colorés (entrée payante).

7

SE RENDRE AU PALAZZO REALE
pour sa profusion d'or et de velours rouge, de stucs et de fresques

Construit au milieu du XVIIe s par les Balbi, une importante famille génoise enrichie grâce au commerce de la soie, il passa au début du XIXe s aux mains de la maison de Savoie. Il devint alors la résidence officielle des Savoie, et prit son appellation actuelle de « palais royal ». Construit comme un théâtre face à la mer, c'est l'exemple type de la demeure aristocratique de l'époque, les riches Génois considérant que leur chez-soi devait se reconnaître avant même de débarquer au port. En plus de ses appartements d'apparat et de son ameublement d'époque, il abrite une riche collection de sculptures et œuvres d'art des XVIIe et XVIIIe s, ainsi que des toiles de Véronèse, le Tintoret, Rembrandt, Rubens…

BON À SAVOIR : • palazzorealegenova.it •

8

S'OFFRIR UNE EXCURSION À LA JOURNÉE DANS LES CINQUE TERRE

parc national et aire marine protégée inscrits au Patrimoine mondial de l'humanité

Ces cinq petits villages médiévaux qui dégringolent vers la mer forment un paysage unique au monde. Monterosso al Mare est le seul doté d'une vraie plage, Vernazza est le plus pittoresque, Corniglia domine la mer, Manarola s'étale en pente douce vers son petit port, et Riomaggiore est le plus résidentiel. Longtemps coupés du monde, les Cinque Terre n'étaient accessibles que par des sentiers muletiers. Pas de port, à peine quelques abris pour bateaux de pêche, et une vie rude où chaque mètre carré de terre cultivable était arraché à la montagne au prix d'un effort surhumain. Ils ne sont sortis de leur isolement qu'au début du XXe s suite à la construction du chemin de fer, et offrent aujourd'hui de nombres sentiers qui serpentent entre vignes, oliviers et maquis méditerranéen, entre mer, montagne et cours d'eau. Un paradis pour les randonneurs.

BON À SAVOIR : y aller en bateau depuis Gênes est un must, mais possible seulement l'été et selon les conditions météo, avec les compagnies *Consorzio Liguria Via Mare* et *Golfo Paradiso.*
• liguriaviamare.it • golfoparadiso.it •

SAVOURER

FAIRE UNE PAUSE DANS L'UN DES SUPERBES CAFÉS HISTORIQUES DE LA VILLE

avec leurs décors fin XIXe s

9

Gênes a su garder une tradition de cafés au décor élégant, entre marbre et lustres scintillants. C'est là que vous pourrez déguster quelques douceurs liguriennes (ou d'ailleurs), comme les *canestrelli,* biscuits au beurre en forme de fleur, un classique génois, et les *amaretti,* biscuits durs ou mous parfumés à l'amande et à la pêche, originaires de la ville de Sassello, à l'intérieur des terres. On vous conseille le *Caffè Mangini,* élégant café avec terrasse fondé en 1876, pour savourer de délicieuses pâtisseries ou chocolats en compagnie de vieilles dames très comme il faut ; également le bar *Klainguti,* autre café historique, datant de 1828, au cadre rococo pittoresque ; ou encore le *Marescotti di Cavo,* une pâtisserie fine réputée pour son *pandolce genovese* (sorte de *panettone*).

DÉCOUVRIR LES SAVEURS DE LA CUISINE GÉNOISE
comme le célèbre et incontournable *pesto genovese*

10

La cuisine génoise est aussi parfumée que la terre ligure. Bourrache, sauge, épinards, artichauts et champignons sont utilisés comme farce dans les raviolis. La raison ? Redonner le goût de la terre aux hommes dont l'activité économique était principalement tournée vers la mer (avec des séjours longs et pénibles durant lesquels ils n'avaient que de la morue séchée à manger). De ce fait, dans le *pesto genovese* (proche de notre pistou), le basilic, le romarin, la sauge et la marjolaine sont à l'honneur, tout comme les légumes gorgés de soleil, et l'huile d'olive est de rigueur. Que ceux qui aiment le poisson se rassurent, on le trouve toujours et cuisiné de nombreuses façons. En particulier la morue, séchée dans le *stoccafisso,* en brandade dans le *brandacujun,* en sauce... ; et l'anchois, emblématique de la cuisine ligure, qui se savoure farci, mariné dans l'huile, frit, etc. Beaucoup de fruits de mer également.

BON À SAVOIR : pour goûter de délicieuses pâtes au pesto, aller à la *Trattoria Cavour 21,* qui s'est distinguée dans des concours gastronomiques, ou la *Trattoria da Ugo,* un petit resto familial où flotte souvent une bonne odeur de *pesto genovese*...

CRAQUER POUR UN EN-CAS FAÇON *STREET FOOD*
et déguster deux autres spécialités locales, la *focaccia* et la *farinata*

11

Pour reprendre des forces entre deux visites, rien de tel qu'une bonne *focaccia* (fougasse) ou une *farinata* (la *socca* du Midi, galette à base de farine de pois chiches, cuite dans un four à pain). Garnies de différents ingrédients (fromage local *stracchino,* lard, artichauts, etc.), ces spécialités constituent un repas copieux et bon marché. À goûter absolument, tout juste sorties du four, chez *Antica Sciamadda,* un local pour lilliputiens qui propose aussi des tourtes et pasqualine aux légumes, ainsi que des fritures de poisson.

SORTIR

S'INSTALLER À L'UNE DES TERRASSES DE LA PIAZZA DELLE ERBE
à l'heure de *l'aperitivo*

12

Chaque bar a son style et ses adeptes ! Bons cocktails au *Gradisca Caffè,* bières artisanales chez *28 Erbe,* ambiance bohème à *La Libreria delle Erbe* ou festive au *Bar Berto.* Une place toujours très animée, en particulier quand le climat permet de profiter des nombreuses terrasses, tout comme la piazza Lavagna, autre lieu très vivant à l'heure de l'*aperitivo.*

PASSER UNE SOIRÉE À NERVI, ANCIEN VILLAGE DE PÊCHEURS
et l'un des centres de la vie nocturne génoise

13

Bordée de terrasses de café ensoleillées le jour et de discothèques en plein air le soir, la fameuse passeggiata Anita Garibaldi est une superbe promenade longeant la mer sur plus de 2 km, et est le véritable centre de la vie nocturne de Gênes, à la belle saison. Pour manger, on peut sans hésiter s'installer chez *Halloween,* sur le port, souvent bondé de Génois venus savourer une bonne pizza ou une délicieuse *focaccia al formaggio.* Et pour le dessert, rendez-vous à la *gelateria Chicco.*

BON À SAVOIR : Nervi est facilement accessible par les gares Principe ou Brignole (environ 15 mn de trajet en train). Sinon, plusieurs bus au départ du centre-ville.

AGENDA DES FÊTES, FESTIVALS ET ÉVÉNEMENTS

AVRIL-MAI : Euroflora

Tous les 5 ans. La ville de Gênes fleurit de toutes parts, dans les musées, les théâtres, les lieux de culte, musées, palais... Cette gigantesque foire dédiée aux fleurs et aux jardins se présente comme « le plus grand jardin du monde ». Les plantes et fleurs proviennent de tous les continents, on trouve des cascades et jeux d'eau, et on hume des parfums de toutes sortes.
• euroflora.genova.it.it •

JUILLET : Festival Voix vives de Méditerranée

Le festival Voix vives, qui a également lieu à Sète, Tolède et Ramallah, accueille dans les rues des poètes et artistes, grands noms et voix émergentes de la poésie méditerranéenne. Siestes poétiques et musicales dans des transats ou des hamacs, lectures à bord d'un vieux gréement ou dans un jardin public, Voix vives permet de faire découvrir la poésie autrement. Une programmation de spectacles est également au cœur de la manifestation.

Plus d'infos : • voixvivesmediterranee.com •

OCTOBRE : Rolli Days

Les palazzi dei Rolli de Gênes constituent un magnifique ensemble de palais des XVIe et XVIIe s. érigés à l'âge d'or de la cité ligure par des grandes familles locales, afin de recevoir des dignitaires du monde entier. La plupart de ces édifices hébergent aujourd'hui des administrations publiques, des banques, des appartements privés. Lors des Rolli Days, Journées du patrimoine locales, certains ouvrent exceptionnellement leurs portes au public. Une excellente occasion de découvrir des joyaux d'architecture et d'art de la Renaissance et de l'époque baroque. A également lieu en mai.

Piazza Raffaele De Ferrari

GENÈVE

1H10
AU DÉPART
DE PARIS

Régulièrement au palmarès des villes les plus agréables à vivre, Genève possède bien des atouts pour une escapade réussie : *un cadre naturel séduisant au bord du Léman, une vieille ville chargée d'histoire, des musées de premier plan, une vie culturelle intense et un bel équilibre entre nature et urbanisme. Genève, c'est aussi la rade et son jet d'eau, la Croix-Rouge et l'ONU, la Réforme… Sans parler des beaux et nombreux parcs bordant le lac qui lui donnent une image bucolique. Bref, une ville à découvrir sans a priori et à consommer sans modération !*

BUDGET	€€
CULTURE	★★★★
CUISINE	★★
SHOPPING	★★
VIE NOCTURNE	★★

SE REPÉRER

DÉCOUVRIR

1

LEVER BIEN HAUT LA TÊTE POUR SUIVRE L'IMPRESSIONNANT PANACHE DU JET D'EAU DE GENÈVE,

le symbole de la ville

Quelques chiffres : 140 m de hauteur, 7 tonnes d'eau en l'air, chaque goutte d'eau mettant 16 secondes à retomber. On le voit de partout quand on est sur les rives du lac, ne pas hésiter à s'en approcher. Quand on pense qu'au départ ce jet d'eau, bien plus modeste, n'était qu'une vanne de sécurité...

BON À SAVOIR : du quai Gustave-Ador, on découvre la plus belle vue sur le jet d'eau. Et pour découvrir Genève depuis le lac, sautez dans une Mouette genevoise ou offrez-vous une croisière avec la *Compagnie générale de navigation*. Certains bateaux se rendent jusqu'à Montreux ou Évian : de quoi apprécier le Léman – qui est le plus grand réservoir d'eau douce d'Europe – à sa juste valeur !

SE LAISSER CAPTIVER PAR LES COLLECTIONS FASCINANTES DU MUSÉE D'ETHNOGRAPHIE DE GENÈVE

2

Plongé dans la pénombre, on accomplit un grand tour du monde en 1h, en passant de vitrine en vitrine et en découvrant ces « archives de la diversité humaine » qui sont, si l'on en doutait encore, la preuve manifeste de la richesse infinie des cultures du monde.

BON À SAVOIR : l'ensemble des collections a été numérisé, et il est possible de les découvrir sur le site internet du musée. • ville-ge.ch/meg/ •

FLÂNER DANS LA VIEILLE VILLE

véritable livre d'histoire, riche de nombreux musées

3

C'est dans la ville haute que se niche le cœur historique de Genève. Facilement visitable à pied, ce quartier agit comme une machine à remonter le temps. En déambulant dans les ruelles empreintes de calme et de spiritualité, le promeneur se plonge dans l'époque de la Réforme, adoptée en 1536 et dont Genève fut la matrice. Jean Calvin prêcha des centaines de fois dans la cathédrale Saint-Pierre, dont la façade néoclassique date toutefois du XVIIIe s. Mais l'histoire de la ville ne saurait se limiter au protestantisme. Après avoir visité la vénérable maison Tavel (la plus vieille de Genève), remontez la Grand'Rue, qui connut des riverains illustres : Jean-Jacques Rousseau (dont la maison est désormais dédiée à la littérature), mais aussi Ferdinand Hodler, Michel Simon ou Jorge Luis Borges. Il ne faut pas hésiter à se perdre dans ce quartier à la beauté austère où vous croiserez, en chemin, des joyaux comme l'hôtel de ville, la place du Bourg-de-Four ou la promenade de la Treille.

BON À SAVOIR : vue panoramique exceptionnelle en montant au sommet de la tour Nord de la cathédrale Saint-Pierre (compris dans le forfait espace Saint-Pierre).

APPRÉHENDER LE RÔLE ET LES MISSIONS DE LA CROIX-ROUGE

dans le musée qui lui est consacré

4

L'exposition qui présente le rôle et les missions de la Croix-Rouge au XXIe s s'articule à travers trois grands thèmes : défendre la dignité humaine, reconstruire le lien familial, limiter les risques naturels. Une muséographie très moderne et de nombreux dispositifs interactifs et innovants sont là pour impliquer le visiteur dans la découverte de l'action humanitaire, à côté d'installations qui font appel à l'émotion, comme cet immense tissu sur lequel des femmes ont écrit le nom de leurs pères, de leurs maris et de leurs fils disparus à Srebrenica, et de mises en scène hautement symboliques, comme cet énorme pied qui écrase des images de populations opprimées. Un endroit pour comprendre, s'émouvoir, se révolter et, pourquoi pas, pour donner envie de s'engager.

BON À SAVOIR : • redcrossmuseum.ch •

UNE AURA INTERNATIONALE

Fondé en 1863 par le Genevois Henri Dunant (et quelques autres), le Comité international de la Croix-Rouge joue un rôle si important lors de la Première Guerre mondiale, et dans le règlement du conflit, qu'il influence le choix de Genève comme siège de la Société des Nations. La neutralité suisse joue à fond. L'histoire d'amour de la ville avec les organisations internationales débute. Sa stature internationale s'affirme définitivement après la Seconde Guerre mondiale, quand Genève accueille le siège européen de l'ONU et de plusieurs dizaines d'organisations internationales. Aujourd'hui seconde ville des Nations unies (avant même que la Suisse n'y adhère en 2002), riche d'une soixantaine de consulats et de plus de 250 organisations internationales, Genève est bien la plus internationale des cités suisses.

AVOIR LE SENTIMENT DE SE TROUVER (PRESQUE) AU CENTRE DU MONDE

en parcourant le quartier des Nations et en visitant l'ONU

5

Le quartier doit son nom au Palais des Nations, siège de la SDN de 1937 à son remplacement par l'ONU en 1946. Il accueille le siège de nombreuses organisations internationales ainsi que des ambassades et des délégations. Le quartier, calme et très aéré, est composé de parcs et d'espaces verts au sein desquels s'élèvent les bâtiments officiels des organismes internationaux. La visite de l'ONU est l'occasion de circuler dans les 2 ailes du Palais des Nations, mais c'est aussi l'occasion de se faire expliquer le rôle de cette institution, et plus particulièrement de son fonctionnement à Genève.

BON À SAVOIR : visite obligatoirement guidée (en 15 langues) sur résa indispensable au ☎ 022-917-48-96. • ungeneva.org/en/practical-information/visitors •

SE FAIRE EXPLIQUER LE FAMEUX BOSON DE HIGGS

en suivant une visite guidée du CERN

6

Créé en 1954 pour redonner du souffle à une science européenne affaiblie par le dernier conflit mondial, le CERN a pour objectif de lui donner des outils pour comprendre l'infiniment petit. C'est devenu depuis le lieu de tous les superlatifs – le plus important laboratoire de physique au monde, géré par 20 États membres, accueillant sur l'année près de 10 000 scientifiques venant de 110 pays, sans compter toutes les prouesses technologiques qui vous seront présentées lors de la visite du site, qui servent à accélérer, refroidir, détecter les particules élémentaires traquées par les scientifiques. Des expériences ont permis d'observer un chaînon manquant important – parmi d'autres phénomènes encore à observer –, prédit dès 1964, qui permettrait de valider la théorie du Big Bang, le fameux boson de Higgs.

BON À SAVOIR : • cern.ch •

L'HORLOGERIE

L'horlogerie, discipline naissante, s'implante en Suisse au XVIe s. Pourquoi dans ce pays ? Pourquoi à Genève ? Il faut fouiller les sermons poussiéreux de Calvin pour le comprendre : en 1541, le chantre du protestantisme invite à bannir le port d'objets ornementaux... Les joailliers, menacés, doivent se reconvertir. Dans les deux décennies qui suivent, les guerres de religion françaises forcent de plus en plus de protestants à s'exiler à Genève. Parmi eux, des horlogers. Et c'est ainsi que Genevois et Français mêlent leur savoir-faire et donnent naissance à la première corporation horlogère au monde.

SUIVRE LA ROUTE DE L'HORLOGERIE

et s'extasier devant les chefs-d'œuvre de précision et le luxe des garde-temps genevois

7

L'horlogerie fait partie intégrante de l'identité genevoise, et est inscrite dans l'ADN même de la ville. Pour découvrir ce patrimoine exceptionnel, une route de l'Horlogerie relie les principaux centres d'intérêt genevois. De la célèbre horloge fleurie des rives du lac (qui égrène fidèlement le temps), à celle du passage Malbuisson, qui carillonne les heures en libérant une cohorte de petits personnages contant l'histoire de l'Escalade, vous ne risquez pas d'être en retard ! À découvrir également : les collections d'horlogerie du musée d'Art et d'Histoire ; le superbe Patek-Philippe Museum ; l'espace patrimonial de Vacheron Constantin en l'Île ; et la Cité du temps, animée par Swatchgroup.

BON À SAVOIR : • genevawatchtour.com • Miniguide téléchargeable sur • geneve-tourisme.ch • La fondation de la Haute Horlogerie propose des ateliers d'initiation pour apprendre à monter et démonter un mécanisme.

SAVOURER

PROFITER D'UN PETIT DÉJEUNER OU D'UN DÉJEUNER ENSOLEILLÉ AU BORD DE L'EAU

sur la grande terrasse de la *Buvette des Bains*

8

Ce restaurant est littéralement pris d'assaut dès les beaux jours. L'ambiance est du tonnerre : doté d'une terrasse au bord de l'eau, c'est le lieu de rencontre des jeunes et des moins jeunes, des bobos, de la jeunesse dorée, mais aussi des familles. Petits déjeuners comprenant boisson chaude, jus de fruits, tartines, et Bircher muesli ou salade de fruits. Petite restauration, genre salades et plat du jour, à prix raisonnables. En hiver, on peut y manger une bonne fondue dans la « cabane ».

BON À SAVOIR : quai du Mont-Blanc 30. • buvettedesbains.ch • Fondue au crémant en hiver. Résa recommandée.

9

DÉGUSTER LES SPÉCIALITÉS DU TERROIR GENEVOIS DANS UNE AUTHENTIQUE BRASSERIE

comme le *Café-restaurant de l'Hôtel de Ville*

Une des institutions du vieux Genève, le *restaurant de l'Hôtel de Ville* est aussi connu aussi sous le nom de « Chez l'Père Glôzu ». Au rez-de-chaussée, le temps semble s'être arrêté, et les amateurs apprécieront l'impressionnante collection de casquettes qui décorent la salle. Au 1er, salle plus sobre et plus bourgeoise. Les serveurs en habit assurent, dans un ballet bien orchestré, un service alerte et zélé. Filets de perche, fondues et tartares figurent en bonne place sur la carte, mais la maison propose aussi des spécialités locales plus confidentielles, comme le duo de saucisses genevoises et son gratin de cardons à la crème... Gage de qualité, la plupart des produits sont labellisés. Une excellente adresse malgré ses airs touristiques.

BON À SAVOIR : Grand'Rue 39. • hdvglozu.ch •

SORTIR

PASSER UNE SOIRÉE À L'*USINE*
histoire de prendre le pouls de la scène branchée genevoise

10

Centre culturel autogéré dans une ancienne usine de dégrossissage d'or, *L'Usine* regroupe aujourd'hui pas moins de 15 collectifs et associations, et perpétue une mode de fonctionnement libertaire, sans président, les décisions se prenant lors d'une réunion de gestion hebdomadaire. Tous les styles de musique se côtoient, dans une atmosphère underground et conviviale. Clientèle assez jeune. Concerts dans les nombreuses salles gérées indépendamment les unes des autres. Possibilité de se restaurer au bar *Le Moloko* (à partir de 18h).

BON À SAVOIR : une brochure mensuelle *(Vox Usini)* donne la liste de toutes les dates (événements, concerts), indispensable pour s'y retrouver tant l'offre est importante et variée. • usine.ch •

PARTICIPER AVEC LES GENEVOIS À LA FÊTE DE L'ESCALADE
où petits et grands se déguisent pour célébrer la victoire de la ville contre les Savoyards en 1602

11

Les Genevois fêtent la victoire de Genève contre les Savoyards dans la nuit du 12 décembre 1602, ainsi que la légendaire mère Royaume qui précipita sa marmite sur les assaillants. Trois jours d'animations avec un défilé en costumes d'époque dans la vieille ville et des épreuves de courses à pied. Les enfants se déguisent et on mange de la soupe. Dès fin novembre on trouve dans les chocolateries des marmites en chocolat garnies de légumes en massepain. La tradition veut que la marmite soit brisée par le plus jeune de la famille en disant : « Ainsi périssent les ennemis de la République. »

BON À SAVOIR : le week-end le plus proche du 12 décembre.

SHOPPING

12

FAIRE PROVISION D'INÉVITABLES BONS CHOCOLATS
et autres gourmandises de Genève

Parmi les spécialités de Genève, citons les « pavés de Genève » (truffe glacée enrobée de poudre de cacao) et les « vues de Genève » (petits carrés de chocolat fourrés et recouverts d'une vue typique de Genève) de la *Chocolaterie Arn*. Quant à la *Confiserie-pâtisserie Hautlé*, elle est connue depuis 150 ans des Genevois pour son mille-feuille genevois, un must ! Enfin, vous pourrez goûter aux « petits calvin » ou aux « poubelles de Genève » à la *Chocolaterie Rohr* ou aux truffes de la chocolaterie *Micheli* qui sont à se damner...

BON À SAVOIR : • swisschocolates.ch • hautlege.ch • rohr.ch • poncioni-chocolatiers.ch •

AGENDA DES FÊTES, FESTIVALS ET ÉVÉNEMENTS

DÉBUT MARS : Festival du film et Forum international sur les droits humains

Pendant 10 jours. Un festival évident dans une ville telle que Genève afin de dénoncer et de mobiliser au travers du cinéma les violations des Droits de l'homme dans le monde grâce à des projections suivis de débats. • fifdh.org •

JUILLET-AOÛT : Musiques en été

De nombreux artistes de la scène internationale se produisent au Victoria Hall, dans la cour de l'hôtel de ville, et sur la scène Ella-Fitzgerald au parc de La Grange.

AOÛT : Fêtes de Genève

Les 2 premières semaines. Nombreuses animations autour de la rade : concerts, stands... Un gigantesque feu d'artifice clôture les fêtes le samedi soir. Le 1er août est célébré la fête nationale suisse.

FIN AOÛT-DÉBUT SEPTEMBRE : Festival de la Bâtie

Un des événements culturels majeurs de Genève. Un festival pluridisciplinaire (musique, théâtre et danse). La Bâtie présente des réalisations d'artistes locaux et internationaux, des spectacles en création...

SEPTEMBRE : le Jeûne genevois

Jour férié fixé au jeudi suivant le 1er dimanche du mois. L'origine du Jeûne genevois remonterait au premier jeûne connu à Genève, en 1567, à l'occasion d'une répression contre les protestants lyonnais. Dès 1640, le jeûne devient pratiquement annuel à l'initiative des cantons réformés. À Genève, on mange des tartes aux pruneaux ce jour-là ; lesquelles constituaient initialement le seul mets de la journée.

DÉCEMBRE : Festival des arbres en lumières

Chaque année, pendant tout le mois de décembre, une dizaine d'artistes transforment des arbres en œuvres d'art. Spectaculaire.

GLASGOW

1H45
AU DÉPART
DE PARIS

Depuis quelques années déjà, Glasgow s'éloigne à grands pas de son image de ville industrielle morne et sale, où il n'y aurait rien à voir. *Après en avoir fini avec l'industrie lourde, Glasgow s'est refait une santé en misant sur sa formidable énergie créatrice. Architectes, designers et artistes réhabilitent, construisent et habillent quartiers et rues de cette cité autrefois prospère, tandis que des musées passionnants continuent d'émerger. Côté nuit, avec ses temples nocturnes dédiés au rock et à l'électro, ses repaires arty ou underground et ses pubs écossais typiques, Glasgow reste une destination de choix pour les aficionados de sorties décalées. La belle ne demande qu'à se laisser apprivoiser par les oiseaux nocturnes... De nuit comme de jour, goûter une fois à Glasgow, c'est l'adopter pour toujours.*

BUDGET	€€
CULTURE	★★★☆
CUISINE	★☆☆☆
SHOPPING	★★★☆
VIE NOCTURNE	★★★★

SE REPÉRER

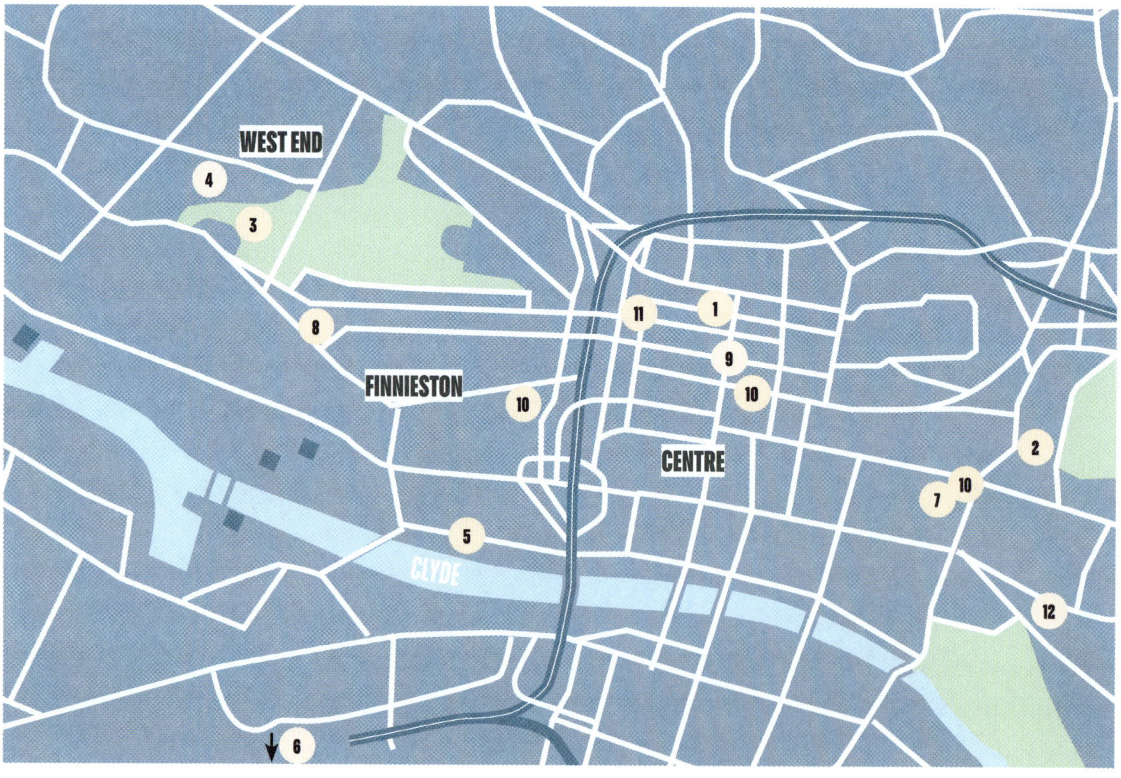

DÉCOUVRIR

DÉCOUVRIR L'ART NOUVEAU ÉCOSSAIS

à travers l'œuvre du Glaswegian Charles Rennie Mackintosh

1

D'un point de vue architectural, Glasgow est étroitement associée au nom de Charles Rennie Mackintosh, un architecte-décorateur d'avant-garde. En l'espace d'une dizaine d'années à peine, il a laissé durablement son empreinte sur la ville en inventant le Glasgow Style, une sorte d'Art nouveau version écossaise, inspiré par la simplicité des formes japonaises. En 1896, il réalise son chef-d'œuvre, la Glasgow School of Art, édifiée en deux temps. Mais il contribuera aussi à d'autres projets un peu partout dans la ville, et plusieurs édifices lui doivent leur caractère unique et l'originalité de leur déco intérieure – The Lighthouse, la Scotland Street School Museum, the House for an Art Lover –, y compris l'ameublement.

BON À SAVOIR : la Charles Rennie Mackintosh Society organise des visites guidées à la découverte des principaux édifices légués par Mackintosh. Se renseigner sur • crmsociety.com •

PÉNÉTRER DANS LA CATHÉDRALE SAINT MUNGO

la seule ayant survécu à la Réforme en Écosse (avec celle d'Orkney)

2

La cathédrale fut reconstruite au XIIIe s sur le site de la première église élevée 700 ans plus tôt par saint Kentigern, alias Mungo, patron de la ville. À l'intérieur, où l'impression d'unité architecturale domine malgré les différentes phases de construction, l'œil est attiré par le très beau jubé en pierre, le chœur de style gothique paré d'un plafond en chêne, et les impressionnants vitraux datant d'époques différentes. Dans l'église basse (crypte), la tombe de saint Mungo est noyée dans une forêt de piliers et d'arcs brisés. À côté, le cimetière mérite vraiment de s'y attarder. Ses monuments funéraires imposants, juchés sur une vaste colline herbeuse, forment un ensemble assez étonnant... et beau. Ceux qui reposent là-haut dominent une grande partie de la ville, avec un joli point de vue sur la cathédrale !

VISITER LE KELVINGROVE ART GALLERY AND MUSEUM

l'un des plus importants musées d'Écosse, qui présente des œuvres étonnantes

3

La première attraction d'Écosse et, sans conteste, l'édifice préféré des Glaswegiens ! Et pour cause, c'est tout sauf un musée classique ou élitiste, et la diversité des œuvres est vraiment étonnante. Ce musée présente ses collections par thème, sans unité de temps ni de valeur. La section égyptienne se cache au milieu d'une expo sur le milieu naturel et la faune (empaillée) écossaise, tandis que les masques africains voisinent avec les marbres néoclassiques, la peinture écossaise et le design. Superbe section consacrée à l'Art nouveau, avec de très belles pièces de mobilier. Très intéressantes sections de peintures française, italienne, espagnole et flamande. C'est l'occasion d'admirer, le célèbre *Christ de saint Jean de la Croix* de Dalí, chef-d'œuvre de perspective. Bref, un musée riche et foisonnant, où les enfants prennent autant de plaisir que les adultes !

BON À SAVOIR : la grande majorité des musées de Glasgow sont gratuits. Ils sont d'une diversité et d'une qualité qui devraient rassasier même les plus assoiffés de découvertes en tout genre. Pour un panorama des musées ainsi que des expos temporaires qui se tiennent en ville, consultez • glasgowlife.org.uk • peoplemakeglasgow.com •

Le Clyde Arc

LES FRÈRES ENNEMIS DU FOOT

Il y a à Glasgow un cas d'intolérance qui contraste singulièrement avec la réputation de convivialité et d'hospitalité de la ville. Parmi ses clubs de foot, il y en a deux qui furent pendant longtemps de véritables ennemis, victimes tous deux d'un schisme dont l'origine se trouve... en Irlande. Tout remonte au XIXe s, lorsque de nombreux Irlandais viennent chercher du travail en Écosse. Ils sont d'emblée dénigrés comme concurrents sur le marché de l'emploi par la classe ouvrière locale. Un violent racisme anti-Irlandais se développe. Cette division touche aussi le foot. Ainsi, l'une des deux équipes, les Glasgow Rangers, est traditionnellement le club des protestants fidèles à la Couronne et partisans du maintien de l'Irlande du Nord dans le Royaume-Uni. L'autre club, le Celtic, est donc identifié aux catholiques et aux Irlandais. Difficile en tout cas de contourner ces deux clubs les plus titrés d'Écosse et de l'Old Firm, le célèbre derby de la ville qui les oppose régulièrement.

FLÂNER JUSQU'À WEST END
et avoir envie de retourner sur les bancs de l'école...

4

Ce quartier, au cœur de la ville universitaire, un peu à l'écart du centre est plus beau et homogène, plus résidentiel, plus tranquille, plus vert, il y souffle un vent bohème (bobo, diront certains). C'est aussi le meilleur endroit pour se restaurer : les restos à la mode pullulent autour de Byres Road (réservez au resto *Number 16* : belles surprises gustatives en perspective !), et d'Asthon Lane ; ceux qui aiment les bars design iront vers Merchant City dans le centre des affaires. Le joli parc de Kelvingrove, avec des arbres et des fontaines partout est idéal pour un pique-nique. Enfin, ne manquez pas l'université et son grandiose édifice de style gothique écossais, ses cours intérieures avec leurs forêts d'arcades. Ça donnerait presque envie d'étudier !

BON À SAVOIR : Visites guidées de l'université possibles tlj sauf lun. • www.uofghistoricaltours.co.uk/the-tour/ •

SE BALADER SUR LE CLYDESIDE, COMPLÈTEMENT RÉHABILITÉ
dont les nouveaux monuments symbolisent l'incroyable audace du renouveau architectural de Glasgow

5

Les fameux chantiers navals de la Clyde d'où sortirent le *Queen Mary* et le *Queen Elizabeth* ont fermé, laissant place à des monuments particulièrement innovants, signés par les plus grands architectes. Aussi contemporains qu'ambitieux, citons le Riverside Museum – superbe musée des transports –, le Clyde Auditorium (signé de Norman Foster, une salle de 3000 places), The Hydro (un palais des sports de 12000 places également conçu par Foster), et le Glasgow Science Centre. Un ensemble futuriste assez extravagant dont les parois jouent avec les reflets du fleuve et du ciel. Les rives sont reliées par le Clyde Arc, l'un des premiers ouvrages de Glasgow que l'on aperçoit en arrivant par le sud.

Pollok House

S'ÉMERVEILLER DEVANT LA PRESTIGIEUSE COLLECTION DE PEINTURE
de meubles et objets d'art de William Burrell

6

Au cœur d'un superbe parc, dans une bâtisse moderne tout en aluminium, verre et grès rouge, on peut admirer la collection de Sir William et Lady Burrell. Patron d'une compagnie maritime prospère, Sir William (1861-1958) passa sa très longue vie à collectionner les plus beaux objets (près de 8000) dans tous les domaines artistiques, avant de les léguer à la Ville en 1944. Antiquités égyptiennes et grecques, meubles gothiques, armes et armures, collection de vitraux, éléments d'architecture romans et gothiques souvent incorporés au bâtiment, splendides tapisseries, objets rares d'Extrême-Orient, peintures et gravures superbes : primitifs religieux, Lucas Cranach l'Ancien, Rembrandt, Dürer, Sisley, Cézanne, Courbet, Manet, Degas. Nombreuses sculptures de Rodin. Plus inattendu, le vestibule, la salle de réception et la salle à manger de Hutton Castle, la demeure de Sir William Burrell, ont été reconstitués à sa demande... Peut-être pour ne pas défaire le lien quasi charnel qui l'unissait à sa collection ?

BON À SAVOIR : Fermée pour rénovation. Devrait rouvrir prochainement. The Burrell Collection, • glasgowlife.org.uk/museums • Entrée gratuite.

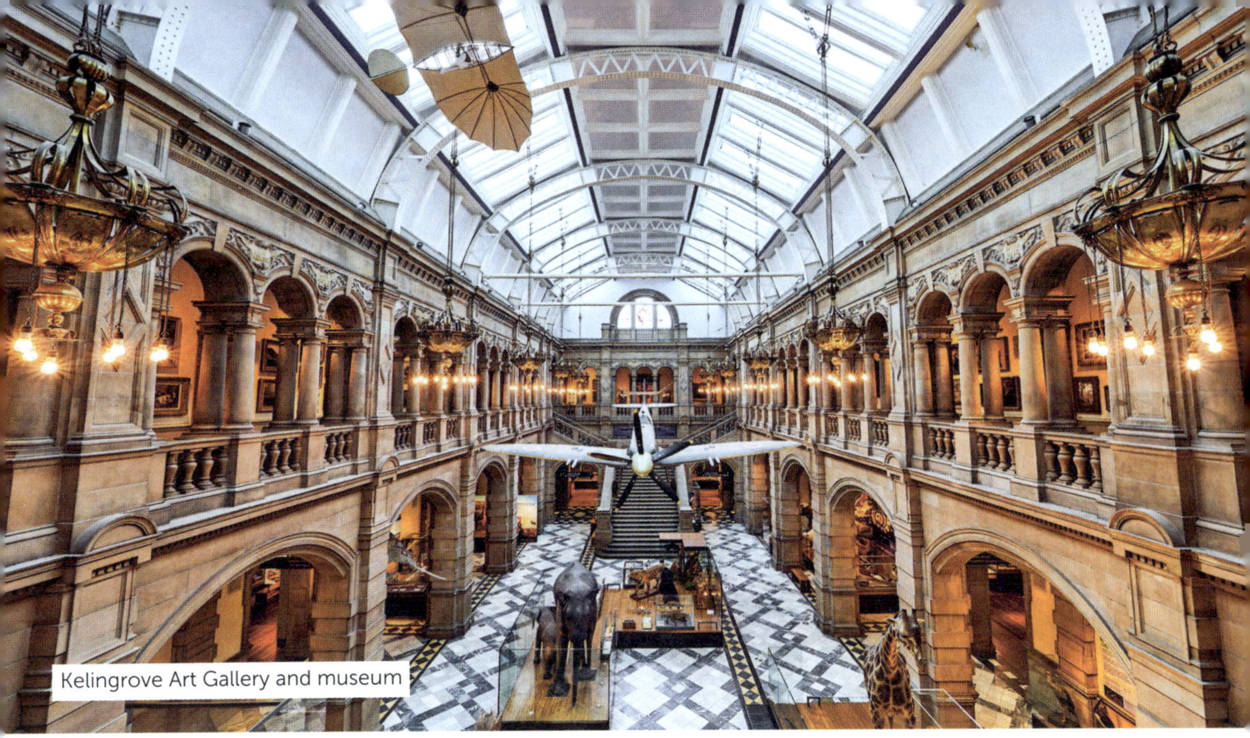

Kelingrove Art Gallery and museum

SAVOURER

S'INITIER À LA CUISINE ÉCOSSAISE

avec le meilleur *haggis* de Glasgow, un met tant redouté chez nous et pourtant plébiscité « meilleur plat d'Écosse »

7

Loin des néobars design, le décor en bois au parquet brut et tables épaisses du *Cafe Gandolfi* fait toujours mouche et ne lasse pas les habitués. Bon petit déj, *black pudding* en provenance directe des Hébrides extérieures, mais aussi quelques grands classiques écossais, parmi lesquels un superbe *haggis* – la fameuse panse de brebis ! Pour s'initier à la cuisine écossaise, ne pas manquer non plus *The Bothy,* qui est aussi une excellente adresse. Toutes les recettes traditionnelles (modernisées) sont à l'honneur et les plats, apportés par des serveurs en kilt, remarquables. Aux beaux jours, le resto s'agrandit sur une adorable courette, dans cette petite impasse sympa comme tout.

BON À SAVOIR : • cafegandolfi.com • bothyglasgow.co.uk •

FAIRE UNE VÉRITABLE CURE D'IODE

devant un bon plateau de fruits de mer

8

Vous pourrez déguster de très bons poissons et fruits de mer à Glasgow. *The Crabshakk,* toujours très animé, est très apprécié des locaux. Il faudra réserver, venir tôt ou se préparer à faire la queue ! À la carte, calamars, crabe sous toutes ses formes, moules, bisque, *fish & chips,* pâtes aux coquillages, sandwich club de poisson ou carrément homard ou plateau de fruits de mer. Très bon, prix honnêtes, et tout est extra-frais.

BON À SAVOIR : • crabshakk.com •

TESTER LES RARES *SINGLE MALT*

de la vénérable maison *Pot Still*

9

Les amateurs de whisky viennent du monde entier déguster les rares *single malt* de la maison, fondée au début du siècle dernier. Plus de 750 bouteilles s'alignent le long des murs ! Le patron a même besoin d'une échelle pour aller chercher les plus haut perchées...

BON À SAVOIR : • thepotstill.co.uk •

PUBS

Cercles paroissiaux durant le Moyen Âge, plus opportunément situés sur les routes des pèlerinages, enfin lieux de réunion des ouvriers qui, au XIXe s, commencent à se syndiquer, les pubs ont souvent conservé leur vitrine en verre dépoli, de vieilles boiseries noircies et patinées, des lumières faiblardes comme au temps de la bougie et des beaux cuivres. Le pub (abréviation de *public house*) est le lieu de rencontre par excellence. On y vient entre copains, entre copines, entre collègues après le boulot ou en famille pour y passer un joyeux moment de détente et de discussion. Pas question, dans un pub, de rester isolé. Les clients vous intègrent facilement à leur conversation, doucement, avec chaleur. On parle de tout et de rien. Vous ressentirez cette extraordinaire atmosphère de fusion des âges et des classes ; là, on laisse son origine sociale au vestiaire. Beaucoup proposent régulièrement concerts et scènes ouvertes.

SORTIR

PARTIR EN GOGUETTE DANS LES VIEUX PUBS DU CENTRE
ou du quartier de l'université, le West End

10

À Glasgow, on sort tôt : dès 18 h, une atmosphère bon enfant s'empare des rues ! Oubliez l'étape resto, elle n'est pas obligatoire dans le parcours festif des Écossais. Un peu partout, vous trouverez des gens ouverts engageant facilement la conversation et des étudiants chaleureux, ça vous promet de bonnes soirées. Dans le centre, le *Horse Shoe Bar* détient le record du plus long comptoir d'Écosse, le débit des boissons y est torrentiel le week-end ! Le *Babbity Bowster* fait l'unanimité pour son *beer garden* paisible donnant sur une rue piétonne. Enfin, *The Scotia,* fondé en 1792, porte toute une histoire qui ne manque pas d'imprégner l'atmosphère. Dans le quartier de West End, sur Argyle Street, les pubs se succèdent, plus sympas les uns que les autres.

BON À SAVOIR : • thehorseshoebarglasgow.co.uk • babbitybowster.com •

À LA FERMETURE DES PUBS, SE DIRIGER VERS UNE SALLE DE CONCERT
ou un club à l'ambiance survoltée

11

Glasgow garantit une vie nocturne et artistique vraiment riche. Pour vous donner une idée de ce qui vous attend : prenez une dose d'underground de Berlin, d'électro de Londres, d'esprit festif de Dublin, et vous aurez les ingrédients de la nuit et de la fête qui y règnent. Cette ville regorge de petits bijoux ! L'incontournable salle de concerts *King Tut's Wah Wah Hut,* le temple de la musique rock, tient la dragée haute à ses concurrents avec l'une des meilleures programmations musicales de Glasgow. Les DJ's du *SubClub,* l'un des clubs les plus réputés d'Ecosse, drainent eux aussi beaucoup de monde.

BON À SAVOIR : • kingtuts.co.uk • subclub.co.uk • Pour savoir ce qui se passe, consultez le *Gig Guide,* un dépliant mensuel gratuit qu'on trouve un peu partout, ou disponible sur Internet : • gigguide.co.uk • Ou encore • list.co.uk •

SHOPPING

DÉNICHER DES TRÉSORS AU BARRAS MARKET
superbe marché aux puces installé dans de vieux bâtiments victoriens

12

Il s'agit de l'un des plus pittoresques marchés aux puces d'Europe. Il regorge de trésors et des centaines de boutiques vendent vraiment de tout : de la collection de *Dinky Toys* aux bibelots les plus divers en passant par les frusques les plus folles. Nombreux bars, petits restos et salons de thé pour récupérer.

BON À SAVOIR : entre Gallowgate et London Rd. Chaque w-e 10h-17h, mais mieux vaut ne pas venir trop tard, car les commerçants remballent dès 14h30 s'il y a peu de monde.

AGENDA DES FÊTES, FESTIVALS ET ÉVÉNEMENTS

JANVIER : Celtic Connections Festival

Pendant 2 semaines, des musiciens célèbrent la culture celte au Glasgow Royal Concert Hall et dans différents théâtres, pubs, salles de spectacles ou dans certains espaces publics.
• celticconnections.com •

JUIN : West End Festival

15 jours de concerts en plein air, du théâtre et d'autres animations, telle la parade de l'été. Ambiance garantie.
• westendfestival.co.uk •

FIN JUIN OU DÉBUT JUILLET : Glasgow International Jazz Festival

Étape obligée du circuit des grands festivals européens de jazz. Billets : quelques concerts gratuits, la majorité payants.
• jazzfest.co.uk •

FIN JUILLET : Merchant City Festival

Un peu partout dans Glasgow, spectacles de danse, musique, théâtre, et nombreuses manifestations autour de l'art contemporain, la mode, la littérature, le cinéma... • merchantcityfestival.com •

AOÛT : Piping Festival Piping Live !

Une semaine pendant la première quinzaine d'août. Toutes sortes de manifestations à la gloire de la cornemuse : concerts payants en salle ou gratuits en ville, expos, lectures... Le festival a lieu la semaine précédant le World Pipe Band Championships, qui, lui, se déroule toujours le 2e ou 3e samedi du mois d'août. Cette compétition rassemble sur une journée plus de 200 *pipe bands* venus du monde entier au Glasgow Green...
• pipinglive.co.uk • theworlds.co.uk •

Cathédrale de Glasgow

GRENADE

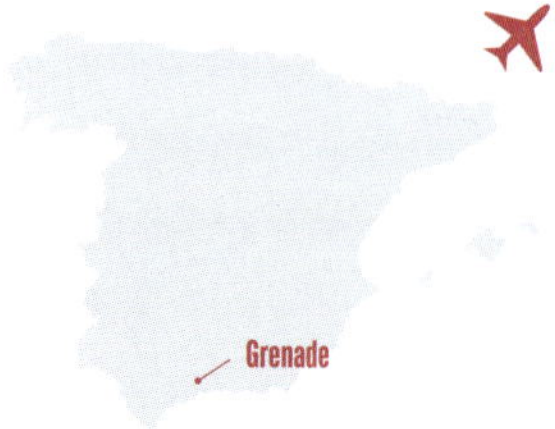

2H30
AU DÉPART DE PARIS
(EN *LOW COST*, ARRIVÉE À L'AÉROPORT DE MÁLAGA)

Grenade, la plus orientale des villes espagnoles, est l'une des villes les plus séduisantes d'Andalousie. *Au pied de l'imposante sierra Nevada, elle profite d'un site grandiose. Au premier plan se détache l'Alhambra, chef-d'œuvre de l'architecture arabe. En face, sur les collines, grimpent les délicieux vieux quartiers de l'Albaicín et du Sacromonte, qui livrent des entrelacs de ruelles tortueuses et pentues bordées de maisons d'un blanc éclatant. Mais Grenade est aussi une grande ville qui bouge, avec son université prestigieuse fondée au XVI*e *s par Charles Quint, ses quartiers vivants, ses avenues modernes et encombrées, ses nuits enfiévrées par le flamenco, ses rues piétonnes étroites où flotte en avril le parfum des fleurs d'oranger... Grenade est une ville qui se déguste, plus particulièrement au moment du coucher du soleil.*

BUDGET	€€
CULTURE	★★★★
CUISINE	★★★★
SHOPPING	★★
VIE NOCTURNE	★★★★

SE REPÉRER

DÉCOUVRIR

1

S'EXTASIER SUR LES MERVEILLES DE L'ALHAMBRA

et admirer le coucher du soleil sur ce palais arabe qui domine le quartier de l'Albaicín

Au pied des sommets enneigés de la sierra Nevada, Grenade ravit par le cachet de ses ruelles, la beauté de ses églises ou ses petites places secrètes. Le summum du charme ? La visite de l'Alhambra, un chef-d'œuvre de l'architecture arabe. Son nom, « la Rouge » en arabe, prend tout son sens lorsque le soleil couchant l'embrase littéralement ! Bâtie au Moyen Âge sur un promontoire surplombant la ville, cette énorme forteresse, cernée de hauts murs, est une véritable cité. On y trouve des palais, des bains, une mosquée, une forteresse et, liant harmonieusement le tout, de merveilleux jardins. On admire les détails des mosaïques et des plafonds, on déambule avec plaisir dans ses patios, on s'attarde dans le Generalife, la résidence d'été des souverains, et l'on profite du panorama depuis la forteresse (l'Alcazaba) qui surplombe la ville. Pour sûr, ce chef-d'œuvre de l'art islamique est un bijou qui mérite à lui seul un voyage en Andalousie ! C'est d'ailleurs le monument le plus visité d'Espagne.

BON À SAVOIR : Il est indispensable de réserver sa visite LONGTEMPS AVANT son départ sur • tickets.alhambra-patronato.es •

SE PROMENER À TRAVERS LES JARDINS DU CARMEN DE LOS MÁRTIRES

une balade bien rafraîchissante après la visite de l'Alhambra

2

Étalés en contrebas de la forteresse, ces jardins ont été aménagés autour d'une petite résidence d'été du XIXᵉ s. Juste derrière, un magnifique patio nasride à la végétation luxuriante, avec une petite grotte. Puis un enchaînement de terrasses plantées d'arbres fruitiers, jardins à la française, à l'anglaise, petit bois où se promènent des paons et bassins où barbotent des cygnes noirs... le tout entrecoupé de fontaines et statues. Bref, voilà une balade bien rafraîchissante après la visite de l'Alhambra, avec en prime de belles vues sur la ville.

BON À SAVOIR : c'est l'endroit idéal pour s'offrir un pique-nique d'esthète !

GRENADE ARABE ET CHRÉTIENNE

La cité andalouse, qui s'étend au pied des montagnes de la sierra Nevada, a été tour à tour occupée par les Phéniciens, les Carthaginois, les Romains, les Wisigoths... Mais c'est la présence des Arabes, installés dès 711, qui aura modelé la physionomie de la ville. Huit siècles de domination d'Al-Andalus durant lesquels Grenade fut une des villes les plus puissantes de la région, comme en témoignent les fastueux palais nasrides de l'Alhambra. L'Inquisition y a aussi laissé son empreinte. Grenade fut la dernière ville conquise par les Rois Catholiques. Pour asseoir leur victoire dans ce bastion maure, ils ont bâti encore et encore, converti ceux qui voulaient rester, et expulsé les autres en 1501.

S'ÉGARER JOYEUSEMENT DANS LE LABYRINTHE MAGNIFIQUE DE L'ALBAICÍN

vieux quartier de Grenade, avant d'admirer le coucher du soleil sur l'Alhambra

3

Pour humer l'atmosphère unique de Grenade, il faut se perdre dans le dédale de l'Albaicín, médina de 3 000 ruelles (un vrai labyrinthe !), édifiée sur la colline qui fait face à l'Alhambra. C'est un quartier de style arabe d'un blanc lumineux, qui a sauvegardé l'aspect de médina qu'il avait il y a plusieurs siècles. Au hasard de ses ruelles étroites, de ses passages, de ses escaliers, de ses culs-de-sac, de ses placettes pavées, il a conservé le charme de ses patios fleuris et de ses demeures anciennes, appelées « *cármenes* ». En y montant à pied (attention, ça peut grimper sec !), on découvre progressivement la ville d'en haut, pour finalement atteindre le magnifique point de vue du mirador de San Nicolás. De là, quand le soleil couchant embrase l'Alhambra se détachant sur les montagnes enneigées de la sierra Nevada, c'est magique !

BON À SAVOIR : le mot « *cármenes* », nom des maisons de l'Albaicín, viendrait de l'arabe « *karm* », qui désignait un jardin clos, comprenant un potager et quelques pieds de vigne. Ces maisons traditionnelles renferment toujours, derrière leurs longs murs blancs, ces jardins secrets qui contribuèrent à la réputation de Grenade.

DÉCOUVRIR LE PLAISIR DES BAINS ARABES

en faisant une séance de hammam

4

Idéal pour se relaxer après une balade sur les hauteurs de la ville. Au pied de l'Alhambra, le hammam *Al Andalus* est un lieu réellement magique pour pénétrer dans le monde mystérieux des bains arabes. Couverts d'azulejos, des bassins aux températures différentes et un espace pour prendre le thé recréent une atmosphère qu'on pourrait croire échappée du quotidien nasride. Un espace de paix et de sérénité à ne pas manquer !

BON À SAVOIR : • granada.hammamalandalus.com •

FAIRE UNE FOLIE ET S'OFFRIR UNE NUIT DE RÊVE AU CŒUR MÊME DE L'ALHAMBRA

dans le *parador* de Grenade

5

Les *paradors* sont des établissements hôteliers exceptionnels situés dans des cadres uniques : châteaux forts, manoirs, anciens palais, couvents, monastères... Celui-ci a la particularité d'être installé dans l'enceinte même de l'Alhambra. Idéal pour dormir tout près des mythiques jardins et du palais de la cité grenadine... Évidemment ce n'est pas donné. À défaut d'y dormir, il est bien agréable d'y prendre un verre, sur la délicieuse terrasse de la cafétéria, avec vue sur les jardins du Generalife. Un cadre enchanteur, histoire de prolonger la magie de la promenade dans les jardins de l'Alhambra. On peut même y manger une cuisine traditionnelle raffinée à prix tout à fait raisonnable pour l'emplacement.

BON À SAVOIR : résa nécessaire plusieurs mois à l'avance ; à peine 40 chambres et l'on vient même du Japon pour s'y marier ! • parador.es • À noter également, le long du Darro, au pied de l'Albaicín, quelques superbes demeures des XVIe et XVIIe s converties en structures hôtelières pleines de charme.

PARTIR À LA DÉCOUVERTE DU SACROMONTE
le vieux quartier gitan de Grenade

6

À l'est de l'Albaicín, le Sacromonte livre un environnement fort différent, plus aride : les cactus et les agaves percent entre la rocaille, et les habitations, les *cuevas,* sont creusées dans la colline crayeuse. Il s'agit de maisons troglodytiques autrefois occupées par les gitans, qui constituaient les principaux habitants du lieu. Aujourd'hui, un certain nombre d'entre elles sont toujours habitées, voire visitables pour quelques-unes, mais elles abritent surtout des boîtes de flamenco et de *zambra.* Pour en apprendre plus sur la culture, la nature et l'histoire de ce quartier singulier, il faut visiter l'intéressant musée installé dans un ensemble de *cuevas* en haut de la colline. En bonus, on profitera d'un point de vue imprenable sur l'Alhambra !

BON À SAVOIR : • sacromontegranada.com/museo •

7

ADMIRER L'ÉGLISE DU MONASTÈRE DE SAN JERÓNIMO
magnifique témoignage de la Renaissance espagnole

Fondé en 1496, le monastère de San Jerónimo fut achevé par Diego de Siloé, l'architecte-sculpteur espagnol le plus renommé de l'époque. Il est organisé autour d'un grand et joli cloître planté d'orangers et composé d'une galerie à arcades sur deux niveaux. Le clou de la visite, c'est l'église, qui mélange les styles gothique élisabéthain et Renaissance. Très chargé et léger à la fois, pas un seul centimètre carré n'a échappé au coup de pinceau de l'artiste ! Plafond à caissons où trônent moult bustes, angelots, chérubins, monstres. La merveille reste l'incroyable retable, œuvre admirable de la fin du XVIe s, qu'on doit à un groupe d'artistes espagnols : en vrac, le saint sacrement, la naissance du Christ, l'Adoration...

UNE FOIS LA NUIT TOMBÉE ET LES BOUTIQUES FERMÉES, APPRÉCIER LA BELLE ARCHITECTURE DE L'ALCAICERÍA
l'ancien marché de la soie à l'époque musulmane

8

Tout à côté de la cathédrale, jetez un coup d'œil à l'Alcaicería, l'ancien souk arabe où l'on vendait, au Moyen Âge, les tissus de soie. Même si l'architecture est très belle, les boutiques de souvenirs ont totalement investi le quartier et masquent en grande partie les belles façades. Le moment idéal pour en découvrir l'harmonieuse architecture est à la nuit tombée, vers 22h ou 23h, lorsque les boutiques ont fermé leurs portes : mis en valeur par un éclairage approprié, le vieux souk retrouve alors toute sa magie.

BON À SAVOIR : l'Alcaicería accueille aussi un centre d'art contemporain, le *centro José Guerrero* ; les expos, gratuites, y sont d'excellente qualité.

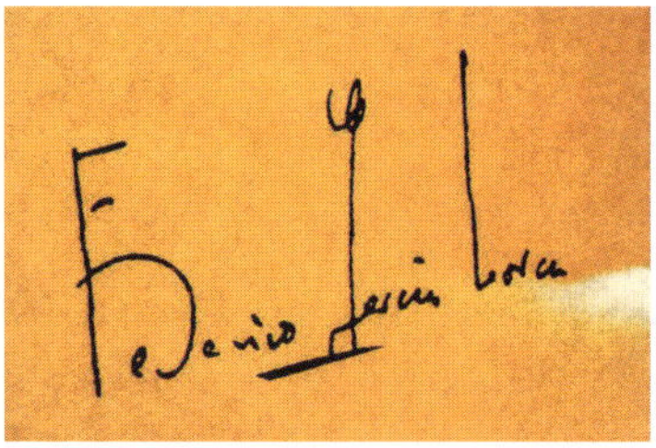

FEDERICO GARCÍA LORCA

Originaire de Fuente Vaqueros, près de Grenade, Federico García Lorca (1898-1936) publie à 20 ans ses premiers poèmes. Très influencé par la vie à la campagne, il sut en exprimer de manière fine et précise toute la force et la noblesse. Il se sent proche de l'âme gitane, et la tauromachie l'inspire. C'est *Romancero gitano* qui le fera connaître en 1928. Puis *Poeta en Nueva York,* qu'il publie à l'issue d'un voyage aux États-Unis. Il revient à Grenade en 1936, en pleine terreur phalangiste. Arrêté comme sympathisant républicain, il est sommairement exécuté à Víznar la même année.

RENDRE VISITE AUX ROIS CATHOLIQUES DANS LA *CAPILLA REAL* (CHAPELLE ROYALE)

où reposent d'un sommeil éternel les conquérants de la Grenade islamique

9

Précédée d'une chapelle riche en symboles, la chapelle royale fut édifiée pour recevoir les dépouilles d'Isabelle de Castille et Ferdinand d'Aragon. Protégés par une superbe grille en fer forgé, leurs étonnants cénotaphes en marbre de Carrare avoisinent ceux de leur fille et de son époux. À voir également, le très beau retable du maître-autel, illustrant la reddition de Grenade et la conversion massive des Maures. Le musée abrite quant à lui de nombreux chef-d'œuvres issus de la collection privée de la reine Isabelle (de magnifiques Hans Memling, un Botticelli...), ainsi qu'un certain nombre d'objets personnels, notamment la couronne et le sceptre de la reine ainsi que l'épée de Ferdinand.

BON À SAVOIR : • capillarealgranada.com • Gratuit mer apr-midi.

SAVOURER

GOÛTER AUX DÉLICIEUSES SPÉCIALITÉS DE GRENADE

dont certaines recettes trouvent leurs origines dans les cuisines arabe et juive

10

Avant tout, il faudra goûter les excellentes fèves au jambon *(habas con jamón).* On y retrouve la force du jambon de Trevélez, affiné dans la sierra, et la consistance rassérénante des fèves. Ce mets typique est servi dans la plupart des restos. Essayez aussi (histoire de !) la *tortilla Sacromonte,* omelette à la cervelle et aux testicules de mouton ou de veau, ainsi que les viandes (poulet, chevreau...) *al ajillo* (à l'ail). De succulents poivrons farcis sont également servis dans les bars à tapas, en plus, bien sûr, de l'éventail habituel de charcuteries, fromages, poissons et fruits de mer. On goûtera aussi aux exquis beignets de Grenade et aux pâtisseries « conventuelles » dégoulinantes de miel et d'amandes ainsi qu'au fameux *pionono,* sorte de mini-baba imbibé d'un sirop et coiffé d'un chapeau de crème.

11

FAIRE LA TOURNÉE DES BARS À TAPAS

et tenter de se frayer une place jusqu'au comptoir

Dans presque tous les bars à tapas de Grenade, une *tapita,* ou *tapilla* (une petite tapa, quoi !), est systématiquement offerte avec la bière ou le verre de vin commandé. Le nom a beau être un diminutif de *tapa,* cela reste copieux ! Ce peut être un bout de fromage, deux ou trois escargots, quelques copeaux de jambon, de petits poulpes frits ou n'importe quoi d'autre. Maintenant, si vous voulez une *tapa* particulière (ou bien *una ración*), il faut la commander et la payer, évidemment.

BON À SAVOIR : question horaires, la plupart de ces bars sont ouverts du matin (parfois 12h ou 13h) jusqu'à minuit ou 1h (au moins), avec souvent une pause en fin d'après-midi.

SORTIR

SUCCOMBER EN FIN D'APRÈS-MIDI À UN AUTHENTIQUE *CHOCOLATE CON CHURROS*

un chocolat chaud (bien épais !) accompagné… de *churros*

12

À Grenade comme ailleurs en Espagne, nombreux sont ceux qui succombent, vers 18h, à cette spécialité. Ici, le chocolat n'est pas un breuvage clairet à l'eau comme on peut le trouver par chez nous, mais une boisson riche, épaissie à la fécule, dense en arômes, faite tout exprès pour y tremper les fameux *churros,* ces beignets allongés ou bâtons de pâte à crêpe frits. Dans le centre, autour de la cathédrale, pas mal de petits cafés en servent d'excellents. Le dimanche, c'est vers 11h, en guise de brunch, que les familles espagnoles s'offrent ce plaisir, notamment sur la plaza Bib-Rambla, où de nombreux amateurs de *churros* s'agglutinent en terrasse.

BON À SAVOIR : sur la place mythique de la ville, le plus vieux café de Grenade (fondé en 1907), le *Gran Café Bib-Rambla,* est l'un des endroits inévitables pour savourer un authentique *chocolate con churros.* • cafebibrambla.com •

SE LAISSER ENIVRER PAR LE RYTHME DE LA *ZAMBRA*

un genre de flamenco local, dans le quartier du Sacromonte

13

La spécialité à Grenade, c'est la *zambra,* un genre de flamenco qui se donne dans les petites caves troglodytiques du Sacromonte (le quartier gitan de Grenade), où les artistes claquent et piétinent à 1 m des spectateurs. On peut aussi assister à du flamenco traditionnel dans un *tablao* (petite salle de spectacle, avec scène), ou encore dans une salle de concerts plus ou moins dédiée à cet art. Des différents types de lieux, c'est souvent ce dernier qui est le moins cher et le moins touristique. Quelle que soit la formule choisie, c'est surtout dans le quartier du Sacromonte que se trouvent les adresses, toutes alignées sur le même camino del Sacromonte.

14

SE LAISSER PORTER JUSQU'AU PETIT MATIN

par les fièvreuses nuits de Grenade

À Grenade, on peut résumer le déroulement de la nuit en trois mots : « *tapas-cervezas-discotecas* ». Ce qui veut dire : de 21h à minuit, on descend des tapas, de minuit à 2h ou 3h, on va dans les bars, et à partir de 3h on sort en boîte, le tout crescendo ! La vie nocturne ne se concentre pas dans un seul quartier, même si le bas de l'Albaicín tient la corde, à savoir les alentours de la plaza Nueva. Pour les spectacles et les concerts du moment, jetez un œil à *La Guía Go,* une brochure mensuelle distribuée dans les offices de tourisme, ou au *Yuzín.*

BON À SAVOIR : à titre d'exemple, le *Mosaïc Club Granada* est l'un des rendez-vous nocturnes incontournable, un endroit assez fou puisqu'il s'agit d'un vieux cinéma de style baroque. Inutile d'y aller avant 3h ; à Grenade, comme on l'a dit, on attend le cœur de la nuit pour faire la fête. • club-mosaic.com •

ROUTARDS DU TEMPS JADIS !

Au milieu du XIXe s, l'Alhambra était si peu visitée que certains voyageurs avaient le droit de dormir dans les salles des palais. Washington Irving eut ce privilège. En 1829, accompagné d'un ami peintre, il arrive à Grenade, cité oubliée perdue au milieu de ses montagnes et se voit offrir en guise de lieu de villégiature, un palais à demi ruiné : l'Alhambra ! Irving y occupera une chambre plusieurs mois durant, récoltant légendes et récits, publiés en 1832 sous le titre de *Contes de l'Alhambra,* recueil à la gloire d'une Espagne maure anéantie par la violence de l'histoire. Le livre est sur tous les étalages de la ville.

SHOPPING

SE CONSTITUER UN PIQUE-NIQUE D'ANTHOLOGIE
au marché central de San Agustín

15

L'endroit idéal pour qui cherche d'authentiques produits du terroir ! Le Mercado central San Agustín, dans la rue éponyme, est un grand marché couvert avec des étals de légumes, fruits, charcuterie... ainsi que de petits comptoirs de goûteuses tapas, à accompagner d'un verre de vin ou d'une *cerveza* (bière). Un vrai régal pour les yeux et une ambiance chaleureuse. Sur la jolie placette de la Pescadería, marché aux fruits, légumes, poissons... Plaza Larga, dans le haut de l'Albaicín, fruits et légumes, fleurs, vêtements et babioles.

PROLONGER LE VOYAGE EN VOUS RENDANT CHEZ UN DISQUAIRE
et rapporter quelques authentiques enregistrements de flamenco

16

Difficile en France de trouver de bons enregistrements de l'essence même du flamenco. Alors, pourquoi ne pas profiter du voyage pour faire un tour chez un disquaire ? La notoriété de *Gran Vía Discos* (Gran Vía de Colón, 21) a largement dépassé les murailles de Grenade. Passionné de flamenco et de musique traditionnelle andalouse, ce disquaire sera de bon conseil (il parle d'ailleurs très bien le français). Une adresse incontournable, que vous soyez profane ou à la recherche d'un disque introuvable.

BON À SAVOIR : • granviadiscos.com •

17

CRAQUER POUR UNE BELLE GUITARE FLAMENCO
chez le plus ancien fabricant d'Andalousie

Pour ceux qui souhaiteraient s'offrir une guitare, on recommande la *Casa Ferrer.* Pour la petite histoire, c'est Benito Ferrer, le fondateur de la boutique, qui offrit à Andrés Segovia (grand guitariste espagnol) sa première guitare ! Guitares classiques et flamenco (professionnelles ou non), *bandurrias* (sorte de mandolines), castagnettes... Presque en face, au n° 29, se trouve la boutique de *Francisco Manuel Diaz,* qui a tout appris de Benito. Enfin, citons *Guitarrero-luthier Daniel Gil de Avalle,* un luthier très sympathique chez qui l'on peut non seulement acheter de superbes guitares, mais aussi apprendre à en jouer... ou même, pour ceux qui ont du temps devant eux (1 mois), à en fabriquer ! Aussi des castagnettes, plus faciles à rapporter !

BON À SAVOIR : • gildeavalle.com • guitarreriacasaferrer.com •

AGENDA DES FÊTES, FESTIVALS ET ÉVÉNEMENTS

MARS-AVRIL : Semaine sainte

Pendant la Semaine sainte, qui s'étale du dimanche des Rameaux à Pâques (la date de Pâques varie entre le 22 mars et le 25 avril), les grandes villes andalouses sont envahies par les touristes, eux-mêmes noyés dans la foule espagnole. Terre de grande ferveur catholique, l'Espagne n'a pas son pareil pour célébrer Pâques. Les processions de pénitents encagoulés et de personnages bibliques commencent dès le dimanche des Rameaux. Elles sont suivies de processions nocturnes appelées « *pasos* », qui figurent une scène de la Passion du Christ. Les fêtes de la Semaine sainte enflamment toute la péninsule Ibérique, mais les processions les plus impressionnantes ont lieu à Séville, Cuenca, Grenade, Malaga, Valladolid, Jerez...

FIN JUIN À DÉBUT (OU MI-) JUILLET : Festival international de musique et de danse de Grenade

Festival de haute volée, proposant, entre autres, une animation très courue nommée *Trasnoche* flamenco, des soirées flamenco à partir de minuit, dans le quartier de l'Albaicín et du Sacromonte. S'y prendre à l'avance pour réserver car les spectacles les plus prestigieux se remplissent très vite. • granadafestival.org •

Jardins du Partal dans l'Alhambra

HAMBOURG

2H30
AU DÉPART DE PARIS

Prêt pour un bain d'énergie ? Hambourg, qui compte parmi les plus grands ports du monde, est une métropole dynamique et festive. *Détruite à plus de 80 % lors de la Seconde Guerre mondiale, elle s'est reconstruite petit à petit, et poursuit sa mue, notamment avec la réhabilitation du quartier des docks, un chantier pharaonique, au budget titanesque. Dernière réalisation spectaculaire : la Helbphilharmonie, plantée comme une figure de proue à l'entrée de Hafencity. La capitale allemande de l'édition et des médias se révèle surprenante : plus de 64 km de canaux et 2 500 ponts qui forment un labyrinthe sinueux, ville la plus verte du pays, un quartier de nuit très chaud, des terrasses accueillantes sous des arcades, et même un lac intérieur, l'Aussenalster, bordé de somptueuses maisons... Autant de lieux qui offrent un cadre fascinant à cette vibrante cité.*

BUDGET	€€
CULTURE	★★
CUISINE	★★
SHOPPING	★★
VIE NOCTURNE	★★★

SE REPÉRER

DÉCOUVRIR

1

S'IMPRÉGNER DE L'AMBIANCE COSMOPOLITE DU PORT DE HAMBOURG

et arpenter le quartier de Speicherstadt, une véritable ville d'entrepôts en brique

Les quartiers portuaires, en pleine réhabilitation, représentent à la fois le passé et l'avenir de la ville. Speicherstadt est le cœur historique du port, avec ses entrepôts de brique rouge par où transitent les produits du monde entier. Parcourez la « ville des entrepôts », des comptoirs et des maisons de commerce qui firent la richesse de Hambourg. Ces altiers bâtiments de brique rouge abritent sur plusieurs hectares des épices, du café, du tabac, de la soie et des tapis. Cité dans la cité, construite dans un style néogothique à la charnière du XIXe s et du XXe s, Speicherstadt dégage un charme certain, surtout le soir, lorsque ses entrepôts illuminés se reflètent sur les canaux. À noter, au sud de Speicherstadt, Hafencity est un projet pharaonique qui s'étend sur plus de 150 ha : lorsque tout ce quartier flambant neuf sera achevé, d'ici 2025, le centre-ville de Hambourg aura grossi de... 40 % ! Spectaculaire.

BON À SAVOIR : vraiment intéressante, la balade en bateau permet de mesurer l'étendue de ce port gigantesque (80 km² ; la taille de Copenhague) et d'écouter des chansons de marin paillardes fredonnées par le batelier ! • abicht.de •

EXPLORER LE PORT DE HAMBOURG À BORD DE LA LIGNE DE FERRY Nº 62, POUR LE PRIX D'UN TICKET DE BUS

une excellente façon de sentir la ville et ce qui fait son identité

2

Plus le ferry avance, plus le contraste devient saisissant entre, d'un côté, l'activité industrielle du 3e plus grand port d'Europe et de l'autre, un rivage qui devient de plus en plus résidentiel et bourgeois.

BON À SAVOIR : pour le retour, possibilité de prendre le bus nº 111 qui vous dépose dans le nouveau quartier de HafenCity. De là, pour continuer sur le même thème, dirigez-vous vers l'incontournable Musée maritime.

VISITER LE MAGNIFIQUE MUSÉE MARITIME

un des plus beaux et des plus complets au monde dans sa catégorie

3

Situé dans un imposant entrepôt en brique, aux portes de Speicherstadt, ce passionnant musée est consacré à la mer sous tous ses aspects : la navigation, la belle époque de la marine à voile, la guerre sur les mers, les routes commerciales ou encore la piraterie et les naufrages, la construction navale, l'armement, les uniformes et la vie à bord, les sous-marins, la marine marchande, les navires de croisière, la pêche, la faune des grands fonds, la plaisance, la marine dans l'art... Les amateurs de maquettes seront à la fête, notamment avec une réplique du *Queen Mary II*... en Lego et, au dernier étage, les milliers de bateaux en modèle réduit. Sans oublier ceux mis en bouteille, et heureusement pas jetés à la mer...

BON À SAVOIR : • imm-hamburg.de •

ADMIRER LES TABLEAUX DE LA KUNSTHALLE
tous plus beaux les uns que les autres

4

Le musée des Beaux-Arts abrite une fameuse collection d'œuvres d'art réalisées du début du Moyen Âge à la première moitié du XXe s. Que du beau linge ! Entre autres chefs-d'œuvre : la *Présentation de Jésus au temple* de Holbein, l'*Électeur de Saxe* de Lucas Cranach le Vieux, la troublante *Flora* de Jan Massys. Riche série de maîtres hollandais dont les scènes de patinage en hiver, les marines de Ruysdael, des natures mortes et les scènes de la vie domestique. En vedette aussi, le célèbre *Voyageur au-dessus de la mer de nuages,* de Caspar David Friedrich. Quelques impressionnistes : un Renoir, un Manet, puis Bonnard, Vuillard, Jongdkind, et aussi Cézanne et Gauguin. Sans oublier Picasso, Léger, Delaunay, Klee, Max Ernst, Magritte, Dubuffet, Francis Bacon et David Hockney...

BON À SAVOIR : un passage souterrain mène dans le nouveau bâtiment de la Galerie der Gegenwart, nouveau venu dans la cour des musées d'art contemporain. • hamburger-kunsthalle.de •

FLÂNER LE DIMANCHE MATIN SUR LES RIVES DE L'AUSSENALSTER
un véritable lac intérieur bordé de somptueuses maisons

6

C'est le quartier résidentiel des Hambourgeois. De superbes villas, à l'architecture très variée, se cachent parfois derrière de hautes grilles ou même se baignent les pieds dans le lac. Le must étant évidemment d'avoir son petit ponton pour arrimer son embarcation. Dans les nombreux parcs bordant cette réserve d'eau, et principalement sur l'ancien chemin de halage, le Harvestehuder Weg, qui longe l'Alsterpark entre l'Aussenalster et le quartier de Pöseldorf, on vient se reposer, conter fleurette, déstresser, bouquiner, « jogger », pique-niquer voire, quand le temps s'y prête, patiner sur la glace... Les locaux aiment parcourir ce lac en canoë. On peut même acheter de la bière dans des comptoirs qui donnent directement sur les canaux, histoire de pagayer sans risquer la déshydratation ! Un cadre vraiment très agréable...

BON À SAVOIR : on recommande également la promenade en bateau sur l'Alster, très agréable, elle permet de découvrir toute la douceur de la ville. • alstertouristik.de •

SAVOURER

DÉGUSTER UN *LABSKAUS*, LA SPÉCIALITÉ DE HAMBOURG
un plat qui mêle bœuf, poisson salé et pommes de terre

7

Situé derrière l'église Sankt Michaelis, le restaurant *Zu den Alten Krameramtsstuben am Michel* est le lieu où l'on déguste des plats typiques de la ville. Éminemment touristique avec son style hambourgeois traditionnel qui a gardé son charme suranné. La vieille maison à étages est décorée de mobilier ancien. La cuisine locale de qualité ravira vos papilles. Choisissez donc un *Labskaus,* ou des filets de harengs sauce pomme et oignons, vous en garderez des souvenirs mémorables.

BON À SAVOIR : la ruelle est bordée de charmantes maisonnettes, les Krameramtswohnungen. La guilde des merciers *(Krämer)* les a faites construire en 1676 pour y loger les veuves des membres de leur corporation. Un petit musée a été aménagé à côté du resto. • krameramtsstuben.de • kramer-witwen-wohnung.de •

5

SE POSER LES PIEDS DANS LE SABLE AU STRANDPERLE
une plage insolite au cœur de la ville

Au bord de l'Elbe, le Strandperle est une halte unique. Nulle part ailleurs on ne retrouve une telle atmosphère : des enfants en maillot qui font des châteaux de sable sous l'œil de leurs parents décontractés, des étudiants cool et des homos branchés qui boivent un verre. Au loin, les immenses grues qui s'activent au-dessus des porte-conteneurs gigantesques. C'est un vrai plaisir de se délasser au soleil, avec, pour fond sonore, le clapotis du fleuve et les sirènes des bateaux. Pas trop de musique ici, car les habitants des immeubles chic des alentours cultivent le calme. Self-service à la petite guérite : café, thé, jus de fruits ou bière contre la soif et gâteaux (industriels), *Brezeln* ou saucisses de Francfort pour les petites faims.

BON À SAVOIR : • strandperle-hamburg.de •

LE HAMBURGER

Comme son nom le laisse supposer, le hamburger est bien originaire de Hambourg. Comment et pourquoi est-il devenu la nourriture de base de millions d'Américains ? À la fin du XIXe s, nombreux étaient les Allemands qui émigraient vers les États-Unis en partant de Hambourg. À bord des bateaux, on servait des steaks de bœuf haché dans un petit pain. Le hamburger entra sur le continent via New York. En Californie, il fut récupéré par les frères McDonald qui le placèrent eux aussi entre deux tranches de pain.

ALLER À SANKT GEORG, LE QUARTIER TOUT INDIQUÉ POUR TESTER QUELQUES CUISINES DU MONDE

notamment les restos asiatiques, portugais et indiens de Lange Reihe

8

Hambourg est une ville cosmopolite. Profitez-en pour découvrir de nouvelles saveurs. Au *Café Koppel,* par exemple. Au fond d'une cour, dans une ancienne fabrique reconvertie en centre artisanal, ce lieu est consacré à la nourriture bio et végétarienne, la saucisse y est bannie. Salades, pâtes, quiches et divers petits plats du jour, ainsi que de succulents gâteaux faits maison. Jus frais, *lassi* onctueux, vins et bière bio. Une halte délicieuse au cœur de ce quartier vibrant. Citons aussi le *Vasco da Gama,* un resto portugais de très bonne facture qui propose aussi quelques plats espagnols. Large choix de poissons et fruits de mer ainsi qu'une palette de viandes et de plats du jour affichés sur une ardoise.

BON À SAVOIR : • cafe-koppel.de • vasco-da-gama-hamburg.de •

SORTIR

S'ENCANAILLER DANS LE MYTHIQUE QUARTIER SANKT PAULI

là où les Beatles firent leurs débuts

9

Une visite de Hambourg ne saurait faire l'impasse sur cet endroit à la réputation sulfureuse. Bien sûr, comme beaucoup de ses homologues alternatifs dans le monde, Sankt Pauli a vu se profiler une gentryfication rampante, et une spéculation immobilière insidieuse qui menacent son identité. Mais aujourd'hui encore, des clubs comme le *Molotow* ou le *Hafenklang* continuent de faire les beaux jours du quartier. St Pauli, c'est l'underground décomplexé. Le soir, sur la Grosse Freiheit, les enseignes clignotantes des salles de jeux, cabarets et boîtes de nuit illuminent les trottoirs. Bastion de la marginalité, c'est l'épicentre de la scène underground et alternative de la ville. La musique y a toujours tenu une place importante. C'est d'ailleurs ici que les Beatles firent leurs débuts... au *Top Ten,* au *Kaiserkeller*, à l'*Indra,* tout de cuir vêtus et enflammant leurs premiers fans de 1960 à 1962. Mais si la scène musicale est prolifique, les autres arts ne sont pas en reste. L'alternatif électrise aussi les théâtres, la rue, les squats et le club de foot. John Lennon déclara un jour : « Je suis né à Liverpool, mais je suis devenu adulte à Hambourg. » Bien vu.

BON À SAVOIR : • molotowclub.com • hafenklang.org •

ÉCUMER LES BARS COOL ET BRANCHÉS DE L'ALTONA

10

Quartier plus cosmopolite et surtout moins touristique, l'Altona faisait autrefois partie du territoire danois, et avait accueilli, avant 1940, nombre de juifs interdits à Hambourg. Au nord-ouest de la gare du même nom, sur l'Alma-Wartenberg-Platz où débouchent les rues Friedensallee et Bahrenfelderstrasse, il fait bon flâner dans ce coin aux allures de village et profiter des terrasses conviviales. On y trouve une concentration de bars dont la *Fabrik,* qui occupe une ancienne usine d'outils. Avec ses murs peints en rose et une grue sur le toit, impossible de la manquer. Elle a été réhabilitée par une association qui a mis sur pied une programmation culturelle très variée : théâtre, concerts, clubbing... Les pointures internationales comme les découvertes de *world music* se succèdent en permanence sur scène.

BON À SAVOIR : • fabrik.de •

LES DÉBUTS DES BEATLES À HAMBOURG

En août 1960, John Lennon, Paul McCartney, George Harrison, Stuart Sutcliffe et Pete Best jouaient à l'*Indra Club*, puis au *Kaiserkeller*, pour 30 DM par jour, et dormaient dans les couloirs du cinéma porno Bambi... En 1961, ils enregistrèrent leur premier disque avec le chanteur Tony Sheridan. Mais c'est en 1962, à Hambourg, que se constitua le groupe définitif : Sutcliffe mourut d'une hémorragie cérébrale et Best fut viré, remplacé par Ringo Starr. À la fin de l'année, ils cassèrent la baraque au *Star Club*. Au n° 36 de la Grosse Freiheit, une pancarte apposée au mur du *Kaiserkeller* relate le début de leur légende... Les fans feront le Hempels Beatles Tour. Une balade musicale dans le quartier avec la charmante Stéphanie, qui gratouille les airs des Fab Fours sur son ukulélé. Arrêt obligé devant les lieux où ils se sont produits et bien sûr, moment de recueillement devant les effigies de fer à leurs silhouettes de la Beatlesplatz, au croisement de Repperbahn et Grosse Freiheit. • hempels-musictour.com • Se rendre également au petit musée assez touchant sur l'histoire et la vie d'un quartier à la forte personnalité. On y découvre que les Beatles n'ont pas été les seuls à chatouiller les décibels : photos de Little Richard, Jerry Lee Lewis, Black Sabbath et Jimmy Hendrix. • kiezmuseum.de •

TESTER L'AMBIANCE DÉCONTRACTÉE DU QUARTIER DE STERNSCHANZE

11

Ce quartier, truffé d'anciens bastions, marquait autrefois la frontière avec le Danemark, lorsque le duché de Schlesswig-Holstein n'avait pas encore été annexé par la Prusse en 1866. De nos jours, même s'il s'embourgeoise peu à peu, il n'en reste pas moins un quartier idéal pour boire un verre. Les larges trottoirs de la Schulterblattstrasse sont mis à profit par une série de cafés-bars qui sortent leurs tables quand il fait beau. Un endroit sympa pour un apéro au milieu d'une population jeune et décontractée, un peu bohème.

BON À SAVOIR : sur la Sternstrasse, aller à l'*Erika's Eck*, petit bistrot d'habitués où les chauffeurs de taxi viennent, leur nuit finie, boire un café et manger un morceau. Ici, on sert à toute heure des plats consistants pour recharger les batteries après une virée dans le *Hamburg by night*. • erikas-eck.de •

SHOPPING

UN DIMANCHE MATIN, SE PERDRE AU FISCHMARKT, le fameux marché au poisson, élément majeur du folklore hambourgeois

12

Situé dans le quartier Sankt Pauli, le Fischmarkt est le vieux marché au poisson, mais aujourd'hui, la vente des produits de la mer est devenue accessoire : on s'y rend autant pour l'ambiance que pour y faire ses courses ! On marchande son kilo de bananes, on écoute plaisanter les marchands au milieu de stands de brocanteurs, de bijoux, de vêtements, de fleurs ou de légumes. Tous les dimanches, dans la magnifique halle en bord de fleuve, une animation musicale a lieu dès 5h. Exit la vente de poissons à la criée, de nombreux stands où s'abreuver et manger. Continuez le long de l'*Elbstrasse* pour une belle promenade à pied le long du port, avec la vue sur le nouveau phare de la ville, la Elbphilharmonie.

BON À SAVOIR : et pour les amateurs de design, une visite au Stilwerk s'impose. Dans une ancienne brasserie s'est installé le temple des designers contemporains. • stilwerk.de •

SE LANCER DANS UNE VIRÉE SHOPPING À NEUSTADT

13

Neustadt, la « ville nouvelle », n'est pas si nouvelle puisqu'elle date du Moyen Âge. Bon, il n'en reste plus grand-chose... Les amateurs de shopping seront comblés : on ne compte plus les galeries commerciales ! Les passages couverts autour de Gänsemarkt ou sur Jungfernstieg abritent les magasins des plus grandes marques de vêtements, chaussures et bijoux.

AGENDA DES FÊTES, FESTIVALS ET ÉVÉNEMENTS

MAI : fête du Port

Au mois de mai (le 2e week-end du mois), Hambourg fait la fête à son port.

SEPTEMBRE-OCTOBRE : Oktoberfest

La dernière semaine de septembre et la première d'octobre, c'est la grande fête de la Bière, l'Oktoberfest.

3 OCTOBRE : fête nationale

Elle marque la réunification. Tout est fermé ce jour-là.

DÉCEMBRE : les Weihnachtsmärkte (marchés de Noël)

Tout le mois de décembre ils s'installent dans de nombreuses villes : artisanat, vin chaud à la cannelle, saucisses à gogo, pains d'épice...

Hôtel de Ville

HELSINKI

2H50
AU DÉPART DE PARIS
(EN *LOW-COST*, ESCALE À PRÉVOIR)

Comme toute la Finlande, Helsinki vit en harmonie avec la nature. Prenez le bateau pour les îles de l'archipel, louez un vélo et empruntez les pistes cyclables jusqu'à la plage, baladez-vous dans l'un des innombrables parcs où s'exercent les joggeurs l'été et les skieurs l'hiver. *Mêlez-vous à sa jeunesse tonique, et plongez-vous à corps perdu dans l'animation des nuits de fin de semaine, qui n'a rien à envier à celle des plus actives de nos grandes villes continentales. Prenez le pouls d'un foyer culturel vivant où vous n'aurez que l'embarras du choix des spectacles. Et gardez du temps pour visiter ses musées, pour vous émerveiller d'une confrontation architecturale permanente mélangeant adroitement néoclassicisme, Art nouveau et réalisations contemporaines.*

BUDGET	€€€
CULTURE	★★☆☆
CUISINE	★★☆☆
SHOPPING	★★☆☆
VIE NOCTURNE	★★★☆

SE REPÉRER

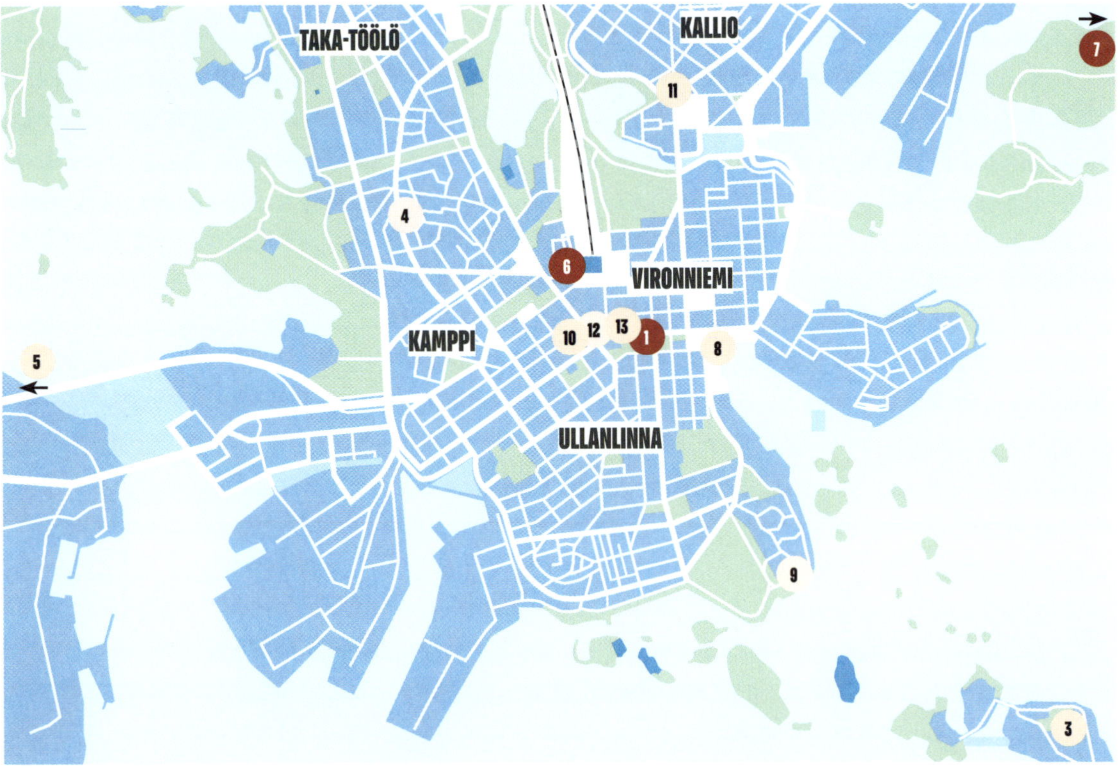

1

FLÂNER SUR L'ESPLANADE DE HELSINKI

par une nuit blanche de juin où la douceur de l'air incite aux rencontres

L'Esplanade est une large avenue verdoyante, plantée de tilleuls dont les plus vieux datent de 1840, et bordée de cafés aux larges baies vitrées. Lieu de rendez-vous populaire, surtout lors des folles nuits de fête, elle est le cœur d'Helsinki. Aux beaux jours, bateleurs et baladins y déambulent, et des concerts gratuits y sont organisés. La promenade conduit naturellement à la place du Marché et au port. Au loin, les îlots s'égrainent.

SILLONER LES PISTES CYCLABLES DE LA VILLE

et se retrouver rapidement en pleine nature pour prendre un bon bol d'air

2

Un extraordinaire réseau de pistes cyclables s'étend jusqu'aux abords du parc national de Nuuksio, au milieu d'immenses forêts où vous pourrez prendre un formidable bol d'air. Vous trouverez à l'office de tourisme un dépliant suggérant trois belles et faciles balades : une urbaine de 17 km (compter 2h30 sans forcer) et deux plus nature de 23 km (3h) et 37 km (4h30) ; la dernière vous conduisant aux jardins ouvriers de la ville, et à une tour d'observation des oiseaux donnant sur un marais sauvage.

PRENDRE LE BATEAU POUR SUOMENLINNA

où se trouve l'ancienne forteresse qui défendait la rade de Helsinki

3

Helsinki possède 98 km de côtes, pour une superficie de 187 km^2 dont 315 îles et îlots. Quelques-unes de ces îles sont aménagées comme Suomenlinna, où une ancienne forteresse fut bâtie à partir de 1748. Les Suédois passèrent plusieurs dizaines d'années à construire le plus grand complexe militaire de leur histoire, pour le céder aux Russes, sans combat, en 1808 ! Vous y verrez quelques ouvrages remarquables (le radoub, l'une des cinq églises-phares au monde, etc.), mais c'est surtout un lieu de divertissement et de promenades. On chemine au milieu de vieilles maisons en bois, d'installations militaires austères et de casemates à l'abandon. On y tutoie aussi l'océan par des sentiers suivant son dessin tortueux.

BON À SAVOIR : en été, 2 petites plages attirent les amateurs de bronzette, les oiseaux migrateurs animent l'intersaison, l'hiver amène le silence et l'immensité de l'étendue glacée. Départs de la pl. du Marché pour des balades en bateau. • suomenlinna.fi •

SUR LES PAS D'ALVAR AALTO

Une façon originale de découvrir Helsinki est de partir sur les traces du designer et architecte Alvar Aalto. Dès les années 1930, ce chef de file du design finlandais a marqué son époque par sa vision proche de la nature et de l'humain, à une période où le Bauhaus tenait le haut du pavé avec une approche plus technique. Sa renommée internationale se fera grâce à son travail du bois, du verre et des formes organiques souples. Parmi les plus connus de ses objets : les meubles en bois lamellés-collés cintrés (comme le fauteuil *Paimo*), le tabouret à trois pieds créé en 1933, ainsi que le vase *Savoy* de 1936. Pour commercialiser ces articles d'aménagement de la maison moderne, Alvar Aalto, sa femme Aino et deux autres associés fondent en 1935 la société Artek, avec pour objectif d'apporter une esthétique de la vie quotidienne, grâce à des meubles et à des objets modernes adaptés au mode de vie émergent.

LE SAUNA

Si vous n'avez jamais osé, c'est l'occasion ou jamais ! Le sauna fait partie de la vie quotidienne, si l'on en croit cette maxime populaire : « La première année, le Finlandais construit son sauna, la seconde année, il construit sa maison autour. » Une véritable institution qui a fait son entrée au patrimoine culturel immatériel de l'Unesco en décembre 2020. Son rôle est hygiénique (nettoyage en profondeur de l'épiderme) et sanitaire (amélioration de la circulation sanguine en alternant le très chaud et le très froid) autant que social. Le sauna, c'est comme la table en France : les Finlandais s'y retrouvent pour discuter. C'est un lieu de paix où il est très mal vu de jurer, de se quereller ou même de parler fort : « Au sauna, conduis-toi comme à l'église », dit un proverbe finlandais. Un sauna se prend en famille, entre amis, après le sport, avec les relations de travail. Il n'est mixte qu'en famille ou entre amis proches. On trouve un sauna dans tous les bâtiments finlandais, y compris les entreprises. Le pays en compte un pour trois habitants. Le plus réputé à Helsinki est celui de Kotiharju • kotiharjunsauna.fi •

VOIR L'INSOLITE TEMPPELIAUKIO KIRKKO

une église unique construite dans la roche

4

Unique : une église circulaire partiellement creusée dans la roche. Seul le pourtour du dôme de cuivre laisse passer la lumière. Intelligence et harmonie des formes, du mélange des matières. Ici, c'est la roche qui est la base de la structure. Le dôme ressemble à une panière d'osier tressé posée à l'envers, suspendue par 180 rayons de béton et autant de vitres. Béton, cuivre et granit cohabitent à merveille. Récompense suprême de ce travail audacieux achevé en 1969, une acoustique parfaite à laquelle n'osaient rêver les architectes, les frères Suomalainen. Si vous en avez l'occasion, essayez d'assister à l'un des nombreux concerts qui y sont donnés.

BON À SAVOIR : Lutherinkatu 3. Ne pas manquer non plus d'aller admirer les remarquables fresques médiévales de la cathédrale d'Espoo (Kirkkopuisto 5).

RÊVER D'HABITER LA MAISON IDÉALE

dessinée par un trio d'architectes géniaux sur le domaine de Hvitträsk à Espoo

5

Haut lieu de l'Art nouveau finlandais, le domaine de Hvitträsk fut construit en 1903 par les architectes influents de l'époque : Saarinen, Lindgren et Gesellius. L'édifice principal est devenu musée. C'est un véritable voyage dans le style romantique national, un étonnant mélange de modernité, de clarté et d'éléments d'inspiration médiévale, un souci permanent d'organiser l'espace en fonction des rythmes de la nature.

BON À SAVOIR : • kansallismuseo.fi/en/hvittrask • Visite guidée en anglais gratuite, mer-dim à 15h.

6

VISITER LE MUSÉE D'ART CONTEMPORAIN KIASMA

bâtiment étincelant imaginé par l'architecte américain Steven Holl

Un lieu incontournable pour les amoureux d'art contemporain ! Le hall d'entrée mérite à lui seul le détour pour la beauté de son architecture moderne, ses grandes baies vitrées et son atmosphère lumineuse. Les réserves contiennent plus de 8 000 œuvres d'artistes finlandais et internationaux, dévoilées tour à tour dans les salles de ce grand paquebot.

BON À SAVOIR : • kiasma.fi • Fermé lun ; gratuit moins de 18 ans et pour tous le 1er ven du mois.

7

SE PROMENER DANS LA VIEILLE VILLE DE PORVOO
qui semble tout droit sortie d'un conte de fées

La promenade dans la vieille ville avec ses petites maisons de bois peint blotties entre colline et rivière est un enchantement. Reconstruite au XVIIIe s selon le plan médiéval, après le dernier incendie, c'est un entrelacs de ruelles aux pavés irréguliers, au milieu de maisons en bois bâties au bord du fleuve ou enfouies dans des jardinets clos. Musardez dans les cours fleuries et colorées qui permettent de passer d'une rue à l'autre. Calme, très vert. Venez-y tôt le matin pour éviter la foule. Pour une vue d'ensemble, prenez le sentier en sous-bois de l'autre côté de la rivière, entre les deux ponts.

BON À SAVOIR : à 50 km au nord-est d'Helsinki. Visites guidées en anglais : départ de Raatihuoneentori, à côté du musée. Fin juin-début août, tlj sf dim à 14h ; début juin et fin août, sam slt. • visitporvoo.fi •

SAVOURER

FAIRE UNE ÉTAPE GOURMANDE SUR LES MARCHÉS DE LA VILLE
pour y goûter les spécialités finlandaises

8

Une flopée de petits restos et d'étals de fruits et légumes se partagent le pavé sur la place du Marché (Kauppatori) à Helsinki. Attention, les fruits se mesurent au litre ! Pratique pour les myrtilles, moins évident pour les pommes… À deux pas, le Old Market Hall (Wanha Kauppahalli), une halle de brique construite en 1889, dans laquelle se succèdent de mignonnes échoppes aux devantures en bois rouge qui méritent aussi une étape. Viandes séchées, saucisses, poissons fumés, tartines de *gravlax,* barquettes caréliennes et pains traditionnels, rien ne manque pour un repas sur le pouce ou un alléchant casse-croûte à grignoter, par exemple, sur le front de mer d'Ehrenströmintie. Enfin, un peu moins centrale que la précédente mais tout aussi sympa, Hietalahden Kauppahalli, la deuxième plus vieille halle de la ville (1903).

FAIRE UNE PAUSE DÉJEUNER SUR LA TERRASSE DU *CAFÉ URSULA*
l'un des cafés préférés des habitants d'Helsinki

9

En bord de mer, en lisière du parc de Kaivopuisto, c'est l'un des lieux favoris de détente des habitants de la ville et un très agréable but de promenade. Sa terrasse est idéale pour respirer l'air marin, les yeux rivés sur les forts de Suomenlinna et le trafic du port. Si les prix des plats et buffets sont attractifs le midi, il en va autrement le soir. Magnifique lumière au soleil couchant.

BON À SAVOIR : Ehrenströmintie 3. • ursula.fi •

AURORES BORÉALES

Le phénomène naturel le plus notable de la Finlande est celui des aurores boréales. *Northern lights* en anglais et *revontuli* en finnois, ce qui se traduit par… « le feu du renard ». En effet, les anciens imaginaient que ces lumières étaient créées par un renard balayant le ciel avec sa queue. Moins poétique est la réalité : ce phénomène est provoqué par des éruptions solaires très puissantes, pendant lesquelles de grandes quantités de particules s'échappent et forment le vent solaire. Le champ magnétique naturel de notre planète lui assure une protection mais celle-ci est affaiblie au niveau des deux pôles magnétiques. Cela a pour effet de générer parfois ces stupéfiants embrasements. Ils se produisent à n'importe quel moment de l'année mais ne sont visibles que de nuit et, bien sûr, à condition que celle-ci soit sans nuage. La période la plus propice pour les observer s'étend de février à avril.

SORTIR

ADMIRER LA BAIE DE TÖÖLÖ, LA BALTIQUE ET HELSINKI DEPUIS LA TERRASSE DE L'*ATELJEE BAR*

au 12e étage de l'hôtel *Sokos Torni*

10

Il faut prendre l'ascenseur jusqu'au 12e étage du *Sokos Torni,* situé au centre d'Helsinki, puis grimper par le petit escalier en colimaçon pour atteindre l'*Ateljee Bar* et ses deux terrasses riquiqui. Là, s'offre une vue absolument imprenable sur l'ensemble de la ville et ses environs : la baie de Töölö, le palais Finlandia, la coulée verte de l'Esplanade, les deux cathédrales, la vieille église, les ferries qui filent à l'horizon entre les grappes d'îlots. L'été, lorsque le soleil n'en finit pas de se coucher, c'est magique…

BON À SAVOIR : ouv tlj. Les boissons ne sont pas données…

SORTIR DANS LES BARS ET BOÎTES DU QUARTIER DU KALLIO

quartier populaire et très vivant

11

Un des meilleurs spots pour sortir des sentiers battus et découvrir les adresses cachées. Dans ce quartier populaire, les boissons y sont généralement moins onéreuses que dans le centre. On vous conseille particulièrement le *Kuudes Linja,* boîte archicélèbre parmi les jeunes clubbers pour ses DJs invités qui mixent le meilleur de la techno et de l'électro.

BON À SAVOIR : accès notamment par les trams nos 3B et 3T, ou le métro (M. : Sörnäinen). • kuudeslinja.com •

SHOPPING

DÉCOUVRIR LE DESIGN FINLANDAIS

et craquer pour un objet d'Alvar Aalto

12

Avis à ceux qui quitteront le pays avec une admiration sans borne pour le génie d'Aalto : la boutique *Artek* vend la série complète des créations de l'artiste pour l'aménagement de la maison, mobilier compris. *Iittala Shop* édite de nombreux objets pour la maison, notamment le vase *Savoy* d'Alvar Aalto et les verres et carafes d'Aino Aalto. Allez voir aussi le *Centre Arabia,* le siège de cette célébrissime fabrique de porcelaine abrite plusieurs magasins, dont celui de la maison mère, *Iittala.* Le design finlandais y est décliné des arts de la table au mobilier en passant par le textile… Mais les prix restent élevés, malgré les fins de séries et 2e choix.

BON À SAVOIR : • artek.fi • arabia.fi • iittala.com •

S'OFFRIR UNE RÉÉDITION D'UN MOTIF ANNÉES 1950 CHEZ *MARIMEKKO*

une référence dans le monde de la mode en Finlande

13

Ses motifs, des rééditions des années 1950-1960 pour la plupart, font aujourd'hui le tour du monde. Vous trouverez l'habillement au 1er étage et le linge de maison au sous-sol.

BON À SAVOIR : • marimekko.com •

AGENDA DES FÊTES, FESTIVALS ET ÉVÉNEMENTS

30 AVRIL ET 1er MAI : fête du Travail et des Étudiants

Une explosion de joie collective fête l'arrivée du printemps. Helsinki ferme boutique, boit, chante et danse. Le coup d'envoi officiel de la fête est à 18h le 30 avril, lors de la cérémonie du Chapeau : une école supérieure, choisie par roulement, dépose cérémonieusement un couvre-chef blanc sur la statue de Havis Amanda. S'ensuit une nuit de libations extrêmes dont les Nordiques ont le secret. Rendez-vous le lendemain au Kaivopuisto, pour un pantagruélique pique-nique qui mériterait de figurer au Guiness World Records : plus de 100 000 personnes y participent avec victuailles, bouteilles, barbecue et musique. Inoubliable !

MI-JUIN : Journées provinciales

3 jours sur la pl. du Sénat. Une kermesse où, chaque année à tour de rôle, une région se présente. Expositions. Vente de produits artisanaux et de spécialités gastronomiques. Chants et danses.

12 JUIN : Helsinki Day

Fête folklorique marquant l'anniversaire de la fondation de la ville ; sur l'Esplanade, la place du Sénat et au parc de Kaivopuisto.

2de QUINZAINE D'AOÛT : Festival de Helsinki

Un programme qui ne laisse indifférents qu'ermites et misanthropes. Beaux-arts, pop, rock, jazz, ciné, théâtre, danse, musique classique et contemporaine sont pratiqués par les plus grands artistes du pays et une pléiade d'invités étrangers. Point d'orgue : la Nuit des arts, une Nuit blanche à la sauce finlandaise. • helsinkifestival.fi • Partie intégrante du festival, Art goes Kapakka (• artgoeskapakka.fi •) propose spectacles et concerts gratuits dans différents restos, cafés et bars de la ville.

OCTOBRE : marché aux harengs baltiques

Au cours de la 1re quinzaine d'octobre, sur la place du Marché. Pendant 1 semaine, les pêcheurs vendent leurs produits. Concours du meilleur hareng et de la meilleure recette. Vivant et populaire.

13 DÉCEMBRE : procession à Sainte-Lucie

Place du Sénat. Dans la neige et la nuit, un cortège dédié à la lumière. Pour démontrer que celle-ci tire son pouvoir de l'obscurité qui l'entoure et la met en valeur.

Les quais et la cathédrale Uspenski

IBIZA

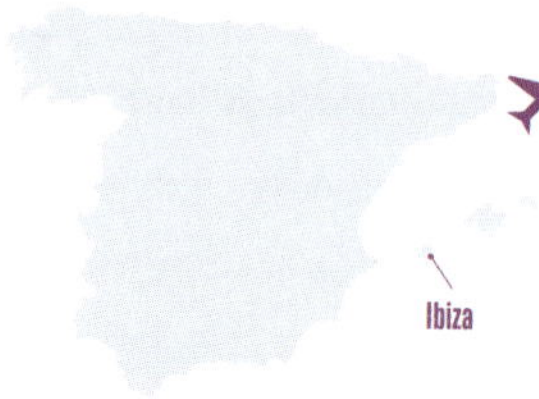

1H55
AU DÉPART
DE PARIS

Ibiza, une île mythique, un nom qui fait toujours rêver…
De nombreuses petites criques, des eaux claires, une terre rouge plantée de caroubiers, d'orangers, de citronniers, d'amandiers, de figuiers, le tout parsemé de belles fincas traditionnelles en pierre sèche. Ce havre de volupté, déniché par les hippies dans les années 1960, a connu un développement exponentiel du tourisme de masse. Mais Ibiza continue de plaire, avec ses petits chemins de randonnée, ses villages esseulés, ses criques paradisiaques, et toute sa partie nord nettement plus préservée, mais aussi avec ses extravagantes soirées. Cette île de la Méditerranée présente un intérêt historique et culturel reconnu, puisque Carthaginois, Romains, Byzantins, Almoravides et Catalans s'y sont succédé et y ont laissé leur empreinte, bien avant l'arrivée du flower power et de la techno.

BUDGET	€€€
CULTURE	★★☆☆
CUISINE	★★☆☆
SHOPPING	★★☆☆
VIE NOCTURNE	★★★★

SE REPÉRER

DÉCOUVRIR

1

À EIVISSA, CAPITALE DE L'ÎLE, LONGER LES REMPARTS DE LA VILLE HAUTE
âgée de 2 600 ans, classée au Patrimoine de l'humanité par l'Unesco

Eivissa est l'une des cités les plus anciennes du monde. Depuis les Phéniciens, en passant par les Romains, les Arabes et jusqu'aux Catalans actuels, tous ont laissé des vestiges. La vieille ville (Dalt Vila) aligne de remarquables témoignages de toutes ces cultures successives : citernes phéniciennes, statues romaines, remparts musulmans médiévaux, vestiges du gothique catalan et muraille Renaissance... Un véritable livre d'histoire à ciel ouvert.

BON À SAVOIR : depuis les remparts, magnifiques points de vue sur le port, la cathédrale et les rues colorées.

PROFITER DE LA BAIGNADE DANS LES EAUX CRISTALLINES
des magnifiques criques et calanques de l'île

2

Sorti d'Eivissa et de Sant Antoni, place aux criques isolées. Dans le coin de Sant Jordi, au nord de la plage d'Es Codolar, se trouve l'adorable crique de Sa Caleta, si encaissée qu'on la croirait découpée à la petite cuillère dans du pain d'épice. C'est ici que les Phéniciens s'établirent avant d'élire le site d'Eivissa. Près de Santa Eulària, on tombe sur la charmante Cala Niu Blau. On déjeune ou on dîne pratiquement les pieds dans l'eau dans le *chiringuito* qui s'est installé à l'ombre de ses pins. Toute une série de belles plages à proximité de Sant Joan : Cala Benirràs, cernée par la végétation, était l'un des hauts lieux des rassemblements hippies. Des mini-Woodstock y étaient jadis organisés les soirs de pleine lune. Enfin, dans les environs de Sant Antoni, juste après la Cala Salada, se trouve une petite crique paradisiaque...

BON À SAVOIR : l'office de tourisme délivre une carte répertoriant toutes les plages et toutes les calanques, avec chacune sa petite photo. On peut également choisir sa plage via l'excellent site du ministère de l'Environnement • miteco.gob.es •

S'ÉLOIGNER DES VIBRATIONS DES AMPLIS
pour loger dans une vraie *finca* isolée dans la campagne

3

L'éloignement de la bouillante Eivissa est gage de sommeil. Si votre budget vous le permet, optez pour un séjour en agrotourisme dans une *finca*... *Can Martí* est une superbe *finca* rurale (une vraie !), vieille de plus de 400 ans et restaurée selon des critères écolos, où l'on pratique également une activité agricole totalement bio (amandiers, caroubiers, oliviers et légumes de la ferme). On loge dans d'adorables studios décorés avec goût ou dans une petite maison à l'orientale, tous équipés d'une cuisine... Recyclage de l'eau et électricité solaire. Face à vous, un magnifique paysage agricole sur 17 ha tout droit sorti d'un tableau flamand... Une vraie piscine écologique (l'eau est régénérée par les plantes) pour faire trempette parmi les mousses, et hammam cosy. Une très belle adresse pleine de sérénité. En plus, les proprios reversent 5 % de leurs gains à une ONG.

BON À SAVOIR : • canmarti.com • Également de belles adresses sur : • jardinesdepalerm.com • lesterrasses.net • cancurreu.com • Pour explorer cet environnement, nombreux itinéraires à VTT le long des *caminos* aménagés par l'office de tourisme, entre collines, *calas* et *fincas* ; topos téléchargeables sur • ibiza.travel/fr • et dispo à l'office de tourisme de l'île, à Eivissa.

OBSERVER TOUTES SORTES D'OISEAUX MIGRATEURS

au parque natural de Ses Salines, classé réserve naturelle

4

La zone de Ses Salines est un paradis pour les oiseaux migrateurs – on peut y observer flamants roses, échasses, faucons d'Éléonore... Le parc fait désormais partie du réseau Natura 2000 de la Communauté européenne en raison de la richesse de sa biodiversité, et est inscrit au Patrimoine de l'humanité par l'Unesco depuis 1999 (et comprend aussi d'ailleurs les salines de Formentera et les îlots Espalmador). Vous pouvez vous promener sur les chemins de terre au milieu des bassins, à vélo ou à pied.

BON À SAVOIR : pour piquer une tête, la plage de Ses Salines, son sable fin et ses eaux turquoise, au sein du parc.

APRÈS UNE BALADE DANS LE VILLAGE TYPIQUE DE SANT CARLES DE PERALTA, S'ATTABLER SOUS LA TONNELLE DU BAR *ANITA*

qui fut l'un des points de ralliement des hippies

5

Le village a l'une des plus belles églises de l'île (azulejos, croix grecques, beaux autels tout en bois). La région était très fréquentée par les amoureux de la nature et de la solitude, non seulement pour la beauté et la tranquillité des alentours, mais aussi parce que, à l'époque, il y avait dans ce secteur de nombreuses *fincas* à louer à bas prix. Aujourd'hui, on y vient surtout pour le marché hippie Las Dalias, même si l'ambiance a considérablement évolué. Le café du village, le bar *Anita,* a longtemps été le point de ralliement de tous les hippies dans les années 1970. C'est toujours une institution locale et typique pour prendre son *cortado* sous la tonnelle et goûter un bon *bocadillo tostado* au *jamón serrano* (jambon cru). Finir par l'une des excellentes *hierbas ibicencas.* Petit hic : situé dans un vrai tournant où les voitures hésitent parfois à s'embrasser sur la bouche.

BON À SAVOIR : • lasdalias.com • Marché toute l'année le sam, et des nocturnes en été les dim, lun et mar. En été, tous les mer à 23h, spectacle « Namasté » d'inspiration indienne qui finit en fête tout court : musiques, danses, restauration végétarienne... Las Dalias est devenu un spot nocturne à part entière.

SAVOURER

ATTAQUER UNE FRITURE DE POISSONS CROUSTILLANTE

dans une paillote au fond d'une crique turquoise

6

En bref, rendre hommage à la vraie cuisine ibicenca et ses délicieuses spécialités à base de poissons et fruits de mer. Par exemple dans la crique de cala Mastella, au restaurant *El Bigotes,* le resto le plus insolite de l'île, tenu par un couple de pécheurs : une authentique cuisine au feu de bois qui fait frétiller les narines, directement les pieds dans le sable. Une adresse toute simple, familiale et généreuse

BON À SAVOIR : ouv Pâques-fin oct, tlj seulement le midi ; attention, il faut réserver avant par tél ☎ 650-79-76-33.

SE RÉGALER D'UN BON SANDWICH AU THON ET AUX ANCHOIS

sur le marché d'Eivisa, avant d'attaquer les marches vers Dalt Vila

7

Au pied de la muraille et de Dalt Vila se trouve le marché, de style temple grec. Dans une petite guérite familiale à l'entrée, sous les halles, vous pourrez repartir avec un bon sandwich au thon et aux anchois, câpres et olives. Sinon, non loin de là, chez *Can Gourmet,* qui allèche les passants avec des jambons supendus, vous choisirez la garniture de votre sandwich sur le tableau noir : *bresaola, pata negra, sobrasada.* Également des sandwichs végétariens bien garnis et délicieux.

BON À SAVOIR : Can Gourmet, c/ de Montgri, 18B.

SORTIR

APRÈS AVOIR DANSÉ TOUTE LA NUIT,
prendre un bon petit déjeuner chez *Croissant Show*

8

C'est la croissanterie des noctambules qui rentrent se coucher au petit matin. On y assiste au spectacle des clubbers qui viennent ici siffler un énième verre. Une adresse qui, depuis longtemps, fait aussi l'unanimité pour ses (authentiques) croissants au beurre des Charentes. Les spécialités du lieu : le croissant aux amandes et le nougat-pomme. Il y a même des formules petit déj avec foie gras, caviar et champagne. Plus classiques, des jus de fruits pressés devant vous avec des produits locaux et des toasts tartinés de confiture maison. Belle terrasse au cœur de l'animation avec vue sur les remparts, bondée du matin au soir (et vice-versa).

BON À SAVOIR : pl. Constitució, 2, Eivissa. Presque tte l'année, tlj 6h-minuit (7h-23h en hiver). C'est un spectacle surtout à l'aube.

SE RENDRE EN SOIRÉE À SANTA GERTRUDIS DE FRUITERA,
au centre de l'île

9

Vous y profiterez de la belle ambiance de sa petite place et de l'agréable terrasse de l'incontournable *Bar Costa*. Un petit bourg sans mystère mais bourré de charme et une jolie place de village avec son habituelle église fortifiée et ses petits cafés traditionnels (rapidement devenus branchés). Là, les papis du coin jouent aux cartes et quelques vrais artisans y sont installés. Sur la place de l'église, le *Bar Costa* attire à lui seul chaque samedi soir tous les *Ibicencos*. Terrasse sur la rue piétonne, très agréable le soir. Petites chaises et tables basses sur lesquelles sont servis les fameux *bocadillos* de pain toasté à l'huile d'olive, à la tomate et au jambon du pays (*jamón serrano* ou *ibérico*). Un vrai délice avec un verre de rioja ou une pression. L'endroit ne désemplit pas, sa formule est simple comme le monde… et l'on s'y sent bien avec cette formidable ambiance.

DANSER JUSQU'AU COUCHER DU SOLEIL LES PIEDS DANS LE SABLE
sur la plage d'En Bossa ou de Ses Figueretes

10

Les bars des plages proches d'Eivissa sont une belle alternative aux énormes clubs. On danse alors « les pieds dans l'eau », un cocktail à la main, avec le loisir de se vautrer sur quelques canapés ou carrés à baldaquins au cours de *before* endiablés ! Les bars dansants les plus tendance se trouvent presque tous sur la plage d'En Bossa. Ambiance électrique dès l'heure du goûter (l'heure du petit déj pour certains) qui marque le début des hostilités pour la nuit qui s'annonce. Ici on ne plie sa serviette que sur le coup de 23h pour aller « déjeuner » avant d'atteindre le *dance floor* sur le coup de 2-3h. Plus près d'Eivissa, la *platja* de Ses Figueretes, une plage en pleine ville, est comme une petit Ipanema méditerranéen avec au loin Formentera qui s'évanouit dans les brumes de chaleur… Autre alternative, à l'heure de l'apéro, rejoindre le très animé quartier Sa Penya d'Eivissa qui rassemble de nombreux bars à l'ambiance déjantée…

HIPPIES

Le climat *ibicenco*, et sa torpeur loin des bouleversements du reste de l'Europe, ont attiré dès les années 1960 le mouvement hippie, qui succéda à la beat generation des intellos américains. Il suffisait de vouloir vivre ses passions et ses désirs avec le minimum de contraintes matérielles et sociales… L'île s'y prêtait à merveille. Pas besoin de vivre dans des grottes comme à Matala en Grèce ; ici, le logement était facile d'accès. Beaucoup de maisons de campagne, tout comme celles de la Peña et de Dalt Vila à Eivissa, furent délaissées à cause de leur manque de confort, au profit d'appartements modernes, avec eau et électricité, édifiés dans de nouveaux quartiers. Tous ces points de chute providentiels servirent de foyers aux nouveaux arrivants. Quant à la manière de se faire quelques sous, les articles rapportés des transhumances hivernales vers l'Inde et l'Asie devaient pouvoir suffire. Les marchés d'Ibiza devinrent rapidement connus de l'Europe entière. Ajoutez à cela quelques travaux de jardinage, et c'était le paradis. Ainsi s'est créé un mouvement de marchands, de modes, de musiques orientales et d'idées, de fêtes plus ou moins inspirées de l'Inde…

IBIZA LA NUIT

« *What happens in Ibiza stays in Ibiza* », c'est bien connu. On vient ici se montrer sur la plage, boire entre copains, enterrer sa vie de garçon ou de jeune fille, faire la fête jusqu'à pas d'heure et... recommencer le lendemain. S'il n'y avait qu'un mot à retenir de l'île, ce serait *chill-out* ! Chaque discothèque se vante d'être LE spot d'Ibiza, et c'est la course à qui offrira le spectacle le plus déluré ou la soirée la plus tonitruante. Néanmoins, certains diront que ce n'est plus tout à fait comme avant. C'est un peu vrai. Aujourd'hui, aux dires de certains DJs débarqués ici quand l'île était encore un creuset de l'avant-garde techno-électro, la clientèle n'est plus très exigeante. À les entendre, on sert du « son commercial » en veux-tu en voilà, et c'est bien comme ça ! Mais après tout, les *clubbers* débarquent sur l'île pour faire la fête, s'en mettre plein les oreilles et plein le gosier.

VIVRE UNE SOIRÉE COMPLÈTEMENT DÉMESURÉE (ET PAS DONNÉE)

dans l'un des clubs mythiques d'Ibiza, le *Pacha* ou l'*Amnesia*

11

L'*Amnesia,* gigantesque boîte, est certainement le *sound-system* le plus élaboré. Jardins, mezzanines, passerelles, vieux *ladrillos,* beaux petits bars, shows suggestifs ; soirées à thème et capacité affichée de 5 000 personnes (en vrai, on atteint vite le double). Le *Pacha,* lui, installé dans une ancienne *finca ibicenca* est la boîte la plus connue d'Ibiza, qui tient debout depuis 1973, et affiche son emblème, deux cerises, dans toute la ville. Les soirées *« Fuck me I'm famous »* animées par David Guetta sont devenues une institution. On préfère la *« Flower Power »* du mardi, planant ! Du bar de la terrasse, belle vue sur le fort et Dalt Vila. Quant au *Es Paradis,* à Sant Antoni, c'est, deux fois par semaine, la *fiesta del agua* qui fait sa notoriété : sur les coups de 5h du mat, on arrose tout le monde ! La fosse se remplit d'eau en 3 mn, et ça finit en *big water party.* Un spectacle en soi !

BON À SAVOIR : • amnesia.es • pacha.com • Le *Pacha* est proche de la ville d'Eivissa et ne nécessite pas de voiture. • esparadis.com •

SHOPPING

DÉNICHER DES SONS POINTUS CHEZ *IBIMUSIC*

l'un des derniers vrais disquaires d'Eivissa

12

Ibimusic, tenue par Jean, un sympathique Bordelais avec l'accent de Toulouse, est incontournable. Vous pourrez, outre les compils des clubs, dénicher de la vraie électro, de la techno ou des sons moins « commerciaux », disons... plus pointus, plus underground. On peut écouter les disques au casque et se faire conseiller. Produits dérivés, préventes et entrées à prix réduit dans les discothèques (jusqu'à 20 € de réduc) y sont également disponibles.

BON À SAVOIR : c/ Mayor (c/ d'Enmig), 3 et 4, Eivissa.

RAPPORTER DES ESPADRILLES OU UNE PAIRE DE FAMEUSES *AVARCAS MENORQUINAS*

de la boutique *S'Espardenya*

13

Rayées, pailletées, fluo ou à dentelles, difficile de faire son choix dans les rayons d'espadrilles. N'hésitez pas à demander conseil à la petite mamie qui tient la boutique. Sinon, vous pouvez opter pour les fameuses *avarcas menorquinas,* fabriquées à partir de pneus de voiture.

BON À SAVOIR : c/ Ignasi Riquer, 19, Eivissa.

Tour Savinar et île d'Es Vedrà

AGENDA DES FÊTES, FESTIVALS ET ÉVÉNEMENTS

16 ET 17 JANVIER : Revelta de Sant Antoni

Veillée, danses et feux de joie.

MARS OU AVRIL : Semaine sainte

Depuis le dimanche des Rameaux jusqu'à Pâques. Comme dans toute l'Espagne, les confréries de pénitents *(los encapuchados)* défilent avec leurs *capuchas* et leurs flambeaux. Toujours impressionnant.

24 JUIN : fête de Sant Joan

La Saint-Jean est l'occasion de célébrer en catimini la fête païenne du solstice d'été... Feux d'artifice.

29 JUIN : fête de Sant Pere (saint Pierre, patron des pêcheurs)

Processions terrestres et maritimes (les embarcations sont décorées et fleuries), danses folkloriques et feux d'artifice.

TOUTES LES NUITS DE FIN MAI À FIN SEPTEMBRE OU DÉBUT OCTOBRE

Les folles nuits d'Ibiza sont parmi les plus connues et courues du monde, l'île est l'une des destinations majeures du clubbing en Europe. Les boîtes rivalisent chaque soir de l'été pour organiser des soirées censées être plus délirantes les unes que les autres. À la fin de la saison ont lieu les *closing* (fermeture des boîtes en attendant la saison suivante). Pour se tenir au courant de toutes les festivités, lieux et thèmes à l'appui : • ibiza-spotlight.com • Les homos pourront se procurer un petit dépliant *(Ibiza Gay Map)* recensant tous les établissements qui leur sont dédiés, ou plutôt, où l'on trouve la majorité des clients homos (principalement masculins).

Soirée au Pacha

ISTANBUL

Ici finit l'Europe, ici commence l'Asie… À cheval sur deux continents, la ville se souvient parfois qu'elle fut la Byzance des Grecs, la Constantinople de l'Empire romain d'Orient et la capitale des sultans ottomans. *À Sultanhamet, les monuments éblouissent par leur beauté depuis des siècles. La nuit, la pointe du Sérail scintille de mille lumières et revêt sa parure de diamants. Partout dans le ciel, d'énormes dômes et des minarets comme des chandeliers géants. Il suffit ensuite de passer le pont qui enjambe la Corne d'Or pour découvrir un autre visage d'Istanbul, celui d'une ville moderne et trépidante. Ou de prendre un vapur pour arriver en Asie. C'est l'Orient contre l'Occident : un combat de titans. Les Et c'est toujours Byzance, cette ville qui a ébloui l'humanité durant neuf siècles, et qui n'en finit pas de charmer le voyageur….*

3H30
AU DÉPART DE PARIS

BUDGET	€€€
CULTURE	★★★★
CUISINE	★★★☆
SHOPPING	★★★☆
VIE NOCTURNE	★★★★

SE REPÉRER

Yeni Cami, Corne d'Or

DÉCOUVRIR

S'ENGOUFFRER SOUS LES VOÛTES DE SAINTE-SOPHIE et s'émerveiller des formidables proportions de sa nef grandiose

1

L'un des symboles d'Istanbul. Sainte-Sophie fut pendant dix siècles, de 537 jusqu'à la prise de Constantinople en 1453, le plus grand monument religieux de la chrétienté. Elle fut transformée en mosquée par le sultan Mehmet II, et en musée en 1935. L'édifice est un prodige architectural : sa coupole de 32 m de diamètre culmine à 56 m du sol, reposant sur quatre énormes piliers. Le chantier nécessita plus de 10 000 ouvriers et fut réalisé en un temps record : 5 années, 10 mois et 10 jours. Les matériaux les plus riches furent employés : colonnes en porphyre rouge d'Égypte, plaques d'argent et d'or, ivoires d'Éphèse, de Baalbek et de Delphes, marbre vert d'Eubée, marbre rouge de Synada... Ce que nous voyons aujourd'hui de l'intérieur ne donne qu'une faible idée de la splendeur passée. De plus, l'édifice ayant été transformé à nouveau en mosquée à l'été 2020, les superbes mosaïques byzantines, joyaux de l'art byzantin, sont désormais malheureusement recouvertes de voilages.

BON À SAVOIR : elle est ouvert à la visite 24h/24, en dehors des heures de prière.

S'ASSEOIR SUR LE MARBRE DES COURSIVES, DEVANT LA FONTAINE AUX ABLUTIONS DE LA GRANDE MOSQUÉE BLEUE au moment de la *hishâ,* la prière de la nuit tombée

2

Savourer la mélopée du muezzin appelant à la prière, tout en détaillant les éléments architecturaux magnifiquement mis en valeur par l'éclairage. Un moment envoûtant et de grande poésie.

BON À SAVOIR : en été, c'est sur le côté gauche que les marbres, chauffés par le soleil de la journée, restituent le plus de chaleur.

BACHI-BOUZOUK !

Ce juron prononcé par le capitaine Haddock dans *Tintin* signifie « tête folle » en turc. C'est ainsi qu'on appelait les mercenaires enrôlés dans l'armée ottomane. Incontrôlables et violents, ils se livraient aux pires exactions. Leur sale réputation les précédait, et la guerre psychologique était souvent gagnée avant le premier coup d'épée !

SE LAISSER SÉDUIRE PAR LE CHARME DE LA PETITE SAINTE-SOPHIE ET DE LA MOSQUÉE DE SOKOLLU MEHMET PAŞA que 1 000 ans d'histoire (mais seulement 300 m) séparent

3

Deux véritables joyaux d'Istanbul ! La Petite Sainte-Sophie est une ancienne église byzantine édifiée au VIe s, peu avant la grande Sainte-Sophie : une merveille discrète qui conjugue art byzantin et art ottoman. Avec ses revêtements en céramique, la mosquée de Sokollu Mehmet Paşa est tout simplement l'une des plus belles de la ville.

BON À SAVOIR : accès libre en dehors des heures de prière (à partir de 14h30 ven pour la Petite Sainte-Sophie).

Pêcheurs sur le pont de Galata

4

SE LAISSER TENTER PAR L'EXPÉRIENCE DU BAIN TURC
dans l'un des plus beaux hammams d'Istanbul

Si curieux que cela puisse paraître, Istanbul possède peu de hammams proportionnellement à son nombre d'habitants. Mais s'il y en a un à ne pas manquer, c'est le *Cağaloğlu Hamamı*. Fondé en 1741 par Mahmut Ier, et dessiné par Cigalo Sinan Paşa (un Italien qui commanda la flotte turque). C'est l'un des plus beaux de la ville. À l'entrée, une galerie de portraits des clients célèbres qui ont fréquenté le lieu : l'empereur Guillaume II, le musicien Frantz Liszt, Omar Sharif, Rudolf Noureev et des stars d'Hollywood (Tony Curtis, Cameron Diaz, John Travolta...). Admirer aussi les peintures des 28 sultans de l'Empire ottoman.

BON À SAVOIR : cadre magnifique et très propre, mais prestations assez chères même si elles sont de qualité.
• cagalogluhamami.com.tr •

AVOIR LA SENSATION DE PÉNÉTRER LES ENTRAILLES DE L'ANCIENNE CONSTANTINOPLE EN DÉCOUVRANT L'IMPOSANTE CITERNE-BASILIQUE
l'un des endroits les plus mystérieux de Sultanahmet

5

Le « Palais englouti » (Yerebatan Sarayı) est l'un des monuments byzantins les plus impressionnants par sa taille. Cette citerne souterraine construite au VIe s, alimentait en eau le palais des empereurs byzantins. C'est une fascinante forêt de colonnes (336 en tout, provenant de différents temples !), qui pouvait contenir jusqu'à 80 millions de litres d'eau. Fait étrange elle fut oubliée après la prise de Constantinople. Un incontournable d'Istanbul !

BON À SAVOIR : explorée pendant la Première Guerre mondiale, on pouvait alors la visiter en barque. C'est d'ailleurs ce que fait l'intrépide James Bond dans le film *Bons baisers de Russie*, tourné en partie à Istanbul. La citerne-basilique est ouverte tlj.

RÊVER DEVANT LES DIAMANTS DU TRÉSOR DU PALAIS DE TOPKAPI

6

Sur la pointe du Sérail, qui domine à la fois la Corne d'Or, le Bosphore et la mer de Marmara, s'élève le palais de Topkapı, tel un joyau posé dans son écrin. Pendant prés de 350 ans, il fut la résidence des sultans de l'Empire ottoman. Un vaste palais aux nombreux kiosques et belvédères sur le Bosphore et la mer de Marmara, sans oublier le harem et ses 300 pièces... Mais le clou de la visite n'est autre que le trésor, une débauche d'objets précieux, d'or massif et de diamants qui scintillent dans la pénombre des vitrines. Un véritable voyage dans un conte des *Mille et Une Nuits*.

BON À SAVOIR : fermé mar. Mieux vaut commencer par la visite du trésor (la file d'attente s'allonge à mesure que l'heure avance). Photos interdites.

REMONTER LA CORNE D'OR EN BATEAU JUSQU'À LA FORÊT DE CYPRÈS ET DE TOMBES D'EYÜP

pour un pèlerinage au *Café Pierre Loti*

7

Vous verrez s'éloigner la Yeni Cami et le palais de Topkapı en vous enfonçant dans l'estuaire pendant 30 mn avant d'atteindre le débarcadère d'Eyüp. C'est au pied de la première mosquée construite après la chute de Constantinople que se trouve le tombeau d'un compagnon du Prophète. Le cimetière planté de cyprès, et dans lequel reposent plusieurs dignitaires, est un lieu plein de charme. En 15 mn de marche, on atteint le café où Pierre Loti avait, dit-on, l'habitude de venir. Super pour siroter un verre au soleil couchant.

BON À SAVOIR : accès en bateau depuis l'embarcadère de Karaköy. Accès également possible par le téléphérique situé à 100 m de l'embarcadère d'Eyüp.

RETROUVER UN PARFUM DE L'ISTANBUL D'AUTREFOIS

le temps d'un thé au prestigieux *Pera Palas*

8

Construit en 1892 pour les voyageurs de l'Orient-Express, le *Pera Palas* est une légende. Premier bâtiment d'Istanbul équipé de l'électricité, il fut un haut lieu d'espionnage dans l'entre-deux-guerres. Plusieurs personnages illustres y séjournèrent (Atatürk, Sarah Bernhardt, Greta Garbo, Hemingway, Joséphine Baker...). En soignant sa mise, on peut profiter de l'ambiance dans le salon de thé ! Le salon du *Büyük Londra Oteli* (ex-Grand Hôtel de Londres), construit en 1892 et dont le décor reste inchangé depuis le début du XXe s, est aussi très émouvant.

BON À SAVOIR : les tarifs sont aussi imposants que le mythe.

DÉCOUVRIR LES DERNIÈRES EXTRAVAGANCES DE L'ART CONTEMPORAIN

au musée d'Art moderne et dans les galeries de Beyoğlu

9

Consacré aux artistes turcs contemporains, le musée d'Art moderne est un lieu incontournable pour découvrir les dernières tendances artistiques. Il se passe aussi beaucoup de choses très intéressantes dans les galeries privées de Beyoğlu, comme Arter, Space of Art.

BON À SAVOIR : le musée est fermé le lun. Les galeries privées sont généralement gratuites.

10

PASSER DE L'EUROPE À L'ASIE

en traversant l'entrée du Bosphore sur un *vapur*

Un fascinant ballet de *vapur* se déroule sans cesse sur le Bosphore : de petits bateaux qui relient quotidiennement les 2 continents. Autant de traits d'union entre les 2 rives qui tissent l'identité de la ville. Et la nouvelle ligne de métro qui passe sous le Bosphore ne changera rien à cette magie.

BON À SAVOIR : possibilité de prendre le bâteau depuis les embarcadères d'Eminönü, de Karaköy, de Kabataş et de Beşiktaş pour la rive européenne ; d'Üsküdar et de Kadıköy pour la rive asiatique.

EMBARQUER POUR UNE CROISIÈRE SUR LE BOSPHORE
jusqu'aux rivages de la mer Noire

11

Le Bosphore est un bras fluvial mythique d'une trentaine de kilomètres qui relie la mer Noire à la mer de Marmara. Il est sillonné quotidiennement par une myriade d'embarcations de toutes sortes. En glissant le long de ses rives, on admire les palais et de magnifiques *yalı* en bois, des résidences d'été construites autrefois par de riches familles stambouliotes. Prévoir un petit moment pour la visite du musée Sadberk Hanım.

BON À SAVOIR : les départs se font principalement des embarcadères d'Eminönü et de Beşiktaş. Il existe des croisières longues (prévoir la demi-journée) et des croisières courtes (env 2h).

PASSER LA JOURNÉE SUR BÜYÜK ADA
une île au large d'Istanbul, où les voitures sont interdites

12

Büyük Ada fait partie des îles des Princes, un archipel de 9 îlots situé à une vingtaine de kilomètres au large d'Istanbul, sur la mer de Marmara. C'est l'île la plus grande et la plus cotée de l'archipel (elle compte de nombreuses demeures estivales). Une superbe promenade à faire à pied ou à vélo. Le mieux est encore de suivre les chemins douaniers : vous profiterez des parfums et des couleurs des térébinthes, pistachiers et autres conifères, mais aussi des lys, lilas, œillets et magnolias.

BON À SAVOIR : accès en bateau depuis les embarcadères d'Eminönü, de Karaköy, de Beşiktaş et de Kadıköy. Éviter d'y aller le w-e et lors des vacances scolaires des Stambouliotes, c'est bondé.

SAVOURER

MANGER SUR LE POUCE COMME LES TURCS, EN DÉVORANT UN *KUMPIR*
sur les quais du Bosphore, dans le quartier d'Ortaköy

13

Vous vous en mettrez peut-être plein les doigts pour avaler cette pomme de terre fourrée de fromage, de beurre et de crudités, mais vous vivrez une expérience très locale et vous vous rassasierez pour 3 fois rien. Et si cette patate vous paraît trop roborative, vous pourrez vous rabattre sur des *gözleme,* des crêpes fourrées.

BON À SAVOIR : les *kumpir* s'achètent dans les petits kiosques qui bordent la Köprübaşı Sokak, une rue située entre la mosquée et l'avenue principale.

SIROTER UN THÉ EN FIN D'APRÈS-MIDI,
en se laissant bercer par la mélopée des muezzins

14

Magique lorsque les appels à la prière se répondent et se répandent de minaret en minaret. Boisson nationale, le thé est cultivé sur les rives de la mer Noire. C'est un thé noir, préparé dans une double théière avec l'eau en bas et le thé en haut. On le sert dans de petits verres à col. Le *çay*, verre de l'amitié, est souvent apporté dès que l'on pénètre dans l'enceinte d'un magasin ou chez un barbier. Plusieurs endroits pour prendre le thé. Asseyez-vous à une table du *Erenler Nargile & Tea Garden* aménagé dans la cour d'une ancienne médersa vieille de 300 ans. Sinon, la terrasse du *Minar Sinan Teras Cafe* offre une vue de toute beauté sur Istanbul : du palais de Topkapı jusqu'au fond de la Corne d'Or, en passant par l'entrée du Bosphore, la colline de Beyoğlu et la tour de Galata ! Lorsque résonne l'appel à la prière, l'instant devient magique.

PAUSE CAFÉ (TURC)

Même si les Turcs consomment aujourd'hui plus de thé que de café, le petit noir d'ici est un prétexte à se détendre entre narghilé et backgammon. Un bon café turc est chauffé avec le marc et le sucre, et doit monter jusqu'à ébullition au moins trois fois. N'oubliez pas qu'un vrai café turc ne peut se boire sans un soupçon de *keyif*. Le *keyif,* vous vous en rendrez vite compte, c'est vraiment tout un art de vivre : savoir se reposer, se délecter, tout en regardant les gens passer nonchalamment dans la rue. Quand vous aurez dégusté votre café turc, il restera à trouver la personne qui vous lira le *fahl*, c'est-à-dire votre avenir dans le marc...

15

SUCCOMBER À LA DOUCEUR DES LOUKOUMS
chez l'un des plus vieux confiseurs de la ville

Les loukoums sont de petits cubes de pâte sucrée parfumée : à la pistache, à la noisette, à la rose, à la menthe, etc. Ils se vendent au poids, comme les *baklavas*. Une adresse incontournable : *Hacı Bekir,* en descendant vers Eminönü. Cette belle boutique à l'ancienne est l'un des plus vieux confiseurs d'Istanbul, créé en 1777 ! On y vend toutes les variétés de loukoums : à la noisette, aux amandes, aux noix, à la rose, à la résine de pin... Il y en a même aux épices (cannelle, gingembre, clou de girofle, etc.), tous savoureux. On conseille aussi ceux à la crème *(kaymaklı lokum)*, constitués de crème de lait de bufflonne. Rarissime et à se damner. Attention, il n'y en a pas en été.

BON À SAVOIR : • hacibekir.com •

SORTIR

FUMER UN NARGHILÉ À TOPHANE
à la nuit tombée, et s'assoupir dans les grands coussins, sous les lampions

16

Le narghilé était très répandu dans l'Empire ottoman. C'est aujourd'hui une institution qui perdure. Aux portes de l'ancienne ville de Galata, on tombe sur l'*Amerikan Pazarı* tout proche du port. Ce « bazar américain » étendu entre la Kılıç Ali Paşa Camii et la mosquée de Nusretiye est une enfilade de petits cafés turcs. Jeunes et vieux du quartier s'y retrouvent pour boire un thé, fumer un narghilé en jouant au *tavla* (backgammon). Les touristes sont rares et l'ambiance, authentique.

BON À SAVOIR : fumer un narghilé prend 1 ou 2h. Le préposé au tabac prépare le mélange, sort un embout jetable et le tuyau qui va permettre de refroidir la fumée.

SE FONDRE DANS LA MARÉE HUMAINE QUI DÉFERLE SUR L'AVENUE İSTIKLÂL
où bat le cœur de la vie moderne stambouliote de jour comme de nuit

17

En journée, c'est une frénésie commerçante bercée par le son et lumière des boutiques, dont certaines se dissimulent dans les anciens passages couverts. En soirée, une marée humaine part à l'assaut des boutiques, des restaurants et des bars où bière et *rakı* coulent à flots. Et encore plus tard, les boîtes de nuit prennent le relais. Idéal pour prendre la température de l'une des facettes d'Istanbul.

BON À SAVOIR : l'avenue est animée tlj, même le dim.

LA TRADITION DU BARBIER

Ne pas manquer, si l'on est curieux, de passer chez le barbier *(berber)* pour goûter au plaisir d'une coupe aux ciseaux, voire d'un rasage de près avec après-rasage et poils d'oreilles brûlés au briquet (étonnant mais vu !). D'abord, le barbier vous enduit d'un savon onctueux avec un blaireau. Ensuite, il vous rase avec un rasoir à grande lame comme autrefois – s'assurer toutefois qu'il change bien la lame du rasoir entre deux clients ! Puis suivent une ou plusieurs lotions, pour terminer par de la poudre de riz. Enfin, si vous lui semblez sympathique, le barbier vous fera un savant massage du visage.

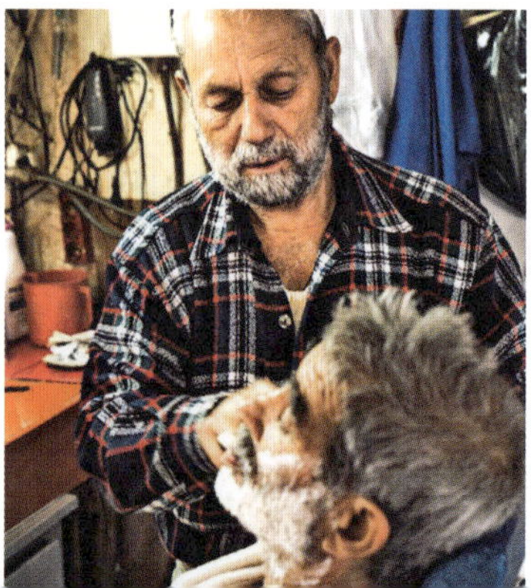

18

BOIRE UN VERRE OU DÎNER SUR UNE TERRASSE DOMINANT LA VILLE, LA NUIT

Istanbul est construite sur 7 collines, ce qui rend la visite parfois sportive. En soirée, tâchez de vous poser sur la terrasse d'un restaurant, ou même de votre hébergement, sous les étoiles. Istanbul vous apparaîtra étincelante de 1000 lumières, et animée du ballet des goélands blancs. Un pur enchantement, un moment d'une douceur indéfinissable.

BON À SAVOIR : le spectacle est encore plus saisissant à Sultanahmet, avec les minarets de la mosquée Bleue et de Sainte-Sophie.

SHOPPING

S'ÉMERVEILLER DEVANT LES ÉTALS MIRIFIQUES DU QUARTIER DU BAZAR ÉGYPTIEN
et remplir son cabas de produits qui prolongeront la magie stambouliote après le retour

19

Le Bazar égyptien a été construit en 1660, grâce aux impôts prélevés en Égypte. Tout autour, c'est un lacis de ruelles marchandes qui foisonnent de couleurs et de senteurs orientales. C'est ici que s'épanouit l'activité commerçante du vieux Stamboul depuis le XVIIe s. C'est aussi ici qu'il faut venir avant de rentrer au pays pour faire le plein de délices turcs : herbes aromatiques, confiture de rose, pistaches, saucisson de mouton, etc. Terminer la balade dans l'un des salons de thé à proximité pour déguster des *baklavas*.

BON À SAVOIR : l'activité a lieu tlj, grosso modo 9h30-19h.

DÉCOUVRIR LE SOUK DES BIJOUTIERS
au cœur du Grand Bazar

20

Le Grand Bazar, plus grand marché couvert d'Orient, existe depuis le XVIe s. Réparties dans un dédale de rues et de passages, ses milliers d'échoppes sont une véritable caverne aux merveilles : tapis, cuivres, poteries, articles en cuir, et surtout des bijoux. L'atmosphère reste très dépaysante, même si les touristes ont depuis longtemps remplacé les caravanes venues des confins de l'Empire.

BON À SAVOIR : le Grand Bazar est fermé le dim. L'or est de bonne qualité et souvent façonné à la main. Il est vendu au poids, et tous les jours son cours est inscrit dans le journal. Préférez le 18 carats. Et n'oubliez pas de marchander, avec humour et quelques sourires.

LA BOSSE DU COMMERCE

À Istanbul, le commerce est plus qu'une tradition, c'est une raison de vivre. Les vendeurs de *simit* (pain rond au sésame) portent leur plateau sur la tête, ceux de primeurs poussent leur charrette à bras entre les voitures, ceux de *sahlep* (boisson chaude) bercent de leur voix lancinante les longues soirées d'hiver. Les marchands ont leurs temples, bien sûr : le Bazar égyptien ou le Grand Bazar. *Pazar* (dimanche) est le jour du « bazar », c'est-à-dire du marché. Mais en fait, des marchés s'installent dans les rues toute la semaine : bien moins touristique mais autrement pittoresque. Une bien jolie manière de voir la ville de l'intérieur. Yesilköy, Fındıkzade, Üsküdar, Bakırköy, Tarlabası... Tous ces marchés sont très populaires et on y trouve de tout pour le quotidien, des vêtements, chaussures, tissus, petit électroménager... On n'est pas là pour acheter des souvenirs, mais bien pour déguster une tranche de vie.

CRAQUER POUR DES FRIPES ET ACCESSOIRES VINTAGE CHEZ *BY RETRO*

une étonnante boutique qui peut presque se visiter comme un musée

21

Comme son nom l'indique, on y trouve des vêtements et des accessoires d'autrefois (des années 1930 aux années 1980), vintage, comme on dit. La boutique est tenue par Hakan Vardar, un Stambouliote plein de caractère et d'idées. En sous-sol et sur 700 m^2, *By Retro* cache des pièces parfois étonnantes. Un magasin de seconde main mais pas de second choix.

BON À SAVOIR : la boutique est située tout au fond du discret passage de Syrie qui s'ouvre à hauteur du 166, İstiklâl Caddesi, et qui abrite également un barbier à l'ancienne, dont la boutique semble n'avoir pas bougé depuis les années 1920.

DÉNICHER LE BIBELOT COUP DE CŒUR CHEZ LES ANTIQUAIRES

et autres brocanteurs de la rue Çukurcuma

22

Dans le quartier de Beyoğlu, derrière le lycée de Galatasaray, les magasins déballent leur mobilier à même la rue. Les lampes, les tables, les portes en bois et les objets d'art oriental côtoient sans complexe les menuiseries, les garages et les cafés. L'un des meilleurs endroits de la ville pour chiner, avant d'aller se poser dans l'une des adresses branchées du quartier de Cihangir.

Derviche tourneur

AGENDA DES FÊTES, FESTIVALS ET ÉVÉNEMENTS

1re QUINZAINE D'AVRIL : Festival international du film

Consacre chaque année les dernières réalisations turques et rend également hommage au cinéma étranger. • film.iksv.org •

23 AVRIL : fête de la Souveraineté nationale et des Enfants

5-6 MAI : Hidrellez (fête du Printemps)

Au cours de cette traditionnelle fête du Printemps, les Turcs célèbrent le passage de l'hiver à l'été. À cette occasion, les femmes formulent des vœux, tressent des couronnes et préparent des offrandes. Dans la soirée ont lieu des fêtes avec danses, nourriture et boissons. Bonne ambiance.

19 MAI : Ffte de la Jeunesse et du Sport

Ainsi que la commémoration de l'Appel à la défense de l'unité nationale, par Atatürk, à Samsun, le 19 mai 1919. Nombreuses parades.

DE MI-JUIN À DÉBUT JUILLET : Festival de musique classique

Les plus grands noms de la scène internationale s'y sont produits, de Ricardo Muti à Montserrat Caballé en passant par Yehudi Menuhin et le ballet du Bolchoï. Les concerts de déroulent au Haliç Congress Centre, au Musée archéologique, au musée Hagia-Eirene et à l'opéra Süreyya. • muzik.iksv.org •

1re QUINZAINE DE JUILLET : Festival international de jazz

• caz.iksv.org •

SEPTEMBRRE-NOVEMBRE (ANNEES IMPAIRES) : Biennale d'art contemporain

• bienal.iksv.org •

29 OCTOBRE : fête de la République

(Cumhuriyet Bayramı), proclamée en 1923.

NOVEMBRE : Marathon d'Istanbul

Se targue d'être le seul à vous faire courir d'un continent à l'autre. À cette occasion, le pont du Bosphore est fermé à la circulation automobile.
• maraton.istanbul •

Maisons traditionnelles ottomanes

LA VALETTE

2H35
AU DÉPART
DE PARIS

Vue du ciel, la capitale maltaise ressemble à un vaisseau de pierre de calcaire doré qui s'avance tel un fer de lance dans les eaux bleues de la Méditerranée. *Avec les Trois Cités (Cospicua, Vittoriosa et Senglea) juste en face, La Valette justifie à elle seule un séjour à Malte. Ici se concentre une bonne partie du patrimoine historique et culturel de l'île : palais, musées, églises, jardins... Près de cinq siècles d'histoire vous tendent les bras, à commencer par celle des chevaliers de l'Ordre, qui fondèrent la ville pour se protéger des invasions ottomanes. Leurs traces et vestiges sont encore partout inscrits dans l'art et l'architecture de cette petite cité. Immuable et aristocratique, La Valette a tout d'un rêve de pierre surgi de l'un des plus beaux ports d'Europe. Une destination week-end à (re)découvrir, en forme de voyage dans le temps.*

BUDGET	€€€
CULTURE	★★★☆
CUISINE	★★☆☆
SHOPPING	★★☆☆
VIE NOCTURNE	★★☆☆

SE REPÉRER

1

FRANCHIR, VIA LA CONTEMPORAINE CITY GATE, LES REMPARTS DE LA VALETTE, CAPITALE DE L'ORDRE DE MALTE

et se perdre dans ses ruelles souvent pentues

DÉCOUVRIR

C'est une des plus belles capitales de la Méditerranée. Bâtie sur un éperon rocheux au milieu d'un formidable bassin abrité, formé par les baies et les péninsules des Trois-Cités, de puissantes fortifications et de gros bastions ceinturent La Valette, au point qu'un auteur français l'a qualifiée de « Carcassonne maritime »... Tout témoigne du riche passé de l'île au confluent des civilisations méditerranéennes, entre Orient et Occident. Ça et là, une cabine téléphonique rouge et des maisons à bow-windows rappellent l'héritage britannique. Ailleurs, du linge pendu aux fenêtres forme un écho plébéien aux ors des palais et des auberges portant encore les armoiries des chevaliers de l'Ordre. On se croirait à Naples ou en Sicile ! Le promeneur déambule dans un conservatoire historique de la Mare Nostrum.

CORTO MALTESE

Comment ne pas évoquer cet aventurier des mers, héros de B.D. dont les aventures ont été adaptées en dessin animé pour le cinéma ? Dans l'imagination d'Hugo Pratt, son père spirituel, Corto Maltese est né le 10 juillet 1887 à La Valette, d'un père marin britannique originaire de Cornouailles et d'une mère gitane, *la niña de Gibraltar,* née à Séville. Un sacré mélange de sang celte et gitan ! Corto Maltese est donc, comme son père, un sujet britannique puisque Malte appartenait à l'Empire britannique à cette époque. Curieusement, l'île de Malte n'apparaît jamais dans les B.D. d'Hugo Pratt (hormis dans l'album consacré à son enfance, intitulé *Mémoires*). Corto le Maltais réside officiellement à Antigua, aux Antilles...

S'IMMERGER DANS LA VIE QUOTIDIENNE D'UNE NOBLE FAMILLE MALTAISE
en parcourant les salles de la casa Rocca Piccola

2

Voici l'une des rares maisons maltaises appartenant à une vieille famille de l'île qui soient ouvertes à la visite. Construite vers 1580 par Don Pietro La Rocca, amiral de l'ordre de Saint-Jean, cette demeure fut vendue, dans la seconde moitié du XVIIIe s, à un noble maltais, le premier marquis de Piro, dont la famille habite toujours les lieux. Au long d'une petite heure de visite guidée, on parcourt une douzaine de pièces de la maison, plongeant dans l'histoire, les coutumes et les traditions de la noblesse maltaise des quatre derniers siècles. Ambiance viscontienne assurée. Une visite plus que recommandable !

BON À SAVOIR : • casaroccapiccola.com • On peut aussi y loger.

ADMIRER LES FORMES VOLUPTUEUSES DE LA *VÉNUS DE MALTE*
au musée national d'Archéologie

3

Malgré sa taille modeste, le musée d'Archéologie abrite une riche collection, avec de nombreuses pièces provenant des principaux sites archéologiques de l'île. La section consacrée aux représentations de la déesse de la Fertilité est particulièrement intéressante. Voir en particulier la belle *Femme endormie,* provenant de l'hypogée de Hal Saflieni, ainsi que l'autre fierté du musée : la *Vénus de Malte,* découverte à Hagar Qim. Cette statuette en terre n'a pas de tête car celles-ci étaient sculptées à part. Sans doute interchangeables, on pouvait ainsi les emboîter dans n'importe quel corps. Examinez ses hanches très larges et ses seins en forme de gourdes géantes, autant de critères de fertilité naguère très prisés.

BON À SAVOIR : situé dans l'*Auberge de Provence,* Republic St ; • heritagemalta.org •

VISITER LE PALAIS DES GRANDS-MAÎTRES
magnifique témoignage de la splendeur du patrimoine maltais

4

Édifié au XVIe s sous la direction du célèbre architecte maltais Girolamo Cassar, et embelli au XVIIIe s, le palais des Grands-Maîtres fut le siège du gouvernement à l'époque des chevaliers. Depuis l'indépendance de l'île, il abrite les bureaux du président de la République. Les 2 cours intérieures sont superbes. À l'étage, les appartements et les salles d'apparat sont à l'unisson : décors majestueux, toiles de maître, pièces d'armurerie exceptionnelles, fantastique ensemble de tapisseries des Gobelins illustrant la faune et la flore du Brésil... Somptueux !

BON À SAVOIR : Palace Sq, entrée par Old Theatre St. • heritagemalta.org •

REMONTER LE TEMPS ET PARCOURIR LES MOMENTS CLÉS DE L'HISTOIRE DE L'ÎLE
en version animée et ludique au *Malta 5D*

5

Un show de 20 mn qui passe efficacement en revue, les moments clés de l'histoire de Malte. C'est à la fois didactique et ludique car, outre une bonne 3D, on a droit aux sièges qui bougent et même, en guise de cinquième dimension, à des bourrasques, des embruns et des chatouillis dans les jambes, le tout bien orchestré et savamment dosé. Ça plaira autant aux enfants qu'aux vétérans ! À voir de préférence avant la visite de la ville, afin de mieux apprécier l'intérêt historique de chaque monument.

BON À SAVOIR : ne pas manquer non plus le *Malta Experience*, un montage audiovisuel de 45 mn qui permet de revivre les différentes périodes de l'histoire de Malte depuis les origines. • malta5d.com • themaltaexperience.com •

DÉCODER LES MYSTÈRES DES PIERRES TOMBALES ET LES ŒUVRES DU CARAVAGE

à la co-cathédrale Saint-Jean, d'une richesse intérieure saisissante

6

L'austérité extérieure de la co-cathédrale, joyau de l'île, contraste avec la profusion baroque de sa décoration intérieure qui n'a rien à envier aux plus belles églises italiennes. Son dallage, composé de 374 pierres tombales richement décorées sous lesquelles reposent les plus illustres chevaliers, est exceptionnel. Rien de sinistre dans ces marbres funèbres, ni dans les toiles d'un Caravage à l'apogée de son art. Ses admirables *Décollation de saint Jean-Baptiste* et *Saint Jérôme écrivant* sont des chefs-d'œuvre !

BON À SAVOIR : les flashs, les talons hauts et... les épaules nues sont interdits.
• stjohnscocathedral.com •

7

DÉAMBULER DANS LES RUELLES DU VIEUX BIRGÙ

entre les pots de fleurs, les bougainvillées et les portes cochères

Les Trois-Cités (Birgù, Isla et Bormla) rivalisent de beauté, mais des trois, Birgù, appelée aussi Vittoriosa (la Victorieuse), est la plus intéressante. Elle fut le 1er fief des chevaliers de l'ordre de Malte à leur arrivée de Rhodes. Une promenade au cœur du labyrinthe de ses ruelles entrelacées se déploie ainsi comme une trajectoire historique palpitante, du fort Saint-Ange au Musée maritime, en passant par l'église Saint-Laurent et les vieilles auberges des chevaliers.

BON À SAVOIR : pratique et agréable, y aller avec le petit ferry qui assure la navette entre La Valette et les Trois Cités ; rens sur
• vallettaferryservices.com •

LE HOLLYWOOD DE LA MÉDITERRANÉE

Il n'existe aucune production cinématographique maltaise. Néanmoins, Malte a servi de cadre de tournage à de nombreux films (plus de 200 !) : le cultissime *Midnight Express, L'Espion qui m'aimait* (un James Bond) et une première version du célèbre agent secret : *Casino Royale* (version 1967). Astérix en mission spéciale pour Cléopâtre a fait tomber une goutte de sa potion dans la timbale de *Gladiator* de Ridley Scott et sur le nez de ce pauvre *Pinocchio*. Robert Altman a reconstitué à Malte un petit port américain pour y tourner son *Popeye*, un bide retentissant dont les décors ont été transformés en parc d'attractions. Plus de succès pour la série culte *Game of Thrones,* qui a posé ses caméras dans plusieurs sites de l'archipel. Quant à Gérard Depardieu, en tournage pour *Le Comte de Monte-Cristo,* l'histoire ne dit pas s'il a apprécié les vignobles maltais...

SE FAUFILER, AU SOLEIL COUCHANT, DANS MDINA, DÉSERTÉE PAR LES TOURISTES

de ruelle en placette, de vieux palais en église

8

En franchissant l'enceinte de cette forteresse occupée par les Arabes puis par les Normands, les siècles s'envolent. Les étroites ruelles silencieuses sont coudées tous les 2 ou 3 m, pour se protéger du vent, du soleil et des flèches... Délaissée par les chevaliers au profit de La Valette, Mdina a gardé des palais aux murs dorés et une magnifique cathédrale baroque. En fin d'après-midi, la lumière donne à la pierre une teinte miellée à l'origine même du nom de l'île (Melita).

SAVOURER

SE RÉGALER D'UN POISSON FRAÎCHEMENT DÉBARQUÉ D'UN *LUZZU* (BATEAU TRADITIONNEL) ÉCLATANT DE COULEURS

sur les quais du petit port de carte postale de Marsaxlokk

9

Ancré sur la façade orientale de l'île, à 12 km au sud-est de La Valette, Marsaxlokk vit de la pêche artisanale et du tourisme. Son nom aux sonorités étranges signifie « la baie du sirocco », car, lorsque ce vent torride venu du désert d'Afrique souffle, la baie est frappée avant le reste de l'île. Sur les quais, le marché quotidien est animé le dimanche du cri des poissonniers. Allez donc voir cet adorable petit port où flotte une ribambelle de *luzzu,* ces barques colorées qui portent sur leur coque un œil peint à la proue pour chasser le mauvais sort. Jolies photos garanties !

BON À SAVOIR : marché aux poissons le dimanche matin jusqu'à 14h.

10

SAVOURER UN TRADITIONNEL *FENKATA*

civet de lapin généreusement mijoté, le plat ultra-typique de Malte, dans un resto de village

Le *fenek* ou lapin de garenne est l'une des viandes préférées des Maltais, qui le mangent en ragoût ou en sauce, avec des frites ou des pâtes. On le décline aussi en *torta-tal-fenek*, lapin mariné et cuit dans une sauce au vin rouge, puis servi en croûte. Le *fenek mogli* est un lapin frit assaisonné d'ail et de laurier, cuit dans du vin blanc. La sauce au lapin accompagne souvent les spaghettis. Proposé partout ou presque, c'est un plat économique et très bon quand il est bien réalisé.

BON À SAVOIR : dans le village de Mġarr (sur Malte), le resto *Il-Barri* en a fait sa spécialité. Attention, fermé le lundi.

ENTRE DEUX VISITES, DÉGUSTER UN *PASTIZZ* (CHAUSSON OU FRIAND TRADITIONNEL À LA PÂTE FEUILLETÉE)

et s'en barbouiller les moustaches

11

Dans les ruelles, les marchands de *pastizzi* proposent des friands tièdes fourrés à la ricotta ou aux petits pois (il en existe également aux anchois et aux olives ou à la viande, mais c'est plus rare) : délicieux, pas chers et ô combien nourrissants ! Même s'ils sont salés, ils sont proposés comme des pâtisseries. Aussi populaires, les qassatat ressemblent à des minitourtes au fromage à base de pâte brisée.

SORTIR

FAIRE UNE PAUSE À LA TERRASSE DE L'HISTORIQUE *CAFFE CORDINA*

à l'ombre du palais des Grands-Maîtres, le nez dans une glace

12

Fondé en 1837, le café occupe une bâtisse qui fut d'abord la Maison du Trésor de l'ordre des Chevaliers, puis le *Grand Hotel* et enfin le Casino Maltese, avant de devenir ce lieu décoré dans un vague style « austro-hongrois ». Sa voûte est ornée de peintures signées Giuseppe Cali, qui évoquent les grands épisodes de l'histoire de Malte, tandis que la terrasse, aux larges parasols accolés, occupe la majeure partie de Republic Square, à l'ombre du palais des Grands-Maîtres. Autant dire que ce café, très couru mais vraiment agréable pour boire un verre entre deux visites, est une institution...

BON À SAVOIR : • caffecordina.com•

LES VINS MALTAIS

Il existe une longue tradition de vins maltais. Planté par les Romains, mis en sommeil par l'occupation musulmane, le vignoble se développa à nouveau avec l'arrivée des chevaliers de l'ordre de Malte. Puis les Britanniques firent arracher la vigne pour y substituer du coton. Au début du XXe s, Emmanuel Delicata et Marsovin fondent leurs caves, suivis quelques années plus tard par Meridiana. Tous produisent un vin correct avec des cépages français (chardonnay, merlot, syrah, cabernet franc et cabernet sauvignon), auxquels ils assemblent des cépages endémiques de l'île, le *gellewza* (raisin noir) et le *girgentina* (raisin blanc). À essayer : le *Nexus de Meridiana*, le *Primus*, le *Grand Maître* et l'*Antonin Blanc* de Marsovin, ainsi que le *Malta Grown Chardonnay's blanc* d'Emmanuel Delicata. Sans oublier le *Cassar* de Malte, une méthode champenoise produite par Marsovin.

PRENDRE L'APÉRITIF DANS LE CAFÉ D'UN *BAND'S CLUB* sous le regard étonné ou indifférent des habitués

13

La Valette compte pas mal de petits clubs philharmoniques à la manière des fanfares municipales bien de chez nous. Ces espèces de mini-*Buena Vista Social Club,* que l'on retrouve d'ailleurs dans chaque village, sont des sites stratégiques pour observer la vie sociale. Pour cela, il faut oser pousser la large porte du *La Valette Band Club,* et s'enfoncer sous la verrière du hall de ce palais du XVIe s où logeait le grand maître Jean de La Valette. On pense à un resto touristique, on tombe en fait sur un club de fanfare aéré par le ballet des ventilos, avec les habitués qui éclusent un godet, tapent le carton ou s'essaient au billard... dès le matin. Sympa pour le décor (grande et belle salle blanc et bleu) et son ambiance populaire.

BON À SAVOIR : 297 Republic St ; tlj 8h-21h.

SE RENDRE LE SOIR SUR LE FRONT DE MER, À FLORIANA

14

En plus des petits bars sympas qui ont fleuri en ville, on peut descendre jusqu'au Valletta Waterfront, à Floriana (au pied des remparts de La Valette). Un front de mer, qui aligne principalement des restos avec terrasse, mais aussi quelques bars, certains avec musique ou DJ, comme le *Hard Rock Café* ou le *Q Bar.* L'ensemble permet de se plonger dans une belle animation face à l'admirable Grand Harbour.

BON À SAVOIR : accessible par l'ascenseur panoramique au niveau des Upper Barraca Gardens, ou en 10-15 mn de marche depuis la vieille ville.

SHOPPING

RAPPORTER DANS SES BAGAGES QUELQUES POTS DE MIEL ARTISANAL

15

Onctueux, ensoleillé, le miel maltais est aussi vieux que l'île. Ses origines se perdent dans la nuit des temps. Le nom même de Malte provient du mot « *melita* », dérivé de l'adjectif latin « *mellitus* », qui signifie : « de miel », « sucré avec du miel ». Et au sens figuré : « doux, suave, charmant » (un vrai poème !). Les amateurs s'en procureront sur le marché et veilleront à ce que soit bien indiqué « *Pure Maltese Honey* ».

16

SUCCOMBER À L'ACHAT D'UNE NAPPE EN DENTELLE TRADITIONNELLE SUR UN MARCHÉ

Malte est réputée pour ses dentelles traditionnelles en soie ou en coton, au fuseau ou au crochet. Essentiellement des nappes et napperons, que l'on trouve sur la plupart des marchés et dans les centres artisanaux. Aujourd'hui, seules les femmes âgées jouent encore du crochet. Demandant trop de temps, la confection n'est pas assez rentable. Aussi, les vraies dentelles traditionnelles, comme celles de Gozo, valent leur prix. Les autres sont souvent faites en Chine...

AGENDA DES FÊTES, FESTIVALS ET ÉVÉNEMENTS

JANVIER : Festival de musique baroque de La Valette

Sur une dizaine de jours en janvier au théâtre Manoel. Un festival récent, conçu pour célébrer l'identité baroque de la ville. • vallettabaroquefestival.mt •

TOUTE L'ANNÉE : In Guardia

En principe le dim à 11h, au fort Saint-Elme de La Valette. Rens à l'office de tourisme pour les dates ou sur • visit-malta.com/events • Une reconstitution spectaculaire de parade militaire telle qu'elle pouvait se dérouler à l'époque des chevaliers.

AVRIL : Festival de feu d'artifice

Les 29 et 30 avril, dans le Grand Port. Connaissant l'amour des Maltais pour les feux d'artifice, ce grand rendez-vous est l'occasion pour les artificiers de se surpasser. Sublime !

FIN JUIN-DÉBUT JUILLET : Malta International Arts Festival

Musique, danse, représentations théâtrales... Des rendez-vous pour faire vibrer la ville. • festivals.mt/miaf •

JUILLET : Festival de jazz

Mi-juillet, pdt 6 j. • festivals.mt/mjf •

8 SEPTEMBRE : anniversaire de la fin du grand siège de 1565

Ne pas manquer les régates dans le Grand Port, où chaque équipe des cités portuaires tient à porter haut ses couleurs.

DÉBUT OCTOBRE : Notte Bianca

C'est la plus importante manifestation de La Valette, une Nuit blanche à ne pas manquer si vous êtes dans les parages. Musées gratuits, bâtiments historiques ouverts toute la nuit, expos, danse, musique, théâtre un peu partout...

Les remparts de La Valette

LISBONNE

2H25
AU DÉPART DE PARIS

Bienvenue dans l'une des plus belles villes d'Europe, et aussi l'une des plus attachantes. *Campée sur la rive droite de l'embouchure du Tage, Lisbonne a su conserver une beauté authentique. Beauté parfois déroutante, certes, mais qui a remarquablement traversé le temps. Cette Ville blanche c'est aussi une capitale vibrante, particulièrement la nuit dans les ruelles animées du Bairro Alto. Lisbonne est habitée par son histoire glorieuse mais ne vit pas tous les moments qui passent dans le souvenir de ses heures glorieuses.*

BUDGET	€€
CULTURE	★★★★
CUISINE	★★★★
SHOPPING	★★☆☆
VIE NOCTURNE	★★★★

SE REPÉRER

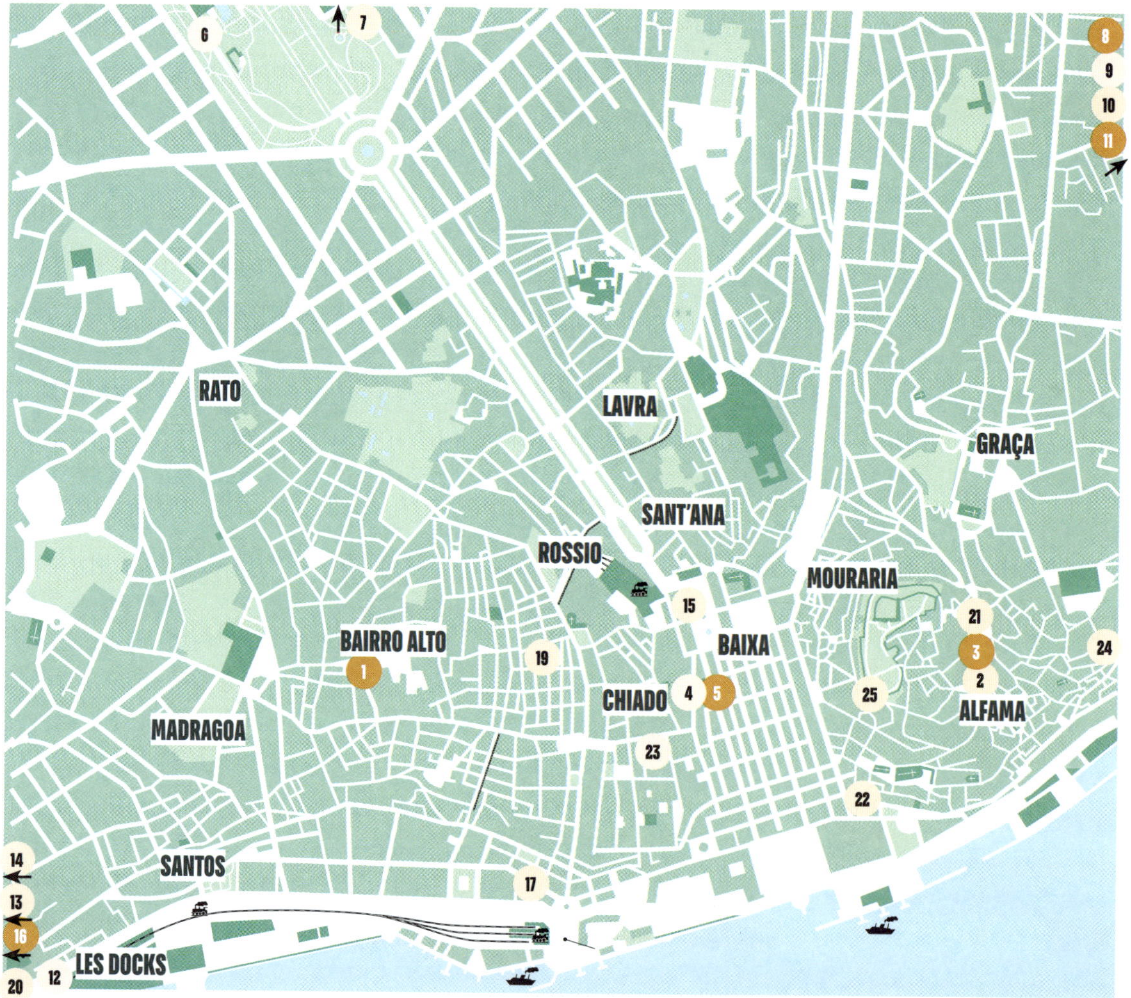

DÉCOUVRIR

1

GRIMPER DANS LE MYTHIQUE TRAM N° 28
et remonter à la fois le temps et les ruelles en pente

Depuis le jardim da Estrela jusque dans l'Alfama, cette ligne de tram offre le plus beau parcours qui soit à Lisbonne. Une véritable machine à remonter le temps, à travers les quartiers de la ville. Lorsque le wattman actionne la cloche, commence alors un voyage mémorable. Bringuebalant le long des rues pentues, le tram vous fera traverser le Lisbonne d'hier et d'aujourd'hui, comme dans un rêve... Une balade inoubliable, avec des plongées éperdues qui livrent le soir des points de vue flamboyants sur la ville.

CONTEMPLER, EN FIN D'APRÈS-MIDI, LE CHANGEMENT DE COULEURS DES TOITS DE L'ALFAMA ET DU TAGE
depuis le *miradouro* de Santa Luzia

2

Lisbonne ne se révèle qu'à ceux qui font un effort pour l'approcher. Prenez de bonnes chaussures et filez vers les *miradouros,* ces spectaculaires belvédères où l'on peut humer l'air du large. Celui de Santa Luzia, dédié à l'ordre de Malte, est un lieu cher à tous les amoureux de la ville. Au pied de l'église, dans un charmant petit jardin à arcades, les familles en promenade se retrouvent, et les touristes s'en mettent plein les yeux. Depuis la terrasse s'appuyant sur d'anciennes murailles arabes, on bénéficie en effet d'un très beau point de vue sur les toits de l'Alfama et sur le Tage.

BON À SAVOIR : il existe d'autres *miradouros* dans Lisbonne, où contempler le spectacle de la ville. On aime bien ceux de Santa Catarina et São Pedro de Alcantara, dans le Bairro Alto, autre quartier niché sur une colline.

3

PARTIR À LA DÉCOUVERTE DU LISBONNE ÉTERNEL
en explorant les ruelles tortueuses de l'Alfama

Ce quartier est l'âme de Lisbonne. Longtemps habité par les pêcheurs et les marins, il est resté populaire, avec ses personnages bien typés : truculentes matrones, artisans, commerçants ambulants, gamins frondeurs, vieillards malicieux prenant le frais... L'Alfama est le quartier le plus ancien et le plus connu de la capitale, emblème du Lisbonne ancien. Il consiste en un réseau inextricable de ruelles tortueuses, volées de marches *(calçadas)*, culs-de-sac, passages voûtés, cours intérieures, patios minuscules fleuris et venelles ne menant nulle part (*becos*) et bordées de mille maisons agglutinées, présentant autant de styles différents. Au fil de la promenade, de temps en temps apparaît le Tage, cette mer de Paille, qui surgit tel un miroir doré et étincelant (quand le soleil brille) au débouché d'une ruelle, entre deux vieux immeubles presque collés, ou entre deux échafaudages.

BON À SAVOIR : de jeunes guides français, amoureux de Lisbonne, proposent des visites à pied dans les quartiers les plus intéressants. Surprenant et pleins d'anecdotes sur la ville et les Portugais. ☎ 961-16-42-96. • lisbonneapied.com •

GOÛTER À L'ATMOSPHÈRE ÉTRANGE ET ROMANTIQUE DU CONVENTO-MUSEU DO CARMO
dans le Chiado

4

Cette église du XIVe s, l'une des plus grandes de la ville, avec sa nef à ciel ouvert, est restée dans l'état où l'a laissée le tremblement de terre de 1755. On découvre tout d'abord la grande nef en ruine, où sont exposés des pierres tombales et les blasons sculptés de grands personnages de la noblesse et de la bourgeoisie portugaises (au sol et sur les murs). Au fond, dans le chœur, abrité par un toit, se niche un remarquable petit musée archéologique, avec des vestiges romains, wisigothiques et précolombiens, un sarcophage égyptien, ainsi que les momies incas du Pérou. Une atmosphère étrange et romantique règne dans ce lieu qui mérite une visite.

BON À SAVOIR : • museuarqueologicodocarmo.pt •

PRENDRE L'*ELEVADOR* DE SANTA JUSTA
pour profiter de la vue sublime du haut du 2e étage

5

Ne manquez pas cette construction insolite ! L'ascenseur de Santa Justa fut érigé en 1900 pour faciliter l'accès à l'église du Carmo depuis la ville basse. Il fonctionnait à la vapeur jusqu'en 1907 (on vous laisse imaginer les nuages de vapeur !). Sa silhouette est une remarquable ciselure de fer forgé. Du haut de l'édifice, outre la machinerie, on a une vue sur la colline du château Saint-Georges et sur les alignements de la Baixa.

BON À SAVOIR : il est préférable d'y monter en début de matinée car il y a moins de monde.

FLÂNER DANS L'ESTUFA FRIA, LES SERRES DU PARQUE EDUARDO VII

une véritable oasis de fraîcheur dans la ville

6

Un lieu étonnant, hors du temps, celui qui passe comme celui qu'il fait. Idéal pour se réchauffer à la saison froide et se rafraîchir quand il fait chaud. Dépaysement total et balade très agréable dans 3 grandes serres parsemées de petits bassins, au milieu d'exubérantes plantes exotiques et essences rares. Les Lisboètes disent que celui qui n'a pas vu l'Estufa Fria aux 4 saisons ne connaît pas Lisbonne.

BON À SAVOIR : profitez-en pour vous promener dans un endroit calme, le parque Eduardo VII où l'on peut admirer des azulejos sur le *pavilhão* Carlos Lopes ainsi qu'un lac.• estufafria.cm-lisboa.pt •

DÉCOUVRIR LA RICHE COLLECTION DU MUSÉE CALOUSTE-GULBENKIAN

et le merveilleux parc qui l'entoure

7

Construit au début des années 1960 selon les principes architecturaux de Frank Lloyd Wright, intégrant l'harmonie du bâti avec la nature, ce musée fait partie d'un des plus prestigieux centres culturels d'Europe. Peu d'objets sont exposés, mais chacun d'eux est digne d'intérêt. Réputé pour ses collections d'arts orientaux et décoratifs, le musée l'est aussi pour sa section consacrée à René Lalique ; c'est en effet ici que se trouve sa plus importante collection. Après la visite, faites un tour dans le magnifique jardin botanique de la Fondation.

BON À SAVOIR : encore aujourd'hui, pour beaucoup de Portugais la fondation Gulbenkian apparaît comme le « ministère bis » de la Culture du Portugal ! Elle se positionne comme mécène n° 1, organise de grandes expositions, des spectacles, des concerts. Le destin étonnant de Calouste Gulbenkian (1869-1955) mérite un livre à lui tout seul. • museu.gulbenkian.pt •

TENTER UNE BALADE À VÉLO PRÈS DU TAGE

le nez au vent pour mieux respirer l'air marin qui enveloppe la ville

Des pistes cyclables ont été aménagées le long du fleuve à partir de Cais do Sodré, et dans le parc des Nations. L'occasion d'enfourcher sa bicyclette et de partir le long du Tage, pour humer l'air du large et prendre la dimension maritime de cette ville tournée vers l'Atlantique, d'où partirent les grands navigateurs.

SURVOLER, PAR BEAU TEMPS, LE PARC DES NATIONS À BORD DE LA TÉLÉCABINE

pour découvrir le Lisbonne futuriste créé pour l'Exposition universelle de 1998

9

Prouesse architecturale, ce récent quartier du parc des Nations, créé sur une zone qui n'était qu'un tas d'entrepôts abandonnés, et de raffineries désaffectées, est le symbole d'une réflexion sur les enjeux futurs de l'urbanisation à Lisbonne. Espace vaste et ventilé, ouverture sur le fleuve retrouvée, priorité accordée aux piétons et aux transports « propres », importance réservée aux espaces verts, omniprésence de l'art dans le paysage, gestion parcimonieuse des ressources... un bel exemple à suivre en matière de ville nouvelle.

BON À SAVOIR : survol possible en télécabine sur environ 1 km (de mi-sept à juin).

RETOMBER EN ENFANCE EN VISITANT L'OCÉANORIUM

l'un des plus beaux aquariums au monde

10

Posé sur l'eau dans l'ancien bassin des Olivais, ce gigantesque navire-aquarium est certainement la tentative la plus audacieuse et la plus réussie de l'Expo de 1998. Dans son bassin central, contenant l'équivalent de quatre piscines olympiques, évoluent des poissons de haute mer : requins, raies géantes, tortues, poissons-lunes venu du fond des âges. Quatre autres aquariums recréent la faune de quatre régions océaniques du globe. Loutres marines, poissons multicolores ou manchots, c'est au total près de 8 000 spécimens de 50 espèces différentes évoluant dans l'un des sites les plus visités de Lisbonne.

BON À SAVOIR : se rendre sur place dès l'ouverture pour être pius tranquille. • oceanario.pt •

11

TRAVERSER LE TAGE EN EMPRUNTANT LE PONT VASCO DE GAMA

le plus long d'Europe

Ouvert au public juste avant l'Expo de 1998, le ponte Vasco da Gama a battu des records avec ses 13 km, dont 8 km au-dessus des flots, une jolie prouesse technique. Il faut aussi admirer son tablier haubané brillant le soir sous les feux du soleil couchant. Conçu pour résister aux tremblements de terre, il est construit en plusieurs parties, ce qui lui procure une flexibilité maximale. Autrement dit, en cas de secousses prolongées, le tablier suspendu par les haubans bougera aussi bien en longueur qu'en largeur (imaginez la balançoire !), mais avec un astucieux système de sécurité pour éviter le télescopage des autres parties.

Plage de Magoito

SAVOURER LISBONNE CÔTÉ PLAGE

et pousser jusqu'à Estoril ou Cascais à pied, en train ou à vélo

14

L'Atlantique n'est pas loin et les plages sont facilement accessibles depuis Lisbonne. Dès les premiers beaux jours, nous vous conseillons d'aller prendre, au moins pendant quelques heures, un avant-goût de la vie estivale lisboète, car la balade à la plage fait aussi partie du charme que dégage cette ville. Les petites stations balnéaires, assez chic, de Cascais et d'Estoril, à 20 km, ont leur plage, dans une ambiance de vacances.

BON À SAVOIR : à une vingtaine de kilomètres de Lisbonne, Sintra est une très belle ville dans les montagnes, au cœur d'un massif tapissé de forêts aussi superbes que profondes, avec de nombreux châteaux et palais. Ce ne sont pas des plages, mais c'est à voir si vous avez du temps.

FAIRE UN FABULEUX VOYAGE DANS LE TEMPS

du Moyen Âge au début du XIXe s, en visitant le Museu nacional de Arte Antiga

12

Installé dans un palais du XVIIe s acheté par le marquis de Pombal au comte d'Alvor. Celui-ci, ayant été suspecté d'avoir participé à une tentative d'assassinat contre le roi, fut contraint de vendre ses biens. Le musée réunit une collection européenne unique de toiles inspirées ou non par les voyages et, bien sûr, la collection d'art portugais la plus complète. Dans la grande galerie, les primitifs portugais côtoient des œuvres de Gérard David, Vélasquez, Van Dyck, Bruegel (le Jeune), Ribera et Poussin. Entre autres chefs-d'œuvre, *La Tentation de saint Antoine*, de Jérôme Bosch, réalisé vers 1500. L'artiste a représenté les tentations sous forme de scènes hallucinatoires et cauchemardesques. L'imagination de Jérôme Bosch est ici sans limite pour illustrer les visions les plus farfelues, grotesques, horribles, diaboliques.

BON À SAVOIR : tout près, le musée de l'Orient (Museu do Oriente), installé dans un vaste entrepôt frigorifique qui a été spécialement reconverti, offre un témoignage de la présence portugaise en Asie. • museudearteantiga.pt • museudooriente.pt •

PASSER UN DIMANCHE MATIN À BELÉM

l'un des rares quartiers qui ne connaissent pas le spleen dominical

13

Rien de tel qu'une balade dominicale dans Belém, pour découvrir le quartier qui fut au départ de tous les rêves portugais. L'effervescence des découvertes y a laissé une concentration impressionnante de monuments, dont le plus beau de Lisbonne : le monastère des Hiéronymites, chef-d'œuvre de l'art manuélin. Un dimanche à Belém, c'est tout un programme, avec quelques incontournables : assister à la messe à la cathédrale, passer devant la torre de Belém, succomber à un bonheur gourmand à l'Antiga Confeitaria de Belém, se régaler d'une visite au musée de la Marine, avant de filer jusqu'au célèbre et étonnant musée des Carrosses, ou encore découvrir le fabuleux musée d'Art, d'Architecture et de Technique, dans une ancienne usine électrique, et son impressionnante extension futuriste.

BON À SAVOIR : il vaut mieux y aller le plus tôt possible car il y a beaucoup de monde aux beaux jours et pendant les vacances. • mosteirojeronimas.pt •

SAVOURER

SE RETROUVER À L'HEURE DE L'APÉRO DEVANT UNE *GINJINHA*

à deux pas du Rossio, et savourer chaque gorgée avant d'aller jeter discrètement les noyaux dans le caniveau

15

S'il y a une boisson proprement lisboète, c'est bien la *ginja*, à base de griottes. Au moment de l'apéritif, elle coule à flots dans les typiques *ginjinhas* de la ville. Ou plutôt devant : il suffit de compter les noyaux sur le trottoir ! Pour avaler vivement ce petit remontant indispensable à la vie des Lisboètes, rendez-vous selon votre humeur largo São Domingos, rua das Portas de Santo Antão, ou même rua Barros Queirós et rua da Mouraria. On y boit debout dans les buvettes ou sur le trottoir. À la façon d'une station-service, on y recharge les batteries, et en route pour de folles enjambées en direction de la *ginjinha* suivante…

BON À SAVOIR : il arrive qu'on la déguste dans une petite tasse… en chocolat !

16

S'OFFRIR DEUX *PASTÉIS DE NATA* ENCORE TIÈDES ET SAUPOUDRÉS DE CANNELLE

à la célèbre pâtisserie de Belém

L'un des grands bonheurs gourmands de Lisbonne, c'est l'arrêt obligatoire à l'Antiga Confeitaria de Belém, réputée depuis 1837 pour sa succulente spécialité : les *pastéis de nata,* petits flans ronds lovés dans une délicieuse pâte feuilletée, saupoudrés de cannelle ou de sucre glace. Plus de 15 000 de ces délicieuses pâtisseries s'écoulent les jours d'affluence ! On peut assister à leur fabrication derrière une vitre (sans que la recette secrète ne soit dévoilée !). On admirera au passage, courant sur tous les murs des différentes salles, les azulejos du XVIIe s, superbes de naïveté.

BON À SAVOIR : pour éviter la longue file d'attente qui s'étire parfois à l'infini sur le trottoir, s'asseoir en salle et commander directement à la serveuse vos *pastéis* à emporter !

FAIRE UNE PAUSE-DÉJEUNER AU TIME OUT MARKET

pour goûter, à moindres frais, la cuisine de chefs talentueux

17

L'un des meilleurs endroits pour se régaler à petits prix dans la capitale. Cette somptueuse halle de verre et d'acier abrite de nombreux stands, qui réunissent toute la fine fleur de la gastronomie portugaise. À vous de faire votre choix entre un plat d'Henrique Sá Pessoa, Alexandre Silva, Marlène Vieira ou Kiko Martins... Plus besoin de courir ! Ils sont tous représentés ici, proposant des plats entre 7 et 15 €. Également plein d'autres stands pour déguster burger, grillades, fruits de mer, charcuterie, fromages, pâtisseries, tout y passe. Après, on trouve une place sur les grandes tablées, et on déguste dans un joyeux brouhaha. L'un des endroits les plus surprenants pour manger à Lisbonne !

GOÛTER À L'UNE DES 365 MANIÈRES QU'ONT LES PORTUGAIS DE PRÉPARER LA MORUE

18

Séchée ou salée, la *bacalhau* (la morue) est indissociable de la cuisine portugaise. Ne dit-on pas, « Le rêve pour vivre et la morue pour survivre ? ». Les préparations les plus répandues sont : *bacalhau cozido* (bouilli), *assado* (rôti), *assado na brasa* (braisée), *com nata* (à la crème), *à brás* (délicieuse « morue parmentière », à base d'oignons, de pommes de terre finement coupées, d'œufs brouillés, d'olives noires, de persil) et *a gomes de sá* (morue, pommes de terre, oignons, huile, ail, olives noires, lait, œufs durs, le tout cuit au four). Étonnamment, la morue n'est pas originaire du coin mais des mers froides du Nord...

Restaurant dans le Bairro Alto

SORTIR

DÉAMBULER DE BAR EN BAR DANS LE BAIRRO ALTO

une pinte de *mojito* à la main, à la découverte de la vie nocturne lisboète

19

Les nuits lisboètes sont très chaudes et n'ont rien à envier à l'effervescence madrilène ou barcelonaise. Après un apéro dans un bar du Rossio, dans la ville basse, cap sur la colline du Bairro Alto pour commencer une nuit de folie, du côté de la *rua da Atalaia*. Il faut redescendre sur Bica pour se retrouver dans la célèbre rue en pente ou dans les anciennes venelles chaudes de Cais do Sodré, peu importe votre parcours, il faut commencer par un cabotage de bar en bar. Du populaire bistrot bien crasseux au plus snob. Le rappeur, le galeriste en vue, le néobaba, l'étudiant fauché... tous y cohabitent dans l'intelligence du petit prix des consommations. Attention, les lieux restent étrangement déserts avant 23h. Ensuite il devient même difficile de circuler dans certaines rues.

BON À SAVOIR : quelques boîtes ont bien survécu, mais le Bairro Alto, c'est avant tout des bars. Pour les boîtes, on ira plutôt dans le coin des Docas (voir le texte suivant).

PASSER UNE NUIT BLANCHE SUR LES DOCKS

où des dizaines de bars s'alignent au bord de l'eau, pour le plus grand bonheur des noctambules

20

Dès la nuit tombée, c'est la ruée vers les Docks ! La journée, on vient y prendre l'air du temps autant que le soleil ; en terrasse, le week-end surtout. Mais sur les *Docas,* c'est au moment où passe le marchand de sable que la vie s'éveille. Les établissements se livrent ici à une surenchère du meilleur décor pour la plus grande joie d'une clientèle jeune et fêtarde. Restos à la mode dans des décors de récup', cafés branchés, boîtes modernes bondées s'alignent, dans une succession d'entrepôts en bois et brique rouge restaurés, face à un ancien bassin à flot converti en port de plaisance. Le soir, brouhaha garanti sur les trottoirs !

BON À SAVOIR : n'attendez pas forcément la nuit pour aller visiter ce haut lieu de la branchitude.

ATTENDRE L'HEURE DU FADO DANS UNE *TASCA*

au fin fond de l'Alfama

21

C'est dans ce quartier que l'on vient pour découvrir le vrai fado, ce blues portugais qui parle d'exil, d'amour déçu et de *saudade ;* cet art de la rue autour duquel les hommes et les femmes du quartier se retrouvent encore pour chanter leur ville, leur vie, leur souffrance, leur pauvreté. Le fado est né ici, dans les tavernes miteuses de l'Alfama, au cours du XIXe s. C'est le fado des vrais amateurs... Rien à voir avec les usines à touristes que les tour-opérateurs recommandent. Il faut simplement accepter de venir tard, de rester debout, un verre à la main...

BON À SAVOIR : manger un poisson grillé dans l'une de ces petites tavernes typiques de l'Alfama, en attendant l'heure du fado. Voici un plaisir 100 % lisboète !

FADO

Quatre lettres langoureuses, qui s'attardent, pour suggérer cette mélodie proprement portugaise. Le fado, c'est LA musique du Portugal. Autant qu'un chant, c'est un cri, une ambiance, un « état d'esprit », selon la célèbre fadista Amália Rodrigues. Ce chant de la *saudade* célèbre la mélancolie née des différents revers de fortune qu'a connus le Portugal dans son histoire. Rapporté du Brésil par la Cour en exil, ce chant, qui était aussi dansé, s'est enraciné et transformé dans le quartier de la Mouraria de Lisbonne, l'ancien quartier des Maures, où il a gagné une influence arabo-andalouse. Riche de rencontres multiples, le Portugal a ainsi créé un chant emprunté et mûri, à découvrir au Museu do Fado. • museudofado.pt •

SHOPPING

REMPLIR SON CABAS DE BOÎTES DE SARDINES
et autres conserves à l'antique *Conserveira de Lisboa*

22

Du sol au plafond (dans les vieux rayonnages en bois) des boîtes de conserve à l'ancienne s'alignent, vendues dans un emballage rétro qui plaira beaucoup à vos amis ou à votre famille. À l'intérieur, produits de qualité et raffinés avec, au choix, thon, maquereaux, sardines et autres produits de la mer. Ça ne désemplit pas ! Et ça fait plus de 90 ans que ça dure !

BON À SAVOIR : dans l'Alfama. • conserveiradelisboa.pt •

S'OFFRIR UN PARFUM DE NOSTALGIE
en passant par la boutique *A Vida Portuguesa*

23

Dans une ancienne fabrique de cosmétiques, préservée de la démolition, voici une vieille boutique qui vend « l'âme portugaise ». Une superbe sélection de produits fabriqués localement et qui ont marqué la mémoire nationale : cosmétiques, crèmes pour les mains, eaux de Cologne, savons, bougies, huile d'olive, conserves de sardines, jouets pour enfants, bibelots... Plein de petits souvenirs tous plus craquants les uns que les autres, avec leur packaging rétro toujours très réussis.

BON À SAVOIR : dans le Bairro Alto. • avidaportuguesa.com • Il y a d'autres boutiques à Lisbonne.

CHINER À LA FEIRA DA LADRA
la « foire de la Voleuse »

24

Le marché aux puces de Lisbonne. Le paradis des chineurs. Beaucoup de fripes, bibelots, vieux jouets. Mais on vient plutôt pour l'ambiance, surtout si le soleil est de la partie. Ne manquez pas, aux n°s 124-126, une superbe façade réalisée par le célèbre céramiste de la fin du XIXe s, Luís Ferreira das Tabuletas.

BON À SAVOIR : se tient sur le campo de Santa Clara, les mardi et samedi jusqu'à 17h ; tram n° 28 pour s'y rendre.

DÉCOUVRIR L'ART DES AZULEJOS À L'ATELIER *SANTA RUFINA*, DANS L'ALFAMA
et pourquoi pas en rapporter quelques-uns dans sa valise

25

Cette petite fabrique d'azulejos ne met guère d'éclat dans son souci d'attirer l'acheteur. C'est davantage au curieux qu'elle ouvre sa vieille porte vitrée, pour lui permettre de découvrir un panneau en cours de réalisation ou un passionné courbé sur son pinceau, occupé à peindre une céramique. Ici, tout est réalisé de A à Z, de la fabrication du biscuit à la cuisson de l'azulejo, en passant par le savant geste qui consiste à enduire une face de poudre de verre liquide. Pour voir, pour acheter, pour apprendre aussi. Accueil charmant.

BON À SAVOIR : calçada do Conde de Penafiel, 9A, ruelle en pente qui monte de la rua de São Mamede à la Costa do Castelo.

AZULEJOS

Les azulejos font partie du paysage portugais. Et ils ne sont pas seulement un art décoratif : du grand art, support indémodable de l'imaginaire de tout un peuple. Ces carreaux de faïence vernissée ont été introduits au Portugal après la prise de Ceuta, au Maroc, en 1415. Après le tremblement de terre de 1755, l'azulejo est judicieusement utilisé pour... restaurer les bâtiments endommagés. Très vite, la mode se répand : ce ne sont pas seulement les palais ou les chapelles qui s'ornent d'azulejos, mais aussi les fontaines, les bancs, les bassins... Aujourd'hui, on les découvre à chaque angle de rue, dans les jardins publics, les gares, les églises, les stations de métro, et même chez les particuliers. Ils peuvent être simplement géométriques ou présenter des scènes de genres, personnages bibliques ou la vie quotidienne. Ils reflètent superbement la lumière et donnent une réelle impression de fraîcheur.

AGENDA DES FÊTES, FESTIVALS ET ÉVÉNEMENTS

1ER-10 FÉVRIER : Festival de fado

Pour découvrir les nouvelles tendances des plus traditionnels de blues du Portugal.

VENDREDI SAINT ET PÂQUES

dates variables qui vident Lisbonne de son animation, car c'est la fête familiale par excellence et tout est fermé.

APRÈS PÂQUES : Festival de musique classique

Au centre culturel de Belém.

25 AVRIL : fête de la Révolution des Œillets (fête de la Liberté).

10 JUIN : Fête nationale

12-29 JUIN

Tout Lisbonne honore saint Antoine de Padoue (le 13 est férié à Lisbonne) et saint Jean (le 24). Le rituel est bien réglé : défilé en fanfares (les *marchas populares*) sur l'avenida da Liberdade et bals musette à volonté dans les quartiers populaires. La municipalité a cru bon d'y ajouter les Festas de Lisboa, une avalanche d'expositions, de théâtres de rue, de concerts... du meilleur cru international. Programme à l'office de tourisme.

ENTRE MAI ET JUILLET : Festival de musique et de ballet de Sintra

Depuis 1950, les palais accueillent ce festival de musique et de ballet réputé. Il se partage avec le palais de Queluz. • festivaldesintra.pt •

MI-JUILLET : Super Bock Super Rock Festival

Une célèbre bière portugaise fête le rock. • superbock.pt •

5 OCTOBRE : fête de la République

25 OCTOBRE

Lisbonne célèbre la prise définitive de la ville aux Maures (1147).

1ER DÉCEMBRE : fête de la Restauration de l'indépendance

8 DÉCEMBRE : fête de la Vierge

Tour de Belém

LIVERPOOL

1H25
AU DÉPART
DE PARIS

Autrefois durement touchée par la crise économique, la ville des Beatles a su panser ses plaies, se rénover et réhabiliter ses docks en jouant à fond la carte de la culture. *Ces docks tentaculaires et abandonnés au temps du déclin du port, dans les années 1970, revivent depuis déjà plus de 25 ans, et figurent désormais au Patrimoine de l'Unesco. Par ailleurs une floppée de musées vous attendent, pour la plupart gratuits ! Longtemps montrée du doigt pour ses désordres sociaux et ses hooligans, Liverpool a donc pris sa revanche. Quand aux Liverpudliens, avec leur sens de l'humour et leur adorable accent, ce sont eux qui, au final, devraient vous laisser le meilleur souvenir.*

BUDGET	€€
CULTURE	★★
CUISINE	★★
SHOPPING	★★
VIE NOCTURNE	★★★★

SE REPÉRER

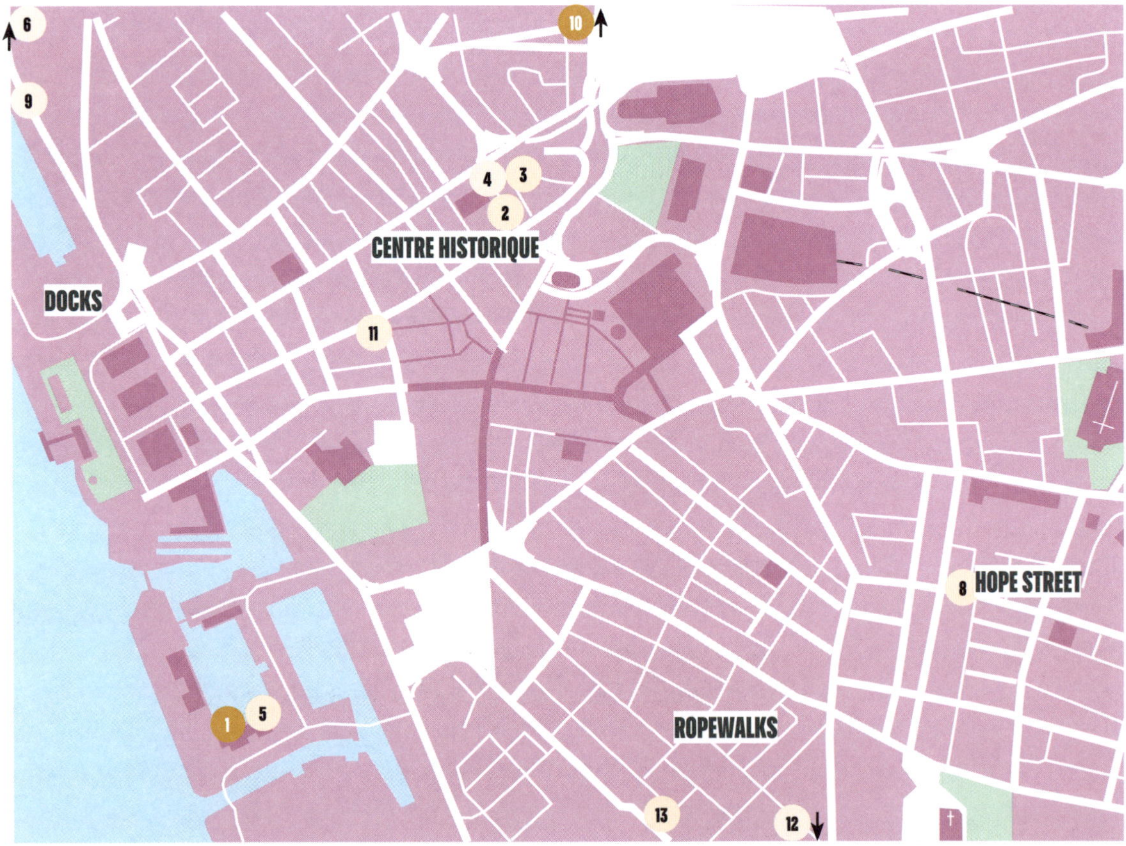

DÉCOUVRIR

1

EMBARQUER POUR UNE BALADE SUR LES DOCKS

ancien symbole de la misère industrielle de Liverpool, devenu aujourd'hui l'épicentre du renouveau culturel de la ville

Inauguré en 1846 et estampillé « Royal » depuis 2018, l'Albert Dock est l'œuvre d'un ingénieur pionnier, Jesse Hartley. Pour la première fois, les entrepôts associent brique, pierre et métal, et protègent les bassins d'amarrage des vents glacials de la Mersey. Frappé par le Blitz de mai 1941, ce complexe fut progressivement abandonné, puis réhabilité dans les années 1980. Il abrite aujourd'hui boutiques, boîtes, hôtels et plusieurs musées d'importance (Musée maritime, musée de l'Esclavage, musée de Liverpool, et même une antenne de la prestigieuse Tate Gallery de Londres...). Les docks, qui ont subi une spectaculaire rénovation, emblématique des transformations de l'Angleterre contemporaine, restent aujourd'hui l'attraction majeure à ne pas manquer à Liverpool.

BON À SAVOIR : • albertdock.com •

POUSSER LES PORTES DU SAINT GEORGE'S HALL

pour découvrir l'un des bâtiments les plus étonnants de Liverpool

2

Incroyable mais vrai, ce grand bâtiment néoclassique (1854) ressemblant à un temple grec fut construit pour répondre au double besoin d'une nouvelle cour de justice et d'un auditorium, délinquance et mélomanie augmentant bizarrement en proportions égales à l'époque ! Au-dessus des cellules des prévenus, la justice était rendue dans une belle salle en boiseries. Juste à côté, ambiance plus festive dans l'impressionnante salle de concerts circulaire dotée d'une voûte en briques creuses (pour alléger la structure) et d'un orgue de 7 700 tuyaux.

BON À SAVOIR : accès gratuit (donation bienvenue), tlj 9h30-17h. • stgeorgeshallliverpool.co.uk •

S'OFFRIR UN PANORAMA COMPLET DE LA PEINTURE BRITANNIQUE

depuis le XVIIIe s à la *Walker Art Gallery*

3

Ce musée des Beaux-Arts renferme une collection foisonnante, essentiellement consacrée à la peinture, qui s'étend du Moyen Âge à nos jours. On y rencontre notamment Rubens, Rembrandt et Monet. Mais il réunit surtout un panorama complet de la peinture anglaise depuis le XVIIIe s, en illustrant les filiations et ruptures entre les différentes écoles. Des portraits et paysages de Reynolds, Gainsborough ou Derby, on passe aux visions romantiques de Constable et Turner avant de découvrir l'esthétique des préraphaélites Rossetti, Burne-Jones et Millais. Le parcours s'achève avec les œuvres de Lucian Freud et David Hockney, parmi d'autres artistes contemporains exposés par roulement.

BON À SAVOIR : entrée gratuite (tlj 10h-17h), comme dans presque tous les musées de Liverpool ! • liverpoolmuseums.org.uk •

DÉCOUVRIR LES RICHES COLLECTIONS DU MUSEUM OF LIVERPOOL

abritées dans un bâtiment aux allures futuristes

4

Au nord d'Albert Dock, l'œil est immanquablement attiré par un spectacle qui résume bien le Liverpool du XXIe s. Tandis que les énormes Dock Board Office, Liver et Cunard Buildings affichent avec grandiloquence la prospérité de la fin du XIXe s, le musée de Liverpool reflète au premier plan le renouveau architectural incarné dans le verre, l'acier et le béton. Assez récent (2011), il rassemble des pièces archéologiques, d'autres relatives à l'histoire urbaine et sociale, de l'art décoratif, des costumes, des photos d'archive, et des témoignages audio, toujours liés à la ville. Interactif et doté d'activités pour les enfants, *as usual*, et gratuit !

BON À SAVOIR : entrée gratuite, tlj 10h-17h. • liverpoolmuseums.org.uk/mol/ •

LES SCARABÉES AUX ŒUFS D'OR

La cité portuaire ne serait probablement pas célèbre dans le monde entier si elle n'avait enfanté quatre garçons dans le vent qui révolutionnèrent la *pop music*. John Lennon, Paul McCartney, George Harrison et Richard Starkey, dit Ringo Starr, qui ont fait des Beatles le groupe le plus adulé de tous les temps, ont par la même occasion offert à leur ville natale une manne providentielle. Avis aux fans, à Liverpool, il y a de quoi voir : les maisons d'enfance de John et de Paul, le Liverpool Institute où Paul et George étudièrent, le légendaire *Cavern Club* où le groupe donna ses premiers concerts, etc. La rue qui abrite ce dernier, Mathew Street, est aujourd'hui vouée à la Beatlesmania : boutiques de souvenirs et de disques, galerie marchande, pubs et restos... Sans oublier, sur les docks, le très bon musée dédié au groupe : The Beatles Story, et on en passe !

SE REPLONGER DANS L'UNIVERS DES BEATLES
en visitant le musée qui leur est consacré

5

The Beatles Story est un « musée » aussi divertissant pour les experts que pour les profanes. Porté par une bande-son de qualité (forcément !), on sort de ce dédale la tête pleine de mélodies connues des Beatles. On y comprend mieux l'enracinement des *Fab Four* dans la culture de Liverpool, une de leurs grandes sources d'inspiration : « *Penny Lane* », « *Strawberry Fields Forever* »... L'expo est rythmée par de nombreuses reconstitutions et de grandes illustrations : premiers concerts dans Matthew Street, aventure hambourgeoise, boutique de disques de Brian Epstein, leur légendaire manager, studio d'Abbey Road, etc. Et même la pièce et le piano blancs du John Lennon d'« *Imagine* », dans la section « Après séparation ». Une chouette visite, malgré un prix d'entrée élevé.

BON À SAVOIR : Albert Dock ; • beatlesstory.com • Pour les visites guidées : • beatleswalk.com • et • beatles-tours.com/french •

FAIRE UNE BALADE SUR LES IMMENSES PLAGES AU NORD DE LIVERPOOL
et découvrir les surprenantes sculptures plantées dans le sable de Crosby Beach

6

Accessibles d'un rapide coup de train depuis le centre de Liverpool, les immenses plages de sable et forêts de pins de Formby et Crosby Beach attirent les foules le week-end. Mais Crosby Beach est surtout connue pour *Another Place*, l'énigmatique installation du sculpteur Antony Gormley. Tournés vers la mer, 100 moulages en fer du corps de l'artiste jalonnent la plage, certains rongés par les embruns, d'autres habillés d'algues et n'émergeant qu'à marée basse. Saisissant.

BON À SAVOIR : accès en train depuis l'une des gares du centre de Liverpool (prendre la Northern Line direction Southport) ou prendre le bus n° 53 depuis Queens Sq.

SAVOURER

SE RÉGALER D'UN BON PLAT DE *PUB GRUB*
simple mais souvent bien troussé

7

On conseille les pubs pour déguster leurs traditionnels plats de *pub grub*. On trouve toujours au menu la *soup of the day*, les *jacket potatoes* (pommes de terre garnies au choix), quelques plats du jour et une variété de sandwichs. On y sert aussi des plats consistants et très abordables, parmi lesquels le *ploughman's lunch* (plusieurs fromages, parfois du jambon, servis avec du pain, des oignons, du chutney et de la salade) et le *shepherd's pie* (sorte de hachis Parmentier). Partout vous trouverez saucisses et *mashed potatoes* (de la purée quoi !). Quant aux *gastropubs* (contraction de « pub » et de « gastronomique »), ils revendiquent des recettes simples et traditionnelles (mais parfois beaucoup plus créatives) à base de bons produits du terroir. C'est sans doute là que vous ferez vos meilleurs repas, à un prix encore raisonnable.

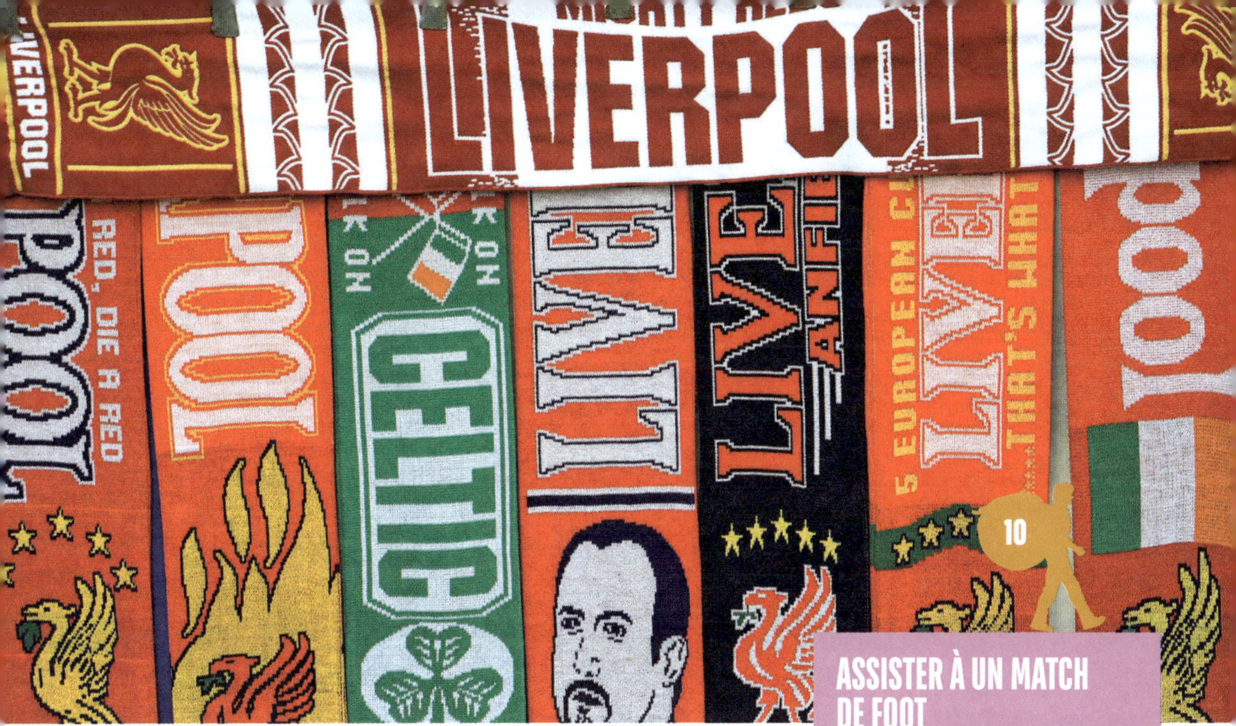

10

ASSISTER À UN MATCH DE FOOT

rien que pour l'ambiance

En Angleterre, le ballon rond attire les foules. Assister à un match est une expérience mémorable ! Construit en 1884, le stade d'Anfield appartient depuis plus d'un siècle (1892) au FC Liverpool, l'un des meilleurs clubs d'Europe, au célèbre maillot rouge. Pour assister à un match, il faut obligatoirement réserver à l'avance. À défaut, on se rendra dans un pub pour partager avec ferveur les exploits des joueurs.

BON À SAVOIR : visite guidée du stade possible avec le Liverpool Football Club. Le ticket complet comprend la visite des vestiaires, un tour du stade et l'accès au musée consacré à la gloire d'un des clubs de foot les plus célèbres d'Europe. • stadiumtours.liverpoolfc.com •

SORTIR

POUSSER LA PORTE DU *PHILHARMONIC DINING ROOMS*,

l'un des plus beaux pubs de Grande-Bretagne

8

Une visite à Liverpool passe obligatoirement par ses pubs. Les plus beaux furent façonnés à la fin de l'ère victorienne par des artisans talentueux victimes de la crise des chantiers navals. Certains tiennent du chef-d'œuvre. *The Philharmonic* fut dessiné au début du XXe s pour le grand brasseur Robert Cain. Les plus petits recoins sont travaillés et décorés, depuis l'impressionnant *Grand Lounge*, une ancienne salle de billard, jusqu'aux... toilettes des messieurs. Une véritable symphonie de couleurs orchestrée par les vitraux, boiseries sculptées, cuivres brillants et autres faïences ! Souvent bondé, surtout le soir. Quand les Beatles devinrent trop célèbres, John Lennon regretta amèrement de ne plus pouvoir y boire un verre.

BON À SAVOIR : 36 Hope St ; tlj 10h-minuit.

SIROTER UN COCKTAIL AU *PANORAMIC 34*

et profiter d'une vue plongeante inégalable sur la *skyline* de Liverpool, la Mersey et la côte

9

Rendez-vous au... 34e étage de la West Tower pour jouir d'une vue exceptionnelle depuis ce bar-restaurant. Musique d'ambiance, grandes baies vitrées et fauteuils en cuir pour se prélasser, juste au bord du précipice ! Élégance, service raffiné et, pour ceux qui ont un petit creux, un *afternoon tea* ou une cuisine gastronomique, offrant le midi un bon rapport qualité-prix.

BON À SAVOIR : West Tower, Brook St ; bar ouv tlj sauf lun à partir de 11h. Résa conseillée et *dress-code* ! • panoramic34.com •

ROUVREZ LA BOÎTE !

Le mythique *Cavern Club* (• cavernclub.com •), boîte légendaire où se produisaient les Beatles à leurs débuts, revient de loin. Malgré les 292 concerts du célèbre groupe, elle fut comblée de gravats dans les années 1970. Le club fut finalement reconstruit à l'identique en 1984, sur les trois quarts du site original, utilisant 15 000 briques de l'époque des Beatles, mais avec une entrée déplacée de 14 m. À l'emplacement exact de la vraie entrée, une photo prise par un fan est placardée. Pas de doute, c'est bien là.

S'IMPRÉGNER DE L'AMBIANCE POP DE LA VILLE

en s'immergeant dans sa vie nocturne trépidante

11

Cinquante ans après la déferlante des Beatles, c'est toujours la *pop music* qui demeure l'une des composantes essentielles de la création *made in Liverpool*. La scène nocturne, autour de Matthew Street Cavern Quarter, entre North John et White Chapel, aligne clubs, pubs, bars où de nombreux groupes se produisent en *live*. Les fans de rock ne manqueront pas d'aller au *Jacaranda* sur Slater Street ou surtout, au *Cavern Club* sur Matthew Street, deux endroits mythiques où les Beatles firent leurs débuts.

BON À SAVOIR : • cavernclub.com •

SHOPPING

CHINER DU CÔTÉ DE LARK LANE

12

Située au sud de Liverpool, perpendiculaire au flanc sud du Sefton Park et filant jusqu'à Aigburth Road, cette agréable rue est toujours animée. Restos et pubs en tout genre, petits brocanteurs, marché fermier, puces occasionnelles attire de nombreux promeneurs et la communauté alternative-bobo. Parfait pour se restaurer après la balade dans le Sefton Park voisin et faire quelques emplettes dans de jolies boutiques bohèmes. On est dans le quartier d'origine de John Lennon et Paul McCartney. Penny Lane n'est pas loin !

BON À SAVOIR : • larklaneguide.com • Nombreux bus avec le centre-ville.

EXPLORER LE BALTIC TRIANGLE

pour se frotter à la nouvelle vague branchée de Liverpool

13

Au sud de Liver Street, voici un ex-quartier industriel où design, digital et création en tout genre sont devenus le nouveau credo. Tout au sud, sur Stanhope Street, dans une ancienne brasserie aux dimensions colossales, *Cains Brewery*, on brasse aujourd'hui les idées, les générations et les initiatives. Perdez-vous dans le dédale de *Red Brick Vintage*, une concentration démente de brocanteurs-recycleurs complètement géniaux. Ici, on parle plutôt d'*upcycling* (le « surcyclage » en français !). Une foison d'idées, très british dans l'âme et les styles, et des tarifs étonnamment raisonnables. Pour se sustenter sur place, cuisine de tous les horizons à partager sur les tablées communes du *Baltic Food Market*. Une véritable expérience !

Albert Dock

AGENDA DES FÊTES, FESTIVALS ET ÉVÉNEMENTS

MAI : Liverpool Sound City

Les espaces culturels de la ville proposent un programme de concerts de groupes et de DJ's, ainsi que des spectacles d'arts scéniques. • soundcity.uk.com •

JUIN : Mersey River Festival

Début juin, Liverpool fête la mer et les marins à travers de nombreuses activités sur le front de mer. • cultureliverpool.co.uk/international-mersey-river-festival/ •

JUIN : Africa Oyé

Le plus grand rassemblement de musique et culture africaines du royaume se tient chaque année au Sefton Park. • africaoye.com •

JUILLET : Liverpool Arab Arts Festival

Le 1er festival britannique célébrant l'art arabe. Le LAAF a lieu en juillet dans plusieurs salles de spectacles disséminées dans la ville. • arabartsfestival.com •

JUILLET : Brouhaha Liverpool International Carnival

Musiciens, comédiens et danseurs venus des quatre coins du monde. • facebook.com/Brouhaha-Liverpool-International-Carnival •

JUILLET : Liverpool International Music Festival

Le LIMF est un festival de musique gratuit organisé courant juillet au Sefton Park. • limfestival.com •

AOÛT : International Beatleweek

Fin août, des fans du monde entier se rassemblent pour fêter le célébrissime groupe de rock anglais. Au programme : concerts bien évidemment, expos, marchés aux puces et même des enchères... Il y a foule et c'est la folie pour l'événement de l'année à Liverpool ! • international-beatleweek.com •

AOÛT : Creamfields Dance Festival

Un w-e fin août. Un événement de danse et de musique électronique mettant en scène les meilleurs DJ's du moment. Déclaré plus grand festival de danse du Royaume-Uni ! • creamfields.com •

Sculpture de Andrew Edwards

LONDRES

1H10
AU DÉPART
DE PARIS

Une autre planète, de l'autre côté du Channel ! Surtout depuis l'entrée en vigueur du Brexit... (ne pas oublier son passeport !). _Débarquer à Londres la première fois se révèle particulièrement exotique. Taxis noirs, bus à impériale rouges, horse guards, conduite à gauche, pubs... de quoi se dépayser ! Cette ville-monde, une métropole énorme, grouillante, éclatée, moderne et vibrante, n'est pas seulement anglaise, mais réellement cosmopolite. Cette ville à l'imagination sans limite offre un large patchwork d'expériences : un concert rock ou électro, un pub irlandais, de la cuisine indienne, un immeuble au design futuriste, des vêtements vintage, le thé le plus raffiné, des tableaux impressionnistes, des parcs immenses... Vous l'aurez compris, il vous faudra plusieurs voyages pour la découvrir vraiment._

BUDGET	€€€
CULTURE	★★★
CUISINE	★★★
SHOPPING	★★★★
VIE NOCTURNE	★★★★

SE REPÉRER

DÉCOUVRIR

JOUER LES EXPLORATEURS AU BRITISH MUSEUM
l'un des plus grands musées d'antiquités au monde

1

Il couvre l'histoire de l'humanité, depuis ses origines jusqu'à nos jours. On y accède par la sublime Great Court, large atrium recouvert d'un toit translucide, résille de verre et d'acier. Entre autres merveilles : la fameuse pierre de Rosette, des momies et sarcophages, les frises du Parthénon, un buste de Ramsès II, une statue de l'île de Pâques... Impossible de tout voir en une seule visite. Opter pour quelques sections, et revenir pour explorer la suite, le « British » est totalement gratuit !

BON À SAVOIR : pour les expos temporaires payantes, deux entrées pour le prix d'une sur présentation de votre billet Eurostar. Mieux vaut se munir d'un plan du musée, car c'est un labyrinthe ! • britishmuseum.org •

FLÂNER DANS LES RUELLES BUCOLIQUES DE HAMPSTEAD
par une belle journée ensoleillée

2

À quelques kilomètres du centre de la capitale et pourtant si loin dans l'esprit, Hampstead est un ancien village que l'urbanisation a englobé au début du XXᵉ s dans le « Grand Londres ». Il a su garder un caractère villageois et résidentiel, notamment grâce à la configuration des ruelles, qui épousent les reliefs de la colline. Un quartier authentique avec ses cottages georgiens du XVIIIᵉ s, ses maisons blanches de style victorien, et ses pubs en embuscade au débouché des venelles pavées. Après la balade dans les ruelles escarpées du vieux Hampstead, on ira déjeuner dans un pub historique (comme *Spaniards Inn* ou *The Holly Bush*), avant de s'autoriser une petite sieste au parc Hampstead Heath, un véritable coin de campagne à quelques kilomètres du centre. Dépaysant au possible !

BON À SAVOIR : Voir aussi Highgate, le quartier similaire séparé de Hampstead par un grand parc.

DÉCOUVRIR DE NOUVEAUX ARTISTES À LA SAATCHI GALLERY
ou chez le célèbre marchand Gagosian

3

Charles Saatchi est un grand mécène de l'art contemporain britannique, et il le prouve avec chaque nouvelle exposition dans sa galerie de Chelsea. Autre « faiseur d'artistes » mondialement connu, l'Américain Larry Gagosian, qui représente des pointures de l'art contemporain (Jeff Koons, Richard Wright...). Immanquables pour les amateurs. Et si ça ne vous suffit pas, cap sur le quartier de l'East End, où l'on trouve pas mal de galeries d'art contemporain.

BON À SAVOIR : pour connaître les expos du moment, consulter • saatchi-gallery.co.uk • et • gagosian.com •

DÉAMBULER DANS LES RAYONS DU TRÈS CÉLÈBRE *HARRODS*
l'un des plus somptueux magasins du monde

5

Célébrissime, ce grand magasin se visite au même titre que les musées et lieux touristiques de Londres. Devenu monument à part entière, *Harrods* est un véritable chef-d'œuvre de décoration et de bon goût. L'*Egyptian Hall*, qui occupe plusieurs étages, constitue un parfait exemple de l'Art nouveau, chargé certes, mais unique. L'escalator (électrique) fut le 1er installé en Europe. Ne pas manquer les *food halls* (rayons alimentaires), célèbres pour leurs somptueuses céramiques, et où l'on peut aussi se restaurer. Un temple du shopping à fréquenter ne serait-ce que par curiosité, ou pour y faire quelques achats... Mais les prix sont à l'avenant ! .

BON À SAVOIR : • harrods.com •

BIG BEN, RIEN NE CLOCHE !

Le monument le plus célèbre de Londres, c'est elle. Big Ben, ce n'est pas la tour qui l'abrite et qui domine le Parlement mais bien une cloche de 13 t, qui sonne toutes les 15 mn. Elle se règle chaque année en posant un penny sur le mécanisme si elle avance et en en enlevant un si elle retarde ! Technique ô combien efficace, puisque le système ne connut sa première (petite) panne qu'en 1976... soit près de 120 ans après sa mise en service. Quant à son nom, il viendrait du fonctionnaire qui installa la cloche, le désormais célèbre Benjamin Ben.

AU PRINTEMPS, SE BALADER AU MILIEU DES JONQUILLES DE REGENT'S PARK
en été, profiter des spectacles à l'Open Air Theatre

4

Avec Hyde Park, c'est l'un des lieux rêvés à Londres pour une pause ou un pique-nique, taquinés par les écureuils gris qui gambadent joyeusement dans l'herbe. On résistera à la tentation de leur donner à manger... officiellement, ce n'est pas autorisé ! De mi-mai à mi-septembre, de nombreux festivals se tiennent dans le kiosque en plein air. On y joue du Shakespeare et autres classiques du théâtre anglais, des spectacles musicaux... Concerts gratuits parfois.

6

ATTEINDRE LE SOMMET DE THE SHARD

offrant la vue touristique la plus haute d'Europe !

La silhouette de cette spectaculaire flèche de verre de 310 m de haut s'élance à proximité du London Bridge, sur la rive sud. C'est l'œuvre de Renzo Piano, à qui l'on doit le Centre Georges Pompidou à Paris, ou le bâtiment futuriste de la *Lloyd's* dans la City, toute proche. Des ascenseurs ultra-rapides vous propulsent en 1 mn sur la terrasse du 72e étage, où un grand moment d'émotion vous attend, entre le sifflement du vent et la vue à 60 km à la ronde... La nuit, c'est carrément magique !

BON À SAVOIR : l'accès est cher.
• theviewfromtheshard.com •

MARCHER DANS LES PAS DES BEATLES SUR ABBEY ROAD

et refaire la célèbre photo sur le passage clouté

7

Les fameux studios où les Beatles, mais aussi les Pink Floyd, Oasis ou encore Radiohead, ont enregistré sont classés Monument historique depuis 2010. En 1969, le tout dernier concert des Beatles eut lieu sur le toit, mais fut interrompu... pour tapage ! Quant au passage clouté *(crosswalk)* qui illustre le dernier disque des Fab Four, c'est le seul classé au Patrimoine national. Aller sur les traces des Beatles, mais aussi de Jimi Hendrix ou Amy Winehouse, c'est possible ici !

BON À SAVOIR : la bonne station de métro est St John's Wood et non pas Abbey Road, située, elle, à... 9 miles du célèbre passage piéton !

8

PRENDRE UN THÉ À BUCKINGHAM PALACE AVEC LA REINE
ou, mieux, avec Kate !

Si elle n'est pas dispo, il est toujours possible de visiter cet édifice du XVIIIe s, mais seulement en août-septembre. Pas question de voir les 600 pièces, seulement une vingtaine sont ouvertes au public (les *State Rooms*), ainsi qu'une petite partie des jardins. Si vous étiez amené à croiser la reine, sachez qu'on s'adresse à elle aussi bien en anglais qu'en français : elle est bilingue à tel point qu'elle connaît même des chansons de Tino Rossi ! En revanche, on évitera « Majesté », elle préfère « Madame ».

BON À SAVOIR : • royalcollection.org.uk • rct.uk/visit/the-state-rooms-buckingham-palace •

TENTER DE METTRE UN NOM SUR LES CHEFS-D'ŒUVRE DE LA NATIONAL GALLERY
l'un des plus beaux musées de peinture au monde

9

Située à Trafalgar Square, la National Gallery est l'un des trois plus beaux musées de peinture au monde, avec plus de 2 300 toiles peintes de 1250 à 1900, qui représentent toutes les grandes écoles occidentales. Une foule de maîtres (Vinci, Raphaël, Botticelli, Rembrandt, Rubens, Turner, Van Gogh, Cézanne...) et de chefs-d'œuvre (*Vénus et Mars* de Botticelli, *La Vierge aux rochers* de Léonard de Vinci, *Les Tournesols* de Van Gogh...) sont réunis ici ! N'hésitez pas à y consacrer une journée entière, mais le mieux est de s'y rendre en plusieurs fois.

BON À SAVOIR : gratuit. • nationalgallery.org.uk •

REFAIRE LE MONDE AU VICTORIA AND ALBERT MUSEUM
le V & A pour les intimes

10

C'est l'un des plus beaux musées consacrés aux arts décoratifs. On vient pour les pièces uniques de sa collection (la nef de Burghley du XVIe s, le tapis d'Arbidil, les Cartons de Raphäel, les bijoux...) mais aussi pour le cadre superbe, la muséographie et les activités ludiques. Les collections se sont enrichies depuis sa création au XIXe s et comptent aujourd'hui 4 millions d'objets, répartis sur un immense espace d'environ 50 000 m^{2}. On y trouve pas mal de bijoux inspirés des collections et expositions du moment, des fringues rigolotes et autres objets introuvables ailleurs.

BON À SAVOIR : le V & A étant l'un des plus grands musées de Londres et d'accès gratuit, profitez-en pour le visiter en plusieurs fois ! • vam.ac.uk •

LONDRES GRATUIT

Bonne nouvelle ! Si Londres compte parmi les capitales les plus chères d'Europe, surtout pour l'hébergement et les restos, elle vous fait quand même un beau cadeau : tous les grands musées nationaux sont gratuits. À vous la National Gallery, le British Museum, le Victoria and Albert Museum, la Tate Britain, la Tate Modern, le Natural History Museum, le Science Museum et la Wallace Collection. Autres sites gratuits : Saint Margaret's Church, National Portrait Gallery, Westminster Abbey lors de la messe du dimanche à 15h (tenue correcte exigée), Westminster Cathedral, National Army Museum, Sir John Soane's Museum, Museum of London, Museum of London Docklands, Imperial War Museum, Saatchi Gallery, National Maritime Museum... Et puis toutes les balades, les marchés, les quartiers ouverts à vos yeux écarquillés, sans débourser un *penny* !

DÉCOUVRIR LA TATE MODERN
magnifique musée d'art moderne

11

Installé dans une ancienne centrale électrique, c'est un hall d'exposition de 34 000 m² et de 35 m de haut, couplé à un bâtiment récent (2016) ultra-contemporain. On peut y admirer des à-plats de Rothko, des collages de Kurt Schwitters, des sculptures d'Henry Moore, de Giacometti ou Joseph Beuys, des mobiles de Calder, des peintures de Mondrian, Miró, Monet, Picasso, Klein, et on en passe. Les accrochages changent régulièrement, les réserves sont inépuisables et d'une rare richesse !

BON À SAVOIR : accès gratuit sauf pour les expos temporaires. Sur place, plusieurs cafétérias et restos avec vue imprenable sur les quais de la Tamise et St Paul's Cathedral. • tate.org.uk •

FRANCHIR LE MÉRIDIEN À GREENWICH
et grimper à bord du *Cutty Sark,* l'un des emblèmes maritimes britanniques

12

C'est dans le parc de Greenwich que passe le fameux méridien zéro. À découvrir au Royal Observatory, un site ravissant qui offre un superbe panorama sur les Docklands. Puis visiter le *Cutty Sark,* un fier clipper, ces trois-mâts du XIXᵉ s destinés à sillonner les routes commerciales du globe à grande vitesse. Il fallut plusieurs années de restauration pour que l'on puisse à nouveau admirer sa splendeur, grimper à bord et explorer ses entrailles.

BON À SAVOIR : pour ceux qui ne souhaitent pas payer le billet d'entrée, assez dissuasif, on voit bien le méridien à travers la grille.

13

VISITER LES KEW GARDENS
et se prendre pour un botaniste de l'époque victorienne

Superbe jardin botanique d'une extraordinaire variété : 90 000 végétaux sur pas moins de 120 ha. La période idéale est bien sûr le printemps, lorsque les rosiers et les rhododendrons sont en fleurs, mais le bel aménagement permet de se promener toute l'année, sans jamais se lasser. Jardin japonais avec pagode, pinède, bambouseraie, roseraie... rien ne manque. Autre fleuron des Kew Gardens, les élégantes serres rénovées dessinent des courbes de verre soulignées par des lignes de fer forgé. À ne pas manquer !

BON À SAVOIR : • kew.org •

POUSSER LE TAMBOUR DE LA PORTE DU MYTHIQUE *SAVOY HOTEL* rien que pour le plaisir des yeux !

14

Rénové par le designer Pierre-Yves Rochon, ce temple du style édouardien et Art déco a retrouvé son lustre d'antan. Construit en 1889 pour loger les stars de la scène, ce palace, l'un des plus mythiques d'Europe, a été le témoin d'instants de vie culturelle. Monet y a peint de sa chambre certaines vues sur la Tamise, Oscar Wilde y retrouvait son amant Alfred Douglas, Marlène Dietrich exigeait d'être accueillie avec 12 roses et une bouteille de champagne, Lady Di venait y prendre le thé... C'est là aussi que fut inventé le *dry martini*, à l'*American Bar*, où venait jouer Frank Sinatra.

BON À SAVOIR : • fairmont.fr/savoy-london •

PARTICIPER AU CARNAVAL DE NOTTING HILL, LE DERNIER WEEK-END D'AOÛT, l'un des rassemblements de rue les plus importants d'Europe

15

Créé à la suite des émeutes raciales qui ont secoué Londres dans les années 1950, c'est le plus grand carnaval caribéen d'Europe. *Steel bands* et DJs envahissent Portobello pendant 2 jours, et l'on y danse sur les rythmes des Caraïbes sur un parcours de 5 km. Ce carnaval, c'est aussi un défilé de toute beauté, à ne pas manquer. Le dimanche est généralement considéré comme le « jour des enfants », alors que le lundi, dernier jour de la fête, rassemble environ 2 millions de personnes. Ambiance garantie mais attention, prix des hébergements à la hausse.

BON À SAVOIR : • thelondonnottinghillcarnival.com •

TEATIME

Si l'on en croit la légende, toute l'Angleterre s'arrête vers 17h pour le *teatime*. Les Anglais en boivent en fait toute la journée ! Rien de tel qu'une bonne *cup of tea* pour arroser n'importe quelle occasion ou redonner le sourire à son interlocuteur. Un rituel, à essayer au moins une fois dans sa vie, dans les hôtels chic ou les salons de thé londoniens : les fameux *afternoon teas et high teas* (un grand choix de thés aux arômes différents, des sandwichs et toute une variété de gâteaux). Parmi les plus connus, des hôtels prestigieux tels que le *Ritz*, le *Savoy*, le *Hyde Park Hotel*, le *Dorchester* ou le salon de thé traditionnel, le *Fortnum & Mason*... Tous proposent un rituel souvent aussi drôle que leurs gâteaux sont bons, à grand renfort de vaisselle délicate, d'ustensiles compliqués et de règles à respecter (coupe-t-on un scone dans le sens de la hauteur ou de la largeur ? *That is the question*...).

16

SAVOUREr

AVALER UN *FISH & CHIPS*
en oubliant son cholestérol et en ajoutant un peu de vinaigre

Les célèbres *fish & chips*, qui ont envahi les quartiers londoniens dès le XVIIe s, permettent de manger sur le pouce pour pas cher, du moins dans les *take-away*, affectueusement surnommés *« chippy »*. En revanche, dans ces endroits, c'est souvent très graillonneux. Si vous voulez goûter à un *fish & chips* doré, croustillant et préparé dans les règles de l'art, dans un pub ou un resto, il vous en coûtera forcément plus cher (8-12 £). Dans tous les cas, c'est le choix du poisson qui détermine le prix et la qualité du plat. Vient ensuite le choix et la température de l'huile, et, bien entendu, la recette de la *« battered »* (la panure) qui vient envelopper le poisson.

CROQUER DES BAGELS 24H/24 À BRICK LANE

17

C'est l'un des *musts* du quartier popu et néobobo de Brick Lane, une vraie légende. Si vous dites « bagel », tout le monde vous enverra chez *Beigel Bake* (159 Brick Lane), une petite boutique qui débite 24h/24 ses bagels tout frais, tout bons. Des bagels à emporter, bien frais (facile, vu le débit) et pour trois fois rien. Goûter au *cream cheese* et au *salt beef bagel*... À fondre de plaisir ! Également toutes sortes de *pies* et *pastries* sucrées ou salées. Attention, il y a foule le dimanche !

EN ÉTÉ, SAVOURER SA PREMIÈRE GORGÉE DE *PIMM'S*
dans un grand verre de limonade saupoudré de menthe fraîche

18

En été, autour d'un barbecue ou dans les hauts lieux aristocratiques, on sirote un *Pimm's*, mélange tonique à base de plantes et de de quinine. Typiquement anglais, servi avec du concombre, cette boisson très rafraîchissante aurait des vertus digestives. L'hiver, très logiquement, on le boit chaud, servi avec du jus de pomme, et ça passe pas mal non plus... Très bon aussi avec de la limonade. À consommer avec modération !

BON À SAVOIR : vendu aussi en canette dans les supermarchés.

DÉCOUVRIR LA VRAIE CUISINE ANGLAISE ET L'ACCUEIL *SO BRITISH*
en allant dîner chez *Rules*

19

Inaugurée en 1798, cette vénérable institution a reçu la visite des acteurs les plus célèbres (Clark Gable, Charlie Chaplin, Buster Keaton...) et de grands écrivains (Dickens, Graham Greene, John Le Carré...). Aujourd'hui encore, ils sont nombreux à ne pas concevoir un séjour londonien sans une halte rituelle chez *Rules*, autant pour son cadre immuable d'auberge cossue que pour l'accueil en chapeau haut de forme à l'entrée, ou bien son excellente cuisine *british*, arrosée de savantes sauces sucrées-salées. La maison possède ses propres terres où le gibier abonde et où elle élève son cheptel de bœufs Galloway... En saison, c'est-à-dire d'août à décembre, ne ratez donc pas son gibier et, en particulier, la *grouse*, volatile typiquement écossais (et rare !) qui fait le délice des Britanniques depuis des lustres... et dont la maison a fait sa spécialité.

BON À SAVOIR : • rules.co.uk •

20

DÉGUSTER UN VIEUX CHEDDAR OU UN STILTON BIEN CRÉMEUX

et découvrir que la France n'est pas le seul pays du fromage

Eh non ! la France n'est pas la seule à produire de bons fromages. On conseille aux sceptiques de pousser la porte du 17 Short's Gardens, à Covent Garden, pour pénétrer chez *Neal's Yard Dairy,* magnifique boutique où les vieux cheddars s'affinent aux côtés de stiltons crémeux à souhait... Sur une ardoise sont écrits l'âge et l'origine de ces joyaux, mais les fromagers prennent volontiers le temps de vous en expliquer les caractéristiques, et surtout de vous faire goûter ! C'est le fromager incontournable de Londres pour qui souhaite découvrir le meilleur des îles Britanniques.

BON À SAVOIR : tlj sauf dim 10h-19h. Autre adresse à Borough Market.
• nealsyarddairy.co.uk •

SORTIR

ASSISTER À UNE COMÉDIE MUSICALE

dans un des théâtres du quartier de Soho

21

Avec New York, Londres est *« the place to be »* pour les amateurs de comédies musicales, une vraie activité culturelle populaire. À peine arrivé, partout des affiches vous vantent les succès du moment. Il y en a pour tous les goûts. Laissez-vous tenter par *The Lion King, The Phantom of the Opera, Come From Away* ou bien *Les Misérables,* les « Miz » comme on dit là-bas, à l'affiche depuis plus de 25 ans !

BON À SAVOIR : programmes sur • londontheatre.co.uk • et billets à tarifs réduits sur place à Leicester Square, au kiosque TKTS (lun-sam 10h-19h, dim 11h-16h30 ; • tkts.co.uk •).

UN PEU DE PUB POUR LES PUBS

De tradition typiquement britannique, le pub est le lieu de rencontre par excellence. On y vient avec ses collègues, ses amis ou tout simplement en famille pour y passer un joyeux moment de détente et de discussion (mais, sauf exceptions, sans jeunes enfants). On y pratique une activité tellement peu française que le mot n'existe même pas dans notre langue : on « socialise », on y parle de tout et de rien ! Vous ressentirez cette extraordinaire atmosphère de fusion des classes : ici, on laisse son origine sociale au vestiaire et on se côtoie allègrement. Au coude à coude, vous trouverez le *cockney* (londoniens issus de la classe populaire), le jeune cadre gominé, la mamie en tenue lavande, les groupes de minettes déchaînées à l'occasion d'une *hen night* (enterrement de vie de jeune fille), l'ouvrier lisant *Tribune* (journal de gauche du Labour Party), le vieux marginal plein de malice et... le touriste français, les yeux ronds comme des billes devant ce spectacle.

SIROTER UN COCKTAIL CHEZ *MR FOGG'S RESIDENCE*

en vivant une expérience hors du commun dans l'antre du fameux Phileas Fogg

22

Vous voici dans un *speakeasie*, l'un de ces bars prohibés, comme autrefois. Ici, il s'agit de montrer patte blanche, de faire sonner la cloche, et d'attendre que l'on vous ouvre, ou d'avoir fait sa réservation sur le site ou au téléphone au préalable... Une fois la porte franchie, c'est à un véritable voyage qu'on vous invite, avec cette montgolfière échouée dans un coin de ce grand et vaste club très privé, aux allures de cabinet de curiosités. Feu sous la cheminée, canapé et fauteuils à bascule, et grand bar rutilant. Un rêve de gosse ! Un crocodile empaillé côtoie un grand vélocipède suspendu ou un trophée de... vache. Loufoque à souhait. De quoi vraiment redevenir de (grands) enfants...

BON À SAVOIR : autre *speakeasy*, l'*Experimental Cocktail Club*, au 13A Gerrard Street. Ne cherchez pas d'enseigne, il n'y en a pas. Repérez juste les 2 petits restos chinois du rez-de-chaussée, *Fair East* et *Four Seasons*. Une porte noire entre les deux. C'est le Graal pour accéder au bar le plus recherché de la capitale (avec une réservation). • mr-foggs.com • reservation@chinatownecc.com •

23

VIVRE L'AMBIANCE SURACTIVE DE LA NUIT LONDONIENNE

du côté de Shoreditch et Hoxton

Shoreditch et Hoxton font partie aujourd'hui des incontournables des soirées londoniennes. S'il n'y a pas grand-chose à voir concrètement dans ces anciens quartiers industriels, il y a beaucoup à faire une fois passée l'heure du thé ! Tous les oiseaux de nuit qui se respectent fréquentent les bars du quartier en fin de semaine ; sans parler de la concentration d'excellents restos. Super pour le petit déj, idéal pour l'*after* après avoir fait reluire le *dance floor* des clubs qui font bouger les nuits londoniennes, comme le *Concrete Space*, dans un cadre brut de décoffrage et à l'ambiance résolument industrielle. Il ne faut pas manquer de passer dans LE bar à cocktails branché de Shoreditch, le *Callooh Callay*, un des *musts* des soirées londoniennes. À votre tour !

BON À SAVOIR : • calloohcallaybar.com • Quoi qu'il en soit, pour dénicher les bons plans, le magazine *Time Out* (• timeout.com/london •) reste la référence.

SHOPPING

SE PERDRE DANS LE *CYBERDOG* DÉJANTÉ DU MARCHÉ AUX PUCES DE CAMDEN TOWN
le dimanche matin

24

Surprenant, le marché aux puces de Camden Town est une ode à la diversité et à la fantaisie. Haut lieu de la culture alternative, le plus grand marché aux puces de Londres rassemble touristes et adeptes de l'underground (punks, gothiques, hippies, etc.). Dans ce fabuleux bric-à-brac, on trouve de l'artisanat, une brocante, des friperies, des objets vintage, des disquaires, des salons de piercing, des tatoueurs, ou des gadgets pas très utiles.... Un incontournable : le *Cyberdog*, immense espace futuriste gardé à l'entrée par deux robots gigantesques faisant office d'atlantes, où la techno pulse à fond et où vous trouverez de superbes tenues de l'espace pour frimer dans les raves les plus déjantées ! Hors de prix, mais rien que les vendeurs, les danseuses (si, si !) et le DJ derrière ses platines cosmiques valent le coup d'œil.

BON À SAVOIR : • camdenmarket.com •

S'ADONNER À UNE SESSION SHOPPING DANS LES GRANDES ENSEIGNES D'OXFORD STREET
ou les boutiques branchées de King's Road

25

Oxford Street est le temple de la consommation de Londres, avec plus de 300 boutiques. C'est ici que l'on trouve les grands magasins comme *Selfridges, Marks & Spencer, HMV*... ainsi que la plupart des grandes enseignes. Par exemple *Primark (499-517 Oxford Street)*, pour des fringues et accessoires à des prix défiant toute concurrence. Dans un genre nettement plus chic, visez les boutiques de King's Road, épicentre de la branchitude *made in Chelsea* : un quartier plus calme où le shopping est plus onéreux.

26

FAIRE DU SHOPPING À BRICK LANE
puis se plonger dans l'ambiance de la nuit londonienne dans l'East End

Avant d'écumer les boutiques vintage et de fripes de Brick Lane (avec son génial marché aux puces le dimanche), faire un tour au Old Spitalfields Market. Dans la foulée, découvrir Shoreditch, Hoxton, Hackney... Admirer le festival de fresques murales et autres œuvres de *street art*, innombrables. Ces quartiers branchés et bohèmes font aussi partie des incontournables des soirées londoniennes. Tous les fêtards qui se respectent viennent ici en fin de semaine !

AGENDA DES FÊTES, FESTIVALS ET ÉVÉNEMENTS

JANVIER OU FÉVRIER : Nouvel An chinois à Chinatown (Soho)

En janvier ou février, puisqu'on fixe la date en fonction de la lune. Tout commence sur The Strand normalement en fin de matinée ; Charing Cross Road, Shaftesbury Avenue et Trafalgar Square pour finir en beauté. Feu d'artifice vers 17h à Leicester Square. Pour plus d'infos : • chinatownlondon.org •

17 MARS : Saint Patrick's Day

La fête du saint patron des Irlandais est particulièrement célébrée à Londres, qui compte la troisième plus grande population d'origine irlandaise du monde. C'est l'occasion d'une grande parade où les participants défilent tout en vert, la couleur de l'Irlande. De grands rassemblements et des concerts ont lieu dans différents endroits, tout particulièrement à Trafalgar Square.

AVRIL : Oxford & Cambridge Boat Race

Le 1er samedi d'avril (attention ! parfois aussi le dimanche ou bien encore en mars... vérifier sur • theboatrace.org •), sur la Tamise (vers Hammersmith et Mortlake). La fameuse course d'aviron entre les universités mythiques et rivales situées au nord de la capitale. Pas non plus exceptionnel pour les spectateurs, mais ambiance festive.

JUIN : Trooping the Colour

Parade des *Horse Guards* au grand complet pour l'anniversaire de la reine, le samedi suivant le 6 juin. Elle se déroule entre Buckingham Palace et le quartier des gardes à Whitehall. Tous les fastes de la Couronne et les traditions anglaises sont déballés lors de ce défilé. Bonnets à poils, plastrons brillants et chevaux « bien garnis » sont au rendez-vous de cet événement haut en couleur.

FIN JUIN-DÉBUT JUILLET : Wireless Festival

4 jours de musique avec des artistes rock, pop et variété à Crystal Palace Park. Programme sur • wirelessfestival.co.uk •

JUILLET-SEPTEMBRE : BBC Proms

Le plus grand festival de musique classique s'installe au Royal Albert Hall. Populaire et très festif !

Tower Bridge et The Shard

MADRID

2H
AU DÉPART DE PARIS

La capitale espagnole se joue des extrêmes. *Pleinement capitale pour la richesse de ses musées et son dynamisme, elle dévoile des ambiances de village au gré de ses quartiers, aux identités bien définies. Oubliez les clichés, la visite de la ville va bien au-delà du classique duo tapas-Prado. Insouciante et créative, Madrid déborde de vie : musées et centres d'art avant-gardistes, ruelles invitant au shopping, bars de nuit déjantés... et la découverte n'est pas finie ! Son rythme nocturne, cette marée humaine (la* marcha*), qui bat le pavé et déboule de toutes parts vous emporte à coup sûr.*

BUDGET	€€
CULTURE	★★★★
CUISINE	★★★★
SHOPPING	★★☆☆
VIE NOCTURNE	★★★★

SE REPÉRER

DÉCOUVRIR

SE FAIRE UNE ORGIE CULTURELLE dans les musées

1

Pour une première visite, on filera sur le paseo del Arte découvrir les plus grands musées de la ville. À commencer par le célèbre Prado, et ses collections uniques au monde. Il présente un fantastique panorama de la peinture espagnole du XVe au XVIIIe s, entre autres : Goya, le Greco, Velázquez, Zurbarán, ou encore Bosch. Poursuivre par le museo Thyssen-Bornemisza pour un tour d'horizon complet de la peinture depuis le XIIIe s, et enfin, l'exceptionnel Centro de Arte Reina Sofía pour l'art contemporain. Outre ces incontournables, Madrid abrite nombre de musées en tout genre et de centres d'art avant-gardistes.

BON À SAVOIR : le *pass Abono del Arte* donne accès au Prado, au Thyssen et au Reina Sofía. • esmadrid.com • museodelprado.es • museoreinasofia.es • museothyssen.org •

RECEVOIR TOUTE L'ÉMOTION QUI SE DÉGAGE DU *GUERNICA* DE PICASSO au Centro de Arte Reina Sofía

2

Dalí, Picabia, Miró, Tàpies, Bacon… autant de raisons suffisantes de se rendre au Centro de Arte Reina Sofía. Mais c'est bien l'œuvre géniale de Picasso qui justifie à elle seule la visite de ce musée dédié à l'art du XXe s. Le 26 avril 1937, l'aviation de la légion allemande Condor pilonne la ville basque de Guernica… et massacre 2 000 civils. En réaction à cette barbarie, Picasso peint cette toile considérée depuis lors comme son chef-d'œuvre absolu. Visages torturés, membres sectionnés, bouches béantes, tons gris et noirs… elle conserve toute sa capacité émotionnelle.

BON À SAVOIR : fermé mardi ; • museoreinasofia.es •

3

BOIRE UN VERRE EN TERRASSE SUR LA PLAZA MAYOR

point d'affluence incontournable pour tout visiteur de passage

Superbe place construite entre 1617 et 1619, la plaza Mayor est le symbole de l'architecture du Madrid de los Austrias (« le Madrid des Habsbourg »). Cette place a servi de scène pour les autodafés, de théâtre pour les pièces religieuses de Lope de Vega, de décor aux exécutions criminelles ou d'arène pour des corridas. C'est ici qu'ont lieu, aujourd'hui encore, de nombreuses manifestations populaires. L'architecture est assez dépouillée. De grandes arcades voûtées communiquent avec les principales rues voisines. L'été, c'est un lieu de rendez-vous très populaire. On prend le café au soleil, entre amis, au milieu des bateleurs de rue en tout genre, musiciens, mimes, etc.

EXPLORER LE QUARTIER POPULAIRE DE LAVAPIÉS

avec ses immeubles typiques, sa population cosmopolite et son atmosphère villageoise

4

Ce quartier populaire, d'une extrême hospitalité, accueille pêle-mêle émigrés, artistes et intellectuels. Le tout forme une joyeuse tour de Babel, avec ses restos et épiceries de tous les coins du monde, ses nombreux théâtres, librairies-cafés et autres petits établissements alternatifs. Un quartier tendance « branchouille bohème », et l'un de ceux qui réservent le plus de surprises. Une agréable balade, avant d'aller boire un verre sur la place Lavapiés ou le long de la calle de Argumosa où une ribambelle de bars sympas étalent leurs terrasses...

APPRÉCIER L'ARCHITECTURE RÉSOLUMENT CONTEMPORAINE DU CAIXAFORUM

une indéniable réussite

5

Le bâtiment étonne : cette ancienne centrale électrique du XIXe s, toute de brique rouge, a été surélevée et posée sur des piliers habillés de revêtements métalliques façon *Star Trek*, et coiffée en son sommet de panneaux d'acier oxydé délicatement ajourés tels des moucharabiehs. À l'intérieur, 3 étages accueillent expos, conférences, etc., et une cafétéria au dernier niveau, le tout desservi par un escalier rectangulaire moderne tout en arrondis et à l'axe légèrement décalé : effet visuel garanti. Une œuvre résolument contemporaine que l'on doit au fameux cabinet suisse Herzog & Meuron.

BON À SAVOIR : • caixaforum.es/madrid •

FLÂNER, LE SOIR, DANS LE LACIS DES PETITES RUES DU BARRIO DE LAS LETRAS
autour de la plaza de Santa Ana

6

Autour de la plaza de Santa Ana, célébrée par Pedro Almodóvar dans son film *Talons aiguilles,* se trouve l'ancien quartier des imprimeurs, baptisé aussi barrio de las Letras (quartier des Lettres). C'est là qu'ont vécu de nombreux écrivains célèbres, comme Cervantès ou Lope de Vega (visite d'ailleurs de la casa-museo Lope de Vega). Évocation de cet âge d'or, de nombreuses citations émaillent le pavé de leurs lettres au bronze poli par les semelles des promeneurs. Depuis la place, un lacis de ruelles, piétonnes pour la plupart, dévale la colline vers le Prado et s'offre volontiers à la balade.

BON À SAVOIR : c'est aussi un quartier de tout premier ordre dans la nuit madrilène, investi chaque soir par des milliers de noctambules de tous âges qui déboulent dans les nombreux restos, bars, salles de concert, boîtes... • casamuseolopedevega.org •

PLONGER DANS L'HISTOIRE DE L'ARISTOCRATIE ESPAGNOLE
au Palacio de Liria

7

Récemment ouverts à la visite, en plein cœur de Madrid, ce palais, et son parc, appartient toujours à la fameuse famille d'Albe, vieille et puissante lignée aristocratique espagnole. Et abrite à ce titre une collection privée exceptionnelle. Outre la magnificence de la décoration, des tapisseries, lustres et du mobilier, ce sont donc des Goya, Velázquez, le Greco, Rubens ou Zuloaga que croise la visite, qui se limite pourtant à 12 pièces des 200 que compte le palais. Clou de la visite, la superbe bibliothèque, au-rez-de-chaussée : plus de 18 000 volumes (dont des raretés, évidemment !).

BON À SAVOIR : c/ de la Princesa, 20. Résa conseillée, car visite guidée de 15-20 pers. • palaciodeliria.com •

8

PRENDRE UN GRAND BOL D'AIR PUR AU PARQUE DEL BUEN RETIRO
très agréable après une surdose de trafic automobile

C'est le bol d'oxygène de Madrid et le lieu idéal pour la sieste. De belles promenades bordées d'arbres et de statues et de larges allées ouvertes convergent vers le bassin central, où l'on peut canoter. Le parc réserve des surprises au détour d'un chemin : un beau palacio de Cristal tout en légèreté et transparence, le palacio de Velázquez (palais des expositions), original édifice de brique habillé d'azulejos, une roseraie, un observatoire astronomique... Le dimanche matin, tout Madrid s'y donne rendez-vous. Kiosque à musique, jongleurs et cartomanciennes animent alors le parc.

FAIRE UNE HALTE AU CONVENTO DE LAS DESCALZAS REALES
l'un des joyaux cachés de Madrid

9

Qui devinerait l'existence, derrière cette sobre façade de monastère, d'un important trésor artistique Renaissance ? À l'origine, un palais du XVIe s occupé par Charles Quint, son épouse Isabel et leurs enfants : le futur Philippe II et Doña Juana. Cette dernière, veuve très jeune, décide de prendre le voile : son gentil frère transforme alors le palais familial en couvent franciscain. Ce qui explique la splendeur Renaissance de ce couvent de luxe ! Chapelles plus richement décorées les unes que les autres, collections de tableaux de Rubens, Zurbarán, Bruegel l'Ancien, Titien... Un vrai bijou.

BON À SAVOIR : plaza de las Descalzas Reales, 3. Résa obligatoire. • patrimonionacional.es •

SENTIR LE SOUFFLE DE L'HISTOIRE
au Palacio real

10

Le palais royal fut construit à partir de 1738 sur ordre du roi Felipe V sur le site de l'ancienne forteresse arabe. Une trentaine d'années furent nécessaires pour dresser ce palais colossal de style néoclassique, au charme assez austère. Visite des salles de réception, des appartements royaux, d'une collection consacrée à la musique, de la chapelle... Sans oublier l'Armurerie, qui présente de très belles armes et armures, issues pour la plupart de la collection personnelle de l'empereur Charles Quint. Si l'on n'aime pas les armes en tant que telles, on peut toutefois y retrouver le souffle de la grande Histoire.

BON À SAVOIR : • patrimonionacional.es •

11

LEVER LES YEUX AU CIEL POUR ADMIRER LES SUBLIMES FRESQUES SIGNÉES GOYA
à l'ermitage de San Antonio de la Florida autre joyau méconnu de Madrid

Construite à la fin du XVIIIe s, cette chapelle est bizarrement peu connue. Et pourtant... Illustrant des épisodes de la vie de saint Antoine de Padoue, les fresques furent peintes par Goya en 1798. Ce qui fait leur prodigieux intérêt, c'est leur style résolument profane et leur fraîcheur. Elles brossent un tableau très précis de la société de l'époque, avec ses aristos, grands bourgeois, demi-mondaines, mais aussi pauvres et gens du peuple. Arriver de bonne heure pour profiter de la quiétude de la chapelle...

BON À SAVOIR : sur la glorieta du même nom, au bout du paseo de la Florida. Gratuit, fermé le lundi.

SAVOURER

DÉCOUVRIR, ÉBAHI,
un authentique temple égyptien en plein Madrid !

12

À quelques pas de la plaza de España, voici l'étonnant temple de Debod, offert par l'État égyptien en remerciement de la contribution de l'Espagne au sauvetage du temple d'Abou Simbel (déplacé lors de la construction du barrage d'Assouan). Érigé au IIe s av. J.-C. en Nubie, ce temple dédié à Amon et Isis est l'un des rares vestiges de la civilisation égyptienne en bon état en dehors du pays. Le tout est situé dans un très beau parc : un plan d'eau et des palmiers recréant son environnement. À l'intérieur subsiste la décoration d'origine. De nuit, le temple éclairé est une splendeur.

BON À SAVOIR : paseo del Pintor Rosales, dans le parque de la Montaña ; • templodedebod.memoriademadrid.es •

VISITER L'ANCIENNE DEMEURE-ATELIER DU PEINTRE JOAQUÍN SOROLLA
l'un des grands artistes de la lumière

13

Un petit musée qui mérite vraiment d'être découvert. D'abord parce que ça change des immenses palais où l'on ingurgite la peinture comme des gâteaux au chocolat. Ensuite parce que l'endroit est aussi frais et sympathique que la peinture de l'Espagnol Joaquín Sorolla (1863-1923), et expose aussi la collection de l'artiste. Un grand peintre de la lumière méditerranéenne, qui a su l'exprimer comme nul autre. Et les petits jardins andalous qui entourent la maison-atelier sont une merveille. Une visite intimiste.

BON À SAVOIR : autre musée méconnu tout proche, le museo Lázaro Galdiano, un complément indispensable du Prado • culturaydeporte.gob.es/msorolla • flg.es •

FAIRE COMME LES MADRILÈNES ET SE RÉGALER D'UN *CHOCOLATE CON CHURROS*

14

Incontournable depuis la découverte des Amériques, le chocolat chaud espagnol est une boisson riche et nourrissante, épaissie à la fécule de maïs, dense en arômes, faite tout exprès pour y tremper les fameux *churros*, ces beignets allongés du petit déj. Un régal ! Véritable institution, la *Chocolatería San Ginés* (pasadizo de San Ginés, 5) : au fond d'un passage depuis 1894, du chocolate con churros 24h/24 et 365 jours par an. Adieu régime !

15

S'OFFRIR LE MEILLEUR DE LA GASTRONOMIE ESPAGNOLE RÉUNI EN UN SEUL LIEU :
le mercado de San Miguel

À deux pas de la plaza Mayor, cette magnifique halle en fer, édifiée en 1916 et rénovée à grands frais, abrite un agréable marché moderne, très pratique en cas de fringale. Si on y trouve fruits et légumes, fromages et charcuterie, les commerçants exposent aussi à leurs étals les produits sous formes de tapas ou de raciones, à déguster sur place, debout ou perché sur des chaises hautes, au comptoir ou à de grandes tablées communes. Même un bar à huîtres ou à foie gras ! Souvent plein le midi et en soirée, et bien mieux que les restos à touristes de la plaza Mayor.

BON À SAVOIR : plaza San Miguel ; tlj 10h-minuit (2h jeu-sam) ; • mercadodesanmiguel.es •

SORTIR

16

CONSACRER AU MOINS UNE SOIRÉE (OU UNE NUIT ?) À DÉGUSTER DES TAPAS
en passant de bar en bar

La Latina est, par excellence, le quartier des bars à tapas. Comme on dit à Madrid, c'est le quartier pour *« ir de tapeo »*. Il suffit d'arpenter la calle Cava Baja, où s'alignent en enfilade les bars à tapas de qualité, pour s'en convaincre : les soirs de week-end, l'animation bat son plein ! Plus alternatif, le quartier de Malasaña, dans le prolongement de Chueca, se hisse en rival de La Latina.

MARCHER SUR LES TRACES DE LA *MOVIDA*
dans les quartiers à la fois populaires et branchés de Chueca, Malasaña, La Latina ou Lavapiés

17

Insouciante, créative et dynamique, Madrid foisonne de lieux alternatifs, branchés, déjantés... On ira s'encanailler dans le quartier de La Latina, l'un des cœurs battants de la nuit madrilène avec Chueca, le quartier gay, qui essaime désormais largement du côté de Malasaña, ou du côté de Lavapiés, le quartier qui monte. On y trouve de nombreux petits restos et bars animés où l'on se laisse porter par la Movida madrilène...

PARTIR À LA DÉCOUVERTE DU MADRID ALTERNATIF
en commençant par les centres culturels autogérés de Lavapiés, pour humer l'air du temps

18

Le plus connu est la Tabacalera, installé dans une ancienne fabrique de cigarettes : chaque jour des concerts gratuits, ateliers et cours en tout genre. Plus calme, le jardin communautaire Esta es una plaza accueille les promeneurs entre ses carrés de potager bio. Plus lisse car plus institutionnelle, la Casa Encendida propose des expos gratuites, parfois aussi des films et concerts. Matadero, sur Madrid Río, au sud de la ville, abrite fab-lab et marché de producteurs entre un théâtre, une salle de ciné et un centre de design.

BON À SAVOIR : • latabacalera.net • estaesunaplaza.blogspot.fr • lacasaencendida.es • mataderomadrid.org •

QU'EST-CE DONC, LA *MOVIDA* ?

Le terme est déjà ancien : l'expression s'appliquait, dans les années 1980-1990, au profond élan de création qui s'est développé dans le monde des arts, de la décoration, de la peinture, du cinéma (avec notamment Pedro Almodóvar) après la mort de Franco, en novembre 1975. Ce mouvement complètement déluré s'éclatait dans l'excès et pratiquait la dérision comme discipline sociale. Fêtes, sexe et drogue, mais aussi matins glauques, misère et idéaux. Car tout l'édifice politique et « moral » mis au point par le Caudillo s'est écroulé du jour au lendemain. Aujourd'hui, y a-t-il une vie après la *Movida* ? À vous de dénicher les coins et recoins de Madrid qui vous feront répondre par l'affirmative !

MADRID VU PAR PEDRO ALMODÓVAR

Icône de la *Movida,* Pedro Almodóvar a acquis sa renommée grâce à des films parfois loufoques et volontiers provocateurs, portés par des actrices talentueuses : Carmen Maura, Victoria Abril, Marisa Paredes, ou la sublimissime Madrilène Penélope Cruz. Son œuvre, peuplée de personnages marginaux, témoigne de la liberté artistique acquise depuis la chute du régime franquiste. Almodóvar a presque 18 ans lorsqu'il quitte son village natal de Calzada de Calatrava pour s'installer à Madrid. La capitale espagnole et le réalisateur ne se quitteront plus. Le cinéma d'Almodóvar dépeint un Madrid tout en contrastes, loin des cartes postales et des itinéraires touristiques : quartier populaire de Vallecas, quartier gay de Chueca, gare de Madrid-Atocha, cimetière de la Almudena, aéroport de Barajas, tour de Telefónica, théâtre María Guerrero...

SHOPPING

FAIRE DU LÈCHE-VITRINES LE LONG DE LA GRAN VÍA

où se trouvent les grands noms de l'habillement pour tous budgets

19

La *Gran Vía* rassemble les géants de l'habillement bon marché. Faire des emplettes sur cette artère sera aussi l'occasion de profiter des plus beaux édifices de style avant-guerre. Entre une virée chez *Zara* et un ravitaillement au *Corte Inglès* (l'équivalent de nos Galeries Lafayette), pensez à lever le nez sur le somptueux Metropolis (au croisement d'Alcalá) imaginé par deux architectes français, et sur la Casa Telefonica (à l'angle de Fuencarral), un building qui évoque le Chicago du siècle dernier.

DÉBUSQUER LES DERNIÈRES TENDANCES DE LA MODE DU CÔTÉ DE TRIBALL

avec ses boutiques de fringues branchées et de créateurs

20

Formant un triangle entre les stations de métro Gran Vía, Callao et Tribunal, Triball se rêve volontiers comme le TriBeCa new-yorkais. Plébiscité par les bobos, le quartier rassemble de nombreux magasins de fringues branchées et de créateurs. L'activité se concentre sur Fuencarral, une rue piétonne de Chueca littéralement noire de monde le samedi après-midi, mais n'hésitez pas à vous perdre dans les rues adjacentes pour découvrir des petites échoppes. On trouve aussi dans ce coin, en direction de Chueca, pas mal d'*outlets* (magasins d'usine), en particulier de chaussures.

FAIRE PROVISION DE *TURRÓN* ET AUTRES DÉLICES SUCRÉS À LA *CASA MIRA*

merveilleuse pâtisserie fondée en 1855

21

Rien que la vitrine est un spectacle en soi. Mais c'est surtout la meilleure pâtisserie pour s'approvisionner en *turrón* (nougat espagnol). Tradition de Noël, le *turrón* s'offre en Espagne comme les chocolats chez nous. À base de sucre et d'amande, celui dit de Jijona a le grain fin, celui d'Alicante contient des morceaux d'amande plus gros. Goûtez aussi tous ces délices qui tournent en vitrine : les *rosquillas*, le *mazapán* (pâte d'amandes aux parfums divers) et les *polvorones* andalous, biscuits presque en poudre que l'on doit écraser et tasser dans leur papier avant de les gober.

BON À SAVOIR : carrera de San Jerómino, 30 ; ouv tlj.

22

LE DIMANCHE, TENTER DE DÉNICHER UN TRÉSOR AU RASTRO

le grand marché aux puces de Madrid

Gigantesque marché aux puces qui se tient chaque dimanche jusque vers 15h. Une foule énorme : vers 11h, on fait du 10 m à l'heure, et vers midi du sur-place ! Nettement plus animé en été que lors des frimas d'hiver. Fripes, petit artisanat, objets « tombés du camion » (autoradios, portables, montres), brocante, ce bric-à-brac rassemble panoplies pour néohippies, souvenirs et antiquités en plein centre-ville. Attention aux pickpockets !

BON À SAVOIR : calle de la Ribera de Curtidores, à deux pas du quartier de La Latina.

AGENDA DES FÊTES, FESTIVALS ET ÉVÉNEMENTS

FÉVRIER : Carnaval

Beaucoup de joie de vivre, de couleurs et de gastronomie sont de la fête... sans oublier des parades des géants et défilés costumés qui ponctuent comme il se doit le carnaval madrilène. Ne pas manquer le rituel traditionnel de clôture du carnaval : el Entierro de la sardina, l'enterrement de la sardine, une parodie fort païenne de cérémonie religieuse qui marque la fin du Carême. • carnavalmadrid.com •

15 MAI : fête de San Isidro

À ne surtout pas manquer. Un grand moment. Madrid commémore chaque année son saint patron dans un déferlement de musiques et de couleurs. C'est l'occasion de 10 jours de fêtes et de spectacles dans toute la ville, de la plaza Mayor aux jardins de Madrid Río. Le point d'orgue de ces célébrations est le 15 mai. Ce jour-là, les Madrilènes descendent dans les rues, vêtus de leurs costumes traditionnels de chulapos et chulapas. Au crépuscule, ils se dirigent en procession vers la colline de San Isidro pour partager un banquet en dansant le chotis, danse traditionnelle de la ville. Programme complet des festivités sur • sanisidromadrid.com •

JUIN : Festival du flamenco Suma Flamenca

Offre près de 200 concerts dans différentes salles. • madrid.org/sumaflamenca •

13 JUIN : Romería de San Antonio de la Florida

Au cours de cette procession et fête populaire du 13 juin, des jeunes filles célibataires se rendent à l'ermitage de San Antonio de la Florida de Madrid. Le but est de tremper une main dans l'eau baptismale censée porter bonheur et, surtout, donner de la chance en amour. Autour de l'église, se tient un bal populaire, où l'on peut déguster de délicieux churros accompagnés de chocolat.

AOÛT : fêtes des saints Cayetano, Lorenzo et de la Vierge de Paloma

Des processions, bals populaires et concerts de rue ont lieu essentiellement dans le parc de las Vistillas, à Lavapiés, pour la San Lorenzo et aux alentours. Les célébrations de la Virgen de Paloma, qui remontent au XVIIIe s, sont l'une des fêtes traditionnelles madrilènes les plus courues. Ces festivités atteignent leur apogée le 15 août, jour de l'Assomption de la Vierge.

Churros y chocolate

MÁLAGA

2H20
AU DÉPART DE PARIS

Son nom sonne aussi doux et rond à l'oreille que son vin l'est pour les papilles. *Málaga dégage bien des parfums, certains forts et musqués, comme l'incontournable musée de l'enfant du pays, Picasso, mais tous sont suaves et ensoleillés, car la ville bénéficie de pas moins de 320 belles journées par an. Il y a aussi son centre, à découvrir à pied, au fil de ses ruelles piétonnes… Puis, quand arrive l'heure des tapas, de bodega en bar-resto, il faut s'accouder au zinc et tailler la bavette avec la clientèle locale. En soirée, l'animation s'étend en direction de la Méditerranée jusqu'au palmeral de las Sorpresas, prolongé par le muelle Uno. Málaga prend alors des allures de Croisette, avec ses établissements en terrasse, ses bars trendy et ses boutiques ouvertes jusque tard.*

BUDGET	€€
CULTURE	★★☆☆
CUISINE	★★★☆
SHOPPING	★☆☆☆
VIE NOCTURNE	★★★☆

SE REPÉRER

DÉCOUVRIR

FLÂNER DANS LES RUELLES PUIS ENTRER DANS L'INTIMITÉ DE PICASSO

en visitant le splendide musée où sa collection personnelle est exposée

1

Né à Málaga en 1881, Pablo Picasso est resté marqué toute sa vie par ses 10 premières années passées dans la cité andalouse. Sa maison natale abrite des souvenirs personnels. Quant au musée Picasso, installé dans un palais de la vieille ville, il présente la collection privée du maître (peintures, céramiques et sculptures), composée de dons et de prêts de 2 de ses héritiers. Puis finir la journée en sirotant un petit vin de Málaga ? Hic !

BON À SAVOIR : entrée gratuite les deux dernières heures d'ouverture le dim. • museopicassomalaga.org •

FAIRE UNE CHARMANTE PROMENADE JUSQU'À L'ALCAZABA

imposante forteresse arabe qui domine la ville

2

Cette imposante forteresse, qui tire son nom de l'arabe *Al-Kasbah* (« la citadelle »), a été bâtie, à partir de remplois romains, au XIe s par la dynastie arabo-berbère des Hammudites pour défendre la cité. On y accède par un chemin piéton à partir de la plaza de la Aduana. La promenade est charmante : vestiges des remparts en brique accrochés à flanc de colline, terrasses et jardinets fleuris à l'andalouse, vasques et fontaines, porches, passages en arcades... Tout en haut, ne manquez pas la très belle vue sur la ville et le port.

BON À SAVOIR : pour les personnes à mobilité réduite, un petit ascenseur permet de monter directement depuis les abords de l'hôtel de ville. On peut aussi poursuivre la balade jusqu'au château de Gibrafaro, pour sa vue panoramique sur la ville ; sentier prolongé d'escaliers depuis l'Alcazaba (30 mn env).

VISITER LA CATHÉDRALE

un des monuments emblématiques de la Renaissance en Andalousie

3

La cathédrale de Málaga a la particularité d'être inachevée. Commencés en 1528, les travaux durent être arrêtés en 1782 faute de fonds... Sa seconde tour ne vit donc jamais le jour, d'où son surnom de *Manquita* (« la manchote »). Malgré un mélange de styles très apparent, l'édifice est emblématique de la Renaissance andalouse. C'est l'intérieur, avec ses volumes impressionnants, qui en jette le plus. Côté œuvres d'art à ne pas manquer, on retiendra la pietà en marbre de Carrare des frères Pissani (Florence, 1802), la statue de la *Virgen de los Reyes* offerte par Isabelle la Catholique après la conquête de Málaga, en 1487, le splendide retable gothique de sainte Barbe (début XVIe s), et la magnifique clôture du chœur sculptée par Pedro de Mena.

BON À SAVOIR : pl. del Obispo ; entrée par la c/ Cister. C'est la cathédrale la plus haute d'Andalousie, on peut l'apercevoir d'un peu partout dans la ville.

PICASSO, L'ENFANT DU PAYS

Picasso (Pablo Ruiz) est né à Málaga en 1881 (il a fini sa vie à Mougins en 1973). Même s'il a quitté sa ville natale à l'âge de 10 ans, on raconte que Picasso est resté marqué toute sa vie par ses premières années dans la cité andalouse. Ce qui est certain, c'est qu'il n'est jamais revenu à cause de Franco. Sa maison natale existe toujours et abrite une fondation. En 2003, le quatrième musée au monde consacré au célèbre artiste a été inauguré dans un palais de la vieille ville. Il présente une centaine d'œuvres (peintures, céramiques et sculptures), offertes à la Ville par Christine Ruiz Picasso, la belle-fille du peintre, ainsi que 22 donations et 50 prêts de son petit-fils Bernard Ruiz Picasso.

4

ADMIRER LES TOILES DES PLUS GRANDS PEINTRES ESPAGNOLS DES XIXE ET XXE S

au musée Carmen Thyssen

Installé en partie dans un palais Renaissance rénové et dans une extension tout à fait contemporaine, le musée présente, sur trois niveaux, des collections privées de la baronne Carmen Thyssen. Si les maîtres anciens (Zurbarán, Ezquerra...) commencent la visite, la collection est particulièrement représentative de la peinture espagnole du XIXe s, jusqu'au début du XXe s. On y découvre des œuvres d'excellente qualité, et des artistes majeurs comme Mariá Fortuny y Marsal, Julio Romero de Torres ou Joaquín Sorolla. Expos temporaires régulières et ambitieuses.

BON À SAVOIR : c/ Compañia, 10 ; • carmenthyssenmalaga.org •

APPRÉCIER LES COLLECTIONS DU MUSÉE DU VERRE ET DU CRISTAL

installé dans un bel édifice du XVIIIe s

6

Dans une maison du XVIIIe s, qui conjugue influences italiennes, andalouses et anglaises, on découvre une collection privée de 3 000 pièces en verre de différentes époques, du verre datant du Ve s av. J.-C. à des créations contemporaines finlandaises, en passant par quelques œuvres du maître français de l'Art nouveau, René Lalique. Portraits des ancêtres, vitraux d'églises anglaises du XIXe s, porcelaine Wedgwood, meubles du XVIe s... en fait ce musée pourrait s'appeler « des Arts décoratifs ». C'est même plus qu'un musée puisque ce sont les portes de la maison de famille d'un érudit collectionneur que l'on vous ouvre. La visite guidée, riche en détails et en anecdotes, est un vrai bonheur.

BON À SAVOIR : pl. Santísimo Cristo de la Sangre, 2 ; • museovidrioycristalmalaga.com •

VISITER LE CENTRE POMPIDOU, SOUS LE FAMEUX « CUBE » COLORÉ DE DANIEL BUREN

nouveau symbole de la vivacité culturelle de la ville

5

Récemment aménagé, le front de mer est désormais un endroit très couru. La palmeral de las Sorpresas (« la palmeraie des Surprises »), et le muelle Uno, c'est le côté californien de Málaga, avec ses bateaux de luxe, ses joggers, ses vigiles grimpés sur des *segways,* ses terrasses ensoleillées et ses boutiques de mode (pas mal de créateurs espagnols). Un ou deux musées situés sous la pergola géante aménagée par Jerónimo Junquera, l'architecte du projet, tentent de rendre la pièce à « El Cubo », bâtiment futuriste qui accueille plusieurs dizaines d'œuvres contemporaines du Centre Georges-Pompidou délocalisé.

BON À SAVOIR : • centrepompidou.es •

ALLER JETER UN ŒIL AUX SUPERBES CARROSSERIES ANCIENNES

alignées dans l'original musée de l'Automobile

7

Sur les 6 000 m² de l'élégant bâtiment d'une ancienne manufacture de tabac, ce musée a pris le parti d'envisager l'automobile sous un angle historico-artistique plutôt que purement mécanique. On y découvre, parmi une centaine de véhicules, une Unic de 1924 peinte par Sonia Delaunay, une Talbot inspirée par Marlène Dietrich, une Mercedes entièrement recouverte de *Swarovski*... Superbe collection riche en grands noms : Hispano Suiza, Bugatti, Ferrari, Jaguar, etc. Et quelques voitures de célébrités, d'une Jackson de 1907 construite pour le roi des Belges à une Ford Thunderbird de 1956 qui a appartenu à Arthur Miller. Mais le petit plus de ce musée, c'est qu'il associe à chaque véhicule la robe d'un grand couturier de son temps. Un vrai régal pour les yeux !

BON À SAVOIR : • museoautomovilmalaga.com •

SAVOURER

TENTER DE SE FRAYER UN CHEMIN DANS LES SALLES DE LA *BODEGA EL PIMPI*

entre *azulejos* et vieilles affiches

8

L'un des bars-restos les plus célèbres de Málaga, qui s'éparpille entre une enfilade de petites salles, un patio et une grande terrasse face au théâtre romain, le tout au milieu des piles de tonneaux arborant fièrement les autographes d'illustres clients. Dans l'assiette, des tapas variées et autres *tablas* (assortiments), comme celui de *jamón de castaña* (à accompagner du *dulce del pimpi* !). À fréquenter au moins 1 fois si vous cherchez un cadre et une ambiance bien typiques !

BON À SAVOIR : c/ Granada, 52 (tout proche du musée Picasso) ; tlj 12h-1h (2h le w-e).

DÉGUSTER UNE DES SPÉCIALITÉS DU PAYS EN SAVOURANT DE DÉLICIEUX *CHURROS CON CHOCOLATE*

au milieu des ruelles du centre-ville !

9

Institution du *churro malagueño* depuis 1932, la *Casa Aranda* propose ces longs beignets légers et croustillants qu'on déguste à toute heure avec les gens du cru. Et, bien sûr, trempez-les – comme eux – dans un épais chocolat chaud ou bien dans un *café con leche* ! Forte de son succès, la maison s'est agrandie de l'autre côté de la ruelle et propose même plusieurs terrasses... Il ne faut pas rater ça !

BON À SAVOIR : c/ Herrería del Rey, 3 ; tlj 7h30-13h30, 17h-21h.

SIROTER UN PETIT VIN DE MÁLAGA

dans l'une des nombreuses bodegas de la ville

10

Dotés d'un bouquet unique et d'une douceur légendaire, les vins de la région vous laisseront un bien agréable souvenir. Pour les tester, on vous conseille de faire un arrêt à l'*Antigua Casa de Guardia*. Fondé en 1840, ce vieux bar tout en longueur, où l'on consomme debout au comptoir, propose une douzaine de vins différents *(moscatel, málaga quina, pajarete...)*, tirés directement des tonneaux qui s'empilent dans la salle défraîchie. L'occasion rêvée de goûter au *dulce de Málaga* ! La clientèle sirote sa boisson debout en mangeant crevettes et mollusques. N'hésitez pas à demander conseil aux serveurs qui notent votre ardoise à la craie sur le bar poisseux en bois. On peut même repartir avec une bouteille sous le bras. À la vôtre !

BON À SAVOIR : • antiguacasadeguardia.net •

LE VIN DE MÁLAGA

« Un vin de dames » ! Ainsi avait-on l'habitude de qualifier le vin de Málaga. Il est vrai que les vieilles Anglaises l'appréciaient particulièrement. Deux cépages sont utilisés : le moscatel (muscat) et le pedro ximénez. Le málaga vieillit traditionnellement (de 6 mois à plus de 5 ans) grâce au système de la *solera*, qui consiste à faire passer en cascade le vin plus jeune dans une barrique contenant du vin plus vieux, ce qui permet aux deux vins de se mêler et d'abolir la notion de millésime – et ainsi de suite d'un tonneau à un autre. Résultat, de très beaux vins liquoreux entre 15 et 22°, fortement sucrés, mais au goût presque démagogique tellement ils sont ronds et aimables. La zone de production se trouve à une vingtaine de kilomètres à vol d'oiseau de la ville, dans la région de l'Axarquía, au sud de la petite ville de Riogordo.

SORTIR

VIVRE LA CHAUDE AMBIANCE DES SOIRÉES MALAGUÈNES
du côté de la calle Beatas ou de la plaza Mitjana, le week-end principalement

11

C'est dans la calle Beatas, une ruelle au nord de la plaza de Uncibay, elle-même envahie par les terrasses de restos et *Irish pubs,* que vous trouverez une succession de bars de noctambules, ainsi que des bars-restos et une boîte réputée, le *Liceo*. Autre centre névralgique de la *noche malagueña,* la plaza Marqués del Vado del Maestre et les rues adjacentes : ambiance assurée !

REPRENDRE DES FORCES DANS LES BAINS MAURES D'*EL HAMMAM*

12

Voici un beau petit hammam traditionnel pour revenir au temps d'Al-Andalus. Sur le toit, petite terrasse avec vue sur la cathédrale, idéale pour prendre un thé et se détendre après le bain-vapeur… et avant d'y retourner, bien sûr ! En revanche, pas de piscine ici.

BON À SAVOIR : c/ Tomás de Cózar, 13 ; tlj 10h-22h (minuit ven-sam). • elhammamspa.com •

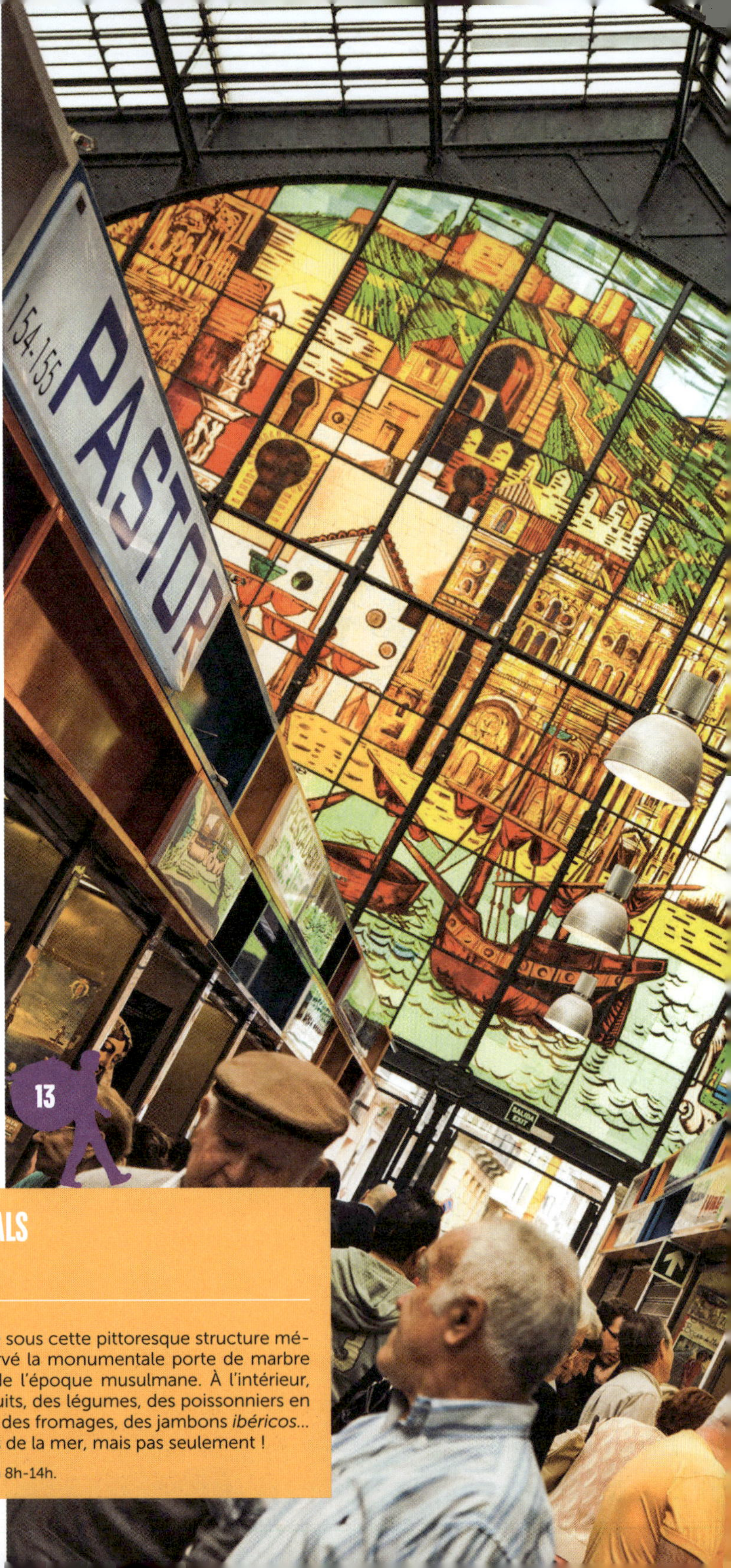

SHOPPING

13

DÉAMBULER À TRAVERS LES ÉTALS
du marché d'Atarazanas

Le principal marché de la ville se trouve sous cette pittoresque structure métallique typique du XIXe s, qui a conservé la monumentale porte de marbre (XIVe s) des anciens chantiers navals de l'époque musulmane. À l'intérieur, festival de couleurs et d'odeurs : des fruits, des légumes, des poissonniers en nombre, des olives en baril, des épices, des fromages, des jambons *ibéricos*… et aussi plusieurs bars servant des tapas de la mer, mais pas seulement !

BON À SAVOIR : c/ de las Atarazanas, 10 ; tlj sauf dim 8h-14h.

AGENDA DES FÊTES, FESTIVALS ET ÉVÉNEMENTS

MARS-AVRIL : Festival de cinéma

Créé en 1998 pour promouvoir le cinéma hispanique. Projection de films intéressants qui ne traversent pas toujours les Pyrénées, et tapis rouge le long de Marqués de Larios où l'on peut croiser quelques « people ». Ambiance Cannes, version andalouse ! • festivaldemalaga.com •

MI-MAI : Noche en Blanco

Des musées, gratuits pour l'occasion, ouverts jusque très tard dans la nuit, et pléthore d'animations tout aussi gratuites : théâtre de rue, musiques... Un monde fou, évidemment ! • lanocheenblancomalaga.com •

AOÛT : Feria

Si vous passez à Málaga aux alentours du 15 août, ne ratez pas la feria, exubérante, endiablée et colorée, qui dure 10 jours et se déroule dans tout le centre-ville en journée, et au Cortijo de Torres dès la tombée de la nuit. Déjà célèbre au XIXe s, le folklore y est à l'honneur et la tradition des corridas se perpétue, plus que jamais, dans les arènes (plaza de Toros) dressées fièrement entre le port et la plage.

Málaga

MARRAKECH

3H05
AU DÉPART
DE PARIS

Exception de cet ouvrage consacré aux villes européennes, mais désormais desservie par plusieurs lignes* low cost*, Marrakech s'est imposée comme une destination week-end abordable. *Ouvrez grand les yeux, laissez-vous porter par la vie, l'humour, les couleurs, les odeurs, le charme indéniable de cette ville fascinante ! L'immense place Jemaa-el-Fna et son agitation valent à elles seules le déplacement. On se perd dans les souks colorés et bruyants, où mille petits métiers se côtoient dans une atmosphère étonnante. Hammams de quartier, bagou des vendeurs ajoutent à la griserie d'un envoûtement inoubliable. À la fois familière et insaisissable, chaotique et indomptable, la ville rouge a tout pour ensorceler le visiteur.*

BUDGET	€€
CULTURE	★★★☆
CUISINE	★★★☆
SHOPPING	★★★★
VIE NOCTURNE	★☆☆☆

SE REPÉRER

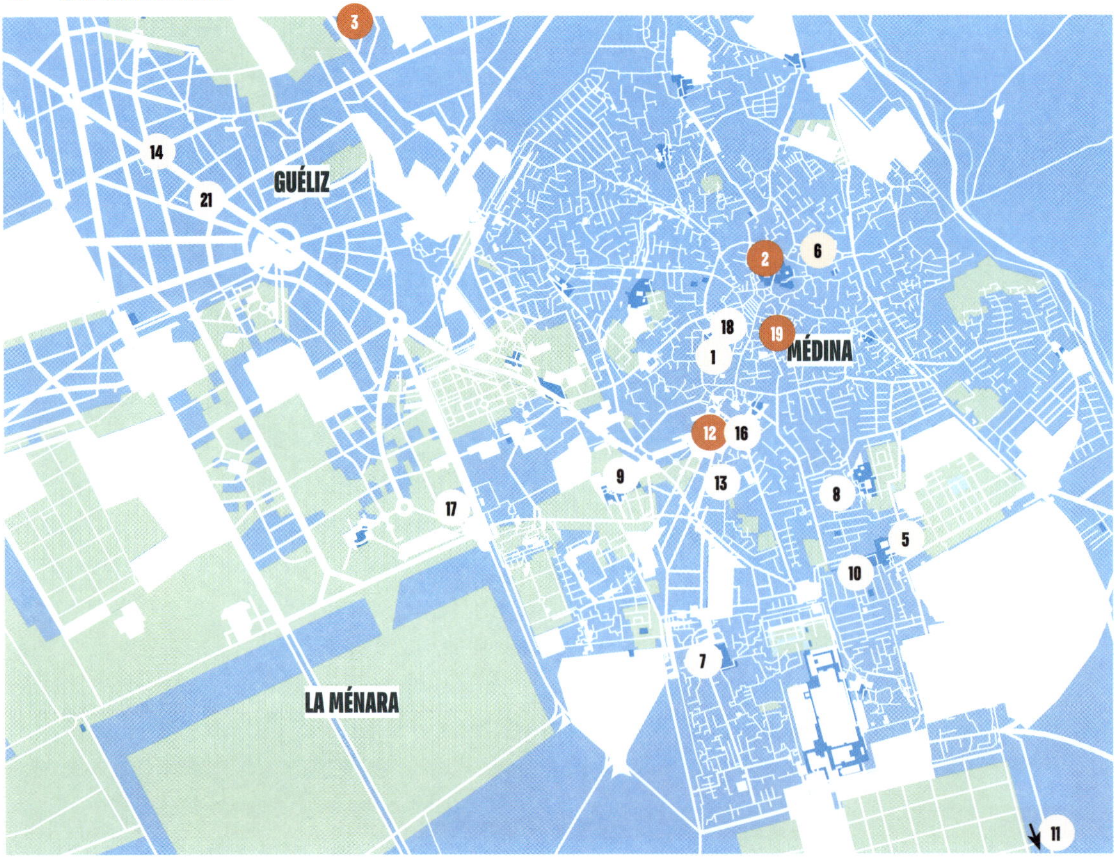

DÉCOUVRIR

SE PERDRE DANS LES RUELLES DES SOUKS

dans une débauche de couleurs, de bruits et de sensations

1

Les souks de Marrakech comptent parmi les plus beaux du monde arabe. Le mieux, bien sûr, est de s'égarer volontairement dans les ruelles, de se laisser guider par la curiosité, de se laisser porter par le flot des charrettes... Les souks, qui regroupent plus de 40 000 artisans locaux, sont réunis par métier et par quartier : souk Ahiak (tissus), Chouari (vannier, tourneurs sur bois), Haddadine (forgerons), Smata (babouches), Zrabia (tapis)... Vous trouverez aussi partout des échoppes et des *foundouk* (caravansérails) emplis de bric-à-brac des plus hétéroclites.

BON À SAVOIR : ne manquez pas les *kissaria* (marchés couverts), réservées au commerce des étoffes. Ce sont les mieux conservées du Maroc.

2

PÉNÉTRER DANS LA MÉDERSA BEN-YOUSSEF

à la fois enchantement pour le regard et apaisement pour l'esprit

Cette école coranique édifiée au XVIe s était la plus vaste du Maghreb. Les cours se tenaient dans la grande mosquée voisine, voire dans la salle de prière, la cour, autour du bassin ou à l'ombre des galeries. La médersa est un merveilleux exemple de la richesse de l'architecture arabo-andalouse : tout repose sur la justesse des proportions, l'harmonie entre les surfaces et le décor. En visitant la médersa, il faut regarder partout, débusquer les jeux de lumière dans les couloirs et les chambrettes, admirer l'équilibre parfait qui règne ici.

BON À SAVOIR : fermée pour travaux, devrait rouvrir prochainement.

DÉAMBULER DANS LE JARDIN MAJORELLE
un lieu calme, frais, reposant et empli de poésie

Ce magnifique jardin abrite l'atelier du peintre Jacques Majorelle, qui vécut ici à partir de 1924. En 1980, Yves Saint Laurent et Pierre Bergé acquirent et restaurèrent l'endroit. Le grand couturier aimait d'ailleurs tant le lieu qu'il choisit d'en faire sa dernière demeure ; ses cendres y furent dispersées en 2008. C'est aujourd'hui un endroit poétique, planté de cactus, de succulentes, de bougainvillées, de bambous et de maintes essences issues des 5 continents. Des bassins et d'immenses jarres aux couleurs tranchées, dont le fameux « bleu Majorelle », ponctuent cet univers végétal, où le temps est comme suspendu.

BON À SAVOIR : • jardinmajorelle.com • À ne pas manquer non plus, le musée Yves-Saint-Laurent attenant au jardin.

VIVRE COMME UN PACHA EN DORMANT DANS UN RIAD
et s'en souvenir pendant mille et une nuits

4

Pousser la porte d'un riad, c'est un peu comme entrer dans un rêve. Ces maisons traditionnelles situées dans la médina ne se devinent pas de l'extérieur. Ce sont de véritables havres de paix organisés autour d'un patio et restaurés selon des techniques traditionnelles. On y découvre une succession de salons, d'alcôves, d'escaliers, de terrasses, de fontaines et de paisibles patios aux arcades qui dégoulinent de stucs alors que les mandariniers se mêlent aux orangers. Côté chambres, tradition et confort s'associent pour adopter un style unique... La nuit est à vous.

LA MÉDINA

Inscrite par l'Unesco au Patrimoine mondial de l'humanité en 1985, la médina de Marrakech est la plus étendue du Maghreb. Elle abrite 140 000 habitants et compte pas loin de 28 000 maisons. C'est dans son dédale que bat le vrai cœur de Marrakech : dans ses ruelles sinueuses, autour de ses patios, de ses fontaines, de ses jardins, au cœur de ses maisons, dont le calme offre un rafraîchissant contraste avec le tumultueux désordre des souks... N'hésitez pas à quitter les rues principales bordées de boutiques, pour vous engagez dans les *derb*, ces ruelles étroites qui desservent les quartiers. Là, les fameux riads alignent leurs hauts murs et forment comme un tissu horizontal quasi continu qui perturbera forcément votre sens de l'orientation. À Marrakech, il faut oser se perdre un peu, beaucoup, passionnément. De toute façon, vous vous perdrez !

NE PAS MANQUER LA VISITE DU PALAIS DE LA BAHIA
un temps résidence du maréchal Lyautey

5

Construit vers 1880, ce palais de Ba Ahmed (vizir, ministre puis régent) est un chef-d'œuvre de l'art marocain. Sur plus de 8 ha, dont 3 ha de jardins, les meilleurs artisans et ouvriers du pays ont construit pas moins de 166 salles (on n'en visite qu'une partie !), et des appartements superbement décorés, qui débouchent sur des patios fleuris. Il fut presque entièrement conçu de plain-pied, étant donné l'embonpoint du grand vizir. À déambuler dans le petit riad au riche décor, la salle de réception, la grande cour et le jardin du harem, on a un peu l'impression de s'inviter dans l'Histoire.

DÉCOUVRIR LE MAROC D'HIER À LA MAISON DE LA PHOTOGRAPHIE
un lieu étonnant et loin des clichés

6

Ce musée, assez unique, détient la plus importante collection de photos anciennes (1870-1950) du Maroc, avec plus de 5 000 clichés originaux. Près d'un siècle de vie marocaine raconté aussi à travers des autochromes de 1907 et, un demi siècle plus tard, des premiers films couleurs sur les Berbères. En fin de visite, ne manquez pas de vous poser sur la terrasse, qui offre peut-être la plus belle vue de la médina sur Marrakech et l'Atlas ! Un voyage dans le temps qui laisse rêveur

BON À SAVOIR : • maisondelaphotographie.ma •

MARQUER UNE PAUSE, AU CALME
du jardin des tombeaux saadiens

7

Dans le quartier de la kasbah, c'est d'abord la mosquée El-Mansour que l'on remarque, et son minaret aux entrelacs de couleur turquoise, qui se détache sur le ciel. On pénètre ensuite dans un lieu étonnant : un jardin-cimetière, récupéré au XVIe s par les Saadiens pour abriter les tombes de leurs rois et de leurs familles. Mais en murant l'entrée de la nécropole au XVIIIe s, le sultan alaouite Moulay Ismaïl en protégea le secret pendant des décennies. Les tombeaux ne furent découverts qu'en 1917 ! Le jardin est un petit havre de paix le matin à l'ouverture, ou en fin d'après-midi, quand il n'y a pas foule !

PASSER LA PORTE DU *DAR* SI-SAÏD (LE MUSÉE NATIONAL DU TISSAGE ET DU TAPIS)
pour un moment de fraîcheur dans son joli patio

8

Cette ancienne maison du frère du vizir Ba Ahmed fut construite à la même époque et par les mêmes artisans que le palais de la Bahia. Si Saïd profita des richesses de son frère, il fut aussi entraîné dans sa chute... Aujourd'hui, la visite de ce *dar* vaut autant pour son musée (belle collection de tapis issus de tout le royaume) que pour son architecture. Le patio planté d'orangers procure une fraîcheur bienfaitrice, et les superbes plafonds à caissons peints aux pigments naturels suscitent l'admiration.

SE BALADER DANS LES JARDINS DE LA KOUTOUBIA À LA TOMBÉE DE LA NUIT
et admirer le minaret illuminé

9

Point d'ancrage et de repère, le minaret de la Koutoubia domine de ses 69 m de haut la place Jemaa-el-Fna. Chaque face présente un décor différent : réseaux d'entrelacs sculptés dans le stuc, ornements floraux, bandeaux de céramique, arcs et décor épigraphique. Par la simplicité de ses formes, l'équilibre de ses proportions, la Koutoubia est considérée comme l'un des plus beaux monuments d'Afrique du Nord.

DANS LE MELLAH, PARTIR À LA RECHERCHE DE LA COMMUNAUTÉ JUIVE
quasi disparue aujourd'hui, et de son quotidien

10

Sur les milliers de juifs qui vivaient autrefois à Marrakech, seule une toute petite communauté continue d'habiter le mellah, l'ancien quartier juif, désormais en partie réhabilité. Elle était jadis réputée pour ses métiers basés sur la récupération. À partir de vieux pneus, des artisans confectionnaient des savates ; avec de vieux bidons, ils fabriquaient des objets domestiques en fer-blanc et, surtout, de belles lanternes ajourées et ornées de verres colorés. La vie locale est ici encore très animée : vénérables échoppes, souk rassemblant des grossistes d'épices, de tissus... À l'est, le cimetière juif mérite aussi un détour avec ses maisonnettes blanches.

LE HAMMAM

Au Maroc, où il n'y avait guère de salle de bains dans les maisons jusqu'à une époque récente, le hammam tenait (et tient toujours) une place importante. Créé par les Romains (les thermes), il fut immédiatement adopté par les musulmans. Dans les médinas, chaque quartier a sa mosquée, mais aussi son hammam. Le hammam est composé de trois bains situés dans trois salles en enfilade. C'est un lieu où hommes et femmes viennent se laver et se détendre. Mais, bien sûr, jamais en même temps : les hommes l'utilisent en général le matin et le soir, et les femmes l'après-midi. Aujourd'hui encore, le hammam représente pour certaines femmes l'occasion d'abandonner leur cercle familial pour rencontrer des amies. Si l'expérience d'un hammam traditionnel vous tente, n'oubliez pas un morceau de savon et un gant pour vous frotter. Pensez aussi au ghassoul, cette argile qui fortifie les cheveux.

FAIRE UNE ESCAPADE D'UNE JOURNÉE AU CŒUR DE LA VALLÉE DE L'OURIKA
et visiter un jardin de safran

11

Les Marrakchis viennent se réfugier dans cette rafraîchissante vallée lorsque la température de la ville rouge devient insupportable. Une halte à la Safranière de l'Ourika vous apprendra tout du *Crocus sativus* dont la jolie fleur mauve donne le safran. De la mise en terre du bulbe à la cueillette, du tri des stigmates au séchage des filaments, c'est un travail patient et minutieux. Les visiteurs peuvent participer à la récolte au mois de novembre ou visiter l'intéressante et très instructive exposition le reste du temps.

BON À SAVOIR : plus loin, la route qui monte à l'Oukaïmeden (75 km de Marrakech) est grandiose.

La Menara

SAVOURER

12

TROUVER SON STAND FAVORI POUR DÎNER
sous les lampions de la place Jemaa-el-Fna

Tous les soirs dès 17h-18h, la place devient le plus vaste resto en plein air au monde, constitué de dizaines de gargotes flanquées de banquettes en bois. On y hèle le badaud pour caser soupes, salades, couscous, tajines, grillades, brochettes, méchoui, abats ou encore poissons et escargots, le tout cuit devant le client. Pas toujours moins cher que les petits restos autour de la place, mais l'ambiance est vraiment unique : l'ensemble forme un grand rectangle bruyant et baignant dans la fumée des braseros.

SE RÉGALER
de quelques délicieuses pâtisseries marocaines

13

On ne peut pas aller à Marrakech sans manger de pâtisseries. Les plus connues sont les *kaab el ghzal* ou cornes de gazelle, mais vous pouvez essayer les *briouate* au miel et aux amandes, les *ghoriba* aux amandes ou au sésame, les *mhanncha* (serpents lovés et recouverts de cannelle en poudre), les *shebbakia* (rubans de pâte frits avec du miel chaud et du sésame grillé, typiques du ramadan). Mais la palme revient à la pastilla au lait (*ktéfa*). Impossible de résister à ces feuilles de pâte superposées et parfumées à la fleur d'oranger, agrémentées d'amandes pilées et sur lesquelles on verse un peu de lait refroidi.

BON À SAVOIR : la *Pâtisserie des Princes*, à deux pas de la place Jemaa-el-Fna, offre un vaste choix de pâtisseries marocaines (et européennes). Également un délicieux lait d'amande. Une institution !

DÉGUSTER LA TRADITIONNELLE PASTILLA DE PIGEON
au son de la musique gnaoua

14

Pour déguster les véritables spécialités marocaines, dont la pastilla de pigeon, le mieux est d'être invité dans une famille. La pastilla est un plat exceptionnel : grand gâteau de pâte feuilletée aux amandes, fourré de hachis de pigeon ou de poulet, et saupoudré de sucre et de cannelle. Si vous n'avez pas l'occasion d'être invité dans une famille, certains restaurants en servent. Notamment *Al Fassia*, l'un des restos les plus courus de la ville, parce que justement sa cuisine est « comme à la maison », concoctée par des femmes. Tout est parfumé, d'une grande finesse et réalisé avec des produits de choix.

BON À SAVOIR : • alfassia.com •

S'OFFRIR UN DÎNER EN AMOUREUX
dans un décor digne des *Mille et Une Nuits*

15

C'est le rêve marrakchi par excellence : dîner dans un riad restauré et transformé en un restaurant somptueux, entre mosaïques multicolores, lanternes scintillantes et atmosphère de songe oriental. Souvent, le repas est accompagné par de la musique arabo-andalouse jouée par un petit groupe de musiciens, distillant une atmosphère on ne peut plus magique pour parfaire cette parenthèse enchantée.

SORTIR

SIROTER UN THÉ À LA MENTHE SUR UNE TERRASSE DOMINANT LA PLACE JEMAA-EL-FNA
à la tombée du jour, et admirer le spectacle

16

La place Jemaa-el-Fna est l'un des sites urbains les plus fascinants de la planète. On y rencontre des diseuses de bonne aventure, des montreurs de serpents, des femmes tatouant au henné, des groupes de musiciens, des conteurs et des porteurs d'eau... La place est un immense théâtre en plein air. Dans la journée, il ne s'y passe pas grand-chose. Mais dès la fin d'après-midi, la fête commence. C'est le moment de monter boire un thé sur une des nombreuses (et très prisées) terrasses qui surplombent la place, et de regarder les étals ouvrir au fur et à mesure. Puis redescendre pour profiter du spectacle, se mêler à la foule et déguster les spécialités locales.

DANSER JUSQU'AU BOUT DE LA NUIT
avec la jeunesse marocaine

17

Les pôles de la vie nocturne se situent dans la ville nouvelle, en particulier dans l'Hivernage et sur le boulevard Mohammed-VI, dans le sud de la ville. Les boîtes, plutôt calmes en début de semaine, attirent une foule compacte le week-end, Marrakech étant une destination tendance auprès de la jeunesse aisée de Casa, Rabat et Agadir, qui vient se montrer et s'adonner à l'insouciance des nuits festives. Inutile d'arriver tôt, l'action ne démarre vraiment qu'après minuit, voire 1h.

BON À SAVOIR : Incontournable des nuits marrakchies, l'immense *Palais Jad Mahal*, qui a des allures de palais classieux. À l'intérieur, un resto, mais surtout 3 bars où l'on boit et danse au rythme des concerts dès 22h ou 23h, avant de poursuivre par exemple au *Raspoutine*, la boîte attenante.

LA CÉRÉMONIE DU THÉ

Au Maroc, on consomme généralement du thé vert de Chine avec beaucoup de menthe et de sucre. En 150 ans, c'est devenu une véritable institution, une cérémonie à laquelle on n'échappe pas. Il est généralement préparé par le maître de maison ou, en son absence, par son fils. Si l'on veut vous faire honneur, on vous confiera la tâche. Quand les mains sont lavées, on apporte la bouilloire remplie d'eau, la boîte à thé, la boîte à sucre et, sur un plateau, la théière et les verres avec un bouquet de menthe fraîche. Après diverses manipulations assez codifiées pour enlever la théine du thé, faire bouillir le thé, ajouter la menthe, le sucre, aérer le thé, en prenant soin de faire de longs jets en versant le liquide dans un verre, il ne reste plus qu'à remplir les verres et à les passer aux convives en prononçant *« Bismilla »,* ce qui signifie « À la grâce de Dieu ».

SHOPPING

AU CŒUR DES SOUKS, PIQUEZ-VOUS AU JEU DU MARCHANDAGE

chaussures, draps brodés, tissus, cuirs, linge de maison

18

Impossible de ne pas succomber à l'artisanat marocain. Mais en terre musulmane, l'acte d'achat n'est pas anodin, c'est un engagement réciproque. Alors n'hésitez pas à comparer, discuter et... marchander. Au final, le prix payé sera toujours plus élevé que le prix « marocain », reflet de 2 réalités économiques différentes, mais vous aurez participé à une pièce de théâtre ancestrale qui nécessite patience, humour et audace : à vous de jouer !

19

FAIRE LE PLEIN D'ÉPICES,

et prolonger la magie du voyage

La place des Épices accueillait autrefois le marché aux grains, aux épices et... aux esclaves. On y vend aujourd'hui de la vannerie, des épices, ainsi que des plantes médicinales en bocaux. En flânant, vous croiserez la cannelle, la noix de muscade, le safran, le gingembre, le curcuma, le cumin et, bien sûr, le ras el-hanout, mélange d'une dizaine à une quarantaine d'épices, à utiliser dans le couscous ou le tajine... De quoi parfumer vos plats de retour à la maison.

NE PAS REPARTIR SANS VISITER UN ATELIER DE BABOUCHES

20

D'où vient, selon vous, le mot « maroquinerie » ? Le travail du cuir compte parmi les plus vieilles traditions marocaines. Les techniques de travail varient suivant les régions : à Marrakech, on le brode avec des fils de couleur ou de fines lanières de peau. Les babouches sont évidemment le produit phare. Les pointues sont d'origine arabe ; celles à bout rond, berbères. Messieurs, vous en porterez des jaunes, Mesdames, des rouges. La semelle, du pneu parfois, est soit cousue, soit collée. Les babouches sans semelle sont conçues pour être portées chez soi.

BON À SAVOIR : et pourquoi ne pas acheter un grand couffin comme celui utilisé par les Marocaines pour transporter vos babouches et vos autres achats ?

DÉCOUVRIR LES BIENFAITS DE L'HUILE D'ARGAN

et participer au commerce équitable

21

L'huile d'argan est aussi bien utilisée dans la cuisine que comme cosmétique. Elle est réputée pour ses effets revitalisants sur la peau et les cheveux. Pour tout apprendre de ses bienfaits, faite un tour chez *Naturelle d'Argan* (distribuée en Europe). Alain Kerrien est le spécialiste de l'huile d'argan biologique, labellisée Ecocert, produits cosmétiques, soins corps et visage et gamme gastronomique. Chez ce fabricant breton, la qualité des produits est irréprochable. De plus, soucieux d'établir un commerce équitable avec les femmes des coopératives d'État, en partenariat avec la fondation royale Mohammed-VI, il a créé la coop Agdal à Takoucht.

BON À SAVOIR : un *concept-store* attenant, Côté Oriental, complète le lieu, proposant des objets contemporains originaux et de magnifiques malles haut de gamme...

AGENDA DES FÊTES, FESTIVALS ET ÉVÉNEMENTS

JUIN : Festival international du rire

Il fait se tordre de rire la ville pendant 5 jours. Jamel Debbouze en est l'initiateur. Programme éclectique.
• marrakechdurire.com •

30 JUILLET : fête du Trône

La plus importante fête civile au Maroc, célébrée avec de nombreux feux d'artifice et parades.

ENTRE OCTOBRE ET DÉCEMBRE : Festival international du film

Pendant une semaine. Depuis 2001, c'est le grand rendez-vous cinématographique du Maghreb. De plus en plus de stars et de paillettes. • festivalmarrakech.info •

18 NOVEMBRE : fête de l'Indépendance (retour d'exil de Mohammed V)

FÊTES DU CALENDRIER MUSULMAN : Ramadan, Aïd el-Kebir (fête du Sacrifice du mouton), Aïd el-Mouled (commémoration de la naissance du prophète Mahomet), Aïd es-Seghir ou Aïd el-Fitr (fête de rupture du jeûne)...

Selon le calendrier lunaire. Se renseigner.

La Koutoubia

MILAN

1H25
AU DÉPART
DE PARIS

De prime abord, la capitale lombarde ne semble pas avoir l'attrait de ses célèbres voisines. *Détrompez-vous ! Surprenante par la diversité de ses quartiers, par la multitude et la richesse de ses sites et musées, Milan est aussi une ville où il fait bon vivre, parcourue de grandes artères et de beaux parcs, nourrie d'une vie culturelle dense. Milan fascine aussi les amoureux d'urbanisme, les amateurs d'architecture et de vieilles pierres. C'est dans ses quartiers populaires qu'on la découvre plus vraie, plus intime, à l'instar des Milanais. Et puis c'est surtout la capitale de la mode et du design, l'une des cités les plus imaginatives d'Europe. Aujourd'hui, la ville s'est forgé une nouvelle image post-industrielle, branchée, dynamique, et a gagné définitivement le titre de* « città delle occasioni », *la ville des possibles...*

BUDGET	€€
CULTURE	★★★☆
CUISINE	★★★☆
SHOPPING	★★★☆
VIE NOCTURNE	★★★☆

SE REPÉRER

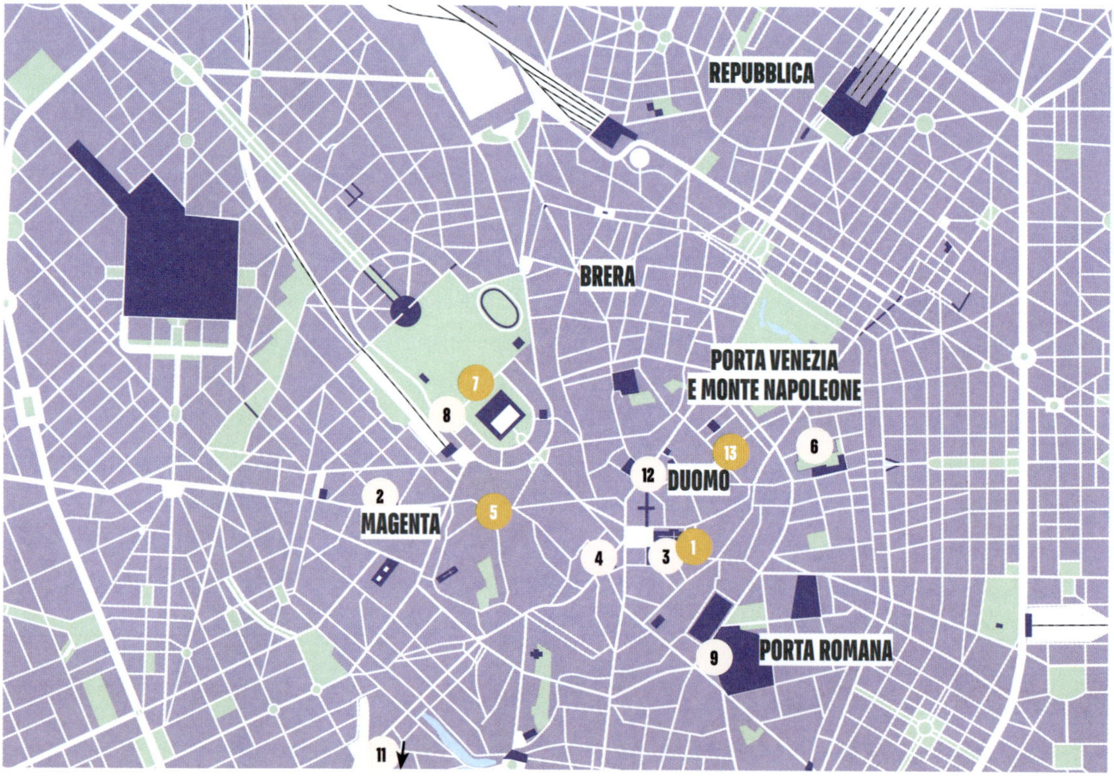

1

DÉCOUVRIR

VISITER LE DUOMO, UNE MERVEILLE DE L'ARCHITECTURE GOTHIQUE ET UN CONCENTRÉ D'HISTOIRE MILANAISE

avant de grimper sur ses terrasses pour approcher les 1 800 statues

Au cœur de la ville, le Duomo symbolise 600 ans d'histoire et d'art lombards. C'est la plus grande église du monde catholique après Saint-Pierre de Rome et la cathédrale de Séville. La façade a tellement d'extravagance qu'on la surnomma le « hérisson de marbre ». Un ascenseur (payant) permet d'accéder aux toits. On approche alors les statues (dont une de Napoléon), les 135 flèches et l'insolite *Madonnina* dorée, statue qui culmine à 117 m de haut, perchée sur la plus haute flèche. Elle est le symbole de Milan. Au soleil couchant, les mille teintes de la façade vous transporteront d'émotion. Enfin, la nuit venue, une multitude de clochetons s'illuminent, et la *Madonnina* flamboie.

BON À SAVOIR : la balade sur les toits vous rappellera une scène fameuse de Delon-Girardot dans *Rocco et ses frères*. • duomomilano.it •

LIBERTY

Liberty est le nom donné à ce style qui n'est pas sans suggérer une certaine liberté d'expression, du point de vue de la création architecturale. En résumé, il s'agit de l'équivalent italien de l'Art nouveau. Trop souvent méconnu, il connaît un franc succès dans les villes des régions du nord de l'Italie, à commencer par le Piémont et la Lombardie, plus réceptifs à la culture européenne que les autres régions : à Turin d'abord, puis à Milan. Le style Liberty ne manquant pas de chic et de raffinement, guère étonnant de le trouver à Milan, « capitale » italienne de la mode. À l'aube du XXe s, les riches propriétaires milanais se font bâtir sur mesure des palais élégants et raffinés, dans ce style singulier alors très en vogue. Place à l'inventivité de la Belle Époque, voici l'ère de l'esthétisme moderne. Au programme sur les façades ? Profusion décorative et abondance du détail ! Le tout au service du monde animal (oiseaux, insectes) et végétal (arbres, fleurs).

TOMBER EN PÂMOISON DEVANT *LA CÈNE*

fresque peinte par Léonard de Vinci pour l'église Santa Maria delle Grazie

2

Réalisée spécialement pour l'église Santa Maria delle Grazie, cette fresque (9 m x 5 m environ) est l'œuvre la plus illustre du *Maestro* après *La Joconde*. Peinte à la fin du XVe s dans le réfectoire de l'ancien couvent dominicain qui jouxte l'église, elle est d'une modernité déconcertante. Elle est pour l'histoire de la peinture de la Renaissance aussi importante que la chapelle Sixtine de Michel-Ange ou les chambres de Raphaël au Vatican à Rome. L'artiste a choisi l'instant précis où Jésus annonce qu'il va être trahi. Les couleurs, les volumes, les émotions, le réalisme, la mise en scène font de cette fresque une œuvre d'exception, en avance sur son temps, souvent copiée mais jamais égalée. Un chef-d'œuvre qui a traversé les siècles, et dont on peut ressentir l'impact grâce à la fin de la dernière campagne de restauration. Elle est classée au Patrimoine mondial de l'Unesco depuis 1980.

BON À SAVOIR : attention, pour pouvoir admirer cette merveille, il faut réserver son billet plusieurs semaines voire mois à l'avance ! • cenacolovinciano.org •

DÉCOUVRIR LE FABULEUX MUSEO DEL NOVECENTO

musée d'art contemporain consacré à l'art italien du XXe s

3

D'architecture massive, l'imposant immeuble administratif construit en 1939 est représentatif du pouvoir fasciste. Aujourd'hui, c'est un musée qui renferme une riche collection dédiée à l'art italien du XXe s et en particulier à l'*Arte Povera*. Un vaste escalier hélicoïdal dessert les étages et constitue le musée. Un autre espace muséographique a été ajouté à l'arrière dans le palais Royal rejoignant le cœur du musée par des passerelles vitrées suspendues. Superbe ! Avec en prime une vue panoramique sur le Duomo.

BON À SAVOIR : • museodelnovecento.org •

ALLER ADMIRER LES TOILES ET L'ARCHITECTURE DE LA PINACOTECA AMBROSIANA

et s'arrêter un instant devant *L'École d'Athènes*, carton préparatoire de la superbe fresque de Raphaël

4

C'est l'une des plus belles pinacothèques d'Europe et le plus vieux musée milanais (1618), grâce aux collections du cardinal Federico Borromeo. Aux salles originales, dans le palais du XVIIe s, succède une deuxième aile datant des années 1920, au style éclectique superbe : galeries couvertes de fresques, donnant sur un jardin orné de statues, vitraux superbes et mosaïques au sol. Le clou de la visite : l'époustouflant et monumental carton préparatoire de *L'École d'Athènes* par Raphaël. Même s'il ne s'agit que du « brouillon » (l'œuvre achevée se trouve au Vatican), il fait l'objet, à juste titre, de tous les soins du musée : vidéo introductive, tablettes expliquant l'histoire, la récupération et la restauration du carton (2019), vitrage dernier cri...

BON À SAVOIR : la *biblioteca* conserve les 402 volumes du célèbre *Codex Atlanticus*, précieux manuscrits de Léonard de Vinci, exposés par roulements. On ne peut passer à Milan sans visiter non plus la pinacoteca di Brera, qui renferme également une exceptionnelle collection de peintures. • ambrosiana.it • brera.beniculturali.it •

5

SE RÉFUGIER DANS LA CHIESA DI SAN MAURIZIO, UN ÎLOT DE CALME
et y perdre la notion du temps en contemplant les innombrables fresques qui décorent ses murs et plafonds

Érigé sur un ancien site roman, ce secret milanais recèle bien des trésors. Ici, prime le mélange des genres avec le style néomédiéval qui puise dans le répertoire classique : murs et plafonds recouverts de fresques à couper le souffle, témoignages du XVIe s. Les drapés, les gestes, la pose des personnages... tout ici est sujet à l'admiration ! Notez aussi les magnifiques orgues ainsi que le clocher, unique vestige d'un ancien cirque romain du IIIe s.

SE RENDRE À LA VILLA NECCHI-CAMPIGLIO
un sublime joyau Art déco

6

Construite dans les années 1930 par l'architecte Piero Portaluppi, pour la famille d'industriels Necchi. Les deux sœurs héritières, Nedda et Gigina, ont donné ensuite carte blanche à l'architecte d'intérieur Luppi pour aménager les 2 000 m² de la villa, jardin compris. Il n'a pas lésiné sur les luxueux détails, les sculptures et toiles de maître, et même la construction d'une belle piscine extérieure : la toute première piscine privée de la ville ! Bref, une villa dotée de tout le confort moderne, avec de nouveaux remaniements quelques années plus tard dans un style néobaroque par un autre architecte Tomaso Buzzi...

BON À SAVOIR : en 2001, la famille Necchi a légué sa villa à une fondation privée (Fondazione Ambiante Italiano). Visites guidées passionnantes. • casemuseomilano.it •

SE PERDRE DANS LE CASTELLO SFORZESCO

imposante bâtisse ducale, réunissant aujourd'hui plusieurs beaux musées

7

Des musées tous plus riches les uns que les autres, avec une petite préférence pour le musée Pietà Rondanini où est exposée la magnifique et émouvante sculpture de Michel-Ange, sa dernière œuvre restée inachevée.

BON À SAVOIR : avec l'association Ad Artem, possibilité d'explorer les passages secrets du château. La visite guidée des *merlate* (créneaux) vous conduit sur les toits pour jouir d'une superbe vue sur la ville. Celle de la *ghirlanda* (guirlande) suit les passages souterrains. • adartem.it •

VISITER L'ATELIER D'ACHILLE CASTIGLIONI

l'un des précurseurs du design italien de la 2e moitié du XXe s

8

Réputé pour sa drôlerie et son bon sens, l'attachant Achille donna ici naissance à des objets qui lui ressemblent, comme sa célèbre lampe Arco, ou encore son tabouret Mezzadro, inspirée d'un siège de tracteur agricole !

BON À SAVOIR : visite guidée payante (1h) parfois en français sur rdv mar-ven à 10h, 11h et 12h.

• fondazioneachillecastiglioni.it •

SAVOURER

AU MOMENT DES FÊTES DE NOËL (OU PAS),
dévorer une part de *panettone*

9

C'est LA spécialité milanaise par excellence que l'on trouve sur toutes les tables d'Italie à Noël. Il s'agit d'une brioche garnie de raisins secs, fruits confits et zestes d'orange et de citron. Les Milanais sont prêts à traverser toute la ville pour acheter un *panettone* dans leurs pâtisseries préférées. Moelleux et déclinés en plusieurs versions, ils peuvent aussi se déguster accoudé au comptoir accompagnés d'un *espresso*.

BON À SAVOIR : foncez chez *Vergani*, le grand spécialiste du genre.• panettonevergani.com • Très bons *panettone* également à la réputée *Pasticceria Cova*. • pasticceriacova.it •

DÉGUSTER UN SAVOUREUX *RISOTTO ALLA MILANESE*
à la délicate odeur safranée

10

Pour s'initier à la gastronomie milanaise, cap sur une petite *osteria* de quartier servant les traditionnels *ossobuco* et *risotto*. Ce dernier, à base de riz rond de type *arborio*, de safran, de beurre, de moelle de bœuf, de bouillon de viandes mélangées et d'oignons est une pure merveille. ...

BON À SAVOIR : vous goûterez aussi à la *cotoletta alla milanese*. Appelée aussi « oreille d'éléphant » à cause de sa taille et sa forme, cette côtelette de veau, recouverte de chapelure et frite dans du beurre (beaucoup de beurre...) est servie avec... des pâtes, bien sûr !

SORTIR

11

SE BALADER AU LONG DES CANAUX
dans le quartier festif des Navigli

Avec ses bars et ses restos au bord d'antiques canaux qui évoquent Venise, ce quartier est l'un des plus agréables pour passer la soirée. Véritable épicentre de la *movida* milanaise : petites boutiques vintage anciennes usines accueillant les grands noms du Milan de la mode, brocante mensuelle (mercato dell'antiquariato), ateliers d'artistes et galeries d'antiquaires... Les amateurs de *street art* s'useront les yeux sur les murs de ce quartier branché et un brin militant : le plus ancien squat de Milan y est installé depuis 1976. D'*aperitivo* en club électro, c'est ici que Milan vit le plus la nuit. Les meilleures adresses pour prendre un verre se trouvent du côté de la porta Ticinese tout proche. Au début du mois de juin a lieu la festa del Naviglio, le quartier devient alors un lieu de rassemblement où s'exprime la liesse populaire : miniconcerts, marchés, compétitions et jeux aquatiques...

BON À SAVOIR : balade en bateau sur les canaux possible avec la compagnie *Navigli Lombardi*. • naviglilombardi.it •

GIUSEPPE VERDI (1813-1901)

Né il y a tout juste deux siècles à Roncole, dans la région de Parme, le célèbre compositeur de la fameuse *Trilogie populaire* qui regroupe *Rigoletto, Il Trovatore* et *La Traviata* ainsi que de *Nabucco* (présenté pour la première fois à la Scala en 1842), a aussi joué, ne l'oublions pas, un rôle de « héraut de l'aspiration du peuple italien à la liberté ». En 1848, il crée en effet *La Bataille de Legnano,* un opéra qui se veut un véritable hymne à la liberté. Sa musique, chantée à chaque coin de rue, devient le symbole de la révolte et de la lutte contre la domination autrichienne, et son nom se trouve associé au nouvel esprit révolutionnaire. D'ailleurs, il fait l'objet d'un célèbre jeu de mots qui couvre alors les murs d'Italie : « Viva VERDI », que chacun peut déchiffrer comme l'abréviation de « *Viva Vittorio Emanuele Re D'Italia* » (« Vive Victor-Emmanuel roi d'Italie »).

SE METTRE SUR SON TRENTE ET UN ET ASSISTER À UN OPÉRA À LA SCALA

en réservant... très longtemps à l'avance. Magique !

12

C'est l'une des gloires de Milan, certainement le meilleur théâtre lyrique au monde. La salle, construite en forme de fer à cheval, imposa une acoustique incomparable et s'attira très tôt la faveur des grands *maestri* : Rossini vers 1820, puis Verdi, qui y règne pendant plus de 50 ans. Puccini lui succèdera et, avec Toscanini, le lieu retrouvera tout son éclat au lendemain de la Seconde Guerre mondiale. Depuis, c'est une consécration pour un artiste que de s'y produire. Les mélomanes feront l'impossible pour assister à une représentation. Réserver à partir de 2 mois à l'avance sur Internet ; 1 mois à l'avance par téléphone.

BON À SAVOIR : 2h30 avant le spectacle, 140 places dans les galeries sont mises en vente à la billetterie située au bout des arcades, via Filodrammatici. • teatroallascala.org •

SHOPPING

13

S'OCTROYER UN APRÈS-MIDI DE SHOPPING OU DE LÈCHE-VITRINES

dans le « quadrilatère de la mode », dans la luxueuse via Monte Napoleone, où toutes les grandes marques ont leur boutique

Milan demeure la capitale incontestable de la mode en Italie et la Mecque des fashionistas du monde entier. En se promenant dans le quartier de Monte Napoleone, derrière la piazza del Duomo, on comprend aisément pourquoi : c'est ici que les grands noms de la mode italienne ont installé leur QG. D'Armani à Gucci, en passant par Dolce & Gabbana... Depuis les rues où l'élégance des Milanais s'affiche avec classe et discrétion, jusqu'aux boutiques de ce quartier, sans oublier les défilés internationaux de mannequins, personne, ou presque, n'échappe à la mode.

BON À SAVOIR : mention spéciale à l'immeuble Armani de la *via Manzoni,* vaisseau amiral de cet empire du luxe regroupant mode, prêt-à-porter, décoration, librairie et CD, et un hôtel sur trois étages d'un édifice très design. Les boutiques des jeunes créateurs « tendance », elles, se trouvent du côté du Corso Como tandis que les fringues vintage se dénichent du côté de la via Torino et de la porta Ticinese.

AGENDA DES FÊTES, FESTIVALS ET ÉVÉNEMENTS

FIN FÉVRIER-DÉBUT MARS : Carnevale Ambrosiano

Piazza del Duomo, notamment. Le Carnaval de Milan, réputé le plus long d'Italie, laisse entrevoir des masques typiques, Meneghin et Cecca.

FÉVRIER-MARS : Fashion Week

Présentation des collections de prêt-à-porter automne-hiver durant 1 semaine. Vraiment pas évident d'y assister, mais cadres somptueux : *galleria, teatro...*
• cameramoda.it •

JUIN : Festa dei Navigli

Le naviglio Grande vit, ce mois-là, au gré des spectacles, expos, concerts, jeux aquatiques, marchés d'antiquités et de produits régionaux ; sans oublier les illuminations nocturnes grandioses. À ne pas manquer.

JUILLET : Bella Estate a Milano

Spectacles culturels, musique, théâtre et danse réunissant des artistes d'Italie et d'ailleurs, un peu partout dans la ville.

DÉBUT SEPTEMBRE : Gran Premio d'Italia Formula 1

Une institution qui compte déjà 80 éditions. • monzanet.it •

FIN SEPTEMBRE-DÉBUT OCTOBRE : Fashion Week

Présentation des collections printemps-été.

7 DÉCEMBRE : Saison lyrique

Lancement de la saison à la Scala. Grand succès, mais difficile d'y accéder.

Galleria Vittorio Emanuele

MOSCOU

3H30 AU DÉPART DE PARIS (EN *LOW COST*, PRÉVOIR UNE ESCALE)

Des clichés à n'en plus finir, de l'histoire à revendre, des avenues gigantesques bordées d'immeubles staliniens qui ne veulent pas mourir trop vite, *des écrivains et des artistes à la pelle dont on visite les maisons où ils vécurent et travaillèrent, des bulbes coiffant les églises par gousses entières, une place Rouge célèbre dans le monde entier, ou encore le Kremlin, siège du fameux « œil de Moscou » et de toutes les peurs liées à la guerre froide... C'est vrai, Moscou n'en finit plus de recueillir tous les fantasmes occidentaux tout en continuant d'exciter notre curiosité.*

BUDGET	€€
CULTURE	★★★★
CUISINE	★★★☆
SHOPPING	★★☆☆
VIE NOCTURNE	★★★★

SE REPÉRER

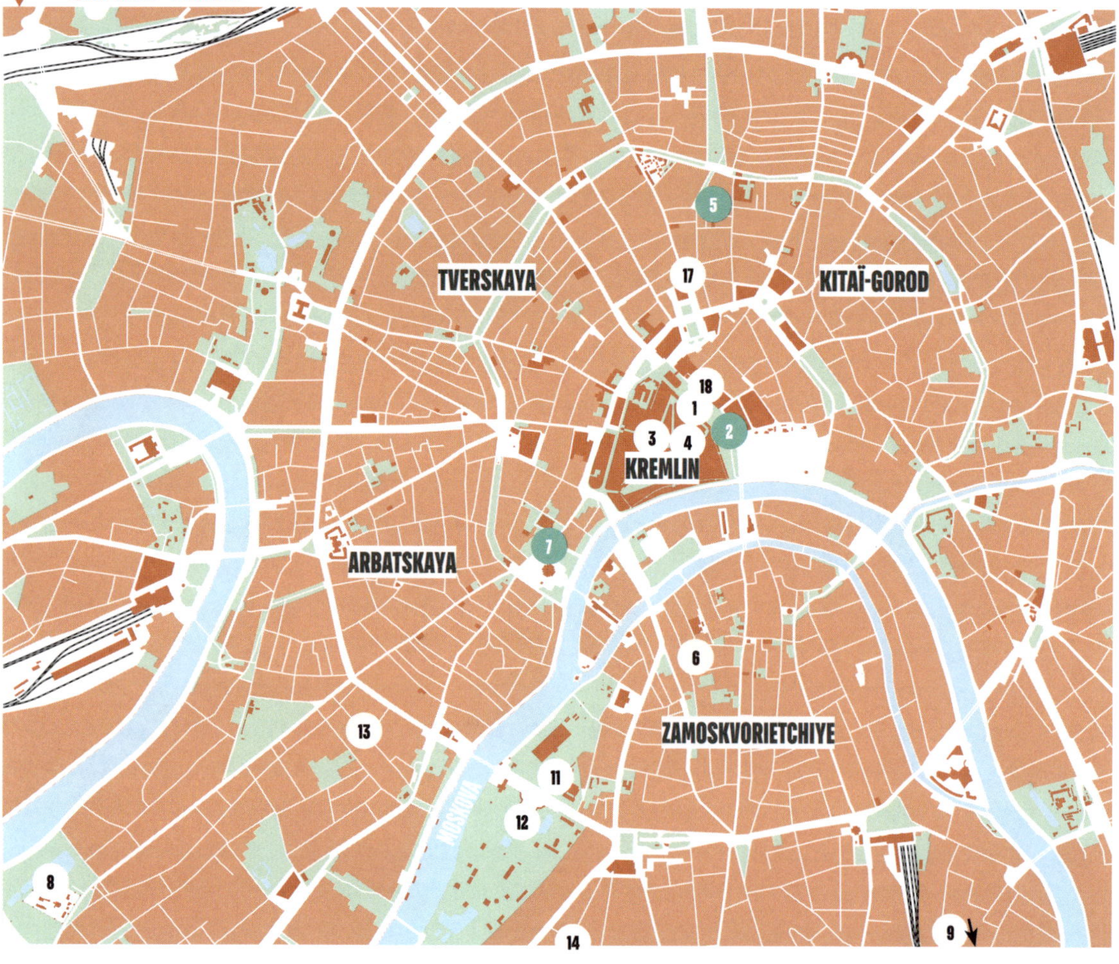

DÉCOUVRIR

ARPENTER, DE PRÉFÉRENCE LA NUIT,
les pavés de la place Rouge

1

On a tout dit et tout chanté sur cette immense place, où se sont déroulés tant d'événements de l'histoire russe et soviétique, sous les remparts crénelés du Kremlin et les bulbes torsadés de la cathédrale Basile-le-Bienheureux. Le mausolée de Lénine sur un côté, le grand magasin *Goum* et ses terrasses de cafés de l'autre s'observent en chien de faïence. En journée, les touristes la prennent d'assaut ; de nuit, quand le calme revient, on en saisit mieux l'atmosphère. À défaut d'en être le pouls, la place Rouge est le centre géométrique de la capitale russe.

2

S'ÉTOURDIR DE LA SPECTACULAIRE PROFUSION ARCHITECTURALE
de la cathédrale Basile-le-Bienheureux

Elle est posée comme une sentinelle qui surveillerait la place Rouge. Avec sa dizaine de chapelles aux formes différentes, un festival de bulbes de toutes les couleurs, comme des berlingots géants, chacun avec sa propre ornementation, ce chef-d'œuvre est emblématique de la grandeur et de la démesure d'Ivan le Terrible. Le tsar intraitable a fait construire cette église unique en son genre pour commémorer l'une de ses plus grandes victoires militaires.

LE BAROQUE NARYCHKINE

Les Narychkine, famille de la mère de Pierre le Grand, ont développé un type de baroque que l'on retrouve dans de nombreuses églises de Moscou et de sa région. Ce style, dont l'âge d'or se situe de 1690 à 1710, est caractérisé par un plan en carré, avec une grande tour centrale. Tout autour s'emboîtent des étages parfois surmontés de petites tours. La décoration extérieure est riche, avec des corniches ajourées et de gracieux chambranles de fenêtres. Les habituels *kokochniki* sont remplacés par des rangées de crêtes de coq ou des coquilles sculptées. Parmi les plus beaux exemples de baroque Narychkine à Moscou, citons l'église de la Résurrection-de-Kadachi.

SE PRENDRE, LE TEMPS D'UNE VISITE, POUR LE MAÎTRE DU KREMLIN

en parcourant son domaine caché derrière les hautes murailles de brique

3

Siège de l'autorité du temps des tsars jusqu'à l'époque actuelle, en passant par la période soviétique, cet immense triangle fortifié, entouré de jardins, concentre pouvoir spirituel – pas moins de 3 cathédrales et quelques autres églises – et pouvoir temporel avec ses palais édifiés à différentes époques. Parmi eux, le palais des Armures est un musée d'une richesse incommensurable. Cinq siècles d'histoire russe y défilent à travers des collections fabuleuses – comme ces 10 œufs de Fabergé, que le grand joaillier a conçu pour la famille impériale à l'occasion de plusieurs Pâques. Et on ne vous parle pas des couronnes, habits de cour et autres merveilles.

S'IMMERGER DANS LE QUARTIER DE KITAÏ-GOROD

la partie « est » de la capitale, refuge de la bohème, de la créativité artistique et d'étonnants lieux branchés

4

C'est le plus ancien quartier de la ville, délimité par la place Rouge et les rues Varvarka au sud, Nikolskaya au nord et la Novaya plochad à l'est. Ce fut dès le début le grand quartier commerçant de Moscou. Son nom vient du mot *kita*, soit un de ces « pieux » en bois qui constituaient les fortifications d'origine, et de *gorod*, qui signifie « ville » ou « quartier fortifié ». On utilisa ensuite la brique pour les fortifications, en tout cas jusqu'au XVIIe s, comme en témoignent encore ici et là quelques vestiges. Le grand incendie de 1812 le détruisit en bonne partie et, au cours du XIXe s, il se transforma progressivement en quartier d'affaires. Plaisir total aujourd'hui que de s'y promener le nez en l'air, de découvrir et détailler tous les styles architecturaux qui y cohabitent. La rue Varvarka se révèle un miraculeux conservatoire architectural des cinq derniers siècles.

5

SE DÉLASSER APRÈS UNE JOURNÉE DE TREK URBAIN AU BANIA SANDOUNY

des bains d'un luxe inouï, mélange tapageur des styles baroque, gothique et mauresque

Ce sont les plus anciens bains de la ville (1808) et, de l'avis général, les plus beaux. On peut y venir simplement pour apprécier d'un coup d'œil leur décoration unique (escalier rococo, grande salle néogothique, colonnes baroques), mais il serait dommage de ne pas goûter en même temps aux plaisirs des bains de vapeur, genre sauna et hammam réunis. Sans oublier la séance de flagellation avec un petit balai en branches de bouleaux, pour activer la circulation bien sûr !

BON À SAVOIR : on achète un forfait pour 2h et on choisit, en fonction de son budget, la catégorie (de la 3e classe à la classe supérieure).

L'ARCHITECTURE SOVIÉTIQUE

Elle est malheureusement allée de pair avec de tragiques destructions – de nombreuses églises ont été remplacées par des immeubles massifs, comme la bibliothèque Lénine ou l'académie militaire Frounzé –, ne voulant pas s'accommoder de la concurrence des styles précédents. Ce style a traversé plusieurs périodes : l'avant-gardisme dans les années 1920, puis le néoclassicisme soviétique dans les années 1930 à 1950, l'architecture industrielle des années 1960 et enfin le postmodernisme des années 1970-1980. Tous ont en commun un utilitarisme forcené, qui accorde la primauté à l'aménagement de l'espace et à la fonctionnalité. D'extérieur rigoureux et gris, en vertu des principes constructivistes (limiter la forme au nécessaire et faire fi des fioritures), les immeubles de béton fabriqués en série ont vite pullulé dans les villes (notamment les « célèbres » khrouchtchevki des années 1960).

S'EN METTRE PLEIN LES MIRETTES (ENCORE !)

en parcourant les nombreuses salles de la galerie Tretiakov qui comptent parmi les plus belles collections du monde

6

Collectionneur sans pareil, Pavel Tretiakov a réuni la crème de la peinture russe. Rien ou presque ne lui a échappé de ce que le pays a compté comme talents dans le domaine de la peinture : ils sont tous là, des peintres de cour du XVIIIe s à ceux qui ont connu les tourments de la fin du XIXe s, en passant par les peintres d'icônes comme Andréi Roublev. Et, de son vivant, ce grand homme, pas égoïste pour deux sous, a fait don à la ville de Moscou de ces chefs-d'œuvre acquis avec persévérance. Chapeau !

BON À SAVOIR : • tretyakovgallery.ru •

7

S'EXTASIER DEVANT LES IMPRESSIONNISTES ET LES POSTIMPRESSIONNISTES

de la galerie d'Art européen du musée Pouchkine

Après la révolution de 1917, l'État soviétique confisqua les collections des 2 grands marchands Morozov et Chtchoukine, qui choisirent de fuir l'URSS. Tous deux avaient acheté, avec un goût très sûr, des Degas, Matisse, Cézanne, Gauguin, Manet, Monet, Picasso et bien d'autres, à une époque où tout le monde était loin de comprendre ces peintres... Ces tableaux, devenus propriété de l'État, furent répartis entre le musée de l'Ermitage à Saint-Pétersbourg et le musée Pouchkine à Moscou. Que des merveilles !

BON À SAVOIR : • pushkinmuseum.art •

PARCOURIR LES ALLÉES DU CIMETIÈRE NOVODIÉVITCHI

à la recherche de la tombe de votre écrivain ou artiste préféré

8

À l'exception de la nécropole du Kremlin, sur la place Rouge, il s'agit de la plus incroyable concentration de personnalités soviétiques, dont de nombreux hommes ou femmes politiques, écrivains et artistes. Pour s'y retrouver, il faut s'y perdre, faute d'indications très claires. Mais c'est justement tout le plaisir de cette quête incertaine, qui vous amène à interroger d'autres visiteurs ou les guides accompagnant des groupes, pour vous faire aider à dénicher l'emplacement de la tombe recherchée.

PRENDRE L'AIR DANS LE PARC KOLOMENSKOYÉ

l'une des résidences d'été préférées des Romanov

9

À une douzaine de kilomètres du centre, à deux pas de la Moskova qu'il surplombe, c'est un vaste ensemble de bâtiments répartis dans un immense parc planté de vergers, très agréable. S'y distingue en particulier l'élégante église de l'Ascension, surnommée « la colonne blanche » en raison de sa forme élancée. Pionnière à l'époque de sa construction, ce fut la 1re église avec toiture à plans inclinés. À voir aussi, ces copies à l'identique du palais en bois des Romanov et de la maison de Pierre le Grand.

BON À SAVOIR : Andropova pr., 39, Kolomenskoyé. De la terrasse devant le musée, panorama génial sur le site et les premiers immeubles de Moscou qu'on aperçoit au loin. • mgomz.com •

PLONGER DANS LES PROFONDEURS DU MÉTRO
dont certaines stations, sont de véritables « palais sous les pavés »

10

Le légendaire métro de Moscou vous permettra de relier les vieux quartiers de la ville assez éloignés les uns des autres. Mais on peut aussi visiter les stations du centre-ville, qui constituent une véritable ode à l'architecture néo-classique stalinienne et au réalisme soviétique (la plupart ont été construites dans les années 1930 à 1950). Si les millions de Moscovites qui y transitent quotidiennement finissent par ne plus regarder le décor, vous aurez tout le loisir d'en détailler tranquillement les statues, lustres, fresques, bas-reliefs. De vertigineux escaliers mécaniques vous feront d'abord plonger dans une opulence de marbre. Les halls et les quais sont décorés de mosaïques, de bas-reliefs ou de statues à la gloire d'athlètes victorieux, de kolkhoziennes épanouies, d'ouvriers herculéens et de soldats invincibles. Des fresques héroïques, couvertes de drapeaux rouges pour essuyer les larmes des espoirs et utopies déçus... Chacune des stations est construite dans un style et suivant un thème différents. Point d'orgue à la station Maïakovskaya, dont les plafonds en forme de voûtes sphériques sont ornés de 34 magnifiques panneaux de mosaïques réalisés par Alexandre Deïneka.

RETROUVER DE VIEILLES CONNAISSANCES AU « PARC DES STATUES DÉCHUES »
parc Muzeon de son vrai nom

11

C'est une sorte de concentré d'histoire du soviétisme, et il est cocasse de déambuler au milieu de toutes ces vieilles gloires déboulonnées (Staline, Lénine, Djerzinski...), réunies en plein air, non pour servir à l'éducation des masses, mais plutôt pour aider à méditer sur la grandeur et (surtout) la déchéance. À deux pas, sur la Moskova, l'immense statue, kitschissime, de Pierre le Grand, toujours sur pied, n'a rien à envier côté excès de monumentalisme, et semble se moquer de ses collègues déchus.

ALLER SE METTRE AU VERT
au parc Gorky

12

Ce parc fut longtemps à l'image de l'époque soviétique, avec ses attractions de fête foraine un peu tristes ; c'est aujourd'hui l'un des lieux les plus branchés de la ville, le rendez-vous du tout-Moscou, avec, entre autres, ses berges en bois pour bronzer en été, son cinéma en plein air, son club de pétanque, ses joggeurs, ses cyclistes et ses espaces où l'on danse toute la nuit en été. Sans oublier le centre d'art contemporain Garage, dont les expositions sont toujours très attendues.

ADMIRER LA MAISON-MUSÉE
de Tolstoï

13

À la fin du XIXe s, Moscou regorgeait de maisons traditionnelles en bois de ce type, qui étaient construites pour des familles aisées. Le grand écrivain y passait les (longs) hivers moscovites, plutôt par nécessité, entouré de sa femme et de leurs (nombreux) enfants – il aurait préféré rester dans son domaine, à 200 km de Moscou. L'intérieur est demeuré quasi intact, et donne une idée précise de ce que furent la vie de l'écrivain, un personnage étonnant voire déroutant, et celle de ses proches, avec quelques touches émouvantes.

SE RECUEILLIR SUR LA TOMBE DE SOLJENITSYNE
à l'occasion d'une visite au monastère Donskoï, au sud de Moscou

14

Ce monastère, fondé au XVIe s, entouré par une enceinte en brique, possède au moins 2 joyaux : sa Porte sainte en bois sculpté et une magnifique iconostase du XVIe s. Alexandre Soljenitsyne, qui fut le dissident russe le plus célèbre dans son pays avant l'exil aux États-Unis, a préféré être enterré ici, parmi la noblesse et autres Russes blancs, plutôt que dans le concentré à la soviétique du cimetière de Novodiévitchi.

FAIRE UN VOYAGE DANS LE TEMPS
au Centre panrusse des expositions (le VDNKh)

15

Ce parc d'attractions, toujours très populaire chez les Moscovites, a été conçu à la fin des années 1930 comme une sorte d'Exposition universelle aux dimensions et à la gloire de l'Union soviétique. Parmi les réalisations emblématiques, une statue allégorique de 25 m de haut représentant le célèbre couple de l'ouvrier et de la kolkhozienne, brandissant faucille et marteau. En plus des nombreux pavillons des ex-républiques soviétiques, on peut aussi y admirer des témoignages de l'aventure spatiale soviétique.

Cathédrale de l'Annonciation

L'ART D'ACCOMPAGNER LA VODKA : LES ZAKOUSKI

En Russie, c'est la nourriture qui accompagne la vodka, et non l'inverse... Certains zakouski constituent avec la vodka des alliances particulièrement harmonieuses. Citons le cornichon salé, les *masliata* (petits champignons qui, marinés, ont une consistance visqueuse), le maquereau *(skumbria)* salé, la julienne (petite entrée à base de champignons cuits au four) et le *kholodets* (gelée préparée avec des morceaux cartilagineux de porc). Au chapitre de la diversité, la vodka n'a rien à envier à ses compagnons les zakouski. Elle peut être soit parfaitement pure, soit légèrement adoucie grâce à l'ajout de certains arômes de plantes à doses homéopathiques, soit encore préparée avec des fruits rouges ou du piment marinés. Dans ce cas, on parle de *nastoïki*. En tout état de cause, n'oubliez pas qu'elle se boit toujours cul sec !

SAVOURER

PROFITER DE SON SÉJOUR À MOSCOU
pour s'initier aux délices de la cuisine caucasienne et d'Asie centrale

16

Il serait dommage de ne pas profiter d'un séjour à Moscou pour goûter aux cuisines des anciennes républiques soviétiques caucasiennes ou d'Asie centrale. Citons le *plov*, plat de riz et de viande, typiquement ouzbek mais qui se rencontre aussi en Azerbaïdjan et en Arménie, avec des variations propres à chaque région. Également les *manti*, sortes de *pelmeni* deux fois plus gros, dont la pâte doit « fondre » en bouche. La cuisine géorgienne, elle, est un hymne aux épices et aux bonnes herbes, parmi lesquelles la coriandre occupe une place importante ; celles-ci entrent notamment dans la composition de toutes sortes de plats en sauce, souvent froids comme les *lobio* (haricots rouges dans une sauce aux noix et à la coriandre) ou les *satsivi* (au poulet ou à l'esturgeon, toujours avec une sauce aux noix).

SORTIR

S'OFFRIR UNE SOIRÉE AU BOLCHOÏ
ou dans l'un des innombrables théâtres et opéras de la ville

17

Le Bolchoï fut construit par O. I. Bové en 1824 ; façade monumentale à huit colonnes surmontée d'un fronton triangulaire, rénovée très récemment. En 1853, un violent incendie ne laisse que les murs debout. Lors de la reconstruction, la partie supérieure y gagne une rangée de fenêtres, la salle est agrandie, mais globalement, l'allure générale de l'œuvre de Bové est préservée. Au-dessus du fronton, imposant quadrige d'Apollon. Immense hall d'entrée carrelé noir et blanc. Salle de 6 étages de balcons et 2 500 places. La salle historique a été rénovée et inaugurée en grande pompe à la fin 2011. Les plus grands compositeurs russes (Glinka, Tchaïkovski, Moussorgski, Rimski-Korsakov, Borodine) y créèrent bien sûr leurs opéras. Les plus grands artistes, chanteurs, danseuses, chefs d'orchestre s'y produisirent.

BON À SAVOIR : Teatralnaya pl., 1. • bolshoi.ru/en/ •

SHOPPING

FLÂNER DANS LES RAYONS DU *GOUM*
devenu le centre commercial favori des nouveaux riches russes

18

L'une des plus célèbres galeries marchandes au monde, édifiée après le grand incendie de Moscou en 1812. Les galeries intérieures sont en métal et verre, technique originale pour l'époque, copiée sur le *Crystal Palace* de Londres. En 1921, Lénine lui-même y supervisa la création du premier grand magasin d'Union soviétique. Dans les années 1930, il fut remplacé par des bureaux du gouvernement. Ce n'est qu'en 1953 qu'il retrouva sa fonction de grand magasin d'État, le légendaire Goum, et devint LE lieu de pèlerinage des familles soviétiques venues de tous les coins de l'empire pour s'approvisionner de produits qu'on ne trouvait que dans la capitale. Aujourd'hui, il a largement perdu son côté populaire puisqu'il concentre surtout des boutiques de luxe... Le soir, on aperçoit d'assez loin ses illuminations, tel un grand squelette d'ampoules lumineuses. Pour les fines bouches, il y a, au milieu, un supermarché de produits fins : le *Gastronome n° 1*.

BON À SAVOIR : face à la muraille du Kremlin. • gum.ru/en •

AGENDA DES FÊTES, FESTIVALS ET ÉVÉNEMENTS

7 JANVIER : Noël orthodoxe

C'est dans la nuit du 6 au 7 janvier que les orthodoxes célèbrent Noël. La religion orthodoxe suit en effet le calendrier julien et non le calendrier grégorien. Noël est donc fêté avec 13 jours de retard par rapport au Noël catholique.

13 JANVIER : Nouvel An orthodoxe

1er MAI : fête du Printemps et du Travail

La célébration de cette ancienne fête restée en vigueur est encore vue par certains comme un mode de revendication contre le patronat. Les manifestations se font cependant plus discrètes qu'auparavant. On organisait alors traditionnellement une parade sur la place Rouge. Les ouvriers défilaient, affirmant ainsi leur conscience de classe.

9 MAI : Jour de la victoire

Commémoration du 9 mai 1945, fin de la « grande guerre patriotique ».

12 JUIN : Jour de la Russie

La fête de la Souveraineté de la Fédération de Russie est une fête nationale. Le 12 juin 1990, le Parlement russe, démocratiquement élu, proclama l'indépendance de la Russie vis-à-vis de l'Union soviétique, et en entraîna la chute l'année suivante. Depuis 2003, un défilé est organisé sur la place Rouge de Moscou.

JUIN : Festival de film international

Met l'accent sur les cinématographies d'Europe orientale. Il a ouvert ses portes pour la première fois en 1959. Quelque 140 films russes ou étrangers sont au menu, ainsi que des documentaires et des rétrospectives. Le président du festival n'est autre que le réalisateur Nikita Mikhalkov. • moscowfilmfestival.ru/miff36/eng •

4 NOVEMBRE : Jour de l'Unité du peuple

Cathédrale du Christ-Sauveur

MUNICH

1H30
AU DÉPART DE PARIS

BUDGET	€€€
CULTURE	★★★☆
CUISINE	★★☆☆
SHOPPING	★☆☆☆
VIE NOCTURNE	★★★☆

Incontestablement, la capitale bavaroise est, après Berlin, la ville la plus intéressante du pays. *C'est d'ailleurs la ville qui reçoit le plus de visiteurs après la capitale fédérale. Ses contradictions y sont pour quelque chose. Traditionnelle mais branchée, historique mais en mouvement, elle a beaucoup à offrir : richesse patrimoniale, dynamisme culturel, architecture moderne et force de caractère. Munich possède de grands musées qui contribuent à son excellence artistique, mais aussi des bâtiments qui donnent une leçon d'architecture, des parcs étendant vertes pelouses et parterres fleuris. Munich, c'est aussi tout un art de vivre avec les fameux Biergarten, où l'on s'attable bien avant les flonflons de l'Oktoberfest. Des collections de beaux-arts uniques au monde au parfum hippie qui plane encore sur l'Englischer Garten, de la résidence des Wittelsbach à l'avant-garde des nouveaux musées, venez vibrer au rythme d'une ville qui pétille... de vie !*

SE REPÉRER

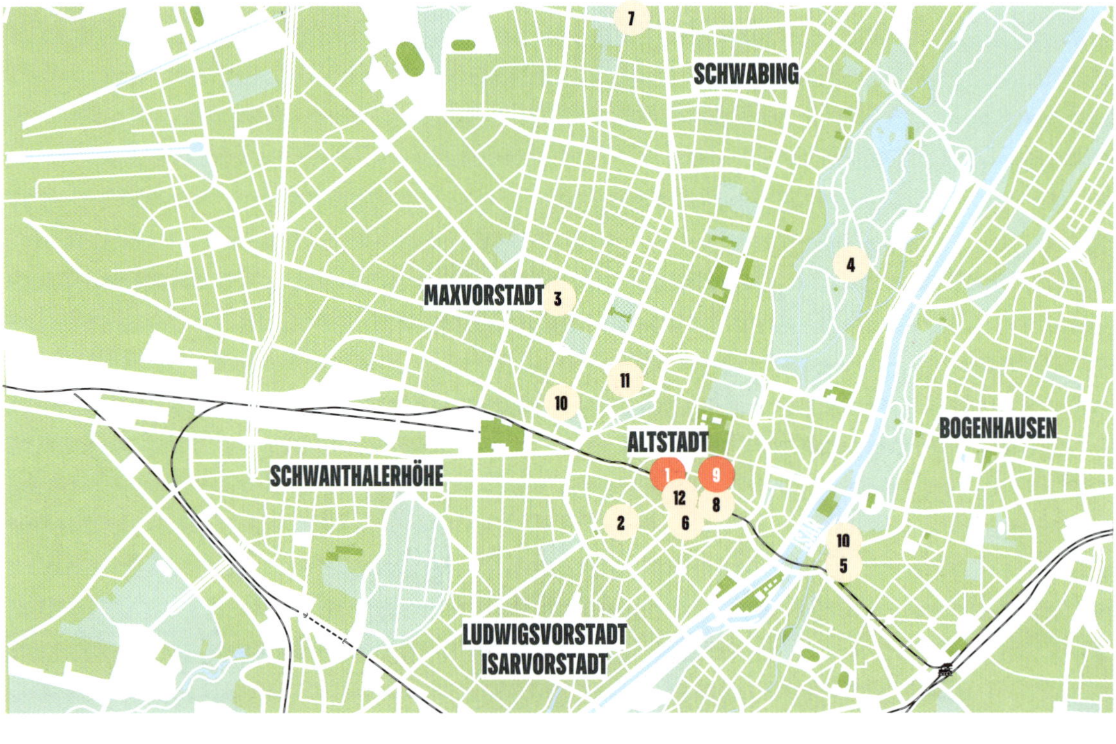

1 DÉCOUVRIR

SE POSTER SUR LA MARIENPLATZ

et attendre que les jolis petits personnages du carillon du Rathaus se mettent à danser

La Marienplatz (place de la Vierge-Marie) est le cœur historique de la cité. Au Moyen Âge le marché au blé se tenait ici ; les fêtes traditionnelles y ont encore lieu, comme le féerique marché de Noël. L'hôtel de ville est le plus bel édifice de la place, avec sa façade sculptée et son beffroi surmonté du fameux Münchner Kindl (moinillon), symbole de la ville. Mais l'attraction principale est l'étonnant Glockenspiel (carillon), dont les petits personnages s'animent régulièrement à 11h et 12h. Les figurines représentent deux scènes historiques : le tournoi donné en l'honneur du mariage du duc Guillaume au XVIe s, et la danse des tonneliers célébrant la fin d'une épidémie de peste.

BON À SAVOIR : on peut monter en haut de la tour du Rathaus et voir la chaîne des Alpes.

VISITER L'ÉGLISE DES FRÈRES-ASAM

symbole des folies du rococo allemand

2

Munich est un musée d'architecture à ciel ouvert. Et s'il y a une église à ne pas manquer, c'est celle-ci ! L'Asamkirche est inspirée du baroque italien. Il est impossible de la contourner car elle est intégrée dans la masse des immeubles. Attenante à l'église, une maison ornée de stucs : elle fut la demeure des riches frères Asam, les architectes de l'église qui durent faire don à la ville de leur création devant la jalousie des voisins. La décoration est d'un luxe inouï : colonnes torsadées, stucs dorés, voûte peinte, autel argenté, foison de statues, angelots, moulures... « On ne sait où donner de la tête ni reconnaître ce qui est vrai de ce qui est faux. Les deux frères ont marié aux raffinements de la technique les débordements de l'imagination », écrit Dominique Fernandez. En effet, la mise en scène est des plus étonnante et pourtant si cohérente.

DÉCOUVRIR LES TRÉSORS ARTISTIQUES

abrités dans les pinacothèques du Kunstareal le « quartier des arts »

3

Munich, ville d'art et de culture ! On y vient d'ailleurs surtout pour ses musées « kolossaux ». La Pinacothèque c'est en fait trois lieux d'exposition ! Alors préparez psychologiquement vos jambes car vous allez faire des kilomètres. Si l'Alte Pinakothek est l'une des plus importantes collections de peinture « classique » du globe, à égalité avec celle du Louvre (Dürer, Botticelli, Raphaël, la *Vierge à l'Enfant* de Léonard de Vinci, Vélasquez, Murillo, Poussin, Boucher...), la Neue Pinakothek (en rénovation) est, elle, une parfaite vue d'ensemble de la peinture européenne au XIXe s (Goya, Delacroix, Courbet, Monet, Manet, Degas, Toulouse-Lautrec...). Quant aux quatre collections de la Pinakothek der Moderne, elles démontrent les multiples relations qu'entretiennent les genres de l'art. Outre ces trois fleurons, Munich a bien des atouts et abrite quantité d'autres musées intéressants.

BON À SAVOIR : pour vous remettre, rien de tel qu'un petit verre au bord de l'eau en terrasse, au *Caffè Greco*, à la sortie de l'Alte Pinakothek.
• pinakothek.de •

LE CAVALIER BLEU

Tout au long des règnes successifs, Munich s'épanouit sur le plan artistique. C'est d'ailleurs dans la capitale bavaroise que se retrouvent des peintres comme le Russe Kandinsky et le Suisse Paul Klee qui, autour du groupe *Der Blaue Reiter* (Le Cavalier bleu), créé ici même en 1911, participent activement à la naissance de l'art abstrait et, du même coup, à celle de l'art contemporain ! Vous retrouverez leurs œuvres à la Pinakothek der Moderne et au Lenbachhaus.

LES HIPPIES DE L'ENGLISCHER GARTEN

La vague *Peace & Love* est sans doute passée par là. Les hippies ont allongé leurs corps en costume de naissance sur les pelouses de l'Englischer Garten. Rien de révolutionnaire outre-Rhin : le naturisme (FKK pour *Freie Körper Kultur,* culture du corps libre) est une tradition bien ancrée dans les mœurs allemandes. Situé au cœur de la ville, la zone FKK de l'Englischer Garten symbolise l'ouverture d'esprit de Munich. Notez qu'après avoir surfé sur la vague baba cool, les jeunes Munichois prennent la vague sur l'Eisbach, une rivière artificielle. Un spectacle surprenant...

SAVOURER

APRÈS UN BAIN DE CULTURE DANS LES MUSÉES
se mettre au vert à l'Englischer Garten

4

Munich est aussi une ville verte et compte plusieurs parcs. Traversé par divers cours d'eau et long de 5 km, le Jardin anglais est, paraît-il, le plus vaste d'Europe. Il est même, avec une superficie de 3,7 km², plus grand que Central Park à New York. Il doit son nom à ses lignes sinueuses et ses panoramas pittoresques. On y trouve de fabuleux *Biergarten,* des curiosités comme la célèbre rotonde (Monopteros) ou la Japanisches Teehaus, un lac, des aires sportives... C'est le rendez-vous favori des jeunes Munichois, après avoir été celui des hippies. Aujourd'hui, ce sont les surfeurs que l'on le rencontre, en combinaison Néoprène, luttant contre le courant de l'Eisbach. Surprenant et spectaculaire !

BON À SAVOIR : le cœur de Munich respire aussi avec *l'Alter Botanischer Garten* (ancien jardin botanique), *le Hofgarten (jardins à la française), Finanzgarten (Dichtergarten)... Moins classique, l'Olympiapark* illustre la capacité de renouvellement de Munich. Ce complexe de loisirs comporte un stade, une piscine et une patinoire recouverts par une toile... de verre synthétique !

FAIRE COMME LES MUNICHOIS
et aller se détendre sur les berges de l'Isar

5

Les berges de l'Isar ont été réaménagées après plus de 10 ans de travaux et le résultat est vraiment étonnant. C'est le moment de partager quelques heures de la vie des Munichois à se relaxer, pique-niquer, bronzer voire même à faire un barbecue en bord de rivière. Si vous préférez faire un plongeon, allez à la piscine Volksbad, qui a vue sur l'Isar. Chef-d'œuvre Art nouveau, l'établissement de bains publics, construit en 1900, a gardé ses dorures et son style baroque en s'adaptant à notre époque : bains classiques, mais aussi piscines, sauna, massages, solarium, fitness, institut de beauté et coiffeur.

BON À SAVOIR : finir en prenant un verre au *Café im Müller'sches Volksbad* situé à l'entrée de la piscine. Avec son style Jugendstil, sa belle salle à colonnes et son *Biergarten,* c'est un lieu charmant et désuet.

S'ADONNER AU *BROTZEIT*
la *street food* locale, façon bavaroise

6

Se faire un casse-croûte n'a rien à voir avec ce que votre expérience ou votre imagination vous laisse penser. Ici on pratique le fameux *Brotzeit.* Il vous faudra un verre de bière pour faire passer l'*Obatza* (genre de camembert coulant mélangé avec du beurre et écrasé avec poivre, sel, oignon, poivron, cumin) servi avec un bretzel frais. Ou la *Weisswurst* de la fin de matinée accompagnée de moutarde sucrée. L'idéal pour apprécier le *Brotzeit,* c'est évidemment d'aller s'asseoir dans un *Biergarten,* pour faire vraiment bavarois : tout le monde s'y retrouve, en famille, entre amis, pour prendre l'air du temps et montrer qu'on est heureux de vivre dans la plus agréable ville d'Allemagne.

BON À SAVOIR : l'un de nos lieux préférés pour grignoter est le *Viktualienmarkt* (voir rubrique « Shopping »), le plus vieux marché munichois. À ne surtout pas manquer (tous les jours sauf le dimanche, entre 10h et 18h-15h sam).

À L'HEURE DU DÉJEUNER, SE TROUVER UNE PETITE TABLE DANS LE QUARTIER DE SCHWABING

au légendaire passé artistique

7

Longtemps repaire des intellos et des artistes (Lénine, Kandinsky, Klee, Brecht, Rilke et Thomas Mann y ont vécu), Schwabing est devenu un quartier jeune, qui vit au rythme de la plus grosse université munichoise (65 000 étudiants). Les étudiants se retrouvent sur Leopoldstrasse (entre Münchner Freiheit et Giselastrasse), où se succèdent cafés et vendeurs de glaces, à deux pas de l'Englischer Garten. Pour manger, on aime beaucoup le *Kaisergarten* installé à l'angle d'une place tranquille, à l'écart de Leopoldstrasse. Il vous faudra choisir entre la très agréable terrasse façon *Biergarten* ou la salle très soignée avec vieux plancher, étagères et tables en bois. Côté cuisine, c'est vraiment bon et pas frugal pour un sou.

BON À SAVOIR : • kaisergarten.com •

SE RENDRE DANS UNE TAVERNE, ET DÉCOUVRIR LA CUISINE TRADITIONNELLE BAVAROISE

le tout servi par des serveuses en costume

8

Les restaurants typiquement bavarois sont éminemment touristiques. Cela dit, les tavernes traditionnelles sont rarement chères et l'ambiance est toujours assurée... Vous ne risquez guère d'être déçu si vous poussez la porte de l'une d'elles, avec l'idée d'avaler quelques *Knödel* et autres rôtis de porc *(Schweinebraten)* ou jambonneaux *(Schweinshaxe)*, ou encore un *Münchner Sauerbraten*, viande de bœuf marinée et bien épicée. Allez par exemple chez *Zum Dürnbrau*, en plein cœur du vieux Munich, dans une ruelle calme à deux pas des plus grandes brasseries. Le restaurant sert de la cuisine bavaroise typique depuis 1487, et sa réputation n'est plus à faire. Aux beaux jours, un joli patio à l'arrière du resto achèvera de combler vos sens en émoi.

BON À SAVOIR : • zumduernbraeu.de •

9

S'OFFRIR UN DÎNER DANS UNE DES PLUS CÉLÈBRES BRASSERIES DU MONDE

Incontournable !

Hofbräuhaus est une véritable institution à Munich et en Bavière. Créée en 1589, elle compte 3 600 places et accueille chaque année plus de 3 millions de visiteurs (jusqu'à 30 000 les jours de grande affluence) ! Presque en permanence, des concerts de musique bavaroise avec des musiciens en culottes de cuir et chapeaux à plumes. Même si certains se font payer pour faire de la figuration, ça marche toujours autant. Quant à la cuisine, vous aurez le choix entre tout un tas de saucisses, une choucroute munichoise, un goulash de bœuf, un *Bierbratl* (poitrine de porc croustillante) avec une salade de pommes de terre... Vous reprendrez bien un peu de salade de chou ?

BON À SAVOIR : ne pas manquer non plus d'aller jeter un coup d'œil à la spectaculaire salle de fête au 2e étage. Sinon vous pouvez aussi juste venir y boire une mousse. • hofbraeuhaus.de •

SORTIR

APPRÉCIER L'ART DE VIVRE MUNICHOIS EN PASSANT LA SOIRÉE DANS UN *BIERGARTEN*

Indispensable à votre culture !

10

Il fait décidément bon vivre à Munich. Impossible d'y aller sans goûter au plaisir du *Biergarten* (littéralement, « jardin à bière »). Cette invention munichoise est une institution, le cœur battant de la vie bavaroise. Planté de marronniers (pour garder les fûts à l'ombre), il comprend deux parties : l'une aux tables nues, avec bancs d'une seule pièce, où les consommateurs viennent s'attabler avec leurs paniers remplis de denrées ; l'autre où les tables sont couvertes de nappes (souvent à carreaux blanc et bleu, les couleurs de la Bavière) et où l'on boit et mange les plats proposés (souvent en libre-service) par le *Biergarten. Gesundheit* ! Dans ces lieux, il y aura toujours quelqu'un pour vous faire un brin de causette. De la traditionnelle *Bierkultur* à la légendaire *Gemütlichkeit* (de *gemütlich*, « chaleureux »), c'est tout un style de vie à Munich !

BON À SAVOIR : certains établissements font à la fois *Biergarten* et boîte de nuit, la solution idéale pour entamer, poursuivre voire achever une nuit munichoise. C'est le cas du *Park Café*, ou du *Muffathalle*. Installé dans une ancienne centrale électrique reconvertie, ce dernier offre en même temps un *Biergarten* (en été ; plats exclusivement bio), une discothèque et une salle de concerts, voire de théâtre. Musique tendance hip-hop, électro, mais aussi disco et même, rythmes endiablés des Balkans !
• parkcafe089.de • muffatwerk.de •

FAIRE UNE PLONGÉE

au cœur des nuits électrisantes de Munich

11

La nuit munichoise ne s'anime vraiment qu'en fin de semaine. Mais là, il y a de quoi faire ! Entre les derniers clubs ou boîtes à la mode et les *Biergarten, Kneipen* et autres bars branchés, vous ne saurez plus où donner de la tête... Si Schwabing est le quartier bien connu des étudiants et artistes, qui hantent, entre autres, la Leopoldstrasse, il n'a plus le monopole de la « branchitude ». Aujourd'hui, Haidhausen, Karlsplatz et Sonnenstrasse ont aussi le vent en poupe. Sans parler du quartier du Werksviertel aux abords de la Ostbahnhof, qui regroupe des complexes abritant bars et boîtes. En bref, Munich multiplie les quartiers en vogue.

BON À SAVOIR : les *After Work Parties* sont la réponse à ceux qui veulent faire tout un tas de rencontres hétéroclites, de 18 à 70 ans. Ces soirées débutent à 19h, après le boulot, et peuvent durer jusqu'à 4h du mat !
• juke-and-joy.de •

SHOPPING

PERDRE LA RAISON ENTRE LES ODEURS ET LES COULEURS

du Viktualienmarkt

12

LE marché de Munich, créé en 1807 par le roi Maximilien Ier, aligne échoppes de bois et petites maisons charmantes présentant d'alléchants stands de fruits, légumes, charcuteries, fromages de l'Allgäu, pains... Un grand mât de cocagne bavarois (le *Maibaum)* se dresse au centre, couvert d'amusantes figurines. Des produits fermiers sont proposés à la vente, tous plus délicieux les uns que les autres.

BON À SAVOIR : le marché est aussi un lieu idéal pour grignoter. Le midi, file ininterrompue des employés du quartier venant s'acheter un *Leberkäse* glissé dans un *Brötchen* ou bien un poisson pané avec une salade de pommes de terre chez *Nordsee*. Les jours où il fait frisquet, on se réchauffe avec un verre d'*Honigwein* (vin chaud au miel) à la boutique *Honighäus'l*. Et aux beaux jours, *Biergarten* sous les marronniers.

AGENDA DES FÊTES, FESTIVALS ET ÉVÉNEMENTS

JANVIER : Carnaval munichois (Fasching)

Juste après l'Épiphanie et jusqu'au Mardi gras : liesse populaire et bals masqués assez délirants (mais sans comparaison avec le carnaval rhénan), organisés par différentes corporations professionnelles. Le dernier dimanche, les festivités ont lieu autour de la Marienplatz. Le dernier jour (tôt le matin), c'est l'apothéose sur le Viktualienmarkt : les femmes, en costume dansent et chantent en chœur avec le public...

MI-JUIN : Festival de Tollwood

Pendant 3 sem, Munich fête le début de l'été dans l'Olympiapark. Des chapiteaux sont dressés pour accueillir des spectacles venus de tous les horizons des arts et du monde. Seconde édition, cette fois pour fêter l'hiver, sur la Theresienwiese, au sud-ouest du centre-ville, courant décembre.

AOÛT : fête d'été à l'Olympiapark

Pendant tout le mois d'août le parc se transforme en mini-Woodstock : concerts quotidiens en plein air et gratuits !

SEPTEMBRE-OCTOBRE : Oktoberfest

De la dernière sem de sept au 1er dim d'oct. La plus connue et la plus « kolossale » des fêtes munichoises se déroule sous de vastes chapiteaux (chacun pouvant contenir jusqu'à 6 000 personnes !), situés sur un terrain de 60 ha, la Theresienwiese. Autant prévenir : Oktoberfest, c'est une orgie démente, un vacarme hallucinant, des monceaux de viande et de saucisses ingurgités, et plus de 6 millions de litres de bière vidés par les 5 à 6 millions de visiteurs annuels ! Les festivités se déroulent selon un rituel immuable. Coup d'envoi à midi pile donné par le maire de Munich. Puis, ce sont cortège de chars attelés (tonneaux géants, brasseurs...), milliers de personnes en costume traditionnel se réunissant dans la Maximilianstr, nombreuses animations foraines... pendant plusieurs jours. Une grande expérience ! Attention : il est indispensable de réserver son hébergement – au moins plusieurs mois à l'avance – durant cette période... Pour trouver une place dans un chapiteau, on vous conseille aussi de vous pointer tôt. • oktoberfest.de •

NOVEMBRE-DÉCEMBRE : Christkindlmarkt (le marché de Noël)

De fin nov jusqu'au 24 déc. A lieu sur la Marienplatz. Très important, comme dans la plupart des villes allemandes ; son origine remonte au XVIe s. Arbre de Noël géant sur Marienplatz, chants de Noël, stands artisanaux.

Vieille ville de Landshut, près de Munich

NAPLES

2H15
AU DÉPART
DE PARIS

Qui n'a pas visité Naples ne connaît pas vraiment l'Italie. *Turbulente et éruptive, à l'image du Vésuve découpé en toile de fond, cette ville dégage une identité folle : chahuteuse et entière, elle fait se côtoyer le sacré et le profane, aristos et populos, grandeur et décadence. Mais Naples est surtout une fascinante ville-musée à ciel ouvert et aux habitants à l'accueil sans pareil. Afin d'en saisir l'essence, il faut se perdre dans les rues étroites des différents quartiers, et se laisser imprégner par les mille petits détails que sont les guirlandes bariolées de linge suspendues aux fenêtres, les discussions animées des commerçants, le gymkhana des scooters ou ces innombrables icônes qui ornent chaque coin de rue. Les Napolitains disent que dans leur ville tout est amplifié ; ici tous les clichés associés à l'Italie ont un écho particulier...*

BUDGET	€€
CULTURE	★★★★
CUISINE	★★★★
SHOPPING	★★☆☆
VIE NOCTURNE	★★★☆

SE REPÉRER

DÉCOUVRIR

PRENDRE LE POULS DE LA VILLE, EN FLÂNANT DANS LES RUELLES DU CENTRE ANCIEN
un véritable théâtre à ciel ouvert

1

Pour aborder la ville, rien ne vaut une balade dans le cœur historique, autour de Spaccanapoli, ou bien dans les quartiers espagnols, authentiquement populaires. Le vieux Naples, à la différence d'autres centres-villes européens, n'a pas connu le phénomène de gentrification. S'y promener offre l'occasion de découvrir des rues où églises et palais magnifiques côtoient des immeubles populaires et délabrés. Ici, la rue est un théâtre grandeur nature : le linge est étendu aux fenêtres, les moteurs des vespas résonnent dans les *vicoli* (ses ruelles caractéristiques de la Naples ancienne et populaire), les artisans travaillent sur le pas de leur magasin, les pâtisseries et *pizzerie* s'ouvrent sur la rue, les gamins jouent au foot sur les places, et les échoppes, où l'on trouve toutes sortes d'objets, font penser aux souks marocains. Bienvenue en Méditerranée !

DÉCOUVRIR 3 000 ANS D'HISTOIRE NAPOLITAINE ET S'ENCANAILLER EN PARCOURANT LE CABINET SECRET DU MUSÉE ARCHÉOLOGIQUE
pour tout savoir des mœurs coquines des Romains... de l'Antiquité

2

Le musée abrite la superbe collection Farnèse avec son célèbre taureau et son splendide Hercule, ainsi que les trésors archéologiques issus des villes ensevelies par l'éruption du Vésuve de 79 apr. J.-C., dont Pompéi (les mosaïques sont admirablement conservées). À voir aussi : le fameux cabinet secret qui renferme des peintures, sculptures et mosaïques aux thèmes érotiques, utilisées à des fins initiatiques mais aussi religieuses.

BON À SAVOIR : les moins de 14 ans doivent être accompagnés d'un adulte pour la visite du cabinet secret. Musée fermé le mardi. • museoarcheologiconapoli.it •

S'ÉMOUVOIR DU FABULEUX *CHRIST VOILÉ* À LA CAPPELLA SANSEVERO
étonnante chapelle funéraire empreinte de baroque

3

Le trésor de Spaccanapoli est bien caché dans un *vicolo* derrière San Domenico. Don Raimondo de Sangro (un noble bien en vue au XVIIIe s) était un peu touche-à-tout. Il fut le commanditaire de cette fastueuse chapelle, où le marbre polychrome est omniprésent, mais fut aussi encyclopédiste, un peu biologiste et un peu alchimiste. Nombreuses sculptures du baroque tardif, dont la très belle *Pudeur* d'Antonio Corradini et surtout, l'œuvre pour laquelle vous êtes là, l'extraordinaire *Cristo Velato* de Sammartino. Le travail du drapé impressionne par sa finesse et son réalisme. Difficile de croire que ce voile a été taillé dans le marbre.

BON À SAVOIR : réservation en ligne quasi indispensable compte tenu de l'affluence et du nombre de places limité. • museosansevero.it •

Le Vésuve

4

ADMIRER LE COMPLESSO MONUMENTALE DI SANTA CHIARA
panthéon inabouti de la dynastie d'Anjou

Cet ensemble religieux était destiné aux sœurs clarisses et aux frères mineurs, qui l'occupèrent à partir de 1340. Robert d'Anjou voulait que l'église devienne le panthéon de sa dynastie. À l'intérieur, vous trouverez ainsi les cénotaphes de Marie de Valois et de Robert d'Anjou. Le monastère, gothique à l'origine, puis reconstruit dans un style baroque, a retrouvé un style néogothique plus proche de la construction initiale. Le cloître des clarisses, de style rococo, est constitué de 66 arches soutenues par 72 piliers. Observez les piliers octogonaux et les murets couverts de belles majoliques peintes de motifs végétaux ou de scènes pastorales. Vous pourrez rêver un moment sous les tonnelles du cloître, à l'ambiance très bucolique.

BON À SAVOIR : l'ensemble comprend d'une part la basilique et d'autre part le monastère (cloître, musée, zone archéologique). La basilique est en accès libre, le reste en accès payant.

DÉCOUVRIR QU'IL EXISTE UNE VILLE SOUS LA VILLE
en plongeant dans les profondeurs de la Naples souterraine

5

Aussi étonnant que cela puisse paraître, il existe une ville sous l'actuelle Naples. Chaque époque a laissé des vestiges sur lesquels on a construit. Les murs et le sol de Naples sont une formidable machine à remonter le temps. À Napoli Sotterranea, un itinéraire souterrain de 40 m de profondeur vous permettra de découvrir, après avoir emprunté un long escalier, les restes de l'aqueduc d'Auguste (170 km de Sarno à Naples) ainsi qu'un théâtre gréco-romain et le couloir des gladiateurs imbriqués dans une maison ! Dans le cloître de San Lorenzo Maggiore, il suffit de descendre un escalier étroit pour se transporter des splendeurs gothiques de l'église aux pierres des murailles grecques, en passant, comme dans un mille-feuilles temporel, par les fouilles archéologiques de l'ancien marché romain. Fascinant.

BON À SAVOIR : personne ne connaît vraiment l'étendue réelle du sous-sol napolitain : les spéléologues ont recensé pour l'instant 700 cavités pour un espace d'un million de mètres cubes.

CONTEMPLER LE PANORAMA DE LA BAIE DE NAPLES AVEC LE VÉSUVE AU LOIN
depuis la chartreuse de San Martino, sur la colline du Vomero

6

L'ordre des Chartreux s'installa sur la colline du Vomero au début du XIVe s et la chartreuse demeure une visite incontournable. Elle abrite une riche pinacothèque dont l'un des principaux intérêts est la section des crèches, tradition locale depuis le XVe s. Le clou de la visite est le presepio Cucciniello, crèche aménagée dans une grotte artificielle et dépeignant une vraie tranche de vie napolitaine. La représentation de la naissance du Christ s'autorise quelques anachronismes, en ajoutant des témoignages savoureux du quotidien du XVIIIe s : bourgeois habillés richement, scènes de taverne, musiciens, étals de bouchers...

SE PERDRE DANS LES CENTAINES DE PIÈCES DE LA REGGIA DI CASERTA
palais royal, dans les environs de Naples

7

Ce gigantesque palais, construit à partir de 1751, devait rivaliser de splendeur avec Versailles, alors phare de l'Europe. Au total, 1 200 pièces, une trentaine d'escaliers, environ 150 fenêtres sur la façade principale, décoration fastueuse de marbres, débauche de stucs, cascades de cristal, profusion de céramiques... les architectes et décorateur n'ont pas lésiné sur les moyens. La vie à la cour se déroulait entre la chapelle palatine, les appartements, la pinacothèque et le ravissant petit théâtre de la cour. Pour plus d'intimité et moins de démesure, tournez-vous vers les bibliothèques, et les objets pittoresques, comme cette grande crèche aux 1 200 personnages.

BON À SAVOIR : le palais se situe à environ 40 km au nord du centre-ville, et est accessible en bus ou en train. Plus d'infos sur • reggiadicaserta.beniculturali.it •

PARCOURIR LE SITE ARCHÉOLOGIQUE DE POMPÉI

témoignage inestimable de la vie quotidienne pendant l'Antiquité

8

Tout le monde connaît l'histoire de Pompéi. C'était une cité de 66 ha, au commerce florissant, qui devait abriter 20 000 à 25 000 habitants, quand elle fut ensevelie sous les cendres du Vésuve, le 24 août 79. Ou plus exactement sous les cendres du mont Somma, désormais éteint, dont le Vésuve, né de cette gigantesque éruption, a depuis pris la place. Un linceul de cendres permit de conserver intacte cette cité romaine au rayonnement exceptionnel. On visite aujourd'hui les ruines de Pompéi : temples, rues, théâtres, maisons, thermes... Ne pas manquer non plus les ruines d'Herculanum. Enterrés à plusieurs mètres de profondeur – car plus proches de la coulée du Vésuve –, les édifices dégagent une atmosphère à la fois intime et énigmatique.

BON À SAVOIR : le train (ligne suburbaine Circumvesuviana) est le moyen le plus simple et le plus rapide de rejoindre Herculanum et Pompéi. Compter 15-20 mn pour Herculanum et 25-40 mn pour Pompéi.

9

À CAPRI, GRIMPER JUSQU'AU MONTE TIBERIO

et admirer la vue magnifique sur la baie de Naples...

Ancré dans les eaux bleues, Capri, majestueux rocher escarpé, propret et sophistiqué, est vite devenue célèbre grâce à ses illustres hôtes : Cocteau, Oscar Wilde, Picasso, Gorki – qui y reçut Lénine... Mais pour découvrir la vraie Capri et ses habitants, fuyez le centre-ville vers les terres et les chemins côtiers, à travers les jardins exubérants et les ruelles plus tranquilles. Et ne manquez surtout pas l'autre village, Anacapri, plus authentique et perché encore plus haut dans la montagne. Vous verrez le côté factice s'estomper devant ces rochers recouverts de vignes et de villas perdues au milieu des pins et des arbousiers. Le soir, une fois les bateaux partis, l'île retrouve son calme et son vrai visage.

BON À SAVOIR : 1-2 départs/h en saison depuis Naples. Compter 45 mn à 1h20 de trajet selon le type de bateau.

10

FLÂNER SUR LA MIGNONNE ET MINUSCULE ÎLE DE PROCIDA
loin du brouhaha napolitain et de sa grande sœur Capri

Totalement à l'écart du tourisme de masse et habitée par des familles de pêcheurs, c'est sans doute la plus authentique des trois îles. Le temps semble s'y être arrêté, sous le soleil exactement. Procida est un lieu de vie, et non une destination touristique. On n'y vient donc pas pour y « faire des monuments », mais pour prendre son temps et profiter de cette si belle lumière méditerranéenne qui fait scintiller le bleu de la mer.

BON À SAVOIR : depuis Naples, plusieurs liaisons par jour en ferry, hydroglisseur ou hydrofoil vers Ischia et Procida (même ligne). Durée : de 30 mn à 1h pour Procida et de 40 mn à 1h30 pour Ischia.

... À MOINS DE PRÉFÉRER ISCHIA
une perle au large de Naples

11

Bien qu'à quelques encablures de la cité parthénopéenne, ces deux îles, moins connues que Capri, jouent la carte de la discrétion. Prisée par les Napolitains et les curistes, Ischia, l'île verte aux nombreuses sources thermales, offre un cadre de vie (et de vacances) hors du commun. Avec ses airs de belle alanguie, elle invite à la nonchalance. Situés à deux pas de la mer, entre plage et collines, ses parcs thermaux sont exceptionnels. On s'y baigne dans des piscines naturelles d'eau chaude, en plein air, sous le ciel de la Méditerranée. Magique !

SAVOURER

IMPENSABLE DE QUITTER NAPLES SANS GOÛTER
à l'authentique pizza napolitaine

12

C'est la reine de la ville ! Faites comme les Napolitains et dégustez la à emporter, pliée *a portafoglio* (en portefeuille). Les plus curieux (et les appétits les plus voraces !) s'attaqueront à la *pizza fritta,* une pizza pliée en 2 et frite dans un bain d'huile. Que vous la dégustiez *a portafoglio* ou *fritta,* il ne vous en coûtera pas plus de 3 ou 4 € ! Quant à élire la meilleure pizzeria de la ville... ça dépend des goûts ! Demandez conseil aux Napolitains eux-mêmes avant de foncer tête baissée vers les adresses les plus touristiques (souvent bondées !).

BON À SAVOIR : filez aussi dans une authentique *friggitoria,* petite gargote locale où on achète de la friture à grignoter sur le pouce : croquettes à la mozzarella *(crocche), arancini* et autres bombes caloriques !

DÉGUSTER UNE *SFOGLIATELLA,* LA DOUCEUR PRÉFÉRÉE DES NAPOLITAINS
Irrésistible, surtout avec un bon café !

13

Il est difficile de trouver un Napolitain qui ne commencerait pas sa journée par un café et une *sfogliatella,* servie généralement chaude et saupoudrée de sucre. Ricotta fraîche, cannelle, vanille, écorces d'orange, parfois des fruits confits... tels sont les ingrédients essentiels de la *sfogliatella* en forme de coquillage ou de demi-lune qui se présente en 2 versions : *riccia* (pâte feuilletée) ou *frolla* (pâte brisée). Autre spécialité sucrée de Naples (et non des moindres !), le *babà* ! Nature ou aspergé de rhum, les Napolitains le dégustent en 3 coups de fourchette au comptoir. Impensable de quitter Naples sans avoir goûté ces 2 merveilles !

SORTIR

SE RENDRE SUR LA PIAZZA DEI MARTIRI
épicentre des nuits chic de la jeunesse napolitaine

14

Les 20-35 ans branchés se donnent massivement rendez-vous les soirs de week-end dans ce quartier chic et bourgeois de Naples qui alignent sa flopée de boutiques de luxe, ses magasins de chaussures et ses bonnes tables gastronomiques. Les bars lounge y sont à touche-touche avec une clientèle festive et bien mise qui picore négligemment l'*aperitivo* au comptoir, tout en s'enfilant des cocktails. Ça finit par être un peu kitsch, les Italiens du Sud ne faisant rien à moitié... Mais au moins, il y a de l'ambiance !

BOIRE UN VERRE OU DÎNER LES PIEDS (PRESQUE !)
dans l'eau, sur une terrasse du Borgo Marinari

15

Blotti contre le castel dell'Ovo, le Borgo Marinari est un havre de paix très prisé le soir par les Napolitains et les touristes. Petit port de plaisance pittoresque, encadré de nombreux restaurants chic et de bars très fréquentés. L'endroit, fort agréable, est tellement à l'écart (un rien, cependant, le sépare de la via Partenope) qu'on peut avoir l'impression d'être non pas à Naples, mais dans le port de plaisance d'une petite station balnéaire. C'est l'endroit idéal pour déguster un *limoncello*, une délicieuse liqueur de citron produite sur la côte amalfitaine et à Ischia, qui titre tout de même 35° et se consomme très fraîche à la fin du repas.

LA TARENTELLE

L'origine de cette danse reste mystérieuse. Il y a bien une tarentelle napolitaine aux cadences effrénées, interprétées par un orchestre de cuivres, vents, cordes et tambours (y compris le *tamburello* : l'instrument qui donne le rythme). L'interprétation rurale du phénomène associe tarentelle et tarentule, cette araignée des champs dont la piqûre produirait une sorte de fureur bachique qui pousse à danser. Après une période de déclin, ces danses, considérées comme trop traditionnelles et donc obsolètes, connaissent une période de renaissance, et de plus en plus de jeunes s'intéressent à ce mode d'expression propre à leur région. De nos jours, plusieurs groupes de musique populaire du sud de l'Italie ont remis au goût du jour la *taranta* et la *pizzica* en récupérant non seulement l'aspect folklorique et cathartique, mais aussi le côté contestataire de la tarentelle des aïeux.

LA PIZZA

Gênes a son pesto, Rome son *suppli* et Naples sa pizza. Née dans les quartiers pauvres de Naples, elle était la nourriture des dockers, la nourriture du pauvre. Par *« pizza »*, on entendait alors une galette servant à mesurer la température du four du boulanger. Puis on parla d'une pâte, agrémentée de ce qui restait dans le placard (huile, tomate, fromage...), roulée ensuite sur elle-même et qui constituait le casse-croûte du midi. Le label « spécialité traditionnelle garantie » protège désormais la pizza napolitaine avec un cahier des charges strict. Une vraie pizza doit être circulaire, ne pas mesurer plus de 35 cm de diamètre, ne pas contenir de viande hachée ou de fromage dans sa croûte. Seules la margherita et la marina extra sont considérées comme d'authentiques *pizze* napolitaines. Une fois connu le vrai goût de la pizza napolitaine, il est difficile de manger ses « contrefaçons » !

SHOPPING

16

PRÉPARER NOËL, EN ACHETANT DE JOLIS ET D'ORIGINAUX SANTONS SUR LA VIA SAN GREGORIO ARMENO

le temple de l'art de la crèche

Dès septembre, le Tout-Naples se prépare pour fêter Noël. Au fur et à mesure que l'on approche du 25 décembre, la via San Gregorio Armeno noircit de monde à tel point que les autorités ont déjà dû décréter un sens unique de circulation (oui, oui même pour les piétons !). De part et d'autre de la rue, les commerçants exposent de belles pièces de santons – les *pastori,* art ancien à Naples –, dont certaines sont de toute beauté. Les figurines font environ 30 cm et peuvent atteindre plusieurs centaines d'euros. Leur corps est composé de fil de fer et d'étoupe, tandis que les membres et la tête sont en terre cuite peinte à l'huile ou à l'acrylique.

BON À SAVOIR : *Ferrigno* est l'atelier de santons le plus réputé et l'un des premiers (1836). À l'étage, on peut assister aux phases de réalisation. • arteferrigno.it •

FLÂNER LE LONG DE LA VIA TOLEDO, INCONTOURNABLE ARTÈRE COMMERÇANTE

entre architecture et shopping

17

Appelée indifféremment via Toledo ou via Roma, cette longue artère commerçante a pris le nom de son créateur, don Pedro de Tolède, qui la fit construire en 1536. Partant de la piazza Dante, elle s'étend avec majesté vers le sud via la piazza Carità, pour se terminer à la semi-circulaire piazza del Plebiscito. Bordée de magasins, elle est la vitrine commerçante de Naples donc l'endroit idéal pour une après-midi de shopping mode (c'est aussi le lieu privilégié de la *passeggiata* des Napolitains). Boutiques très élégantes dans la galerie Umberto, l'une des nombreuses merveilles architecturales de la ville.

RAPPORTER DANS SA VALISE

de délicieuses spécialités

18

Pour faire le plein de délicieuses spécialités à rapporter à la maison, on vous conseille un détour par la via Pignasecca et ses petits commerces de bouche, sources inépuisables pour dénicher un fromage (mmmh ! la bonne *mozarella di bufala campana*) ou un saucisson sous vide à glisser dans la valise. Quant à la liste de pâtes typiques de Naples ou de Campanie, comme les *bucalini,* elle donne carrément le vertige ! Les becs sucrés n'oublieront pas de glisser un bocal de *babàs* au rhum dans leur panier. Enfin, le cafetier et torréfacteur *Mexico* propose de jolies boîtes en alu avec plusieurs variétés de café.

AGENDA DES FÊTES, FESTIVALS ET ÉVÉNEMENTS

MAI : le Mai des monuments

Naples organise tous les ans cet événement, c'est-à-dire des visites (guidées ou non), des expos et des manifestations culturelles, dont de nombreux concerts. Cela peut être l'occasion de visiter un lieu ou une église habituellement fermé(e) au public. Ce programme n'est pas sans rappeler les Journées du patrimoine en France. On trouve le programme dans les différents offices de tourisme de la ville, dans les pages régionales des grands quotidiens nationaux comme *La Repubblica* ou *Il Corriere* ainsi qu'*Il Mattino di Napoli*, ou encore sur le site • comunenapoli.it •

La baie de Naples et le Vésuve

OSLO

2H20
AU DÉPART
DE PARIS

Sacrée « Capitale verte européenne » en 2019, Oslo est le fidèle reflet de l'amour des Norvégiens pour la nature. *Dans son centre, bientôt intégralement interdit aux véhicules, l'architecture ancienne côtoie avec bonheur les constructions avant-gardistes, le vert des parcs et le bleu du fjord tranchent sur le blanc et le gris des immeubles. Oslo est une cité sémillante, pleine de vie, dont on fait aisément le tour à pied ou à vélo. Pendant les longues soirées d'été, le centre est noir de monde, et, à l'instar du soleil, la ville se couche tard. Mentionnons aussi la grande variété de musées, qui exposent aux visiteurs les multiples aspects d'une culture norvégienne méconnue.*

BUDGET	€€€€
CULTURE	★★★☆
CUISINE	★★☆☆
SHOPPING	★★☆☆
VIE NOCTURNE	★★☆☆

SE REPÉRER

DÉCOUVRIR

SE BALADER DANS LE PARC DE L'AKERSHUS

le cœur historique de la ville, et profiter de jolis points de vue sur le fjord

1

Cette grande forteresse, édifiée au début du XIVᵉ s par le roi Haakon V, puis transformée en château Renaissance au cours du XVIIᵉ s, abrite aujourd'hui des écoles militaires, le ministère de la Défense et l'état-major de l'armée. Chaque jour, à 13h30, on peut assister à la relève de la garde royale. L'enceinte a été aménagée en un parc agréable avec pelouses, bassins, sentiers de promenade... Aux beaux jours, les employés du coin viennent s'exposer aux rayons du soleil. À certains endroits, on profite de superbes points de vue sur le port et les énormes bateaux de croisière qui y font escale.

BON À SAVOIR : accès tlj 6h-21h ; concerts et animations culturelles tout au long de la belle saison. • forsvarsbygg.no •

RESTER SUBJUGUÉ DEVANT LES LIGNES DE L'OPÉRA DE NORVÈGE

chef-d'œuvre de pureté, de sobriété et d'intelligence architecturale

2

Allez, ne soyons pas avares de compliments : voici un chef-d'œuvre, qui obtint le Prix européen d'architecture contemporaine en 2009. Avec ses allures de grand navire furtif blanc comme neige, il semble plonger lentement dans la baie. Les promeneurs peuvent gravir les pentes doucement inclinées de la façade pour observer la manière avec laquelle l'architecte a réduit à sa plus simple expression la notion de toit. À l'intérieur, le grand hall est également un choc : on découvre une énorme spirale à lamelles de bois, abritant trois scènes hyper modernes, dont la plus grande peut accueillir 1 360 personnes. Même les toilettes du grand hall valent le détour !

BON À SAVOIR : grand hall ouv en principe tlj, tte la journée. • operaen.no •

ARPENTER LE FROGNER PARKEN AU CRÉPUSCULE

pour apprécier la magie des sculptures de Gustav Vigeland (1869-1943)

3

L'artiste a aménagé ce vaste parc où il s'est exprimé librement à travers plus de 200 sculptures mêlant des hommes, des femmes et des enfants, qui ont d'évidence d'étroits liens familiaux et sensuels. Le monde de Vigeland est celui des demi-dieux. Ces créatures n'ont pas notre apparence : les hommes sont taillés en impossibles hercules, les corps et les membres sont épais, presque mal dégrossis. Pourtant, ses œuvres dégagent une force exceptionnelle, que l'on apprécie encore mieux lorsque le jour faiblit et que l'on déambule seul entre les sculptures.

BON À SAVOIR : le parc est ouvert 24h/24 et l'entrée est gratuite . • vigeland.museum.no •

PASSER UNE JOURNÉE SUR LA PRESQU'ÎLE DE BYGDØY

et visiter, au choix, un ou plusieurs de ses passionnants musées

Bygdøy est une presqu'île verdoyante à l'ouest du centre d'Oslo. S'y promener est un véritable plaisir. Plusieurs musées importants y ont élu domicile comme ceux du Fram et du Kon-Tiki, ou ceux de la Marine, des Navires vikings et du Folklore. Il y a également une petite plage, tout au sud, pour une trempette après les musées, dans le plus simple appareil, comme tout le monde !

BON À SAVOIR : en été, il est très agréable de s'y rendre en bateau (nº 91 au départ du quai nº 3, face à l'hôtel de ville) ; sinon, bus depuis Stortingsgate.

5

VISITER LA GALERIE NATIONALE ET LE MUSÉE MUNCH

l'un des plus grands musées du monde consacré à un seul artiste

Ces 2 institutions gèrent conjointement la riche collection du plus célèbre des peintres norvégiens, Edvard Munch. On y approche toute la diversité de l'art de Munch, dont certains tableaux de renommée mondiale tels que *Madonne* et deux versions du *Cri*. Il s'agit de mettre en lumière l'importance de la contribution de l'artiste dans la peinture moderne en Europe. Comme il est impossible d'accrocher toutes les œuvres, elles sont présentées par roulement, au gré d'expositions temporaires visant généralement à confronter Munch à d'autres peintres.

BON À SAVOIR : • nasjonalmuseet.no • munchmuseet.no •

DÉCOUVRIR LE MUSÉE D'ART MODERNE ASTRUP FEARNLEY

lové dans un écrin magnifique imaginé par Renzo Piano

6

Répondant parfaitement à la structure de l'Opéra, il se distingue par son toit triangulaire et courbe, supporté de fines poutrelles tubulaires d'acier, de poutres en bois stratifié et d'une immense surface de verre semblant plonger dans le fjord, séparé en 2 par un canal, et prolongé par une vaste pelouse où quelques sculptures font durer le plaisir de la découverte. Une centaine d'œuvres sont exposées par roulement, en fonction de la thématique du moment, avec quand même la présence quasi systématique de quelques artistes phares. Parmi ceux-là, Jeff Koons, la photographe Cindy Sherman ou bien l'Anglais Damien Hirst.

BON À SAVOIR : • afmuseet.no •

EN HIVER, GRIMPER DANS LE MÉTRO PUIS CHAUSSER SES SKIS

pour descendre l'une des pistes accessibles en moins de 30 mn depuis le centre-ville

7

Pas besoin de s'infliger 3h de transport pour trouver de la neige skiable ! Il suffit d'aller au nord-ouest d'Oslo, du côté de Holmenkollen. Prendre le métro direction Frognerseteren jusqu'au terminus de la ligne. De là, on skie jusqu'à l'*Oslo Winter Park and Summer Park,* la station de ski la plus proche de la ville. Elle offre plus de 90 km de pistes de descente et de fond, éclairées le soir. Peu de capitales au monde proposent une telle nature si près de leur centre ! La descente jusqu'à Sognsvann est très réputée. Le paysage vaut vraiment la peine : on traverse plusieurs lacs gelés, où les pêcheurs profitent du soleil tout en trempant leur ligne dans les trous qu'ils ont percés dans la glace.

OSLO ÉCONOMIQUE

Ville ruineuse, Oslo demande un certain sens pratique pour gérer au mieux son budget. Premiers conseils : oubliez les taxis, aux prix insensés, Oslo est suffisamment concentrée pour être parcourue à pied. Avant de vous élancer dans les rues de la ville, n'oubliez pas de vous resservir au moins deux fois au copieux petit déjeuner de l'hôtel. Partez avec un sac à dos, une bouteille de l'excellente eau du robinet et des en-cas, ou contentez-vous d'un *smørbrød* (tranche de pain noir avec crevettes, saumon ou viande froide dessus) pour le déjeuner. Gardez vos sous pour le dîner. Si vous avez l'intention de bien remplir vos journées, optez pour l'Oslo Pass, qui donne accès à tous les transports de la région d'Oslo (sauf le bateau pour l'île de Bigdøy) ainsi qu'aux musées et à d'autres attractions (piscines en plein air, certaines randos guidées, etc.), sans parler des réductions dans certains restos, boutiques...

SAVOURER

LE PRIX NOBEL DE LA PAIX À OSLO

Dans son testament rédigé en 1895, le Suédois Alfred Nobel légua sa fortune pour créer cinq prix (physique, chimie, médecine, littérature et paix). Mais pourquoi le prix de la paix est-il remis à Oslo et non à Stockholm comme les autres ? À cette époque, la Norvège et la Suède étaient encore unies. Nobel demanda donc que le prix de la paix soit délivré à Oslo, en hommage à sa « seconde » patrie. Après l'indépendance du pays en 1905, la Suède se voyait mal réclamer le rapatriement de cette distinction hautement symbolique. Ainsi, chaque 10 décembre, c'est dans le grand hall de l'hôtel de ville d'Oslo que celui-ci est délivré.

SUR LE FJORD D'OSLO, QUITTER LES QUARTIERS MODERNES
avant de se délecter des beautés du cadre naturel de la capitale

8

La croisière de 2h qui part du Rådhusbrygge, en face de l'hôtel de ville, est l'occasion d'une parenthèse enchantée et paisible. C'est une agréable façon de découvrir les principaux attraits de la ville : on navigue parmi les îles, les baies et les criques, et, en chemin, on s'émerveille devant l'architecture avant-gardiste de l'Opéra. Vraiment inoubliable..

BON À SAVOIR : 6 départs/j. en été, moins en moyenne saison et slt le w-e d'oct à mars.

DÉJEUNER SUR LE QUAI D'ÅKER BRYGGE
une pause ensoleillée au bord de l'eau

9

Au bord du quai d'Aker Brygge, de vieux entrepôts sont transformés en bureaux et immeubles d'habitation modernes, lumineux et architecturalement réussis. La promenade du quai lui-même est habillée de marches en bois où les jeunes affluent dès les premiers rayons de soleil. Elle accueille nombre de restos et de bars-terrasses. Ne pas manquer, le midi, de déguster un bon saladier de crevettes (au litre ou au demi-litre) : fraîcheur garantie à un prix raisonnable.

10

SE RÉGALER AU MARCHÉ MATHALLEN
dans le quartier de Vulkan, le temple de la diversité culinaire

Les Osloïtes en sont fiers : depuis 2012, ils ont, à l'instar de Copenhague, inauguré leur temple de la diversité culinaire. Dans un quartier en plein boom urbanistique et culturel, cette ancienne fabrique réhabilitée abrite une trentaine de stands gastronomiques, de bars et restaurants proposant des cuisines du monde entier. L'accent est mis également sur la variété des produits norvégiens de haute qualité. Une réponse intelligente à la fermeture des commerces de proximité du centre-ville.

BON À SAVOIR : • mathallenoslo.no • ; ouv tlj sf lun.

SORTIR

11

SOCIALISER AVEC LES LOCAUX AUTOUR D'UNE BIÈRE
dans le quartier de Grünerløkka

Quartier ouvrier type, Grünerløkka est désormais trendy, dynamique, assez bohème (un peu bobo même !). C'est là que les étudiants traînent leurs savates. Son artère principale est la Thorvald Meyersgate. On a un faible pour sa voisine parallèle, la Markveien, et son alignement de demeures au style homogène. Mais tout le quartier, vivant, familial et branché à la fois, est franchement sympa. On y trouvera sans difficulté petits restos et cafés, endroits pour écouter de la musique ou danser, dans lesquels on rencontrera des locaux plutôt que des touristes. Qu'on se le dise, pour manger, boire un coup ou sortir, c'est notre endroit préféré !

BON À SAVOIR : un autre spot à ne pas négliger, le quai Aker Brygge (voir rubrique « Savourer »).

SHOPPING

PASSER UNE BONNE SOIRÉE AU *BLÅ*
un club considéré comme l'une des scènes les plus dynamiques d'Europe

12

Notre spot favori à Oslo pour les concerts comme pour l'ambiance. Installé dans un ancien bâtiment industriel désaffecté au bord de la rivière, on vient surtout ici pour écouter de la musique, avant de poursuivre la soirée en dansant, passé minuit. Aux beaux jours, une terrasse est installée au bord de l'eau, à l'ombre de grands arbres. Bref, un endroit à l'atmosphère décalée, assez marginal et très riche musicalement, où l'on passe toujours un super moment. Ah ! et puis : chaque dimanche soir, une excellente formation à tendance jazz anime le lieu entre 16h et 23h : gratuit et ambiance vraiment sympa.

BON À SAVOIR : • blaaoslo.no •

PARCOURIR LES RAYONS D'UN SUPERMARCHÉ
pour faire le plein de souvenirs gastronomiques

13

Rapportez une boîte de *Fiskboller* de la meilleure marque : ces boulettes de poisson revenues dans du beurre sont délicieuses. Parmi les produits curieux, testez le *Geitøst*, un fromage au lait de chèvre caramélisé, à couper avec l'*osthøvel*, une petite pelle spéciale qui permet de trancher en fines lamelles tous les fromages à pâte dure... Le goût sucré de ce fromage est pour le moins particulier ! Le *gravlaks* (saumon mariné), est très bon mais reste cher. Il se sert avec de l'aquavit glacée, une eau-de-vie de pommes de terre parfumée au cumin et à l'aneth. N'oubliez pas les confitures, notamment d'airelles et de mûres jaunes *(multe)*, excellentes.

AGENDA DES FÊTES, FESTIVALS ET ÉVÉNEMENTS

JUIN : Musikkfest

Les amateurs de musique affluent dans les bars et les parcs de la capitale pour écouter des musiciens du pays excellant dans divers genres, du blues à la techno. Il y en a pour tous les goûts et tous les âges. • musikkfest.no •

AOÛT : Oslo Jazzfestival

Durant 6 jours le Festival de jazz d'Oslo explore, depuis plus de 25 ans, les différents courants du jazz (ragtime, jazz traditionnel, jazz d'avant-garde...), et pousse les frontières de son champ de représentations jusqu'au blues, à la soul, au funk et au hip-hop. • oslojazz.com •

AOÛT : Øyafestivalen

Rencontre d'artistes rock et indie, cette fête est le plus grand festival en plein air d'Oslo. Chaque année, il attire quelque 60 000 amateurs de musique de tous âges au parc de Tøyen, où ils peuvent écouter pendant 4 jours aussi bien des stars internationales que des artistes prometteurs. • oyafestivalen.no •

AOÛT : Oslo Kammermusikkfestival

Depuis 1989, ce festival de musique de chambre s'est imposé, comme l'un des plus grands événements du genre en Norvège. Les plus beaux édifices de la capitale, les plus hauts lieux de l'histoire et de la culture nationales servent de salles de concerts, et des scènes en extérieur sont installées. • oslokammermusikk festival.no •

FIN OCTOBRE-DÉBUT NOVEMBRE : World Music Festival

Oslo devient, pendant quelques jours, une capitale des musiques du monde. Du world au funk en passant par la house, près de 300 groupes venus du monde entier sont programmés pour des concerts, des soirées, des nuits endiablées dans les clubs... • osloworld.no •

Lac Sognsvann aux portes d'Oslo

PALERME

2H20
AU DÉPART DE PARIS

Déployée sur une terre fertile corsetée de montagnes, cette ville aux influences arabes et normandes, offre un mélange d'art et d'architecture unique. *Pourtant Palerme n'est pas une ville-musée. C'est une ville qui palpite, qui transpire, une métropole populaire aux odeurs variées. Il faut apprendre à la goûter, capter son atmosphère, comprendre son rythme parfois chaotique et plonger dans ses ruelles populaires. Il faut se balader le nez en l'air, entre les façades aux couleurs fanées où s'accrochent des balcons qui jouent à touche-touche, où pendent les fils à linge. Palerme ne vous laissera pas indifférent ! Réservez trois jours à la belle cité sicilienne et, en l'apprivoisant, vous ne pourrez plus jamais l'oublier.*

BUDGET	€€
CULTURE	★★★☆
CUISINE	★★★☆
SHOPPING	★★☆☆
VIE NOCTURNE	★★☆☆

SE REPÉRER

DÉCOUVRIR

ADMIRER LA SUBLIME CHAPELLE PALATINE (CAPELLA PALATINA)

nichée au cœur du palais des Normands, un passage obligé à Palerme

1

Classé au Patrimoine mondial de l'Unesco en 2015, c'est le chef-d'œuvre incontesté de l'art arabo-normand avec ses sublimes mosaïques byzantines à fond d'or : l'imposante figure du Christ en majesté (pantocrator) et les épisodes de la Bible sont illustrés avec un luxe de détails exceptionnels. Les *muqarnas* (caissons en stalactites) sont typiques de l'architecture islamique. Quand la fusion des cultures d'Orient et d'Occident touche au sublime…

BON À SAVOIR : fortification arabe du IXe s, le palais fut réaménagé et agrandi par les rois normands au XIIe s puis maintes fois remanié. Il est aujourd'hui le siège du parlement sicilien.

2

ÊTRE SUBJUGUÉ DEVANT LES ORS ET LES COULEURS INTENSES DES MOSAÏQUES DE LA MARTORANA

sans doute parmi les plus belles église de l'île

Cette église orthodoxe du XIIe s est appelée également Chiesa di Santa Maria dell'Ammiraglio. Elle est dotée d'un beau campanile et elle a conservé, malgré des transformations successives, un cycle de mosaïques byzantines exceptionnelles, notamment dans sa coupole. Ne pas manquer, en entrant, les deux panneaux évoquant l'origine de l'édifice : à droite, le roi Roger II en costume d'apparat couronné par le Christ ; à gauche, le fondateur de cette église : Georges d'Antioche, amiral et n° 2 du royaume normand, agenouillé aux pieds de la Vierge. Un de nos endroits préférés !

BON À SAVOIR : la Martorana observe encore le rite chrétien oriental ; intéressant à découvrir avec la messe chantée du dimanche matin.

UN PATRIMOINE HORS DU COMMUN

Palerme compte près de 600 églises et couvents (pour certains désacralisés) et, en 1723, on y dénombrait 107 princes, 76 ducs, 104 marquis et 39 comtes dont chacun, ou presque, disposait d'un palais en ville ! Inutile de préciser donc que Palerme recèle une flopée de monuments dits « secondaires », zappés par bien des guides, et le plus souvent en piteux état, sans y perdre leur charme pour autant. De la plupart des demeures princières, il ne reste en effet que des façades aux murs lézardés avec des balcons branlants à demi effacés... Pour mieux vous laisser happer par ce patrimoine hors du commun, n'hésitez pas à pénétrer les ruelles, à pousser des portes, et gardez toujours le nez en l'air.

3

SUCCOMBER AU CHARME DE LA PIAZZA PRETORIA

encore plus belle au soleil couchant ou de nuit, lorsque sa fontaine est illuminée

Une jolie place entourée d'églises et de palais avec, au centre, une monumentale fontaine de marbre datant de 1555. Dessinée à l'origine pour une villa de Florence dans un style purement maniériste, elle fut transportée puis installée ici en 1580. Ses nus et personnages aux figures étranges qui dissimulent leurs mains dans de longues manches illustrent un mystérieux courant ésotérique de l'époque. Les petits malins auront tôt fait de faire le rapprochement avec Michel-Ange et chercheront le *David* (la copie plutôt car l'originale est à l'Accademia à Florence) ou encore la tête de Moïse de la basilica San Pietro au Vatican. Une de nos places préférées !

POUSSER LES PORTES DU PALAZZO GANGI

et revivre la fameuse scène de bal du film *Le Guépard*, une légende du cinéma

4

La famille Vanni Calvello vous ouvre les portes de son palais familial (1750-1780). C'est l'occasion d'un voyage mythique dans l'histoire d'une dynastie d'aristocrates siciliens. Un lieu tout simplement incontournable ! Lustres de Murano et cristal de Bohême, porcelaines de Meissen... La galerie des Miroirs, avec son pavement en majolique polychrome, est époustouflante. Qu'un tel patrimoine privé n'ait pas été disséminé au fil des siècles est exceptionnel. D'illustres personnages furent les hôtes de la famille, à commencer par Luchino Visconti, qui y tourna la fameuse scène de bal de son film *Le Guépard*. Citons également Wagner qui y acheva l'orchestration de *Parsifal*.

BON À SAVOIR : attention, c'est souvent complet des semaines à l'avance. Et pour les passionnés, ne pas manquer non plus le palazzo Mirto, l'un des seuls de Palerme où le mobilier d'époque a été conservé.

Palais des Normands

FLÂNER DANS LES RUELLES AUTOUR DE LA PIAZZA MARINA
avant de s'offrir une pause sucrée

5

Les ruelles gorgées de soleil aux abords de la place Marina invitent à l'errance. La *piazza* elle-même a beaucoup de charme, avec son jardin, riche en statues d'illustres locaux, cachées sous d'énormes banyans. Ces arbres ont des racines interminables. Et tout autour, de nombreux palais aux façades toutes plus belles les unes que les autres. En fin de journée, après la sieste, on vient déguster une glace ou un granité, à moins que vous ne craquiez pour un *cannoli* (pâte frite fourrée, souvent au chocolat) ou un *dita d'apostolo* (doigt d'apôtre) à base de *ricotta*...

BON À SAVOIR : marché aux puces ts les w-e et j. fériés au centre de la place Marina.

DÉAMBULER AU MILIEU DES PLANTES TROPICALES
et à l'ombre des palmiers du jardin botanique

6

L'*orto botanico*, construit en 1789 par un architecte français, a été inauguré en 1795. Pendant tout le XIXe s, il est le point de convergence des passionnés de plantes. De retour d'expéditions lointaines, tous les explorateurs sont venus y semer leur petite graine ou y enfouir leur bouture, tant et si bien que Palerme est devenue incontournable pour tous les botanistes d'Europe et de Méditerranée ! Aujourd'hui, sur plus de 10 ha, on dénombre 12 000 espèces végétales subtropicales. S'y côtoient des succulentes et des cactus, des bambous et des palmiers, sans oublier les plantes carnivores.

BON À SAVOIR : en sortant, faire un tour en face, dans la villa Giulia, un lieu de calme et de recueillement très prisé et plein de secrets.
• ortobotanico.unipa.it •

FRISSONNER DANS LES IMPRESSIONNANTES CATACOMBES
du couvent des Capucins

7

Pas de visite de Palerme sans un arrêt au couvent des Capucins et son singulier cimetière. Sa création remonte à la toute fin du XVIe s, quand, à la suite de l'augmentation du nombre des capucins du couvent, il fallut trouver pour leurs sépultures un lieu plus grand et plus décent. On fait profil bas en pénétrant les catacombes de ce couvent. Y sont accrochés, contre les murs ou dans des cercueils vitrés, comme dans un grand vestiaire, quelque 8 000 corps momifiés, pas bien en forme pour la plupart, car le temps poursuit son œuvre... Cependant, si certains présentent encore des lambeaux de chair, des cheveux et des moustaches, tous sont sur leur trente et un !

BON À SAVOIR : visite déconseillée aux enfants et aux âmes sensibles.

L'ART DE LA SIESTE

En Sicile, la sieste *(il pisolino)* fait partie des traditions depuis l'Antiquité. L'été surtout, la ville s'endort après le déjeuner. Les boutiques ferment, la circulation ralentit, et les travailleurs de la sixième heure (« sieste » vient de *« sexta hora »*) sont l'exception. Une pause nécessaire vu la chaleur accablante. Un proverbe italien prétend que « quand vient l'heure de la sieste, seuls les chiens et les Français se promènent ». À méditer...

LÉZARDER SUR LA PLAGE DE MONDELLO

un ancien village de pêcheurs à une dizaine de km au nord-ouest de Palerme

8

Mondello a été transformé en station balnéaire fin XIXe-début XXe s. De cette époque subsiste un gros bâtiment crème – le *Stabilimento Regina Elena* – qui semble flotter entre deux eaux, à quelques mètres de la plage. Il faut dire qu'au fil des siècles, l'érosion des montagnes alentour a doté la baie d'un beau ruban de sable blanc. Entièrement publique, donc gratuite (rare en Italie), c'est la plage la plus proche de Palerme, la plus sympa et la plus accessible. Hors saison il y règne une ambiance bon enfant. Plus de monde le week-end, en revanche. La plage est protégée du vent, avec des douches pour se dessaler. Bons glaciers sur le front de mer.

BON À SAVOIR : location de kayaks et école de kitesurf. Accès possible en bus depuis Palerme (environ 15 par jour).

ALLER PIQUER UNE TÊTE DANS LES EAUX LIMPIDES

bordant l'île d'Ustica, réputée pour ses magnifiques fonds marins

9

À 60 km au large de Palerme, cette île surnommée à juste titre la « perle de la Méditerranée » est un paradis pour les plongeurs. Une partie des côtes est classée réserve naturelle, ce qui n'empêche pas le tourisme de se développer. Il est possible de louer une barque de pêcheur près des quais.

BON À SAVOIR : départ de la *stazione marittima*, sur le port de Palerme, avec les compagnies *Ustica Lines* (• usticalines.it •) ou *Siremar* (• siremar.it •).

SAVOURER

S'OFFRIR UN REPAS TYPIQUEMENT SICILIEN

à la *Casa del Brodo*

10

La maison a été fondée en 1890 : on n'y servait alors que du bouillon ! Rassurez-vous, les choses ont bien changé. On trouve désormais de tout : viandes, pâtes, dont les fameuses *pasta con le sarde* (avec des sardines, du fenouil sauvage et de l'anchois salé avec une chapelure, le tout passé au four), mais aussi les *involtini* (boulettes de viande ou de poisson), un excellent risotto aux fruits de mer, de bons desserts, etc. Une cuisine savoureuse et régulière, qui classe la *Casa del Brodo* parmi l'une des meilleures adresses de Palerme.

BON À SAVOIR : • casadelbrodo.it •

ANGER SUR LE POUCE QUELQUES *RANCINI* AU *BAR TOURING*
ne véritable institution palermitaine

11

es *arancini* sont des boulettes de riz farcies vec des légumes, de la viande ou du fro-age, de la taille d'une petite orange, comme on nom l'indique. Le *Bar Touring* dispense ses éga *arancini* labellisées « *arancina bomba* » ans toute la région. Introuvables ailleurs, la aison travaille des goûts originaux, tels que saucisse de sanglier et autres *ragù* dont elle le secret. Sinon, tout un panel de pâtisseries ormat XXL. Choisir puis s'asseoir sur un banc e la villa Giulia, juste en face.

N À SAVOIR : via Lincoln, 15, face à l'entrée du jardin otanique ; tlj 7h-minuit.

SUCCOMBER AUX *DOLCI*
et autres pâtisseries siciliennes

12

Les Arabes ont importé l'art de faire des jardins et de les irriguer. On trouve également beaucoup de pâtisseries inspirées d'anciennes recettes arabes, notamment à base de pâtes de fruits et de pâtes d'amandes *(pasta di mandorla)*, et d'excellents fruits confits. On ne peut pas non plus quitter Palerme sans avoir dégusté la *granita*, un mélange de glace pilée et de sirop, servie dans un verre. Celles fabriquées artisanalement sont de vrais délices, à engloutir à la petite cuillère. Les *granite* citron, fraise et melon sont les plus rafraîchissantes. Recouvertes de crème *(panna)* et accompagnées d'un croissant, elles constituent un excellent petit déjeuner. Autre pâtisserie incontournable, la *cassata*, un gâteau à base de ricotta. Miam !

BON À SAVOIR : la *Pasticceria Cappello* serait la meilleure pâtisserie de Palerme selon les locaux. • pasticceriacappello.it •

13

DÉAMBULER DANS LE MARCHÉ DU CAPO
un marché bouillonnant, très typique, et dégustez des maquereaux cuits à la braise à même la rue, façon *street food*

Ce pittoresque marché, l'un des plus anciens de Palerme mérite vraiment le détour. On se faufile entre les étals d'épices, de primeurs, de bouchers et de poissonniers, qui cèdent ensuite la place à un bazar débordant de vêtements, gadgets, colifichets de toutes sortes, organisé par spécialités, comme dans un souk. C'est le moment de s'initier à la cuisine de rue, si chère aux habitants de cette ville. Les braseros sont installés dans la rue. On avale debout des moules, des maquereaux grillés, ou le traditionnel *pane c'a meusa* fourré aux abats... Un vrai bain populaire.

BON À SAVOIR : se rendre aussi au marché la Vucciria, un autre endroit qui fleure bon l'atmosphère populaire de Palerme et faire le plein d'herbes odorantes, de bocaux d'anchois, de paninis bien garnis.... Ces deux marchés millénaires sont séparés par la via Maqueda.

SORTIR

LA *PASSEGGIATA*

C'est une véritable institution en Sicile ! Entre 18h et 20h – après le *pisolino* donc, c'est-à-dire la sieste –, les rues enflent, se gonflent d'une foule extraordinaire qui monte et descend le long du pavé en un rite immuable. Comme dans de nombreux pays méditerranéens, la rue est un lieu social avant tout. On sort et on s'installe devant le pas de sa porte pour parler de tout et n'importe quoi (du foot principalement). Pour l'observateur étranger, la *passeggiata* est l'une des images les plus évocatrices de la vie citadine et surtout villageoise, en Sicile.

ASSISTER À UN OPÉRA AU TEATRO MASSIMO

une des plus grandes salles d'Europe dédiée à la musique lyrique

14

La statue de Giuseppe Verdi veille sur l'immense teatro Massimo. D'une capacité de 1 350 spectateurs, 700 acteurs peuvent y tenir sur scène. Pas étonnant qu'*Aïda* soit l'opus le plus joué : les éléphants peuvent rentrer sans aucun problème ! Longtemps fermé, le théâtre servit de décor à une scène fameuse du *Parrain 3*. On peut, depuis, s'asseoir à nouveau sous ses plafonds de style Liberty et ses lustres en verre de Murano, et profiter d'une acoustique extraordinaire.

BON À SAVOIR : intéressantes visites guidées (parfois en français) • teatromassimo.it •

PLONGER AU CŒUR DE LA NUIT PALERMITAINE

15

Le soir, si vous êtes du genre anticonformiste, vous traînerez plutôt du côté de la piazza Caracciolo, au cœur du marché de la Vucciria. On s'y pose aux terrasses des nombreux bistrots aux tables en plastique, à moins de s'enfoncer dans la via Maccheronai toute proche, où les pubs expulsent leurs watts jusque tard dans la nuit. Ici on se réhydrate à la bière et au single-malt, en allant faire le plein sur l'étroit comptoir avant de siroter sa mousse posé sur un banc, sur des marches, n'importe où dans la rue. Sinon la via Chiavettieri rassemble toujours les oiseaux de nuit en partance pour leur migration nocturne. Quelques groupes y jouent en live aux beaux jours. Enfin, n'oublions pas les nombreux bars de la piazza Olivella, et leur ambiance populaire, multiculturelle et sacrément conviviale.

SHOPPING

S'OFFRIR *UNA COPPOLA*

le couvre-chef sicilien par excellence

16

Les origines de la casquette sicilienne remontent au début du XIXe s, lorsque les troupes anglaises stationnaient dans l'île pour contrer une possible invasion napoléonienne. Récupérée par les paysans siciliens, car de confection facile et peu onéreuse, la *coppola* a longtemps traîné une mauvaise réputation pour être associée aux hommes de la Mafia, qui la portaient en noir. De nos jours, elle se décline en plusieurs coloris et étoffes légères et chatoyantes. Contrairement au couvre-chef à l'anglaise, la casquette fabriquée dans la région de Palerme (à San Giuseppe Jato particulièrement) est plus ronde et moins effilée sur les côtés, et soutenue par un élastique à l'arrière.

AGENDA DES FÊTES, FESTIVALS ET ÉVÉNEMENTS

18 MARS : feux de la Saint-Joseph

Dans la nuit du 18 au 19 mars. On sort tous les vieux rossignols du grenier pour les brûler. Dans les quartiers populaires principalement (par exemple, piazza Magione). Cette pratique est aujourd'hui discrètement suivie, car interdite par les autorités (il n'y avait pas que les vieux objets qu'on brûlait…).

1ÈRE QUINZAINE DE JUIN : foire des pays méditerranéens (fiera Campionaria)

10-15 JUILLET : Festino di Santa Rosalia (U Festinu en sicilien)

C'est sainte Rosalie, la patronne de la ville, que l'on célèbre durant ces 5 jours. Le *festino* culmine le 14 juillet, jour de la procession où l'on tire le *carro trionfale,* un char si imposant (9 m de long sur 6 m de large tout de même) qu'il ne peut remonter qu'une partie du corso V. Emanuele entre la cathédrale et les Quattro Canti. La ville en effervescence se précipite ensuite le soir sur le foro Italico pour le grand feu d'artifice. La fête reprend le 3 septembre au soir, lors d'une procession nocturne avec flambeaux sur le monte Pellegrino. Les plus croyants et vaillants y montent à pied par la strada Vecchia, et certains gravissent même les dernières marches sur les genoux en signe de pénitence. Une manifestation collective et typique incontournable pour les visiteurs à la recherche d'authenticité.

2 NOVEMBRE : fête des Morts

La mort en Sicile est souvent célébrée dans la joie et la bonne humeur, comme en témoigne la fête du 2 novembre où les enfants attendent avec une impatience à peine contenue la venue des morts… qui leur remettent les cadeaux dont ils ont passé commande. C'est un peu Noël avant l'heure. Pour l'occasion, les marchands de rue vendent l'*ossa di morto*, biscuit dur recouvert de sucre blanc. Les familles accompagnent les chérubins aux catacombes pour qu'ils touchent les morts, histoire de ne pas couper le lien avec les ancêtres. C'est aussi l'occasion de se gaver de fruits en pâte d'amandes…

Monreale

PISE

1H40
AU DÉPART DE PARIS

***Pise n'a pas à rougir face à ses encombrantes voisines, Florence et Sienne.** Elle a, en effet, « plus d'une tour » dans son sac. La cité toscane regorge d'art et d'histoire, et ne se résume pas à sa seule célèbre tour penchée. Ses remparts, ses palazzi, ses églises, ses petites places où il fait bon se poser en terrasse, tout cela crée une atmosphère très particulière, de jour comme de nuit. Le charme nonchalant de ses ruelles et l'Arno qui coule en son milieu donnent envie de prolonger la halte, d'autant que les bonnes adresses ne manquent pas. En outre, hors des sentiers battus, la campagne environnante est ponctuée de bourgs au charme discret comme San Miniato, longtemps tiraillés entre Pise et Florence.*

BUDGET	€€
CULTURE	★★★☆
CUISINE	★★★☆
SHOPPING	★★☆☆
VIE NOCTURNE	★☆☆☆

SE REPÉRER

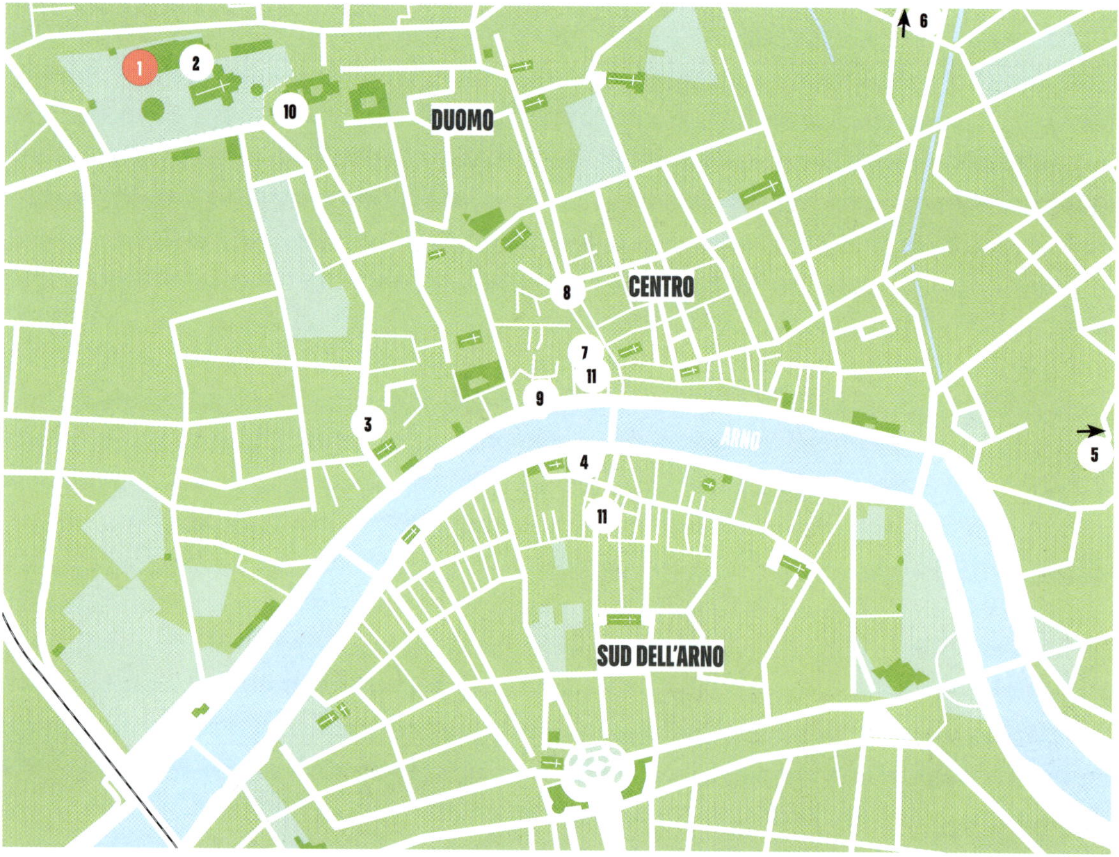

DÉCOUVRIR

SE PROMENER SEUL LE SOIR SUR LA PIAZZA DEI MIRACOLI
pour un tête-à-tête avec la célèbre tour !

On le sait, vous êtes venu pour elle et la voilà ! La tour de Pise est sans conteste l'un des plus célèbres édifices au monde. Entamée en 1173, elle fut achevée en 1370. Mais, au fait, pourquoi penche-t-elle ? Rien de mystérieux à cela : la proximité de deux nappes phréatiques causa, dès sa construction, un sérieux effondrement du terrain, que dix ans de travaux ont néanmoins réussi à bloquer... pour les prochains 300 ans. Si la « *torre pendente* » attirera immédiatement votre regard, ne négligez pas l'admirable ensemble architectural dont elle fait partie, surgissant sur la pelouse de la piazza dei Miracoli. En effet, sur ce « champ des miracles » furent également érigés, le Duomo, le Battistero et le Camposanto, ainsi que deux musées. Un ensemble patrimonial exceptionnel donc... encore plus beau le soir quand les touristes d'un jour sont partis.

BON À SAVOIR : si quitter Pise sans avoir grimpé à son sommet vous paraît ue hérésie, prévoyez 20 € (un peu cher !), réservation obligatoire. • opapisa.it •

LA TOUR DE PISE

Depuis longtemps, les redresseurs de tours cogitent sur les solutions pour éviter son inexorable chute. Parmi les dizaines de projets présentés, les plus fantaisistes proposèrent une gigantesque bouteille de Coca-Cola® pour servir de tuteur ou envisagèrent d'y installer une rampe de lancement de fusées. Plus sérieusement, des ingénieurs écolos préféreraient planter des séquoias tout autour pour retenir la terre. Les tenants de la technique d'Abou Simbel l'auraient découpée pour la remonter plus loin... Bref, en 1992, des travaux titanesques ont été entrepris pour cercler la tour avec des câbles d'acier et ainsi empêcher les pierres de jouer. Puis une ceinture de béton a été coulée à la base pour la renforcer, et un contrepoids de 750 t de plomb a progressivement redressé les 15 000 t de pierres du colosse. Un tour de force qui offre à la tour un répit de trois siècles selon les experts. Les Pisans ont donc de la marge avant que le ciel ne leur tombe sur la tête.

TOUJOURS SUR LA PIAZZA DEI MIRACOLI, ENTRER DANS LE DUOMO

cathédrale qui résume à elle seule tout l'art roman pisan

2

La cathédrale romane, commencée en 1063 et achevée au XIIIe s, offre des proportions fort harmonieuses. Sa façade fut abondamment copiée à l'époque, car ses architectes y avaient caché une astuce technique et architecturale : des rangées d'arcades, détachées de la paroi, lui donnant rythme et profondeur. À l'intérieur, on remarque là encore l'harmonie de cet ensemble tout en rythme, porté par la répétition des arcades et la polychromie de la pierre. Puis on admire le chef-d'œuvre du Duomo, la chaire, et son exubérance de style avec ses colonnes corinthiennes s'appuyant sur des lions et supportant des scènes du Nouveau Testament. Ne manquez pas, à côté, la « lampe de Galilée », dont le balancement régulier, bien que diminuant, durait toujours un temps égal.

BON À SAVOIR : l'entrée au Duomo est gratuite, mais il faut d'abord passer à la billetterie pour obtenir un ticket (nombre limité), sauf si vous avez acheté un forfait pour visiter d'autres sites du Campo.

S'AVENTURER DANS LES RUES ET RUELLES DE PISE

à la découverte de ses places et de ses églises pleines de charme

3

Depuis la piazza dei Miracoli, emprunter la via Santa Maria, artère principale de la ville, bordée d'élégants palais, pour la plupart occupés par des départements de l'université. Détailler les façades pour repérer les détails insolites. Notamment autour de l'église San Nicola, remarquer comme tous les édifices ont été curieusement triturés, retouchés, rafistolés. L'église elle-même présente un patchwork de modifications apportées au fil des siècles. Tour octogonale ajourée de fines colonnettes et légèrement penchée (c'est une manie !). Sur la gauche, la via dei Mille vous mènera à la piazza dei Cavalieri, l'une des plus remarquables places de Pise. De très beaux palais l'entourent ; parmi eux, le palazzo dei Cavalieri, du XVIe s et décoré par Giorgio Vasari, qui abrite la prestigieuse Scuola Normale Superiore, « succursale » de l'École normale supérieure de Paris fondée par Napoléon. En face, le palazzo dell'Orologio relie deux anciennes tours médiévales par un passage voûté.

BON À SAVOIR : calme et particulièrement romantique la nuit, la place des Cavaliers était le centre de la vie politique de Pise au Moyen Âge.

S'ÉLOIGNER DES SENTIERS TOURISTIQUES ET PASSER SUR LA RIVE GAUCHE DE L'ARNO

en empruntant le plus vieux pont de la ville

4

Cette rive offre moins de prestigieux monuments que sa voisine, mais on peut y faire d'agréables balades dans des quartiers peu touristiques, et visiter de jolies églises. Il vous faudra traverser par le ponte di Mezzo, le plus ancien de Pise. Là, le palazzo Gambacorti dévoile, côté quai, une façade de style gothique, bel assemblage de grès vert de toutes nuances, pierre blanche, grise et jolies baies gothiques. Son voisin le palazzo Blu, peint en bleu, est aujourd'hui dédié aux arts, à la culture et aux sciences. Puis, le corso Italia déroule son élégante voie commerçante piétonne.

DÉCOUVRIR QUE LA CAMPAGNE PISANE RECÈLE DES TRÉSORS, COMME LA CHARTREUSE DE PISE

l'un des plus grands ensembles monastiques d'Italie

5

Si la Toscane « mythique » se situe plutôt dans l'arrière-pays autour de Florence et de Sienne, la campagne pisane recèle aussi des sites charmants, injustement négligés par beaucoup de voyageurs. Parmi eux, la certosa di Pisa, située à environ 13 km de Pise, en pleine verdure, près du village de Calci. Il s'agit d'un des plus grands ensembles monastiques d'Italie, fondé en 1366. Agrandie et embellie jusqu'au XVIIIe s, la chartreuse compte une église, recouverte de fresques des XVIIe et XVIIIe s, et une enfilade de 15 chapelles, toutes richement décorées de scènes religieuses. Vient ensuite le cloître, avec fontaine et cimetière en son centre. Tout autour, les cellules des moines, comprenant jardin, puits, atelier, pièce à vivre, chambre et coin pour les ablutions. La visite se poursuit par le petit cloître, la chapelle et le réfectoire. Puis on rejoint les appartements luxueux destinés aux hôtes prestigieux, avant de découvrir la superbe pharmacie. Une autre partie des bâtiments est occupée par un spectaculaire musée d'histoire naturelle, qui mérite lui aussi la visite !

BON À SAVOIR : liaisons régulières en bus depuis Pise (30 mn de trajet).

FAIRE UN SAUT À LUCCA

en prenant le premier train

6

Entourée de plusieurs kilomètres de murailles et de bastions de brique rouge du XVIIe s, Lucca a conservé sa structure romano-médiévale, ses placettes et ses rues piétonnes, à l'ombre de ses vieilles églises, de belles demeures et de tours verdoyantes au faîte desquelles des jardins suspendus étaient aménagés.

BON À SAVOIR : compter à peine 1/2h de Pise en train.

LE VIN DE TOSCANE

Symbole du renouveau des vins italiens, la Toscane est aujourd'hui l'une des régions productrices les plus dynamiques du pays. Elle a beau fournir moins de 5 % de la production nationale, près de la moitié de celle-ci correspond à des appellations d'origine contrôlée (DOC et DOCG pour les connaisseurs). Le premier d'entre eux est le chianti, qui couvre un large territoire entre Florence et Sienne. Un autre vin rouge fait la renommée de la Toscane, le nobile di Montepulciano, un vin de garde plutôt généreux en bouche, souvent très puissant. Privilégier la *riserva* (3 ans de vieillissement). Le brunello di Montalcino est un autre « vin star » toscan. Il s'agit d'un vin de grande garde, qui peut vieillir sans problème 25 ans avant d'atteindre son acmé. Une véritable merveille !

Restaurant la Grotta

SAVOURER

PLONGER DANS L'ATMOSPHÈRE POPULAIRE DU MARCHÉ DE LA PIAZZA DELLE VETTOVAGLIE
et déguster les spécialités du terroir

7

Le quartier situé à la gauche de la via San Frediano nous plonge dans une atmosphère bien vivante. La piazza delle Vettovaglie constitue le cœur de ce Pise populaire : c'est ici qu'au XVIe s fut instauré le marché à blé, aujourd'hui marché tout court. C'est un endroit très animé, où locaux et étudiants se rendent le jour pour faire leurs achats, et, à l'heure de l'*aperitivo* (jusque tard !), pour boire un verre accompagné d'un *spuntino* dans les quelques bars entourant la place. N'oubliez pas qu'en Toscane se nourrir est tout un art : dégustez les spécialités du terroir comme les *pici,* sorte de spaghettis, les *zuppe* aux poissons, et l'incontournable *bruschetta* à l'huile d'olive délicieuse... Côté vins, vous aurez l'embarras du choix, entre les nombreux chiantis, et les sublimes vino nobile de Montepulciano, brunello de Montalcino...

GOÛTER À LA *CECINA*, UNE SPÉCIALITÉ LOCALE
dans l'une des plus anciennes et meilleures pizzerias de la ville

8

Non loin de la piazza dei Cavalieri, à l'ombre de la torre del Campano, la pizzeria *Il Montino* confectionne parmi les meilleures pizzas de la ville. À pâte épaisse, elles sont généreusement garnies. Vous goûterez aussi à la spécialité de Pise : la *cecina*, une galette fine et croustillante à base de farine de pois chiches, servie assaisonnée de sel et de poivre, et c'est tout. *Il Montino* est un endroit populaire, dont la terrasse de poche est souvent prise d'assaut.

SORTIR

S'INCLINER DEVANT LES GLACES ARTISANALES proposées par *De Coltelli*

9

Sur le Lungarno Pacinotti, se tient *De Coltelli,* un glacier haut de gamme. Ne vous fiez pas à l'apparence simple et modeste, il a gagné de nombreux prix. *Granite, gelati* et tutti quanti, évidemment *home made,* tout est bio, tout est bon. On s'incline devant le sorbet menthe-citron (normal, on est à Pise...). La maison fait l'éloge de l'inventeur de la glace, Francesco Procopio De'Coltelli, dont le propriétaire actuel serait le descendant ! Né en Sicile, passé par Pise dans la seconde moitié du XVIIe s et émigré en France, Procopio créa à Paris le premier café d'Europe, le célèbre café *Le Procope*...

BON À SAVOIR : *La Bottega del Gelato,* sur la piazza Garibaldi, est aussi très réputée. Parmi les parfums vedettes : *fragola,* yaourt, *zabaione, cioccolato fondante* (vegan et à faire fondre !)...

PRENDRE UN PEU DE HAUTEUR ET CONTEMPLER LA TOUR... ... en sirotant tranquillement un verre

10

Pas besoin de payer l'entrée du Museo dell'Opera del Duomo (même si ce serait dommage de se priver d'une si belle visite) pour accéder à son café, une véritable pépite ! Planqué à l'étage, donnant sur la galerie qui surplombe le cloître, sa terrasse à l'écart de la foule profite sans doute de la plus jolie vue sur la tour penchée, juste en face. Superbe ! On peut même y grignoter sur le pouce.

BON À SAVOIR : ouvert aux mêmes horaires que le musée.

SUIVRE LES ÉTUDIANTS DE LA VILLE (PRÈS D'UN HABITANT SUR QUATRE !) pour dénicher les lieux qui bougent

11

Dans cette ville universitaire, l'une des premières en Europe, l'animation bat son plein en soirée. Rive droite, les tables du *Deviribe* et du *Violin* envahissent une bonne partie de la piazza delle Vettovaglie. Les amateurs de bières se retrouvent à l'*Orzo Bruno,* à deux pas, tandis que la *Chupiteria* attire les jeunes avec ses shots alcoolisés et colorés. On aime beaucoup la *Gallina Nera,* un bar à vins au top où l'on vient autant pour les vins que pour la cuisine. Rive gauche, vers la piazza Gambacorti, on apprécie l'accueillant *Mocambo,* à l'ambiance feutrée. Sans oublier *Arno Vivo* et *Argini e Argini,* installés de juin à octobre sur les rives de l'Arno.

AGENDA DES FÊTES, FESTIVALS ET ÉVÉNEMENTS

JUIN : Giugno Pisano

Le mois de juin est festif, tout particulièrement lorsque la régate des anciennes républiques maritimes a lieu à Pise (tous les 4 ans, en alternance avec les trois autres villes) : défilé où les anciennes républiques maritimes sont représentées (Amalfi, Gênes, Pise et Venise) avant de s'affronter sur l'Arno. Également, la Luminara de San Ranieri : à la tombée de la nuit, des milliers de bougies illuminent les palais, les murs et les églises des rives de l'Arno. Le même soir, la tour et l'enceinte de la piazza dei Miracoli sont également mises en lumière... la ville retrouve pour un temps sa splendeur passée... Puis vient la Festa di San Ranieri, qui voit s'affronter les quatre quartiers historiques de la ville sur la rivière Arno. Le Gioco del Ponte, le dernier samedi de juin, conclut ce mois de festivités. La fête commence par une parade militaire costumée du XVIe s composée de plus de 700 figurants. Elle précède les jeux mettant aux prises deux groupes qui, selon des règles bien définies, vont s'affronter pour la conquête du Ponte di Mezzo. Tous les renseignements sur • giugnopisano.com •

FIN JUIN-DÉBUT JUILLET : Musica sotto la Torre

Pendant 15 jours. Festival de musique jazz et classique qui se déroule dans le cloître du museo dell'Opera del Duomo, face à la tour. Infos sur • opapisa.it •

SEPTEMBRE : Festival de musique sacrée Anima Mundi

La 2de quinzaine. Rassemble de grands ensembles. • opapisa.it •

Les bords de l'Arno

PORTO

2H05
AU DÉPART
DE PARIS

Au Portugal, on a l'habitude de dire « Lisbonne s'amuse et Porto travaille ». *Il est vrai que la deuxième ville du Portugal a l'abord moins nonchalant que Lisbonne, mais il ne faut pas se fier aux apparences. Il y a ici une multitude de choses à voir et à faire. Descendez sur la rive du Douro, qui longe la ville, et observez le magnifique spectacle qui s'offre à vous : le centre historique très coloré de Porto, classé au Patrimoine mondial de l'Unesco, s'étage sur les flancs escarpés du fleuve, veiné de ruelles pittoresques et coiffé de sa cathédrale. Et n'oubliez pas de vous rendre sur la rive opposée du Douro, à Vila Nova da Gaia, pour goûter au... porto évidemment ! Au milieu de tout cela, les Portuans gardent leur chaleur et leur bonne humeur naturelles, et donnent vie à cette cité active et commerçante.*

BUDGET	€€
CULTURE	★★★☆
CUISINE	★★★☆
SHOPPING	★★☆☆
VIE NOCTURNE	★★★☆

SE REPÉRER

DÉCOUVRIR

ARPENTER LES RUELLES PAVÉES ET PENTUES DE LA RIBEIRA
le noyau originel de Porto, cœur historique de la ville

1

C'est donc du Douro, en partant des quais du quartier de la Ribeira, qu'il faut découvrir cette ville attachante et pleine de couleurs. Il faut se perdre au hasard des ruelles d'un autre âge, volées d'escaliers, passages voûtés autour desquels s'ordonne avec peine l'entassement indescriptible des maisons contre la falaise. Incroyablement coloré, comme l'Alfama à Lisbonne. Ici on voit le Porto populaire, où la mémoire maritime de la ville semble presque palpable. Ce centre historique connaît depuis quelques années un véritable renouveau : ses bâtisses délabrées ont été peu à peu restaurées et nombre d'entre elles sont transformées en logements touristiques. La promenade vaut le coup ! Lorsque vos jambes n'en pourront plus, grimpez à bord d'un tramway tout droit sorti des Années folles : il possède 3 lignes (la n° 1 donne un bon aperçu de la ville, et la n° 22 traverse des rues commerçantes et pentues).

BON À SAVOIR : Si certains axes sont aujourd'hui véritablement touristiques, d'autres quartiers restent dans leurs jus. L'authenticité est toujours présente ! • portotramcitytour.pt •

ADMIRER LES AZULEJOS DU GRAND HALL DE LA GARE DE SÃO BENTO
un véritable chef-d'œuvre

2

Construite sur le site de l'ancien couvent de São Bento de Avé Maria (d'où son nom), cette belle gare possède une salle des pas perdus qui est un chef-d'œuvre de l'art de l'azulejo. On la doit au peintre Jorge Colaço, auquel il fallut 15 ans pour accomplir ce magnifique travail. On peut y admirer d'immenses fresques qui retracent des scènes de la vie populaire ou les grandes périodes de l'histoire portugaise du XIIe au XVe s, comme la prise de Ceuta en 1415. Belle frise en couleurs sur l'évolution des moyens de transport à Porto, de l'époque romaine jusqu'à l'arrivée du train. Une anecdote : construisant sa gare comme un monument, l'architecte en négligea le côté pratique et utile, et oublia... les guichets de vente ! Pour une gare, c'est assez embêtant...

BON À SAVOIR : il est plus agréable de la visiter en fin de journée.

PÉNÉTRER DANS LE « TEMPLE DE LA LITTÉRATURE » QU'EST LA LIBRAIRIE LELLO E IRMÃO
probablement l'une des plus belles librairies au monde

3

Incroyable et magnifique librairie fondée en 1869 par une famille de libraires-éditeurs. On ne peut qu'admirer sa façade blanche de style moderniste et néogothique, et son intérieur digne d'un monument historique. À l'intérieur, un escalier en bois à double circonvolution rappelle celui des vaisseaux des grandes découvertes maritimes. Ses rayonnages de bois finement sculptés grimpent jusqu'aux plafonds, eux aussi en bois sculpté. Jamais l'univers des livres n'a reçu un tel cadre digne d'un temple de la littérature ! C'est devenu une vraie attraction touristique parce qu'elle aurait inspiré (même si l'auteur le réfute), la mirifique bibliothèque de Poudlard dans Harry Potter.

BON À SAVOIR : on doit payer un droit d'entrée de 5 €, mais ce montant est remboursé si le visiteur achète un ouvrage.

FAIRE LA TOURNÉE DES ÉGLISES BAROQUES
comme l'église São Francisco, l'exemple le plus exubérant qui soit du baroque portugais

4

Le style baroque est né en Italie au XVIIIe s en réaction à l'austérité de la Réforme (protestantisme). À Porto, le baroque a été accepté et intégré avec bonheur dans des églises comme São Francisco où l'intérieur, très richement décoré, consiste en une boulimie de courbes, une explosion végétale qui envahit les murs, des piliers et des voûtes dorées, avec un magnifique arbre de Jessé d'inspiration biblique. Dans l'église Dos Clérigos (coiffée de la plus haute tour du pays), l'architecte italien Nasoni a conçu une coupole étonnante et des loges très théâtrales. À Santa Clara, on découvre la technique de la *talha dourada*, un mode ancien de sculpture baroque où chaque centimètre est finement sculpté et doré.

BON À SAVOIR : très beau point de vue sur la ville du sommet de la tour de l'église Dos Clérigos. Visiter l'intérieur du palácio da Bolsa (palais de la Bourse) à deux pas de l'église São Francisco pour découvrir son architecture admirable qui mélange plusieurs styles (baroque, Renaissance, mauresque).

SAVOURER

DÉCOUVRIR LE PORTO MODERNE, DESIGN ET AVANT-GARDISTE

en visitant la *Fundaçao* Serralves ou la Casa da Música

5

Il est temps de chasser les préjugés : Porto n'est plus une ville démodée, passéiste et laborieuse. C'est aussi une ville d'artistes et de créateurs comme le montre l'architecture ultramoderne de la fondation Serralves. Son architecte, Álvaro Siza, a reçu le prix Pritzker, une des plus hautes distinctions dans ce domaine en 1992, pour cet espace ultramoderne et spacieux. Voir aussi la très originale Casa da Música, œuvre du Hollandais Rem Koolhaas, un bloc de béton allié à 40 t de verre. Elle accueille l'orchestre symphonique de Porto, et des concerts de musique classique ou de jazz y sont parfois donnés.

BON À SAVOIR : elle a été construite à l'occasion de l'élection de Porto en tant que capitale européenne de la culture en 2001.

SE BAIGNER OU MANGER DU POISSON À MATOSINHOS

le quartier maritime, balnéaire et portuaire de Porto, à seulement 13 km à l'ouest

6

Pour la baignade, choisir la plage. Pour admirer les cargos et les grues, aller plus au nord. C'est autour de l'avenida Serpa Pinto et de sa parallèle, la rua Heróis de França, secteur des poissonneries et des pêcheries, que l'on déguste les meilleurs poissons dans l'un des petits restos où les grillades se font sur le trottoir dans des nuages de fumée.

BON À SAVOIR : on peut s'y rendre en bus (n° 500, durée : 30-40 mn) ou en métro (ligne A), ou encore en voiture par la route de la corniche qui longe l'embouchure du Douro.

7

REJOINDRE EN TRAIN OU EN BATEAU LES MAGNIFIQUES PAYSAGES DE LA VALLÉE DU HAUT-DOURO

où se trouvent les vignobles du fameux nectar portugais !

À Porto, ne cherchez pas les vignes, elles s'étagent harmonieusement à une centaine de kilomètres plus à l'est pour constituer les paysages enchanteurs de la vallée du Haut-Douro. Depuis 2 000 ans, la vigne pousse dans cette vallée pentue, possédant un sol et un climat qui confèrent au porto des qualités uniques. Son climat exceptionnel, les hivers doux, les étés très chauds, les sols de schiste, le savoir-faire ancestral des vignerons, génèrent chaque année depuis des siècles les remarquables vins de Porto, mondialement connus. L'implantation des vignes en terrasses fait la splendeur du paysage : un vrai travail d'orfèvre qui a d'ailleurs valu à la région d'être classée au Patrimoine mondial de l'Unesco. Un lieu à découvrir depuis Porto en bateau, en train ou en voiture. Une chouette balade en perspective !

BON À SAVOIR : 5 trains/j. pour Pinhão depuis la gare de Campanhã. À Porto, on peut visiter l'Institut des vins de Porto, qui se charge de contrôler la qualité et la quantité des vins de Porto, ainsi que le respect des appellations du vignoble.

SE PAYER UNE AUTHENTIQUE TRANCHE DE VIE

en allant déjeuner dans l'un des restos du marché Bolhão

8

L'exubérant marché Bolhão, avec ses étals multicolores débordant de nourriture et de fleurs, est un endroit vivant, coloré, presque dépaysant. À l'intérieur, on trouve deux petits établissements où l'on peut déjeuner le midi. Un modeste comptoir à l'intérieur et des terrasses toutes simples accueillent un mélange d'habitués, de commerçants du marché et de voyageurs au parfum. On y déguste, selon l'ardoise du jour, des sardines accompagnées de riz aux *feijao*, tripes, morue, calamars, petites pièces de viande ou des soupes accompagnées de pain de maïs rustique, d'un demi de sangria ou de vin. Accueil et service sans façon.

BON À SAVOIR : fermé pour travaux, il est temporairement situé à deux pas, rua Fernandes Tomàs, 506-508, pour rénovation.

VISITER LES CAVES ET LES CHAIS DE PORTO À VILA NOVA DE GAIA

et s'initier aux subtilités du divin nectar

9

C'est sur la rive sud du Douro que se trouvent les caves des plus célèbres maisons de vins de Porto. Parmi celles-ci, *Graham's* et *Taylor's* sur le flanc de la colline, *Cálem* et *Sandeman, Ferreira* et *Ramos Pinto*. Les plus anciennes caves datent du XVIIIe s, et renferment des kilomètres de vieux tonneaux où mûrit le précieux nectar. La visite guidée se termine par une dégustation. Elle permet de découvrir et de comprendre l'histoire du porto, les méthodes de viticulture et de vieillissement.

BON À SAVOIR : on atteint ce quartier à pied, en traversant le pont Dom Luís I, qui enjambe le Douro, ou bien en téléphérique, ou même en bateau-taxi. Il est conseillé de réserver.

LE VIN DE PORTO

Le vin de Porto provient de la vallée du Haut-Douro, à une centaine de kilomètres à l'est de la ville, qui lui a donné son nom. Là, sur environ 240 000 ha (avec une vingtaine de cépages cultivés, rouges et blancs), seuls 26 000 ha sont autorisés à produire du porto. La naissance du doux breuvage commence dans l'euphorie des vendanges. Le jus extrait des raisins passe par la fermentation, qui est rapidement arrêtée par l'adjonction d'un cinquième d'eau-de-vie au volume global (mutage). Le taux d'alcool se situe alors de 19 à 22°. Viennent ensuite le décuvage et le transfert du porto, dûment accompagné de son certificat d'authenticité, à Vila Nova de Gaia, où se trouve la zone des chais, extension exceptionnelle de la région d'appellation contrôlée. C'est là que, paisiblement, solennellement, certains vins pourront atteindre la véritable perfection.

Église do Carmo

MORUE OU CABILLAUD ?

Séchée ou salée, la morue (*bacalhau*) ou cabillaud séché (c'est le même poisson) est incontestablement l'emblème de la cuisine portugaise. On dit qu'il y a 365 manières de la préparer, pour varier chaque jour les plaisirs ! Après les avoir toutes testées, on est reçu au « bacalhauréat » lusitanien ! Les préparations les plus répandues sont : *bacalhau cozido* (bouilli), *assado* (rôti), *assado na brasa* (à la braise), *com nata* (à la crème), *à brás* (délicieuse « morue parmentière », à base d'oignons, de pommes de terre finement coupées, d'œufs brouillés, d'olives noires, de persil) et *a gomes de sá* (morue, pommes de terre, oignons, huile, ail, olives noires, lait, œufs durs, cuit au four).

SORTIR

PASSER UN MOMENT AU *GALERIA DE PARIS*

un merveilleux bistrot à l'ambiance nostalgique

10

Cette rue abrite quelques salons de thé, bars et bistrots très animés en fin d'après-midi et le soir. Parmi eux, ce bar, qui nous fait pénétrer dans une sorte de cabinet de curiosités. Extérieur avec des stores verts, terrasse sur le trottoir, et intérieur original où les murs sont couverts de vitrines remplies du plus grand bric-à-brac (bien rangé) de Porto. On y trouve des jouets d'enfants, des petites voitures, des soldats, de la vaisselle, des appareils photo, des transistors... le tout, des années 1950-1960 bien sûr ! On y déguste à toute heure des tartes et des gâteaux faits maison, accompagnés de boissons artisanales (limonades, thés glacés).

BON À SAVOIR : situé dans la rua da Galeria de Paris, une rue réputée pour sa vie nocturne !

REMONTER LE TEMPS AU *MAJESTIC*

le café le plus célèbre de la ville

11

Œuvre de l'architecte João Queiros, superbe décoration néoclassique d'époque 1920. Une partie de l'histoire de la ville s'est écrite au *Majestic*. Les intellectuels se réunissaient ici. Sous Salazar, républicains et libéraux y cohabitaient même ! Aujourd'hui, des serveurs en costume noir et blanc s'agitent dans cette vénérable salle où les meilleures places sont les banquettes en vieux cuir gravé, le long des murs. En été, un pianiste d'ambiance joue en journée des airs mélancoliques, laissant place à des concerts de fado certains week-ends. Le café faillit à plusieurs reprises être transformé en banque : des pétitions l'en sauvèrent.

BON À SAVOIR : c'est le café le plus célèbre de la ville, et ça se voit sur l'addition ! • cafemajestic.com •

SHOPPING

S'APPROVISIONNER À LA BELLE BOUTIQUE-ÉPICERIE *COMER E CHORAR POR MAIS*

véritable caverne d'Ali Baba de produits régionaux

12

Les rues autour du marché Bolhão cachent plusieurs boutique-épicerie où trouver ce qu'il faut pour se préparer un pique-nique de roi ou tout simplement pour faire ses emplettes. Parmi celles-ci, *Comer e Chorar por Mais*, à la belle façade Art déco comblera les gourmands. On y trouve d'excellents produits locaux provenant de petits producteurs : jambon *serrano* et charcuterie variée sous vide (bien pratique pour rapporter), grand choix de fromages, de confitures, de pains, de vins et d'alcools... à prix raisonnables. Accueil souriant.

BON À SAVOIR : rua Formosa, 300 ; tlj sauf dim 9h-19h30 (19h sam). Les gourmands se rendront aussi sous la belle et grande halle du marché Bolhão.

AGENDA DES FÊTES, FESTIVALS ET ÉVÉNEMENTS

FIN FÉV-DÉBUT MARS : Fantasporto

Pendant 15 jours. Le festival international de cinéma de Porto. Au départ consacré à l'imaginaire, au fantastique et à la fiction scientifique, ce festival, créé en 1980, s'est ouvert à tous les genres. Des films en compétition et hors compétition venus du Portugal ou du monde entier, des courts comme des longs métrages. Le « siège » du festival n'est autre que le théâtre Rivoli. • fantasporto.com •

JUIN : fêtes de São João

Pendant tout le mois de juin. Ce serait la fête la plus joyeuse de l'année, dit-on, et propice à l'amour ! Avec les grands bals et les feux d'artifice de la nuit de la Saint-Jean le 23 juin et le 24 juin, souvent, on se repose... À Porto, dans les quartiers populaires, c'est la folie. Vous vous faites « assommer » avec des maillets en plastique, on vous passe sous le nez toutes sortes d'herbes, ail, lavande, etc. Un défilé très typique relie la praça Batalha à l'hôtel de ville : chaque quartier est représenté et tous y participent, les djeun's comme les seniors.

AOÛT : les Romarias

Les Romarias figurent parmi les manifestations les plus typiques du Portugal. Il s'agit en fait de processions religieuses, avec fêtes en série qui célèbrent le saint de la ville. Les habitants vêtus de costumes en papier défilent pour aller ensuite prendre un bain de mer « spirituel » *(banho santo)*. Toutes ces manifestations s'accompagnent de rites et de coutumes spécifiques à la ville. Le soir, en revanche, on célèbre plutôt Bacchus et tous les dieux de la bonne chère !

SEPTEMBRE

Pas un dimanche de septembre ne se passe sans qu'il y ait une fête religieuse dans les quartiers populaires (Bonfim, Campanhã, Lordelo do Ouro ou la Ribeira) !

Tramway et église de Terceiro do Carmo

PRAGUE

1H35
AU DÉPART
DE PARIS

BUDGET	€€
CULTURE	★★★★
CUISINE	★★
SHOPPING	★★
VIE NOCTURNE	★★★

La cité aux 100 clochers est aujourd'hui l'une des plus belles villes du monde et l'une des merveilles d'Europe. *Elle transporte celui qui la découvre dans un envoûtement romantique. Blottie dans les méandres de la Vltava, tour à tour ville royale, cité impériale, bourgade provinciale assoupie puis capitale renaissante d'un État moderne, Prague s'est façonné une image de mère des villes, accumulant en strates successives un patrimoine architectural et artistique incomparable, qui, par chance, n'eut pas à souffrir des guerres. Ce n'est d'ailleurs pas pour rien que tout le centre de la ville est inscrit au Patrimoine mondial de l'Unesco ! Prague, qui sut accueillir si chaleureusement Mozart, saura vous ajouter à sa liste infinie d'admirateurs à vie…*

SE REPÉRER

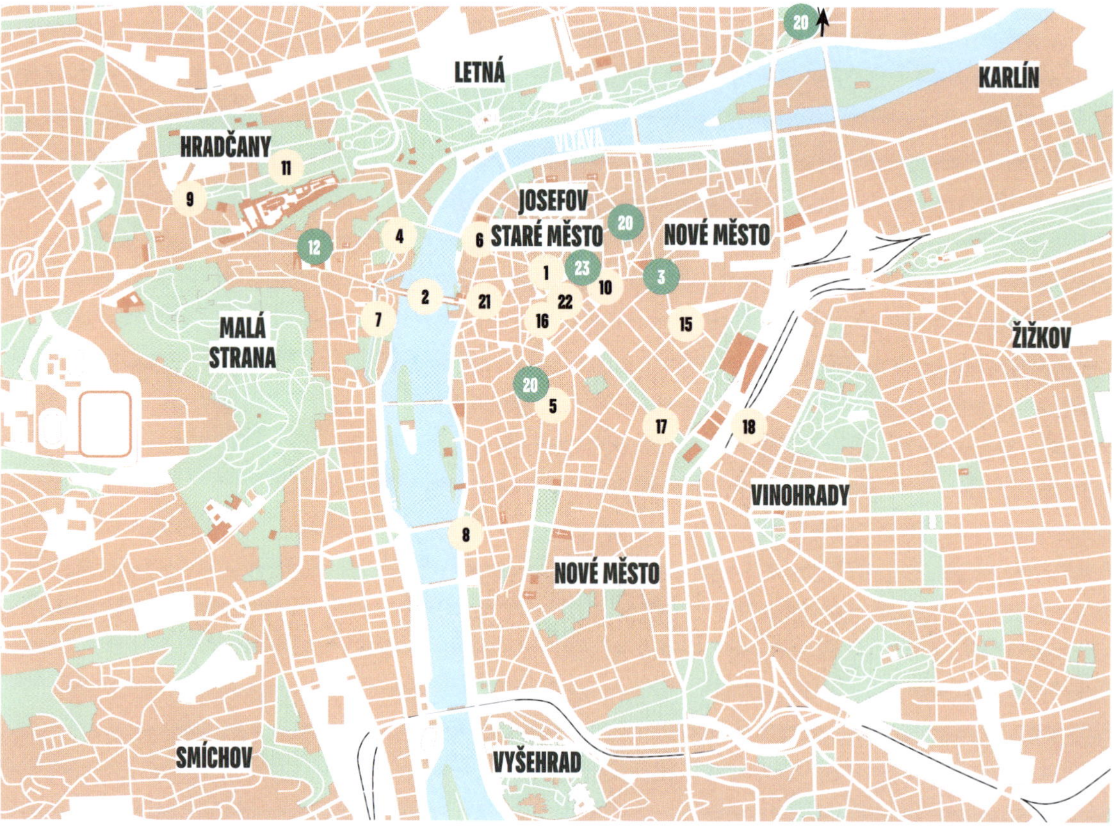

Pont Charles

DÉCOUVRIR

S'IMPRÉGNER DE LA BEAUTÉ DE LA PLACE DE LA VIEILLE-VILLE (STAROMĚSTSKÉ NÁMĚSTÍ)

théâtre des grands moments de l'Histoire

1

C'est le cœur de la cité et la scène des grandes turbulences du passé : décapitation des principaux responsables de l'insurrection contre les Habsbourg en 1621, discours de Klement Gottwald annonçant la victoire des travailleurs en 1948 (le célèbre « coup de Prague ») et proclamation en 1990 par Václav Havel du retour de la démocratie. Ce fabuleux décor, constitué de maisons aux styles composites, dominées par les tours de Notre-Dame-de-Týn et de l'hôtel de ville, est le parfait reflet de la grande diversité architecturale de la ville. L'été, la place se couvre de terrasses accueillantes et s'égaie d'ensembles musicaux ou de solistes qui s'y produisent dans une joyeuse cacophonie

BON À SAVOIR : c'est le soir venu, quand l'éclairage parcimonieux d'antiques réverbères sublime les folies architecturales du vieux Prague, que la ville recouvre son atmosphère mystérieuse et romantique...

DÉAMBULER SUR LE PONT CHARLES AU POINT DU JOUR

et l'avoir pour soi... presque tout seul

2

L'un des emblèmes de Prague. Même si on l'a souvent vu en photo avec ses statues, on est chaque fois ébahis devant sa noblesse. Érigé au XIVe s, ce pont piéton relie la vieille ville à Malá Strana en franchissant la Vltava sur une longueur de 500 m. Rançon de la gloire, il est envahi dans la journée par les brosseurs de profil, peintres du dimanche, marionnettistes ou gratteurs de guitare... Un conseil, y aller au lever du soleil pour profiter d'une douce lumière. Et c'est encore mieux en soirée, avec la silhouette du château et les tours de la cathédrale qui se profilent en arrière-plan : sublime !

BON À SAVOIR : n'oubliez pas ensuite de visiter les deux tours qui le bordent.

3

VISITER LA MAISON MUNICIPALE

temple de l'Art nouveau mâtiné d'influences néobaroques ou néo-Renaissance

En façade ou à l'intérieur, ce ne sont que stucs, marbres, fers forgés, sculptures lampadaires, statues, vitraux et mosaïques délicates. Admirer la salle Smetana avec ses fresques allégoriques, mais aussi la salle du Maire, décorée par Mucha, et son balcon, d'où fut proclamée l'indépendance de la République tchécoslovaque en 1918. En partant, jetez un œil au très sélect restaurant avec sa pendule et ses luminaires.

BON À SAVOIR : les salles de l'étage ne sont accessibles que dans le cadre de la visite guidée.

MARCHER SUR LES PAS DE FRANZ KAFKA

4

Depuis sa maison natale, située dans la vieille ville, jusqu'au musée qui lui est consacré à Malá Strana, habillé de noir comme il se doit, en passant par *Metamorphosis,* la tête monumentale de Kafka signée David Černý. Sans oublier de se replonger dans les écrits de l'auteur du *Procés* et du *Château,* annonciateurs du nazisme. Une œuvre qui n'aurait jamais dû être publiée, mais qui fait désormais l'objet d'un engouement, voire d'un culte. Noir, c'est noir !

BON À SAVOIR : pour compléter la visite, il faut aller se recueillir sur sa tombe au nouveau cimetière juif de Žižkov.

DÉCOUVRIR LE PRAGUE HUMORISTIQUE ET PROVOCATEUR

du sculpteur David Černý

5

De saint Venceslas, assis sur le ventre de son cheval renversé, dans le passage Lucerna, aux bébés posés à quatre pattes à l'extérieur du musée Kampa ou grimpant la tour de la Télévision, en passant par la statue en résine de Sigmund Freud (né en Moravie) suspendue par un bras à un mât, rue Husova dans la vieille ville ou encore la sublime tête de Kafka en perpétuelle métamorphose, les œuvres de Černý font à présent partie intégrante des rues de Prague !

BON À SAVOIR : pour admirer la monumentale tête de Kafka, qui pèse 39 t et fait 11 m de haut, il faut se rendre à la sortie du métro Národní třída.

LE CAS KAFKA

« Kafka était Prague, et Prague était Kafka », a-t-on pu écrire. Enfant chétif, né en 1883, Kafka concentra toutes les contradictions de la ville et de son époque : juif en milieu majoritairement chrétien, intellectuel dans une famille qui ne l'était pas, écrivant en allemand au moment de la montée des aspirations nationales tchèques, travaillant dans une compagnie d'assurances qui l'empêchait de s'épanouir... Carrière, santé, mariage, la malchance le suivit partout. Ses œuvres ? Il brûla ses premiers brouillons, les jugeant trop ampoulés. Mais il ne put s'empêcher d'écrire, comme pour expier sa « faute », sa « plaie dont celle des poumons n'était que le symbole ». Bonjour l'angoisse ! Celle-ci ne le quitta plus. Tous les ingrédients étaient réunis pour réaliser une œuvre sombre, pessimiste, inachevée. Il mourut en 1924 de la tuberculose, près de Vienne. Pour en savoir plus, ne pas manquer l'étonnant musée Franz Kafka, qui propose des documents inédits sur l'écrivain. • kafkamuseum.cz •

PARTIR SUR LES TRACES DE LA MÉMOIRE JUIVE
au fil des rues de Josefov et dans l'ancien cimetière de la vieille ville

6

De l'important quartier juif (qui recensa jusqu'à 40 000 habitants), il ne reste que 6 synagogues, l'ancien hôtel de ville et le cimetière. Il s'y concentre pourtant un pouvoir émotionnel et une spiritualité intacts. Dans ce quartier, la quiétude qui règne est presque magique (sauf l'été). Il faut explorer ce petit bout de ville avec humilité et discrétion, « car ici, on passe devant des cendres encore fumantes », comme le dit un habitant. Au-delà de la partie ancienne, en levant le nez, on admire les superbes et parfois délirants édifices Art nouveau du début du XXe s.

BON À SAVOIR : excepté les synagogues Vieille-Nouvelle et de Jérusalem, les différents sites ne se visitent pas indépendamment. Il faut acheter un billet forfaitaire.

GOÛTER AU CALME DE L'ÎLE DE KAMPA
un havre de paix entre la Vltava et le chenal de la Čertovka

7

Au bout du pont Charles, sur la gauche, des escaliers mènent à Na Kampě, une placette d'un charme fou, bordée de nobles demeures anciennes, couvertes de toits de tuiles. L'hiver, c'est l'endroit le plus romantique de la ville. L'été, de petits artisans y assurent une gentille animation. Un bras mort de la Vltava enlace amoureusement l'île, et un beau moulin retapé tourne encore doucement.

BON À SAVOIR : visitez le musée Kampa, centre dédié à l'art contemporain (• museumkampa.cz •), avant d'engloutir une bière dans l'un des bars posés sur le canal.

S'AMUSER DU SPECTACLE INSOLITE DU COUPLE DE LA MAISON DANSANTE DE FRANK O. GEHRY
sur le quai Rašínovo

8

À l'angle du quai Rašínovo nábřeží et du pont Jiráskův, cet édifice étonnant, familièrement surnommé *« Ginger and Fred »,* fut conçu par l'Américain Frank O. Gehry. Il appartenait déjà au XXIe s dès son inauguration, en 1996. Matérialisé par une architecture fluide et résolument moderne, les deux tours de verre et de béton évoqueraient Ginger Rogers et Fred Astaire en train de danser. L'impression de mouvement est rendue par les formes courbes de madame et la disposition irrégulière des fenêtres chez monsieur. Une touche de poésie dans le centre de Prague.

BON À SAVOIR : au 7e étage, le *Ginger & Fred*, un resto très chic, ouvre sa terrasse panoramique aux non-dîneurs tous les jours de 9h à minuit. Conso obligatoire, mais les prix restent assez raisonnables.

UN MUSÉE D'ARCHITECTURE EN PLEIN AIR

Rare ville d'Europe qui témoigne de toutes les périodes de l'histoire, Prague invite à la découverte permanente : elle a bénéficié des influences romanes et germaniques, oscillé entre protestantisme rigoureux et Contre-Réforme baroque, et accueilli les avant-gardes occidentales (Art nouveau, cubisme) autant que celles de Moscou (constructivisme). À chaque strate successive, l'architecte tchèque réinterprète les genres et ajoute une tonalité originale *« made in Bohemia ».* Pour comprendre cet audacieux entassement de styles architecturaux, il suffit d'observer certains bâtiments : les racines sont romanes, le rez-de-chaussée gothique, les étages Renaissance, les frontons baroques ou rococo, et, en dernier lieu, la façade décorée d'ornements Art nouveau. Un vrai mille-feuille !

FLÂNER LE SOIR SUR LA COLLINE DU CHÂTEAU DANS LES RUES PAVÉES DE NOVÝ SVĚT

un quartier qui ressemble à un coin de campagne du XVIIIe s

9

Autour de la délicieuse Nový Svět (« rue du Nouveau-Monde »), la rue la plus secrète du quartier, on se croirait dans un petit village de Bohême du Sud. De nombreuses maisons sont classées Patrimoine national. Perdez-vous au cœur de ces ruelles à flanc de colline, où flotte encore l'ombre de Mozart : c'est un vrai bonheur. Un voyage dans le passé sans avoir besoin d'une machine à remonter le temps !

BON À SAVOIR : ne pas manquer la salle du Trésor de Notre-Dame-de-Lorette qui abrite un magnifique ostensoir serti de 6 222 diamants légués en 1699 au couvent par la comtesse Kolowrat.

PARTIR À LA RECHERCHE DES MAISONS CUBISTES

une curiosité pragoise !

10

Si le cubisme s'est surtout exprimé par la peinture, la sculpture et les arts appliqués, Prague est sans doute un des rares endroits au monde où ce mouvement artistique a été transposé jusque dans l'architecture. Après une formation dans la mouvance Art nouveau à Vienne, Josef Chochol conçoit à Prague plusieurs bâtiments dans ce style cubiste. Ces curieux immeubles sont composés de facettes et d'arêtes, à l'image des cristaux ou des minéraux.

BON À SAVOIR : au bout de la rue Celetná, dans la vieille ville, on peut admirer la maison à la *Vierge noire de Dieu*, l'œuvre d'un autre architecte cubiste, Josef Gočár.

SE PROMENER SUR LA COLLINE DU CHÂTEAU ROYAL

véritable ville dans la ville

11

Hradčany, est le quartier le plus campagnard de la capitale tchèque, tout en hébergeant quantité de palais et de monuments. Au centre de la colline se dresse le château royal, édifié à partir du IXe s. Ses vastes jardins, de style Renaissance italienne, furent aménagés par Ferdinand Ier au milieu du XVe s. Ils offrent l'occasion d'une agréable balade, bucolique et reposante, ponctuée de quelques édifices remarquables. Sans oublier de descendre vers Malá Strana en passant par le petit vignoble de Saint-Venceslas à flanc de colline, probablement le plus vieux de Bohême, qui offre une vue superbe sur Prague, le pont Charles et la rivière.

BON À SAVOIR : comptez une journée bien remplie pour en profiter, le billet est valable 2 jours.

12

PÉNÉTRER DANS L'ÉGLISE SAINT-NICOLAS DE MALÁ STRANA

et découvrir l'un des plus éblouissants manifestes du baroque à Prague

Cet ambitieux ensemble, édifié entre 1673 et 1755 par les Jésuites, est l'œuvre du célèbre Kryštof Dientzenhofer puis de son fils. Malgré sa façade assez quelconque, très large, qui se caractérise essentiellement par son élégante ondulation, Saint-Nicolas est l'un des chefs-d'œuvre du baroque fou qui enflamma les jésuites de la Contre-Réforme. Tout dans la décoration va dans le sens de la richesse, de l'exubérance, de l'excès, parfaite illustration à leurs yeux du triomphe de l'Église catholique sur l'Église réformée. En matière de brillant et de clinquant, Saint-Nicolas est une réussite !

BON À SAVOIR : à la belle saison, concerts fréquents dans l'église, où joua Mozart.

13

FAIRE LA TOURNÉE DES CHÂTEAUX AUTOUR DE PRAGUE

dans un rayon d'une cinquantaine de kilomètres

Autour de Prague, la campagne de Bohème est parsemée de châteaux. De la ruine médiévale à l'édifice rénové au XIXe s, ils ont vécu au rythme des péripéties de l'histoire, et depuis 1990, les anciennes familles propriétaires ont récupéré leurs biens ancestraux. Parmi nos préférés, le château de Český Šternberk, pour son site romantique s'étirant sur une arête rocheuse au-dessus de la rivière Sázava, son environnement naturel et l'histoire de la famille Šternberk, une des plus puissantes de Bohème.

BON À SAVOIR : pour des excursions de ½ journée à 2 jours, consultez la brochure téléchargeable *Excursions à partir de Prague* sur le site • visitczechrepublic.com •

SAVOURER

APPRÉCIER UNE *PIVO* FRAÎCHE ET MOUSSEUSE

dans l'une des innombrables tavernes de Prague

14

En plus d'être une des meilleures du monde, la bière *(pivo)* est très bon marché. On la brasse à Prague depuis le XIe s, et certaines tavernes abreuvent les Pragois depuis les XIVe et XVe s. Les bières tchèques : *Pilsner, Budweiser* (rien à voir avec l'américaine) ou *Staropramen de Smíchov* sont servies dans des bocks de 50 cl, sans oublier la production des innombrables microbrasseries. Dernière venue à Prague : la *Velvet*, une rousse onctueuse, qui porte bien son nom. *Na zdravi*, à votre santé !

BON À SAVOIR : liste complète des microbrasseries tchèques sur le site • pivovary.info •

S'OFFRIR UN DÎNER AUX CHANDELLES DANS LE CHIC RESTAURANT *ZVONICE*

une adresse insolite et romantique, située… dans un clocher !

15

C'est un des restaurants historiques de Prague. Dans la journée la tour Jindřišská se visite. Le soir, par un ascenseur intérieur, on accède au restaurant *Zvonice* situé aux 7e et 8e étages du clocher. Nous préférons ce dernier étage en raison de la grosse cloche Santa Maria qui date de 1518 ! Sous la vieille charpente du clocher, à la lumière de bougies et de lampes en forme de cloches, voici l'endroit idéal pour surprendre et enchanter l'élu(e) de votre cœur. Biche à la sauce aux prunes, ragoût de gibier aux cèpes, côtelettes d'agneau… la cuisine y est raffinée, joliment présentée et variée.

BON À SAVOIR : • restaurantzvonice.cz •

SORTIR

LA BIÈRE TCHÈQUE

« Trésor national », « boisson dorée »... c'est ainsi que les Tchèques désignent leur boisson préférée, qu'elle soit brune, blonde ou blanche. Il existe plus de 470 sortes de bières. Résultat de siècles de perfectionnement et d'amélioration des recettes et procédés de fabrication, elles sont considérées par beaucoup comme les meilleures du monde. Cela explique sans doute que la République tchèque soit le premier pays au monde pour la consommation de bière par habitant (avant l'Allemagne) avec 188 l par an ! La bière est évidemment proposée partout : dans les restaurants, sur les terrasses et dans les clubs. Ce breuvage fait incontestablement partie de l'atmosphère typique des *hospoda,* où il est toujours au centre des rencontres entre amis...

BOIRE UN VERRE D'ABSINTHE DANS UNE VIEILLE TAVERNE
et se sentir comme Rimbaud à Prague !

16

Les poètes maudits Rimbaud et Verlaine en firent l'éloge, Van Gogh et Oscar Wilde en buvaient plus que de raison... Cette boisson romantique et littéraire, surnommée la « fée verte », est très forte en alcool (de 45 à 75°) et se boit (avec modération, bien sûr) servie dans un verre dans lequel on verse de l'eau froide à travers une cuillère perforée portant un morceau de sucre. Parfait pour digérer la roborative cuisine locale !

BON À SAVOIR : se rendre par exemple à l'*Absintherie,* bar et magasin situé Jilská 7. • absintherie.cz •

S'ATTABLER AU RESTAURANT *VÝTOPNA*
une adresse amusante qui captivera les enfants en voyage avec leurs parents

17

Pour les amateurs de trains électriques, voici un restaurant aménagé sur le thème ferroviaire. Il abrite un réseau de petits trains qui traversent les salles, passent entre les tables, franchissent des ponts. La cuisine est basique (style grande brasserie), mais on y vient surtout pour le décor. Les plats sont portés par les serveurs, mais les boissons arrivent à votre table dans de petits wagons... Drôle et original !

BON À SAVOIR : • vytopna.cz •

S'OFFRIR UNE SOIRÉE
à l'Opéra national de Prague

18

Il faudrait absolument aller au moins une fois à l'opéra de Prague, véritable institution d'un art que les Tchèques portent dans leur ADN. Les mises en scène et la programmation extrêmement variée sont facilement accessibles pour les néophytes, sans qu'il s'agisse pour autant de productions au rabais. Ici, on a compris depuis longtemps que l'opéra était un art populaire majeur se devant d'être ouvert à tout le monde. Les novices auront ici une belle occasion de se frotter à ces merveilles du répertoire. Au programme, toute l'année : grands opéras italiens (Verdi, Puccini...), *Carmen* de Bizet et les orchestres philharmoniques tchèques.

BON À SAVOIR : • narodni-divadlo.cz • ; pas forcément utile de réserver, il reste souvent des places et il suffit de venir à l'ouverture des guichets.

ASSISTER À UN CONCERT DE MUSIQUE CLASSIQUE
dans la ville de Dvořak et de Mozart, les occasions sont multiples

19

C'est fou ce que la culture est vivante dans cette ville. Impossible de passer devant une église sans qu'on vous distribue une brochure pour un concert. Comme à Vienne, la vie des Pragois est intimement liée à la musique classique : il y a chaque jour de l'année une multitude de concerts classiques, aussi bien dans des lieux prestigieux que dans de petites églises de quartier. Opéras, grands orchestres et musique de chambre se répandent à travers la ville, dans les endroits les plus fascinants : principalement dans la salle Smetana à la Maison municipale, au Rudolfinum, dans la plupart des églises baroques, avec orgues et trompettes. Les anciens et grands palais des princes de Bohême, tel celui des Lobkowicz, accueillent aussi des concerts.

BON À SAVOIR : programme et réservation de billets • bohemiaticket.cz • ticketmaster.cz • pragueticketoffice.com •

20

FAIRE LA TOURNÉE DES CLUBS DE LA VIEILLE VILLE
et finir sur les quais pour assister au lever du soleil sur la Vltava

En semaine, pas mal de bars et pubs ferment vers minuit ou 1h. Mais les boîtes et clubs de musique prennent le relais jusqu'à l'aube. Il y en a pour tous les goûts, du club de jazz au bar destroy, de la salle ripou à la boîte hype. Sortir reste abordable, les oiseaux de nuit n'hésitent pas à changer de nid dans la même soirée. Parmi les incontournables citons le *Rock Café,* tendance rock progressif ; le *Roxy,* historiquement « expérimental », ancien cinéma reconverti en salle de concert qui reste un des clubs les plus courus de la ville ; le *Cross Club,* un véritable labyrinthe, dans lequel on se perd avec plaisir ; ou encore le *Palác Akropolis,* un des meilleurs clubs de Prague.

BON À SAVOIR : liste des concerts et adresses des bonnes boîtes auprès de l'office de tourisme.

ASSISTER À UN CONCERT
dans la chapelle des Miroirs du Klementinum

21

Au rez-de-chaussée de cet ancien couvent qui occupe tout un pâté de maisons, la superbe chapelle, totalement baroque, accueille tous les soirs des concerts de musique classique. Noter les miroirs sur les murs et le plafond qui forment des étoiles.

BON À SAVOIR : c'est sur le petit orgue au-dessus de l'entrée que joua Mozart lors d'une visite.

SHOPPING

DÉNICHER LE CADEAU À RAPPORTER À BELLE-MAMAN OU BEAU-PAPA
tel un service en cristal de Bohême ou un bijou en grenat

22

Prague est une ville aux mille tentations où les bijoutiers et les verriers proposent leurs trésors rutilants ! Mais ne vous précipitez pas : après quelques heures, vous verrez les différences entre un grenat de qualité foncé ou non, ou un cristal plus ou moins bien taillé et plutôt kitsch. Faites-vous une idée des prix avec les grandes boutiques sur Melantrichova, et n'hésitez pas à pousser la porte des petites échoppes modestes pour trouver votre bonheur. En cherchant un peu, on tombe sur de véritables petites merveilles. Marionnettes et jouets en bois, porcelaine et œufs décorés complètent, s'il en est besoin, le butin.

23

DÉAMBULER ENTRE LES STANDS PITTORESQUES DU MARCHÉ DE NOËL
sur la place de la vieille ville, au pied d'un énorme sapin

Les marchés de Noël de Prague comptent parmi les plus célèbres et les plus appréciés d'Europe. Celui de la vieille ville, sur Staré Město náměstí, est le plus important, joliment décoré et brillant de mille feux. De petites cabanes en bois y proposent nombre d'articles tels des décorations de Noël, des bougies parfumées, des tasses en céramique, des jouets en bois, des figurines en feuilles de maïs... Pour les gourmands et les frileux, il y a de quoi se nourrir et se réchauffer : pâtisseries tchèques *(trdlo)*, marrons chauds, saucisses grillées à arroser d'un bon vin chaud *(svarák)* ou d'hydromel parfumé. Sans oublier les nombreuses animations, pour ceux qui croient encore au Père Noël, mais aussi pour les grands.

AGENDA DES FÊTES, FESTIVALS ET ÉVÉNEMENTS

FIN AVRIL : Majáles

Fête en l'honneur du printemps avec un défilé d'étudiants déguisés et d'un char dominé par le roi Majáles. Aussi des concerts et des spectacles de rue en soirée. Une fête bien arrosée et bien joyeuse ! • praha.majales.cz •

2[DE] QUINZAINE DE MAI : Printemps de Prague

Le meilleur moment de l'année pour les mélomanes. Notez-le tout de suite dans votre agenda ! Ce festival international de musique classique se tient à Prague tous les ans du 12 mai (anniversaire de la mort du compositeur tchèque Smetana) au 4 juin, à quelques jours près. Il réunit solistes, grands orchestres symphoniques et musique de chambre venus du monde entier. Il débute toujours par le célèbre *Ma patrie* de Smetana, et se clôt sur la 9e Symphonie de Beethoven. Vous vivrez cet événement de près dans des endroits fascinants, comme le Rudolfinum, la cathédrale Saint-Guy, l'église Saint-Jacques, le couvent de Sainte-Agnès. • festival.cz •

MAI OU JUIN : Festival Khamoro

Festival mondial des tziganes et de la culture Rom. Au programme : des spectacles de musique et de danse, des représentations théâtrales, des projections de films, des expos et des discussions avec des personnalités tziganes, politiciens, intellectuels et artistes... • khamoro.cz •

MI-AOÛT : Prague Pride

Apparue en 2011 et objet d'une controverse politique, la Gay Pride de Prague, qui n'en fut pas moins un franc succès, est depuis reconduite chaque année. C'est plus encore qu'une Gay Pride : une manifestation pour les droits de l'homme. Au programme : un défilé hallucinant dans le centre-ville, bien sûr (de la place Venceslas à l'île des Archers en passant par l'avenue Nationale - Národní trida), concerts sur l'île Strelecky Ostrov, animations, débats, expositions, pièce de théâtre et autres. Plus de 25 000 participants sont attendus tous les ans. • praguepride.cz •

La Maison dansante, de Frank O. Gehry

REYKJAVÍK

3H20
AU DÉPART
DE PARIS

Située un peu au nord du 64e parallèle, Reykjavík est la capitale la plus septentrionale du monde. *Avec ses rues si tranquilles, bordées de maisons de tôle aux toits colorés, et son lac peuplé de canards, on a du mal à s'imaginer dans une capitale ! Pourtant, elle recèle de solides richesses culturelles, des édifices à l'architecture surprenante et une vie nocturne trépidante, qui n'a rien à envier aux autres capitales européennes. Somme toute, voici une ville attachante qui devient vite assez familière pour qu'on y passe 2 jours sans s'ennuyer. Avec, aux portes de la ville, splendeurs naturelles, geysers et sources chaudes où se relaxer.*

BUDGET	€€€€
CULTURE	★★☆☆
CUISINE	★★☆☆
SHOPPING	★☆☆☆
VIE NOCTURNE	★★★☆

SE REPÉRER

DÉCOUVRIR

VISITER LE PERLAN
et s'offrir une spectaculaire introduction aux merveilles de la nature islandaise

1

Installé dans un ancien réservoir géothermique dominant la ville (superbe panorama depuis la terrasse circulaire), le Perlan réunit en un même espace un fascinant planétarium pour plonger dans la magie des aurores boréales, et une série d'expositions interactives sur la sismologie, les volcans, la faune locale, etc. On peut même circuler dans les entrailles d'un glacier, reconstitué avec 350 tonnes de glace !

BON À SAVOIR : du musée, un sentier mène en 20 mn à la plage thermale de Nautholsvík.

ADMIRER LES ŒUVRES DE STREET ART
qui colorent et égayent les murs du centre-ville

2

Comme dans nombre de grandes villes, Reykjavík voit fleurir sur ses façades des fresques de street art, poétiques, fantastiques, déjantées... Ici, la mode a pris en 2006, en réaction à une mairie tatillonne qui faisait recouvrir fissa le moindre tag, en appliquant aux graffeurs des amendes démesurées. Les artistes ont alors investi en plein centre-ville un chantier suspendu, qui ne relevait pas du domaine public. Ils firent de ce Heart Park, aujourd'hui disparu, leur terrain de jeu, pour exprimer leur art sans risque, avant d'essaimer dans toute la ville.

S'INITIER À L'HISTOIRE DE CE SINGULIER PAYS
au Musée national d'Islande

3

S'il n'y avait qu'un musée historique à voir en Islande, ce serait peut-être celui-ci. Sur 2 étages, l'histoire du pays y est relatée, de la colonisation à nos jours, dans une remarquable muséographie. Plus de 2 000 pièces archéologiques et autres objets artisanaux permettent de retracer 1 200 ans de vie sociale et de culture islandaise, des Vikings à nos jours.

BON À SAVOIR : • thjodminjasafn.is •

PROFITER DU MEILLEUR POINT DE VUE SUR LA VILLE
depuis le haut du clocher de la Hallgrímskirkja

4

Devenue l'un des symboles de la ville, cette église en forme de fusée est visible de loin. Elle est l'œuvre de Gudjón Samúelsson (1887-1950). Sa silhouette s'inspire en fait des paysages islandais, notamment des orgues basaltiques. L'architecte n'a jamais vu le résultat de son travail : financée essentiellement par l'argent des paroissiens et commencée en 1945, l'église ne fut en effet inaugurée qu'en 1986 ! Intérieur d'une extrême sobriété, dont on apprécie la pureté des lignes ainsi que la luminosité étonnante, sans parler des orgues colossales, composées de plus de 5 200 tuyaux ! En haut du clocher, on profite d'une étonnante vue panoramique sur les maisons multicolores de la ville.

BON À SAVOIR : entrée libre, mais accès au clocher payant.

IMAGINER LA VIE DES PREMIERS VIKINGS INSTALLÉS SUR L'ÎLE
en visitant le Reykjavík 871+/-2 et l'exposition de la colonisation

5

Située à l'endroit précis où furent mises au jour, en 2001, les fondations d'une ferme datant de 930 et, même, d'un mur de... 871, pense-t-on (les archéologues se réservent une marge d'erreur de 1 ou 2 ans, d'où le nom du musée), l'exposition a pour objet l'histoire du site de Reykjavík, son peuplement, etc. Muséographie particulièrement soignée, avec des panneaux explicatifs clairs, accompagnés de brillants effets sonores et visuels. On a peine à croire qu'avant d'être colonisé le site de Reykjavík était couvert de forêts de bouleaux, qu'un siècle de présence humaine aura suffit à faire disparaître. Un intelligent petit musée à ne pas manquer !

REYKJAVÍK, LA « BAIE DES FUMÉES »

En islandais, chaque mot à une signification précise. Reykjavík ne déroge pas à la règle, étymologiquement, cela veut dire « baie des fumées » (*reykur* : fumée ; *vík* : baie). Le lieu fut baptisé ainsi par le premier colon islandais, Ingólfur Arnarson, vers 871, à la vue des vapeurs provenant de sources chaudes. Dès leur arrivée, les Vikings ont profité de ces eaux naturellement chaudes. Aujourd'hui encore, les bains de vapeur en plein air tiennent une place à part dans la vie des Islandais, qui cèdent à ce rituel été comme hiver. On compte pas moins de 5 piscines alimentées par des sources chaudes à Reykjavík.

ADMIRER LES ŒUVRES D'ÁSMUNDUR SVEINSSON
l'un des maîtres de la sculpture contemporaine en Islande

6

L'Ásmundursafn est un musée consacré au travail de l'artiste Ásmundur Sveinsson (1893-1982) : des sculptures massives et puissantes, inspirées par le quotidien insulaire et la littérature islandaises. Du très beau travail présenté dans un lieu architecturalement étonnant (un dôme d'une blancheur immaculée, flanqué de deux pyramides tronquées), construit par l'artiste lui-même, et où il vécut jusqu'à sa mort. Merveilleux espaces intérieurs, pleins d'harmonieuses perspectives, de jeux d'angles insolites et de lumière. À l'extérieur, quelques œuvres monumentales dans un environnement délicieux.

BON À SAVOIR : • artmuseum.is •

SE LAISSER ENVOÛTER PAR L'ARCHITECTURE FUTURISTE ET LES MIROITEMENTS DE L'HARPA
la salle de concerts et centre de congrès de Reykjavík

7

Œuvre du cabinet d'architectes Henning Larsen et du designer Olafur Eliasson, ce prestigieux monument posé sur la mer a été inauguré en 2011. La façade, véritable kaléidoscope, est composée de plus de 10 000 vitres de formes différentes qui prennent au crépuscule des teintes fantastiques. À l'intérieur, de sublimes volumes livrent des perspectives et des angles incroyables, reflétés à l'infini par le jeu de miroirs du plafond. Le resto, tout en dénivelée au 4e étage, présente probablement l'un des cadres les plus fascinants qui soient !

BON À SAVOIR : • harpa.is •

Chutes de Gullfoss

VISITER LE TRÈS INSTRUCTIF MUSÉE MARITIME
et réaliser l'importance de la pêche et son impact sur le quotidien des Islandais

8

Un beau musée consacré à la pêche et à l'exportation du poisson qui assurèrent longtemps 90 % des revenus annuels du pays, et représentent toujours une part importante du PIB islandais. Section dédiée à l'archéologie marine, reconstitution d'un labo de recherche maritime, nombreuses maquettes, vêtements de marins, outillage et consoles digitales organisées par thèmes : la vie des marins, la mer et ses dangers, les fantômes à bord, le salage et la conservation du poisson, la cuisine de la mer et ses vertus... Vous prendrez bien un petit shot d'huile de foie de morue ?

SE BAIGNER DANS LES EAUX TURQUOISE ET SULFUREUSES DU BLUE LAGOON

Situé à deux pas de l'aéroport international de Keflavík, une jolie façon de clore votre voyage !

9

Cher et archi-touristique certes, mais presque un incontournable. Les bains chauds en plein air font partie intégrante de la culture islandaise. Au Blue Lagoon, on se baigne dans une eau laiteuse à 35-40°C au milieu d'un désert de lave surnaturel. De nombreuses sources chaudes dans toute l'île permettent de renouveler l'expérience dans un cadre plus intime, par exemple le Laugarvatn Fontana, dans le Sud, ou le Mývatn Nature Baths, dans le Nord.

BON À SAVOIR : privilégier les créneaux du matin ou du soir après 20h pour éviter la foule. Réservation indispensable : • bluelagoon.com •

10

EN PRENDRE PLEIN LES MIRETTES ET PLEIN LES OREILLES,

lors d'un tour du Cercle d'Or un aperçu en concentré de la magie de l'Islande

Cette excursion à l'est de Reykjavík permet de découvrir trois sites incontournables. Inscrit au Patrimoine de l'Unesco, Þingvellir a vu naître l'État islandais. Outre les débats politiques qui s'y sont déroulés, le site est le lieu de rencontre entre les plaques tectoniques eurasienne et nord-américaine : la faille est impressionnante. À quelques kilomètres de là, on assiste à l'un des phénomènes les plus surprenants du pays : il s'agit du Geysir, le geyser qui a donné son nom à tous les autres. Ou plus exactement le Strokkur, un autre geyser situé sur le même site, qui créé le spectacle toutes les 5-10 mn. L'eau bouillonne, forme une bulle bleue et d'un coup se propulse dans les airs à des hauteurs de 10 à 15 m Un peu plus loin, les chutes de Gullfoss, dont la plus haute mesure 32 m, donnent à voir toute la puissance de la nature. Trois sites emblématiques… et très touristiques.

SAVOURER

DÉCOUVRIR LA VARIÉTÉ DES BIÈRES ISLANDAISES AU *MICROBAR*

qui offre sûrement le plus grand choix de bières artisanales de l'île

11

Les bières islandaises sont essentiellement des blondes légères et agréables, vendues en bouteilles de 33 ou 50 cl. Dans cette catégorie, on trouve surtout les grandes marques locales comme la Viking ou la Gull. Mais depuis quelques années, les brasseries artisanales se multiplient en Islande avec, souvent, de vraies réussites. Comme son nom l'indique, le *Microbar* (Austurstræti 6) est vraiment minuscule, mais ça ne l'empêche pas de proposer une carte riche d'une bonne centaine de bières, dont toutes celles brassées sur l'île ! Personnel de bon conseil et formule dégustation si vous hésitez.

SORTIR

LE WEEK-END, ASSISTER AUX CONCERTS ET SOIRÉES ENFIÉVRÉS
dans les bars de Reykjavík et danser jusqu'au petit matin

12

Reykjavík est une capitale créative, qui cultive une forme de *dolce vita* nordique, déborde d'énergie et se couche tard. Les noctambules et les amateurs de musique profiteront d'une admirable concentration de bars, doublée d'une scène musicale dynamique. Le moindre établissement se transforme, en fin de soirée, en un lieu de sortie où l'on trinque allègrement. Surtout les fins de semaine, carrément folles en été dans l'hyper-centre, en particulier dans la rue Austurstræti, qui aligne presque autant de bars que de pas de porte. Une fois hors de la capitale, la tournée des bars risque d'être plus que limitée, alors profitez-en ici !

BON À SAVOIR : programmation de la semaine sur le site • grapevine.is •

SHOPPING

S'OFFRIR UN TYPIQUE PULL ISLANDAIS EN LAINE D'AGNEAU
pour rester bien au chaud pendant le voyage

13

Vous en verrez dans chaque boutique touristique du pays, mais la *Handknitting Association of Iceland* se démarque par son originalité. Magasin d'une association de tricot où vous trouverez tout le matériel pour jouer des aiguilles et confectionner vous-même votre pull islandais ! Dans ces 2 pièces remplies de chandails, de bonnets, d'écharpes, de chaussettes et de gants, tout est confectionné avec de la pure laine islandaise, dont on peut apprécier la qualité rien qu'en la touchant.

14

FAIRE LE TOUR DE LA DYNAMIQUE SCÈNE MUSICALE ISLANDAISE AU 12 TONAR
un magasin de disques incontournable

Repaire des amateurs de musique de tout crin, cette petite boutique située sur Skólavördustígur est aussi un label indépendant. L'endroit est convivial, avec canapés pour écouter tranquillement tous les albums de son choix, et un coin café-bar qui accueille des DJs les soirs d'été. Le lieu idéal pour découvrir la scène musicale islandaise.

BON À SAVOIR : • 12tonar.is •

AGENDA DES FÊTES, FESTIVALS ET ÉVÉNEMENTS

JUIN : Festival des arts

Depuis 1970, concerts, théâtre, opéra, danse et expositions mettent en avant les cultures islandaise et internationale d'hier et d'aujourd'hui. Tradition et modernité se mêlent à merveille dans cette fête de l'art sous toutes ses formes. Menée par des artistes islandais et étrangers de renommée internationale, cette manifestation est l'une des plus reconnues de l'Europe du Nord. • listahatid.is •

JUIN : Secret Solstice

Dans la capitale la plus septentrionale de la planète, ce festival de musique électro se vit sous le soleil de minuit ! Le soleil brille en effet sans interruption pendant les 3 jours de ce festival qui célèbre le solstice d'été. Un festival désormais très tendance, mais dans une ambiance relax baignée d'une lumière naturelle incroyable. • secretsolstice.is •

AOÛT-SEPTEMBRE : Festival de jazz

Cet événement prestigieux accueille de grands noms des scènes islandaise et internationale du jazz. Le répertoire va du gospel aux nouvelles tendances. • reykjavikjazz.is •

NOVEMBRE : Iceland Airwaves

Un festival de musiques alternatives initié en 1999 et largement reconnu depuis. Des artistes (musiciens, chanteurs et DJs) originaires des deux côtés de l'Atlantique enflamment la capitale islandaise en représentant tous les genres musicaux. L'un des meilleurs événements de musique alternative. • icelandairwaves.is •

Geysir, Cercle d'Or

ROME

2H
AU DÉPART
DE PARIS

C'est bien connu, tous les chemins mènent à Rome...
Un chemin qu'emprunteront avec bonheur tous les amoureux de l'Italie, mais aussi les amateurs d'histoire et d'art. Nulle part ailleurs, il est aussi facile de parcourir 28 siècles d'histoire. Amateurs de vieilles et belles pierres, cette ville est faite pour vous ! Car Rome demeure véritablement un musée à ciel ouvert, une cité qui affiche une profonde homogénéité architecturale. Quant aux amateurs de bonne chère, ils seront forcément comblés par la gastronomie romaine... Et n'oubliez pas de jeter une pièce dans la fontaine de Trevi pour être sûr de revenir.

BUDGET	€€
CULTURE	★★★★
CUISINE	★★★★
SHOPPING	★★☆☆
VIE NOCTURNE	★★★☆

SE REPÉRER

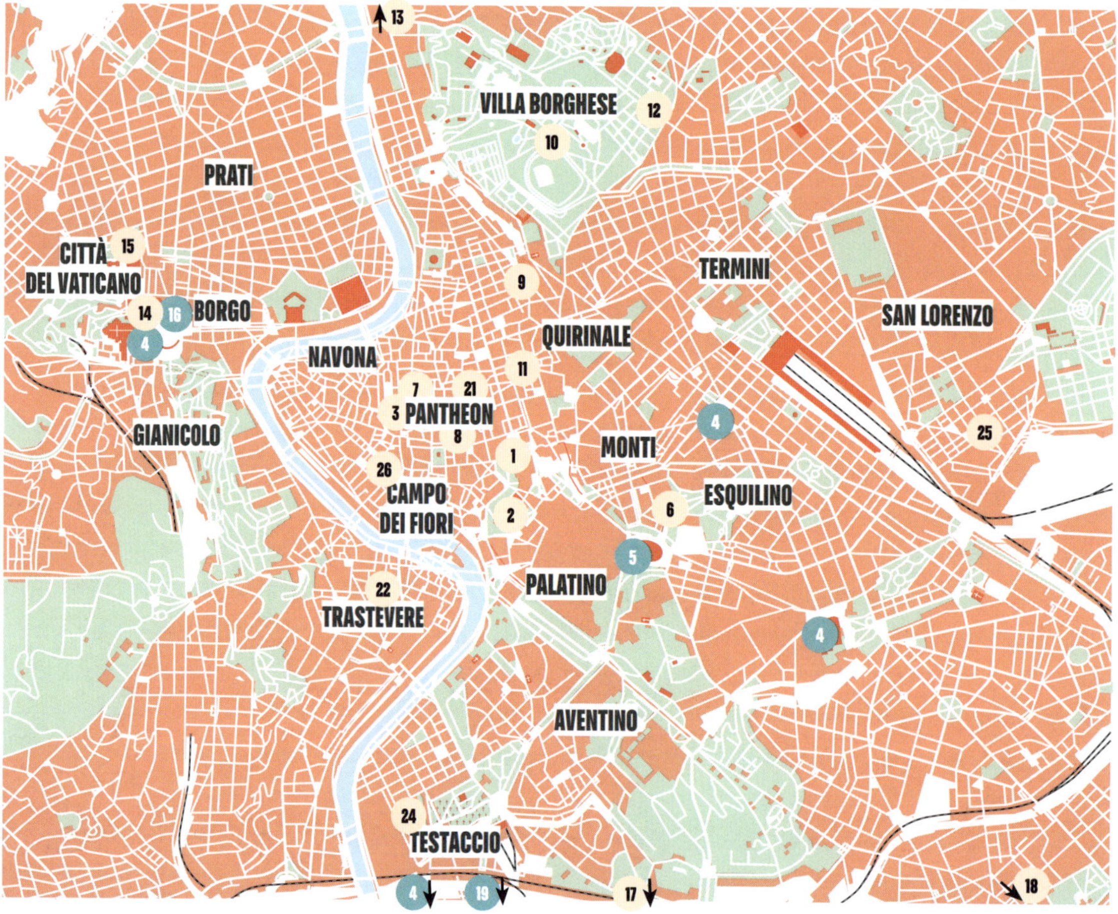

DÉCOUVRIR

S'ÉMERVEILLER D'UN MAGIQUE COUCHER DE SOLEIL SUR LA VILLE ÉTERNELLE
depuis la terrasse du monument à Victor-Emmanuel II

1

Les Romains ont donné d'amusants surnoms à cette imposante construction édifiée fin XIXe-début XXe s, sur la piazza Venezia et striée de colonnades : la *Macchina da scrivere* (la « Machine à écrire ») ou la *Torta nuziale* (le « Gâteau de la mariée »). Accessible gratuitement par une série d'escaliers, sa terrasse panoramique offre une formidable vue sur la Ville Éternelle ! Une vision à 360° sur ses principaux vestiges antiques, ses grands monuments, ses collines et ses toits… Le mieux est d'y monter par temps dégagé, pour profiter d'un coucher de soleil d'anthologie !

BON À SAVOIR : il existe aussi un ascenseur payant pour accéder à la terrasse.

SE MESURER À LA FABULEUSE STATUE ÉQUESTRE DE L'EMPEREUR MARC AURÈLE
qui trône aux Musées capitolins

2

Cette authentique statue antique – à l'origine en bronze doré – a échappé par miracle à la destruction : on a confondu Marc Aurèle avec Constantin, le premier empereur à s'être converti au christianisme ! Sans cette confusion, il est probable que la prestigieuse statue aurait été fondue et transformée en cloche – sort généralement réservé aux effigies païennes au Moyen Âge.

BON À SAVOIR : en profiter pour visiter les Musées capitolins qui sont installés dans deux palais se faisant face, et reliés par une galerie souterraine (située sous le Capitole). • museicapitolini.org •

Forum Romain

LE MYTHE DE LA FONDATION DE ROME

Si Rome ne s'est pas bâtie en un jour, les Romains aiment accréditer la légende de la naissance de leur ville : celle des jumeaux Romulus et Remus allaités par la louve, que l'on retrouve dans les écrits d'historiens et de poètes comme Tite-Live et Virgile. En l'an 753 av. J.-C., Romulus fonde Rome en traçant ses limites avec une charrue. Son frère, Remus, se moque de lui en sautant par-dessus le fossé dérisoire ainsi formé. Furieux, Romulus le tue en prononçant ces mots : « Ainsi périsse quiconque, qui à l'avenir franchira ces murailles ! » Ça commence bien... Dès les origines, l'histoire romaine est marquée par le meurtre et la violence. *Insociabile regnae*, le pouvoir ne se partage pas, Tacite nous aura prévenus ! Dès lors, tous les maîtres de Rome s'en souviendront...

ADMIRER, DE PRÉFÉRENCE AU PETIT MATIN, LA CÉLÈBRE FONTAINE DES QUATRE-FLEUVES DU BERNIN sur l'élégante piazza Navona, bâtie sur les ruines d'un stade antique

3

Œuvre du Bernin, cette fontaine évoque les jeux d'eaux que les aristocrates organisaient au XVIe s sur la place à l'occasion du carnaval ou pendant les canicules d'été ; la piazza Navona était alors inondée. De la grotte de rocailles, surgissent un lion et un cheval marin. Et les grandes statues allégoriques – le Danube, le Gange, le Nil, le Rio de la Plata – symbolisent respectivement l'Europe, l'Asie, l'Afrique et l'Amérique. Le tout surmonté d'un obélisque égyptien et coiffé d'une colombe et d'une branche de rameau, emblèmes du pape Innocent X.

LE BAROQUE DU BERNIN

Le Bernin joue un rôle fondamental dans l'histoire de l'art, car il incarne mieux que quiconque l'esprit et la spiritualité baroque. Lui sculpte le marbre comme d'autres la pâte à modeler ! Avec l'aide de son ami, Pierre de Cortone, il cherche à faire une synthèse des arts, dans le but avoué de glorifier le pape, d'exalter la magnificence de l'Église et la foi chrétienne. Pourtant, nul sculpteur n'a su transmettre autant de vie à la pierre. L'effet est toujours aussi stupéfiant. On a tout dit de la transparence des marbres, de l'incroyable effet dramatique, du mouvement, aérien, gracieux... Mais à chaque fois, quel choc ! Et quelle sensualité ! L'artiste fut très prolifique à Rome. À choisir on citera la fontaine des Quatre-Fleuves, piazza Navona, et l'église *Santa Maria della Vittoria* pour son *Extase de sainte Thérèse*.

4

VISITER LES QUATRE BASILIQUES MAJEURES DE ROME

Saint-Pierre, Saint-Jean-de-Latran, Sainte-Marie-Majeure et Saint-Paul-hors-les-Murs

On ne peut passer à côté de Saint-Pierre et sa place elliptique, admirable pour ses proportions un rien démesurées... Saint-Jean-de-Latran demeure un pilier de la chrétienté. C'est ici que l'empereur Constantin fit édifier la toute première basilique au IVe s. Aussi est-elle considérée comme la mère de toutes les églises du monde chrétien. La façade de Sainte-Marie-Majeure, typiquement baroque, est quant à elle flanquée d'un campanile roman qui demeure le plus haut de Rome ! Enfin, ne manquez pas l'imposante Saint-Paul-hors-les-Murs, dans le quartier d'Ostiense. Précédée d'un large portique et d'un atrium, elle est la plus grande de Rome après Saint-Pierre.

Basilique Saint-Pierre

5

IMAGINER LA VIE TUMULTUEUSE DES GLADIATEURS LE TEMPS D'UNE VISITE DU COLISÉE
le symbole de Rome !

Construit entre 72 et 82 apr. J.-C., l'emblématique Colisée demeure le plus grand édifice de spectacles jamais réalisé par les Romains ; largement imité par la suite. Plus de 50 000 personnes pouvaient prendre place sur les gradins portés par les voûtes des galeries intérieures. Dans l'arène, les combats de gladiateurs avaient la préférence du public. De véritables mises en scène étaient orchestrées avec des décors (maisons, arbres) et animaux sauvages (lions, tigres)... Les gladiateurs étaient des héros ! En signant leur contrat, ils s'engageaient à consacrer leur corps et leur vie à leur maître et à supporter « le feu, les chaînes et les coups » ainsi que « la mort par le fer ». Vaste programme !

BON À SAVOIR : il ne prend le nom de Colisée qu'au Moyen Âge, bien après que l'empereur Hadrien ait fait déplacer la colossale statue de Néron, haute de 35 m. Le colosse frappe tant les esprits qu'il finit par donner son nom.

DÉCOUVRIR LES GROTESQUES DE LA DOMUS AUREA DE NÉRON
ces fresques qui émerveillèrent de nombreux artistes comme Raphaël et Michel-Ange

6

La *Domus aurea,* gigantesque résidence de Néron, occupait un tiers de la ville antique et était abondamment parée d'or, d'où son nom. Après le suicide de Néron en 68, l'ensemble est en partie détruit par le grand incendie de 104, puis rasé pour faire place au Colisée et aux thermes de Trajan. Tout semble donc à jamais disparu quand, à la fin du XVe s, des fresques antiques aussi délicates qu'élégantes sont découvertes dans ce qui ressemble désormais à des grottes. En référence au caractère « souterrain » du lieu, un terme dérivé de « grottes » s'imposa pour ces motifs Renaissance qu'on surnomma « grotesques »... Aujourd'hui, les originaux antiques sont très endommagés. Avec beaucoup d'imagination, on peut cependant apercevoir encore quelques fresques. Le clou de la visite, c'est la salle octogonale avec sa voûte représentant le ciel.

BON À SAVOIR : à deux pas du Colisée, dans le parc Oppio. Visitable sous certaines conditions susceptibles d'évoluer et sur réservation. Se renseigner. • coopculture.it •

S'ÉMERVEILLER DEVANT LES TROIS CHEFS-D'ŒUVRE DU CARAVAGE
que renferme jalousement l'église Saint-Louis-des-Français

7

Réalisées à la fin du XVIe s, ces compositions, retracent les 3 grandes étapes de la vie de saint Matthieu. Dans *La Vocation de saint Matthieu,* le Caravage privilégie un traitement réaliste du sujet. Il s'agit plus d'une scène de la vie quotidienne dans laquelle chaque protagoniste porte le costume de l'époque que d'un épisode biblique au sens strict du terme. Une approche audacieuse peu appréciée de ses contemporains, car l'artiste dut reprendre ses pinceaux pour *L'Inspiration de Matthieu,* jugée alors blasphématoire. Ce qui ne l'a pas empêché de présenter enfin *Le Martyre de saint Matthieu* tout aussi atypique et d'une rare brutalité. Œuvres superbes et effets de lumière prodigieux à condition de les voir éclairées.

BON À SAVOIR : pour ne rien rater, il suffit simplement d'insérer 1 € pour admirer pleinement les tableaux. • saintlouis-rome.net •

SE DEMANDER COMMENT L'ÉTONNANTE COUPOLE À CIEL OUVERT DU PANTHÉON A ÉTÉ CONSTRUITE

tout comme ses colonnes à la parfaite harmonie

8

Un volume monumental impressionnant ! Faire le tour de la piazza della Rotonda permet d'apprécier les proportions de ce colosse – édifié sous Hadrien en 125 apr. J.-C. – et d'en détailler le portique gréco-romain (largeur : 35 m ; profondeur : 16 m ; et 16 colonnes corinthiennes sculptées chacune dans un seul bloc de granit). À l'intérieur, la plus grande coupole de toute l'Antiquité (43,30 m !), ouverte sur le ciel par un oculus central (9 m de diamètre). Elle servit de référence à Bramante et Michel-Ange, qui travaillèrent à la réalisation de celle de Saint-Pierre… avec des dimensions plus modestes…

BON À SAVOIR : les niches latérales abritent certains tombeaux des rois d'Italie ainsi que celle de l'artiste Raphaël !

DESCENDRE LES CÉLÈBRES MARCHES DE L'ÉGLISE DE LA TRINITÉ-DES-MONTS

tout en admirant la curieuse fontaine (en forme de barque) de la piazza di Spagna

9

Inaugurée en 1727, cette magnifique *scalinata* relie l'église à la fameuse place en 137 marches. Un lieu de rendez-vous qu'affectionnent Romains et touristes, immortalisé au cinéma dans *Vacances romaines,* avec Audrey Hepburn et Gregory Peck… Sur la piazza di Spagna, la Barcaccia, jolie fontaine dessinée au XVIIe s par le père du Bernin, et achevée par le Bernin lui-même, demeure une petite merveille d'ingéniosité ! Pour pallier la faible pression hydraulique, on lui donna l'apparence d'un bateau qui coule dans un bassin à peine plus grand que lui. Malins les Bernin !

BON À SAVOIR : il est interdit désormais de s'asseoir et de manger sur les marches sous peine d'amende.

RESPIRER UNE BONNE DOSE DE CHLOROPHYLLE

dans l'immense parc de la villa Borghèse

10

Fier de ses 80 ha, c'est un lieu magnifique chargé d'art et d'histoire. À l'origine, il fut exploité en 1633 pour agrémenter la propriété du cardinal Scipion Borghèse, neveu « chéri » du pape Paul V. Transformé en partie en jardin d'inspiration anglaise au XIXe s, le parc est ouvert au public depuis 1902. Dans ce haut lieu de respiration urbaine, Romains et touristes se promènent et cohabitent avec plaisir – en famille ou entre amis – et pratiquent de nombreuses activités culturelles (musées, cinéma), ludiques (parc zoologique, location de bicyclettes), sans oublier pour les romantiques, des barques pour voguer et roucouler sur le petit lac…

BON À SAVOIR : c'est ici que se trouve la villa Médicis, qui abrite l'Académie de France, ainsi que de nombreux musées dont l'incontournable Galleria Borghese (voir coup de cœur n° 12).

JETER UNE OU DEUX PIÈCES DANS LA FONTAINE DE TREVI

de la main droite en lui tournant le dos… pour être certain de revenir un jour dans la Ville Éternelle !

11

Immortalisée par *La Dolce Vita* de Fellini avec la sublime Anita Ekberg et le facétieux Marcello Mastroianni, cette fontaine est un lieu emblématique de Rome. Alimentée depuis 2 000 ans par le même aqueduc, elle présente le visage monumental que lui a donné Nicola Salvi au XVIIIe s. On y remarque plusieurs allégories autour de la figure centrale d'une divinité fluviale. Aujourd'hui, les touristes viennent sacrifier à ce rituel : jeter une ou deux pièces par-dessus l'épaule ; l'une pour un premier vœu, l'autre, pour revenir un jour à Rome !

CROULER SOUS L'EXTRAORDINAIRE PROFUSION D'ŒUVRES D'ART À LA GALERIE BORGHÈSE

l'une des plus grandes collections privées au monde !

12

Construite en 1613 comme simple pied-à-terre pour la famille Borghèse, cette *galleria* connut une tout autre destinée avec le cardinal Scipion Borghèse, qui prit sous son aile le Bernin, le Caravage, Rubens, Guido Reni, ou le Dominiquin... Plus qu'une entreprise de mécénat, sa villa devint l'école d'un art nouveau : le baroque romain, qui allait se répandre dans toute l'Europe. Les œuvres sont exposées plus ou moins comme elles l'étaient à l'origine ; les visiteurs ont donc la délicieuse impression d'être invités chez les Borghèse !

BON À SAVOIR : réservation obligatoire et visite limitée à 2h • galleriaborghese.it •

VIVRE LA ROME DU XXIe S EN MODE MAXXI

musée d'Art contemporain remarquable par son architecture et par ses expos temporaires

13

Construit sur d'anciennes casernes, cet énorme bâtiment de 30 000 m^2 aux courbes d'acier et de béton détonne dans le quartier de Flaminio dans le nord de la ville. À l'intérieur, on est frappé par les imposants escaliers noirs et les murs immaculés... et penchés. L'architecte anglo-irakienne Zaha Hadid a vraiment vu les choses en grand ! Plus qu'un musée, le MAXXI se veut un lieu de culture, d'échanges et d'expos passionantes.

BON À SAVOIR : via Guido Reni, 4a. Pour y aller. Tram n° 2 à prendre piazza del Popolo. Arrêt : Appolodoro.

SUIVRE LE FLOT DES SOUTANES POUR VISITER (SANS PASSEPORT !) L'UN DES PLUS PETITS ÉTATS SOUVERAINS AU MONDE : LE VATICAN

14

Il s'étale sur 44 ha, dont la moitié est occupée par des jardins... auxquels il faut ajouter 50 ha de propriétés extraterritoriales dans et autour de Rome ! Si le latin demeure sa langue officielle, du moins pour les textes juridiques, la langue véhiculaire est l'italien, et celle de la diplomatie, le français. Quant aux gardes suisses, ils parlent... l'allemand ! L'État émet des timbres, possède un tribunal, une centrale électrique, une radio et une gare. Sans compter la belle place Saint-Pierre dominée par son immense basilique d'où – au sommet de la coupole – on a le sentiment d'être « plus près de toi, mon Dieu » !

BON À SAVOIR : les musées du Vatican recèlent de véritables trésors. Ce sont pas moins d'une quinzaine de musées et galeries, qui s'étendent sur 7 kilomètres, qui vous attendent (voir coups de cœur nos 15 et 16). Réservation exclusivement sur le site officiel. • museivaticani.va •

RÊVER DANS LES APPARTEMENTS DE JULES II AUX MUSÉES DU VATICAN

et plus particulièrement devant les magnifiques fresques des chambres de Raphaël

15

Commandées par le pape Jules II qui refusait d'habiter les appartements de son prédécesseur tant haï, Alexandre VI Borgia, les fresques furent réalisées de 1508 à 1524 (à la mort de Raphaël, elles furent reprises par ses élèves). Comme les murs étaient déjà parés d'œuvres de peintres illustres tels que Piero Della Francesca, Luca Signorelli, le Pérugin (le maître de Raphaël)..., on dut les recouvrir en grande partie. Dans son tableau *L'École d'Athènes,* Raphaël s'est amusé à mettre en scène les grands penseurs de l'histoire, dont certains ont les traits de ses amis artistes... Ainsi on y trouve Platon avec la tête de Léonard de Vinci, Héraclite en Michel-Ange (il travaillait alors à la chapelle Sixtine !), Euclide n'est autre que l'architecte Bramante. Enfin, l'homme au béret noir... c'est Raphaël lui-même !

BON À SAVOIR : • museivaticani.va •

16

ATTENDRE LE JUGEMENT DERNIER SOUS LA VOÛTE DE LA CHAPELLE SIXTINE

chef-d'œuvre aérien et titanesque de Michel-Ange

Achevées en 1512 par le maestro, la voûte est une splendeur ! Voici de sublimes séquences de la Genèse : la *Création du Soleil et de la Lune,* la *Création de l'Homme* – l'une des images les plus universelles qui soient –, le *Péché originel* d'une extraordinaire volupté, le fantastique *Déluge*... Les volumes incroyables laissent transparaître tout le génie du sculpteur derrière celui du peintre. Son plan est très simple : une salle rectangulaire sans abside de 40,23 m de long, 13,41 m de large et 20,70 m de haut, inspirée du temple de Salomon. Quant aux fresques des murs latéraux, elles retracent les vies de Moïse et du Christ par le Pérugin, Pinturicchio, Botticelli, Signorelli... Une explosion artistique !

BON À SAVOIR : c'est ici que se tient le conclave au cours duquel est élu le pape...

SILLONNER EN SCOOTER LE QUARTIER BRANCHÉ DE LA GARBATELLA

tel Nanni Moretti dans son film *Journal intime*

17

Malgré les inévitables mutations sociales de ces dernières années, on sent encore qu'il existe ici une vie de quartier, des lieux où se tissent de vieilles solidarités. Les murs eux-mêmes, couverts d'affiches, de graffitis et de slogans politiques témoignent que les débats et contradictions du quartier sont encore bien vivaces. Car le quartier de la Garbatella était à l'origine un modèle de ville ouvrière. Aujourd'hui, c'est un quartier branché, à quelques kilomètres du centre, de plus en plus prisé par les jeunes parents en quête de chlorophylle.

BON À SAVOIR : n'hésitez pas à visionner le film de Nanni Moretti *Journal intime (Caro Diaro),* sorti en 1994, dont les premières scènes ont été tournées justement à la Garbatella.

CINECITTÀ

Immense complexe de 60 ha, Cinecittà est inaugurée en avril 1937 pour concurrencer l'hégémonie d'Hollywood. Il faut véritablement attendre les années 1960 pour que Cinecittà entre dans la légende du cinéma. Le réalisateur le plus emblématique de cette période restera l'incontournable Federico Fellini. Il y tournera l'impérissable *Dolce Vita* et nombre de ses chefs-d'œuvre (*Huit et demi, Casanova, Les Clowns*...), rejoignant au passage le Panthéon du cinéma italien et obtenant par ailleurs une reconnaissance internationale. Des réalisateurs de génie comme Visconti, De Sica, Rossellini (qui furent les chantres du néoréalisme) et Pasolini y posent également leur caméra. Le genre des westerns spaghetti s'implante dans les studios romains avec le crépusculaire *Pour une poignée de dollars* de Sergio Leone. C'était l'âge d'or du cinéma italien.

SE BALADER EN FAMILLE, À PIED OU À VÉLO, SUR LA VIA APPIA ANTICA

l'une des routes romaines les mieux conservées d'Italie

18

Construite en 312 av. J.-C. pour relier Rome à Capoue puis Brindes, la voie Appienne est bordée de pins parasols ombrageant son vieux pavage marqué par le passage des chariots. Elle offre ainsi la vision romantique de la décadence antique ; image amplifiée par la présence de part et d'autre de beaux monuments dans leur décrépitude, et puis d'impressionnantes catacombes chrétiennes. Une belle balade à la campagne, à (presque !) deux pas du centre de Rome !

19

VISITER LA CENTRALE MONTEMARTINI, L'ÉTONNANT MUSÉE DE STATUES ANTIQUES

installé dans une ancienne centrale électrique

C'est un mélange détonnant de styles ! Les statues antiques des Musées capitolins ont pris les commandes de la première usine électrique construite en 1912 pour éclairer la Ville Éternelle. Et ça fonctionne ! Les turbines à charbon et les tuyauteries soulignent la blancheur des muscles de marbre et les courbes des corps affûtés. Un contraste magique et fascinant entre l'antique et l'industriel !

BON À SAVOIR : billet jumelé avec les Musées capitolins. • centralemontemartini.org •

SAVOURER

FAIRE BOMBANCE D'ARTICHAUTS, D'AGNEAU ET DE TRIPES, SPÉCIALITÉS ROMAINES

dans une *trattoria* bien typique

20

Évidemment, l'un des grands moments de votre séjour : le repas dans une authentique *trattoria* pour savourer les délices de la cuisine romaine. C'est une cuisine qui se caractérise par ses influences rurales et juives. Elle est simple, saine, nutritive... et savoureuse. Elle se plaît à respecter les saisons, elle ne s'est pas vraiment éloignée de la nature et de son terroir, et est assez variée : spécialités à base de pâtes, de viande (blanche seulement), d'abats divers (les fameuses *tripa alla romana*), de poissons (malheureusement très chers à Rome) et quantité de recettes à base de légumes comme les *carciofi alla romana,* soit les artichauts à la romaine, ou le *carciofo alla giudea,* l'artichaut, débarrassé de ses parties les plus dures, est ouvert, aplati puis passé à la friture. Hmm ! Il y a aussi l'*agnello alla giudea,* recette typique de Pâques, avec une sauce à base d'œuf et de citron, la *concia,* des courgettes frites et marinées, ou encore une tourte aux endives et aux anchois.

SIROTER D'UN TRAIT UN DÉLICIEUX *ESPRESSO* À *LA CASA DEL CAFFÈ TAZZA D'ORO*

l'un des meilleurs cafés de Rome

21

On le piste rien qu'à l'odeur délicieuse qui flotte dans les ruelles alentour... Alors, faites comme les innombrables habitués : prenez votre ticket à la caisse et jouez des coudes au comptoir pour déguster – à l'italienne – les différentes spécialités de cette maison née en 1944. Les cafés sont torréfiés sur place et font l'objet de mélanges au secret jalousement gardé.

PRENDRE SON PETIT DÉJ OU L'APÉRO PARMI LES HABITUÉS DU BAR *SAN CALISTO*

dans le quartier du Trastevere

22

On se sent vite chez soi dans ce café populaire aux tables antiques posées sur cette jolie place, où rien n'est cher, du *capuccino-cornetto* du petit déj à la bière sirotée le soir au milieu d'une faune vivante, joyeuse et populaire. De tôt le matin à tard dans la nuit, une excellente adresse, pas chère, typique et animée !

BON À SAVOIR : terrasse très agréable, même en hiver.

GELATI

Pas d'Italie sans glaces... après la sieste, vers 17h-18h, le rituel immuable de la ***passegiata*** conduit naturellement le promeneur vers son glacier attitré, pour déguster un cornetto de son parfum préféré : *alla straciatella*, au *mustazzolo, al caffe con panna, al pasticcio*... Il existe encore une multitude de petits artisans-glaciers qui utilisent des ingrédients comme le lait et la crème, le sucre, les arômes naturels ou les œufs. Leurs glaces se reconnaissent immédiatement à leur texture exceptionnelle et à leur goût délicieux. Vous serez estomaqué par la variété inépuisable des parfums.

SORTIR

SUCCOMBER AU RITUEL DE L'*APERITIVO*
en fin d'après-midi

23

En fin d'après-midi, il permet de s'abreuver d'un vin gouleyant ou d'un spritz tout en se restaurant d'amuse-gueules (*arancini, lasagne, crostini, torte*, croquettes, etc.), voire de buffets variés – c'est alors une véritable alternative au dîner classique. Un moment que les Romains apprécient beaucoup ! Dans les quartiers romains, les bars ont presque tous adopté la gourmande tradition de l'*aperitivo*.

PARTIR EN GOGUETTE
dans le coin branché et festif du Testaccio

24

Pour faire la fête, cap sur le quartier de Testaccio ! Le soir, une folle animation gagne ce quartier très en vogue, particulièrement autour de la colline artificielle du Monte Testaccio, amas de tessons antiques, comme si la jeunesse romaine voulait y mêler ses propres tessons. Bars à la mode et autres boîtes de nuit foisonnent. Et il y en a pour tous les goûts !

S'ENCANAILLER
dans les quartiers de San Lorenzo et du Pigneto

25

Un peu excentrés, ces deux quartiers attirent les oiseux de nuit ; les étudiants vers San Lorenzo et les artistes branchés vers Il Pigneto, même si tout ce petit monde a tendance à se mélanger lors d'*aperitivi* festifs. Peuplé de beaucoup de cheminots à l'origine, rejoints par des intellos progressistes, artistes et étudiants, San Lorenzo regorge aujourd'hui d'adresses branchées ou décalées. Quant au Pigneto, encore un peu plus éloigné, on en entend parler depuis quelques années comme le nouveau San Lorenzo. Pasolini tourna dans ces rues son premier film *Accattone* (1961), où il dépeint les banlieues de Rome, les quartiers populaires, malfamés le soir. Un demi-siècle plus tard, les artistes, *hipsters* et autres citadins branchouilles s'y retrouvent pour s'encanailler. Voici deux quartiers où il fait bon se balader pour les amateurs d'atmosphère urbaine à l'italienne, qui sont aussi d'excellents terrains d'aventures gastronomiques...

SHOPPING

REMPLIR SON CABAS DE DÉLICIEUX PRODUITS À MOINDRE PRIX
sur les marchés romains

26

La fréquentation des marchés en plein air vous procurera des sensations olfactives... Idéal pour rapporter de l'huile d'olive, des charcuteries, du fromage, du vin. Et même des tomates séchées, des sauces pour les pâtes et, bien sûr, des pâtes ! D'intéressants marchés alimentaires, comme celui de la jolie place du campo de' Fiori, se déploient le matin dans tous les quartiers. Ou encore le mercato Trionfale, près du Vatican. Connu dans tout Rome, ce grand marché couvert moderne est réputé pour la variété et la qualité de ses goûteux produits vendus à prix doux. Une belle adresse authentique et populaire !

BON À SAVOIR : les marchés se déroulent tous les matins sauf le dimanche, de 7h30 à 13h30.

AGENDA DES FÊTES, FESTIVALS ET ÉVÉNEMENTS

FÉVRIER : Carnaval

Défilés déguisés dans les rues de Rome, et aussi bonne occasion de déguster beignets et fritures.

19 MARS : fête de la Saint-Joseph

Dans le quartier Trionfale situé au pied du monte Mario, entre le Vatican et le Tibre. Fête du saint charpentier pendant toute la journée et une partie de la nuit... avec de pantagruéliques festins à base de beignets et de crêpes.

VENDREDI SAINT : Chemin de croix

À 21h. Conduit par le pape, il débute au Vatican pour s'achever au Colisée. Le dimanche de Pâques, à 12h, a lieu la bénédiction papale.

21 AVRIL : Naissance de Rome (Natale a Roma)

Dans le Campidoglio. Feux d'artifice et fiesta toute la semaine.

JUIN, JUILLET ET AOÛT : concerts et opéras en plein air

24 JUIN : fête de la Saint-Jean

Piazza di porta San Giovanni. Une occasion de se remplir la panse avec de la *porchetta*, cochon de lait rôti, et des escargots, servis traditionnellement à l'occasion de cette fête qui n'a pas qu'un intérêt culinaire.

28-29 JUIN : fêtes des saints Pierre et Paul

Au Vatican. Également des feux d'artifice à Saint-Paul-hors-les-Murs le 29 juin.

15-30 JUILLET : fête de Noantri

Dans le Trastevere. Fête populaire où vous rencontrerez, un peu partout, l'incontournable *porchetta*... et une quantité de manifestations et d'animations, jusque sur les bords du Tibre.

FIN NOVEMBRE : fête du Vin nouveau

Au campo dei Fiori.

8 DÉCEMBRE : fête de l'Immaculée Conception

Le 8 décembre, dans l'après-midi. Présence du pape dans la foule de la piazza di Spagna.

Fontaine de Trévi

SAINT-PÉTERSBOURG

Projection urbaine des fantasmes et des passions de Pierre le Grand, Saint-Pétersbourg fut créée de toutes pièces comme une échappée au carcan russe. *Le tsar n'avait qu'une idée en tête : s'éloigner de l'âme et des coutumes russes pour ouvrir une fenêtre sur l'Europe. Cité grandiose et fastueuse, la ville est une vitrine de la puissance impériale. Capitale des tsars pendant près de 200 ans, elle en a gardé l'empreinte majestueuse. Boulevards rectilignes et larges, places et parcs imposants, reflets miroitants des canaux et de la Neva, offrent tour à tour des perspectives grandioses. Avec ses quelque 250 musées et 4 000 monuments, la ville se place juste derrière Venise en terme de constructions protégées par l'Unesco. Ce n'est donc pas sans raison que Saint-Pétersbourg est aussi appelée la « Venise du Nord ».*

3H10
AU DÉPART DE PARIS
(EN **LOW COST**, PRÉVOIR UNE ESCALE)

BUDGET	€€€
CULTURE	★★★★
CUISINE	★★★☆
SHOPPING	★★☆☆
VIE NOCTURNE	★★★☆

SE REPÉRER

DÉCOUVRIR

VISITER LA CATHÉDRALE DE LA FORTERESSE PIERRE-ET-PAUL
berceau de Saint-Pétersbourg

1

C'est ici que Saint-Pétersbourg est née. En mai 1703, Pierre le Grand choisit cet endroit stratégique pour bâtir sa forteresse (en bois et en terre), parce que la Neva y est la plus large et que cette petite île dans l'île offre la meilleure sécurité. Entre ces murs, les sites à visiter sont nombreux, mais on viendra principalement pour la cathédrale, construite sur les plans de l'architecte Trezzini. Sa flèche dorée de 123 m de haut est visible de partout dans le centre historique et même depuis les bateaux sur la Neva. La cathédrale est aussi la nécropole des Romanov, abritant les tombeaux de Pierre le Grand, le fondateur de la ville ; Catherine II, la dernière impératrice de Russie ; Alexandre II, qui abolit le servage avant d'être assassiné ; et, enfin, Nicolas II et sa famille, exécutés à la révolution d'Octobre.

BON À SAVOIR : on peut faire l'ascension du clocher, pour une vue à 42 m au-dessus du sol.

MONTER À BORD DU LÉGENDAIRE CROISEUR *AURORE*
et revivre ce qui déclencha en 1917 la révolution d'Octobre

2

C'est depuis ce vaisseau que fut tiré, le 25 octobre 1917, à 21h40, le coup de canon à blanc qui servit de signal pour lancer l'assaut du palais d'Hiver. En fait, les bolcheviks ne rencontrèrent pas de grande résistance, l'attaque ne fit que 8 morts et, dans la panique, le chef du gouvernement s'enfuit déguisé… en femme. À bord, le quartier des matelots est aménagé en musée, et les touristes se font photographier à la proue, devant le fameux canon. Cela dit, on peut aussi se contenter de poser pour la photo sur le quai…

BON À SAVOIR : • aurora.org.ru •

Palais de Catherine, Tsarskoïe Selo

PIERRE Ier « LE GRAND » (1672-1725)

Le tsar le plus fascinant de l'histoire ! Pierre a fait entrer la Russie dans une ère nouvelle : il impose les modes et mœurs d'Europe occidentale à sa cour, conquiert les rives de la Baltique, crée Saint-Pétersbourg au terme d'un pari fou, crée la Marine russe, fonde de nombreuses écoles et académies, et réorganise l'État. Bref, ses initiatives sont incalculables. Le personnage lui-même sort du commun : gaillard de 2,04 m à la main de fer, amateur de beuveries, ouvrier hors pair, méprisant la noblesse non méritée, les curés et les rabat-joie. Vous apprendrez tout sur lui en visitant Saint-Pétersbourg...

SAISIR L'ÂME DU PAYS
à travers les collections du Musée russe

4

Logé dans un énorme palais néo-classique bâti par un architecte italien, il abrite la plus grande collection d'art russe au monde, présentée de façon chronologique depuis les peintures religieuses du XIIe s aux toiles du XXe s. L'occasion idéale de découvrir les icônes d'Andreï Roublev, les portraits officiels des tsars, l'académisme grandiloquent des toiles historiques et mythologiques de Brioullov, Ivanov et Sourikov, auxquels répondent les travaux inspirés des peintres « ambulants » comme Kramskoï ou Repine, ou encore, plus proches de nous, les avant-gardistes du XXe s, notamment Kandinsky et Malevitch.

BON À SAVOIR : • rusmuseum.ru •

ADMIRER LA VUE SUR LA VILLE
depuis la coupole de la monumentale cathédrale Saint-Isaac

5

C'est même sans doute l'une des 1res visites à faire en arrivant à Saint-Pétersbourg, pour avoir une vue imprenable sur l'Ermitage et l'église Saint-Sauveur-sur-le-Sang-Versé, entre autres splendeurs. La cathédrale fut édifiée par un architecte français à la fois novice et audacieux, Auguste de Montferrand, qui dut combler les marais de milliers de troncs d'arbre pour éviter que la cathédrale ne s'enfonce ! Il faut dire qu'elle pèse 300 000 t et que ses mensurations frisent toutes les 100 m, que ce soit en hauteur, en longueur ou en largeur.

3

SE PLONGER DANS LES COLLECTIONS EXCEPTIONNELLES DE L'ERMITAGE ET DE L'ÉTAT-MAJOR
les plus vastes au monde

Le musée de l'Ermitage est le plus grand musée du monde par l'étendue de ses collections (3 millions d'objets répertoriés, dont 60 000 exposés !). D'un côté, les collections classiques européennes rassemblées par Catherine II, réparties entre le palais d'Hiver, le Petit, le Vieil et le Nouvel Ermitage, où l'on croisera, entre autres, Léonard de Vinci, Rembrandt ou encore Rubens. De l'autre, dans le bâtiment de l'État-major juste en face, les impressionnistes, les postimpressionnistes et les modernes : Monet, Manet, Degas, Gauguin, Van Gogh, mais aussi une collection unique de Matisse et de Picasso. Un adage dit que si l'on s'arrête 1 mn devant chaque œuvre, on peut y passer 5 ans...

BON À SAVOIR : • hermitagemuseum.org •

SE LAISSER ÉMOUVOIR PAR LA DOUCEUR DES BULBES DE L'ÉGLISE DU SAINT-SAUVEUR-SUR-LE-SANG-VERSÉ
et par sa décoration inimitable

6

Elle fut édifiée par Alexandre III à l'emplacement précis où son père fut tué dans un attentat, en 1881. C'est une superbe pâtisserie multicolore néo-Renaissance composée de 5 gros bulbes, de dizaines de *kokochniki*, évoquant la coiffe des femmes russes, et de mosaïques figurant des blasons et des saints. À l'intérieur, profusion de marbre et de mosaïques de smalt racontant le Nouveau Testament. Heureusement, elle a survécu au régime soviétique pendant lequel l'église servait à stocker des pommes de terre, gagnant ainsi le surnom de Saint-Sauveur-sur-Patates...

PARCOURIR LA FAMEUSE PERSPECTIVE NEVSKI
l'artère vibrante de la ville

7

Cette avenue part de la Neva au niveau de l'Amirauté, pour aboutir, 4,5 km plus loin, à la laure Alexandre-Nevski. Vous remarquerez qu'elle n'est pas rectiligne, puisqu'elle passe par la gare de Moscou, suite à une erreur de tracé commise par l'une des équipes missionnées par Pierre le Grand ! Néanmoins, ces Champs-Élysées russes sont incontournables, menant aussi bien à l'Ermitage qu'à la cathédrale Notre-Dame-de-Kazan, au centre commercial de Gostiny Dvor qu'au théâtre Alexandra, sans parler des innombrables commerces de luxe, dont le plus connu est la superbe épicerie Art nouveau *Elisseïev.*

FRISSONNER, DANS LE PALAIS YOUSSOUPOV
à l'évocation de l'assassinat du célèbre Raspoutine

8

L'édifice porte le nom de la dynastie khan mongole qui se lia avec Pierre le Grand, devenant ainsi la 2e grande famille pétersbourgeoise après les Romanov. Dans ce palais, qui fourmille de légendes et d'anecdotes, vous verrez l'escalier d'apparat tout en marbre, dont on dit qu'il fut acheté avec son palais italien juste pour être acheminé ici, plus une enfilade de salons classiques et orientalisants. Mais surtout, vous visiterez le musée Raspoutine, à l'endroit même où celui-ci fut victime d'un guet-apens en 1916

BON À SAVOIR : • yusupov-palace.ru •

LITTÉRATURE RUSSE

C'est souvent par les noms de Pouchkine, Dostoïevski, Gogol ou Tolstoï que la plupart d'entre nous ont entendu parler de la Russie. La littérature russe, tout comme la musique et la peinture, est pour une grande part mondiale. Il y a la littérature russe d'avant Alexandre Pouchkine, peu connue, et celle d'après Pouchkine, appréciée du monde entier. L'écrivain ou le poète russe est plus qu'un artiste : il a été une conscience sociale, politique et morale, et a rempli le rôle d'une opposition politique le plus souvent interdite, aussi bien sous le tsarisme que sous le régime soviétique.

EMBARQUER POUR UNE MINICROISIÈRE SUR LES CANAUX MOÏKA, GRIBOÏEDOVA ET FONTANKA

à la découverte de son richissime patrimoine architectural

9

Ces canaux sont les véritables artères de la ville selon Pierre le Grand, qui voyait en Saint-Pétersbourg une ville d'eau s'étalant sur une centaine d'îles. De mai à octobre, le long des quais de granit bâtis à la fin du XVIIIe s sous Catherine II, on a l'occasion d'admirer l'architecture monumentale de la ville et les nombreux ponts qui relient les quais, notamment le pont Anitchkov (Fontanka) et ses superbes statues équestres, ou encore le pont Bankovski (Griboïedova) avec ses incroyables griffons d'or...

ENTRER DANS L'UNIVERS INTIME DE POUCHKINE

en visitant son appartement, devenu musée

10

Il le louait à une princesse, comme dans un conte pour enfants. Grand coureur de jupons lui-même, mais ne supportant pas qu'un officier de cavalerie français tente de séduire sa femme, il revint mourir ici, après l'avoir provoqué en duel... On y verra notamment les lettres anonymes de l'époque dénonçant son cocufiage, le gilet porté le jour du duel, son cabinet de travail et son écritoire ornementé d'un personnage à la peau sombre, évoquant son arrière-grand-père, ancien esclave africain élevé par Pierre le Grand lui-même.

BON À SAVOIR : • museumpushkin.ru •

VISITER L'APPARTEMENT OÙ DOSTOÏEVSKI PASSA LES DEUX DERNIÈRES ANNÉES DE SA VIE

et écrivit *Les Frères Karamazov*

11

On imagine le grand écrivain russe, fumeur invétéré et malade des poumons, le regard posé sur l'église voisine de Notre-Dame-de-Vladimir, à la recherche de l'inspiration lors de ses longues nuits de travail. Seulement quelques pièces modestes et quelques objets personnels pour l'auteur de *Crime et Châtiment*, dont l'autre héros, outre Raskolnikov, est tout simplement la ville de Saint-Pétersbourg, décrite de long en large dans ce chef-d'œuvre de la littérature mondiale.

ARPENTER LES ARTÈRES DE L'ÎLE VASSILIEVSKI

dont la pointe regroupe plusieurs magnifiques édifices datant de l'époque de Pierre le Grand

12

La pointe est de l'île, nommée « *Strelka* », l'« aiguille », regorge de musées qui occupent les anciens bâtiments du port et des douanes, et c'est d'ici qu'on profite des plus beaux panoramas sur les deux rives de la Neva. Deux époques se croisent : du palais Menchikov à la Kunstkamera, c'est une fresque du baroque pétrovien du XVIIIe s. Entre l'université et les anciens bâtiments du port, c'est la plongée assurée dans le Saint-Pétersbourg classique du XIXe s. C'est sur cette île, la plus grande du delta de la Neva, que Pierre Ier pensait installer le centre administratif de Saint-Pétersbourg. En fait, il prétendait créer une nouvelle Amsterdam. À cause de l'isolement et des inondations fréquentes, le « chantier » Vassilievski fut abandonné.

CONTEMPLER AVEC RAVISSEMENT

les créations d'un joaillier de génie dans le musée Fabergé

13

Pierre-Karl Fabergé, de lointaine origine française, réalisa une cinquantaine d'œufs-surprises, à la demande du tsar. Il les livrait pour la Pâque orthodoxe. On en voit pas moins de 9 dans ce musée, réunis par un richissime homme d'affaires collectionneur russe, qui les a achetés aux États-Unis pour les rapporter au pays. Bien entendu, l'intérêt du musée ne se limite pas à ces seuls œufs, si beaux soient-ils, et on peut y admirer de nombreuses autres créations de la maison Fabergé.

BON À SAVOIR : • fabergemuseum.ru •

SE PRENDRE POUR UN TSAR EN SON CHÂTEAU DE PETERHOF

la résidence d'été de Pierre le Grand, qui avait visiblement visité Versailles...

14

En sortant de l'hydroglisseur, face au golfe de Finlande, on déambule dans un gigantesque parc égayé de pavillons, de fontaines et de jardins à l'anglaise et à la française, jusqu'à la Grande Cascade au pied du palais. Là, ce n'est que profusion de statues dorées et jets d'eau majestueux. Le palais lui-même oscille entre baroque allemand, russe et néoclassicisme à la Catherine II, fourmillant de salons aux murs de soie fleurie, avec poêles de faïence bleue, portraits de tsars et de tsarines, et même des cabinets chinois. Peterhof fut durant deux siècles la résidence officielle d'été des tsars de l'empire. Toute la Cour déménageait ici à la belle saison. Peterhof devenait pour un temps le centre stratégique et politique de l'État. Sans oublier les fêtes et bals déments que les tsars et surtout les tsarines (notamment Élisabeth Ire et Catherine II) y donnèrent.

BON À SAVOIR : vous pouvez vous rendre en hydroglisseur à Peterhof depuis Saint-Pétersbourg (mai-oct). • peterhof-express.ru •

15

ASSISTER, LA NUIT, À L'OUVERTURE DES PONTS SUR LA NEVA

qui permet aux cargos et navires de circuler sans encombrer le fleuve en journée

Cest l'une des curiosités de Saint-Pétersbourg, ville étroitement liée à son fleuve. D'avril à début novembre, et a fortiori pendant les Nuits blanches, c'est la balade romantique absolue ! Bien sûr, vous ne serez pas seul, car c'est aussi le rendez-vous des touristes et des fêtards. Les ponts se lèvent à tour de rôle entre 1h25 et 2h45 du matin à une heure bien précise. Alors ne loupez pas l'horaire : mettez votre réveil ou prolongez la soirée et la nuit jusqu'à l'ouverture des ponts...

BON À SAVOIR : si vous logez sur les îles Vassilievski et Petrogradskaya, vous devrez attendre la réouverture des ponts pour rentrer faire dodo.

ADMIRER L'INCROYABLE CHAMBRE D'AMBRE

du palais de la Grande Catherine à Tsarskoïe Selo, le « village du tsar »

16

Vu de l'extérieur, le palais constitue un ensemble impressionnant. Le fleuron de la visite en est le salon d'Ambre, dont la décoration d'origine fait l'objet d'un mystère qui n'a toujours pas été résolu. Ce cadeau offert par le roi de Prusse Frédéric-Guillaume Ier à Pierre le Grand, fut « récupéré » par les nazis en 1941, mais on ne sait pas ce qu'il est devenu... Qu'à cela ne tienne, les Soviétiques le reconstituèrent à l'identique, une véritable performance !

BON À SAVOIR : • eng.tzar.ru •

VISITER LE GRACIEUX PALAIS EN ARC DE CERCLE DE PAVLOVSK
voisin de Tsarskoïe Selo, construit par Catherine II pour son fils

17

Le lieu est gracieux, romantique, riche et personnel. Pour la réalisation de ce palais d'été dédié à Paul (Pavel) Ier, Catherine avait « prêté » un de ses architectes favoris, l'Écossais Charles Cameron, plus tard assisté par d'autres architectes réputés, comme Brenna, Voronikhine, Quarenghi ou Thomas de Thomon. Des pontes du classicisme ! De style austère mais élégant, il consiste en une partie centrale carrée coiffée d'un dôme aplati, assis sur un tambour entouré de 64 colonnes. Un portique corinthien à huit colonnes surmonte l'entrée. Plus tardivement sont venues s'ajouter deux ailes en arc de cercle, la colonnade du rez-de-chaussée soutenant une galerie raffinée, qui se referment presque totalement sur la cour.

BON À SAVOIR : à 30 km au sud de Saint-Pétersbourg. Départs ttes les 10-15 mn de la gare de Vitebsk. • pavlovskmuseum.ru •

DÉCOUVRIR LE RITUEL DU BANIA, COUSIN DU SAUNA
une pratique qui remonte à la nuit des temps

18

La coutume du *bania* est très populaire, même dans les villes d'aujourd'hui. En plus, de nombreux Russes ont un *bania* dans leur datcha. Tout y a son importance : les herbes dans l'eau que l'on jette sur les pierres chauffées et qui sert à produire la vapeur ; les branches dont on se flagelle le corps (bouleau, éventuellement peuplier...) ; ce que l'on y boit (*kvas*, thé, bière). Tout pour le corps, tout pour la santé. À signaler que le *bania* est aussi un lieu de contact social privilégié ; beaucoup d'affaires y sont traitées. Si vous n'êtes pas accompagné d'un ami russe, observez comment font les autres. Au *bania*, les gens sont détendus, ils vous aideront avec plaisir.

BON À SAVOIR : *Yamskie Bani* est l'un des bains les plus centraux et les mieux équipés. • yamskie.ru •

SAVOURER

S'INITIER AUX SAVEURS DE LA CUISINE RUSSE, DANS UN DÉCOR DE DATCHA
au *Dachniki Soviet Cafe*

19

Nappes à carreaux, plancher en bois, avec la télé qui passe en boucle de vieux films en noir et blanc : ici, ce n'est pas le grand bond en avant mais plutôt un (gentil) retour en arrière, pour s'amuser. La nostalgie, camarade... Tous les plats russes classiques sont là : *varienniki, draniki, pielméni,* mais aussi *shashlick* (brochettes). Autre adresse à recommander pour un menu 100 % russe : *Na Zdorovie !* À peine installé, on vous présente, avec des pinces, une serviette en tissu, puis on vous laisse choisir. *Pielméni* aux bolets, *borchtch* servi dans une miche de pain, *shashlick* flambés, truite sauce aux amandes, perche au fromage et à l'aneth, veau *velikoruski* (farci aux cerises, sur lit de purée)... C'est aussi le moment ou jamais d'essayer le *kvas,* cette boisson russe pétillante à base de pain de seigle fermenté... Musique tous les soirs bien sûr, avec chants un jour sur deux.

BON À SAVOIR : *Dachniki Soviet Cafe,* Nevsky pr., 20 et *Na Zdorovie,* Bolchoï pr., 13.

DÉCOUVRIR L'ART D'ACCOMPAGNER SA VODKA DE DÉLICIEUX ZAKOUSKI
comme le font les Russes

20

L'art d'accompagner la vodka connaît de grands raffinements. Car en Russie, c'est la nourriture qui accompagne la vodka, et non l'inverse... Certains zakouski constituent avec la vodka des alliances particulièrement harmonieuses. Citons le cornichon salé, les *masliata* (petits champignons qui, marinés, ont une consistance visqueuse), le maquereau *(skumbria)* salé, la *julienne* (petite entrée à base de champignons cuits au four) et le *kholodets* (gelée préparée avec des morceaux cartilagineux de porc).

BON À SAVOIR : au chapitre de la diversité, la vodka n'a rien à envier à ses compagnons les zakouski. Elle peut être soit parfaitement pure, soit légèrement adoucie grâce à l'ajout de certains arômes de plantes à doses homéopathiques, soit encore préparée avec des fruits rouges ou du piment marinés.

21

S'OFFRIR UN OPÉRA OU UN BALLET AU PRESTIGIEUX THÉÂTRE MARIINSKI

dédié à la tsarine Marie, épouse d'Alexandre II

SORTIR

Le Mariinski, c'est le plus grand théâtre d'opéras et de ballets de la ville, et toutes les meilleures compagnies s'y produisent. Énorme façade verte, néoclassique, avec les sempiternels masques et sculptures. Salle grandiose. Le Mariinski est né en 1859 sur les décombres de l'ancien théâtre du Cirque. L'année suivante, il fut inauguré par la représentation de *La Vie pour le tsar,* de Glinka, considéré comme le premier véritable opéra russe. Ici dansèrent les plus grands : Pavlova, Nijinski, Barychnikov, Noureev, Makarova. Chaliapine y chanta et Marius Petipa, le grand danseur et chorégraphe marseillais, y fut 1er danseur puis maître de danse à la fin du XIXe s. Il mit en scène plus de 60 chorégraphies, qui restent aujourd'hui comme les plus marquantes du répertoire russe : *Le Lac des cygnes, Casse-Noisette,* pour n'en citer que deux. De l'autre côté du canal Krioukov se trouve le Mariinski 2, la nouvelle scène inaugurée en 2013, permettant de multiplier les représentations par 2 !

BON À SAVOIR : la saison s'étire fin sept-fin juil, avec, en général, 2 spectacles/j., sauf lun (relâche).

• mariinsky.ru •

L'ÂME RUSSE

Qu'est-ce qui crée le mystère en Russie et fascine tant le visiteur étranger ? Une partie de la réponse se trouve dans ce que les Russes appellent eux-mêmes, non sans un soupçon d'ironie, l'« âme russe » *(russkaya ducha)*. Mystérieuse mais non secrète, l'âme slave ne s'embarrasse ni de subtilités protocolaires ni de belles manières. Bref, il est indispensable de prendre les Russes par les sentiments et de toucher leur sens de l'humour pour les voir s'ouvrir avec une facilité déconcertante et une chaleur exceptionnelle. C'est le côté méridional de ce pays, dont les frontières jouxtent le pôle Nord et qui se dispute une partie de l'archipel des Aléoutiennes avec les Japonais ! Le paradoxe que renferme l'âme russe consiste précisément à associer l'exubérance la plus latine à une subtilité tout orientale.

EXPLORER LE CENTRE D'ART POUCHKINSKAYA-10
pour un bain de culture alternative

22

Anciens squats des années 1980 qui furent transformés en « Société de libre culture », puis en *art center* à la fin de la décennie. Vaste complexe constitué d'une vingtaine d'ateliers, galeries et petits musées répartis dans de vieux immeubles d'habitation. Le lieu, qui fut en son temps une véritable pépinière d'artistes dans les domaines les plus divers est aujourd'hui plus structuré. Ici, c'est comme pour le gaz, il y a de l'art à tous les étages : musée des Arts anticonformistes, *Techno-art Center*, expos de photomontages, temple John Lennon « de l'amour, de la paix et de la musique »... du grain à moudre pour l'esprit curieux que vous êtes !

BON À SAVOIR : au 3e étage, le *GEZ 21* propose des concerts le week-end. GEZ, cela signifie « Experimental Sound Gallery », et ça n'est pas volé ! Aussi expérimental que destroy ! • p-10.ru • gez21.ru •

VOIR UN CONCERT DE ROCK AU FISH FABRIQUE
une institution à « Piter »

23

C'est la salle de concerts du *Pouchkinskaya-10*. Petite, à l'atmosphère sombre, avec un bar décoré d'arêtes de poisson. Clientèle jeune et d'habitués : ici, tout le monde se connaît. Projections bizarroïdes sur grand écran le dimanche soir, ou films plus classiques. Venez-y plutôt en fin de semaine, lorsqu'un groupe de rock plus ou moins bourrin vient faire résonner ces vieux murs ! À défaut, on peut toujours se rabattre sur le baby-foot... Une terrasse dehors pour l'après-midi ou les soirées d'été.

BON À SAVOIR : • fishfabrique.ru •

SHOPPING

24

FAIRE SES DERNIERS ACHATS À L'ÉPICERIE *ELISSÉÏEV*
sur la perspective Nevski, et admirer son architecture Art nouveau

Le grand magasin *Elisséïev*, de style Art Nouveau, ouvert en 1903, a été restauré en grande partie à l'identique, et a conservé les différents départements qui avaient fait son succès dans les dernières années de la Russie impériale. Pâtisserie, charcuterie, fromage, saumon, thés, et bien entendu caviar... on y trouve tous les produits haut de gamme, russes ou non, à des prix fort peu démocratiques... Rendez-vous des Russes aisés et des touristes.

BON À SAVOIR : Nevski pr., 56. Tlj 10h-23h.

AGENDA DES FÊTES, FESTIVALS ET ÉVÉNEMENTS

JANVIER : Noël orthodoxe
Le 7 janvier.

JANVIER : Nouvel An orthodoxe
Le 13 janvier.

MAI : fête du Printemps et du Travail
1er mai.

FIN MAI-DÉBUT JUILLET : Nuits blanches
En fait, il n'y a pas vraiment de dates officielles pour les Nuits blanches : elles correspondent tout simplement aux quelques semaines durant lesquelles le soleil ne se couche que 3 ou 4h par jour (et encore, pas complètement). Pendant cette période, la ville est en effervescence : les théâtres et châteaux donnent des concerts de musique classique, la forteresse Pierre-et-Paul accueille des concerts de rock en plein air, il y a un carnaval à Tsarskoïe Selo, un festival de jazz et, un peu partout, des animations dans la rue. Bref, il peut être intéressant d'y être à ce moment-là, mais gare au coût de l'hébergement, qui atteint un pic de cherté...

SEPTEMBRE : fête de la Ville

NOVEMBRE : Jour de l'Unité du peuple
4 novembre.

Château de Peterhof

SÉVILLE

Séville c'est le cœur de l'Andalousie. Cité phare de l'histoire espagnole, où les cultures chrétienne et musulmane ont vécu une « émulante » cohabitation, la ville étale fièrement ses monuments le long du Guadalquivir*. Bien sûr, il faut les visiter, mais il faut aussi flâner dans les quartiers populaires, arpenter les ruelles pavées bordées de bâtisses colorées aux toits envahis d'herbes folles qui fleurissent au printemps, pousser les portes des patios couverts d'azulejos, s'enfoncer dans les jardins luxuriants qui parsèment la ville. Il faut découvrir aussi l'effervescence surréaliste les soirs de week-end, passer de bar à tapas en bar à vins, faire connaissance, partager la bonne humeur de ses habitants. Séville, un choc architectural bien sûr, un coup de cœur avant tout. On comprend qu'elle ait inspiré tant d'artistes.*

2H20
AU DÉPART DE PARIS

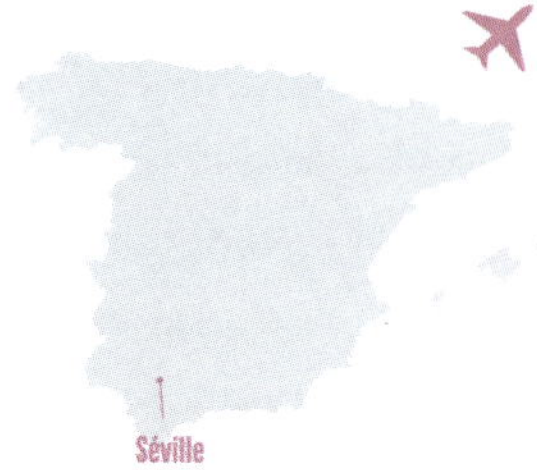

BUDGET	€€€
CULTURE	★★★☆
CUISINE	★★★★
SHOPPING	★★☆☆
VIE NOCTURNE	★★★★

SE REPÉRER

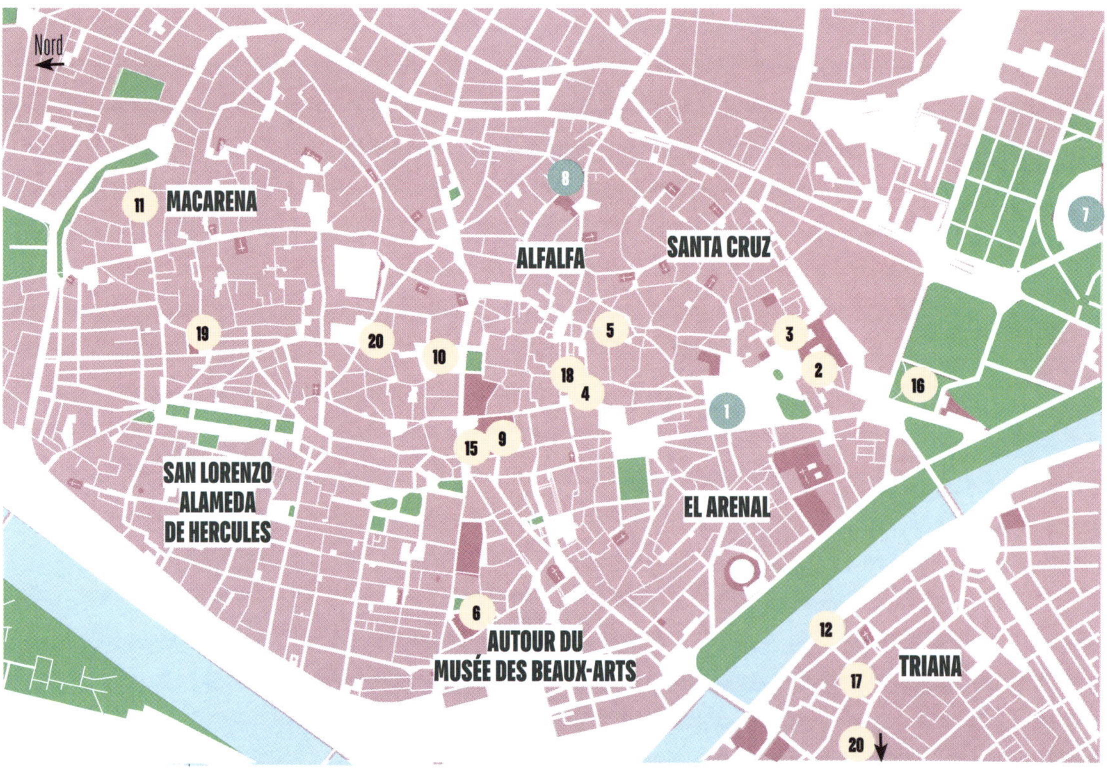

DÉCOUVRIR

1

SE SENTIR TOUT PETIT FACE À LA GRANDIOSE CATHÉDRALE coiffée de sa sublime Giralda

Comme beaucoup d'églises de la région, elle fut bâtie sur l'emplacement d'une mosquée, dont il ne subsiste que la Giralda et le charmant patio de los Naranjos. Les chanoines, au XVe s, voulaient que l'édifice soit si grand que ceux qui le verraient les penseraient fous. Résultat : c'est la 3e cathédrale du monde par la taille et la plus large de toutes les cathédrales gothiques ! Avec ses 97,50 m de haut, la Giralda, ancien minaret devenu clocher, frappe par l'élégance de ses arabesques. Du sommet, superbe panorama sur Séville.

BON À SAVOIR : • catedraldesevilla.es • Résa impérative.

FLÂNER DANS L'ALCÁZAR ET SES SPLENDIDES JARDINS véritable oasis de fraîcheur en plein cœur de la vieille ville

2

Classé au Patrimoine mondial de l'Unesco, l'Alcázar se compose d'un ensemble de superbes palais et de patios, construits, décorés, rénovés par différents monarques au fil du temps. Son histoire commence au Xe s, quand le calife omeyyade Abderraman III ordonna la construction d'une forteresse à l'emplacement de l'actuel palais. Au fil des siècles, tous les illustres occupants de l'Alcázar ajoutèrent leur pierre à l'édifice, ce qui explique que se mélangent allègrement le mudéjar, le gothique, le baroque et tous les styles intermédiaires. Les jardins sont envoûtants et offrent une fraîcheur appréciable aux heures les plus chaudes. Un lieu unique.

BON À SAVOIR : • alcazarsevilla.es • Réserver absolument.

JARDIN SECRET

Bien avant les Arabes, ce sont les Romains qui instituèrent l'ordonnancement de l'habitat autour du patio, petite cour centrale non couverte. Cette organisation fut développée par les Arabes. Le patio possède de multiples avantages. Il permet d'avoir le sentiment d'être chez soi tout en étant à l'extérieur, il protège autant des regards curieux que du soleil. La chaleur y est moins forte et la lumière moins crue. C'est un lieu de réunion, de rencontre de toute la famille. Une multitude de géraniums furieusement rouges et autres plantes en pots en tapisse souvent les murs, tandis qu'une fontaine centrale fait bruire un filet d'eau rafraîchissant. Cet art du patio doux et fleuri, oasis de fraîcheur et de paix, on ne le trouve nulle part ailleurs qu'en Andalousie.

SE PERDRE DANS LE LACIS DE RUELLES MÉDIÉVALES DU QUARTIER DE SANTA CRUZ

entre arcades et placettes

3

Bâti sur les fondations de l'ancien quartier juif coincé entre l'Alcázar et la cathédrale, le *barrio* de Santa Cruz est probablement le quartier le plus enchanteur de Séville. Prenez le temps de découvrir toute sa richesse historique et architecturale mais surtout de ressentir son charme puissant, que l'on rencontre au détour de venelles tortueuses, de superbes demeures aux couleurs chaudes et de patios secrets, envahis par les fleurs et leurs senteurs enivrantes. Une balade magique, qui se termine bien souvent attablé sous les orangers à rêvasser. Santa Cruz, c'est l'Andalousie des cartes postales !

DÉTAILLER LES SOMPTUEUX RETABLES BAROQUES DE L'ÉGLISE DEL DIVINO SALVADOR

les plus beaux de la ville

4

Cette église, la plus importante de Séville après la cathédrale, est une œuvre phare du baroque espagnol. Élevée sur une ancienne mosquée (encore !), elle est célèbre pour ses somptueux retables baroques (une quinzaine, tous du XVIIIe s). Ses joyaux ? L'extraordinaire et monumentale porte de la chapelle des Sacrements ; mais aussi le colossal maître-autel de 21 m de haut sur 10 de large ! Que l'on aime ou pas ces cascades d'angelots dorés et ces christs sanguinolents, difficile de rester de marbre.

BON À SAVOIR : entrée incluse dans le billet de la cathédrale. Fermé dim mat.

5

SONDER LES MYSTÈRES DE L'ÂME ANDALOUSE

au musée du Flamenco

Créé sous l'impulsion de Cristina Hoyos, danseuse et chorégraphe internationale, il présente une muséographie totalement en phase avec son sujet, la danse flamenco, en utilisant toute la technologie moderne. On découvre de façon interactive sa musique, son chant, son art, à travers archives sonores, photos, vidéos, sans oublier les objets et costumes offerts par quelques étoiles nationales.

BON À SAVOIR : le musée propose aussi des cours de danse, chant, guitare, *compás* (rythme), ainsi que des spectacles de flamenco de très bonne tenue. Réduc avec la visite du musée.
• museodelbaileflamenco.com •

LES ORANGERS DE SÉVILLE

Ce sont les marchands arabes qui introduisirent l'orange en Espagne vers l'an 1000, ainsi que l'alambic pour la distiller en huile de néroli (huile essentielle de parfumerie). Ces orangers amers (bigaradiers en français) sont couramment nommés en espagnol « naranjos de Sevilla ». Le fruit, trop amer pour être mangé cru, sert donc à fabriquer la marmelade anglaise et entre dans la composition du Cointreau ou du Grand Marnier. Plus simplement, les orangers de Séville, qui embaument délicieusement la ville au printemps, servent de base à l'eau de fleur d'oranger.

DÉCOUVRIR LES TOILES DES PLUS GRANDS MAÎTRES ESPAGNOLS

et en particulier de l'école sévillane, au musée des Beaux-Arts

6

Avec ses 3 patios et son cloître, cet ancien couvent du XVIIe s vaut à lui seul le détour. La collection s'étend de l'art médiéval espagnol jusqu'au début du XXe s. On admire de brillants chefs-d'œuvre du Greco, de Velázquez ou Valdés Leal, entre autres. Clous de la visite, une quinzaine de superbes toiles de Murillo, et les chefs-d'œuvre de Zurbarán, notamment le magnifique *Cristo crucificado* (1635-1640), tout en ombres et lumières.

BON À SAVOIR : fermé lun ; gratuit pour les ressortissants de l'UE.

FLÂNER SUR LA GRANDIOSE PLAZA DE ESPAÑA

et laisser défiler devant soi toute l'histoire de la péninsule Ibérique

La place d'Espagne, à Séville, est à elle seule un véritable petit bijou. Édifiée pour l'Exposition hispanoaméricaine de 1929, grandiose et aérée, c'est un arc de cercle de 200 m de rayon bordé de gracieux pavillons de briques et fermé par un bassin. Sur les 48 bancs, des tableaux d'azulejos narrent l'histoire des provinces d'Espagne. Quant aux 4 élégants ponts enjambant le canal, ils symbolisent les royaumes de la couronne d'Espagne : Castille, Aragón, León et Navarre. Sévillans comme touristes adorent s'y balader.

BON À SAVOIR : la *plaza* s'ouvre sur le parque María Luisa, dessiné par le Français Forestier pour l'Exposition de 1929. Une bonne dose de verdure et de fraîcheur.

8

DÉCOUVRIR LA CASA DE PILATOS
expression raffinée de l'art mudéjar

Ce superbe palais des XVᵉ-XVIᵉ s est une demeure seigneuriale parmi les plus éblouissantes de Séville. Inspirée, dit-on, par le palais de Ponce Pilate à Jérusalem, elle lui devrait son nom. Dans le patio principal aux arcades finement ouvragées, superbes panneaux d'azulejos flanqués de statues grecques et romaines. Tout autour, des salles tapissées de stucs et d'azulejos impressionnants, aux remarquables portes en marqueterie. Quant aux jardins, ils sont du même tonneau (de sangria).

BON À SAVOIR : résa recommandée. Entrée gratuite lun 15h-19h pour les ressortissants de l'UE. • fundacionmedinaceli.org •

ADMIRER LES PLUS BELLES MOSAÏQUES QUI SOIENT
au palacio de la Condesa de Lebrija

9

Construit au XVIᵉ s, ce palais fut aménagé par sa dernière propriétaire, la comtesse de Lebrija (début XXᵉ s), dans un style mudéjar-Renaissance très réussi. Cette grande voyageuse-collectionneuse conçut un véritable musée, et en modifia l'architecture pour installer sa collection ! Ainsi, au rez-de-chaussée, de magnifiques mosaïques romaines issues du site d'Itálica couvrent les sols du vaste patio, conçu expressément à leur format. Et dans les pièces de réception, des vitrines présentent ses collections archéologiques. Un must !

BON À SAVOIR : • palaciodelebrija.com • Autre superbe palais à ne pas manquer : le palacio de las Dueñas. • lasduenas.es •

SE POSER À L'OMBRE DU METROPOL PARASOL
étonnante construction en bois, l'une des plus grandes du monde

10

Haute de 28 m, cette structure moderne rebaptisée *« las Setas »* (les champignons) par les Sévillans se déploie façon parasol au-dessus de la plaza de la Encarnación sur quelque 11 000 m². Véritable défi architectural, son toit ondulé forme une grille tramée évoquant un nid d'abeilles et son rez-de-chaussée une ruche, dans laquelle nichent des boutiques et un marché. Une promenade panoramique occupe le sommet de la structure, doublée d'un resto, tandis qu'au sous-sol se trouve l'Antiquarium, intéressant petit musée archéologique.

BON À SAVOIR : • setasdesevilla.com • Antiquarium fermé lun.

QUELQUES SÉVILLANS CÉLÈBRES

C'est dans une fabrique de cigares du quartier de Triana que Prosper Mérimée aurait rencontré une femme qui lui inspira le personnage de Carmen, l'héroïne de son roman écrit en 1845 et dont Georges Bizet tira un opéra qui fit le tour du monde. Femme sensuelle et impétueuse, Carmen incarne la liberté d'aimer et la passion espagnole. Autre figure tutélaire de Séville, Miguel de Mañara, personnage du XVIIᵉ s à la vie dissolue qui aurait inspiré à Molière son Don Juan. Dans la catégorie artistes, citons Velázquez, le peintre officiel du roi Philippe IV, né ici en 1599. Sans oublier Murillo, l'autre grand artiste espagnol du XVIIᵉ s, ou Fray Bartolomé de Las Casas, le premier prêtre à avoir été ordonné au Nouveau Monde, ou encore le poète Antonio Machado. Mais aussi Beaumarchais, dont le fameux Figaro n'est autre que le « barbier de Séville »...

FILER DANS LA MACARENA, QUARTIER PAISIBLE PARSEMÉ DE BELLES ÉGLISES

et en profiter pour aller saluer la Vierge de l'Espérance comme un Sévillan

11

Dans ce quartier populaire, nul grand monument, mais une promenade plaisante calle San Luis et calle Feria, au fil de quelques belles églises. Un petit air libertaire flotte dans ces ruelles où fleurissent graffs, associations culturelles et écoles de flamenco. Ne pas manquer la basilique de la Macarena et sa célèbre statue baroque de la Vierge de l'Espérance (ou « la Macarena »). Objet d'une dévotion intense, ce n'est pas la patronne de Séville. En revanche, la sortie de sa statue, le Jeudi saint à minuit, est l'un des temps forts de la Semaine sainte.

BON À SAVOIR : dans le mercado de Feria, plusieurs étals proposent aussi des tapas et *raciones* : une vraie tranche de vie locale.

FLÂNER DANS LE *BARRIO* DE TRIANA

quartier à la fois mythique, tendance et populaire

12

En passant le Guadalquivir par le puente de Triana, on est déjà séduit par la série de façades colorées des maisonnettes plantées sur le quai. Une fois dans ses ruelles, c'est une multitude de petits instants qu'il faut saisir pour comprendre ce secteur emblématique : ancien quartier ouvrier des fabriques de céramiques, mais aussi quartier gitan où résonne encore le flamenco. On flânera au hasard avant de conclure la balade sur la calle Betis, avec vue imprenable sur Séville et le Guadalquivir. Une longue rive branchée qui se révèle la meilleure terrasse de toute la ville ! La brise du fleuve, une petite friture de poisson : le bonheur est là...

BON À SAVOIR : éviter la balade à l'heure de la *siesta* (15h-17h) : c'est mort ! Les accros visiteront le Centro Cerámica Triana, un beau musée moderne installé dans une ancienne fabrique. • visitasevilla.es •

13

SAVOURER

FAIRE LA TOURNÉE DES BARS À TAPAS, COMME LES SÉVILLANS

histoire de tester plusieurs ambiances

Dans le genre, on trouve de tout. D'abord, les bars traditionnels, où fritures, poissons marinés et autres *montaditos* (petits sandwichs) s'avalent debout accoudé au comptoir, histoire d'éponger la *cerveza* ou la *manzanilla*. Mais aussi de vrais petits restos, où l'on vient manger plus que lever le coude. Ce genre de lieux aux tapas innovantes, voire gastronomiques, se multiplie. Bonne nouvelle, on peut parfois y manger assis ! L'avantage, par rapport à un restaurant, c'est qu'au lieu de goûter 1 plat on en découvre 3 (ou plus, ou moins, selon budget, appétit et taille des tapas).

14

FAIRE UNE ORGIE DE *JAMÓN* ET S'OFFRIR MÊME DU *JAMÓN IBÉRICO DE JABUGO*

le roi des jambons espagnols

L'Andalousie est connue pour ses jambons, qui ont transpiré en été et séché au vent d'hiver, selon une méthode ancestrale. Il y a d'abord le serrano issu du porc blanc domestique, séché 1 an à l'air vif des Alpujarras. Très commun, c'est le moins cher. Mais il ne peut rivaliser avec le *jamón ibérico de bellota,* issu de porcs de race ibérique de couleur noire (*pata negra* : patte noire), élevés en liberté et nourris aux glands *(bellota)* pendant au moins 14 mois. Le top du top, c'est le *jamón ibérico de Jabugo,* produit à 1h de Séville dans la Sierra de Aracena : très cher, mais on touche au sublime !

CRAQUER DEVANT LES DOUCEURS DE LA *CONFITERÍA LA CAMPANA*

la pâtisserie historique de Séville

15

Ouverte en 1885, la *Confitería La Campana,* à la superbe façade en bois sculpté avec panneaux de verre peints façon Mucha, est une véritable institution et un lieu de rendez-vous très populaire pour les Sévillans. Il faut dire que sa terrasse, animée du matin au soir, est stratégiquement placée à l'entrée de la calle Sierpes. Dans le genre riche, fameuses pâtisseries à la crème (la *bamba de nata* est une bombe !), les meringues moelleuses, les *yemas sevillanas* (fruits confits), et on en passe ! Parfait aussi pour un petit déj (excellent chocolat chaud).

BON À SAVOIR : c/ Sierpes, 1.

SORTIR

SIROTER UN VERRE AU BAR DE L'*ALFONSO XIII*

le plus bel hôtel d'Andalousie

16

Cette merveille, construite pour l'Exposition ibéro-américaine de 1929, est certainement le plus bel hôtel d'Andalousie. L'*Alfonso XIII,* c'est presque un monument, avec son impressionnante façade d'inspiration mudéjare, son vaste patio couvert d'azulejos, ses galeries gigantesques et, bien sûr, ses chambres luxueuses (finalement pas si grandes et... très, très chères). Pour profiter de ce cadre enchanteur sans se ruiner, on peut aller y prendre un verre – pourquoi pas un Alfonso XIII (calva, brandy, Dubonnet et champagne). *« Salud ! ».*

BON À SAVOIR : • marriott.com •

PASSER UNE NUIT BLANCHE DANS LE QUARTIER DE TRIANA

de bar flamenco en *bodega típica*

17

En soirée, cap sur le *barrio* Triana, un quartier qui a au moins deux visages. Celui, branché, de la calle Betis, une des rues favorites de la jeunesse sévillane. Et l'autre, plus populaire, fier de ses racines *trianeras,* entretenant une vie nocturne axée sur le flamenco et la *sevillana,* que l'on danse dans les boîtes du corso de Salado accompagné par de petits groupes de musiciens locaux. Car Triana est le berceau de nombreux grands artistes de flamenco. Ce chant libre qui était la fierté, l'expression des pauvres qui se réunissaient dans les tavernes. On ne se lasse pas d'arpenter ce quartier à la fois mythique, tendance et populaire, qui ne s'est jamais départi de son addiction au *cante jondo*. La plupart des bars où l'on peut voir du flamenco, programmé ou spontané, se trouvent ici. Déambulez l'oreille dressée, et vous trouverez certainement votre bonheur.

BON À SAVOIR : soyez prévenu, tout commence tard : spectacles à partir de minuit.

FLAMENCO OU *SEVILLANA*

Séville a dû bien changer depuis que Carmen ne danse plus chez *Lillas*, mais elle n'a pas perdu ses traditions. Le flamenco y est bien présent, mais plus vivante encore est la *sevillana*, ce dérivé de la séguedille, danse très populaire au XVIIe s. On la danse le soir dans les boîtes du corso de Salado, à Triana. Là, on s'aperçoit que la *sevillana* – et à plus forte raison le flamenco – ne s'improvise pas. Les couples virevoltent avec grâce (ou pas...). Outre la technique, la *sevillana* demande un talent inné pour être bien dansée. Allez donc faire un tour à Triana, un vendredi ou un samedi soir. Pour écouter du flamenco, aller à la *Casa de la Memoria de Al-Andalus* • casadelamemoria.es •. Ce vieux palais andalou a gardé toute sa splendeur et son élégance orientale. On vous conseille aussi de feuilleter *El Giraldillo*, qui vous donnera tous les renseignements sur les bars qui programment du flamenco. Ou de consulter le site • andalucia.org/flamenco • ou celui du guide *Flama* • guiaflama.com • Sinon, vous pouvez toujours vous faire tout petit pour essayer de vous infiltrer dans une *peña flamenca*, ces clubs réservés aux aficionados...

Jardins de l'Alcázar

S'ABANDONNER À LA TRADITION DE LA *MARCHA*

cette vague festive unique qui démarre à la tombée du jour du côté de la plaza del Salvador

18

C'est à la nuit tombée que démarrent les authentiques fiestas. Le soir, la jeunesse sévillane envahit les places de la ville. On appelle ça la *marcha.* Vieille tradition : Séville cultive sa réputation de noctambule depuis le XVIe s. Autour de la plaza del Salvador, surtout le week-end (dès le jeudi), se masse une foule dense aimantée par une guirlande de bars. À découvrir !

BON À SAVOIR : même chaude ambiance sur l'Alameda de Hércules ! Attention, en été, quand les étudiants désertent la cité, l'atmosphère est plus calme...

SHOPPING

FAIRE SES EMPLETTES AU MERCADO DE FERIA
l'un des plus anciens et des plus authentiques de Séville, dans le quartier de Triana

19

Une flopée de mini-échoppes, toutes carrelées, nichent sous les arcades de ce joli marché couvert. Bonne ambiance autour des stands où l'on vend le poisson à la criée, tous les matins sauf le lundi. S'y trouvent aussi quelques bons petits restos, comme *La Cantina*, où l'on cuisine le poisson et *Condendê*, qui vous fera voyager jusqu'en Amérique du Sud. Le jeudi se tient, calle Feria, la bien nommée brocante El Jueves : antiquités, vieilles affiches de *feria*... Venir tôt pour faire des affaires.

BON À SAVOIR : au cœur de la rue Feria, à côté de l'église Omnium Sanctorum ; tlj, jusqu'à 14h env (ouv le soir aussi pour les restos).

ALOURDIR SA VALISE DE QUELQUES CARREAUX D'AZULEJOS
fleuron de l'artisanat sévillan

20

La céramique est le maître mot de l'artisanat sévillan. Même sans acheter, un plaisir pour les yeux ! Direction le quartier de Triana, La Mecque de la céramique andalouse : la calle Antillano Campos ainsi que la calle Alfarería en proposent de splendides. Et pour tout savoir sur son histoire et sa fabrication, halte au Centro Cerámica Triana, une ancienne manufacture réaménagée en musée. Sinon, on recommande la *Cerámica Nazaret* (calle Feria, 15), tenue par un passionné et qui présente d'authentiques azulejos anciens (dès le XVIe s) à prix pas si exorbitants, tout comme *Populart* (pasaje de Vila, 4).

Alcázar

AGENDA DES FÊTES, FESTIVALS ET ÉVÉNEMENTS

MARS-AVRIL : Semaine sainte

Du dimanche des Rameaux au dimanche de Pâques, toute l'Espagne est en fête. À Séville, la tradition de la Semaine sainte est particulièrement puissante : ce sont plus de 60 confréries et leurs défilés qui, tout au long de la semaine, animent la ville. Une semaine où la cité revêt une nouvelle personnalité, où elle devient piétonne et embaume la fleur d'oranger. Un véritable enchantement pour le voyageur. La nuit du jeudi au vendredi est l'occasion de la Madrugá – moment inoubliable – au cours de laquelle les six confréries les plus importantes défilent tout au long de la nuit. Nuit de culte, nuit de vie, nuit de piété, nuit de spectacle, nuit d'émotion. Bars et restaurants restent ouverts pour vous permettre de tenir le coup, vous qui irez de procession en procession jusqu'aux petites heures de l'aube. Ne manquez sous aucun prétexte la procession des gitans, pendant laquelle des chanteurs scandent des *saetas*, incantations poignantes et déchirantes, à vous retrouver à genoux, tout mécréant qu'on soit ! Quant à celle, éblouissante, de la basílica de la Macarena, dont la renommée de sa Vierge dépasse largement les remparts de la ville, ne pas manquer de la voir défiler à l'aube du Vendredi saint accompagnée de plus de 2 000 pénitents ! Sachez aussi que, à Séville plus qu'ailleurs, trouver au dernier moment une bonne place pour assister à une procession est une vraie gageure.

AVRIL-MAI : Feria

L'événement festif emblématique de Séville. Elle a lieu tous les ans, 1 ou 2 semaines après la Semaine sainte, vers la fin du mois d'avril en général (parfois début mai). Entre les avenues Ramón de Carranza et Garcia Morato, dans le quartier de Los Remedios, juste au sud de Triana, la feria de Séville invite à découvrir un étonnant rassemblement de couleurs, de danses et de joies simples, aux racines paysannes. Au programme : corridas, cirque, spectacles et attractions diverses pour les petits et les grands. Et si vous parvenez à vous faire inviter sous la tente d'une famille andalouse, vous pourrez également boire, manger, chanter et danser encore plus. Après une semaine de réjouissances, le dimanche à minuit, un impressionnant feu d'artifice conclut la feria jusqu'à l'année suivante. Attention, ne pas confondre avec l'ouverture de la saison de tauromachie, qui débute, elle, dès le dimanche de Pâques.

Procession des Cruces de Mayo

STOCKHOLM

2H30
AU DÉPART
DE PARIS

Construite au fil de l'eau et enjambée par une cinquantaine de ponts, Stockholm apparaît comme une Venise du Nord décontractée, *distillant au quotidien une véritable douceur de vivre, réconciliant admirablement nature et culture, tradition et « branchitude ». La capitale suédoise abrite, tel un secret bien gardé, l'une des plus charmantes vieilles villes d'Europe : Gamla Stan. Mais ce n'est pas tout, on y trouve aussi palais, musées, parcs au bord de l'eau, quartiers bohèmes et boutiques de design... Il fait résolument bon vivre à Stockholm. Ici, on se déplace à vélo, on se baigne en centre-ville, avant d'embarquer pour une agréable croisière à la découverte de la kyrielle d'îles et îlots qui essaiment les eaux limpides du lac Mälaren, à moins qu'il ne s'agisse déjà d'un bras de la Baltique...*

BUDGET	€€€€
CULTURE	★★★☆
CUISINE	★★☆☆
SHOPPING	★★☆☆
VIE NOCTURNE	★★☆☆

SE REPÉRER

DÉCOUVRIR

SE PÂMER DEVANT L'ÉPAVE DU *VASA*

1

Enfouie dans la vase pendant 350 ans, elle fait l'admiration de centaines de visiteurs par jour, avec un éclairage préservant son mystère. Ce rescapé des eaux est unique en son genre et son histoire est exceptionnelle à plus d'un titre. Conçu comme le fleuron de la flotte royale par Gustave II Adolphe, le *Vasa* était destiné à servir lors de la guerre de Trente Ans. Haut de 5 étages, c'était l'un des plus grands navires de son temps. Le *Vasa* effectua sa 1re sortie le 10 août 1628 et sombra en 20 minutes !

BON À SAVOIR : • vasamuseet.se •

DORMIR SUR UN BATEAU (OU DANS UNE PRISON)

et vivre avec les étudiants la fièvre du jeudi soir !

2

Le *Chapman*, c'est le superbe trois-mâts blanc amarré à l'île de Skeppsholmen, qui fait partie intégrante du paysage de la ville. Ancien navire-école de la Marine suédoise, il a été transformé en AJ. Le bateau en lui-même est une merveille, et y loger est vraiment sympa. Si vous n'avez pas le pied marin, vous pourrez dormir à l'AJ *Långholmens*, une ancienne prison reconvertie avec beaucoup de goût et d'intelligence. Petite plage à proximité. Des conditions dans lesquelles la détention devient un réel plaisir…

BON À SAVOIR : • swedishtouristassociation.com • langholmen.com • Résa conseillée.

S'OFFRIR UNE CESSION DE NOSTALGIE DISCO

en visitant le musée consacré au groupe légendaire ABBA

3

Groupe pop emblématique des années 1970, ABBA a produit une série de hits planétaires : *Waterloo, Dancing Queen, Money, Money, Money*… 30 ans après sa séparation, ce musée est un vibrant hommage à la formation aux 378 millions d'albums vendus. Il présente quelques-unes des fameuses tenues de scène bigarrées ou pailletées qui ont aussi contribué à leur renommée. On profite d'un dispositif qui permet de chanter et de danser avec les hologrammes des artistes tout en endossant un costume numérique !

BON À SAVOIR : • abbathemuseum.com •

ASSISTER À LA RELÈVE DE LA GARDE AU PALAIS ROYAL

et visiter les appartements royaux, la salle du trésor et l'armurerie

4

Le château occupe la partie nord de la ville ancienne et se compose de multiples édifices formant un vaste quadrilatère de plus de 600 pièces, plusieurs fois modifié au fil des siècles. La relève de la garde se fait en musique, avec une fanfare en uniforme d'apparat azur et casque à pointe. Venir à l'avance pour être aux 1res loges. Attention, les appartements ferment régulièrement quand la famille royale vient y faire un petit séjour...

BON À SAVOIR : • kungligaslotten.se • kungahuset.se •

RESTER SONGEUR DEVANT LES SCULPTURES MONUMENTALES DE NIKI DE SAINT-PHALLE

à l'entrée du Moderna Museet

5

Le musée d'Art moderne est l'une des références artistiques de la ville. Sur 5 000 m², il possède une remarquable collection d'art contemporain exposée par roulement. De Matisse, Léger, Duchamp, Ernst, Magritte, Picasso, Chagall, Dalí et Warhol, en passant par Pollock, Rauschenberg ou Oldenburg. Section photo remarquable. Côté parc, trônent les œuvres de Niki de Saint-Phalle avec ses *Nanas* aux attributs féminins exagérés, voire provocants.

BON À SAVOIR : café avec vue magnifique sur Stockholm, et terrasse donnant sur l'eau ! • modernamuseet.se •

SUR L'ÎLE DE DJURGÅRDEN, REMONTER 5 SIÈCLES D'HISTOIRE ET DE CULTURE POPULAIRE

en visitant le Skansen, le plus vieux musée en plein air du monde

6

Il s'agit d'un musée ethnographique vivant, exposant l'habitat suédois du XIVᵉ s au début des années 1920. Environ 160 édifices de toutes sortes (église, maisons, fermes, manoirs, écoles, moulins, etc.), provenant de différentes régions de la Suède, ont été remontés ici. L'ensemble est animé par des passionnés en costume d'époque qui jouent leur rôle à la perfection. Au village, les artisans travaillent selon les méthodes ancestrales. Balade vraiment très agréable et intéressante, aussi bien pour les petits que pour les grands.

BON À SAVOIR : • skansen.se •

S'OCTROYER UNE PAUSE BIENFAITRICE DANS L'UNE DES NOMBREUSES PISCINES PUBLIQUES

7

Essayer les divers types de bains chauds ou froids, à remous ou non, le sauna, le hammam, le jacuzzi et le réputé massage suédois, d'une grande douceur. Plusieurs adresses plus ou moins luxueuses comme le *Centralbadet* ou le *Sturebadet,* dans un superbe décor Art nouveau, pour se relaxer et se remettre en forme plutôt que pour nager.

BON À SAVOIR : • centralbadet.se • sturebadet.se •

GARDER UN PEU DE TEMPS POUR DÉCOUVRIR LA MAISON DE CARL MILLES
à Lidingö, au nord-est de Stockholm

8

Un artiste peu connu chez nous, qui puise son inspiration dans l'œuvre de Rodin. On parcourt sa maison et les jardins en terrasses qui surplombent la capitale. Dans la demeure, on découvre son atelier, sa collection d'objets d'art et de nombreuses antiquités. Le clou de la visite : le parc, semé de fontaines et habité pour l'éternité par les statues de Milles.

BON À SAVOIR : • millesgarden.se •

S'OFFRIR UNE CROISIÈRE JUSQU'À VAXHOLM
la plus touristique des îles de l'archipel de Stockholm

9

Sa forteresse, ses ruelles calmes et ses plages en font une destination privilégiée des vacanciers. Ambiance de petit port de pêche, pris d'assaut par les touristes en été. C'est aussi un bon point de départ vers les autres grandes îles de l'archipel couvertes de forêts mêlant conifères et feuillus. Bon nombre de Stockholmois y ont une petite bicoque en bois rouge, avec ponton et bateau.

BON À SAVOIR : nombreuses formules de visites proposées par la compagnie • waxholmsbolaget.se •

Skeppsholmen, voilier et église Katarina Kyrka

SAVOURER

S'ARRÊTER À UN KIOSQUE POUR REPRENDRE DES FORCES en dégustant du hareng fumé ou grillé

10

Vous pourrez acheter du hareng (*strömming* ou *sill*) dans l'un des nombreux kiosques de la ville, pour caler une petite faim à prix modéré. Les harengs sont vraiment savoureux lorsqu'ils sont bien marinés. Goûtez aussi au *smörgås,* jadis un véritable fait social en Suède, qui tend à décliner au profit de la baguette. Il s'agit d'une tranche de pain de mie sur laquelle sont placés crevettes, saumon fumé, hareng, surmontés d'une tranche de poivron jaune ou de concombre...

SE RÉGALER DE TOASTS AUX CREVETTES OU DE SAUMON aux halles d'Östermalm

11

Sur cette place en plein centre-ville, un bâtiment de brique rouge abrite le marché le plus élégant, mais aussi le plus cher de la ville. On y trouve de tout, sur des étals tous plus alléchants les uns que les autres. Dans l'espace dévolu au poisson, de petites tables sont dressées pour déguster des produits de la mer très frais, notamment des crevettes et des langoustines. La meilleure table est celle de *Lisa Elmqvist.*

BON À SAVOIR : Östermalmstorg.
• ostermalmshallen.se •

RÉGIME SUÉDOIS

Les Suédois ont des habitudes alimentaires bien à eux. Ce constat s'applique au type d'aliments ingérés, ainsi qu'à la fréquence et aux horaires des repas. Au *frukost* (petit déj), ils dévorent volontiers quelques bonnes tartines de pâté de foie accompagnées de tranches de fromage, de poisson mariné, de rondelles de concombre et de tomates. Les puristes du moins, car vous verrez de plus en plus de jeunes, dans les auberges de jeunesse, prendre céréales, fromage blanc et fruits. De même, ils n'avalent qu'un rapide en-cas vers 12h mais dînent tôt – vers 18h en général.

SORTIR

PRENDRE UN VERRE AU DERNIER ÉTAGE DU SUPERBE MUSÉE DE LA PHOTOGRAPHIE
et découvrir l'un des plus beaux panoramas sur Stockholm

12

Un lieu magique pour retrouver tous les grands noms de la photographie mondiale, au fil des rétrospectives et des expos temporaires. Rénové, cet ancien entrepôt de brique rouge aménagé sur les quais abrite un café-restaurant avec vue sur la ville et ses îles. On peut très bien y déjeuner ou y dîner dans un espace lumineux zen et coloré, joliment décoré sur un thème facile à deviner.

BON À SAVOIR : • fotografiska.com •

SIROTER UNE BIÈRE EN GOÛTANT LA LUMIÈRE DU SOIR
qui baigne Strandvägen sur la terrasse du *Strandbryggan Sea Club*

13

Non loin du port de plaisance, un délicieux café construit sur l'eau. En été, la terrasse flottante est tout indiquée pour une halte rafraîchissante. Vous profiterez de la vue sur l'île de Djurgården. On peut même louer des bateaux (mais mieux vaut le faire avant de boire quelques bières...).

BON À SAVOIR : • strandbryggan.se •

14

PASSER UNE SOIRÉE À SÖDERMALM
bouillonnant repaire de hispters

La grande île au sud de Stockholm mêle avec bonheur ambiance branchée et vie de quartier. Au cœur de Söder, on trouve pas mal de restos servant tard. Notamment autour de Götgatan, une rue animée, pleine de cafés de jour et bars du soir. Plus au sud, SoFo est un quartier en pleine mutation, particulièrement autour de Skanegatan, fréquentée par une clientèle décontractée et éclectique. Entre SoFo et Söder, notre cœur balance...

S'ENCANAILLER DANS DES LIEUX ÉTONNANTS
aménagés par les plus célèbres designer

15

On achète design, on mange design… et on festoie design ! Pour prolonger la nuit, on a le choix : le *Café Opera*, le night-club des princesses d'une nuit, ou le *T/Bar*, à l'intérieur de l'*Hotel Diplomat*, un lieu de rendez-vous on ne peut plus chic, sobre, minimaliste et branché. Ou encore le *Riche*, autre endroit à la mode depuis un siècle… Son nouveau décor, signé Jonas Bohlin, a décoincé l'atmosphère. « *Skål !* » Mais cool aussi !

BON À SAVOIR : • cafeopera.se • diplomathotel.com • riche.se •

SHOPPING

RAPPORTER LES CARAMELS
de la boutique *Pärlans Konfektyr*

16

Une drôle de boutique, avec de drôles de vendeuses sorties d'un remake de comédie musicale des années 1960. On trouve ici des caramels exquis, distribués aussi dans les meilleurs hôtels-restaurants de la ville. Juste quelques tables pour une boisson chaude, une vitre pour regarder travailler les petites mains et des sachets prêts à être envoyés. À acheter sur place et à emporter.

BON À SAVOIR : Nytorgsgatan 38. • parlanskonfektyr.se •

À L'APPROCHE DE L'HIVER, SE BALADER SUR LES MARCHÉS DE NOËL OU DANS LES BOUTIQUES SPÉCIALISÉES
pour rapporter de jolies décorations et des jouets

17

Dans Gamla Stan, les échoppes spécialisées dans les lutins et les trolls ou les jouets suédois en velours, sur Österlanggatan, font le plein de visiteurs. C'est en effet dans les rues illuminées de la vieille ville que s'installent les plus beaux marchés de Noël : les artisans y vendent des bougies, des décorations pour le sapin et des jouets faits main. Une promenade féerique tout en sirotant un vin chaud épicé et en grignotant des biscuits au gingembre.

TRAÎNER DANS LES BOUTIQUES DESIGN D'ÖSTERMALM
pour dénicher un petit cadeau original à glisser dans les valises

18

Par ses formes épurées, ses couleurs naturelles et sa fonctionnalité, le design suédois a séduit le monde entier. Au milieu des bars et des restos, dans le triangle d'or de l'art et du design, entre la Linnégatan, Artillerigatan et Birger Jarlsgatan, les magasins proposant de petits objets délirants, vintage ou grunges, de même que les bonnes occases, ne manquent pas.

BON À SAVOIR : la plupart des adresses design sont concentrées dans un même périmètre.

LES FESTIVITÉS DE NOËL

La période de Noël commence traditionnellement dès le premier dimanche de l'Avent. Les fenêtres des maisons s'illuminent, décorées d'une étoile lumineuse et d'un chandelier dont on allume une nouvelle branche chaque dimanche. Tout le mois de décembre est prétexte à des festivités : les entreprises organisent un repas de Noël, on fête la Sainte-Lucie, les bières de Noël fleurissent un peu partout (elles sont un peu plus sombres que les bières traditionnelles), on confectionne des *pepparkakor* (des sablés très fins aux épices et au gingembre) que l'on engloutit autour d'un bon verre de *glögg*. C'est un vin chaud épicé dans lequel on ajoute des raisins secs et des amandes.

AGENDA DES FÊTES, FESTIVALS ET ÉVÉNEMENTS

30 AVRIL AU SOIR : veille de la Walpurgis

Sans aucun doute la plus païenne des fêtes suédoises, qui date du temps où les Vikings se pressent autour d'un feu de joie pour célébrer le printemps. Leurs descendants se réunissent toujours autour de grands brasiers pour chanter... et boire ! Cette fête prend une ampleur particulière dans les quartiers étudiants de Stockholm.

DERNIER SAMEDI DE JUIN : Saint-Jean ou Midsommarafton

Elle tombe un samedi fin juin, mais les festivités ont lieu la veille, le vendredi donc. Pour célébrer le début de l'été, les Stockholmois partent généralement à la campagne, en famille. Mais une bonne partie reste en ville, et c'est au Skansen que la fête bat son plein. Immanquable si vous êtes dans la capitale à cette date. Décoration des maisons et des voitures. Attention, les Suédois s'arrêtent de travailler le jeudi à 13h, tout est alors fermé pendant 3 jours consécutifs, dont la majorité des restos.

JUIN-AOÛT : Parkteatern

Un festival en plein air (parcs, rues...) et gratuit : théâtre, cirque, danse, musique, etc. On vient, on s'assoit au milieu de la foule, on mange son pique-nique et on profite du spectacle ! • kulturhusetstadsteatern.se/parkteatern •

JUILLET-AOÛT : Stockholm Music & Arts

Durant 3 jours, la petite île de Skeppsholmen accueille de nombreux festivaliers venus voir des musiciens et chanteurs de renommée internationale, tels Patti Smith, Björk, Tinariwen ou encore Antony & the Johnsons. • stockholmmusicandarts.com •

MI-AOÛT : Kultur Festival

Pendant 6 jours. Une chouette parenthèse culturelle gratuite. Rues et parcs s'animent de prestations variées : concerts, DJs, performances au coin de la rue, conférences, brocante, ateliers et animations pour enfants, etc.

OCTOBRE : Stockholm Jazz Festival

Un super festival de jazz international. Concerts payants sur les différentes scènes musicales de Norrmalm : la Konsert-huset, la Kulturhuset et le club Fasching. • stockholmjazz.se •

13 DÉCEMBRE : Sainte-Lucie

Cette fête marquait autrefois la nuit la plus longue de l'année. Aujourd'hui, cette date est toujours l'occasion de se réunir dans les écoles et les entreprises. Une jeune fille est choisie, on l'habille de blanc et, accompagnée d'une suite de demoiselles d'honneur, Lucie distribue du café et de petits pains pendant que l'assemblée entonne des refrains traditionnels. Si vous êtes à Stockholm à cette date, consultez le *What's On* pour connaître les heures des messes. Belle atmosphère, qui inspira certains auteurs de polars.

Le Vasa

TURIN

1H35
AU DÉPART DE PARIS

Au pied des Alpes, la cité est bercée par le débit langoureux du Pô qui serpente nonchalamment entre collines verdoyantes et bâtiments historiques. *Malgré son excellente position géographique et commerciale, Turin est la grande oubliée de la Renaissance italienne. Elle a été pourtant la 1re capitale après l'Unité italienne en 1861. Turin est célèbre pour son équipe de foot (la fameuse Juventus), son industrie automobile (les fameuses usines Fiat) et le saint suaire. Elle séduit aussi les visiteurs qui arpentent ses rues, ses galeries, en prenant le temps de s'attabler dans ses savoureux restaurants. Turin dégage une impression d'élégance aristocratique mêlant sobriété et rigueur, qui contraste fortement avec les autres villes italiennes.*

BUDGET	€€€
CULTURE	★★★☆
CUISINE	★★★☆
SHOPPING	★★☆☆
VIE NOCTURNE	★★★☆

SE REPÉRER

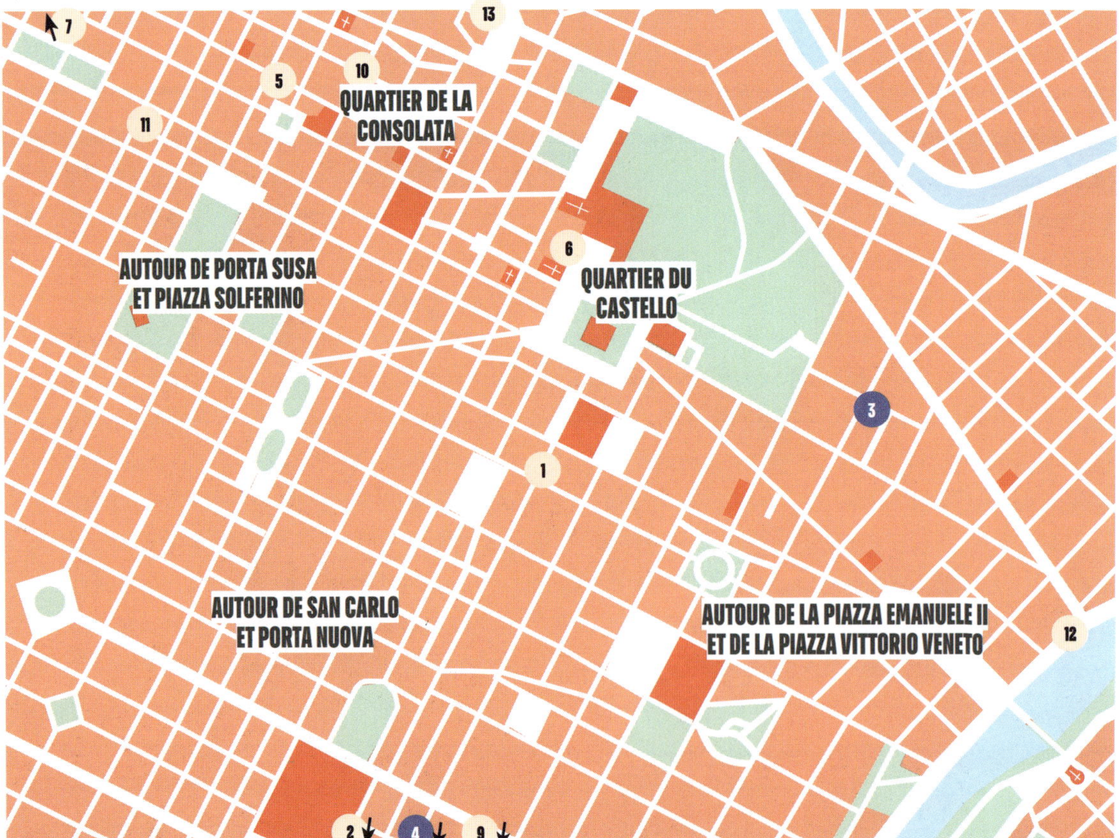

DÉCOUVRIR

NE PAS RATER LA VISITE DU MUSEO EGIZIO
le plus important musée d'art égyptien, après celui du Caire

1

Des pièces uniques dans un parcours muséal très réussi. C'est le plus vieux musée égyptien au monde, créé en 1824. Il a contribué au rayonnement de Turin et de l'Italie tout entière, attirant de nombreux égyptologues, dont le français Champollion. Avec plus de 40 000 objets archéologiques (dont seulement 3 300 sont exposés), la richesse de la collection permet de couvrir presque 5 000 ans de civilisation égyptienne. Passionnante section sur les traditions funéraires. Mais, plus encore que les vases canopes ou l'étonnant Livre des morts, ce sont les momies qui fascinent les visiteurs. Certaines possèdent encore leur chevelure ou leur dentition ! Superbes collections de papyrus. Parmi les musts, le tombeau de l'architecte Khâ et de sa femme Merit (rien ne manque pour le dernier voyage : pains, plats de fruits, grains, cruches à vin, lits, vêtements, sandales, amulettes, perruques...), le petit temple rupestre d'Elessiya fidèlement reconstitué, et les salles d'art statuaire aux pièces très imposantes.

BON À SAVOIR : • museoegizio.org •

ADMIRER LA TRÈS BELLE COLLECTION PRIVÉE DE PEINTURES DE LA FAMILLE AGNELLI,
au dernier étage de l'ancienne usine Fiat (le Lingotto)

2

La pinacothèque de Giovanni et Marella Agnelli est installée dans un véritable « écrin » – lo Scrigno – qui semble suspendu dans les airs. Cette collection privée expose 26 chefs-d'œuvre avec pas moins de 6 tableaux de Canaletto présentés ici, dont le fameux *Bucintoro,* avec sa multitude de détails et sa minutie du trait. Découvrir aussi les autres toiles de la collection, pleine de très belles surprises (une importante collection de Matisse mais aussi des tableaux de Modigliani, Renoir, Manet, Tiepolo, Picasso...). Cette pinacothèque est installée au sommet du Lingotto, symbole du dynamisme industriel de Turin au XXe s et considéré comme un chef-d'œuvre de l'architecture industrielle par Le Corbusier. Sous la coupe de Renzo Piano, l'architecte du Centre Pompidou, à Paris, cet immense bâtiment accueille désormais une galerie commerciale, un multiplexe, une salle des congrès (la célèbre « bulle de verre »), un auditorium, 2 hôtels et un restaurant panoramique

BON À SAVOIR : vue imprenable sur les Alpes. Possibilité avec le billet d'entrée de faire à pied le tour de l'ancienne piste d'essai de FIAT. • pinacoteca-agnelli.it •

3

REVIVRE TOUTE L'HISTOIRE DU CINÉMA ITALIEN À LA MOLE ANTONELLIANA
un lieu symbolique

Construite dès 1863, la Mole fut longtemps considérée comme le plus haut édifice en brique d'Europe (167,50 m). Aujourd'hui les 3 200 m^{2} du monument sont entièrement consacrés au 7e art (ce qui en fait le plus grand musée dédié au cinéma en Europe). Puisque Turin a vu naître le cinéma italien au début du XXe s, il était normal que la ville lui rende hommage. Outre une collection riche de 140 000 photos, de 150 000 affiches et de 7 200 films, le musée offre une scénographie intéressante et très originale. Technique et effets spéciaux, tout est expliqué, décortiqué, de façon ludique et interactive. Émerveillement garanti !

BON À SAVOIR : une immense cage d'ascenseur en verre (à ne rater sous aucun prétexte), mène à une terrasse d'où l'on découvre la ville et les collines environnantes, et, par temps clair, les Alpes. • museocinema.it •

4

REVIVRE L'ÉPOQUE ÉPIQUE DES BALBUTIEMENTS DE L'AUTOMOBILE
et vibrer devant les bolides flamboyants et les prototypes formidables du Musée automobile

Deux férus d'automobiles, Cesare Gatti et Roberto Biscaretti di Ruffia, sont à l'origine de ce musée colossal fondé en 1932, et entièrement repensé 80 ans après. L'architecte Vino Zucchi a atteint son objectif : faire de l'endroit un espace ludique pour petits et grands tout en accueillant l'une des collections d'automobiles les plus belles au monde. Trois grands espaces répartis sur 3 niveaux : au 2e étage, sur 3 600 m², on peut admirer une collection de plus 200 automobiles ; au 1er étage, place aux aspects plus technologiques, vous saurez tout de l'évolution des moteurs, des roues et de la carrosserie. Enfin, au rez-de-chaussée, une intéressante section sur l'automobile et le design mettant en scène d'hallucinants prototypes.

BON À SAVOIR : pour les passionnés visite possible de l'atelier de restauration du musée, sur réservation seulement.
• museoauto.it •

TENTER DE PERCER LES MYSTÈRES DU SAINT SUAIRE
au museo della Sindone

5

Ce petit musée permet de voir d'un peu plus près à quoi ressemble la célèbre relique. Le saint suaire est une toile de lin portant l'image d'un homme mort dans les mêmes conditions de supplice que le Christ (couronne d'épines, traces de coups, de flagellation et de mise en croix). Après avoir voyagé de la Syrie à Constantinople, on perdit sa trace pendant 150 ans, avant de le retrouver à Turin, en 1578. Nul ne sait si cette épopée tient de la réalité ou de la légende. Cependant, la datation au carbone 14, réalisée par trois laboratoires indépendants en 1998, montre que le fil de lin utilisé pour fabriquer le tissu date de la fin du XIIIe s... Le linceul ne pourrait donc pas avoir enveloppé le corps de Jésus... Cependant l'impression durable de ce corps meurtri demeure un mystère.

BON À SAVOIR : des millions de pèlerins vénèrent la précieuse icône à chaque « ostention ».
• sindone.it •

VISITER LE PALAZZO REALE
qui réunit désormais les riches collections des ducs de Savoie

6

C'est dans ce mélange insolite de styles baroque, rococo et néoclassique que les souverains piémontais résidèrent jusqu'en 1865. Au gré de la visite, vous découvrirez l'escalier d'honneur ainsi que la salle des Suisses, à l'étage, dont les fresques représentent la généalogie de la famille royale. Succession de salles croulant sous les dorures et les plafonds peints et repeints, la salle du trône constituant l'apogée de cette série. Plus loin, élégant cabinet chinois dans le plus pur style du Siècle des lumières. Puis on traverse une galerie des Glaces inspirée de Versailles, avant de déboucher dans la salle de bal, néoclassique. L'endroit accueille les collections royales, dont l'incroyable galleria Sabauda avec sa profusion d'artistes, comme Veronese, Fra Angelico, Rembrandt, Tiepolo, Canaletto, Brueghel. Avant la visite des jardins, ne manquez pas le musée de l'Antiquité installé sous les anciennes serres du palais.

BON À SAVOIR : pousser également la porte du palazzo Madama, le joyau de la piazza Castello, qui résume à lui seul le riche passé de la ville.
• palazzomadamatorino.it •

SAVOURER

ASSISTER À UN MATCH DE LA PRESTIGIEUSE JUVENTUS DE TURIN

7

Pendant longtemps, Turin était surtout connue pour son équipe de foot (la fameuse Juventus). Les routards « footeux » ne passeront donc pas à Turin sans se rendre à un match de la Juve. Pour les fans, boutique dans le hall du Juventus Stadium : tout, absolument tout sur la Juve et d'innombrables objets déclinés à sa gloire.

BON À SAVOIR : infos et billets sur • juventus.it •

PARCOURIR LES RÉSIDENCES PRINCIÈRES DE TURIN

magnifiques châteaux qui témoignent de la puissance des souverains locaux

8

Cette « couronne de délices », qui s'étend du château d'Agliè au nord à celui de Racconigi au sud, a été classée au Patrimoine mondial de l'humanité par l'Unesco, en 1997. Commencez par la palazzina di Caccia de Stupinigi, incontestablement l'un des plus beaux et des plus riches châteaux de Turin, où eurent lieu les fêtes les plus somptueuses ; il comblera les amateurs de rococo. Le castello di Rivoli, lui, abrite aujourd'hui un passionnant musée d'Art contemporain qui s'intègre étonnamment bien dans cette architecture ancienne de forteresse. Enfin la Venaria reale, le petit Versailles piémontais (400 pièces), ravira les romantiques et les jardiniers amateurs par ses jardins à la française somptueusement réaménagés.

BON À SAVOIR : • ordinemauriziano.it • castellodirivoli.org • lavenaria.it •

ALLER DÉJEUNER CHEZ *EATALY,* VÉRITABLE TEMPLE DE LA GASTRONOMIE

situé sur l'ancien site de l'usine Carpano

9

La première enseigne *Eataly* est né ici, à Turin. Plus qu'un marché, ce concept original, issu du mouvement *slow food,* a fait son petit bout de chemin... Pas question de parler d'alimentation industrielle. Ici, on mange frais, bio et sain en privilégiant les produits régionaux et de qualité... Mis à part une tripotée de savoureux produits locaux, une dizaine de comptoirs proposent pâtes, poissons, viandes, charcuteries, pizzas... où tout est préparé devant vos yeux. Vous aurez bien du mal à repartir les mains vides. Entre la spécialité du *Giandujotti,* les truffes, les bocaux de *bagna cauda,* les *prosciutti,* le choix est cornélien...

BON À SAVOIR : également une librairie culinaire. Des rencontres avec de grands chefs et des producteurs, ainsi que des cours de cuisine, des dégustations de vin, des débats littéraires... ont lieu très régulièrement. • eataly.it •

DÉGUSTER LE FAMEUX *BICERIN*

breuvage typique de Turin, dans l'un des cafés historiques

10

Comment peut-on passer à Turin sans aller savourer la boisson locale, le *bicerin,* le breuvage le plus épais qu'on puisse connaître ? Dense et typique, il contient café, chocolat et crème. Réalisé dans les règles de l'art, il est particulièrement épais... voire très épais (la cuillère tient quasiment debout toute seule).

BON À SAVOIR : les meilleurs se boivent chez *Al Bicerin* (piazza della Consolata), un minuscule établissement qui fut fréquenté par Puccini, Nietzsche et Alexandre Dumas.

LE *SLOW FOOD*

Ce mouvement culinaire, né en 1986 en Italie, à Bra (à 60 km de Turin), a décidé de défendre les valeurs de la cuisine traditionnelle, et notamment des petites *trattorie* traditionnelles. Il était grand temps de sauvegarder les vrais bons produits du terroir et les plats de tradition ! Ce retour du « bien manger » et la volonté de préserver la biodiversité sont apolitiques. Le *slow food* n'est pas contre la modernisation, à condition qu'elle soit au service du goût. L'idée, c'est de respecter la nature et d'attendre le bon moment pour apprécier un légume ou un fruit. Dans les restaurants estampillés, on prend le temps de cuisiner, de laisser mijoter. Si les critères ne sont plus respectés, les établissements sont retirés des listes officielles. L'association organise de nombreuses foires gastronomiques, dont le Salone del gusto, tous les 2 ans à Turin. • slowfood.it •

LES CAFÉS HISTORIQUES DE TURIN

Un peu comme à Vienne, il existe dans la capitale piémontaise de nombreux cafés historiques aux décors centenaires. Pénétrer dans l'un d'eux équivaut à faire un voyage dans le passé, à côtoyer les fantômes de personnages illustres (Cavour, Nietzsche...). Symboles de la vie intellectuelle turinoise du XIXe s, ils cultivent la tradition et sont toujours aussi populaires auprès de la bonne société locale. Les cafés comme *Mulassano* ou *Baratti & Milano* (piazza Castello), *Torino* ou *San Carlo* (piazza San Carlo), ont gardé leur charme d'antan, avec leurs marbres, leurs dorures, leur décor Liberty~~. Vous pourrez y déguster le~~ fameux chocolat turinois, qui est certainement le meilleur d'Italie.

SORTIR

COMMENCER LA SOIRÉE PAR UN PLANTUREUX *APERITIVO*

une véritable institution piémontaise

11

Turin n'a pas attendu la vogue du *slow food* pour cultiver un art de vivre teinté d'épicurisme. Faites donc une halte dans un bar en début de soirée à l'heure de l'*aperitivo*. Plus qu'un simple apéritif, il s'agit d'une tradition typiquement turinoise à ne manquer sous aucun prétexte. Pour le prix d'un verre (un peu majoré, certes), vous avez droit à un buffet de victuailles... à volonté : *prosciutto*, carpaccio, olives, anchois marinés, mortadelle, parmesan... C'est le meilleur moment pour découvrir un bar, et pour rencontrer des Turinois, au fil des verres de vermouth ou de vin.

BON À SAVOIR : les meilleurs endroits pour l'*aperitivo* sont le Quadrilatero romano, dans le centre historique, et le quartier San Salvario. L'un des endroits les plus sympas du Turin branché. On y trouve une multitude de bars généralement ouverts jusqu'au petit matin.

DANSER TOUT AU LONG DE LA NUIT

dans les clubs aménagés dans les anciens entrepôts des Murazzi

12

Sur un quai de débarquement désaffecté (signes extérieurs de richesse, s'abstenir ; planquez vos bijoux et la monnaie !), des clubs en enfilade sont aménagés dans ces anciens entrepôts. Ambiance branchée ou alternative. En général, ils sont ouverts en été, le week-end principalement. Les clubs changent souvent de propriétaire, donc de nom, mais la foule est toujours là. Le *Beach* est envahi par la jeunesse dorée de la Colline. Au *Jam Club*, les soirées à ambiances variées (disco, rock, mais surtout techno) s'égrainent sous les vieilles voûtes, dans un jeu de coursives et mezzanines métalliques avec des conduits de climatisation apparents. Quant à l'indétrônable *Giancarlo 2*, c'est le plus ancien des Murazzi (créé en 1976 par une association communiste), mais c'est aussi là que l'on se retrouve au petit jour (il ferme à 7h du mat !).

SHOPPING

DÉAMBULER ENTRE LES ÉTALAGES DU MERCATO PORTA PALAZZO

le plus grand marché à ciel ouvert d'Europe

13

Impossible d'aller à Turin et de passer à côté de ce marché de 53 000 m^{2}. Baigné d'innombrables couleurs, parfums et saveurs, il teinte chaque jour la piazza della Repubblica de couleurs flamboyantes quand les maraîchers de la région montent leurs innombrables étalages. Un visage inédit et attachant de Turin s'offre alors à celui qui déambule entre ses étalages. C'est un bon moyen pour débusquer l'âme de la ville. On y trouve fruits et légumes, fleurs, fromage, charcuterie, épices et d'impressionnants stocks de vêtements. La halle aux poissons permet aussi d'assister à des « tranches de vie » très colorées.

AGENDA DES FÊTES, FESTIVALS ET ÉVÉNEMENTS

TOUTE L'ANNÉE : Torinodanza

Festival international proposant toute l'année, et en collaboration avec le Teatro Stabile di Torino, de nombreuses rencontres autour de la danse contemporaine internationale. • torinodanzafestival.it •

FIN AVRIL : Lovers Film Festival

Devenu en moins de 30 ans le plus grand rassemblement européen du genre avec une programmation variée et de grande qualité. Attire un très large public. • loversff.com •

24 JUIN : Festa di San Giovanni

Célèbre le patron de la cité. Processions et danses folkloriques.

SEPTEMBRE : MITO Settembre Musica

Pendant env 3 sem. Depuis plus de 20 ans, il offre un itinéraire musical louvoyant entre exécutions classiques et jazz, explorations de sonorités ethno-rock et propositions avant-gardistes insolites.

OCTOBRE : Salon du goût

Tous les 2 ans (les années paires). Une initiation à la gastronomie et à l'œnologie piémontaises par des chefs et producteurs du cru.

NOVEMBRE : CioccolaTO

Pendant une semaine environ. Se déroule sur la piazza Castello et dans les rues adjacentes envahies par les stands et manifestations autour du chocolat.

NOVEMBRE : Torino Film Festival

Principal événement en Italie dédié au cinéma après le Festival de Venise. Il accorde une place prépondérante aux nouvelles formes cinématographiques et aux jeunes cinéastes. • torinofilmfest.org •

DE MI-NOVEMBRE À MI-JANVIER : Luci d'Artista

La ville rivalise d'ingéniosité et de créativité dans ses éclairages de Noël en faisant appel à des artistes de renommée internationale. Il s'agit d'une véritable exposition d'art contemporain en plein air.

VALENCE

La ville de tous les possibles : le cliché colle parfaitement à la troisième cité d'Espagne. À Valence, passé et modernité se conjuguent parfaitement bien. *Délires d'architectes gothiques ou avant-gardistes, quartier futuriste de la Cité des arts et des sciences, jardins luxuriants, longue plage de sable fin, bodegas à l'ancienne ou restos branchés, Valence ne manque pas d'attraits. On peut la vivre en mode farniente ou en touriste consciencieux. Mais à chaque fois avec beaucoup de plaisir... Les gourmets n'oublieront pas qu'elle est aussi la capitale de la paella. Valence est une ville vivante et toujours pleine de promesses. Une ville où l'on peut sans problème alterner culture, mer et fiesta jusqu'au bout de la nuit !*

1H45
AU DÉPART
DE PARIS

BUDGET	€€
CULTURE	★★★☆
CUISINE	★★★☆
SHOPPING	★★☆☆
VIE NOCTURNE	★★★☆

SE REPÉRER

DÉCOUVRIR

S'EXTASIER DEVANT LA *LONJA*

joyau du gothique civil européen, symbole de la puissance économique de la cité au XVe s

1

C'est l'ancienne bourse des marchands de soie, construite au XVe s : il s'agit du plus important monument civil de style gothique d'Europe. Architecture intérieure d'une rare élégance, avec fines colonnes torsadées éclatant en arches raffinées. Beaux plafonds à caissons (en bois brut au rez-de-chaussée, peints à l'étage dans l'ancienne salle de tribunal de la corporation). Au sous-sol, d'anciens entrepôts aux belles voûtes. Jolie cour plantée d'orangers. Ensemble superbe, et d'ailleurs inscrit au Patrimoine de l'Unesco.

BON À SAVOIR : pl. del Mercado, mais entrée par l'arrière, c/ Llotja.

SE FAUFILER ENTRE LES PALAIS ANCIENS

en arpentant les rues de la vieille ville, un pur bonheur !

2

Il ne faut pas manquer de flâner, de-ci delà, dans le centre historique. Un dédale de ruelles qui cerne la cathédrale, et où les automobilistes ne s'aventurent guère. Débutez votre balade en traversant les ruelles sinueuses de Carmen, un quartier bohème qui pulse de jour comme de nuit. Empruntez la rue Caballeros pour admirer les façades richement décorées, et n'hésitez pas à franchir les lourdes portes pour vous glisser dans les patios ombragés. Appréciez les rondeurs de la place Redonda, qui accueille des boutiques de dentelle et de mercerie. Allez voir les belles torres de Serranos, formant la plus belle porte gothique de la ville, ou le convento del Carmen, cloître Renaissance et lieu d'expos temporaires gratuites...

BON À SAVOIR : profitez-en pour visiter le musée de la Céramique, dans l'ancien palais du marquis Dos Aguas, qui date du XVe s : une façade impressionnante (véritable sommet du rococo délirant !) et la reconstitution du palais du marquis au 1er étage • mnceramica.mcu.es •

GRIMPER EN HAUT DE LA MIGUELETE

la tour-clocher de la cathédrale et profiter de la belle vue sur le centre historique

3

La cathédrale succéda à une mosquée. Commencée au XIIIe s, achevée au XVe s en style gothique, puis profondément remaniée au XVIIIe s, elle offre au regard un air bizarre de l'extérieur. Côté calle de Palau, on découvre un porche roman, plaza de la Virgen, un portail gothique, et plaza de la Reina, une superbe façade baroque. Nous vous recommandons vivement l'ascension de la Miguelete, haute tour gothique, pour découvrir le plan en croix de l'édifice, ses élégants clochetons en tuiles vernissées bleues et la vue sur la vieille ville. Mais attention au son de la cloche, assourdissant !

BON À SAVOIR : à l'intérieur de la cathédrale, se trouve le calice dans lequel le Christ aurait bu la nuit de la Cène, soit le fameux Saint-Graal, reconnu comme tel par le pape en 2015. Du coup, Valence fait partie du club très fermé des villes saintes. Et comme telle, tous les 5 ans, elle peut célébrer une Sainte Année jubilaire. • museocatedralvalencia.com •

DÉCOUVRIR D'UN ŒIL NOUVEAU L'ART CONTEMPORAIN SOUS TOUTES SES FORMES...

et même dans une usine !

4

Le centre d'art Bombas Gens, installé dans une ancienne usine de pompes hydrauliques magnifiquement restaurée, est un très bel espace totalement dédié à l'art contemporain. Et aussi l'un des rares exemples d'architecture industrielle des années 1930, inspirée du style Art déco, toujours debout en ville. L'objectif de cette réhabilitation ? Partager la collection privée Per Amor a l'Art avec le public, soit 1 500 œuvres de 150 artistes différents, photographes et peintres à tendance abstraite, nationaux comme internationaux. À noter : certains bâtiments ont servi de refuge anti-aérien pendant la guerre civile. Ça vaut vraiment le coup d'œil !

BON À SAVOIR : • bombasgens.com • Pour les accros à l'art contemporain, ne pas manquer non plus l'IVAM, un musée installé dans un grand bâtiment moderne, qui donne un aperçu de toutes les formes d'art des XXe et XXIe s. • ivam.es • Ou une plongée au musée des Beaux-Art pour réviser ses classiques • museobellasartesvalencia.gva.es •

FAIRE UNE BALADE DANS LE LIT ASSÉCHÉ DU RÍO TÚRIA

superbe espace vert qui traverse la ville et invite à la détente

5

Envie d'air frais ? Direction les rives verdoyantes de l'ancien cours du río Túria. Après les terribles inondations de 1957, Valence décida de détourner son fleuve grâce à un canal passant au sud de la ville. Puis elle assécha ce cours d'eau qui coulait autour des anciennes portes de la ville. Résultat : ce sont maintenant, sur près de 15 km (dont 9 km dans Valence même), de la Cité des arts et des sciences jusqu'au Bioparc, des promenades, des pistes cyclables, des terrains de sport, des jardins, des aires de jeux pour enfants et quelques kiosques pour se rafraîchir qui occupent le lit asséché du fleuve. Une manière très agréable de traverser la ville et de la découvrir depuis un autre point de vue.

BON À SAVOIR : idéal pour un pique-nique.

6

ADMIRER LES ESPACES ET LES LIGNES FUTURISTES DE LA CITÉ DES ARTS ET DES SCIENCES

quartier surgi de terre à la fin des années 1990

Sorte de ville futuriste, la Cité des arts et des sciences a été conçue par l'architecte Santiago Calatrava, un enfant du pays. Les constructions zoomorphiques de cet urbaniste révolutionnaire ont donné un nouveau visage à Valence. Vu du ciel, l'ensemble prend des allures de poisson. Vu du sol, le palais des Arts, qui abrite une salle de concert, évoque une tête de requin ; le musée des Sciences forme le squelette d'un poisson ; l'Hemisfèric, qui abrite une salle de projection géante, ressemble à un œil ; le pont de l'Assut de l'Or, dessine une harpe géante avec ses 29 câbles ; et l'Àgora est d'un bleu océanique… On passe facilement plusieurs heures à admirer les bâtiments sous tous les angles, avant de pénétrer les lieux. Un site impressionnant, qui devient, au soleil couchant, un beau terrain de jeux pour photographes. Allez également explorer les fonds sous-marins des principaux écosystèmes de notre planète à l'Oceonogràfic, le plus grand parc océanographique d'Europe (110 000 m^2). Les tunnels sous-marins, qui donnent l'impression de se trouver parmi requins, murènes et autres poissons, offrent un spectacle saisissant. Une vraie réussite.

BON À SAVOIR : • cac.es •

EXPLORER LE BIOPARC, SUPERBE PARC ANIMALIER…

(presque) sans barrière

7

Une sorte de super-zoo de 100 000 m^2, plus proche du parc animalier, puisque les animaux sont pour certains en semi-liberté. Reconstitution d'une savane avec les diverses antilopes, girafes et autres lions, un milieu humide qui accueille singes, hippopotames, tortues et crocos, une forêt équatoriale, une île évoquant Madagascar, le lac des éléphants… La visite se fait à pied, et tout est prévu sur place pour pouvoir y passer la journée : restos, boutiques, jeux pour enfants.

BON À SAVOIR : • bioparcvalencia.es •

LA *PAELLA VALENCIANA*

Introduit dans la région par les Arabes au XIIe s, le riz est au cœur de la cuisine valencienne. Comment s'étonner alors que la paella ait vu le jour ici ? Née au XIXe s dans la région d'Albufera, près de Valence, elle a toujours été préparée en plein air et au feu de bois par les hommes (les paysans), qui prenaient une matinée pour la cuisiner. C'est un fond de riz cuit dans l'huile en même temps que les autres ingrédients : poulet, langoustines, haricots vers et haricots blancs, ail, safran, entre autres. On dit qu'une vraie *paella valenciana* doit contenir des *ferraduras* (haricots verts longs et fins), du *garrofó* (gros haricot onctueux), et que l'eau saumâtre d'Albufera lui donne ce goût inimitable... Au resto, vous trouverez le plus souvent la *paella de mariscos,* au poisson et aux fruits de mer, et la *paella valenciana,* au poulet ou au lapin. Évitez la *paella mixta,* aux fruits de mer et à la viande : les Valenciens, eux, ne mélangent jamais les deux ! Notez que vous trouverez quantité d'autres plats à base de riz, comme les fameux *arroces* (*arroz* au singulier) : secs, moelleux, au court-bouillon, au four, etc.

SAVOURER

SE RÉGALER D'UN *ARROZ* OU D'UNE AUTHENTIQUE PAELLA

8

Valence est bien sûr LA ville de la paella et des *arroces* (plats à base de riz). À l'heure du déjeuner, on se bouscule pour déguster une véritable paella valencienne dans l'un des restos du paseo de Neptuno, comme *La Pepica,* une vénérable institution fondée en 1898 (évoquée par Hemingway dans *L'Été dangereux*), où plane encore le souffle de l'Histoire. Rien n'a vraiment changé dans cette salle immense avec son lot de photos rétro et ses tables qui regardent de près ou de loin la mer. Riz réputés, auxquels même la famille royale a goûté. Dans la vieille ville, *La Riuá* (calle del Mar, 27) est également très recommandable, comme en témoignent les nombreux prix et récompenses accrochés aux murs, c'est l'un des meilleurs restos de la ville. Spécialisé dans la cuisine valencienne, le resto propose pas moins d'une quinzaine de plats à base de riz.

BON À SAVOIR : • lapepica.com • lariua.com •

AUX HEURES CHAUDES DE LA JOURNÉE, GOÛTER À L'*HORCHATA*

une des boissons les plus rafraîchissantes qui soient

9

La *horchata,* que l'on traduit abusivement par « orgeat », est aussi bonne que rafraîchissante. D'origine valencienne, elle est également populaire dans toute l'Espagne. Sa texture rappelle celle du lait (en plus farineux) et son goût celui de l'amande. Cela dit, si l'orgeat est un sirop à base d'amandes, la *horchata* est produite avec le suc des tubercules et des tiges de la *chufa* (en français, le « souchet jaune »), une sorte de papyrus qui pousse dans le nord de la Huerta et les marais du Guadalquivir. Les *horchaterías,* qui fleurissent partout en été, se repèrent facilement à leurs grosses centrifugeuses blanches. Un délice quand le tout est réellement artisanal !

BON À SAVOIR : pour tout savoir sur la *chufa,* protégée par une appellation d'origine contrôlée, voir • chufadevalencia.org •

SORTIR

FLÂNER EN FIN DE JOURNÉE SUR LA MARINA DE VALENCIA

et s'installer en terrasse pour siroter tranquillement un cocktail face à la grande bleue

10

Cette longue promenade (ex-Marina Juan Carlos I) aligne face au port de plaisance et à la mer toute une série de bars et restos, certes un peu chic, mais vraiment agréables en soirée pour prendre l'air. Vastes terrasses et petits cocktails au programme, dans une ambiance résolument *lounge*. Et, pour profiter au mieux de la vue, grimper dans ce Veles e Vents, le bâtiment moderne qui marque l'entrée de la promenade et offre un panorama extra sur la mer.

ENTAMER LA NUIT EN SAUTANT DE COMPTOIR EN COMPTOIR

dans le quartier d'El Carmen, le quartier général des soirées valenciennes

11

Valence a la réputation d'être l'une des villes les plus animées d'Espagne ! La foule est partout, surtout en fin de semaine, quand il fait beau. El barrio del Carmen est le QG des soirées valenciennes, les cool comme les branchouilles. Les bars, aux décors plus recherchés les uns que les autres et aux consommations pas données, y abondent. Jeunes et moins jeunes, touristes en goguette, branchés et moins branchés s'y côtoient toute la nuit ou presque. Pour nous, El Carmen reste le coin le plus vivant et le plus sympa pour entamer la nuit, avec comme épicentre le carrefour de la plaça del Tossal et la carrer de los Caballeros.

PASSER LA SOIRÉE À RUZAFA

un quartier qui regorge de petits bars à l'ambiance cool et alternative

12

Cet ancien quartier ouvrier et populaire, est devenu le nouveau quartier branché et bobo de Valence. Avec son marché couvert, il accueille depuis quelques années tout ce qui fait l'esprit alternatif de la ville. Studios de créateurs, petits bars rigolos, cafés-librairies... À l'image de l'*Ubik Café-Libreria*. Meubles de récup, grandes bibliothèques le long des murs, revues et livres jusque dans les abat-jour, voici un local à géométrie variable ! À la fois café et librairie, resto bon marché, mais aussi expositions et concerts, c'est presque un centre culturel à lui tout seul !

BON À SAVOIR : • ubikcafe.blogspot.com •

SHOPPING

13

FAIRE LE PLEIN DU MEILLEUR DES PRODUITS RÉGIONAUX

au grand marché central

Le matin, il faut absolument aller se balader dans l'immense marché central, en face de la Lonja. Tout en fer, céramique, brique et verrière, il doit son style résolument Art nouveau aux architectes Alejandro Soler et Francisco Guàrdia, tous deux anciens collaborateurs de l'un des chefs de file du modernisme barcelonais, Lluís Domènech i Montaner. Inauguré en 1928, c'est, paraît-il, le plus grand marché couvert d'Europe, avec quelque 8 000 m² et près de 400 étals ! Fruits de mer *(cigalas, rojos, almejas...)*, fruits et légumes, fruits secs, charcuterie ou encore volailles débordent des étals. C'est aussi là que vous trouverez les plats à paella de 1 m de diamètre. Une véritable cathédrale du commerce, représentative du dynamisme économique de la Huerta valencienne du début du XXᵉ s.

BON À SAVOIR : tlj sf dim 8h-15h.
• mercadocentralvalencia.es •

AGENDA DES FÊTES, FESTIVALS ET ÉVÉNEMENTS

MI-MARS : les Fallas

C'est le grand événement de Valence. Chaque année, entre le 15 et le 19 mars, Valence s'anime avec l'apparition d'immenses personnages de carton-pâte installés à tous ses coins de rue. Les fallas, qui tirent leur nom de ces ensembles monumentaux, sont l'occasion de la plus grande fête populaire de la vieille cité espagnole. Pendant une semaine, l'ambiance est à son comble, entre processions, rafales de pétards le jour et feux d'artifice la nuit. Le dernier jour de la fête, un grand feu de joie réduit en cendres les cortèges de sculptures éphémères. Les fallas de Valence attirent chaque année plusieurs millions de visiteurs : prévoir son logement pour cette période très longtemps à l'avance car les hôtels sont rapidement pleins ! Programme des festivités sur • visitvalencia.com • ou • fallas.com •

MI-JUIN : Festival internacional Cinema Jove

Festival consacré aux cinéastes de moins de 35 ans, qui fait office de forum des rencontres professionnelles. C'est une excellente occasion de découvrir la relève du 7e art, mais aussi de rencontrer des réalisateurs confirmés à l'occasion d'hommages. • cinemajove.com •

JUILLET : Festival international de Benicàssim (FIB)

À 80 km environ au nord de Valence, dans l'une des stations très bétonnée de la côte, un festival pour les fans de musique électro, rock alternatif ou encore indie pop, qui réunit plus de 100 000 teufeurs chaque année.

FIN JUILLET : Feria de Julio

Généralement fin juillet. Depuis quelques éditions, Valence a remis à flot sa feria. Toute une série de concerts, de feux d'artifice, ponctués par une bataille de fleurs sur le paseo de la Alameda.

Piaza de la Virgen

VENISE

1H40
AU DÉPART
DE PARIS

Venise a cette faculté unique de provoquer l'émerveillement la première fois mais aussi à chaque fois que l'on y retourne. *Aucune photo ne rendra jamais l'ambiance de ses ruelles tortueuses, de ses placettes, de ses canaux et de ses églises. La Sérénissime est une ville née de la mer et tournée vers la mer, qui de tout temps a su batailler pour préserver son indépendance. De ce glorieux passé, elle a gardé palais et vieilles demeures qui, aujourd'hui, sont autant de musées qui témoignent de sa superbe d'antan. Venise, c'est du charme à tous les coins de rue, et, jusqu'à sa table, un vrai carnaval pour les papilles ! Il faut prendre le temps de la découvrir, de quitter la foule, de se perdre ! Ne pas hésiter à venir en hiver, par temps de neige, ou quand la bora cingle... jamais la ville ne paraitra aussi mystérieuse et secrète. Vous n'aurez jamais assez d'une vie pour découvrir la Sérénissime....*

BUDGET	€€€
CULTURE	★★★★
CUISINE	★★★☆
SHOPPING	★★☆☆
VIE NOCTURNE	★☆☆☆

SE REPÉRER

1

SE LAISSER ENVELOPPER PAR L'ATMOSPHÈRE MYSTÉRIEUSE DE LA BASILIQUE SAINT-MARC

le joyau de la ville

Découvrir à l'intérieur la plus grande surface de mosaïques au monde avec 8 500 m^2 d'ors reflétés par la lumière illuminant les personnages et les dotant d'une vie intérieure. La basilique Saint-Marc a été édifiée au XIe s après l'incendie d'un 1er bâtiment abritant les reliques de saint Marc. Depuis, elle a été maintes fois remaniée, modifiée, enrichie pour devenir un formidable outil de propagande politique, sa richesse démontrant la puissance de la ville. Nartex, nef, transept, chœur, tous les plafonds voûtés sont couverts de mosaïques de scènes de l'Ancien ou du Nouveau Testament. Époustouflant.

BON À SAVOIR : laissez impérativement votre sac à la consigne située dans une petite rue toute proche.

PÉNÉTRER DANS LE PALAZZO DUCALE, CHEF-D'ŒUVRE DU GOTHIQUE VÉNITIEN

avant de terminer la visite en empruntant le mythique pont des Soupirs

2

Le palais n'était pas que la résidence du doge, les trois quarts étaient occupés par les organes politiques et judiciaires de l'État. Les murs et les plafonds de ses salles d'apparat sont couverts de toiles géantes des plus grands maîtres de la peinture vénitienne de l'époque : Tiepolo, Tintoret, Véronèse, Palma le Jeune... Quant au pont des Soupirs, il reliait les locaux des juges d'instruction aux « prisons nouvelles ». Ce n'est qu'au XIXe s que le nom « des Soupirs » lui fut attribué, en référence à ceux poussés par les prisonniers contemplant derrière une fenêtre une dernière fois la liberté.

BON À SAVOIR : si vous rêvez de découvrir les passages secrets du palais, ne manquez pas la visite guidée spéciale. Résa sur • palazzoducale.visitmuve.it •

LA GONDOLE

Sans la *gondola*, Venise ne serait pas vraiment Venise. C'est une barque à fond plat, relevée à l'avant et à l'arrière. L'originalité principale réside dans le fait qu'elle est asymétrique. Cette forme particulière autorise une navigation avec un seul aviron, tout en conservant une embarcation parfaitement stable et maniable. À la proue se situe le *ferro*, « peigne métallique » qui représente les six *sestieri* (quartiers) de Venise ; le septième signe, sur le côté opposé, représenterait l'île de la Giudecca. Accessoirement, le poids du *ferro* compense celui du gondolier. Certaines gondoles ont aussi des décorations (« les chevaux de mer ») en cuivre sur les flancs. On construit encore trois ou quatre gondoles par an dans les derniers *squeri* (ateliers spécialisés) de Venise. La fabrication prend environ un an et nécessite un travail que seuls quelques artisans maîtrisent encore.

FLÂNER PARMI LES ÉTALS DU MARCHÉ DU RIALTO
exposant multitude de fruits, légumes et poissons fraîchement pêchés

3

Historiquement, ce quartier a été la plaque tournante du commerce à Venise. C'était aussi le centre financier et économique de la ville. Aujourd'hui, le lieu est toujours très vivant. À deux battements d'ailes de mouette (nombreuses ici !) se trouve la Pescheria, l'un des marchés aux poissons les plus typiques d'Italie.

BON À SAVOIR : c'est surtout tôt le matin, quand les commerçants installent leurs stands, que l'atmosphère a quelque chose de magique. C'est aussi l'heure que choisissent de nombreux Vénitiens pour faire leur marché.

SE LAISSER MENER EN BATEAU SUR LE GRAND CANAL À BORD D'UN *VAPORETTO*
émerveillé par les façades extraordinaires des palais vénitiens

4

Avec près de 4 km de long et 50 m de large, le Grand Canal est un émerveillement. C'est certainement « le boulevard » le plus spectaculaire du monde ! De jour, on est happé par la profusion de façades plus sublimes les unes que les autres et par l'animation des bateaux en tout genre. De nuit, quand on est (presque) seul à bord, on s'imprègne vraiment de l'atmosphère envoûtante de Venise. Quelques fenêtres de palais sont encore éclairées, et les ombres qui s'en détachent alimentent le mystère.

BON À SAVOIR : prévoir une bonne heure pour la promenade avec le vaporetto n° 1. La ligne n° 2 est un peu plus rapide.

DÉCOUVRIR LA RICHE COLLECTION D'ART CONTEMPORAIN DE FRANÇOIS PINAULT

au palazzo Grassi et à la Punta della Dogana

5

Cette collection privée, l'une des plus importantes au monde, est présentée par roulement au palazzo Grassi, tandis que la Punta della Dogana accueille des œuvres de grande dimension, des sculptures et des installations (très) novatrices et parfois déroutantes.

BON À SAVOIR : • palazzograssi.it • La Punta della Dogana offre une vue imprenable à la fois sur le Grand Canal, la place Saint-Marc, San Giorgio Maggiore et la Giudecca. Romantique à souhait au coucher du soleil !

ADMIRER LE PLUS ADMIRABLE DES PANORAMAS

depuis le sommet du campanile de l'île de San Giorgio Maggiore

6

Par sa situation privilégiée en face du palais des Doges, l'île était d'une importance stratégique pour le contrôle des navires qui entraient et sortaient de la ville. Son campanile offre une vue magnifique à 360° sur l'ancien monastère, la Giudecca, le palais des Doges, les montagnes à l'horizon... Encore plus vrai qu'un tableau du Canaletto !

BON À SAVOIR : ce campanile est moins couru que celui de la place Saint-Marc mais la vue y est tout aussi belle.

PLONGER DANS L'UNIVERS DE LA COLLECTIONNEUSE D'ART MODERNE

et muse des surréalistes, Peggy Guggenheim

7

Peggy Guggenheim a racheté ce palais du XVIIIe s, inachevé. Il ne comporte qu'un rez-de-chaussée. Les Vénitiens l'appellent d'ailleurs « *il palazzo incompiuto* ». Elle y a installé sa collection des plus grands peintres du XXe s dont De Chirico, Magritte, Max Ernst (un de ses époux), Picasso, Braque, Kandinsky, Fernand Léger ou Jackson Pollock.

BON À SAVOIR : flânez dans le jardin, puis allez jusqu'au quai donnant sur le Grand Canal, pour la vue, évidemment, et pour la provocante statue équestre de Marino Marini. • guggenheim-venice.it •

ADMIRER LES TOILES DE CARPACCIO À L'ACCADEMIA

ou à la merveilleuse scuola San Giorgio degli Schiavoni

8

La galleria dell'Academia, dans le Dorsoduro, est incontestablement l'une des plus belles pinacothèques de Venise et l'un des plus riches musées au monde. Elle rassemble des chefs-d'œuvre couvrant une période du XIVe au XVIIIe s : *Vierge à l'Enfant* de Bellini, *La Tempête* de Giorgione, *Portrait d'un jeune homme* de Lotto, des Tintoret, des Tiepolo, des Véronèse et puis, l'un des points d'orgue de la visite, ces immenses toiles de Carpaccio racontant la légende de sainte Ursule ou encore la peinture de 13 m de long de Véronèse représentant *Le Repas chez Levi*.

BON À SAVOIR : après la visite, baladez-vous sur le pont de l'Accademia, il offre un point de vue imprenable sur le Grand Canal. • gallerieaccademia.it •

L'ACQUA ALTA

Venise a régulièrement les pieds dans l'eau. Sous l'action conjuguée des grandes marées, de la pression atmosphérique, des courants et du vent, la mer pénètre dans la lagune et inonde certains quartiers la ville. On appelle cela une *« acqua alta »*. Ce phénomène, qui se produit en moyenne 100 fois par an et qui se déroule généralement de début novembre à fin avril, est très spectaculaire. La place Saint-Marc se retrouve la première sous les eaux quand la lagune déborde. Ce qui peut paraître amusant pour les touristes l'est beaucoup moins à la longue pour les Vénitiens ! L'*acqua alta* ne dure que le temps d'une marée, des passerelles sont installées pour faciliter la circulation et de nombreux marchands improvisés proposent des paires de bottes. Depuis 2020 et après des essais concluants, le système Mose et ses 78 digues mobiles permet de réduire drastiquement ce phénomène maritime, évitant les inondations catastrophiques de la ville

DÉCOUVRIR LA MAGNIFICENCE DE LA CA' REZZONICO

un palais à l'intérieur d'une richesse impressionnante

9

La visite de ce palais, débuté en 1677 et terminé en 1712, donne une idée de ce que pouvait être alors le luxe de la Sérénissime : escalier monumental, salle de bal absolument magnifique avec fresques en trompe l'œil, chambre en alcôve et boudoir délicieux, salle aux laques turquoise et mobilier de style chinois...

BON À SAVOIR : au 2e étage, d'intéressantes fresques de Giandomenico Tiepolo (le fils du grand peintre vénitien). • carezzonico.visitmuve.it •

FAIRE LA VISITE DE LA CA' D'ORO

un des plus beaux palais que compte Venise

10

Si l'entrée est discrète, regardez la façade côté Grand Canal : ornée d'une véritable dentelle de style gothique. Le nom de Ca' d'Oro vient de ce que la façade était à l'origine en partie décorée d'or et de marbre. À l'intérieur, après une somptueuse cour intérieure au bel escalier gothique et à l'incroyable pavement, une superbe galerie d'art avec pour fer de lance le *Saint Sébastien* de Mantegna. Sans oublier une vue imprenable sur le Grand Canal depuis la dentelle gothique des fenêtres des loggias...

BON À SAVOIR : • cadoro.org •

SILLONNER LA VILLE SUR LES PAS DE CORTO MALTESE

après avoir relu la B.D. d'Hugo Pratt *Fable de Venise*, et s'aventurer du côté du Ghetto

11

Avec un peu de chance, c'est en traînant par-là que vous découvrirez la vraie cour secrète dite « de l'arcane », celle qui ouvre les portes du rêve et qui a fait fantasmer tant de lecteurs. Une cour qu'on atteint en franchissant 7 portes que Hugo Pratt découvrit en imagination dans son enfance, lorsqu'il venait boire un chocolat chez Mme Bora Levi... En vérité, le bruit court que ce passage correspondrait à un parcours secret permettant de relier les synagogues entre elles.

BON À SAVOIR : il existe une version commentée de la B.D. qui permet de mieux se situer dans le temps et l'espace.

FLÂNER LA NUIT DANS LES RUELLES DÉSERTES
quand la lumière des réverbères écaille la surface des canaux. On est alors seul au monde

12

Le quartier San Marco est l'exemple parfait de la métamorphose que Venise effectue lors de la tombée de la nuit. Quasi infréquentable le jour avec ses hordes de touristes, le quartier devient l'un des endroits les plus enchanteurs la nuit tombée. Au hasard d'un détour, on entendra la musique monter d'une église où un petit concert est donné, on verra des ombres inquiétantes se projeter sur les murs d'une ruelle tortueuse, on goûtera au charme discret des balades où le moindre bruit met les sens en éveil. Bref, un de ces bonheurs-là qu'il faut vraiment avoir vécu une fois dans sa vie.

BON À SAVOIR : déambuler la nuit dans le quartier de Cannaregio, lorsqu'il se drape dans une atmosphère des plus mystérieuse, une fois les rues désertées, quand les ombres se reflètent sur les maisons et que le claquement de vos talons sur les pavés résonne dans le silence.

13

À BURANO, COMPOSER UN PATCHWORK
photographique des maisons colorées

Cette île adorable est pacifiquement assaillie par les touristes pendant la journée, même si son éloignement la rend plus paisible et plus attachante que Murano. Il faut dire qu'elle déborde de charme avec ses petites maisons colorées, dont les façades composent un magnifique arc-en-ciel. La tradition populaire veut que les pêcheurs, rentrant par temps de brume, pouvaient alors repérer plus facilement leurs maisons.

BON À SAVOIR : Si on visite Murano et Burano (voire Torcello) la même journée, le passe journalier de transport est vite amorti. Burano est aussi connue pour ses biscuits secs. Les plus appréciés sont les *bussolai*, ou *buranei*, ronds, et les *essi*, en forme de S, à tremper dans un verre de *vino santo* ou de *fragolino* !

FAIRE UN SAUT AU LIDO POUR RENOUER AVEC L'ARCHITECTURE LIBERTY DU XIXE S

au fil d'une promenade à vélo

14

Le Lido mesure 12 km de long mais à peine 500 m de large par endroits. Cette lande de sable offre, depuis l'avènement du tourisme balnéaire au début du XXe s, un panorama de l'architecture Liberty. En septembre, le Lido est pris d'assaut lors de La Mostra, le célèbre festival de cinéma de Venise. Aux beaux jours, c'est l'occasion d'une balade à vélo jusqu'à Malamocco, le tout petit village où Hugo Pratt avait élu domicile. Il y plane un sentiment de bout du monde. Sur le chemin du retour, ne ratez pas le Casino, le palais du Festival ou le *Grand Hôtel des Bains,* où fut tourné *Mort à Venise de* Luchino Visconti.

PRENDRE LE TEMPS DE VISITER QUELQUES VILLAS DU CANAL DE LA BRENTA

miroir fastueux de l'opulence passée de Venise, côté terre ferme

15

Le canal de la Brenta, entre Mestre et Padoue, est jalonné d'une cinquantaine de villas, construites du XVIe au XVIIIe s pour de richissimes Vénitiens. Pour clore une balade dans la Vénitie ou simplement un séjour à Venise, cela peut être une parenthèses dans le temps, le long d'un canal aux villas édifiées par Palladio et ses successeurs : la villa Pisani, immense bâtisse construite au XVIIIe s par l'architecte Preti dans un style grandiose et fastueux, la Malcontenta aux belles fresques de Zelotti, la villa Widmann Rezzonico Foscari aux allures intimistes...

BON À SAVOIR : une croisière à la journée ou à la demi-journée, avec passage des écluses et visite guidée de villas, offre en plus le plaisir d'une balade au fil de l'eau...

VIBRER LORS D'UNE VISITE GUIDÉE DU THÉÂTRE DE LA FENICE

mieux encore, lors d'un concert classique

16

Ce lieu de plaisirs était considéré comme l'une des plus belles salles du monde. Détruit par un incendie en décembre 1835, il fut reconstruit dans un style rococo (une véritable bonbonnière !)... pour mieux rebrûler en 1996, et renaître de ses cendres, à l'identique. La visite retrace les grandes étapes de son histoire, et donne accès à l'intimité de cette salle fastueuse.

BON À SAVOIR : un concert à la Fenice est un incontournable, l'acoustique est unique. Réservez à l'avance (c'est plus cher, mais plus sûr). En dernière minute, places à prix cassé.
• teatrolafenice.it •

SAVOURER

SIROTER UN *SPRITZ* (APÉRO VÉNITIEN)

avec les locaux emportés par des conversations animées

17

Le spritz est une véritable institution à Venise : à base de vin blanc, plutôt amer avec du Campari, doux avec de l'Aperol et de l'eau pétillante, accompagné d'une olive et d'une rondelle d'orange. Le meilleur se confectionne avec du prosecco. À boire au coude à coude dans des salles souvent exiguës et bondées, ou en terrasse pour prolonger le plaisir du moment.

BON À SAVOIR : accompagnez votre spritz de *cicchetti,* de délicieuses tartines aux saveurs aussi variées que les nombreux *bacari* vénitiens.

18

SAVOURER LA CUISINE VÉNITIENNE
avec ses nombreuses spécialités inspirées de la mer !

La cuisine vénitienne peut s'enorgueillir d'une tradition ancestrale, et sa longue histoire est intimement liée à celle d'une cité orientée vers la mer. Bien sûr, vous pourrez manger à Venise la traditionnelle *pasta,* mais privilégiez les *bigoli in salsa,* gros spaghettis accompagnés d'une sauce à base de sardines et d'oignons, les spaghettis aux palourdes chers à Hugo Pratt ou les gnocchis à la vénitienne. Dans les restaurants à proximité du marché du Rialto (où arrivent chaque matin par la mer poissons et crustacés en provenance des fermes piscicoles de la lagune), goûtez le *fritto misto* (une friture de calamars, anchois, lotte, crevettes...) ou les *sarde in saor* (sardines macérées avec petits oignons, raisins secs et pignons). Ou encore les seiches farcies, à moins que vous ne succombiez vous aussi devant la spécialité de Venise les *moleche,* ces petits crabes mous frits entiers...

BON À SAVOIR : ne passez pas à côté des autres spécialités locales comme le *risi e bisi,* associant petits pois, jambon, lardons et riz, mijotés dans un consommé de poulet, ou la *pasta fagioli,* à base de gros haricots et de pâtes, sans parler de toutes ces autres soupes utilisant les légumes de saison chers aux habitués du marché du Rialto et provenant de Sant'Erasmo véritable potager de Venise.

SORTIR

FAIRE COMME LES VÉNITIENS :
fréquenter les *bacari* (bars à vins) les plus typiques à l'heure de l'apéro

19

Connaître Venise, c'est impérativement expérimenter l'heure de l'*aperitivo* au comptoir d'un *bacaro* ou au bord d'un petit canal, un verre posé sur le muret de pierre. Entre deux verres, on s'empiffre de délicieux *cicchetti* (charcuterie, croustillantes croquettes de thon, de riz ou de viande, et *crostini di baccalà mantecato* – pain grillé avec cette fameuse crème de morue dont chaque établissement garde la recette), et on socialise gentiment. Les bars à vins fourmillent dans le quartier de Cannaregio et ont tendance à se multiplier autour du marché du Rialto, pour le plus grand bonheur des habitués. Certains n'ont pas de nom ni même de téléphone, on les repère aux attroupements qui se forment devant le comptoir caché à l'intérieur, autour des Fabbriche Nuove notamment. Non seulement on y boit, mais on y mange aussi, et souvent très bien. À notre goût, c'est une des meilleures façons de se restaurer pour pas cher tout en abordant le quotidien des gens du quartier.

BON À SAVOIR : la *fondamenta degli Ormesini* dans le Cannaregio est un de nos coins préférés.

SHOPPING

LE CARNAVAL

Au temps de sa gloire, au XVIIIe s, avant de disparaître provisoirement avec la chute de la République, le carnaval s'étalait sur 6 mois, du 1er dimanche d'octobre au Carême. Pendant toute sa durée, les Vénitiens, quelle que soit leur condition sociale, se déplaçaient revêtus d'un *tabarro* (sorte de longue cape) et le visage masqué par la *bauta* (masque blanc pourvu d'un voile noir surmonté d'un petit tricorne). Tout devenait permis, chacun étant l'égal de son voisin. Le petit marchand pouvait s'introduire dans la conversation des aristocrates, et vice-versa. Il n'y avait plus d'autorité, plus de soumission. Progressivement, le masque ne suffit plus ; vint alors le temps du travestissement. Chacun pouvait s'inventer un personnage, en recourant aux trésors de la commedia dell'arte. La folie gagnait lentement la place Saint-Marc et les quartiers environnants. Toute la ville se transformait en une gigantesque scène de théâtre où l'on dansait et chantait. Venise était alors la ville de toutes les séductions.

CRAQUER POUR LES MINIATURES EN VERRE de Burano

20

Quand on pense aux traditions vénitiennes, on pense forcément au verre de Burano : lustres somptueux dignes des plus beaux *palazzi*, verres à pied si graciles, vases multicolores... mais c'est oublier l'art de l'infiniment petit. *I Vetri d'Arte* comblera vos rêves les plus fous ; cette boutique pourrait même être classée parmi les lieux insolites à voir tant la vitrine laisse baba. Le verrier, Vittorio Costantini, fabrique des miniatures plus vraies que nature : poissons, insectes, coquillages... Admirez la finesse des becs de colibris, le détail des ailes de papillons ou encore le rose des saumons. Les tarifs affichés sont justifiés.

BON À SAVOIR : calle del Fumo, Cannaregio, 5311. • vittoriocostantini.com •

NE PAS REPARTIR SANS SON « VRAI » MASQUE VÉNITIEN

21

Le plus beau magasin de masques de Venise est sans doute la *Ca' del Sol*. Dans cette caverne d'Ali Baba quelque peu encombrée, on tombe nez à nez avec des Jean qui pleurent ou qui rient ou les deux, des Casanova et des masques de médecins avec leur nez pointu, des lions à crinière ou de simples loups. Quasiment des pièces uniques à chaque fois et qui prennent vie rien qu'en les regardant. Prix encore abordables à condition de bien fureter. Hamid, l'heureux propriétaire des lieux, vous conseille et façonne ses masques en même temps. Son atelier est juste en face. Autre belle boutique : *Max Art Shop*. Des masques, des théâtres miniatures et de superbes chats bottés articulés, dans la plus pure tradition vénitienne. Et surtout, à deux pas, un incroyable atelier. C'est de là qu'Antonia Sautter organise l'un des plus beaux bals du carnaval, le *Ballo del Doge*. L'atelier d'Antonia se visite uniquement sur rendez-vous ; renseignements à la boutique.

BON À SAVOIR : • cadelsolmaschere.com • antoniasautter.it •

LE VERRE DE MURANO

Murano, l'une des plus grandes îles de la lagune, est célèbre pour son industrie verrière, qui date du XIe s et qui fut transférée de Venise à la fin du XIIIe s par crainte des incendies et afin de protéger les secrets de fabrication des artisans. On doit la qualité du verre de Murano à la qualité de la silice contenue dans le sable de la lagune ainsi qu'aux plantes à haute teneur en sodium (salicornes, algues, fougères) entrant dans la composition du carbonate de sodium indispensable à la réalisation du verre. On colore la pâte en y ajoutant des oxydes métalliques (fer pour le jaune, nickel pour le violet). Les ateliers, autrefois florissants, travaillent aujourd'hui pour l'industrie touristique. On y crée encore de véritables œuvres originales signées par des maîtres verriers, mais elles sont destinées à des musées ou à des collections, et leur prix est très élevé.

AGENDA DES FÊTES, FESTIVALS ET ÉVÉNEMENTS

FÉVRIER : Carnaval

Il envahit la ville 12 jours avant le Mardi gras. C'est l'un des plus populaires au monde, entre fastueux costumes façon XVIIIe s et délirantes panoplie dans un décor qui se prête merveilleusement à cette magie. Bals pleins de féerie débridée dans les palais s'ouvrant sur le Grand Canal, spectacles sur la place Saint-Marc, la fête est à tous les coins de rue... Autant l'accepter d'emblée, quitte à écorner un peu l'esprit de la fête : la fréquentation touristique atteint des records à cette période, et on vient voir le carnaval, pas la ville !

DIMANCHE QUI SUIT L'ASCENSION : Vogalonga

Instituée en 1975, c'est un événement très populaire. Elle consiste en une épreuve d'endurance qui rassemble des centaines de yoles de mer. La course a lieu entre Venise et Burano (soit près de 30 km aller-retour). • vogalonga.it •

BIENNALE DE VENISE

cet événement rythme les rues de Venise tous les 2 ans pour le plus grand bonheur des amateurs d'art contemporain. Internationale et prestigieuse, la Biennale de Venise est un « laboratoire de recherche » où se côtoient les créations les plus osées et extravagantes. • labiennale.org •

3e WEEK-END DE JUILLET : Festa del Redentore

La fête la plus aimée des Vénitiens, célèbre la fin de la peste de 1576. On établit un pont de bateaux (en fait, depuis quelques années, une passerelle de bois que l'on parcourt à pied) de l'église du Redentore (Giudecca) jusqu'aux Zattere (Dorsoduro). Venise, illuminée de lanternes, éclate alors de mille feux. Des familles s'installent dans leur bateau face à la place Saint-Marc, mangent des sardines *in saor*, du canard rôti et des escargots de mer à l'huile et à l'ail, tout en avalant un bon verre de valpolicella. Feu d'artifice le samedi soir. Sachez que c'est l'une des fêtes les plus spectaculaires d'Italie, et il faut avoir beaucoup de courage car, pour l'occasion, Venise est archibondée.

1ER DIMANCHE DE SEPTEMBRE : Regata Storica (régate historique)

Rassemble les meilleurs rameurs de Venise, de Pise, d'Amalfi et de Gênes, les quatre républiques maritimes traditionnelles italiennes.

11 NOVEMBRE : Saint-Martin

Vaut tous les Halloween du monde.

Le Grand Canal

VIENNE

1H45
AU DÉPART
DE PARIS

Capitale de l'empire des Habsbourg pendant près de 7 siècles, puis de la république d'Autriche à partir de 1919, *Vienne est la ville historique par essence, profondément marquée par le rôle éminent qu'elle joua tout au long de l'Histoire. C'est de ce riche et long passé qu'on vient s'imprégner. Mais le charme de Vienne, c'est aussi cet étonnant télescopage de tout instant entre tradition et modernité. Cette ville qui semble parfois figée dans le temps accepte pourtant d'être bousculée par une jeunesse bouillonnante aux idées alternatives. Ce n'est évidemment pas un hasard si, depuis quelques années, Vienne caracole en tête du classement mondial des villes distinguées pour leur qualité de vie !*

BUDGET	€€
CULTURE	★★★★
CUISINE	★★★
SHOPPING	★★
VIE NOCTURNE	★★★

SE REPÉRER

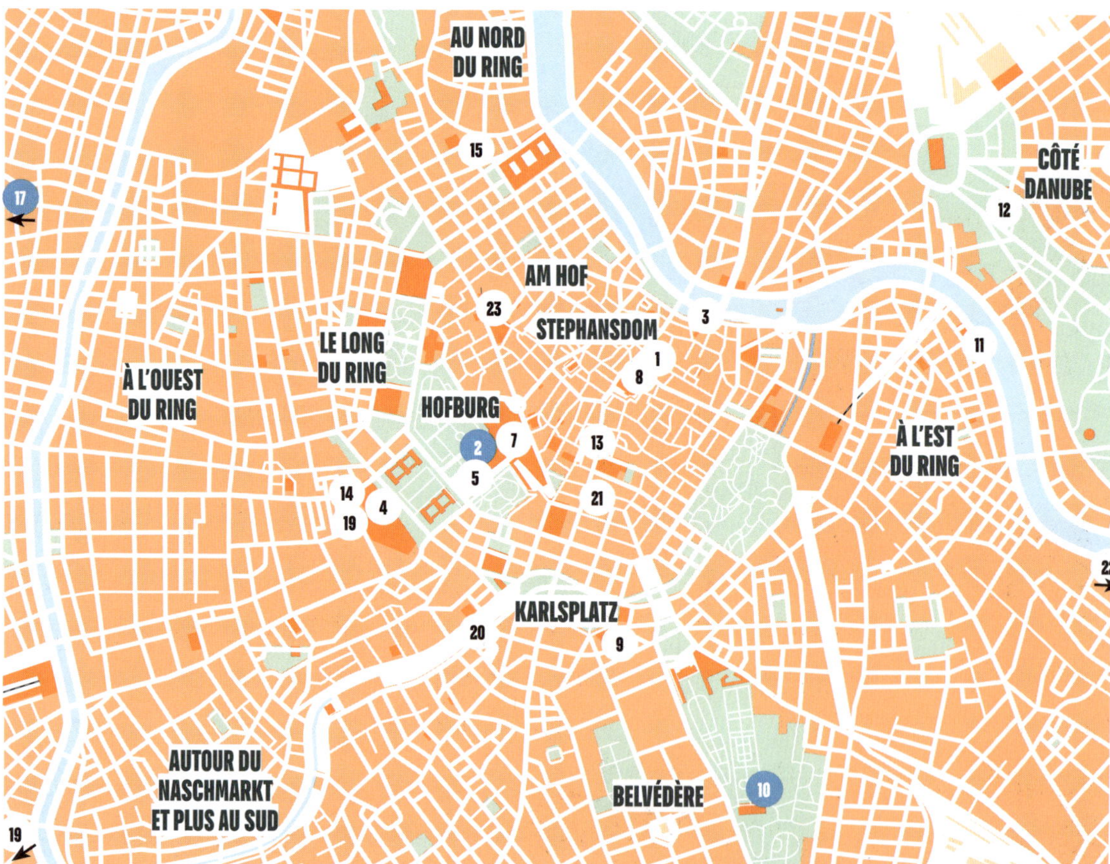

DÉCOUVRIR

PARTIR À LA RENCONTRE DE LA VIENNE ÉTERNELLE

en flânant dans les rues de la vieille ville, une promenade captivante

1

Délimité par le Ring, le centre historique de Vienne se parcourt aisément à pied. Ça tombe bien, c'est là que se concentre la majorité des sites et curiosités qui font le bonheur des amoureux d'architectures médiévale et baroque. À commencer par la cathédrale Sainte-Étienne (Stephansdom), une pointe gothique au cœur d'un monde baroque. Juste en face l'ultramoderne Haas Haus, un bâtiment contemporain, signé Hans Hollein, un des papes de l'attitude postmoderne en architecture. Confrontation insolite (et longtemps décriée) avec la cathédrale. Ne pas manquer la romantique Schönlaterngasse (rue de la Belle-Lanterne), une de nos rues préférées. Faites une halte à la maison de Mozart et flânez devant les boutiques du Graben. En chemin, vous remarquerez d'autres édifices modernes, comme la Loos Haus, manifeste moderniste du début du XXe s. Pour finir, le Neuer markt, une des plus belles places du centre ancien, bordée d'élégants immeubles du XVIIIe s.

BON À SAVOIR : avant de partir, consultez le site • wien.info/fr •

2

SE PERDRE DANS LA HOFBURG

et être ébloui par les splendeurs de l'ancien palais impérial des Habsbourg

Pour la majorité des touristes, c'est devant la Hofburg que commence la découverte de Vienne (après ou avant Schönbrunn !). La visite du palais impérial est un des temps forts de la découverte d'un centre ancien dont il occupe 1/5e de la surface. Ses édifices s'échelonnent du XIIIe au XXe s et concentrent à peu près tous les styles existants. Gigantesque bâtiment, la Hofburg comprend 18 ailes, une vingtaine de cours, 54 escaliers et près de 2 600 pièces ! La Hofburg abrite aujourd'hui, en dehors des musées, la présidence de la République et quelques ministères. On peut visiter les appartements impériaux, le trésor impérial (une des plus fascinantes collections d'art sacré et profane du monde), la chapelle impériale ainsi qu'un musée consacré à l'impératrice Sissi, l'icône de la monarchie austro-hongroise.

BON À SAVOIR : pour éviter l'attente, il est conseillé d'acheter son billet en ligne. • hofburg-wien.at • Après la visite, savourez une part d'*Apfelstrudel* sur la terrasse du Café Hofburg, dans la cour (tlj 10h-18h).

DÉCOUVRIR LE RING, L'ARTÈRE LA PLUS CÉLÈBRE DE VIENNE À BORD D'UN TRAMWAY DE 1929

pour un monumental voyage dans le temps

3

Le Ring est une succession de grands boulevards bourdonnant de vie et de circulation qui ceinturent la vieille ville depuis le démantèlement des remparts, il y a 155 ans. Planté d'arbres, ombragé, ouvert aux tramways et aux voitures, cet anneau aligne les bâtiments de prestige, témoins de l'apogée de l'empire austro-hongrois. Une balade de 25 mn, accompagnée d'explications en français distillées au fil du parcours où l'on découvre 13 lieux emblématiques comme l'Opéra national, la Hofburg, le Parlement, l'hôtel de ville, le musée des Beaux-Arts et bien d'autres.

BON À SAVOIR : le *Vienna Ring Tram* part ttes les 30 mn de la Schwedenplatz (10h-17h30, tte l'année). Achat du billet en ligne ou au départ (12 €). • wienerlinien.at •

PASSER D'UN MUSÉE À L'AUTRE DANS L'EXTRAORDINAIRE MUSEUMSQUARTIER

un des ensembles culturels les plus vastes au monde

4

Une véritable prouesse architecturale célébrant le mariage du baroque et de l'architecture contemporaine en donnant une nouvelle vie aux anciennes écuries impériales du XVIIIe s. Entre les 50 institutions culturelles sur 60 000 m², il faudra choisir, mais le Leopold Museum (avec les œuvres de Klimt, Kokoschka et Egon Schiele) et le MUMOK (œuvres de Kandinsky, Giacometti, Magritte et Klee) rassemblent tous les suffrages.

BON À SAVOIR : dans le musée Léopold, une fenêtre panoramique offre une vue unique sur le Ring et la vieille ville, englobant la place Marie-Thérèse et la Hofburg. • mqw.at • mqpoint.at/en/mq-kombi-tickets •

ÊTRE FRAPPÉ D'ADMIRATION DEVANT LES RICHESSES ACCUMULÉES PAR LES HABSBOURG

rassemblées dans la Kunstkammer (le cabinet d'art) du Kunsthistorisches Museum

5

Une des 10 plus importantes collections d'art au monde dans un écrin pompeux datant de la fin du XIXe s. Outre les collections de peinture, allemande, flamande (15 toiles de Bruegel l'Ancien !), hollandaise et italienne, ne pas manquer la Kunstkammer, avec plus de 2 000 objets exposés dans une muséographie moderne et intelligente. Coup de cœur supplémentaire pour celle des automates.

BON À SAVOIR : • khm.at • Pause salée-sucrée sous la coupole du dôme au 1er étage (tlj sauf lun 10h-18h – dîner possible le jeu sur résa).

POURSUIVRE PAR UNE BALADE À VÉLO LE LONG DU DANUBE

et faire le plein d'air frais

6

Le vélo est très populaire à Vienne, et ce mode de transport est très soutenu politiquement. La preuve : la ville offre plus de 1 400 km de pistes cyclables ! Les longues pistes cyclables ont d'ailleurs priorité sur les automobilistes aux carrefours. Pas besoin de posséder son vélo pour visiter la capitale d'un coup de pédale. Il existe en effet de nombreux stands de location de bicyclettes, surtout au Prater et le long du Danube. De plus, la ville s'est dotée d'un système de location, les Citybikes. Plus de 1 500 vélos peuvent être empruntés aux 120 bornes réparties dans l'agglomération et être rendus à n'importe laquelle de ces bornes.

BON À SAVOIR : • citybikewien.at • Et au cœur de l'été, filer en vélo sur la Donauinsel, mince bande de terre étirée au milieu du Danube, qui compte plus de 40 km de plages ! En été, c'est Vienne-sur-Mer, avec ses baigneurs, son animation intense, sa ribambelle de bars et de guinguettes et son toboggan aquatique, le plus grand du monde, paraît-il...

MARCHER SUR LES PAS DE SISSI

7

Bon, c'est un peu cliché, mais la figure de Sissi reste indissociable de Vienne. Amateurs de palais, vous allez vous en donner à cœur joie avec le palais impérial qui abrite le musée Sissi, l'un des plus visités de la ville. Documents d'époque et reconstitutions actuelles évoquent la vie privée d'Élisabeth épouse de François-Joseph, de ses années d'insouciance en Bavière jusqu'à son assassinat à Genève, au travers d'objets lui ayant appartenu. La muséographie, très lyrique, nous fait entrer dans l'intimité d'une femme solitaire attachée à une certaine idée de la liberté. Une introduction émouvante à la visite d'une Vienne qu'on ne peut croire éternelle.

BON À SAVOIR : • hofburg-wien.at •

Le Baiser, Klimt

DÉCOUVRIR STEPHANSDOM
la cathédrale gothique au toit de tuiles vernissées

8

Elle pointe sa haute flèche au milieu d'un océan de baroque et son portail se reflète dans les courbes de verre de la Haas-Haus postmoderne. La cathédrale vécut toutes les vicissitudes de l'histoire de la ville : sièges des Turcs, bombardement napoléonien, incendie en 1945. Depuis l'entrée dans le transept gauche, on accède aux catacombes où se trouvent les urnes contenant les entrailles des Habsbourg.

BON À SAVOIR : sous la place, un gigantesque ossuaire contient les restes de 16 000 Viennois victimes des épidémies de peste.

PRENDRE L'ASCENSEUR AMÉNAGÉ DANS LA KARLSKIRCHE
pour contempler de près, sous la coupole, les fresques baroques de Rottmayr

9

Cette énorme pâtisserie, très kitsch pour les uns, chef-d'œuvre absolu pour les autres, fut construite pour célébrer la fin de l'épidémie de peste de 1713. À l'édifice baroque de base se superposèrent un temple antique et 2 colonnes aux fresques en spirale s'inspirant de celles de Trajan à Rome, tout en évoquant des minarets. Les pavillons latéraux rappellent quant à eux les pagodes chinoises. Tout cela pourrait paraître indigeste, mais ce n'est pas le cas.

BON À SAVOIR : • karlskirche.at •

10

SE PRENDRE POUR LE PRINCE EUGÈNE DE SAVOIE DANS LE CHÂTEAU DU BELVÉDÈRE SUPÉRIEUR
et en profiter pour admirer le fameux *Baiser* de Klimt

Icône de la Sécession, le mouvement artistique qui fit de Vienne la capitale mondiale de la modernité au début du XXe s, *Le Baiser* de Klimt est à Vienne ce que *La Joconde* est à Paris : un incontournable absolu. Pour l'admirer, il faut se rendre au Belvédère, un ensemble de 2 palais du XVIIIe s édifiés pour le prince Eugène de Savoie et qui comptent parmi les plus beaux édifices baroques d'Europe. Le Belvédère supérieur héberge une remarquable collection de peintures et de sculptures, du retable médiéval jusqu'à l'art contemporain en passant par le baroque agonisant. On s'attardera bien sûr dans les magnifiques salles consacrées à l'impressionnisme, au réalisme et à la Sécession viennoise conduite par Klimt et Schiele.

BON À SAVOIR : les collections du Belvédère étant d'une grande richesse, les tableaux sont souvent exposés par roulement et l'organisation des salles modifiée régulièrement. • belvedere.at •

DÉCOUVRIR LE MONDE ÉTRANGE ET POÉTIQUE
de Friedensreich Hundertwasser

11

Le musée (Kunst Haus Wien), consacré à ce magicien de la couleur se trouve un peu au nord de l'ensemble urbain qu'il a fait construire. Un lieu vraiment surprenant, avec un sol qui ondule et des étages végétalisés. On ne se lasse pas de découvrir toutes les facettes de ce Merlin l'Enchanteur de l'architecture contemporaine, écolo avant la lettre, capable de transformer un incinérateur, une vieille église ou une HLM en feu d'artifice de formes et de couleurs.

BON À SAVOIR : pour aller de l'un à l'autre, repérer les panneaux indiquant le chemin entre les deux. • kunsthauswien.com •

REVIVRE UNE SÉQUENCE DU *TROISIÈME HOMME*
au milieu des flonflons de la fête foraine du célèbre parc centenaire du Prater

12

Le Prater est l'un des parcs d'attractions les plus fameux au monde. L'ancienne réserve de chasse, créée au XVIe s par Maximilien II, fut ouverte au public en 1766 par Joseph II et transformée en parc d'attractions. En vedette, la fameuse Riesenrad, grande roue qui culmine à 65 m de haut, rendue célèbre par Orson Welles et *Le Troisième Homme*, bien sûr, un des chefs-d'œuvre du cinéma mondial, mais il règne ici une atmosphère qui vous incitera à prolonger la visite. Beaucoup d'autres attractions populaires (train miniature, train fantôme, théâtre de marionnettes, etc.), et même spectaculaires pour certaines, attendent petits et grands.

BON À SAVOIR : • prater.at • Les cinéphiles compléteront leur quête en visitant le Dritte-Mann-Museum (Pressgasse 25). Documents divers sur le tournage du *Troisième Homme* et explications sur le succès du film. On peut y voir la fameuse cithare d'Anton Karas.

DESCENDRE DANS LA CRYPTE DE LA KAISERGRUFT
où repose pour l'éternité la dynastie des Habsbourg

13

Quelques minutes à pied suffisent pour passer de la splendeur de la Hofburg (voir coup de cœur n° 2) à cette crypte qu'on a connue glaciale mais qui, pour répondre au nombre de visiteurs toujours croissant, s'est refait un aspect presqu'avenant. Située sous la Kapuzinerkirche (l'église des Capucins), la crypte impériale accueille la quasi-intégralité des membres de la famille impériale depuis près de 4 siècles : 12 empereurs, 15 impératrices, oncles, tantes, cousins... qui se sont vu décerner l'oscar de la pompe funéraire ! 140 cercueils, presque des mausolées, dans des styles époustouflants. Le summum est atteint avec le cénotaphe de Marie-Thérèse et François de Lorraine, véritable monument du sculpteur Balthazar Ferdinand Moll. En remontant ensuite les marches pour revenir vers la lumière du jour, vous allez mettre quelques secondes pour vous réadapter...

BON À SAVOIR : • kapuzinergruft.com •

FLÂNER DANS LE PITTORESQUE QUARTIER DE SPITTELBERG
à la recherche des détails architecturaux ornant les belles demeures baroques

14

Entre les Siebensterngasse, Burggasse et Sigmundsgasse (7e arrondissement), un quartier ancien restauré et qui a retrouvé magnifiquement tout son lustre d'antan. Situé sur une petite colline, il fut urbanisé au XVIIIe s. Un des rares exemples à Vienne d'un petit lacis de rues et ruelles homogènes architecturalement. Balade délicieuse de jour, encore plus de nuit, d'autant que tout le quartier a eu la bonne idée de se réserver aux piétons. Quelques cours intérieures méritent le coup d'œil. Pas mal de restos avec terrasse et de bars étudiants.

BON À SAVOIR : ces dernières années, ce quartier est devenu l'un des plus branchés, des plus alternatifs et des plus animés de la ville (surtout le samedi).

SUR LES TRACES DU *TROISIÈME HOMME*

Comment ne pas évoquer ce chef-d'œuvre du cinéma, qui obtint le Grand Prix du Festival de Cannes en 1949 ? Réalisé par Carol Reed, Le *Troisième Homme* est une histoire à suspense sur le thème de l'amitié et de la trahison qui se déroule à Vienne après la Seconde Guerre mondiale, au moment où la ville est occupée par les Alliés. Ses images en noir et blanc, rappelant autant l'expressionnisme allemand que l'esthétique des « films noirs » américains, participent grandement à l'ambiance, de même que la musique endiablée jouée à la cithare par le Viennois Anton Karas. Une des scènes-clé du film se situe dans le décor de la grande roue du Prater... L'association Dritte-Mann-Tour (• drittemanntour.at •) organise des balades à thème sur les pas du *Troisième Homme*, une façon très originale de découvrir la ville.

KLIMT FOR EVER !

Gustav Klimt (1862-1918), le plus réputé de tous les peintres autrichiens, et Vienne sont indissociables. Tout d'abord parce qu'il y est né et y est enterré. Ensuite, parce qu'il y a passé toute sa vie et sa carrière. Enfin parce que, tel un Petit Poucet, il a semé ses traces un peu partout dans le centre historique de Vienne. Nulle part ailleurs vous ne verrez une telle concentration d'œuvres de ce peintre de génie et figure majeure de la modernité viennoise au tournant du XXe s ! C'est au Belvédère que se trouve son fameux *Baiser*, l'une des icônes de la peinture moderne. Mais d'autres de ses chefs-d'œuvre vous attendent dans la capitale autrichienne : le *Portrait d'Emilie Flöge* au Wien Museum, la *fresque Beethoven* à la Secession, *La Vie et la Mort* au musée Leopold...

VISITER LE MUSÉE SIGMUND FREUD
dans la maison où le célèbre psychanalyste résida jusqu'à son exil vers Londres en 1938

15

Berggasse 19 : une adresse devenue mythique, surtout pour les freudiens. Freud habita cet immeuble bourgeois durant 47 ans, de 1891 jusqu'à son départ vers Londres, le 4 juin 1938. À l'intérieur de l'immeuble, l'atmosphère n'a guère changé. Très belle cage d'escalier avec glaces gravées pour monter jusqu'à l'appartement destiné aux consultations et la célèbre salle d'attente. Mais le célèbre divan est resté à Londres, comme le reste du mobilier. Seules quelques vieilles photographies témoignent de l'aspect des lieux avant le départ de Freud pour l'Angleterre.

BON À SAVOIR : • freud-museum.at •

FAIRE UNE VIRÉE À SCHÖNBRUNN, POUR LA VISITE DU CHÂTEAU, DU PARC, DU MUSÉE DES CARROSSES ET DE CELUI DES ENFANTS
avec un crochet par le zoo pour aller saluer les pandas !

16

Le château de Schönbrunn est le monument le plus visité d'Autriche ! La résidence d'été de Marie-Thérèse attire chaque année 2,6 millions de visiteurs se pressant dès le matin devant ses grilles. Une réussite de l'architecture baroque avec ses 1 441 pièces. À l'intérieur, la profusion de la décoration rococo et la présence d'objets personnels de François-Joseph et de Sissi rendent la visite particulièrement attachante. Prévoir de passer une bonne demi-journée ici, en comptant la visite du zoo, l'un des anciens et des plus beaux d'Europe, et celle du merveilleux musée des Carrosses, les lieux de restauration étant divers, et même variés.

BON À SAVOIR : inutile de venir trop tôt, le système de réservation permet d'éviter les files d'attente. Il ne faut pas trop espérer l'absence de groupes ni une visite tranquille ! • schoenbrunn.at •

SAVOURER

17

À L'HEURE DU GOÛTER,
faire une pause dans l'un des mythiques *Kaffeehaus* viennois à l'atmosphère incomparable

Célèbres dans le monde entier, les cafés sont l'un des piliers de l'art de vivre viennois. Ils existent depuis la fin du XVIIe s et le départ des Turcs qui avaient fait le siège de Vienne. Au début du XXe siècle, l'effervescence intellectuelle de la ville leur devait beaucoup. Les cafés viennois perpétuent, pour la plupart, la tradition du double K *(Kaffee-Kuchen)* : la fameuse pause sucrée autour d'un café et d'une part de tarte ou de gâteau. Les plus célèbres sont le *Demel* et le *Sacher,* qui ont conclu un compromis historique à propos de la paternité du gâteau le plus célèbre de la ville : la *Sachertorte.* Le *Central* et le *Museum* comptent également parmis les historiques. Tous ont une histoire à raconter. À vous de les faire parler, lors de votre escapade le long du Ring.

BON À SAVOIR : le plus simple est de se rendre directement au comptoir, où sont présentées les merveilles pâtissières aux noms impossibles, et d'indiquer du doigt, votre choix.

18

AU CŒUR DES VILLAGES VIGNERONS, BOIRE UN PETIT BLANC SOUS LA TONNELLE D'UN *HEURIGER*

bercé d'une musique typique, tout en avalant des plats paysans

Pour déguster les vins viennois, un détour par les *Heuriger* s'impose. Sorte de guinguettes familiales adossées à un vignoble, elles servent uniquement leur propre vin. Véritables lieux de culture populaire où, dès la fin de l'après-midi, on vient s'attabler en famille ou entre amis. En fin de soirée, quand les touristes sont partis, les Viennois, accompagnés d'un quatuor de cordes et d'un accordéon, se mettent à entonner a cappella de vieux airs nostalgiques, où il est question de la douceur de vivre et des plaisirs du vin. Ouvertes toute l'année mais par intermittence (en fonction de leur production), on les trouve dans les arrondissements de Grinzing, Heiligenstadt, Klosterneuburg, à la lisière de Vienne. En automne et en été, la forêt viennoise ou le vignoble tout proches invitent ensuite à la promenade. Bref, que du bonheur...

DÉGUSTER DES PLATS TRADITIONNELS DANS UN *BEIS*

resto de quartier chaleureux et convivial

19

Généralement bon marché, avec une petite carte et un plat du jour. Souvent, le midi, on y déjeune léger. La mode aidant, on en trouve de plus en plus qui proposent une restauration davantage élaborée. Un lieu de sortie et de rencontre en somme, en musique souvent. Notre favori : *Glacis Beisl* (Breite Gasse 4). Un resto noyé dans la verdure, caché derrière le MuseumsQuartier.

BON À SAVOIR : repas jusqu'à 23h mais, pour avoir une chance de dîner, mieux vaut se chercher une table avant 21h30.

S'OFFRIR UN BRUNCH AU NASCHMARKT

en terrasse, ou sur l'un des marchés ethniques où les Viennois adorent se retrouver, notamment pour le marché aux puces du samedi

20

Le plus célèbre marché de Vienne, délicieusement cosmopolite. Petite porte de l'Orient, il propose un large éventail de produits exotiques depuis les Balkans jusqu'à l'Extrême-Orient. Nombreuses spécialités à déguster sur le pouce. Arpenter ensuite les Linke et Rechte Wienzeile, deux boulevards bordés de fascinants immeubles Jugendstil ou historicistes aux façades en majoliques. Une balade incontournable pour les amoureux d'architecture et d'insolite.

BON À SAVOIR : autres marchés à l'atmosphère réjouissante et très courus, l'Yppenmarkt (le quartier est d'ailleurs devenu l'un des plus branchés et des plus animés de la ville, avec ses nombreux bars et restos, surtout le samedi), et le Karmelitermarkt, dans l'ancien quartier juif de la Leopoldstadt.

BALS : QUE LA FÊTE COMMENCE !

Dans la ville de la valse, danser n'est pas un vain mot. Le passage par une école de danse, même bref, constitue une étape éducative conseillée à tout adolescent. On en sort avec un diplôme (!), prêt à partir festoyer dans les innombrables bals donnés chaque année. Chaque corps de métier, association ou quartier y va de sa fête, et plus de 450 bals annuels ont lieu à Vienne, fréquentés par quelque 300 000 danseurs venus du monde entier. La saison des bals débute entre le 15 et le 30 novembre avec le bal des ramoneurs de Vienne et celui de la Croix-Rouge, pour se terminer au lendemain du Mardi gras *(Fasching)*. Tentez votre chance mais pensez au dress code, et renseignez-vous avant de louer smoking ou robe longue. Le calendrier des festivités de la saison est disponible sur le site • ballkalender.com •

SORTIR

ASSISTER À UN OPÉRA OU À UN CONCERT DE MUSIQUE CLASSIQUE dans l'une des prestigieuses salles de la ville

21

Vienne est la seule ville au monde qui propose des opéras, opérettes et ballets, tous les jours de septembre à juin. Alors pourquoi s'en priver ? Les places ne sont pas réservées à un public restreint d'initiés. Leur prix varie selon la notoriété de l'orchestre. Aucun snobisme particulier, il suffit d'être correctement habillé, sans revêtir obligatoirement une robe longue ou porter une cravate, mais mieux vaut éviter les tenues trop débraillées. De nombreuses possibilités s'offrent à vous, notamment aux prestigieux Staatsoper et Volksoper pour l'opéra, ainsi qu'au Musikverein ou à la Konzerthaus pour les concerts. Aller à l'opéra à Vienne est quelque chose d'unique, de quasiment hors du temps. Tout est grandiose : la salle, les costumes, l'atmosphère... Tout un ensemble qui ne laissera jamais indifférent.

BON À SAVOIR : pour se mettre en appétit, assister à 19h à une retransmission sur grand écran en direct sur la place devant le Staatsoper (avr-juin et sept).

À LA TOMBÉE DE LA NUIT, SE LAISSER HAPPER PAR L'ATMOSPHÈRE SURVOLTÉE DE L'UNE DES BOÎTES D'ÉLECTRO (COMME LE *FLEX*) installées au bord du Donaukanal

22

Si vous pensez que Vienne est une ville quelque peu morose... c'est que vous n'y êtes pas revenu depuis le siècle dernier ! La Vienne actuelle surprend par la diversité et la multitude de lieux où sortir. Étonnant de voir les Viennois jeter la tradition aux orties et envahir les *dancefloors* ! Les week-ends et certains soirs d'été, réussir à pénétrer dans les bars et boîtes relève de l'exploit.

BON À SAVOIR : si vous êtes plus rock et alternatif, rendez-vous sous les arcades de la ligne de métro U6, entre les stations Währingerstrasse et Burggasse, pour suivre le beat viennois. Et pour une liste exhaustive des clubs et discothèques, consulter le *Falter*, l'hebdo le plus complet sur les questions culturelles. • falter.at •

SHOPPING

EN HIVER, À LA PÉRIODE DE L'AVENT, SILLONNER LES ALLÉES DES STANDS DE NOËL de l'*Altwiener Christkindlmarkt*

23

Chaque année, les marchés de Noël prennent de plus en plus d'importance. Pour bien s'imprégner de la magie des fêtes, outre le traditionnel marché du Père Noël devant l'hôtel de ville, il y a celui à l'ancienne, sur la place de la Freyung. Saint Nicolas y débarque le 5 décembre, on peut y acheter les décorations pour le sapin, confectionner sa couronne de Noël personnelle, admirer la plus grande crèche d'Autriche, tout en se réchauffant avec un verre de *Glühwein*.

BON À SAVOIR : on peut profiter du marché de mi-nov jusqu'au 24 déc. • wienerweihnachtstraum.at •

AGENDA DES FÊTES, FESTIVALS ET ÉVÉNEMENTS

AVRIL-SEPTEMBRE : Summer Stage

Sur le Donaukanal, concerts gratuits, restos, beach-volley, trampoline et même pétanque, il y en a pour tous les goûts. • summerstage.at •

MAI-JUIN : Wiener Festwochen (festival de Vienne)

Nombreux concerts de musique classique ou contemporaine, performances, spectacles de théâtre d'avant-garde ou de danse présentés dans le MuseumsQuartier, entre autres. • festwochen.at •

MI-JUIN : Vienna Pride et Regenbogenparade (parade arc-en-ciel)

5 j. Festival gay (danse, théâtre, concerts, soirées...), qui s'achève en apothéose avec la Gay Pride. • viennapride.at •

FIN JUIN : Donauinselfest (fête de l'Île du Danube)

3 j. Le plus grand festival à ciel ouvert d'Europe gratuit : 500 heures de musique live, près de 2 000 artistes... Cette fête réunit quelque 3 millions de jeunes autour de concerts de rock, pop, jazz, électro, hip-hop, hard rock... et autres manifestations. • donauinselfest.at •

FIN JUIN-DÉBUT JUILLET : Jazz Fest Wien

Nombreux concerts dans les lieux les plus prestigieux de la ville (certains gratuits). • jazzfest.wien/en •

JUILLET-AOÛT : Sommerkino (festival du film musical)

Sur la Rathausplatz. Tous les soirs, projections gratuites d'opéras et de concerts filmés sur écran géant. Un rendez-vous incontournable en été. • filmfestival-rathausplatz.at •

FIN SEPTEMBRE-DÉBUT OCTOBRE : Wiener Wiesn Fest. au Prater

La fête de la bière, façon viennoise. Tout y est traditionnel : la bière, la cuisine, les danses, l'artisanat, la musique... • wienerwiesn.at •

MI-NOVEMBRE AU 24 DÉCEMBRE : Christkindlmarkt

Outre le traditionnel marché du Père Noël devant l'hôtel de ville, il y a le marché à l'ancienne de la Freyung, celui du Spittelberg, un de nos préférés (il occupe toutes les petites rues du Montmartre viennois), ou celui devant la Karlskirche. Ne pas manquer le marché devant le château de Schönbrunn et, plus couru, celui de la Maria Theresien Platz. • wienerweihnachtstraum.at •

Grande roue, Prater

LES ROUTARDS SUR L'ÉTRANGER

(DATES DE PARUTION SUR · ROUTARD.COM ·)

EUROPE

PAYS EUROPÉENS

- Allemagne
- Andalousie
- Angleterre, Pays de Galles
- Autriche
- Baléares
- Belgique
- Canaries
- Catalogne (+ Valence et Andorre)
- Crète
- Croatie
- Danemark, Suède
- Écosse
- Espagne du Nord-Ouest
- Finlande
- Grèce continentale
- Hongrie
- Îles grecques et Athènes
- Irlande
- Islande
- Italie du Nord
- Italie du Sud
- Lacs italiens
- Madère
- Madrid, Castille (Aragon et Estrémadure)
- Malte
- Norvège
- Pays baltes : Tallinn, Riga, Vilnius
- Pologne
- Portugal
- République tchèque, Slovaquie
- Roumanie, Bulgarie
- Sardaigne
- Sicile
- Suisse
- Toscane, Ombrie

VILLES EUROPÉENNES

- Amsterdam et ses environs
- Barcelone
- Berlin
- Bruxelles
- Budapest
- Copenhague
- Dublin
- Florence
- Lisbonne
- Londres
- Madrid
- Milan
- Moscou
- Naples
- Porto
- Prague
- Rome
- Saint-Pétersbourg
- Séville
- Stockholm
- Venise
- Vienne

AMÉRIQUES

- Argentine
- Brésil
- Californie
- Canada Ouest
- Chili et île de Pâques
- Colombie
- Costa Rica
- Équateur et les îles Galápagos
- États-Unis Nord-Est
- Floride
- Guatemala, Yucatán et Chiapas
- Louisiane et les villes du Sud
- Mexique
- Miami
- Montréal
- New York
- Parcs nationaux de l'Ouest américain
- Pérou, Bolivie
- Québec, Ontario et Provinces maritimes
- San Francisco

ASIE ET OCÉANIE

- Australie côte est et nord + Red Centre
- Bali, Lombok
- Bangkok
- Birmanie (Myanmar)
- Cambodge, Laos
- Chine
- Hong-Kong, Macao, Canton
- Inde du Nord
- Inde du Sud
- Israël, Palestine
- Istanbul
- Jordanie
- Malaisie, Singapour
- Népal
- Shanghai
- Sri Lanka (Ceylan)
- Thaïlande
- Tokyo, Kyoto et environs
- Turquie
- Vietnam

AFRIQUE

- Afrique du Sud
- Égypte
- Kenya, Tanzanie et Zanzibar
- Maroc
- Marrakech
- Sénégal
- Tunisie

ÎLES CARAÏBES ET OCÉAN INDIEN

- Cuba
- Guadeloupe, Saint-Martin, Saint-Barth
- Île Maurice, Rodrigues
- Madagascar
- Martinique
- République Dominicaine (Saint-Domingue)
- Réunion

GUIDES DE CONVERSATION

- Allemand
- Anglais
- Arabe du Maghreb
- Arabe du Proche-Orient
- Chinois
- Croate
- Espagnol
- Grec
- Italien
- Japonais
- Portugais
- Russe
- G'palémo (conversation par l'image)

LIVRES-PHOTOS LIVRES-CADEAUX

- 50 voyages à faire dans sa vie
- 52 villes coups de cœur en Europe
- 52 week-ends coups de cœur en France
- 52 escapades nature en France
- 120 coins secrets en Europe
- 1200 coups de cœur dans le monde
- 1200 coups de cœur en France
- Cahier de vacances du Routard
- La France de Stéphane Bern
- Nos plus belles balades et randos en France
- Voyages
- Voyages : États-Unis
- Voyages : France
- Voyages : Italie
- Road trips Monde
- Road trips France

LES ROUTARDS SUR LA FRANCE

(DATES DE PARUTION SUR · ROUTARD.COM ·)

- Alsace
- Ardèche, Drôme
- Auvergne
- Bordelais, Landes, Lot-et-Garonne
- Bourgogne
- Bretagne Nord
- Bretagne Sud
- Les Charentes
- Châteaux de la Loire
- Corse
- Côte d'Azur
- Franche-Comté
- Isère, Alpes du Sud
- Jura franco-suisse
- Languedoc et Roussillon
- Limousin
- Lorraine
- Lot, Aveyron, Tarn
- Lyon
- Marseille
- Midi toulousain (Pyrénées, Gascogne)
- Montpellier
- Nantes et ses environs
- Nice
- Nord, Pas-de-Calais
- Normandie
- Paris
- Pays Basque, Béarn
- Pays de la Loire
- Périgord-Dordogne
- Picardie
- Poitou
- Provence
- Savoie Mont Blanc
- Toulouse
- Week-ends autour de Paris

AUTRES GUIDES SUR LA FRANCE

- Nos meilleurs campings en France
- Nos meilleures chambres d'hôtes en France

AUTRES GUIDES SUR PARIS

- Paris
- Paris balades
- Restos et bistrots de Paris
- Le Routard des amoureux à Paris
- Week-ends autour de Paris

LE ROUTARD À VÉLO

- EuroVélo 6
- La Bourgogne du Sud à vélo
- La Flow Vélo
- La Loire à vélo
- La Vélodyssée
- Le Canal des 2 mers à vélo
- Paris – île de France à vélo
- ViaRhôna
- Les plus belles escapades à vélo en France

CRÉDITS PHOTOGRAPHIQUES

Légende : p = page, h = haut, c = centre, b = bas

Hemis.fr

Alamy : p.15, p.39, p.217h • **Jean-Claude Amiel** : p.11h, p.243, p.395 • **Marco Ansaloni** : p.388, p.389 • **Jon Arnold** : p.8, p.11b, p.27d, p.29, p.37, p.38, p.50d, p.51h, p.53, p.59, p.66, p.85b, p.85h, p.90h, p.97b, p.105, p.127, p.137h, p.139, p.145bc, p.146, p.149, p.160, p.167, p.171, p.172b, p.173, p.177, p.179, p.197, p.198b, p.206, p.208h, p.211, p.225, p.226h, p.231, p.234h, p.237, p.241, p.242b, p.247, p.257, p.262, p.293, p.300, p.317, p.328b, p.338, p.347, p.352, p.359, p.369, p.372, p.397, p.399, p.402 • **Aurora** : p.19h • **Awl** : p.115 • **Axiom** : p.74 • **Bruno Barbier** : p.228 • **Walter Bibikow** : p.128b • **Philippe Blanchot** : p.348 • **Christophe Boisvieux** : p.144, p.305 • **Maurizio Borgese** : p.36 (Miro, *Sculpture Dona i Ocell* © Successió Miró / Adagp, Paris, 2021), p.55 (Architecte : Norman Foster), p.114b, p.191, p.406b • **Éric Bouloumie** : p.152h, p.396 • **Arnaud Chicurel** : p.121, p.124, p.349 • **Cultura** : p.78h, p.180b • **Ian Dagnall Computing / Alamy Stock Photo** : p.306 • **Jean-Pierre Degas** : p.90b • **Simon Descamps** : p.106h, p.335 • **Patrick Escudero** : p.265, p.266 (Jacques Majorelle, Jardins Majorelle, extérieur © Adagp, Paris 2021), p.374 • **Patrick Frilet** : p.47b, p.132h, p.133, p.199 • **John Frumm** : p.128h, p.313 • **Bertrand Gardel** : p.13, p.32, p.33b, p.56 (en fond, peinture de Jolly Kunjappu, *Dancing to Freedom*), p.57 (Club der Visionare au bord du canal Landwehrkanal), p.61h (le bar de la Plage au bord de la Spree), p.63, p.87 (Fresque murale *Les Rêves de Nic*, d'après le dessinateur Hermann, éd. Dupuis © Hermann – Réalisation fresque : Art Mural asbl 1999), p.93, p.98h, p.107, p.110b, p.135, p.210h, p.216, p.227hd, p.239 (hôtel de ville et la Shard London Bridge Tower de l'architecte Renzo Piano), p.246 (magasin vintage Blitz), p.312, p.356, p.371b, p.409 • **Kevin George / Alamy Stock Photo** : p.62 • **Gregory Gerault** : p.44b • **Gil Giuglio** : p.174b • **Franck Guiziou** : p.222, p.311 • **Robert Harding** : p.52b, p.95, p.96, p.108, p.203, p.221, p.341, p.403 • **Jean Heintz** : p.178h • **Juergen Henkelmann Photography / Alamy Stock Photo** : p.60 • **Hervé Hugues** : p.65 (© FMGB Guggenheim Bilbao Museoa, Paris 2021. Tous droits réservés. Toute reproduction totale ou partielle est interdite), p.159, p.252, p.268, p.350, p.394 (Santiago Calatrava, Cité des Arts et des Sciences, © Adagp, Paris, 2021) • **ImageBroker** : p.92, p.125, p.294 • **Pierre Jacques** : p.329 • **Hartmut Krinit** : p.172h • **Olivier Leclercq** : p.77, p.79 • **Jean-Pierre Lescourret** : p.23, p.31, p.269, p.337 • **Ludovic Maisant** : p.24b, p.35, p.72, p.73 (charcuterie Simoni), p.100, p.110h (Radisson SAS Royal Hotel, chambre 606), p.132b, p.186, p.187h, p.233, p.242h, p.244h (Neal's Yard Dairy), p.244b, p.253, p.280bd (Quadrilatère de la Mode, Via Monte Napoleone, devanture de la boutique de la marque Gucci), p.283, p.284, p.285, p.286, p.307, p.308, p.371h, p.383, p.411 • **Richard Manin** : p.137b, p.152b (Palais Medicis Riccardi, chapelle des Mages, *Le Cortège du Roi mage Gaspard*, 1459, œuvre de Benozzo Gozzoli) • **René Mattes** : p.9, p.24, p.45, p.58, p.75, p.153, p.163, p.181, p.182h, p.188h, p.188b, p.205, p.207bd, p.209, p.210b, p.250, p.255, p.260, p.273, p.278, p.279, p.354bd, p.370h, p.373 (Bodega Las Teresas) • **Mauritius** : p.12b, p.117, p.118, p.417 • **Camille Moirenc** : p.49d, p.50g, p.169, p.361, p.361bd (café littéraire, hommage à Pouchkine) • **Lionel Montico** : p.215 • **Tuul et Bruno Morandi** : p.131, p.298 • **Novarc Images** : p.156 • **Cedric Pasquini** : p.99, p.102b • **Bruno Perousse** : p.267, p.327 • **Photoshot** : p.400 • **Photoshot / Pearce** : p.200h • **Andrea Pistolesi** : p.67, p.201, p.208b • **Ingolf Pompe** : p.10h, p.14, p.33h, p.140, p.166h, p.232h (le musée des Beatles), p.251, p.254, p.259 (à l'intérieur du restaurant El Chinitas), p.415 • **Prisma** : p.331 • **Jean-Baptiste Rabouan** : p.10b (le Rijksmuseum, tableau de Rembrandt, *La Ronde de Nuit*), p.91, p.113, p.166b (Golay Spierer, designer de montre sur mesure), p.381 (vue sur l'église Katarina Kyrka depuis le AF Chapman voilier de 1888, amarré a Skeppsholmen) • **Sergi Reboredo / Alamy Stock Photo** : p.82 • **Philippe Renault** : p.213 • **Bertrand Rieger** : p.17, p.43 (*The Big Fish* de John Kindness sur Donegall Quay et la Clock Tower), p.44h (Titanic Belfast Experience, maquette du RMS Titanic), p.46 (concert au McHughs), p.143 • **Anna Serrano** : p.34, p.103, p.370b (musée du Flamenco, peinture de Jean Lamouroux), p.375h (spectacle de flamenco à la Tablao Flamenco Los Gallos) • **Jacques Sierpinski** : p.270 • **Richard Soberka** : p.80g, p.240h, p.319 • **Sylvain Sonnet** : p.136, p.147, p.151, p.155, p.332, p.366 • **Guillaume Soularue** : p.178b • **Jean-Daniel Sudres** : p.81, p.414, p.416 • **Emilio Suetone** : p.344 • **Domenico Tondini** : p.150, p.157 • **Stefano Torrione** : p.390, p.405 • **Travel Collection** : p.61b • **VWpics** : p.141 • **John Warburton Lee** : p.40 • **Westend 61** : p.97h • **Pawel Wysocki** : p.106b, p.333, p.400.

Photononstop

Suzy Bennett/4Corners / Sime : p.161 • **Antonio Capone / Sime** : p.302 • **Matteo Carassale / Sime** : p.321 (le restaurant La grotta) • **Colin Dutton** : p.377 • **Colin Dutton / Sime** : p.406h • **Paolo Giocoso** : p.387 • **Paolo Giocoso / Sime** : p.249 • **Giuseppe Greco / Sime** : p.297 • **Véronique Leplat / Sime** : p.162 • **travelstock44/Look** : p.204 • **Da Ros Luca / Sime** : p.276 • **Gusso Luca / Sime** : p.114h • **Massimo Pacifico/AGF Foto** : p.365 • **Sandra Raccanello / Sime** : p.122h • **Sime** : p.315 • **Szyszka / Sime** : p.123 • **Stefano Torrione / Sime** : p.354bg.

SIME

Guido Cozzi : p.322 • **Pietro Canali** : p.355.

Age Fotostock

César Lucas Abreu : p.21 • **Leroy Arthur** : p.168 • **Authorsimage** : p.18 • **Marco Cristofori** : p.109, p.256 • **J.D. Dallet** : p.180h • **De Agostini Picture** : p.280bg • **DEA / A Dagli Orti** : p.102h • **Jordi Ferré Gicquel** : p.217b • **David R. Frazier / DanitaDelimont.com** : p.68b • **Sylvain Grandadam** : p.218 • **Knut Knipser/imageBRP** : p.101 • **Marka/jarach** : p.86 (René Magritte, *Son of a man* © Adagp, Paris, 2021) • **Jose Peral** : p.182b • **Grant Rooney** : p.342 • **Hayden Verry** : p.116 • **Jan Wlodarczyk** : p.7 • **Zoonar/Liz Collet** : p.288.

Divers

Peter Adams / AWL Images / Corbis : p.226b • **© Sarah Blee (photo) / © Neutelings Riedijk Architects** : p.20 • **Romain Boutillier** : p.26, p.27g, p.28 • **Corbis** : p.314 • **Cong SA** : p.214 (*Corto Maltese*, d'Hugo Pratt © 1979 Cong SA, Suisse, www.cong-pratt.com. Tous droits réservés) • **Finnish National Gallery/ Susanna Kesänen** : p.192 (Le Kiasma a été conçu par l'architecte américain Steven Holl) • **Tim Graham / Corbis** : p.174h (Horse Shoe Pub) • **Grand Tour Collection / Corbis** : p.384 • **Ted Horowitz / Corbis** : p.154h.

Adobe Stock

p.263 • p.277 • p.289 • p.291 • p.292 • p.295 • p.303 • p.309 • p.323 • p.326 • p.334 • p.345 • p.357 • p.363 • p.367 • p.375 • p.376 • p.379 • p.380 • p.382 • p.382 • p.385 • p.391 • p.407 • p.412.

Shutterstock

p.12h • p.19b • p.25 • p.41 • p.47h (Architecte : Eric Kuhne) • p.49g • p.51b • p.68h • p.69 • p.71 • p.78b • p.80d • p.83 • p.88 • p.89 • p.98b • p.111 • p.119 • p.122b • p.129 • p.130 • p.138 • p.145hd • p.145hg • p.154b • p.165 • p.175 • p.183 • p.185 • p.187b • p.189 • p.192 • p.193 • p.194 • p.195 • p.198h • p.200b • p.207b • p.207h • p.219 • p.223 (le Tage et en arrière-plan le MAAT de l'architecte Amanda Levete) • p.224 • p.227hg • p.229 • p.232b • p.234b • p.235 (*Les 4 Beatles*, sculpture de Andrew Edwards) • p.238 • p.245 • p.261 • p.272 • p.275 • p.281 • p.287 • p.299 • p.316 • p.328h • p.336 • p.339 (Architecte : Frank Gehry) • p.343.

Couverture : Mickael Abid / AdobeStock

4e de couverture : v1 Jon Arnold / hemis.fr • v2 Bertrand Gardel / hemis.fr • v3 Jan Wlodarczyk / Age Fotostock • v4 Bertrand Gardel / hemis.fr • v5 René Mattes / hemis.fr • v6 Shutterstock

Pour le Routard

Directeur de collection et auteur : Philippe Gloaguen

Rédaction : Isabelle Al Subaihi, Emmanuelle Bauquis, Mathilde de Boisgrollier, Carole Bordes, Thierry Brouard, Marie Burin des Roziers, Diane Capron, Véronique de Chardon, Laura Charlier, Florence Charmetant, Gavin's Clemente Ruïz, Fiona Debrabander, Anne-Caroline Dumas, Bénédicte Gloaguen, Pierre Josse, Amanda Keravel, Géraldine Lemauf-Beauvois, Benoît Lucchini, Olivier Page, Alain Pallier, Anne Poinsot, André Poncelet.

Pour Hachette

Direction : Sidonie Chollet

Direction éditoriale : Élise Ernest

Responsable de projet : Matthieu Devaux

Édition : Olga Krokhina-Antonov, Julie Dupré, Gia-Quy Tran, Pauline Janssens, Margaux Lefebvre, Amélie Ramond et Lucie Lena

Lecture-correction : Sophie Berger et Aurélie Gaillot

Contrôle de gestion : Jérôme Boulingre et Yannis Villeneuve

Secrétariat : Julia Lorrain

Fabrication : Nathalie Lautout, Liza Sacco et Audrey Detournay

Relations presse : COM'PROD, Fred Papet. ☎ 01-70-69-04-69. • info@comprod.fr • Martine Levens (Belgique) et Maureen Browne (Suisse)

Marketing : Clotilde Tougeron et Élodie Darty

Conception graphique couverture : Le Bureau des Affaires Graphiques

Conception graphique maquette : Le Bureau des Affaires Graphiques

Maquette : Le Bureau des Affaires Graphiques

Logo : Le Bureau des Affaires Graphiques

Silhouette : Clément Gloaguen (d'après Solé)

Direction partenariats : Jérôme Denoix • jeromedenoix@gmail.com •

Contacts partenariats et régie publicitaire : Florence Brunel-Jars • fbrunel@hachette-livre.fr •

Les Routards parlent aux Routards

Faites nous part de vos expériences, de vos découvertes, de vos tuyaux :

Les Routards parlent aux Routards : 122, rue du Moulin-des-Prés, 75013 Paris – e-mail : guide@routard.com

site internet : routard.com

Cet ouvrage est imprimé sur un papier issu de forêts gérées

Édité par Hachette Livre (58, rue Jean-Bleuzen, CS 70007, 92178 Vanves Cedex, France)
Photogravure par Reproscan

Imprimé par Macrolibros (Vallad C/Vasquez de Menchaca,9 Poligono Ind Argales 47003 Valladolid Espagne)
Achevé d'imprimer en septembre 2021
Collection n° 22 - Édition n° 01
52-2849-2

I.S.B.N. 978-2-01-629334-8
Dépôt légal : septembre 2021